Agora und Umgebung im klassischen Athen

Gemäldestoa
(Stoa Poikile)

toa Basileios
Königshalle)

Eridanos

Stoa des
Zeus

12 Götter
Altar

Läden

Orchestra

Gerichtsaal

Hephaistion

Statue des Harmodius
und Aristogeiton

der
00

AGORA

holos

Panathenäenstraße

Abwasser-
graben

Privathäuser

tsgebäude
Strategen

Südstoa

Volks-
gericht

Brunnen-
gebäude

Münze

Gefängnis

AREOPAG

AKROPOLIS

Parthenon

Theater des
Dionysos

James N. Davidson

Kurtisanen und Meeresfrüchte

James N. Davidson

Kurtisanen und Meeresfrüchte

Die verzehrenden Leidenschaften
im klassischen Athen

*Aus dem Englischen
von Gennaro Ghirardelli*

Siedler

FÜR D.A.D. UND G.H.D.

Inhalt

Dank

An diesem Buch habe ich über einen Zeitraum von sieben Jahren geschrieben; dementsprechend bin ich vielen Menschen verpflichtet. An erster Stelle danke ich meinem Doktorvater Oswyn Murray, der die Dissertation annahm, auf der das Buch beruht, für seine Großzügigkeit, seine Ermunterungen und seine Geduld. Daniel Odgen, ein Mitarbeiter und Freund seit nunmehr zwanzig Jahren, unterstützte mich bei der Entstehung des Buches mit vielen Hinweisen und mit schmeichelhaften wie schonungslosen Kommentaren, für die ich dankbar bin. Dank gebührt der British Academy, St. Hugh's College, Oxford, die meine ersten Forschungen unterstützte, sowie dem Präsidenten und den Fellows des Trinity College, Oxford, die mir zu einem Junior Research Fellowship verhalfen, was mir Zeit verschaffte und für den Werdegang meiner Untersuchungen von unschätzbarem Wert war. Emma Dench vom Birkbeck College half mir 1995 zu bleiben, und meine Kollegen an der Warwick University zeigten sich in der Schlußphase der Arbeit nachsichtig. Einiges von dem hier vorgestellten Material wurde bereits auf Konferenzen, in Seminaren und bei Vorstellungsgesprächen präsentiert und rief die unterschiedlichsten Reaktionen hervor. Daher mein Dank all denen, die bei solchen Gelegenheiten mit ihrem Kommentar nicht sparten; auch den jeweiligen Herausgebern und Lesern.

Simon Price, Peter Derow und Roger Brock halfen bei der Dissertation. Rosalind Thomas und Robin Lane Fox überprüften die Ergebnisse. Richard Billows und William Harris von der Columbia University wiesen mich in die akademische Praxis ein. Robin Osborne und Christiane Sourvinou-Inwood ermutigten und unterstützten mich während meiner Zeit in Oxford. Sitta von Reden machte mich als erste auf die Bedeutung der Gabe aufmerksam. John Sturrock von der *London Review of Books* sowie Stuart Profitt und Philip Gwyn Brown vom Verlag Harper Collins sorgten für einen sicheren Stil und Klarheit der Gedankenführung. Viele andere stellten Zeit und Arbeit während der Vorbereitungen des Buches zur Verfügung: dazu gehören der verstorbene David Lewis, Peter Brown, Catharine Edwards, John Wilkins, François Lissarrague, Shaen Catherwood, Jonathan Walters, Ewen Bowie, Peter Wilson, Nicholas Purcell, Richard Canning, David Harvey, Duncan Kennedy, Uttara Natarajan, Leslie Kurke und Peter Garnsey. Ihnen allen möchte ich bei dieser Gelegenheit für ihre Großzügigkeit und ihr Interesse danken. Danksagungen schließen damit, alle aufgeführten Personen von jeder Verantwortung für die Irrtümer des Autors zu entbinden. In diesem Buch jedoch werden manche, denen ich Dank schulde, Dinge lesen, die ihrem Rat diametral entgegengesetzt sind. Dies ist nur ein Zeichen meiner Halsstarrigkeit, nicht etwa der Geringschätzung.

In ganz anderer Weise verpflichtet bin ich meinem Lebensgefährten Alberto Perez Cedillo und meinen Eltern, denen ich dieses Buch in Liebe widme.

Einleitung

In der Sammlung der Vatikanischen Museen gibt es ein Mosaik, das von einem gewissen Herakleitos signiert ist. Auf einem weißen Grund liegen gleichmäßig verteilt Abfälle: ein Gabelbein, eine Kralle, ein paar Früchte, abgetrennte Scheren von Meeresgetier, die Überreste eines Fisches. Es handelt sich um die Kopie des berühmten Mosaiks *Der ungefegte Saal* des Künstlers Sosos von Pergamon. Sosos, den der römische Altertumskenner Plinius als den »bekanntesten« Mosaikkünstler bezeichnet, wirkte in der ersten Hälfte des 2. Jahrhunderts v. Chr. Er war auf illusionistische Werke spezialisiert und versuchte dem wenig versprechenden Material bemalter Fliesen etwas Leben und Wirklichkeitsnähe zu verleihen. Sein bekanntestes und aufsehenerregendstes Werk zeigt Tauben, die an einem Vogelbecken Wasser trinken. Auf der Wasseroberfläche war sogar ihr Spiegelbild zu erkennen, berichtet Plinius. Eine Kopie davon wurde in Hadrians Villa in Tivoli gefunden. Es handelt sich um ein herausragendes Beispiel antiker Kunstfertigkeit, in dem eine äußerst realistische Ansicht der dreidimensionalen Form des Beckens mit seinem matten metallischen Glanz erreicht wurde. Das Aufsehenerregende am *Ungefegten Saal* war aber nicht die illusionistische Absicht, sondern seine Demut gegenüber dem Gegenstand. Es ist ein Boden, der einen Boden abbildet und damit die Kluft zwischen Kunst und Leben schließt. Am deutlichsten wird dies vielleicht an den weißen Fliesen, die völlig gleich mit denjenigen eines nicht gefegten Bodens wirken. Redlicher als bei den trinkenden Tauben will die Darstellung in einem gewissen Sinn nicht mehr sein, als sie vorgibt; es ist ein Trick, ein Boden, der nicht zu reinigen ist.

Aber nicht der Boden ist das Thema. Der eigentliche Gegenstand ist ein unsichtbares Festmahl, wie aus den verstreut herumliegenden Stücken geschlossen werden kann. Und dieses Festmahl scheint noch im Gange zu sein. Zwischen den einzelnen Gängen gab es bei den griechischen Banketten eine Pause, in der die Tische abgeräumt und die Böden gefegt wurden, Wasser für die Hände gereicht und Duftwasser versprüht wurde. Sosos' Mahl hält bei dieser Unterbrechung inne. Überdies werfen einige der verstreuten Abfallreste einen seltsamen Schatten, als ob sie einen Millimeter über dem Boden schwebten und gerade noch im Fallen begriffen wären.

Der Gegenstand dieses Buches gleicht dem des Sosos – das antike Festmahl; vielleicht nicht genau, wie es war, wohl aber die weltlichen Freuden, die man dort genoß: Essen, Trinken und Sex. Dies sind die verzehrenden Leidenschaften, die drei Arten körperlicher Befriedigung, für die nach Platon die menschliche Gattung von Geburt an empfänglich ist. Aristoteles bezeichnete sie als animalische Begierden: Hunger, Durst und Lust, niedrige, knechtische Triebe, die ihren wahren Ursprung, entgegen allem Anschein, im Tastsinn haben. Dies gilt, so sagt er, etwa für den Feinschmecker, der einen Schwanenhals haben wollte, um die Speisen auf ihrem Weg in den Magen möglichst lange auszukosten. In diesem Buch geht es genauer um die Freuden des Fleisches im klassischen Athen, denn obwohl nicht alles von mir gesichtete Material in die klassische Periode (479 – 323 v. Chr.) fällt und nur wenig davon rein athenisch ist, so sind es doch Athen und die athenische Demokratie, die die Umgebung dafür abgeben.

Das Material sind die Brosamen, die von den Tischen der antiken Literatur gefallen sind, Bruchstücke von Konversationen, jäh abgebrochene Anekdoten und Geschichten, die keinen Sinn zu haben scheinen: Ein Forscher kommt zu einem wilden Stamm am Persischen Golf, der sich von Brot aus Fisch und, bei besonderen Anlässen, von »Fischkuchen« ernährt; der Philosoph Sokrates besucht eine wunderschöne Frau, die ohne erkennbare Unterstützung in Luxus lebt und andeutungsweise auf »ihre Freunde« verweist; die Gäste bilden sich bei einem Trinkgelage ein, sie wären auf hoher See, und werfen die Möbel aus den Fenstern, um ihr Schiff vor dem Kentern zu bewahren; ein Politiker hält eine Rede über Türme und Mauern und wird dafür der Prostitution beschuldigt; ein Tyrann findet einen verlorenen Ring in einem prachtvollen Fisch und glaubt darin das Werk der Götter zu erkennen – als er es jedoch dem König von Ägypten erzählt, kündigt ihm dieser sofort die Freundschaft auf; der General Alkibiades trinkt unvermischten Wein, zahllose Statuen des Hermes werden des Nachts geschändet und Athen verliert den Peloponnesischen Krieg.

Eine Beschreibung einer Tafel gab besonders viel her: Das *Sophistenmahl* des Athenaios von Naukratis über die Tischgespräche von gelehrten Männern bei einem Gastmahl, geschrieben um die Wende zum 2. nachchristlichen Jahrhundert, ein langes Werk in Form eines Dialogs nach der Tradition von Platons *Symposion*. Anstatt allerdings über die Bedeutung des Lebens oder die Natur der Liebe zu diskutieren, reden die Gäste des Athenaios nur über das Gastmahl selbst, über Essen und Wein, über berühmte Kurtisanen und überhebliche Meisterköche, über Becher und Schalen, über Rätsel, über eine Rangliste verschwenderischer Nationen. Sie waren kaum an ihrer eigenen Epoche interessiert und beschäftigten sich mit der Welt vor der Ankunft der Römer, besonders mit der Welt des klassischen Athen, die sich 500 Jahre zuvor einem makedonischen Heer beugen mußte. Vor allem waren die Gäste erstaunliche Pedanten, welche die abgedroschensten Kommentare mit einem großartigen Aufgebot an Zitaten aus der antiken Literatur von sich gaben, einer Literatur, die heute fast vollkommen unbekannt ist.

Nur wenige Gelehrte interessieren sich für Athenaios und sein pedantisches Gastmahl, dennoch sind die Reste von seiner Tafel eine einzigartige Quelle für die Historiker der Genüsse. Altertumswissenschaftler stützen sich häufig auch bei wichtigen Gegenständen auf nur einen Verfasser. Dank Athenaios jedoch können sich diejenigen, die wissen wollen, was die Griechen über Schalentiere, die verschiedenen Kurtisanen oder die richtige Art, Wein zu trinken, dachten, auf eine Unzahl von Autoren und eine Vielfalt von Gattungen beziehen. Natürlich hat Athenaios deutlich eigene Vorlieben, und seine Auswahl sollte nicht als ein repräsentativer Querschnitt durch die athenische Kultur oder Literatur im allgemeinen angesehen werden. Er stützt sich besonders auf die Komiker; und vor allem die athenische Komödie, jährlich bei den Dionysosfeiern aufgeführt, ist die Grundlage für vieles, was wir über das Leben in Athen wissen. Im Gegensatz zu den Tragödien, die sich schon in der frühen klassischen Periode von der Behandlung der Gegenwart abgewandt hatten, interessierte sich die Komödie besonders für das aktuelle Geschehen und für Gegenwartsthemen. Es wurden häufig zeitgenössische Politiker und Personen der Öffentlichkeit genannt oder in die Handlung einbezogen, und auf die Welt der Mythen und Heroen wurde nur zurückgegriffen, um Rivalen bei den Tragöden zu parodieren oder schiefe Vergleiche zwischen damals und heute zu ziehen.

Aber die Komödie ist nicht die einzige Quelle für die Genüsse der Athener. Auch im Korpus der »Attischen Redner«, der Stars der klassischen Rhetoriker, finden wir für die Periode des späten 5. Jahrhunderts bis zum späten 4. Jahrhundert viele Reden, die von späteren

Kritikern als nachahmens- oder bewahrenswert ausgewählt wurden, nebst einigen anderen, denen es gelang, unerkannt durch die Maschen des Kanons zu schlüpfen. Die meisten sind Gerichtsreden, Angriffe auf Prozeßgegner oder Versuche einer passenden Verteidigung. Manche haben beratenden Charakter wie die Reden über die öffentliche Politik in der Volksversammlung. Andere sind epideiktisch, Prunkreden und Schaustücke, die das Können des Redners beweisen sollen. In diesem Zusammenhang wird Genuß unter einer ganz anderen Perspektive betrachtet als in den Komödien bei den Festaufführungen, denn hier werden die Gefahren betont, die den Familien, der Stadt und den Mitbürgern durch die Begierde drohen; nicht deren eigene Begierden selbstverständlich, sondern die ihrer Feinde.

Abgesehen von diesen Quellen gibt es eine große Anzahl erhaltener vermischter Schriften sowohl bei Athenaios als auch anderswo; Abhandlungen und Aufsätze zu unterschiedlichen Themen, darunter das berühmte Handbuch der Philainis über Sex und Verführung, ein klassisches Kamasutra, von dem leider nur dürftige Reste erhalten sind. Außerdem sind da noch viele anekdotische Werke wie diejenigen des Lynkeus von Samos oder des Machon, der geistreiche Bemerkungen von Kurtisanen sammelte und sie in Verse setzte. Das Meisterwerk unter diesen Anekdotensammlungen sind vielleicht Xenophons *Memorabilien*, in denen sich Sokrates über verschiedene Themen des täglichen Lebens ausläßt, etwa wenn er den Autor davor warnt, hübsche Jungen zu küssen, oder die geheimnisvolle Schönheit Theodote in ein Gespräch verwickelt.

Man möchte meinen, daß ein so grundlegender, interessanter und aufregender Gegenstand mit einem solchen Reichtum an Material schon längst gründlich untersucht worden sei; doch weit gefehlt. Selbst heute gibt es beträchtlichen Widerstand gegenüber einem Gebiet der Altertumskunde, das als eher leichte Kost denn als gewichtiges Thema angesehen wird. Zwar haben diese historisch-philologischen Untersuchungen über Sitten und Gebräuche einen längeren Stammbaum als andere Zweige der Altertumswissenschaft. Isaac Casaubon, dessen Anmerkungen zu Athenaios 1600 zum ersten Mal erschienen, sind für den modernen Forscher noch immer von Nutzen. Auf der anderen Seite ist seit dem Beginn des 20. Jahrhunderts, und besonders seit dem Zweiten Weltkrieg, bei den professionellen Historikern ein erstaunlicher Rückgang des Interesses an diesem Gegenstand zu beobachten. Teilweise wurde deren Aufmerksamkeit von der Archäologie und den Inschriften in Beschlag genommen, die häufig eine direkte Beziehung zur »realen Welt« haben und dank

neuer Entdeckungen mehr Ehre einbringen als überspannte Autoren
wie Aristophanes oder unzuverlässiger Klatsch wie bei Lynkeus. Ar-
tefakte, Dokumente und »gesicherte Befunde« haben für viele Historiker eine Art mystischer Objektivität an sich und sind das, was manche als das Fleisch auf den Knochen der Geschichte bezeichnen.
Tatsächlich mißtrauen manche Historiker den luftigen, leichtferti-
gen Texten und schaumigen Gebilden etwa eines Athenaios so sehr,
daß sie sich ihrer lieber nicht bedienen und sich für ihre Untersuchungen auf Grundrisse und stumme Steine verlassen – wie auch auf
eine gute Dosis eigener (objektiver) Intuition. Alte Geschichte ist
aber nicht so reich an Quellen, daß man es sich leisten kann, auch
nur eine davon außer acht zu lassen. Ein nicht beachteter oder falsch
ausgelegter Text ist ebenso verloren wie ein Fund, der einige Meter
tief im Boden liegt.

Während die Aufmerksamkeit der Gelehrten anderweitig in Beschlag genommen war, haben sich große Lücken in unseren Kennt-
nissen über die antike Kultur und Gesellschaft aufgetan. Das Fehlen
von Arbeiten über Heterosexualität und (bis vor kurzem und außerhalb Frankreichs) antike Ernährung ist besonders erstaunlich. Ich
kann mir dies nur damit erklären, daß Prostituierte und Kurtisanen
nicht für wert befunden wurden, in die Geschichte der Frauen aufgenommen zu werden, oder daß sie im Glauben, griechische Homosexualität sei bedeutsamer und wichtiger, übersehen wurden.
Selbst nach Abschluß der vorliegenden Arbeit verspüre ich nicht
jenes Gefühl der Befriedigung, das Material erschöpfend behandelt
zu haben, sondern stelle fest und fürchte, daß vieles vorläufig ist und
noch viel zu tun bleibt. Jeder, der Zeit und Lust hat, einen wesentlichen Beitrag zum Verständnis des Menschen zu liefern, wird kaum
ein dankbareres Forschungsgebiet finden als die griechischen Gastmähler, wo jeder etwas mitbringt, als attische Kuchen, als das
»zweite« Nachtischgericht, den Genuß von Wild, Spiele, Parfums,
Blumenkränze, Haartrachten, Pferderennen, Ziervögel und alle anderen Genüsse des Symposions, samt Possen, improvisierten Komödien und Akrobatik. Die einzige Voraussetzung dafür wäre die Bereitschaft, solche Themen ernst zu nehmen (aber nicht allzu ernst),
da sie einer gründlicheren Untersuchung durchaus wert sind. Dank
der jüngst von Rudolf Kassel und Colin Austin herausgegebenen
Fragmente der griechischen Komiker (PCG) gibt es keine Entschuldigung mehr, dies zu unterlassen.

Ich erwähne die Vernachlässigung dieses Gebiets der Altertumswissenschaft zum Teil deshalb, weil ich die verbreitete und verzerrte

Auffassung richtigstellen möchte, daß Sex und andere Leidenschaften in den letzten Jahren die Aufmerksamkeit der Gelehrten über Gebühr in Anspruch genommen hätten, und um die Leser für meine Ausführungen um Nachsicht zu bitten. Es war gelegentlich nötig, der Erörterung grundlegender Fakten, die durch Zitate aus alten Texten gestützt werden müssen, Zeit und Raum einzuräumen, bevor zu der interessanteren Beschäftigung übergegangen werden konnte, die darin besteht, Verbindungen herzustellen, Lösungen vorzuschlagen und sie in einen Zusammenhang zu bringen, was das Hauptanliegen des zweiten Teils des Buches ist. Wer aber dennoch ob der Vorarbeit ungeduldig wird, mag sich mit dem Gedanken trösten, daß er sich auf der harten Seite dieses weichen Themas bewegt.

Ein Problem mit dieser Art Forschung bestand zugegebenermaßen schon immer darin, daß Beweise ziemlich unsicher und schwer zu erbringen sind. Altertumswissenschaftler ziehen es vor, mit dem Schein der Ehrbarkeit autoritativer Quellen wie Thukydides oder Polybios zu arbeiten, die so aussehen, als hätten sie ihre Hausaufgaben anständig gemacht. Die griechische Komödie hingegen war, obwohl in enger Verbindung mit der Wirklichkeit, weit davon entfernt, unmittelbar realistisch zu sein, wie jeder weiß, der jemals die Aufführung eines Stückes von Aristophanes gesehen hat. Das heißt, daß wir uns den Komödienfragmenten mit Vorsicht zu nähern haben und genau hinsehen müssen, ob sie sich auf eine alltägliche Situation beziehen oder irgendein Phantasieszenario vorstellen. Wenn ein Komödiendichter von einem Gesetz spricht, das Fischhändlern verbieten soll, ihren Fisch mit Wasser zu netzen, damit er frischer aussehe, als er ist, können wir dann wirklich davon ausgehen, es habe in Athen ein solches Gesetz gegeben, oder müssen wir annehmen, daß dies Gesetz aufgrund einer Zuspitzung im Stück (die Wolken boykottieren Athen, Zeus befindet sich im Streik, oder die Göttin »Wahrheit« hat die Macht in der Stadt übernommen) eingeführt wurde? Andererseits sind es oft die ausgefallensten Bilder, welche die besten Einblicke in das Leben der athenischen Gesellschaft gewähren. Die *Ekklesiazusen* des Aristophanes zum Beispiel, eine Satire über Frauen, die die Macht ergreifen, beginnt mit der Anrede der Anführerin an eine Lampe als zuverlässige, verschwiegene Vertraute weiblicher Geheimnisse und Zeugin ihrer Ehebrüche. Kaum jemand geht davon aus, daß die athenischen Frauen jemals im Ernst an eine Revolution gedacht oder mit ihren Lampen gesprochen hätten. Auch ist es unwahrscheinlich, daß sie in endlose Sexgeschichten mit heimlichen Liebhabern verwickelt waren. Andererseits wirft das

Gespräch mit der Lampe ein Licht auf verschiedene Seiten des Lebens und der Kultur von Athen, die auch auf anderen Gebieten bestätigt werden: daß die Geschlechter weitgehend getrennt waren, daß Männer die Frauen als ziemlich mysteriöse Wesen betrachteten, daß die Geschlechtertrennung erotische Spannung erzeugte, daß Frauen äußerst vorsichtig sein mußten, wenn sie gegen die sexuellen Regeln verstießen, daß sexuelle und politische Unbotmäßigkeit in der Vorstellung und auf der Bühne miteinander in Verbindung gebracht werden konnten.

Auch Reden haben ihre Fallstricke. Die Anforderungen an die Beweisführung waren in den Gerichten von Athen ziemlich niedrig, und die Wahrheit stand nicht unbedingt hoch im Kurs. Moderne Wissenschaftler bezweifeln erheblich, daß die Ereignisse so stattgefunden haben, wie die Redner sie beschrieben. Sie haben die Redner im Verdacht, Gesetze erfunden und Lügen über Familie, Stand und Alter ihrer Gegner verbreitet zu haben. Ein Ankläger rühmt sich tatsächlich, abgesehen von Gerüchten, deren Beweiskraft er in den Himmel hebt, keine Gewißheit hinsichtlich seiner Anklagen zu haben. Andererseits wissen wir, daß der Angeklagte, gegen den die Gerüchte zeugten, verurteilt wurde und daß die Redner, obwohl sie unzuverlässige Zeugen dessen waren, was in Athen geschah, sie ausgezeichnete Zeugen davon waren, wovon man sich überzeugt glaubte. Wir glauben vielleicht nicht recht, daß ein Mann »sein ganzes Besitztum für Liebesaffären mit Knaben« verschleuderte oder daß das größte Vermögen in Griechenland für teure Parties und Frauen draufging, doch die Athener glaubten solche Sachen, und das ist das Interessante daran.

Es wird also deutlich, daß der eigentliche Gegenstand dieses Buches nicht so sehr die Freuden des Fleisches selbst sind, sondern, was die Griechen – und besonders die Athener – darüber sagten, wie sie sie darstellten, welche Folgen sie ihnen zuerkannten und wie sie glaubten, daß sie funktionierten. Anstatt die antiken Quellen als ein Fenster zur Welt zu betrachten, können wir sie als Stücke dieser Welt selbst ansehen. Wir wissen, daß der *Ungefegte Saal* kein genaues Abbild vom Boden eines Festmahls ist. Die zufällig verstreuten Reste sind in Wirklichkeit gar nicht zufällig, sondern gut angeordnet und verteilt, ohne die Wiederholungen und zufälligen Anhäufungen, die man erwartete. Doch selbst wenn das Bild »falsch« ist, kann es uns doch eine Menge über die Wichtigkeit von Gastmählern in der antiken Welt, über die Natur des Realismus, über die Vorstellungen von Extravaganz, auch vom Zufall mitteilen. Der »Irrtum« des Künstlers mag sogar erhellen, warum das Los zum Kernstück der athenischen Demokratie wurde. Wenn, um ein anderes Beispiel zu nehmen, ein bestimmter Dichter eine Kurtisane als verhurt, habgierig und hinterlistig bezeichnet, dann ist es schwierig zu entscheiden, ob die Einschätzung zutreffend ist oder nicht. Andererseits können wir sicher sein, daß es ein guter Hinweis darauf ist, wie Kurtisanen auf der Bühne dargestellt wurden. Alexander der Große mag an einem kräftigen Schluck Wein gestorben sein oder nicht; viele Griechen jedoch behaupteten, dem sei so gewesen, und uns interessieren ihre Vorstellungen über die Wirkungen des Weins.

Diese Art Untersuchung ist als Diskurstheorie bekannt geworden, ein Begriff, der von Michel Foucault in Umlauf gebracht wurde. Diskurs ist mehr oder weniger dasselbe wie »Haltungen«, wenn wir dem Begriff seine balletthafte Bedeutung von Körperhaltung und Vielgestaltigkeit belassen wollen. Vor allem in Griechenland, wo die Sophisten aus Mücken Elefanten machten, den Advocatus Diaboli spielten und Schwarz für Weiß zu erklären zum Nationalsport machten, wäre es sogar gefährlich, die Quellen als Beweis für deren eigene Ansichten heranzuziehen. Interessant an Foucaults Werk ist jedoch die Feststellung, daß falsche oder verdrehte Darstellungen eben auch Darstellungen sind und um so nützlichere, wenn man sie als übertriebene Lügen erkennen kann.

Kritias zum Beispiel, ein konservativer Philosoph und eine Führerfigur der Tyrannenherrschaft in Athen nach dessen Niederlage im Peloponnesischen Krieg, lügt ziemlich sicher, wenn er behauptet, die Spartaner hätten aus ihren krugförmigen Bechern nur Wasser getrunken. Wäre dies nur eine persönliche Idiosynkrasie, ließen sich keine weiteren Schlüsse daraus ableiten, aber seine Unterstellung entspricht einem Muster, das wir auch bei anderen Autoren antreffen, welche keine Zeit und Mühen scheuen, die Institutionen der Spartaner, deren dekadentes langes Haar und reichverzierte, mit Purpur aus Tyros gefärbten Mäntel zu verteidigen. Eine ganze Gruppe anderer Quellen scheint überdies Kritias direkt zu widersprechen und stellt die spartanischen Becher als Becher für die degenerierteste Art des Trinkens vor: für starken Wein, gieriges Schlucken, für ein Trinken, bei dem es nur darum geht, möglichst schnell betrunken zu werden. Kritias ist klarer Parteigänger in einer Debatte, die darauf zielt, den Ruf der Spartaner für ihre asketische Lebensweise gegen einen anderen, den sie sich in Athen mit ihren Bechern erworben hatten, zu verteidigen.

Diese von unterschiedlichen Autoren lange Zeit weitergeführten

Debatten über Sparta und die richtige Art zu trinken wirken wie ein Dauerdiskurs, eine Art allgemeiner Konversation innerhalb der athenischen Kultur, wovon Kritias' ungewöhnliche Verteidigung spartanischer Becher nur eine Probe darstellt. Diese ideellen und sich wiederholenden Debatten sind für manche Kulturhistoriker der reale Gegenstand historischer Forschung, Einzeltexte nur Beispiele. Historiker benützen Texte nicht nur als Fenster, bisweilen glauben sie auch, dies sei ihr eigentlicher Zweck, als ob die Griechen uns einen Blick auf ihre Welt verschaffen wollten, um der Nachwelt zu zeigen, wie sie waren, als ob wir das eigentliche Publikum wären – und nicht jenes in den Gerichtssälen oder den Theatern. Diese Sicht ist sehr selten richtig. Thukydides wollte den genauesten Bericht über den Krieg, den er durchlebt hatte, geben, und seine Geschichte sollte ein »Besitz für alle Zeiten« sein, was auch uns mit einschließt, selbst wenn er wahrscheinlich nicht ganz so weit in die Zukunft dachte. Menschen produzieren Texte aus allen möglichen Gründen: wegen ihrer Schönheit, um ihrer selbst willen, um davon zu leben, zur Erinnerung, um zu amüsieren, um eine Stimmung zu schaffen, als Therapie und so weiter. Es scheint also angebracht zu sagen, daß es im Falle des Kritias die Debatte über Sparta war, die ihm den Stift führte. Er mischt sich in eine Kontroverse ein; er ist Propagandist, ein Pamphleteschreiber. An erster Stelle steht die Debatte, die Problematisierung Spartas oder der spartanischen Becher. Die Texte sind Symptome dieser Kontroverse. Diese Art, Quellentexte zu betrachten, führt zu seltsamen Schlußfolgerungen: Je mehr die Leute über eine Sache reden, desto umstrittener war der Gegenstand und desto weniger Übereinstimmung herrschte darüber. Die Texte argumentieren, ganz anders, als Griechen normalerweise sprachen, in höheren Gefilden und beharren auf Standpunkten, die wenige Zeitgenossen geteilt hätten. So hören wir herzlich wenig über die Art und Weise, wie die Griechen gegessen haben, weil so etwas als Banalität galt und keiner weiteren Beachtung für wert gehalten wurde. Was die Begierden betrifft, so hören wir weit mehr über gefährliche Handlungen als über den alltäglichen Konsum.

Was also oft wie ein vielversprechender Hinweis aussieht, entpuppt sich bei näherem Hinsehen als wenig vertrauenswürdig. Wenn ein Redner mitten in seiner Rede einhält, um seinem Publikum den Unterschied zwischen Ehefrauen, Konkubinen und Kurtisanen zu erklären, sollten wir sofort auf der Hut sein. Wenn ein Philosoph uns eine nützliche Definition darüber an die Hand gibt, was ein wirklicher Feinschmecker ist, dann sollten wir der Versuchung widerstehen, diese unbesehen in unsere Terminologie zu übernehmen. Foucault scheint diesen nützlichen Grundsatz in seinen eigenen Untersuchungen über die Sexualität, die sich zur Beantwortung bestimmter Fragen überwiegend auf philosophische und Vorschriften enthaltende Texte stützen, vergessen zu haben. Er hat offenbar gedacht, daß, selbst wenn diese Quellen keine zuverlässigen Zeugen von den historischen Geschehnissen in Griechenland waren, sie dennoch repräsentativ dafür sein konnten, was die Griechen über Sexualität dachten. Sie sind es nicht. Foucaults Untersuchungen über griechische Sexualität enthalten sehr wenig über Frauen und hinterlassen den Eindruck, die Griechen wären weit mehr an Knaben interessiert gewesen. Jede Prüfung der Komödienfragmente, der Vasenbilder und attischer Reden beweist jedoch, daß dieser Eindruck ganz falsch ist, ein platonischer Trugschluß. Philosophen sind bisweilen hilfreich, weil sie dem Genuß mehr Platz einräumen und besser analysieren; in diesem Buch kommen sie aber eher seltener als in anderen Untersuchungen über griechisches Verhalten vor, und wenn sie auftauchen, muß der Kontext gesucht werden, damit man ausloten kann, wovon diese Schwindler eigentlich reden.

Die Verschiebung von Texten als Fenstern zu Texten als Erzeugnissen, die für sich selbst sprechen, hat die Erforschung antiker Genüsse von den endlosen Diskussionen über »Zuverlässigkeit«, »rhetorischen Topos« oder Klischee befreit. Das Privatleben hat nun einmal weniger Zeugen als Schlachten und politische Debatten, und Lügen oder Falschaussagen werden weniger unter Kontrolle gehalten. Auf der anderen Seite ist der Diskurs über das Privatleben eminent öffentlich. Viele unserer Hinweise stammen von zentralen Orten der Debatte, den Theatern und Gerichten, vom Hügel der Pnyx selbst, wo die Volksversammlung Athens tagte. Das zu Tausenden versammelte Publikum mußte amüsiert und überzeugt werden. Darüber hinaus gewinnen Aussagen an Bedeutung, wenn sie auch von anderen Autoren anderswo wiederholt werden. Anstatt solche Dinge als bloße Gemeinplätze abzutun, die außer über die Feindschaft, Bewunderung oder Verachtung des Redners nichts besagen, können wir sie zusammenfügen und Verbindungen herstellen, ihren Mechanismus herausarbeiten und Strukturen der Debatte erhellen. Selbst kleine Geschichten des Genusses mit ihren angedeuteten Anfängen und ihrem mutmaßlichen Ende lassen sich konstruieren. Wir können zu ergründen versuchen, ob unser Autor sich auf einen Konsens bezieht oder einen schlechten Stand zu verteidigen sucht, und dank Athenaios werden unsere Schlußfolgerungen darüber, was

Athener sprachen und schrieben, relativ zuverlässig sein, da die Aussagen von unterschiedlichen Autoren stammen und einem größeren Publikum zu Gehör gebracht wurden. Über Platons Zuhörerschaft hingegen wissen wir so gut wie nichts; vielleicht ist er – manchmal ganz sicher – ein (sehr interessantes) Zeugnis ausschließlich für sich selbst.

Man kann es jedoch mit dem Diskurs auch allzu weit treiben und ihn zum Fetisch einer neuen Realität machen. Foucault und seine Anhänger geraten insbesondere an drei Punkten in Schwierigkeiten. Obwohl er an den Debatten der Antike interessiert ist und nicht an einzelnen »antiken Sichtweisen«, wird die Debatte oft zu eng und streng aufgefaßt. Was die Griechen über Genuß äußerten, ist weit weniger geordnet und variationsreicher, als man nach Foucault erwartet. Zweitens wurde die Menschheitsgeschichte auf der Grundlage dieser engen und strengen Vorstellung des Diskurses in voneinander getrennte Zeitalter (die oft nur in Frankreich einen Sinn ergeben) oder *epistēmai* aufgeteilt, die durch welterschütternde geistige Revolutionen, zwischen denen sich tiefe zeitliche Risse auftun, voneinander geschieden sind. Jede dieser *epistēmai* wird als ein Kristall betrachtet, der zerschlagen werden muß, bevor sich wieder eine neue *epistēmē* in einem neuen Zeitalter herausbilden kann. Ursprünglich wurde die Theorie nur auf die Kategorie des Wissens angewandt, um besonders blinde Flecken und Trugbilder einer Kultur zu erklären. In seiner späteren Arbeit über Sexualität hingegen – und in den Arbeiten seiner Nachfolger – kommt es zu einer Verallgemeinerung. Griechische Zivilisation ist in dieser Deutung eine unwiederbringlich fremde, ferne Kultur, eine hermetisch verschlossene Welt mit ihren eigenen Erfahrungsmöglichkeiten. Durch eine Fetischisierung kultureller Weltentwürfe scheinen Foucault und seine Nachfolger schließlich bisweilen die Welt selbst, die noch immer durch das Fenster hereinschwappt, zu vergessen, so als ob die Griechen in einer virtuellen Realität herumgegangen wären, die sie aus dem Diskurs für sich selbst konstruiert hätten.

Eine verbreitete Ansicht über die Griechen, welche Einflüsse von Freud, Simone de Beauvoir wie auch von Foucault aufweist, behauptet, die Griechen hätten die Welt in zwei Teile zerlegt: in »Die« und »Wir«. »Wir«, das sind die erwachsenen männlichen Bürger, die alle diese Texte geschrieben haben, »Die«, das sind die anderen oder das Andere, Sklaven, Frauen, Barbaren, die das nicht getan haben. Foucault verleibt diese manichäische Sichtweise unglücklicherweise seiner Geschichte der Sexualität ein. Mit »Wir« wird die Rolle des Pene-

trierenden besetzt, mit »Die« die der Penetrierten. Diese absurde
Verkürzung führt zu sehr banalen sich selbst bestätigenden Ergebnissen: Daß Sklaven wie Frauen sind, Frauen wie Sklaven, daß Sklaven
selbstredend ihren Phallus verloren haben und stets – im übertra-
genen Sinn – von ihren Herren penetriert werden, daß alles und
jedes so ist, wie der erwachsene männliche Bürger es bestimmt. Zwar
ist es richtig, daß die Griechen oft in Begriffen binärer Gegensätze
über die Welt sprachen, dennoch war dies einfach nur eine Art (und
nicht die einzige), über Dinge zu reden und zu denken, während die
Begriffe des Gegensätzlichen sich immer wieder verändern konnten.
Bisweilen sprechen sie von Griechen gegenüber Persern, dann wieder
von Persern gegenüber Skythen, und die Vorstellung dessen, was Perser sind, verändert sich dementsprechend. Ebenso reden sie manchmal über Frauen in Begriffen des Gegensatzes von Prostituierten und
Ehefrauen. Im nächsten Satz können die Gegensätze schon wieder
anders gelagert sein. Die Unterscheidung wird dann vielleicht zwischen Flötenmädchen und Kurtisanen oder Konkubinen und
Hetären gemacht. Dieses Schwarzweiß in der Argumentation ist aber
kein Zeichen einer manichäischen Weltsicht.

Auf dem Weg der Annäherung an die Griechen lauern zwei
Hauptgefahren. Die erste besteht darin, sie für unsere Vettern zu halten und alles mit unseren Begriffen zu erklären. Wir betreten eine
ganz andere, sehr eigenartige und sehr fremde Welt, eine Welt vor
unvorstellbar langer Zeit, Jahrhunderte vor Christus und dem Christentum, ein Jahrhundert vor dem Heer der Tonkrieger des ersten
chinesischen Kaisers, eine Welt, in der nicht mit unseren Jahrhunderten, Wochen, Minuten oder überhaupt mit unseren Zeiteintei-
lungen gezählt wurde. Und dennoch werden uns diese Griechen
manchmal vertraut, sehr lebendig, warm und umgänglich vorkommen. Vielleicht verstehen wir sogar manchmal ihre Witze. Dennoch
müssen wir aufpassen, daß wir nicht von falschen Freunden
getäuscht werden. Häufig ist das, was am vertrautesten, naheliegend-
sten und am verständlichsten erscheint, in Wirklichkeit das Ei-
gentümlichste. Andererseits muß man auch der Versuchung widerstehen, die Griechen noch weiter als nötig in den Weltraum hinaus-
zustoßen. Sie sind zwar nicht unsere Vettern, aber auch nicht unser
Gegenteil. Sie sind nur anders im Versuch, sie selbst zu sein.

TEIL I

Feste

Kapitel 1

Essen

Es gab ein Gastmahl, die Leute redeten, und wie so oft bei Gastmählern dieser Art und in dieser Epoche war auch Sokrates anwesend. Thema war die Sprache; der Ursprung der Wörter und ihre wahre Bedeutung sowie ihre Verbindung mit anderen Wörtern. Xenophon zufolge, der diese Szene in seinen *Memorabilien* beschreibt, sprachen sie insbesondere von den Bezeichnungen, die Menschen in Übereinstimmung mit ihrem Verhalten gegeben werden.[1] Es war kein uninteressantes Thema, dennoch vermochte es nicht die ungeteilte Aufmerksamkeit des Sokrates zu erregen. Ihn lenkten die Tischsitten eines anderen Gastes ab, eines jungen Mannes, der, allzusehr von dem vor ihm liegenden Essen in Anspruch genommen, keinen Anteil an der Diskussion nahm. Irgend etwas an der Art, wie der Junge aß, faszinierte Sokrates. Er entschloß sich, der Debatte eine neue Richtung zu geben:»Und ließe sich sagen, meine Freunde«, so begann er,»daß ein Mann für die Art seines Betragens ein *opsophagos* genannt werden könnte?«

Fisch

Wäre Plutarch anwesend gewesen (und Plutarch hätte alles darum gegeben, anwesend zu sein, wären nicht fünf Jahrhunderte dazwischengekommen), hätte man nicht von dieser Frage ausgehen können. Denn Plutarch ist recht entschieden:»Und in der Tat sagen wir nicht, daß jene, die, wie Herkules, Rind mögen, *opsophagoi* wären … noch diejenigen, die, wie Platon, Feigen, oder, wie Archesilaos, Trauben lieben, sondern jene, die ihre Ohren nach der Marktglocke spitzen und bei jeder Gelegenheit um die Fischhändler herumhüpfen.«[2] Ein *opsophagos* war, jedenfalls nach dieser antiken Autorität, jemand mit einer deutlichen Vorliebe für Fisch.

»Doch wenn du in das blühende Land Ambrakia kommst und zufälligerweise Eberfisch siehst, dann kauf ihn! Auch wenn er mit Gold aufgewogen wird, geh nicht ohne ihn, damit nicht die furchtbare Rache der Unsterblichen auf dich herabkomme; denn dieser Fisch ist reiner Nektar.« Die Griechen waren auf Fisch versessen. Versessenheit ist sogar ein fast zu schwaches Wort für eine solche Leidenschaft. Was die Literatur der Sinnenfreuden immer wieder deutlich macht, ist etwas weit Heftigeres, eine Begierde, eine wahnsinnige Sucht, eine geradezu unanständige Obsession. Eine Probe dieses Verlangens wird im Werk des Archestratos von Gela in Sizilien gegeben, dem der Lobgesang auf den Eberfisch entnommen ist. Eine andere Stelle in demselben Werk empfiehlt den Lesern, was zu tun sei, falls sie auf einen Hundshai aus Rhodos treffen sollten: »Es kann zwar deinen Tod bedeuten, doch wenn sie ihn dir nicht verkaufen wollen, dann nimm ihn dir mit Gewalt ... danach magst du ruhig dein Schicksal auf dich nehmen.«[3] Archestratos erlangte mit seinen spöttisch-heroischen Hexametern über das Essen eine gewisse Berühmtheit. Sein Werk, bekannt unter den wechselnden Titeln *Gastronomie*, *Gastmahlkunde* oder *Luxusleben*, war jedoch keineswegs untypisch für den Diskurs der Feinschmecker. Erwähnenswert ist nicht so sehr die außergewöhnliche Sprache bei der Beschreibung des Fisches als vielmehr die Tatsache, daß in einem Werk über die Freuden des Essens fast nichts anderes als Fisch erwähnt wird. Die Griechen betrachteten sicher auch Gerichte, die nichts mit dem Meer zu tun hatten, als Leckerbissen: bestimmte Vögel (etwa Drosseln) und Wild (besonders Hasen), verschiedene Würste und Innereien (Schweineuterus war besonders beliebt), gewisse lydische Fleischeintöpfe und verschiedene Arten Kuchen; doch waren dies eher Ausnahmen. Die genießbaren Meeresfrüchte hatten in der guten Küche des klassischen Griechenland offenbar eine Monopolstellung eingenommen.

Es ist schwer zu sagen, wer zuerst die Welt des Meeres in die Küche eingeführt hat. Die Erfindung der üppigen »modernen« Küche wurde gewöhnlich auf die Sizilier oder deren Nachbarn, die Sybariten an der Sohle des italienischen Stiefels auf der anderen Seite der Meerenge, zurückgeführt. Letztere wurden 510 v. Chr. von ihren Nachbarn besiegt und ihre Stadt geschleift; Geschichten über ihren sagenhaften Reichtum wurden jedoch noch hundert Jahre später bei athenischen Abendveranstaltungen erzählt. Ein Historiker erwähnt ein sybaritisches Gesetz, das Erfindern neuer Gerichte ein einjähriges Urheberrecht zusprach (vielleicht das erste bekannte Patent, wie ein moderner Kommentator meint). Außerdem spricht er von einer eigens für Aalfischer und -händler erlassenen Steuerbefreiung. Smindyrides, der selbst bei den Sybariten für seine Dekadenz bekannt war, machte großen Eindruck, als er 572 ins griechische Mutterland kam, wo er um die Hand der Tochter des Kleisthenes, Herrscher von Sikyon in der Nähe Korinths, anhielt. Weil er befürchtete, daß das Mutterland seinen Ansprüchen nicht genügen könnte, brachte er tausend Bedienstete, unter ihnen Fischer, Köche und Vogelsteller, mit.[4] Fisch scheint auch in der kulinarischen Kultur Siziliens eine herausragende Stellung eingenommen zu haben. Einer Quelle zufolge nannte man das Meer »süß«, weil man die Nahrung, die es lieferte, so sehr schätzte. Athenaios berichtet vom Maler und Fischliebhaber Androkydes aus Kyzikos am Schwarzen Meer, der die süße Kost dieser süßen Wasser in begeisterten und üppigen Einzelheiten ausmalte, als er im frühen 4. Jahrhundert eine Szene mit dem vielköpfigen Ungeheuer der Skylla darstellte. Vielleicht sollten wir die zahlreichen antiken Mosaike zum Meeresleben auf die gleiche Weise betrachten wie heutzutage die holländische Blumenmalerei, nicht als rein realistische Studien, sondern als treue Wiedergaben begehrenswerter und teurer Gegenstände. Der Komödiendichter Epicharmos, der zu Beginn des 5. Jahrhunderts in Siziliens größter und reichster Stadt Syrakus wirkte, schien sich, nach den erhaltenen Fragmenten zu schließen, vor allem mit Meerestieren beschäftigt zu haben, obwohl spätere Autoren nicht immer sicher waren, worauf er sich bezog: »Nach Nikander ist eine andere Krabbenart, die Kolybdaina, bei Epicharmos … unter dem Namen ›Meeresphallus‹ erwähnt. Herakleides von Syrakus behauptet in seiner *Kochkunst* allerdings, daß das, worauf sich Epicharmos beziehe, tatsächlich eine Krabbe sei.« In einem Stück des Epicharmos kam es zwischen Bauern und Fischern offenbar zu einer Debatte darüber, welches Element die beste Kost liefere.

Aus Sizilien kamen auch die ersten Kochbücher. Zu den frühesten Abhandlungen dieser Art gehört die des Mithaikos von Sizilien, eines berühmten Meisterkochs, der bei Platon erwähnt und von einem anderen Schriftsteller als der Phidias der Küche beschrieben wird. Es sind nur wenige Fragmente erhalten, aber schon diese hinterlassen den Eindruck, daß bereits zu damaliger Zeit Fisch bevorzugt wurde: »Mithaikos erwähnt Lippfisch«; Mithaikos rät: »Schneide den Kopf vom Bandfisch ab. Wasche den Fisch und schneide ihn in Stücke. Gib Käse und Öl darüber« – wahrscheinlich eines der frühesten erhaltenen Rezepte.[5]

Weder Kochbücher noch gastronomische Abhandlungen aus Athen sind erhalten, und der Beitrag der Athener zur Geschichte des

Feinschmeckertums beschränkte sich auf ihre Kuchen. Wohl aber stellt die attische Komödie, besonders die sogenannte Mittlere und Neue Komödie des 4. und frühen 3. Jahrhunderts, eindeutig klar, daß die Vorlieben der sizilischen und süditalienischen Feinschmecker von denen der größten und reichsten klassischen Stadt, Athen, vollkommen geteilt wurden. Jedem, dem eine Fragmentensammlung von Komödien des 4. Jahrhunderts unter die Augen kommt, ist wahrscheinlich erstaunt über die Häufigkeit, mit der auf den Genuß von Fisch angespielt wird. Schauspieler deklamieren lange, in Verse gesetzte Einkaufslisten für Fisch, Fischmenüs und Rezepte für Fische, mit allen Zutaten und Arten der Zubereitung anschaulich beschrieben. In Philemons Komödie *Der Soldat* brüstet sich etwa ein Koch wichtigtuerisch mit einem simplen Fischrezept.

Neben der Komödie gibt es nicht so viele Hinweise auf Fischkonsum, dafür um so direktere und schlagendere Beweise für die Obsessionen der Bürger. Demosthenes stellt voller Abscheu fest, daß Philokrates, nachdem er seine Stadt für ein Trinkgeld an die Makedonier verraten hatte, seinen Judaslohn mit Huren und für Fisch verpraßte. Und als Aischines seinen Gegner Timarchos mit dem Ziel angriff, ihm die Bürgerrechte aberkennen zu lassen, erinnerte er daran, wie oft man ihn mit seinem Freund Hegesander an den Fischständen herumstehen sah.[6]

Die Griechen waren bei all ihrer Vorliebe aber nicht so verblendet, daß sie die Verantwortung des Kenners außer acht gelassen hätten. Unter den Fischen gab es eine klare Hierarchie, auch wenn keine Einmütigkeit bestand. Gepökelter oder eingelegter Fisch, *tarichos*, wurde allgemein geringgeschätzt, und der Ausspruch »billiger als gepökelter oder eingelegter Fisch« wird von Aristophanes im Sinn von »zehn für einen Groschen« benützt. Einige Abarten hatten ihre Anhänger; zur richtigen Jahreszeit in Scheiben oder in Stücken eingelegter Thunfisch wurde sehr gepriesen, und Archestratos wußte viel Gutes über gepökelte Makrele zu sagen. Euthydemos, der über Ernährung in der hellenistischen Epoche geschrieben hat, verfaßte sogar eine Abhandlung zu diesem Thema, obwohl das Loblied auf gepökelten Fisch, das er Hesiod zuschrieb und zur Unterstützung der eigenen Sache zitierte, mit ziemlicher Sicherheit erfunden war.[7]

Was Frischfisch betrifft, waren verschiedene kleine Arten und Jungfische, die nicht immer leicht im Klassifikationssystem der modernen Zoologie unterzubringen sind, am wenigsten beliebt. Ein Komödienfragment des Timokles, *Epichairekakos* (*Der Schadenfrohe*), folgt dem als »Lerche« bekannten Schmarotzer bei der für ihn eher ungewöhnlichen Beschäftigung des Einkaufens. Er gelangt zu den Aalen, den Thunfischen, den Zitterrochen, Panzerkrebsen und fragt nach den Preisen. Sie kosten alle weit mehr als die vier Bronzemünzen, die er bei sich hat. Schließlich gibt er sich geschlagen und macht sich zu den *membrades*, Sardellen und Sprotten, davon. Ein anderer Schmarotzer in Alexis' *Vortänzer* klagt über das harte Stück Arbeit, sich eine Einladung zu einem üppigen Abendessen zu erschnorren; er zieht es vor, einen Teller Sprotten mit jemandem zu teilen, mit dem er sich in gewöhnlichem Attisch unterhalten kann. Andere Stellen belegen, daß zumindest in Athen diese Kleinfische nur als Nahrung für Bettler, Freigelassene und Bauern, die nichts Besseres kannten, in Frage kamen. Dieser Haltung treten die Sprottenverkäufer in Aristophanes' *Wespen* heftig entgegen und beschuldigen die Verächter ihrer Ware des Standesdünkels.[8]

Am anderen Ende der Skala finden wir die großen Delikatessen, darunter den Thunfisch, den Seebarsch, den Meeraal, die Meeräsche, die Seebarbe, die Dorade, den Zacken- oder Felsenbarsch, ein nicht näher identifiziertes Wesen, »Glanzfisch« beziehungsweise *glaukos* genannt, und das Krustentier *karabos*, ein plumper Panzerkrebs, irgendwo zwischen Languste und Langustine angesiedelt. Bestimmte Teile wurden besonders gerühmt: vom Thunfisch der Bauch sowie Schulter und Nacken, von Zackenbarsch, *glaukos* und Meeraal der Kopf. Alle jedoch übertraf der Aal, der unbestrittene Held der Fischstände. Archestratos meinte, die besten seien jene, die vor der Straße von Messina gefangen werden:

»Dort seid ihr alle im Vorteil gegenüber uns anderen Sterblichen, Bürger von Messina, daß ihr solche Kost an eure Lippen führen dürft. Die Aale des Strymonflusses allerdings und jene des Kopaissees haben dank ihrer Größe und ihrem erstaunlichen Umfang einen hervorragenden Ruf, was ihren Geschmack angeht. Überhaupt denke ich, daß der Aal beim Festmahl über allen steht und das Feld der Genüsse anführt, obwohl er der einzige Fisch ohne Gräten ist.«

Gemeinhin glaubte man, daß die Ägypter den Aal als Gottheit verehrten, was mehr als einem Komödienschreiber Gelegenheit zu vollmundigen Kulturvergleichen bot: »Ich könnte nie mit euch ein Bündnis eingehen; wir teilen keine gemeinsamen Sitten und Gebräuche, und große Unterschiede herrschen zwischen uns. Ihr verneigt euch vor der Kuh, ich opfere sie den Göttern. Den Aal betrachtet ihr als Gottheit, wir als die köstlichste Speise.«Ein anderer dachte, daß die Ägypter es gerade richtig angestellt hätten:»Man sagt, die Äygpter seien pfiffig, nicht zuletzt, weil sie erkennen, daß der Aal den Göttern gleich ist; in Wahrheit ist er weit wertvoller als Götter, denn, um sich bei ihnen Gehör zu verschaffen, muß man bloß beten, während wir, um auch nur in Schnuppernähe des Aals zu gelangen, mindestens ein Dutzend Drachmen oder mehr hinlegen müssen, ein solch ganz und gar heiliges Geschöpf ist er.«[9]

Liest man diese Fragmente, gewinnt man einen Eindruck von der außerordentlichen Macht, welche die Leidenschaft für Fisch über die Athener ausübte. Fische werden für geradezu unwiderstehlich gehalten; nach ihnen lechzt man mit beinahe sexueller Begierde. Welche Macht dieses Verlangen über die Athener hatte, kommt, wo Fisch bei wirklicher oder metaphorischer Verführung eine Rolle spielt, anschaulich zum Ausdruck. Anaxandrides' Stück *Odysseus* zum Beispiel enthält folgende Lobrede auf die Kunst des Fischers:

»Welche andere Kunst läßt junge Lippen brennen, ihre Finger grapschen, ihre Lungen keuchen in der Hast des Verschlingens? Und bringt die Agora nicht Verbindungen nur dann zustande, wenn sie mit Fisch wohl versorgt ist? Was soll einem Sterblichen eine Verabredung zum Essen, wenn er an den Verkaufsständen nur Fischstäbchen, Panzerkrebs und Brasse findet? Und wenn es an die Verführung einer wirklichen Schönheit geht, mit welchen Zauberworten, mit welchen geschwätzigen Versen wolltest du denn ohne die Kunst der Fischer ihr Sträuben überwinden? Denn er besitzt die Gabe, die mit den bezwingenden Augen der Sternguckerpastete zu erobern weiß, die das Arsenal des Mahles aufmarschieren läßt, um des Leibes Verteidigung zu untergraben; er kennt das Geheimnis, das den Schnorrer zur Ruhe bringt, unfähig, seinen Weg weiterzuverfolgen.«

Der Anekdotenschreiber Lynkeus von Samos deutete sogar ziemlich boshaft an, daß der athenische Held Theseus für einen Fisch von Rhodos (den berühmten Hundshai natürlich) dem Tlepolemos, dem mythischen Gründervater der Insel, seine Liebesgunst geschenkt habe. In einer späteren Periode wird deutlich, daß hinter dem Einfluß von Fisch bei der Verführung irgendeine magische Kraft vermutet wurde. Apuleius, der Verfasser des *Goldenen Esels*, mußte sich gegen den Vorwurf verteidigen, mit Hilfe von Fisch, den er auf dem Markt gekauft habe, über seine reiche Frau vorgerückten Alters einen Liebeszauber ausgesprochen zu haben. In klassischer Zeit gibt es wenig Hinweise für diese übernatürliche Verbindung, obwohl die Seebarbe oder *triglē* aufgrund ihres Namens mit Hekate, der dreigestaltigen Schutzpatronin der Hexen und Beschützerin der Weggabelungen, in Verbindung gebracht wurde. Andererseits taucht Fisch bisweilen als Liebesgabe auf attischen Vasenbildern auf. Auf einem ist ein junger Mann mit seinem Diener abgebildet, wie er sich mit einem Oktopus und zwei Vögeln als Geschenk einer Wolle verspinnenden Hetäre nähert. Eine andere Vase, ehemals in Leningrad, heute vermißt, zeigt einen in einen Mantel gehüllten sitzenden Jungen, dem von einem geflügelten Cupido ein Ring und ein großer Fisch dargebracht wird.[10]

Es ist nicht nur ihr Geschmack, weshalb Fische mit Verführung in Verbindung gebracht werden, sondern auch die Art, wie sie aussehen. Die zwei in einer Rede des Hypereides erwähnten Schwestern, die weithin unter dem Namen »Sardellen« bekannt waren, wurden offensichtlich wegen ihrer »Blässe, schlanken Figur und großen Augen« so genannt. Und auf diese Weise, in einer erstaunlichen metaphorischen Überleitung von Verlangen zu Verführung, wurde Fisch stellvertretend für koketten Flirt und Geliebte überhaupt. Die Verschmelzung der Bilder zeigt sich in voller Blüte in dem Komödienfragment *Der Händler* von Diphilos. Der Sprecher beklagt sich über die hohen Preise für Fisch: »Dennoch, und sollte einer von ihnen mich anlachen, ich bezahlte, wenn auch mit Grollen, was immer der Fischhändler von mir verlangte.« Diese unseren Ohren so fremd klingende Vorstellung von Fischen als verführerischen Wesen, in gewisser Weise den schönen Knaben und Hetären vergleichbar, bei deren Verführung sie behilflich sind, steht hinter dem verbreiteten Topos, mit dem der Aal, typischerweise in Mangold (oder, vielleicht passender, in Mangoldblätter) »gekleidet«, mit einer heiratsfähigen Frau oder einer strahlenden Göttin verglichen wird. Als Dikaiopolis, der Held in den *Acharnern* des Aristophanes, erfährt, daß der böotische Schmuggler fünfzig »Mädchen vom Kopaisee« in seinem Sack hat, gerät er in Verzückung: »O mein süßestes, mein sehnlichstes Verlangen.« Im *Frieden* malt sich jemand die Reaktion des Melanthios, eines Tragöden und Fischliebhabers, aus, wenn er zu spät am Fischstand eintrifft, um Aal zu kaufen: »Weh mir, weh mir«, ruft er aus und verfällt in ein unsinniges Selbstgespräch, das einer sich steigernden Szene aus einer höchsteigenen *Medea* gleicht, »beraubt meines Lieblings und ans Gemüsebeet gebunden.« Man möchte annehmen, daß solche ausgefallenen Metaphern nur in komischen Gesprächen mit ihrer Vorliebe für überraschende und schiefe Bilder zu erwarten wären, doch der Brauch, Frauen mit leckerem Fisch und Fisch mit Frauen zu vergleichen, scheint in der Gesellschaft Athens recht verbreitet gewesen zu sein. Neben den erwähnten Sardellen-Schwestern treffen wir auf Flötenmädchen und Hetären mit Spitznamen wie »Stint«, »Seebarbe«, »Kuttelfisch«, ein Verfahren, das von dem Dichter Antiphanes in seinem Stück *Sie geht fischen* zu voller komischer Wirkung gelangt. Der Autor spielt dort mit der doppelten Bedeutung von Fischnamen, so daß kaum je unterschieden werden kann, ob er sich über seine Opfer wegen ihrer Leidenschaft für Fisch oder über ihre ungezügelte Neigung zu Hetären und Knaben lustig macht.[11]

Fisch verführt und erobert; er funktioniert wie die Überredungskunst oder die Allüren einer Hetäre oder die magische Wirkung von Zaubermitteln. Komödienschreiber benutzten die Vorstellungen von der Unwiderstehlichkeit von Fisch für Verwünschungen und falsche Schwüre. In den *Rittern* des Aristophanes verflucht der Wurstverkäufer seinen Rivalen, den Paphlagonier (eine kaum verhüllte Karikatur des Demagogen Kleon), für dessen Vorliebe für den alten Demos (d. h. das Volk) mit folgenden Worten:

> »Mit Drohen geb ich mich nicht ab; doch einen Wunsch hab ich
> für dich: Ein schöner Blackfisch steht vor dir, noch protzelnd auf
> dem Tisch; du willst im Handel der Milesier auftreten: denn du
> profitierst, wenn du ihn durchsetztest, ein Talent; du bist pressiert,
> der Blackfisch soll in deinen Bauch, du – auf die Pnyx: Kaum hast
> du angebissen, kommt ein Mann und holt dich: hier der Fisch,
> dort das Talent, was ist zu tun? Du stopfst und stopfst hinein und
> mußt ersticken!«

In den *Acharnern* wird ein ähnlicher Fluch gegen einen rivalisierenden Stückeschreiber ausgesprochen; dieses Mal ist es das Bild des langersehnten zehnarmigen Tintenfischs, wie er quälend langsam auf den Verfluchten zuschwimmt und neben ihm auf der Tafel landet, nur um in letzter Minute von einem Hund weggeschnappt zu werden. Antiphanes benützt sogar die Unwiderstehlichkeit von Fisch für den Fischliebhaber in einem Schwur: »Ebensobald will ich von meinem Vorhaben ablassen, als Kallimedon vom Kopf des Dornhais abläßt«, sagt eine Figur mit trotziger Entschlossenheit. Es ist vielleicht nicht überraschend, daß der Stoiker Chrysipp, der ein Jahrhundert später schrieb, von solchen Leuten als *opsomanēs*, also »Fisch-

verrückten«, an Stelle von *opsophagoi*, »Fischessern«, sprach und den
damit geplagten Mann mit den *gynaikomanes*, den »nach Mädchen
Verrückten«, verglich.[12]

Der fehlende Fisch bei Homer

Historiker werden manchmal dafür kritisiert, daß sie ernst nehmen,
was in ihren Quellen deutlich als Witz gemeint ist. Andere werden
beschuldigt, bewußt, ohne weitere Erklärung die Eigentümlichkei-
ten einer Epoche mit der Absicht zu übertreiben, eine Kultur zur
Unterhaltung des Lesers besonders exotisch wirken zu lassen. Jede
Untersuchung über die Fischvernarrtheit der Antike läuft Gefahr,
beide Fehler auf einmal zu machen. Die antiken Schriftsteller waren
ironisch. Die ungewöhnliche Verherrlichung von Fisch, wie sie von
Archestratos und Aristophanes dem Melanthios in den Mund gelegt
wird, hat einen deutlich ironischen Unterton. Demosthenes wies auf
Philokrates mit seinen betrügerischen Erwerbungen hin, Aristophanes auf den tragischen Fischliebhaber und Archestratos mit seinen
epischen Hexametern und Spottversen auf sich selbst. Jede Belusti-
gung, die wir angesichts der Begeisterung der Alten bei der Aussicht
auf Fisch empfinden könnten, wird durch Ironie und übertriebenes
Pathos, ein charakteristisches Merkmal griechischer Klarheit, schon
vorweggenommen. Es ist beinahe so, als ob sie das belustigte Auge
der Nachwelt im Rückspiegel erblickt und damit gespielt, als ob sie
gewußt hätten, wie seltsam sie auf spätere Generationen wirken
würden.

Sicher hielten die Griechen Selbsterkenntnis für eine der höchsten
Tugenden, dennoch ging eine solche Voraussicht über ihre Kräfte.
Weshalb also ist für sie Fisch ebenso eigenartig und belustigend wie
für uns? Das ist keine abwegige Frage. Der ironische Ton ist ein
Schlüssel zum Geheimnis der Fischversessenheit. Was Fisch für die
Griechen so vergnüglich machte, führt zu einer Erklärung dafür,
warum sie ihn so gern aßen.

Als erstes fällt auf, daß Fisch niemals Eingang in den Ritus gefunden hat wie der Verzehr von Rind, Lamm oder Schwein. Bis auf eine
oder zwei Ausnahmen wurde Fisch nicht als ein geeignetes Opfertier
betrachtet. Die Ursprünge dieses Ausschlusses harren noch der Klä-
rung. Manche sind der Meinung, es rühre daher, daß das griechische
Opfer in der Hauptsache ein Blutopfer war oder ein Opfer großer
Tiere, die gemeinsam verzehrt werden mußten. Der Thunfisch, einer

der Fische, die geopfert werden können (dem Poseidon natürlich), ist
bekannt für seinen außerordentlichen Blutreichtum; außerdem wurden diese großen Fische üblicherweise in großen Mengen gefangen
und getötet, so daß mit einem einzigen riesigen Fang für das gemeinsame Mahl der Gemeinde gesorgt war. Andere weisen darauf hin,
daß die Griechen nur domestizierte Tiere opferten und daß Fische zu
den jagdbaren Tieren zählten, Wild, das außerhalb des symbolischen
Rahmens einer feierlichen Opferhandlung getötet werden konnte.
Wie auch immer, es ist nicht die logische Erklärung für diesen Ausschluß, die uns hier interessiert. Wichtig ist, daß der Ausschluß erlaubte, einen Gegensatz herzustellen zwischen dem Fleisch von
Schweinen, Schafen und Rind, die alle vor dem Verzehr geopfert
werden mußten, und Fisch, der von solchen Zwängen befreit war,
eine Nahrung, frei zum privaten, säkularen Verbrauch, wie und
wann immer erwünscht. In einem gewissen, nicht zu unterschätzen-
den Sinn wurde der Verzehr von Fischen schlicht weniger ernst genommen als der von anderen Tieren.

Auch auf einer anderen wichtigen Bühne fehlte der Fisch, wie von
einer Komödienfigur des Eubulos bemerkt wird: »Wo hat Homer je
davon gesprochen, daß Achäer Fisch gegessen hätten?« Fisch gab es
bei den Gastmählern der *Ilias* nicht, eine Tatsache, die die fischver-
sessenen Griechen der klassischen Periode bald begriffen hatten. Platon, ein Zeitgenosse des Eubulos, hielt das Fehlen von Fisch für bezeichnend. In einem Gespräch über die geeignete Diät für die kriege-
rischen Athleten seines *Staates* bezieht er sich auf Homer:

»Du weißt, daß er den Helden bei ihren Mahlzeiten im Kriege
keine Fische vorsetzt, obwohl sie am Hellespont lagern. Auch kein
gekochtes Fleisch, sondern bloß am Spieß gebratenes, was für Soldaten am leichtesten zu bereiten ist. Es ist ja überall bequemer, gewissermaßen das Feuer selbst zu benutzen, als Geschirr mit sich
herumzutragen … Auch Gewürze erwähnt Homer, glaube ich,
niemals. Alle Ringkämpfer wissen, daß man dergleichen meiden
muß, um seinen Körper frisch zu erhalten.
– Und es ist gut, daß sie das wissen und danach handeln.
– Wenn du das für gut hältst«, fährt Sokrates fort, »so bist du, wie
es scheint, kein Freund der syrakusischen Küche und des sizilischen Überflusses an Gerichten?
– Allerdings nicht.
– Und auch kein Freund davon, daß Männer, die einen leistungs-
fähigen Körper haben wollen, sich korinthische Mädchen zu

Freundinnen halten … und auch kein Freund attischer Backwa-
ren … Ich glaube, wir können diese ganze Art der Ernährung …
mit jenem Stil in der Musik und im Gesang vergleichen, der alle
Tonarten und Taktarten zugleich verwendet.«[13]

Das neue Gastmahl mit seinen Kuchen und den Hetären wird den
Festmählern der Heroen in der *Ilias* gegenübergestellt.

Insofern die
Opferrituale der klassischen Periode häufig bewußt auf einem homerischen Vorbild beruhen, liegt die Vermutung nahe, daß das auffällige Fehlen von Fisch in diesen archaischen Szenen und beim
Opfer miteinander zusammenhängt. Insgesamt schaffen die Strukturen des Ausschlusses einen Raum, in dem Fisch als etwas eigentümlich Säkulares, ausgeprägt dekadent »Modernes« erscheint.

Gerade dieses Fehlen einer heroischen Würde macht den Humor
des falschen Pathos und die Ironie der Spottverse der klassischen
Periode aus. Die Karikatur und Selbstverspottung, von denen die
Beschreibungen der Fischliebhaber und der Fischliebhaberei durchdrungen sind, hat nicht die Zukunft, sondern die eigene Vergangenheit im Auge; der Blick ist zurückgewandt zur Kluft, die sich zwischen dem homerischen Zeitalter und der klassischen Gegenwart
auftut. Die Lobreden auf Fisch in epischer Sprache und in Hexametern, die so typisch für die Mittlere Komödie und für Schriftsteller
wie Archestratos und Matron sind, beziehen die Lächerlichkeit ihres
falschen Pathos aus dem Zusammenprall von heroischer Form und
fischigem Inhalt.[14] Allein die Namen der Fische waren unheroisch
und in solch unpassender Umgebung zwangsläufig ironisch. Die
Wirkung ließe sich wohl vergleichen mit einem Einflechten von
Markennamen wie Ariel, Persil oder Coca-Cola in die Sprache und
die Verse Shakespeares. Insbesondere Komödiendichter scheinen bei
den dramatischen Festspielen die Nebeneinanderstellung von Komödie und Tragödie gewollt zu haben, wobei die erstere fest in der
modernen Welt verankert war, die andere hingegen sich auf die mythische Zeit richtete. Es ist vielleicht kein Zufall, daß die Komödie
des 4. Jahrhunderts sich durch die Verulkung der mythologischen
Geschichten und die Beschäftigung mit Fisch auszeichnet. Indem sie
tragische Formen parodierten, einen heroischen Zusammenhang
herstellten, um diesen sodann mit ungereimten und unzeitgemäßen
Bildern aus der gegenwärtigen Welt zu durchsetzen, verschafften die
Komödiendichter ihrer Darstellung einen stärkeren Gegenwartsbe-
zug. Es ist nicht übertrieben, wenn man sagt, daß in diesen Komödien und Parodien der Fisch bedeutenden Anteil an den ersten Ma-

nifestationen der Idee des Modernen, des Zeitgemäßen in der westlichen Geistesgeschichte hatte – vielleicht eine angemessene Leistung für eine Nahrung, die sich in heißen Ländern nicht länger als einen Tag hält. Auch gegen die Regel, daß Fisch von den Opfergaben für die Götter ausgeschlossen ist, wird häufig, einem komischen Effekt zuliebe, in ähnlicher Weise verstoßen. In einem Stück tritt ein Koch auf, der seinen Meeraal für die Götter gar gekocht hat, obwohl der Dichter genau weiß, daß kaum eine Gottheit je in Berührung mit einem solchen Leckerbissen kam. Ein anderer spricht vom »Bauchstück eines Thunfisches, vom Kopf eines Seebarsches oder Meeraals oder Tintenfisches, von dem ich denke, daß nicht einmal die Götter ihn verschmähen«. Diese Stellen preisen die jeweiligen Fische, verkennen aber auch die Natur des Opfers, indem sie aus Göttern moderne Feinschmecker und Kenner machen. In einem frühen Stück Menanders werden die Folgen des Ausschlusses recht offen ausgesprochen:

»Nun denn, unsere Investitionen entsprechen den Opfern, die zu vollziehen wir vorbereiten, oder etwa nicht? Für die Götter jedenfalls opfere ich ein kleines Lamm, das für zehn Drachmen billig zu kaufen ich das Glück hatte. Für Flötenmädchen allerdings, für Parfüm und Mädchen, die Harfe spielen, für Wein aus Mende und Thasos, für Aale, Käse und Honig liegen die Kosten kaum unter einem Talent; du siehst, man bekommt heraus, was man hineinsteckt, zehn Drachmen für das Lamm und, wenn es hoch kommt, ein günstiges Opfer; nimm dagegen die Mädchen und den Wein und alles zusammen – die Ausgabe rentiert sich! Auf jeden Fall, wäre ich ein Gott, ich ließe nimmer zu, daß einer Eingeweide auf den Altar legt, wenn er nicht gleichzeitig auch Aale opfert.«

Hier steht der Aal für »wirkliche« Nahrung, stehen gewisse Fische für Genuß, anstelle des üblichen jämmerlichen Schafs für das Ritual. Vergeßt den Opferrauch von Kühen und Ziegen, die Götter hauen lieber in eine Platte mit Fischen und Meeresfrüchten rein![15]

Die Tatsache, daß Fisch nicht geopfert wurde, hatte mehr als nur symbolische Auswirkungen. Das Ritual verlangte eine ganz andere Art der Zubereitung von Tieren. Ein wichtiges Element beim Opfer war die Verteilung des Opfertiers unter die Teilnehmer. Die Aufteilung mußte für den Augenschein gerecht sein, wozu, nach dem Ausweiden des Tieres und nachdem die Götter und Priester ihren Anteil bekommen hatten, das Tier einfach in mehr oder weniger gleiche Teile zerlegt wurde. Es bestand ein deutlicher Unterschied zu der Art, wie man heute Tiere schlachtet und das Fleisch, sorgfältig auf zartere und weniger zarte Stücke achtend, entlang der Faser oder quer zu ihr schneidet. Was die Qualität angeht, war die Verteilung des Fleisches in der Antike ungleich und eher ungerecht: fette oder knochige Teile für die einen, Filet- und Rumpfstücke für die anderen. Um gleiche Aussichten auf ein gutes Stück herzustellen, mußte das Fleisch deshalb durch das Los unter die Opfergemeinde verteilt werden. Wahrscheinlich wurde, wie in vielen vorderasiatischen Kulturen, alles Rind-, Schweine- und Lammfleisch diesem rituellen Prozeß unterzogen. Selbst das auf den Märkten verkaufte Fleisch stammte wohl von rituell geschlachteten Tieren. So meint ein Kenner des antiken Schlachterwesens: »Die Einhaltung einer Methode des Schlachtens ohne Rücksicht auf die unterschiedlichen Teile des Tieres bedeutete für den Käufer, daß er nur die Wahl zwischen Fleisch (*kreas*) oder Innereien hatte: Nirgends hören wir in unseren Quellen von Leuten, die auf den Markt gehen und Lammkeule oder Koteletts verlangen.«[16] Die Ideologie des Opferns und das gleichförmige Schlachten hatte zur Folge, daß die Zubereitung der Tiere zu Nahrungsmitteln überlagert wurde von ihrer Stellung im symbolischen Ritual, die den Geschmack oder die Zartheit des Fleisches zugunsten einer Inszenierung der Teilnahme hintanstellte, wobei Gleichheit über Qualität ging. Fische hingegen, ebenso Wild und Innereien, waren vom Ritual des Teilens ausgenommen. Sie durften nach Belieben, wie sie schmeckten, genossen werden. Für den Genuß wurden die geschätztesten Arten, die feinsten Stücke, die leckersten Teile zusammengestellt, ausgewählt einzig nach dem Geschmack des *opsophagos*. In dem Maße, wie Fleisch durch religiöse Rituale vor der Feinschmeckerei geschützt war, wurden Arten- und Größenunterschiede, das einzelne Exemplar zum Thema des anspruchsvollen Gesprächs der Kennerschaft. Fleisch mußte verteilt werden; in Fisch konnte man sich verlieben und die besten Stücke für sich herausgreifen. Hier, auf diesem schmalen Sektor der athenischen Wirtschaft des 4. und 5. vorchristlichen Jahrhunderts, haben wir so etwas wie ein vollausgebildetes System von Konsumgütern.

Homerforscher in hellenistischer Zeit stellten fest, daß Fisch zwar bei den Festmählern der *Ilias* fehlt, der Genuß von Fisch bei bestimmten Gelegenheiten in der *Odyssee* dagegen erwähnt wird. Dies galt als entscheidender Beweis dafür, daß die beiden Epen von verschiedenen Verfassern geschrieben seien. Aristarch hielt dieser Ansicht entgegen, daß der Verfasser der *Ilias*, auch wenn er die Fischerei und den Genuß von Fisch aus Troja verbannt hatte, die Existenz von Fischern und deren Arbeitsweisen wahrgenommen und in seinen Gleichnissen und Metaphern Bilder vom Angeln und Fischen mit Netzen übernommen hatte.[17] Das bedeutete, daß die beiden Epen einerseits tatsächlich von einem Autor verfaßt sein konnten und es andererseits für den Ausschluß von Fisch aus der *Ilias* andere Gründe als schiere Unkenntnis gegeben haben mußte, wie etwa, daß der Dichter eine Vulgarisierung (*mikroprepēs*) vermeiden wollte, weshalb er auch kein Gemüse erwähnt.

In diesem Fall stellt sich jedoch die Frage, warum Fischen und der Genuß von Fisch in der *Odyssee* vorkommt. Aristarch zufolge soll dies nur in Ausnahmesituationen geschehen sein, wenn die Helden etwa unter außerordentlichem Hunger litten. In der Episode, wo Odysseus und seine Gefährten, die gerade die Prüfung von Skylla und Charybdis überstanden haben, auf der Insel landen, wo der Sonnengott seine Rinder hält, wird eine solche Situation beschrieben: »Aber nachdem im Schiff verzehrt war jeglicher Vorrat, / Streiften aus Not sie umher und suchten, Beute zu fangen, / Fische und Vögel, wie es den lieben Händen daherkam, / Mit gebogenen Angeln; es trieb sie quälender Hunger.« Am Beispiel solcher Textstellen bei Homer, aber auch im Mittelalter und in der frühen Neuzeit in Europa kann man sehen, daß Fisch als Armeleuteessen galt, als Speise für die Fastenzeit und als Freitagsessen.[18] Eine solch armselige Kost gehörte sich nicht für Helden vom Kaliber eines Achilles oder Diomedes, außer wenn der Dichter sie in Situationen äußerster Not zeigen wollte. Griechen späterer Generationen, deren Urteil über Fisch, wie wir gesehen haben, viel leidenschaftlicher war, mißverstanden die Bedeutung und interpretierten das Fehlen von Fisch anders. Athenaios glaubte, daß Homer seine Helden nicht vor dem Ruch der Armut bewahren, sondern sie vor dem Verdacht der Prasserei schützen wollte: Der Dichter verschweige den Genuß von Gemüse, Fisch und Vögeln, weil dies ein Zeichen der Feinschmeckerei (*lichneia*) sei.

Es liegt daher wahrscheinlich ein Mißverständnis vor, wenn Platon das Fehlen von Fisch bei Homer in Verbindung mit dem Ausschluß von Hetären, delikatem Kuchen und sizilischer Küche, den dekadenten und verweichlichenden Bestandteilen des klassischen griechischen Gelages, bringt. Tatsächlich könnte man sagen, daß Fisch für die Einwohner der einfachen, von Sokrates skizzierten frühen Stadt eher ein geeigneter Proteinlieferant war, eine, wie in der *Odyssee*, zusammen mit den Kohlgemüsen und Meereicheln, die er ihnen zugesteht, durch göttliche Fügung in Flüssen und am Meeresufer gefundene Nahrung. Von Homer bis Platon hat ein gewaltiger Wandel in der Auffassung über den Genuß von Fisch stattgefunden. Er kam vom Land in die Stadt und wandelte sich vom Fund zum Konsumartikel.

Die homerischen Feste fanden in einer geldlosen Wirtschaftswelt statt, in einer Wirtschaft, die auf dem Tausch von Gaben und dem damit in Verbindung stehenden Klientelsystem beruhte. Auch das Opfer ist ein wesentlicher Bestandteil dieser Tauschökonomie, und das Opferfleisch wird oft als Gabe einer Stadt oder eines einzelnen Bürgers verstanden, in deren Namen geopfert wird; es ist eine Gabe, die mit der Absicht dargebracht wird, die Gunst der Götter zu gewinnen und die Opfernden beim gemeinsamen Mahl zu vereinen. Gegenseitigkeit bedeutete eine Verpflichtung zum Opfer, die kaum jemand ignorieren konnte. Selbst die Pythagoreer, bekannt für ihre vegetarische Lebensführung, erkannten die Notwendigkeit, gelegentlich am Opfer teilzunehmen, um dem Vorwurf mangelnder Ehrerbietigkeit zu entgehen. Fisch dagegen war etwas anderes, etwas, was nur mit schierer Freude am Genuß begründet werden konnte. Diesbezüglich stehen Vegetarier in der Antike in auffallendem Gegensatz zu ihren modernen Gesinnungsgenossen, die oft bereit sind, Fisch zu essen. In beiden Fällen ist vielleicht entscheidend, daß die Fischwelt relativ blutarm ist.[19]

Fleisch kam, wenn auch nur bei äußerst seltenen Gelegenheiten, vom Altar auf den Markt. Als Konsumware war es, wie wir bereits an der gleichteiligen Technik des Schlachtens nach den Geboten des Rituals gesehen haben, von geringer Bedeutung. Fisch dagegen ist die eigentliche Ware und die Agora ihr Element. Gelegentlich wird Fisch sogar mit Geld verglichen. Das Silber, das von den Verbündeten nach Athen gelangt, beschreibt Aristophanes in einem Bild als Thunfischschwarm, den man weit draußen im Meer gesichtet hat, und in Komödien werden Witze gemacht, bei denen Fischschuppen mit dem Wechselgeld, das die Athener im Mund herumtrugen, verglichen werden. Folglich sind Fischer, die in der antiken Welt oft stereotyp als äußerst arm dargestellt werden, bis auf wenige Ausnahmen vom Diskurs über die Fischversessenheit ausgeschlossen und Opfer der außerordentlichen Fetischisierung ihrer Ware. Indessen ist immer wieder der Marktplatz und der Vorgang des Kaufens und Verkaufens Brennpunkt des Geschehens. Eine besondere Erscheinung ist dabei die karikaturistische Darstellung habgieriger, oft fremder Fischhändler und deren Versuche, die einheimischen Bürger als Kunden zu betrügen. Ein typisches Beispiel taucht bei Antiphanes im *Pro-Thebaner* auf:»Ist es nicht eigenartig, daß jemand, der frischen Fisch verkauft, uns mit teuflischem Blick und zusammengezogenen Brauen anspricht, jedoch lacht und scherzt, wenn die Ware bereits nicht mehr so jungen Datums ist? Es sollte gerade umgekehrt sein. Im ersten Fall sollte der Verkäufer lachen und im zweiten zum Teufel gehen.« Ein Fragment des Xenarchos, *Porphyra* (*Der Purpurfisch*), läßt eine Person auftreten, welche die Fischhändler als einfallsreicher denn die Dichter preist, wenn es darum geht, Wege zu finden, ein Gesetz zu umgehen (das vermutlich nicht existierte):

>»Denn da es ihnen nicht länger gestattet ist, ihre Ware mit Wasser einzureiben (was gesetzlich verboten ist), bricht einer dieser Kerle – nicht gerade ein Liebling der Götter –, der seinen Fisch austrocknen sieht, eine prächtige Rauferei zwischen den Händlern vom Zaun. Fäuste fliegen, und einer scheint tödlich verwundet zu sein. Er geht zu Boden, so als ob er seinen letzten Seufzer getan hätte, und liegt inmitten seiner Fische. Jemand schreit: ›Wasser! Wasser!‹ Sofort greift einer seiner Händlerkollegen zu einem Krug und schüttet ihn über ihm aus, ohne ihn zu treffen, aber doch so, daß es ihm gelingt, die Fische zu netzen. Die sehen jetzt aus wie frisch gefangen.«

Die Betrugsgefahr beim Einkaufen war so groß, daß Lynkeus von Samos für einen seiner Freunde, der auf dem Markt versagt hatte, eine Abhandlung darüber schrieb, wie man die Sache anzupacken habe. Er rät, einen Doppelgänger des Archestratos mitzuführen, um die Händler einzuschüchtern:

>»Eine Sache wird dir helfen, wenn du an den Fischständen den Unerschrockenen, Unbeugsamen im Preis gegenüberstehst – das ist die Geschäftsschädigung. Rufe Archestratos, den Verfasser des *Luxuslebens*, oder einen anderen Dichter zum Stand und lasse einen Vers vortragen wie ›Die küstensuchende gestreifte Brasse ist ekelhafter Fisch und taugt zu nichts‹ oder den Vers wagen ›Bonito kaufe, wenn der Herbst zu Ende geht‹, doch jetzt ist leider Frühling, und im Sommer ›die Meeräsche ist wunderbar, wenn's Winter geworden ist‹ und viele andere Verse dieser Art. Mit der Beurteilung wirst du Käufer und viele Vorüberkommende verscheuchen und ihn damit zwingen, den Preis, den du für richtig hältst, anzunehmen.«[20]

Besagte Fischhändler gehörten insofern in eine typisch städtische Umgebung geriebener Scharlatane und betrügerischer Händler, als der Fisch seinen Platz in einer Handelsökonomie einnahm, die im Lauf der Zeit Teil der städtischen Welt wurde. Fisch auf dem Land mutet beinahe exotisch an, wie ein Fragment einer Satire über Bauern deutlich zeigt:

»Du, Pistos, nimmst etwas Geld und gehst für mich einkaufen.
– Nein, ich beherrsche die Kunst des Einkaufens nicht.
– Nun gut – Philomenos, was ist dein Lieblingsfisch?
– Ich mag alle.
– Schau sie dir einen nach dem anderen an. Welchen Fisch möchtest du essen?
– Nun, einmal kam ein Fischhändler ins Land und brachte Sprotten und kleine Seebarben; die waren, beim Zeus, bei uns allen hier beliebt!
– Möchtest du also welche davon?
– Ja, und noch andere kleine; ich glaube, diese großen Fische sind alle Menschenfresser.«

Die Auffassung, daß Landbewohner von Fisch nichts verstehen, reicht zumindest bis Aristophanes zurück, der in einem Fragment beschreibt, wie ein Städter sich entschließt, aufs Land zu ziehen, weil er dort »Buchfinken und Drosseln zu essen bekommt und sich nicht für ein paar kleine Fischchen, die zwei Tage lang in den Händen eines Fischhändlers gequält wurden und überteuert sind, auf dem Markt herumtreiben muß«.[21] Fisch zu essen und sich darin auszukennen ist nicht nur ein Kennzeichen für den zeitgemäßen Menschen und für Weltläufigkeit, sondern auch typisch für den Städter.

Die antike Leidenschaft für Fisch kann also weitgehend *ex negativo* erklärt werden, aus seiner Stellung innerhalb einer Reihe sich überschneidender Gegensätze, die ihn von anderen Nahrungsmitteln unterscheidet. Fisch zu essen war unbelastet von einer Vorgeschichte, deren bei Festmählern gedacht wurde, von den Epen Homers oder den Platonischen Erinnerungen an den Urzustand. Es war keine ernsthafte oder ehrfürchtige Handlung. Fisch wurde nicht nach ritualisierten symbolischen Regeln geschlachtet und verteilt; er befand sich außerhalb der Opferszene und außerhalb offizieller Festmähler. Fisch spielte weder eine offizielle öffentliche Rolle, noch waren irgendwelche Verpflichtungen mit ihm verbunden, er war frei, ohne starre Bedeutung, die moderne, frei verfügbare Ware, der Fetisch des privaten Konsumenten; eine Nahrung, deren Wert ausschließlich an ihrer Beliebtheit und Nachfrage gemessen werden konnte, ein Gegenstand ständiger Bewertung nach Beschaffenheit und Art sowie Gegenstand von Kennergesprächen, über den in Komödien, auf abendlichen Empfängen, in Abhandlungen gestritten und um den auf den Märkten gefeilscht wurde.

Ein gefährliches Supplement

So weit, so gut. Wir haben die Frage des Sokrates beantwortet. Dank Plutarch wissen wir, was ein *opsophagos* ist, und können verstehen, warum Philosophen darüber beunruhigt sein mögen. Ein *opsophagos* war ein Fischliebhaber. Fischliebhaber waren verrückt nach Fisch, und Philosophen hielten sie für dekadent. Aber leider war Plutarch beim Festmahl nicht dabei, und die Frage ist doch nicht so einfach. In Xenophons Streitgespräch wurden einige Bedeutungen der *opsophagia* geprüft, doch keine davon betraf das Essen von Fisch. Wenn aber das Laster des *opsophagos* nicht die Fischphilie ist, was ist es dann?

Vielleicht müssen wir auf die Grundbedeutung zurückgreifen. Das Substantiv und das dazugehörige Verb *opsophagein* erscheint in der griechischen Literatur zum ersten Mal gegen Ende des 5. Jahrhunderts in der Dichtung des Aristophanes. In den *Wolken* behauptet der altmodische Prinzipienreiter in einer seiner Auseinandersetzungen mit dem ungezogenen Schlaumeier, daß *opsophagein* eine Art des schlechten Benehmens sei, das bei den Athenern früherer Zeiten nicht zugelassen war, ebenso wie kichern, zappeln oder den Alten Sellerie zu klauen. In einer Anekdote Xenophons kommt Sokrates dazu, als jemand seinen Diener verprügelt. Auf die Frage, was der Mann getan habe, daß er eine solche Behandlung verdiene, erwidert sein Herr, der Diener sei ein »*opsophagos* größten Ausmaßes«. Klar ist, daß das Wort aus zwei Elementen besteht: *opson* und *phagein*. *Phagein* heißt essen. Daraus folgt, daß ein *opsophagos* ein Mann mit verwerflichen Eßgewohnheiten ist. Auch die Bedeutung von *opson* scheint recht klar zu sein. Während wir normalerweise bei der Ernährung von zwei Elementen, nämlich von Essen und Trinken, sprechen, unterscheiden die Griechen drei, wobei in der Hauptsache die festen Bestandteile der Nahrung in zwei unterschiedliche Hälften geteilt werden: die Grundlage, *sitos*, und das, was dazukommt, *opson*. Die Grundlage war üblicherweise Brot, das aus Weizen oder anderem Getreide gemacht wurde. *Opson* dagegen war fast alles andere. Diese

Dreiteilung der Nahrung in Grundlage, Zukost und Getränk beziehungsweise Brot, *opson* und Wein tauchte seit Homer an vielen Stellen der antiken Literatur auf, wann immer die Griechen über Nahrung als medizinisches, wirtschaftliches oder moralisches Problem
diskutierten. Das berühmteste Beispiel ist vielleicht die Erzählung
von Thukydides, die davon handelt, wie der Großkönig den Themistokles dafür belohnte, daß er zur persischen Seite überging, indem
er ihm die Einkünfte dreier reicher Städte zu seinem Bedarf sicherte:
»Magnesia für sein Brot … Lampsakos für seinen Wein und Myos für
sein *opson*«.[22]

Ein *opsophagos* ist daher einfach ein *opson*-Esser, ein Zutatenesser,
»ein Esser der nicht aus Mehl hergestellten Nahrung«. Diese Bezeichnung ist nun allerdings nicht so eindeutig, wie es scheint; schon
deshalb nicht, weil es anscheinend auf niemanden zutrifft, weil man
doch von keinem Menschen erwarten kann, daß er vom Brot allein
lebt … Vielleicht sollten wir an diesem Punkt zur Abendgesellschaft
zurückkehren und Sokrates mit seinen eigenen Worten hören:

»Es essen ja doch alle Leute *opson* zum Brot, wenn es ihnen zur
Verfügung steht. Aber deswegen, glaube ich, werden sie doch noch
lange nicht *opson*-Esser genannt.
– Gewiß nicht, entgegnete einer der Anwesenden.
– Nun, wenn aber einer das *opson* ohne Brot allein ißt, nicht, um
sich damit für die Leibesübungen zu stärken, sondern einfach zum
Vergnügen, scheint er dir dann ein *opsophagos* zu sein oder nicht?
– Wer sonst denn könnte so genannt werden?, versetzte der an-
dere.
– Und ein anderer sagte: Wie steht es aber mit einem, der viel
opson mit wenig Brot ißt?
– Nach meiner Meinung wird auch ein solcher mit Recht ein *op-
sophagos* genannt, meinte Sokrates.«

In diesem Moment fangen die Ohren des jungen Mannes, dessen Eßgewohnheiten einer so genauen Prüfung unterzogen werden, zu
glühen an. Verstohlen nimmt er ein Stück Brot. Sokrates beobachtet
die artige Geste, und da er nicht der Mann ist, sich die Dinge entgehen zu lassen, fordert er den Nachbarn des Knaben auf, darauf zu
achten, ob dieser das Brot nicht nur als Zukost nehme, um zu sehen,
»ob er den *sitos* als *opson* oder das *opson* als *sitos* ißt«.

Die drei Elemente der Speise wurden in der Praxis sorgfältig unterschieden. Vor allem waren Essen und Trinken zwei sehr genau

voneinander getrennte Handlungen. Das Abendessen wurde beendet, die Tische beiseite gestellt und der Boden gefegt, bevor das Symposion, der flüssige Teil des Mahls, beginnen konnte. *Sitos* und *opson*, Brot und Zukost, wurden nicht so scharf unterschieden, dennoch gibt es Anzeichen dafür, daß strenge Speiseprotokolle auch diese grundlegende Teilung beim Essen überwachten. Die Gewohnheit, mit den Fingern zu essen, ist für heutigen westlichen Brauch eher schlechtes Benehmen als eine besondere Tischsitte. Im Gegensatz zu der gängigen Vorstellung von mittelalterlichen Schwelgern, die sich mit vor Fett triefenden Gesichtern und Händen gierig auf das Fleisch von Tieren stürzen, gelten bei Gesellschaften, die mit den Händen essen, jedoch äußerst strenge Regeln nicht nur dafür, welche Hand wofür gebraucht wird, sondern auch welcher Teil der Hand, welche Finger und sogar welche Teile der Finger. Mit den Händen zu essen war ein so durchaus natürlicher und gewöhnlicher Vorgang des Lebens in der Antike, daß in den Quellen kaum je Bezug darauf genommen wurde. Es gibt aber genügend Hinweise dafür, daß die Griechen nicht weniger streng in ihren Sitten waren als andere Hand-in-den-Mund-Kulturen. Plutarch erwähnt, daß Kinder dazu angehalten wurden, beim Essen einen Finger für getrockneten Fisch zu benützen, jedoch zwei für frischen. Solche Tischsitten waren offenbar die Hauptursache für der Trennung der zwei Nahrungselemente. Margaret Visser schloß von der Gewohnheit, sich auf den linken Ellbogen aufzustützen, daß die Griechen und Römer wie die alten Chinesen die linke Hand beim Essen überhaupt nicht gebrauchten. In Wahrheit scheinen ihre Tischsitten denen der Araber später ähnlicher gewesen zu sein, bei denen mit der linken Hand nur die Berührung von Brot erlaubt war, während die rechte für die Gemeinschaftsplatten gebraucht wurde und um die Nahrung zum Mund zu führen – durchaus passend für die liegende Haltung der Griechen beim Essen (die sonst nicht eingenommen wurde). *Sitos* wurde daher mit der linken Hand gegessen, *opson* mit der rechten. Plutarch beschreibt, wie Kinder getadelt wurden, wenn sie ihre Hände falsch gebrauchten. Diese Gewohnheit wirft ein Licht auf zwei Textstellen aus der klassischen Epoche: Xenophon beschreibt, wie das Zelt des Kyros mit den *opson*-Köchen zur Rechten und den Bäckern zur Linken organisiert war, und eine satirische Attacke auf den Feinschmecker Kallimedon schlägt vor, ihm ein Standbild mit einem Panzerkrebs in seiner rechten Hand zu errichten, so als wäre er gerade im Begriff, ihn aufzuessen.[23] Möglicherweise gab es wie in manchen modernen Gesellschaften Hygienevorschriften, die diese

Tischsitten ergänzten und dazu beitrugen, ein System hervorzubringen, das auf dem Gebrauch einer reinen Hand zum Essen von Gemeinschaftsplatten und einer unreinen, die jeder bei sich behielt, beruhte. Die *opson-sitos*-Teilung beruhte vielleicht sogar auf der noch wichtigeren Trennung von Nahrung und Exkrementen.

Diese Unterscheidung, eine so unscheinbare und unbeachtete Erscheinung des täglichen Lebens, daß sie der Aufmerksamkeit der Nachwelt beinahe entgangen wäre, scheint der klassische Fall eines von einer Ideologie in die Praxis eingeführten Verhaltens zu sein. Bestimmte Weltanschauungsmuster können dadurch, daß sie unausgesprochen bleiben, eher stärker als schwächer werden, insofern sie mehr eine Gewohnheit als eine Ideologie abgeben und im kulturellen Unbewußten einen Status jenseits der Sprache, des Hinterfragens und Argumentierens einnehmen. Anstelle einer Artikulation können durch sorgfältig abgestufte Unterscheidungen symbolisch aufgeladenen Bereichen und Richtungen Werte und Bedeutungen beigemessen werden. In einer Stadt wie Athen waren die zueinander im Gegensatz stehenden Räume wie die Frauen- und Männerräume, die privaten Innenräume oder die öffentlichen Straßen symbolisch besetzt. Bei der Nahrung mag in die Orientierungen einer persönlichen Geographie eine Wertung hineingelesen werden: links und rechts, unten und oben, *sitos* und *opson*.[24] *Opson* ist kein materieller Gegenstand, auch nicht wirklich eine Vorstellung; es ist vor allem ein Raum.

Dieser Raum erweist sich als ziemlich ambivalent. Seine Stellung bei der Ernährung ist gesichert, und doch wirkt er irgendwie überflüssig, lediglich dekorativ. Darin zeigt sich mehr als nur eine zufällige Ähnlichkeit mit dem, was Derrida als eine beständige Quelle des Unbehagens in der westlichen Philosophie bezeichnet hat, ein Zusatz, der etwas zu ergänzen und dennoch nicht dazuzugehören scheint, der stets seine nebensächliche, untergeordnete Rolle zu vergessen und sich dessen zu bemächtigen droht, wovon er nur als Ergänzung oder Verschönerung gedacht ist. In Anlehnung an Rousseau nennt Derrida diesen zweischneidigen Zusatz das »gefährliche Supplement«, eine Bezeichnung, die ziemlich genau auf *opson*, die Speisezutat, zu passen scheint. Zahlreiche Stellen weisen *opson* offenbar als das Wesentliche aus; es ist das, wonach die rechte Hand greift, um das Brot in der linken zu ergänzen; es ist eine der drei Säulen des Lebens, die in vielen antiken Schriften aufgeführt sind. Es taucht in Berichten über tägliche Ausgaben zusammen mit anderen lebenswichtigen Dingen wie Gerste und Holz auf, und es ist eine der Bedingungen für Vergütungen und Löhne.²⁵ Andererseits kann es auch bloß Beilage sein, deren einziger Zweck darin besteht, den nahrhaften Teil der Speise, die Grundnahrung, das Brot, schmackhafter zu machen. Diese Auffassung des *opson* als einer bloßen Zutat taucht ebenfalls früh in den Annalen der griechischen Literatur auf, an einer Stelle, die dem Kreis um Sokrates gut bekannt war und die von Platon wie von Xenophon zitiert wird: Es ist eine Szene aus der *Ilias* (XI 630), wo der Dichter beschreibt, wie der Diener des Nestor in einem prächtigen Becher von einer dem Helden angemessenen Größe ein Getränk zubereitet, dem ein Stück Zwiebel als *opson* beigegeben ist. Die gängige Unterscheidung von links und rechts, unten und oben bei den Mahlzeiten wird ohne weiteres auf andere ideologische Gegensatzpaare übertragen: Substanz und Dekor, Notwendigkeit und Übermaß, Wahrheit und Fassade.

Die anderen beiden Elemente der Nahrung können ohne Schwierigkeit unter Kontrolle gehalten werden. Brot kann für *sitos* stehen, Wasser und Wein für *poton* (Getränke); keine so einfache Lösung gab es für den Raum von *opson*, für eine Nahrungsvielfalt, die überaus schwer zu bestimmen war. Insbesondere Philosophen standen dem Teil der Nahrung, die Gelegenheit zu Neuerungen und Extravaganzen bot, äußerst mißtrauisch gegenüber, wie bei Platon in einem Dialogabschnitt im *Staat* deutlich wird. Sokrates läßt sich über die Gesellschaft im Naturzustand aus: »Sie werden doch wohl Brot backen und Wein keltern, Kleider und Schuhe anfertigen ... Ihr Nahrungsmittel wird Mehl sein, das sie aus Gerste und Weizen bereiten; das Gerstenmehl kochen sie dann, das Weizenmehl backen sie, legen die prächtigen Kuchen und Brote auf Binsen und reines Laub, lagern sich selber auf einer Streu von Taxus und Myrten und halten mit ihren Kindern ein gutes Mahl. Dazu trinken sie Wein, bekränzen sich, loben die Götter und freuen sich ihres Beisammenseins.« Nach dem Exkurs zur antiken Idylle unterbricht ihn Glaukon, um auf eine offensichtliche Auslassung hinzuweisen: »Du läßt die Leute wohl ohne *opson* schmausen?« »Du hast ganz recht«, sagt Sokrates scheinheilig, »ich vergaß, daß sie auch *opson* haben«, und er zählt durcheinander Dinge auf, die ihm in den Sinn kommen: Salz, Öl und Käse, Gemüse und was überhaupt von den Feldern geerntet werden kann, etwa Eicheln. Glaukos ist schockiert und äußert empört, Sokrates spreche gerade so, als ob er einen Staat von Schweinen füttere. Er verlangt, »was sich gehört«, »*opsa*, wie sie die heutigen Menschen haben« mit eingeschlossen. Sokrates entgegnet, daß Glaukon in diesem Fall nicht einfach von einem Staat, sondern von einem

üppigen Staat spreche, von einem Staat mit Polstern und Tischen
und anderem Hausrat, »und«, fährt er verächtlich fort, »*opsa* natürlich, Duftwasser, Salben, Räucherwerk, Hetären und Backwerk und
allerhand ähnliche Dinge«.[26]
Platon war ein sorgfältiger Schriftsteller. Nach seinem Tod wurde
in seiner Hinterlassenschaft eine Schrifttafel mit den ersten acht
Worten des *Staates* gefunden, die in unterschiedlichen Anordnungen
niedergeschrieben waren. Die Sorglosigkeit des Sokrates an dieser
Stelle ist äußerst geschickt eingesetzt und beleuchtet das Problem
von *opson* perfekt. Es nimmt in der griechischen Ernährung bereits
einen festen Platz ein und kann letztlich nicht mehr daraus vertrieben werden, dennoch weist gerade diese Nichtbeachtung auf seine
nebensächliche Position hin. Es handelt sich um etwas, was übersehen, außer acht gelassen oder vergessen wird, um etwas, dem keine
Bedeutung zukommt. Auf dieses Außer-acht-Lassen angesprochen,
versucht Sokrates *opson* in seinem Naturzustand festzuhalten; er füllt
den Raum der Speisen mit den banalsten Nahrungsmitteln, mit
allem, was gerade greifbar ist und ein Minimum an Vorbereitung kostet. In Xenophons *Kyrupädie* erfährt *opson* eine ähnliche Begrenzung,
ja es wird sogar allmählich beseitigt, was seiner idealistischen und
asketischen Sicht bei den Urpersern entspricht. Im alten Erziehungs-
system sollen die Knaben bis zum sechzehnten oder siebzehnten Le-
bensjahr von Brot als *sitos*, Wasser aus einem Fluß zum Trinken und
von Kardamom (einer Kressenart) als *opson* gelebt haben. Die etwas
älteren Knaben, von Xenophon Epheben genannt, gingen mit einer
Tagesration Brot auf die Jagd und mit nichts anderem an *opson* als
dem, was sie im Feld zu erjagen vermochten. Xenophon zufolge ging
Sokrates aber noch weiter und aß nur so viel, »daß das Verlangen
nach *sitos* dessen *opson* war«, denn Hunger ist der beste Koch.[27]
Das Bemühen der Philosophen, *opson* zu vernachlässigen, außer
acht zu lassen und auf den Zustand der Leere zu reduzieren, zeugt
von einer tiefen Beunruhigung gegenüber dieser Kategorie. Die gefährliche Zukost drohte Essen vom reinen Lebensunterhalt zum
Genuß werden zu lassen und sogar den Platz des Brotes als Grundlage der Existenz einzunehmen. Diese Sorge erklärt, warum Sokrates
von den Tischsitten des jungen Mannes beim Gastmahl so beunruhigt ist. Indem er kein oder nur wenig Brot ißt, droht der *opsophagos*
die Hierarchie der Nahrungsmittel zu verkehren und die einfache
Nahrung zu einem Genuß zu machen. Der Fehler des *opsophagos* besteht nicht darin, wie alle anderen auch *opson* zu essen, sondern
davon zu leben.

Johannes der Fischer

Eine Version des Lasters der *opsophagia* bezieht sich also auf die Vorschrift, die Speisen sorgfältig im Gleichgewicht zu halten; Grundlage ist Grundlage, alles andere Zutat. Plutarchs Version bezeichnet dagegen *opsophagia* direkt als Vorliebe für Fisch. Wie können diese beiden voneinander abweichenden Versionen miteinander versöhnt werden? Wem sollen wir trauen, daß er uns den Sprachgebrauch seiner Zeit getreulich übersetzt, Plutarch, dem hervorragenden Altertumsforscher, oder Xenophon, gewiß ein zuverlässiger Zeuge der Sprache seiner Zeit?

Um Licht in die Debatte zu bringen, müssen wir einen weiteren Umweg zu einer anderen Kontroverse in einem anderen Teil der antiken Welt machen – zum See Genezareth im Reich des Kaisers Tiberius. Eine unglückliche Nacht geht endlich ihrem Ende entgegen, auf dem Wasser wird ein Boot sichtbar mit vielen Fischern, aber keinen Fischen an Bord. Am Ufer zeichnet sich im anbrechenden Tageslicht die Gestalt eines Mannes ab. Er fragt, ob sie etwas gefangen hätten. Die Antwort ist nein. Nun fordert er sie auf, das Netz auf der rechten Seite des Bootes auszuwerfen. Sie folgen seinen Anweisungen, und ihre Netze sind voll, so voll, daß sie den Fang nicht an Bord bringen können und ihn ans Ufer ziehen müssen. Als sie an Land kommen, stellen sie fest, daß der Fremde bereits damit begonnen hat, ein Frühstück aus Brot und Fisch zuzubereiten. Sie wagen nicht zu fragen, wer er sei, doch wissen sie im Grunde, daß er der auferstandene Christus sein muß.

Dies ist die Erzählung vom wunderbaren Fischzug, wie sie von Johannes wiedergegeben wird. Die Geschichte erscheint mit geringen Abweichungen auch bei Lukas und fand in vielen Punkten das Interesse von Bibelexegeten und Theologen. Was uns hier interessiert, ist allerdings nicht Theologie, sondern Philologie. Johannes gebraucht zwei verschiedene Worte für Fisch; als erstes, wie zu erwarten, *ichthys*, das in der Logik des Akronyms – Iesus CHristos THeu [H]Yios Soter (Jesus Christus, Gottes Sohn, Retter) – in den ersten Jahrhunderten nach Christi Geburt den Fisch zum geheimen Zeichen des christlichen Glaubens und später zu einem Symbol des christlichen Stolzes machte. Doch wenn es um das Essen von Fisch geht, benützt er ein anderes Wort, nämlich *opsarion*, ein Wort, das bei Johannes fünfmal auftaucht, sonst aber nirgends im Neuen Testament. Der idiosynkratische Wortgebrauch führte zu gewagten Schlüssen über den Autor. Für den Bischof von Woolwich, John A. T. Robinson, bezog sich das

Wort *opsarion* eindeutig auf gedörrten Fisch und war Beweis dafür, daß dieser Evangelist, der üblicherweise als letzter Evangelist angesehen wurde, in Wahrheit der erste, ein Zeuge der Ereignisse, die er beschrieb, war und niemand anders als Johannes, Sohn des Zebedäus, einer der zwölf Apostel, ein Fischer und Fischhändler, gewesen sein konnte. Nur ein Fischer, gibt Robinson zu verstehen, hätte sich um solche fachlichen Unterscheidungen gekümmert.

Andrew N. Wilson nahm in seiner Jesus-Biographie diese Beobachtung wiederum als Beweis dafür, daß im Text der Bibel immer noch Neues entdeckt werden kann. Er erklärte das eher beiläufige Argument des Bischofs, indem er die Vermutung äußerte, daß der professionelle Fischhändler mit »gekochtem Fisch« so etwas wie einen Bückling oder geräucherten Fisch gemeint haben könnte.[28] Leider jedoch ist am Vokabular des Johannes nichts Fachmännisches. Aus der »Speisung der Fünftausend« wird nicht das »Wunder der Räucherheringe«. *Opson* wie auch dessen Verkleinerungsform *opsarion* waren zu dieser Zeit allgemein gebräuchliche Worte für Fisch, weder geräuchert noch notwendigerweise gekocht, sicher jedoch in höchster Lebensgefahr, da sie im Gegensatz zu *ichthys* den Fisch als Nahrung bezeichnen, so wie *pork* zu *pig* steht. Tatsächlich kommt das Wort *psari* für Fisch im heutigen Griechisch von *opsarion* und nicht von *ichthys*. Dies erklärt, warum Plutarch dachte, ein *opsophagos* sei einfach ein Fischliebhaber. Es sagt nichts aus über die Identität oder den Beruf seines ungefähren Zeitgenossen Johannes, wohl aber etwas über dessen Geläufigkeit im Gebrauch der griechischen Sprache, der *lingua franca* im Osten des Römischen Reiches.[29]

Daß ein Wort sowohl »alles, was wir mit Brot essen« und gleichzeitig einfach »Fisch als Nahrungsmittel« bedeuten konnte, führte über die Jahrhunderte für Generationen von Griechischlesern zu Mißverständnissen, wofür die Meinungsverschiedenheit über *opsophagia* zwischen Plutarch und Xenophon nur ein Beispiel ist. Ein Zeitgenosse Caesars, der Historiker Diodor von Sizilien, las Thukydides' Beschreibung der drei Städte, welche die drei Speisen darstellten, die der Großkönig dem Themistokles anbot; aber er verstand sie völlig anders. Nach einem Kommentar über die reichen Erträge der lampsakischen Weinberge und die Fruchtbarkeit der Weizenfelder von Magnesia konnte er sich nicht enthalten, der Wahl der Stadt Myos ihres *opson* wegen anzufügen: »Das Meer ist dort voller Fische«, obwohl die Stadt damals mehrere Stadien weit im Inland lag.

Es ist also erwiesen, daß *opson* schon im ersten vorchristlichen Jahrhundert ganz einfach »Meeresspeisen« bedeuten konnte. Antike

Sprachforscher beschäftigte die Frage, wann dieser Gebrauch zuerst auftauchte, und besonders, ob er als gutes klassisches attisches Griechisch gelten konnte. Ihn einige Jahrhunderte zurückzuverschieben scheint immerhin möglich zu sein. Moderne Gelehrte haben überzeugend dargelegt, daß Plutarch seine Definition von Hegesander von Delphi, einer hellenistischen Quelle des 2. Jahrhunderts v. Chr., übernommen hatte, und einige ägyptische Papyri belegen den Gebrauch im 3. Jahrhundert. Die Frage ist jedoch, ob es irgendwelche früheren Stellen gibt, wo *opson* Fisch bedeutet. Gibt es klassische Autoren des 4. und 5. Jahrhunderts, die *opson* so benutzten wie der Evangelist Johannes? Nie stellte sich diese wichtige Frage dringlicher als im aufkommenden Attizismus während der Herrschaft Hadrians und seiner antoninischen Nachfolger.[30]

Gebildete Männer im ganzen Römischen Reich des 2. nachchristlichen Jahrhunderts ließen sich Philosophenbärte wachsen und versuchten ein Griechisch zu schreiben – ja sogar zu sprechen –, wie es nach ihrer Meinung fünf oder sechs Jahrhunderte früher im klassischen Athen in Gebrauch gewesen war. Zu dieser Zeit konnte man als Gelehrter zu Ansehen und Geld kommen. Ein römischer Lehrstuhl für Rhetorik wurde in Athen eingerichtet, und rivalisierende Grammatiker und Lexikographen aus allen Provinzen stritten um das Recht, diese Stelle einzunehmen, indem sie Lobreden auf die Kaiserfamilie hielten oder Beschuldigungen gegeneinander vorbrachten. In diesem Klima wurde der Attizismus zu einer brennenden Frage, und rivalisierende Lager von Extremisten und Moderaten bildeten sich heraus. Wenn uns auch deren verbissene Pedanterie oft unverständlich sein mag, so war die Auseinandersetzung doch nicht ohne Nutzen für die Nachwelt, und eine erhebliche Anzahl von Fragmenten, auf die ich mich in diesem Buch stütze, überlebten nur deshalb, weil irgend jemand, der Jahrhunderte später schrieb, sie als Beweis für die klassische Reinheit seines Wortgebrauchs zitierte. Es erübrigt sich zu erwähnen, daß der Begriff *opson* und seine Ableitungen dank ihrer komplexen und verwirrenden Geschichte so etwas wie eine *cause célèbre* in der attizistischen Debatte wurden.

Pollux aus Naukratis soll als Redner eher mäßig begabt gewesen sein, seine Vortragsweise jedoch honigsüß, womit er sich in das Ohr des Kaisers Commodus einschmeichelte und nach 178 die Professorenwürde in Athen erlangte. Sein *Onomastikon* oder *Buch der Wörter*, das in einer abgekürzten und verfälschten Form überlebt hat, war eine nach Sachgebieten geordnete Sammlung attischer Wörter, die unter anderen 33 Begriffe zur Beschimpfung eines Steuereintreibers und 52 zum Lobpreis eines Königs enthielt. Bei der Auflistung von Wörtern, die den Fischhandel betrafen, betrieb er allerdings nicht allzu großen Aufwand:»Fischhändler, Fischverkauf, Fisch, Fischartiges, *opson*«. Phrynichos »der Araber«, sein Kritiker und Rivale um des Kaisers Gunst, ein Gelehrter, dessen Anforderungen an attische Reinheit so hoch waren, daß selbst manche klassische Autoren ihnen nicht entsprechen konnten, verachtete solche Nachlässigkeit. Er schrieb ein eigenes Lexikon des Attischen in 37 Büchern: »*nicht* Fisch, auch wenn die Leute es heute dafür benützen«, sagt er in einer Anmerkung zu *opsarion*. Athenaios kam wie Pollux aus Naukratis. Sein um 200 n.Chr. verfaßtes *Sophistenmahl*, beschreibt ein abendliches Festmahl, das von Berühmtheiten der Zeit – unter ihnen Galen und der Rechtsgelehrte Ulpian von Tyros – besucht wurde. Die Teilnehmer nehmen abwechselnd Speisen zu sich oder sprechen darüber, wobei sie gelehrte Reden über Sex, Dekadenz und Gedecke einzuflechten wissen. Das Gespräch wird durch einen Metadiskurs über Konversation und die Angemessenheit der Worte, in denen sie geführt wird, unterbrochen; alles gründlich belegt durch Zitate der klassischen Autoritäten. Bei diesen Gastmahlen wird streng darauf geachtet, möglichst ursprüngliches Griechisch zu sprechen, und man fährt sich gegenseitig mit grimmiger Pedanterie über den Mund, wenn man der Meinung ist, ein Gegenstand sei durch eine allzu moderne Ausdrucksweise in den Schmutz gezogen worden. Unvermeidlich taucht das Thema *opsarion* auf: »Dann wurde ein riesiger Fisch in salziger Essigsauce aufgetragen, und jemand bemerkte, daß Fisch [*opsarion*] auf diese Art zubereitet am wohlschmeckendsten sei. Daraufhin sagte Ulpian, der gerne strittige Fragen aufgriff, stirnrunzelnd …: ›Ich weiß von keinem Verfasser der Quellen, der *opsarion* gebrauchte.‹ Nun meinten die meisten«, sagt Athenaios, »er solle sich um seine eigenen Angelegenheiten kümmern, und fuhren mit dem Essen fort.« Ein Teilnehmer der Gesellschaft jedoch, jemand namens Myrtilos von Thessalien, schnappt nach dem Köder und betet den ganzen Katalog des Gebrauchs von *opsarion* als Fisch in den verschiedenen attischen Komödien des 5. Jahrhunderts und danach herunter, inklusive Pherekrates' *Auswanderer*, Philemons *Schatz* und Anaxilas' *Hyakinthos, der Hurenhändler*.

Die Berufung des Myrtilos auf den wirklichen Gebrauch hätte eigentlich ausreichen sollen, die Frage ein für allemal zu beantworten. Doch leider konnte das Problem mit einer Durchsicht der klassischen Texte nicht gelöst werden, weil deren Antworten widersprüchlich waren. Gegen die von Myrtilos genannten Komödienschreiber

konnten zum Beispiel Xenophon, vor allem aber Platon, Meister der
Prosa und größte Autorität für die strengen Attizisten, angeführt
werden. Obwohl er später als manche der von Athenaios zitierten
Autoritäten schrieb, scheint er sich dennoch keineswegs bewußt gewesen zu sein, daß *opson*, von den zahlreichen Ableitungen ganz zu
schweigen, auch Fisch meinen könnte. Wie soll man sich diese Diskrepanz im Wortgebrauch der klassischen Zeitgenossen erklären?
Wie kommt es, daß, was im Theater gebräuchlich war, niemals den
Weg in die Gefilde der Akademie fand? Eine Lösung bietet sich an,
wenn man den Einfluß der Etymologie auf die griechischen Vorstellungen über Sprache untersucht; eine andere, wenn man Platons
Haltung gegenüber Fisch in Betracht zieht.

Seit frühester Zeit zeigten die Griechen ein großes Interesse für
Sprachen im allgemeinen und für die Etymologie im besonderen.
Dieses Interesse an der Herkunft von Wörtern war nicht einfach eine
zufällige Beschäftigung mit der Geschichte der Sprache. Man
glaubte, Etymologie, von *etymos* (wahrhaft), mache den Zugang zur
wahren Bedeutung eines Wortes frei. Moderne Lexikographen
haben große Vorbehalte gegenüber dieser Vorgehensweise: »Etymologie mag für sich genommen eine nützliche Sache sein«, schreibt
Sidney Landau, »aber sie erzählt uns wenig über geläufige Bedeutungen und ist tatsächlich oft irreführend.«[31] Das Interesse an der Herkunft der Wörter ist jedoch ein Fundament unserer kollektiven Vor-
stellungskraft, und in Zeitungsartikeln, in der Schule oder bei
Abendeinladungen wird einem schlampigen Schreiber oder Sprecher
unter Hinweis auf die Herkunft oft ein falscher Wortgebrauch vor-
gehalten.[32] »Eine solche Auffassung von Etymologie«, bemerkt der
Kritiker Derek Attridge, »beruht auf dem Glauben, daß die früheste
Bedeutung immer die beste sei, was gezwungenermaßen die Diagnose eines kulturellen Niedergangs zur Folge hat … oder den Glauben an ein verlorenes Goldenes Zeitalter lexikalischer Reinheit und
Genauigkeit.«[33] Heute geben sich Anhänger der Etymologie damit
zufrieden, Worte auf das Lateinische und Griechische zurückzuführen, und weisen damit diesem lexikalischen Goldenen Zeitalter
nur noch eine Vermittlerfunktion zu. In der Antike hingegen war der
vermeintlich ursprüngliche und reine Zustand der Sprache bis zu
einem gewissen Grad Gegenstand der Spekulation. Herodot berichtet von dem berühmten Experiment des Pharaos Psammetich, der
zur Identifizierung der ältesten Sprache zwei Säuglinge gleich nach
ihrer Geburt von jeder menschlichen Kommunikation isolierte, um
sodann auf den ersten Laut zu achten, der spontan aus ihrem Mund

kam. Wie sich herausstellte, war diese Äußerung der Klang *bekos*, was im Ägyptischen keine Bedeutung hatte, jedoch ein Wort für »Brot« im Phrygischen war, welches damit den Preis für die erste Sprache davontrug. Kratylos geht im gleichnamigen Dialog von einem vorgeschichtlichen Erfinder der Sprache aus, der den Zeichencharakter der Wörter nicht arbiträr, sondern aus einer übermenschlichen Einsicht in die wahre Natur der Dinge festlegte. Im selben Dialog vermutet Sokrates, daß die Sprache ihre Wurzeln in der Natur und im Körper habe. Nach dieser Theorie ist *anthrōpos* (Mensch) von der charakteristischen aufrechten Haltung des Menschen abgeleitet: *ho anathrōn ha opōpen* (»der sah, was er sah, indem er aufblickte«). Der Stoiker Chrysipp ging in seiner Suche nach den natürlichen Ursprüngen der Sprache noch weiter und behauptete, daß beim Aussprechen des Wortes »ich«, *egō*, Lippen und Kinn auf den Sprecher wiesen und damit Wort und Bedeutung in einer einzigen ursprünglichen Ausdruckshaltung zu unmittelbarer und enger Übereinstimmung brächten.[34]

Dieses Goldene Zeitalter, in dem das Bezeichnende und das Bezeichnete sich einer solch durch und durch ehrenwerten Beziehung, einer solch ursprünglichen Zweckgemeinschaft erfreuten, sollte indessen nicht lange dauern. Der Abkömmling eines Helden kann hinter dem Heroismus seines Vaters zurückbleiben, bemerkt Sokrates im *Kratylos*, dennoch erbt er dessen Namen. Unter dem Einfluß des etymologischen Betrugs ist die Geschichte der Wörter nicht mehr länger ein neutrales Dokument des Wandels von Anwendungen, das diachronische Unterschiede verzeichnet, ohne differenzierend zu werten, sondern ein genealogischer Bericht, eine Geschichte von Irrungen, die sich mehr und mehr vom Garten Eden entfernt haben, von Abweichungen, deren Entfernung von der ursprünglichen und wahren Bedeutung an den Verflachungen, Verbiegungen und Verirrungen zu messen ist. Dies macht Schreiben zu weit mehr als einem Kommunikationsmittel. Ein ideologisches Element schleicht sich ein. Texte können nicht nur als das effizienteste Kommunikationsmittel auf der Basis der anerkannten zeitgenössischen Verständigung benutzt werden, sondern als Wiederbelebung einer Sprache, welche die Wörter auf ihre Wurzeln, näher an ihre ursprüngliche Bedeutung, auf ihre »eigentliche« unverfälschte Wahrheit zurückführen soll.

Um die Jahrhundertwende behaupteten Wilhelm Schulze und Friedrich Bechtel in ihren Untersuchungen, daß der einleuchtendste Ursprung von *opson* auf ein Wort wie *psōmos*, »Mundvoll« oder »Bissen«, mit einem vorgesetzten *o*, das »mit« bedeutet, zurückgehe. Die jüngsten etymologischen Wörterbücher, die selbst das noch für etwas leichtfertig erachten, geben die Herleitung mit »obskur« oder »*nicht sicher erklärt*« an.[35] In der Antike waren die Philologen weniger vorsichtig und führten *opson* kühn auf Wörter, die das Kochen betrafen, zurück, insbesondere auf *hepsō*, »kochen«, eine Ableitung, die bis zum Ende des 19. Jahrhunderts weithin akzeptiert war und sich noch heute in einigen modernen Wörterbüchern als »eigentliche« Bedeutung hält (und somit von der Spur des »wunderbaren Fischzugs« eines Andrew Wilson oder Bischof Robinson ablenkt). Die früheste explizite Erwähnung dieser Etymologie verdanken wir einmal mehr Athenaios, doch scheint sie in klassischer Zeit auch schon Platon bekannt gewesen zu sein. Abgesehen davon, daß der Gebrauch gelegentlich bei ihm auftaucht – in seinem Werk bezieht sich *opson* meist auf ein gekochtes Gericht –, lenkt er in der Diskussion die Aufmerksamkeit bezüglich dieser Etymologie auf die Ernährung primitiver Zivilisationen. Wir erinnern uns, daß Sokrates dafür gerügt wurde, »vergessen« zu haben, seinen Urbürgern *opson* zuzugestehen. Er erwidert, daß »sie wohl *opson* hätten«: Käse und Zwiebeln, Oliven und Gemüse, »solche Dinge, wie es sie auf dem Land zum Kochen gibt, werden sie kochen« (*hepsēmata, hepsēsontai*). Platon weist mit dieser seltsamen Terminologie auf eine richtige Bedeutung für *opson* als »etwas Gekochtem« im Dunst des Goldenen Zeitalters der Sprachentstehung hin.[36]

Das übliche Schicksal der Wörter, sich aus ihrer Vertäuung zu lösen und gelegentlich in den Irrtum abzudriften, muß im Fall von *opson* wie der Höhepunkt einer genußsüchtigen Degeneration gewirkt haben. In jüngerer Zeit sind viele Theorien darüber entstanden, wie *opson* zu der Bedeutung »Fisch« kam; die einfachste und überzeugendste Darstellung jedoch wurde von Isaac Casaubon in seinen Anmerkungen zu Athenaios, veröffentlicht im Jahr 1600, gegeben. Er äußert die Vermutung, daß es sich um eine Kurzform für *opson thalattion* (Meeresfrüchte), um eine eindeutigere und umfassendere Nahrungsbezeichnung als *ichthys* und eine für die Delikatessen aus der Tiefe wie die Schalen- und Weichtiere besser geeignete Bezeichnung handelt als die Kategorisierung unter Fisch, die bisweilen für problematisch erachtet wurde. Antike Gelehrte scheinen sich dieses deutlichen Vorgangs einer linguistischen Verschiebung jedoch nicht bewußt gewesen zu sein. Statt dessen wurde die Prägung als ein Triumph präsentiert, ähnlich dem Triumph Homers im Literaturkanon: »Obwohl es viele Dichter gibt, gibt es nur einen, den ersten, den

wir ›den Dichter‹ nennen; und so, wie es auch viele *opsa* gibt, ist es
der Fisch, der den exklusiven Titel ›opson‹ errungen hat … weil er sich
eben gegenüber allen anderen ausgezeichnet hat«, stellt Plutarch
fest.[37] Platon, und viele andere Philosophen mit ihm, war weit davon
entfernt, diese Meinung zu teilen; er scheint im Gegenteil die Vorliebe seiner Zeitgenossen für *poissonnerie* scharf mißbilligt zu haben.
Auch im *Staat* sondert er sorgfältig Fische und Meeresfrüchte aus
dem Festmahl des Goldenen Zeitalters aus, und in der Diskussion
über das Fehlen von Fisch bei Homer verbindet er den Verzehr von
Fisch mit Parfum und Hetären und dem ganzen dekadenten Drum
und Dran des neumodischen Festmahls. Darüber hinaus kennen
mindestens zwei hellenistische Autoren eine Geschichte, in der der
Philosoph dem Aristipp, einem anderen Mitglied des Kreises um Sokrates, dessen Fischkonsum vorhält. In Hegesanders Version heißt es:
»Platon machte ihm Vorhaltungen, als dieser mit einer großen
Menge Fisch von einem Einkaufsbummel zurückkam, doch Aristipp
antwortete, daß er nur zwei Obolen dafür habe zahlen müssen. Platon sagte, daß er selbst sie für diesen Preis gekauft hätte, worauf Aristipp antwortete: ›Gut denn, mein lieber Platon, dann mußt du einse-
hen, daß in diesem Fall nicht ich ein *opsophagos* bin, sondern du ein
Geizkragen bist.‹«[38]
Für solche Asketen hatte der Gebrauch von *opson* für Fisch eine
andere Bedeutung. Es handelte sich weniger um einen Triumph als
vielmehr um eine Naturalisierung des Lasters, eine Pervertierung der
Sprache, moralisch ebenso fragwürdig, wie wenn wir das Wort »trinken« – »ich brauche etwas zu trinken, aber etwas Richtiges« – als eine
Anspielung auf Alkohol oder »rauchen« für »Hasch rauchen« benützen. Davon auszugehen, daß mit *opson* irgendwelche Meeresfrüchte,
die feinsten und teuersten Delikatessen, gemeint sind, muß Platon,
der über diese Dinge nachdachte, als eine äußerst verweichlichte
Haltung vorgekommen sein. Nachdem er bei der Erörterung der
Ernährung des Goldenen Zeitalters Fisch sorgsam von der Kategorie
des *opson* ausgeschlossen hatte, war er nicht bereit, ihn in seine Se-
mantik aufzunehmen.[39] Moral und Gebrauch waren zu eng miteinander verknüpft. Lange Zeit standen die antiken Schriftsteller unter
dem Verdacht, unzuverlässige Zeugen der Welt zu sein, die sie beschreiben wollten. In manchen Fällen sind sie auch keine besseren
Zeugen der Sprache, mit der sie diese zu beschreiben trachteten.
Die Definition der *opsophagia*, die Xenophon dem Sokrates in den
Mund legt, tritt jetzt als das, was sie wirklich ist, hervor: nicht einfach

eine Erörterung der Bedeutung, sondern ein Versuch, eine spezielle
Bedeutung und eine spezielle Methode der Bedeutungsfindung
unter Ausschluß anderer durchzusetzen. Erstaunlicherweise wird
Fisch, der schon lange die Vorzugsnahrung des *opsophagos* (wie auch
immer definiert) war, in den Erörterungen über das Laster der *opsophagia* nie erwähnt. Nur kurz danach überliefert der Memoiren-
schreiber eine andere Bemerkung des Sokrates:»Im attischen Dialekt«, pflegte dieser zu sagen,»sagt man von einem üppigen Gastmahl: ›einen guten Bissen essen‹.«[40] Xenophon sollte nicht den gleichen Fehler begehen.

Die scheinbar müßige Frage des Sokrates, die er scheinheilig an
den jungen Mann, den er in Verlegenheit bringen wollte, richtete
und die Xenophon wiederum an uns richtet, hat über die Jahrhunderte hinweg eine ganze Reihe von Antworten in den Werken von
Platon, Plutarch, Athenaios, Phrynichos »dem Araber«, Pollux dem
Lexikographen und den modernen Klassizisten wie Casaubon, Passow, Kalitsunakis sowie von Liddell-Scott und Jones nach sich gezogen. Sie stimmen nicht überein, und die Frage kann bis heute nicht
als erledigt angesehen werden. Es scheint sich um eine äußerst
trockene Debatte zu handeln, furchtbar pedantisch und mühselig,
genau das, was der Leser beim Aufschlagen eines Buches über das
klassische Athen vielleicht befürchtet; schlimmer noch: Sie mag irrelevant erscheinen. Die meisten Leute im klassischen Athen hätten die
opsophagia als Laster bezeichnet, wenn sie Zeuge davon geworden
wären, auch wenn der Beschuldigte den Vorwurf von sich gewiesen
hätte oder jemand anders bestritten hätte, daß die Bezeichnung gerade auf diese Art des Essens anzuwenden sei. In vielen Fällen gab es
keine Diskussion:»Einen anderen Fisch von stolzer Größe brachte
Glaukos dorthin«, sagt eine andere Figur im *Euripides-Schwärmer* des
Axionikos,»Brot für *opsophagoi*.« Ein großes Wort; vielleicht meinte
opsophagein für unterschiedliche Gruppen von Menschen, besonders
für unterschiedliche Gesellschaftsschichten, jeweils etwas anderes.
Wörter haben keine festen, einheitlichen Bedeutungen, und das Verständnis eines Textes wird verstellt, wenn man ihn derart starr behandelt. Noch mehr als heute trifft dies für das klassische Athen zu.
In einer Welt, die noch nicht unter der Tyrannei der Wörterbücher
und des öffentlichen Erziehungssystems stand, war die Bedeutung
von Wörtern im allgemeinen recht unsicher und schwer festzumachen.[41]

Ich beabsichtige nicht, die Geduld des Lesers in diesem Buch weiterhin mit dieser Art Philologie zu strapazieren, doch eröffnet dieser

Streit über Wörter, der in keiner Weise nichtssagend, trocken oder irrelevant ist, den Zugang zum Kern der Sehnsüchte der Griechen. So wie der Psychoanalytiker den Schlüssel zu einem Traum in einem Versprecher finden kann, zeugt das auffällige Fehlen des Fisches in den Texten von Xenophon und Platon von den wahren Gefahren, die in Begierden lauern. Antike Texte sind mehr als nur Informationen über antikes Begehren; sie liefern uns mehr als nur Beispiele über den antiken Diskurs des Begehrens. Antikes Begehren ist, wenn auch vielleicht unterdrückt, im Text stets noch gegenwärtig. Diese Autoren enthüllen mit ihrem Zögern und ihren Auslassungen ein Ringen um die Abfassung ihrer Prosa, einen andauernden Kampf mit gefährlichen Leidenschaften, die sie und die Leser immer zu verzehren drohen.

Kapitel 2

Trinken

Charles Baudelaire mochte Anthelme Brillat-Savarins *Physiologie des Geschmacks* nicht besonders. Vor allem hatte er etwas gegen die kurze Einleitung über Wein:»Der Stammvater Noah soll der Erfinder des Weines sein; es ist eine aus den Früchten der Rebe gewonnene Flüssigkeit.« Sollte ein Mensch, bemerkt der Dichter sarkastisch, vom Mond oder einem anderen Planeten auf der Erde landen und sich um eine Erfrischung an Brillat-Savarin wenden, erführe er ohne weiteres alles Nötige »von allen Weinen, ihren verschiedenen Eigenschaften, ihren Unzuträglichkeiten und ihrer Macht auf Magen und auf das Gehirn«. Dagegen bietet er seine eigene schwärmerische Verherrlichung der Eigenschaften des Weins an, eine Anekdote über einen Spanier und einer Prosopopöie des Geistes des Weins. Wie Roland Barthes in seiner Einleitung zu einer Ausgabe der *Physiologie* von 1975 hervorhob, zeugt Baudelaires Sarkasmus von einem tiefgreifenden Konflikt über die Ansichten von der Natur des Weins:»Für Baudelaire ist Wein Erinnerung und Vergessen, Freude und Melancholie; er eröffnet dem Subjekt die Möglichkeit, sich außerhalb seiner selbst zu bewegen ... er ist ein Abweichen vom Weg, kurz, eine Droge.« Für Brillat-Savarin hingegen führe Wein nicht zum Rausch:

> »Der Grund liegt nahe: Wein ist Teil des Essens, und Essen bedeutet für Brillat-Savarin wesentlich die Tischgemeinschaft. Wein trinkt man nicht alleine. Man trinkt, während man ißt, und man ißt stets mit anderen ... Die Unterhaltung mit anderen ist Bedingung; sie schützt den kulinarischen Genuß vor jeder Gefahr, ins Krankhafte abzugleiten, und beläßt den *gourmand* in einem Klima der Vernunft. ... Für Brillat-Savarin besitzt der Wein kein besonderes Privileg. Wie das Essen und mit ihm erweitert der Wein den Körper (er läßt ihn leuchten), aber er verändert ihn nicht. Wein ist eine Anti-Droge.«[1]

Alkohol ist seit langem dafür bekannt, die Zunge der Menschen zu lösen. Da er auf der Skala der Laster eine besondere Stellung zwischen einer alltäglichen Selbstverständlichkeit und einem *horribile dictu* einnimmt, wurde er vor allem in den letzten zweihundert Jahren zu einer Angelegenheit der Wissenschaft, treibende Kraft für ein breites Aufgebot an Untersuchungen, Kategorisierungen und Gesetzgebungen, von öffentlichen Auseinandersetzungen und akademischen Untersuchungen. Von den Traktaten der Abstinenzbewegung über die Prohibition bis zu den Selbsthilfegruppen am Ende des 20. Jahrhunderts wurden die Gefahren des Alkohols verkündet und die Trinker unter die scharfe Kontrolle der Kirchen, Ärzte, Satiriker, der Polizei und der Soziologen gestellt – nicht zu reden vom unversöhnlichsten Blick: der genauen Überwachung eigener Gewohnheiten und eigenen Verlangens durch den Trinker selbst.

Die Hinterlassenschaften dieser Faszination haben modernen Sozialhistorikern, die ohne ideologischen Übereifer die von glühenden Alkoholgegnern sorgfältig aufgelisteten Trinkgewohnheiten des letzten Jahrhunderts studieren können, reiche Ausbeute geboten. Der Tenor dieses Diskurses führte jedoch zur Verbreitung eher universalisierender und summarischer Vorstellungen, mit dem Ergebnis, daß das Studium des Trinkens über die Grenzen der Geschichte hinausgetrieben wurde. Die langen Listen der den Menschen bekannten berauschenden Getränke galten nun als Manifestationen einer einzigen Droge – nämlich Alkohol in unterschiedlicher Verkleidung. Die reichen Erfahrungen mit dem Genuß solcher Getränke und die mannigfaltigen Formen des Konsums werden als Erscheinungen eines einheitlichen Krankheitsbildes des Rausches und der Abhängigkeit angesehen, wobei Äthylalkohol zuerst verführt und schließlich den Körper beherrscht.

Diese in der modernen Gesellschaft immer noch verbreitete Ansicht wurde von Anthropologen in jüngerer Zeit in Frage gestellt. Sie hielten es für schwierig, Kategorien wie »Alkoholiker« und Begriffe wie »Alkoholismus« auf Trinkgewohnheiten anderer Gesellschaften zu übertragen, und neigten deshalb dazu, alkoholische Getränke unter die Rubrik des Kommensalismus (der Tischgemeinschaft) zu stellen – wobei mehr die Beziehung des Trinkers zu den anderen Trinkern als die zum Getränk in den Vordergrund gestellt und die Gemeinschaft betont wird, das gemeinsame Brechen des Brotes, nach wie vor ein wunderlicher Brauch der Colleges von Oxford und Cambridge sowie in den Inns of Court und bei der Messe. Manche gingen mit ihrer Vermutung so weit, Alkoholprobleme seien eine rein westliche Erscheinung, die durch Sozialisierung kuriert werden könnten.[2]

Es ist nicht schwer zu erkennen, daß die Debatte zwischen Anthropologen und Alkoholikern in groben Zügen bereits in den Meinungsverschiedenheiten zwischen Baudelaire und Brillat-Savarin vorweggenommen wird. Für den Dichter und Alkoholiker ist das Getränk eine Essenz, eine Droge. Was ihn daran interessiert, ist der außergewöhnliche Zustand des einsamen Rausches. Für den Feinschmecker und Anthropologen ist das Trinken ausschließlich Teil der Ernährung. Auf die Gefahr einer Vereinfachung hin könnte man behaupten, daß das moderne westliche Vorurteil gegen einsames Trinken – die verbreitete Ansicht, die Wirkung des Alkohols sei dank der Anwesenheit anderer gemildert, der Alkoholismus zeige sein wahres Gesicht, bevor die Kneipen öffnen und nachdem sie schließen, wenn der Trinker mit der Flasche allein ist – der Ursprung der Auseinandersetzung sei. Die spezifische Furcht, eine Flasche für sich allein aufzumachen, ist wohl fehl am Platz. Viele gefährdete und hartnäckige Trinker betrinken sich in Gesellschaft anderer, auch wenn die zerstörerischen Begleiterscheinungen erst zu Hause ihre Wirkung zeigen. Dennoch ist für viele eher die alte Jungfer, die schon am Morgen beim Sherrysüffeln erwischt wird, als der Radaubruder mit seinem ungehobelten Benehmen an der Bar der Inbegriff des typischen Alkoholikers.

Beide Haltungen, die des Alkoholikers wie die des Anthropologen, kamen in neueren Untersuchungen über den Weingenuß in der Antike zum Zuge. Während manche sich anstrengten, Beweise für Alkoholabhängigkeit und das typische Problemverhalten, das moderne Soziologen mit dem Alkohol verbinden, in der Antike aufzuspüren, setzten andere die Brille des Anthropologen auf, durch die eine so offensichtlich gängige Praxis wie das Weintrinken in etwas Besonderes und Fremdes verwandelt wird. Das altbekannte berauschende Getränk dient der Zerstreuung. Es ist für sich gesehen ohne Bedeutung und nur der Katalysator eigentümlicher kultureller Praktiken, der Leim für besondere soziale Beziehungen.

Die Griechen führten einen reichen Diskurs über Wein. Ob aus Zufall oder ob eine Absicht dahintersteckte, sei dahingestellt, jedenfalls stammt ein großer Teil der erhaltenen griechischen Malerei aus dem 6. und frühen 5. Jahrhundert v. Chr. von Trinkgefäßen, deren dekorative Bilddarstellungen fast immer auch ihre Funktion reflektieren. Zur gleichen Zeit blühte bei Trinkgelagen eine Literatur von Gelegenheitsgedichten über Frauen, Knaben, Wein und Genuß. Erst später – und in ihrer Form weit näher verwandt mit einer bestimmten Art des modernen Diskurses – gab es medizinische Texte, obwohl moderne Mediziner kaum den Rat des Mnesitheos, des berühmtesten Athener Arztes aus dem 4. Jahrhundert, wiederholen dürften, der starkes Trinken für gesund hielt. Einige alte Philosophen, unter ihnen Aristoteles und Theophrast, schrieben Abhandlungen *Über die Trunkenheit*, von denen leider keine ganz erhalten geblieben ist. Einiges an ihrem Stil und der Art der Behandlung des Themas mag den Fragen und Antworten über die physiologischen Aspekte des Rausches ähnlich sein, wie sie im dritten Buch der Aristotelischen *Problemata* zusammengestellt sind. Wein fand auch den Weg in die Geschichte und Politik. Besonders ein Historiker, Theopompos von Chios, scheint eine feine Witterung für Alkohol bei Tyrannen und Staatsmännern gehabt zu haben. Eine große Anzahl der erhaltenen Fragmente, die weitgehend den verschiedenen Büchern seiner Geschichte Griechenlands (*Hellenika*) und der Philipps II. von Makedonien (*Philippika*) zugerechnet werden, spielen auf die Trinkgewohnheiten der Prinzen und Völker an. Athenaios sagt sogar von Theopompos, er habe »eine Liste von Trinkbrüdern und Säufern« zusammengestellt.[3] Dem an die Seite zu stellen wären gelegentliche Anspielungen der Redner auf Kneipen mit schlechtem Ruf und auf die Mißbilligung von Trinksitten. Die vielleicht wichtigste Quelle zum Trinken im klassischen Athen ist jedoch die attische Komödie, die zu allen Zeiten Trunkenbolde auf die Bühne zu bringen und Vorbereitungen zu Trinkgelagen darzustellen wußte. Dies war durchaus angebracht, wenn man bedenkt, daß die Stücke unter der Schutzherrschaft des Dionysos, des Weingottes, standen.

Dieser alte Diskurs bewegt sich just in dem von der modernen Kontroverse beidseitig begrenzten Feld; er führt vom Trinken zur Gemeinschaft der Trinker und wieder zurück zum Trinken. Dies ermöglicht uns, Baudelaires scharfer Kritik fürs erste ein wenig zu entkommen und einen kurzen Überblick über »alle Weine, ihre verschiedenen Eigenschaften« zu geben.

Wein

Die Rebe war im gesamten Griechenland sowie in den Küstenenklaven von Katalonien bis auf die Krim, die von griechischen Kolonien besiedelt waren, verbreitet. Wein zu trinken wurde für nicht weniger als ein Zeichen griechischer kultureller Identität erachtet. Die Tatsache, daß die Barbaren Bier tranken, war nachgerade ein Kennzeichen ihres Barbarentums. Wenn sie Wein kannten – und die Griechen wußten wohl, daß er auch anderen Kulturen nicht ganz unbekannt war –, dann betrieben sie Mißbrauch damit. Der Wein selbst, der in unverdünnter Form kaum von den Griechen genossen wurde, war meist süß und, bedingt durch die Hitze und niedrige Erträge, wahrscheinlich am oberen Ende des Alkoholgehalts um die 15 bis 16 Prozent angesiedelt, im Gegensatz zu den 12,5 Prozent, die heute üblich sind. Darin herumschwimmende Stückchen von Trauben und Reste von der Rebe, die herausgesiebt werden mußten, bevor der Wein gemischt oder eingeschenkt wurde, waren nicht ungewöhnlich. Dies gab den Rotweinen eine vergleichsweise dunkle Farbe und machte sie stark tanninhaltig. Das Bukett antiker Weine soll auf Weinliebhaber eine starke Wirkung ausgeübt haben und wurde oft mit dem Duft von Blumen verglichen. Gewisse andere Düfte und Gerüche dürften heutigen Nasen eher fremd vorkommen. Als erstes nahm der Wein den Geschmack des Behältnisses an, in dem er transportiert oder gelagert wurde; aber nicht den der Eiche, die heutigen Weinen den charakteristischen Vanillegeschmack geben, sondern den nach Pech und Harz, mit denen die Amphoren üblicherweise versiegelt waren, gelegentlich auch nach Schaf und Ziege, dem Rohmaterial für die Weinschläuche. Andere Zutaten konnten in den verschiedenen Stadien des Herstellungsprozesses beigemengt werden, wie zum Beispiel Salzwasser, Kräuter, Aromen und in einem Fall Honig und Maische. Aristoteles erwähnt in einem Fragment seiner Abhandlung *Über die Trunkenheit* den Genuß von Wein aus einem »Rhodoskrug«, der mit einer Beimischung von Myrrhe und Binsen versehen war. Bei Erhitzung des Gefäßes verringerte sich offenbar die berauschende Wirkung des darin enthaltenen Getränks.

Mnesitheos zufolge wurden drei Farben von Wein unterschieden: der »schwarze«, der »weiße« und bernsteinfarbener (*kirros*). Der weiße und bernsteinfarbene konnte süß oder trocken sein, der schwarze auch »halbtrocken«. Die Abhandlung des Hippokrates *Über die Ernährung* kennt auch »parfümierte« oder »geruchlose«, »schlanke« oder »ölige«, »starke« oder »schwächere« Weine. Theophrast erwähnt bisweilen verschnittene Weine.[4]

Die Griechen scheinen im Unterschied zu den Römern später keinen Wert auf besondere Weinjahrgänge gelegt zu haben, sie kannten allerdings den Wert alter Weine, was Altertumsforscher bis ins 18. Jahrhundert, als die Weine normalerweise noch schnell verdarben, sehr erstaunte. Dieses Unverständnis scheint auf die simple Tat-

sache zurückzuführen zu sein, daß im frühen Mittelalter gut ver-
schließbare Tonkrüge außer Gebrauch kamen und durch weniger
luftdichte Gefäße ersetzt wurden. Das Alter eines Weines spielte für
Kenner eine Rolle und inspirierte den Feinschmecker Archestratos
zu überschwenglichen Lobgesängen, gegen die moderne Weinken-
ner geradezu prosaisch klingen.

Daß Wein durch Altern besser werden kann, führte zu manchen
unvorteilhaften Vergleichen mit der menschlichen Gattung. Zum
Beispiel läßt eine Figur in einem Stück des Eubulos eine Bemerkung
darüber fallen, daß Hetären zwar alten Wein, aber keine alten Männer schätzen. Ein Fragment des Kratinos entwirft eine differenzierte
Analogie zum menschlichen Leben. Es spricht vom »mendäischen
Wein, der ins richtige Alter kommt« (hēbōnta, wörtlich »in Blüte«
oder »geschlechtsreif, in voller Jugendkraft stehend«) und erinnert
damit an moderne Reifegrade des Weins mit ihren unterschiedlichen Ausbauperioden: »trinkreif«, »Höhepunkt«, »am Abbauen«,
»Abbau«.[5]

Ein Großteil des getrunkenen Weins stammte aus lokaler Produk-
tion von kleinen, nicht näher bezeichneten Lagen. Diesen nannte der
Athener trikotylos (etwa: Literwein, wörtlich: »drei Kotylen enthal-
tend«, »drei Viertel«), weil man, dem Lexikographen Hesychios zufolge, für nur einen Obolos drei Viertel Wein erhielt. Andere allerdings, die aus berühmten Weingegenden importiert wurden und von
namhaften Weingütern stammten, waren von erheblich besserer
Qualität. Solche Weine werden in Komödien oft zusammen mit anderen Delikatessen aufgezählt, obwohl dem Dichter für die Spitzen-
plätze weniger Weinsorten als etwa Fischarten zur Verfügung stehen,
im ganzen nur drei bis vier. Die Mitgliedschaft in diesem Eliteclub ist
nicht ganz eindeutig, doch sind die Weine von Thasos, Chios und
Mende, einer Stadt auf der Chalkidike, in klassischer Zeit am bekanntesten. Zu diesen kamen noch die Weine von Lesbos, die man
gelegentlich schon in den Listen des 5. Jahrhunderts v. Chr. finden
kann, obwohl Plinius der Meinung ist, daß sich ihr Ruf erst gegen
Ende des 4. Jahrhunderts verbreitete. In den Theaterstücken ergehen
sich die Figuren ausführlich über die besonderen Vorzüge einer
jeden Sorte – über ihre besondere Farbe und Blume, ihre Süße, wie
etwa in der Rede des Dionysos aus einem Stück des Hermippos:
»Mit … mendäischem Wein begießen die Götter ihr sanftes Lager.
Und der aus Magnesia ist gehaltvoll, süß und weich, und der aus
Thasos, über dessen Spiegel der Duft von Äpfeln schwebt; den halte
ich bei weitem für den besten aller Weine, abgesehen vom wohl-
schmeckenden, bekömmlichen Wein aus Chios.«[6]

Die feinen Weine der klassischen Zeit haben Spuren ihrer Beliebtheit nicht nur in den erhaltenen Fragmenten der antiken Literatur
hinterlassen, sondern auch auf Bruchstücken von Amphoren, die um
Umkreis der Agora von Athen und anderswo ausgegraben wurden.
Jede der großen weinexportierenden Städte füllte ihren Wein in besondere, jeweils mehr oder weniger gleichgeformte Gefäße ab, so daß
sie heute von den Archäologen auseinandergehalten werden können.
Chios bildete seine Amphoren sogar als Erkennungszeichen auf seinen Münzen ab. Dies bestätigt, was die Komödienfragmente bezeugen, daß diese Weine Produkte mit einem eigenen, unverkennbaren
Charakter waren. Manche Städte waren auf eine einzige Weinsorte
spezialisiert, andere wiederum lieferten mehrere verschiedene. Vom
Wein aus Chios gab es drei Arten: *austēros* (trocken), *glykazōn* (süß)
und einen halbtrockenen, *autokratos* genannt. Die Eigenheiten dieser
Weine können als Ergebnis der natürlichen Verbreitung bestimmter
Rebsorten und bestimmter regionaler traditioneller Anbaumetho-
den erklärt werden. Es ist kein Zufall, daß die Herkunftsgebiete die-
ser besonderen Weine ausnahmslos abgeschlossene Landwirtschafts-
gebiete sind, wie im Falle der Inseln Thasos und Chios, oder wie
Mende, buchstäblich von Barbaren umgeben. Bedeutsam ist in dieser
Hinsicht, daß der Wein von Lesbos seinen Namen von der Insel, der
Geographie, bezog und nicht von den politischen Gebilden, den
Städten wie Mytilene, Eresos und Methymna, die das Territorium
unter sich aufgeteilt hatten. Nur wenig weist auf eine antike Bedeutung jener doch kaum greifbaren Qualität des *terroir*, auf die magische Wirkung bestimmter Lagen hin. Der beste chiotische Wein kam
offenbar aus einem Gebiet im Nordwesten der Insel und war als
Wein aus Arios bekannt. Auch von einem byblinischen Wein ist die
Rede, der, entgegen der Annahme des Archestratos, wohl nicht aus
dem phönikischen Byblos, sondern aus einer Gegend in Thrakien,
gegenüber dem nordwestlichen Teil von Thasos kam, einem Gebiet,
das wahrscheinlich zu einer Stadt der Region, vielleicht Thasos
selbst, gehörte.[7]
   Thasos ist auch das beste Beispiel für hochentwickelten Weinanbau in großem Umfang. Die Segnungen gesunder traditioneller An-
baumethoden und guter Böden wurden durch die Gesetzgebung
noch unterstützt. Eine Reihe von Inschriften auf der Insel zeugt von
tiefgreifenden und weitreichenden politischen Eingriffen in den
Weinhandel. Die Gesetzgebung sorgte vor allem für Qualität, eine
Anstrengung, die nicht nur den Weintrinkern von Thasos, sondern
auch den Exporteuren thasischen Weins zugute kam, deren Erfolg

weitgehend vom Ruf der Insel, höchsten Ansprüchen zu genügen, abhing.[8]

Das Symposion

Die förmlichste Art, in der griechischen Welt Wein zu trinken, war das Trinkgelage oder Symposion, eine hochritualisierte Angelegenheit, das Feuer, worin im antiken Griechenland Freundschaften, Bündnisse und Gemeinschaften geschmiedet wurden – in der Tat ein beinahe perfektes anthropologisches Gemeinschaftsmodell des Trinkens, bei dem Geselligkeit über alles geht. Den Ablauf kann man aus einer Anzahl von Berichten zusammensetzen. Es fand im »Männerraum« (*andrōn*) statt, ein kleiner Raum mit einem rundum leicht erhöhten Boden, was ihn für die Archäologie des griechischen Hauses leicht identifizierbar macht. Diese Erhöhung des Bodens diente als Podest für die Sitzkissen, von denen es normalerweise sieben gab, manchmal elf und gelegentlich sogar fünfzehn. Jedes dieser Sitzkissen bot zwei Personen Platz, die sich, auf ihre Linke gestützt, darauf niederließen. Die Verteilung beschrieb mehr oder weniger einen in das Quadrat eingezeichneten Kreis, wobei die Sitzordnung dennoch nicht gleichgültig war. Der Kreis der Trinker wurde von der Tür durchbrochen, was bedeutet, daß es einen ersten und einen letzten Platz, Plätze für Gastgeber, Gäste, Symposiarchen (Vorsitzende des Gastmahls), Ehrengäste und ungeladene Gäste gab. Wein, Gesang und Unterhaltung gingen im Raum »von links nach rechts«, das heißt, wahrscheinlich gegen den Uhrzeigersinn. Die Anordnung entsprach weniger einem auf Gleichheit beruhenden festen Kreis als vielmehr einer dynamischen Reihe von Umläufen, die sich in Zeit und Raum entfalteten, mit der Möglichkeit, in lange Fahrten, Expeditionen und Reisen auszuarten.[9] In diesem kleinen *andrōn* konnten die Trinker große Entfernungen zurücklegen.

Das Symposion war genau den Wänden des Raumes entlang angeordnet. Die Atmosphäre war dementsprechend dicht und intim. »Nichts findet hinter den Trinkenden statt; das Gesichtsfeld blieb unverstellt, so daß sich die Blicke treffen konnten und Gegenseitigkeit gesichert war.«[10] Der gemeinschaftliche Raum schuf in Verbindung mit der Wirkung des Alkohols das Gefühl, in eine andere Wirklichkeit einzutauchen. Betreiber moderner Nachtlokale und Kasinos achten darauf, daß weder Fenster noch Uhren die Besucher an die Realzeit der Außenwelt erinnern. Im Symposion wurde eine ähnliche Loslösung der Verbindungen zur Außenwelt mit einem Re-

pertoire an Bildern und einem auf sich selbst bezogenen Diskurs be-
wirkt, die das Symposion und die Spiegelungen des Symposions *en
abîme* wiedergaben. Man lag im Männerraum und trank aus Bechern
mit Abbildungen von Männern, die in Männerräumen lagen und aus
Bechern mit Abbildungen tranken … Man rezitierte Gedichte über
das Gastmahl und erzählte Geschichten von anderen Trinkgelagen
zu anderen Zeiten an anderen Orten. Man ging niemals von den
Themen des Symposions wie Liebe und Sex, Genuß und Trinken ab.
Tatsächlich läßt sich sagen, daß für die Zeit seiner Dauer das Symposion symbolisch die Welt bedeutete.

Anschaulich illustriert eine bizarre Geschichte des Timaios von
Tauromenion das Gefühl der Trennung zwischen der Welt des
Trinkgelages und der Außenwelt:

> »In Agrigent gibt es ein Haus, das aus folgendem Grund die
> ›Triere‹ [Dreiruderer] genannt wird: Einige junge Männer betran-
> ken sich dort, gerieten in einen so berauschten Zustand und wur-
> den so wirr im Kopf, daß sie glaubten, sie befänden sich in einer
> Triere und steuerten durch einen gefährlichen Sturm. Sie gerieten
> so außer Rand und Band, daß sie alle Möbel und Einrichtungsge-
> genstände aus dem Haus in das vermeintliche Meer warfen, weil
> sie den Befehl des Kapitäns gehört haben wollten, das Schiff
> müsse wegen des Sturms von Ballast befreit werden. Unterdessen
> versammelte sich viel Volk am Ort und begann, das weggewor-
> fene Besitztum wegzutragen; doch selbst dies hielt die jungen
> Leute nicht von ihrem Wahn ab. Am darauffolgenden Tag er-
> schien die Obrigkeit im Haus und erhob Klage gegen sie. Die jun-
> gen Leute waren noch immer seekrank und antworteten auf die
> Fragen der Beamten, daß sie sich vor lauter Angst im Sturm dazu
> gezwungen sahen, alles überflüssige Gewicht über Bord zu wer-
> fen.«

Die Geschichte gehört zu einer reichen Tradition von Seefahrermetaphern bei den Trinkgelagen.[11] Die hohe See steht für schrankenlosen Weingenuß, für den Verlust aller Orientierungspunkte. Die Metapher ist vom archaischen Maler Exekias in charakteristischer Anordnung im Innern eines Bechers festgehalten. Sie zeigt einen ent-
spannten und triumphierenden Dionysos auf einem mit Trauben
und den unvermeidlichen Weinreben geschmückten Schiff, nachdem er den Spieß umgedreht hat und die Piraten, die ihn entführten,
nun in Fische verwandelt um das Schiff herumschwimmen. Norma-

lerweise ist das Innere einer *kylix* (griechischer Trinkbecher) einem kleinen zentralen Tondo vorbehalten, hier jedoch schwappt das in Rot gemalte Meer über die Ufer hinaus und umspielt schließlich in rebenartiger Fülle den Rand des Bechers, so wie das Trinkgelage gegen die Wände des *andrōn* brandet. Die Gesellschaft treibt, befreit von den Schranken der Wirklichkeit, im grenzenlosen Meer des Weins in die Tiefe. Es überrascht nicht, daß bei den italischen Etruskern in einem anderen Zusammenhang das Symposion mit den Todesritualen in Verbindung stand. Der solide Teil des Mahles wurde mit dem Wegräumen der Tische beendet. Der Boden wurde von Muschelschalen und Knochen gereinigt, die sich dort im Laufe des Essens angesammelt hatten, und den Gästen wurde Wasser gereicht, damit sie sich die Hände waschen konnten. Zu diesem Zeitpunkt wurden die Gäste bisweilen mit Blumengirlanden behängt und mit Duftölen eingerieben. Das eigentliche Symposion begann mit einer Libation (einem Trankopfer) von unvermischtem Wein zu Ehren des *Agathos Daimōn*, einer Schutzkraft des Guten, die von Freudengesängen für den Gott begleitet wurde. Dies war die einzige Gelegenheit, bei der der Genuß unvermischten Weins erlaubt war, was die gefährliche Atmosphäre anzeigt, von der die abendliche Zecherei erfüllt war. Die Teilnehmer brachen zu einer gefährlichen Reise auf. Folgt man dem Historiker Philochoros, dann war der rituelle Trinkspruch mit unvermischtem Wein eine von mehreren Trinksitten, die von Amphiktyon, einem legendären König Athens, als eine »Demonstration der Macht der Guten Gottheit« eingeführt worden war. »Außerdem mußten sie über dieser Schale den Namen des Retters Zeus vor sich hersagen als Warnung und Erinnerung, daß nur diese Form des Genusses [d. h. Wein mit Wasser vermischt] Gesundheit und Heil bringt.« Die Libation wurde aus einer besonderen Schale, dem *metaniptron*, das von den Gästen reihum weitergereicht wurde, vollzogen. Zur Aufsicht über das Mischen und die Eingangsrituale wurde durch Wahl oder auf andere Weise ein Symposiarch bestimmt.[12]

Wasser in den Wein zu geben war eine typische Sitte der Griechen, die von keiner anderen antiken weintrinkenden Kultur geteilt wurde. Wein und Wasser wurden in einen großen Mischkrug, den *kratēr*, zusammengegossen. Das Wasser konnte kalt oder warm sein; manchmal wurde Schnee zur Kühlung des unvermischten Weines entweder in ein Kühlgefäß, den *psyktēr*, gegeben oder in die Weinschale direkt zum Schmelzen gebracht. Nach Theophrast galt es zu seiner Zeit für fein, den Wein zuerst einzugießen und dann Wasser dazuzugeben. Er hielt diese Vorgehensweise für gefährlicher als die Methode, dem Getränk durch Zugießen des Weins zu seiner Stärke zu verhelfen, wohl deshalb, weil die Vorstellung herrschte, daß das »Verwässern des Weins« eher zu einer stärkeren Mischung verführe als das »Aromatisieren oder Verdicken des Wassers«.[13] Die Wirbelbewegung der Flüssigkeit beim Zusammengießen klingt im Namen eines Mischschalentyps, dem *dinos* (Strudel) an.

Über die richtige Mischung wurde viel diskutiert. Athenaios erwähnt einige Figuren in attischen Komödien, die über das Verhältnis der Zutaten stritten. Die Mehrzahl der Fragmente nennt ein Mischungsverhältnis von einer Hälfte Wasser und einer Hälfte Wein, doch wo der Zusammenhang deutlich wird, hat es den Anschein, als wäre dies Ausdruck einer besonders ausschweifenden und gierigen Art des Trinkens. In dem Stück *Der Dolch* des Sophilos zum Beispiel bezeichnet eine Figur den in solchem Verhältnis gemischten Wein als unvermischt, *akratos*. Selbst eine Mischung mit einem Drittel Wein konnte als Verstoß gegen die Sitten gelten, während nur ein Viertel Wein zu schwach war. Die beste Verdünnung liegt, wie aus den Komödienfragmenten hervorgeht, irgendwo dazwischen um zwei Siebentel herum, d. h. fünf Teile Wasser und zwei Teile Wein. Das dabei entstehende Getränk war etwa so stark wie heutige Biere und wurde auch in ähnlichen Mengen getrunken. Wein und Wasser wurden als komplementär zueinander stehend, als Gift und Gegengift, angesehen. Sogar ein notorischer Trinker wie Proteas von Makedonien »vergießt«, wie im Bericht über das verschwenderische Gastmahl des Karanos beschrieben, abergläubisch »einige Tropfen Wasser«, bevor er gut sechs Maß Wein von Thasos nacheinander hinunterstürzt.[14]

Nachdem der Wein gemischt war, wurde er von einem Sklaven verteilt, und zwar so, daß der Wein zuerst in einen Schöpfkrug, eine *oinochoē*, abgefüllt und dann der Reihe nach in die Schale eines jeden Gastes eingeschenkt wurde. Der Symposiarch bestimmte nicht nur das Mischungsverhältnis von Wasser und Wein, sondern auch die Anzahl der anzumischenden *kratēres*. Ein gutes, anständiges Symposion sollte sich mit drei begnügen. In einem Stück des Eubulos verkündet Dionysos von der Bühne: »Drei *kratēres* nur empfehle ich dem verständigen Mann; einen für die Gesundheit, den zweiten für die Liebe und den Wohlgenuß, den dritten zum Schlafen; wenn diese ausgetrunken sind, gehen kluge Gäste nach Hause.«[15] Die Anzahl der *kratēres* konnte vor dem Symposion oder während es im Gange war, festgesetzt werden. Platons *Symposion* beginnt mit der Beratung der

Gäste, wie getrunken werden soll. Da sie noch unter den Folgen der
Zecherei von der vorhergehenden Nacht leiden, ist Zurückhaltung
geboten. Die Diskussion geht davon aus, daß alle dieselbe Menge
trinken und deshalb vorher übereinkommen müssen, wieviel getrunken werden soll. Neben der Anzahl *kratēres* und dem Verhältnis
der Mischung konnten Anzahl und Umfang der Trankopfer, die
Größe der Trinkbecher und die Anzahl der Runden variiert werden.
Auf diese Weise konnte der Symposiarch tatsächlich die Gangart
des Trinkens nach seinem Dafürhalten bestimmen und mußte in
Kauf nehmen, daß sich manche über »erzwungenes« Trinken be-
klagten. Bei öffentlichen Zusammenkünften wurden amtliche *oinoptai*, »Weinbeobachter«, ernannt, die dafür sorgten, daß alle dieselbe
Menge tranken.[16]

Dieses aus den zitierten Textstellen hervorgehende Bild der
maßvollen klassischen Trinkgesellschaft darf nicht als ein von den
Griechen selbst gemaltes Bild von der griechischen Abendgesellschaft, das ihnen ihren guten Ruf bei der Nachwelt erhalten sollte,
angesehen werden, sondern als ein Zeichen der Sorge darüber, wie
mit Anstand getrunken werden sollte. Diese Sorge war wohlbegrün-
det. Störungen im angemessenen Ablauf des Trinkens kann man auf
allen Ebenen des Rituals feststellen. Als erstes konnte es geschehen,
daß die Trinker nach dem dritten *kratēr* nicht aufhörten, das Symposion trotz aller eingehaltenen Rituale außer Kontrolle geriet und sein
Mechanismus nicht mehr dazu diente, Auswüchse zu verhindern,
sondern, im Gegenteil, das Besäufnis erst richtig in Fahrt zu bringen.
Im Stück des Eubulos fährt Dionysos mit der Beschreibung fort, was
geschieht, wenn sich die Trinkerei über die von ihm empfohlenen
drei *kratēres* hinzieht: »Der vierte *kratēr* ist nicht mehr mein, sondern
führt zu Hybris, der fünfte zu Geschrei, der sechste zu Tumult, der
siebente zum blauen Auge, der achte zur Aufforderung zum Kampf,
der neunte zur Galle, der zehnte zu Tollheit und dazu, daß die Leute
Möbel durch die Gegend schleudern.« Das Herumwerfen von Ein-
richtungsgegenständen scheint eine verbreitete Erscheinung im End-
stadium eines entfesselten Symposions gewesen zu sein. Die falsche
Mischung konnte ebenfalls zur Auflösung führen: »Wenn du das
Maß nicht einhältst«, sagt der Sprecher in einem Komödienfragment, »führt der Wein zur Hybris. Wenn du im Verhältnis von halb
und halb trinkst, führt das zur Tollheit. Trinkst du unvermischt, zur
körperlichen Lähmung.«[17]

Trotz aller Gefahren wurde manchmal unvermischter oder starker
Wein, *akratos*, getrunken. Dies konnte nur geschehen, wenn der Ab-

lauf ordnungsgemäßen Trinkens nicht mehr bindend war, wenn der Mechanismus des Verdünnens und des Umgießens des Weines von den Kühlgefäßen oder *psyktēres*, in denen er aufbewahrt und gekühlt wurde, in den Mischkrug oder *kratēr*, von dort in die *oinochoē*, den Schöpfkrug, und schließlich in die Trinkschalen unterbrochen wurde. Eine Komödienfigur zeigt ihren Entschluß, sich zu betrinken, durch die Aufforderung an, alle Gerätschaften des Symposions wegzuräumen bis auf das, was er benötigt, um sein Ziel zu erreichen. Eine andere bezieht sich auf Männer, die direkt aus dem Schöpfkrug trinken. Noch einfacher konnte ein entschlossener Trinker direkt zum *psyktēr* greifen, bevor der Wein mit Wasser vermischt wurde. Eine Figur in Menanders *Schmiedekunst* meint, es handle sich um einen neumodischen Brauch: »Sie verlangten ›*akratos*, die große Schale‹, wie es heute Mode ist. Und einen *psyktēr* für einen Trinkspruch zu verlangen, hieße armseliges Gras auf der Brache auszusäen.«

Das bekannteste Beispiel für diese »neumodische« Sitte findet sich in Platons *Symposion*. Das Trinkgelage im Haus des Agathon war insofern exemplarisch. Man trank mäßig, der Symposiarch hatte niemanden gezwungen, Trinksprüche auszubringen, und die Reden gingen im Raum reihum. Dann taucht der großsprecherische Alkibiades in schwer betrunkenem Zustand auf. Zuerst weigert er sich, die Regeln des Symposions zu akzeptieren, und ernennt sich selbst zum Symposiarchen, um die anderen zu zwingen, möglichst schnell den Stand seiner eigenen Trunkenheit zu erreichen. Von Anfang an trinkt er *akratos* aus dem *psyktēr* und bringt Sokrates dazu, es ihm gleichzutun. Bald jedoch verschafft sich Eryximachos, der zum Symposiarchen bestimmt worden war, wieder Autorität, Alkibiades wird gezügelt und in die Gruppe und die Unterhaltung integriert. Gegen Ende des Dialogs kommt es jedoch zu einer zweiten Unterbrechung durch eine Gruppe umherziehender Nachtschwärmer, die in die Gesellschaft einbrechen und die Gäste nötigen, große Mengen »ohne jede Ordnung«, *en kosmō oudeni*, zu trinken. Mit dem Ende der Trinkregeln löst sich das Symposion auf.[19]

Tischgemeinschaft

»Es gibt eine weitere gültige Deutung der Trinkschalen: Sie sind das Symbol für jene, die uns beim Grüßen küssen. Und wenn sie zerbrechen, bedeutet dies, daß jemand aus der Familie des Träumenden oder einer seiner Freunde stirbt«, schrieb der Traumdeuter Artemidoros.

Wein aus demselben Mischkrug zu trinken stellte, ähnlich wie das Teilen des Opferfleisches nach einer religiösen Zeremonie, ein Zusammengehörigkeitsgefühl unter der Trinkgemeinschaft her. Bisweilen pflegten die Trinkgenossen eine noch größerer Intimität, wenn sie aus derselben Schale tranken. Der *metaniptron* beispielsweise wurde herumgereicht, und Kritias hielt es für eine besondere Sitte der Spartaner, daß sie dies unterließen. Ebenso ist ein Freundschaftsbecher, *philotēsia*, bekannt, mit dem ein Bündnis besiegelt wurde. Das starke, durch das Symposion hergestellte Gemeinschaftsgefühl wird von Aristophanes in einem verblüffenden Bild zusammengefaßt. Der Chor in den *Acharnern* zeigt deren Schwierigkeiten, mit dem Krieg zu Rande zu kommen, indem sie ihn mit einem betrunkenen Gast vergleichen, der wie Alkibiades in Agathons Haus sich weigert, in die Gruppe aufgenommen zu werden:

> »Nimmer soll unter mein Dach er treten, nie den Harmodios singen bei Tisch der verwegene Trunkenbold, welcher im besten Behagen uns überfiel wie ein Komaste, alles zerrüttete, wild durcheinanderwarf, tobte und um sich schlug, was man auch bitten mochte: ›Komm doch und setz dich, trink mit uns Brüderschaft!‹ Toller nur trieb er's, verbrannt uns die Reben und Pfähle, und schüttete schon im Stock den gehofften Wein uns aus.«[20]

Der Symbolgehalt des gemeinsamen Trinkens wird in den *Rittern* zugunsten einer eher derben Pointe wieder in Anspruch genommen. Irgendwann im letzten Viertel des 5. Jahrhunderts erlangte ein Mann namens Ariphrades als Praktiker des Cunnilingus einige Berühmtheit. Der Chor drückt energisch seinen Abscheu mit einer Erklärung nicht etwa gegen Ariphrades und dessen Mund, sondern gegen dessen Bekannten aus: »Wer einen solchen Mann nicht aufs äußerste verabscheut, soll nie mit uns aus demselben Becher trinken.« Das Thema der Verunreinigung bringt uns zur Feier der Choen und ihrem Gründungsmythos. Die Einzelheiten liegen im dunkeln, doch scheint es, daß die Choen der Name für den zweiten Tag einer dreitägigen Feier, der Anthesterien, war. Sie sind insbesondere aus zwei klassischen Quellen überliefert: Dikaiopolis, der Held in den *Acharnern* des Aristophanes, wird als einer gezeigt, der seinen Privatfrieden mit Sparta geschlossen hat, indem er seine privaten Choen feiert, während der Rest der Stadt Kriegsvorbereitungen trifft; und in

Euripides' *Iphigenie bei den Taurern* beschreibt Orest bei einem Bankett, das ihm zu Ehren in Athen gegeben wird, den Ursprung des Rituals. Nach diesen Stellen zu schließen – und dem antiken Kommentar dazu – scheinen sich die Choen durch ungewöhnliche Trinkgebräuche ausgezeichnet zu haben: »Am Abend des zwölften [Anthesterion] wurden traditionellerweise Freunde eingeladen, wobei der Gastgeber allerdings nur für Blumengirlanden, Duftwasser und den Nachtisch sorgte. Jeder der Gäste brachte sein eigenes Essen und, was noch weit bedeutungsvoller ist, seinen eigenen Wein im Krug und seinen Trinkbecher mit. Der Brauch wollte es offenbar, daß jeder Trinker seinen Teil für sich trank. Es war das vollkommene Gegenstück zum Symposion mit seinem gemeinsamen Reden und Singen.« Dieser ungewöhnliche Brauch sollte offenbar die ambivalente Gastfreundschaft eines Königs von Athen gegenüber dem mit dem Muttermord befleckten Orest zum Ausdruck bringen, der zu dieser Zeit noch immer von der Gesellschaft verachtet wurde. In der *Iphigenie* beschreibt er, wie ihm ein eigener Tisch zugewiesen wurde und wie er von den anderen getrennt den Wein trank, der ihm in gleicher Menge wie den anderen in einem eigenen Gefäß, das nur er mit seinen Lippen berührte, dargereicht wurde. Die Rekonstruktion der Feierlichkeiten, insbesondere deren private und öffentliche Aspekte, ist schwierig zu bewerkstelligen. Für unsere Zwecke reicht es, den für einen klassischen Autor und sein Publikum so offensichtlichen Gegensatz zwischen den Bräuchen der Choen und den normalen attischen Trinksitten zur Kenntnis zu nehmen; ebenso die Art und Weise, wie der Gegensatz dazu dient, Orests soziale Isolation deutlich zu machen. Die Tatsache, daß bei den Feierlichkeiten nicht aus einem Trinkgefäß, sondern aus dem Schöpfkrug – *chus* bedeutet Krug – getrunken wurde, war für die Athener Beweis genug, daß diese Art des Trinkens eine Unterbrechung der *Verteilung* bedeutete, ebenso wie Alkibiades' Akt des Trinkens aus dem *psyktēr* eine Unterbrechung des *Mischens* des Weins mit Wasser bedeutete.[21]

Ein weiterer Umstand, der das Unterlaufen der Trinksitten bei dieser ambivalenten Gastfreundschaft, wie sie Orest erwiesen wird, unterstreicht, ist das Fehlen jeder verbalen Kommunikation. Er feiert, sagt Euripides, »ohne zu sprechen und ohne daß mit ihm gesprochen wird«. Das abstrakte Konzept der Geselligkeit wurde im Symposion, wie auch für Brillat-Savarin, durch das konkrete Gespräch verwirklicht. Konversation war daher ein definitorisches Merkmal des Symposions, was Theophrast bewog, die bekanntermaßen schwatzhaften Barbierstuben als »Symposien ohne Wein« zu bezeichnen.[22] In Griechenland unterstützten und ergänzten sich der Fluß der Worte und der Fluß des Weins gegenseitig; sie waren sowohl metaphorisch als auch strukturell miteinander verknüpft. Diese Verbindung konnte formaler Natur sein, wie in Platons *Symposion*, wo jeder Gast reihum eine kurze Rede zu halten hatte. Das Gespräch war der Hauptzweck solcher Symposien, das Trinken untergeordnet, es diente nur dazu, die Zunge zu lösen und den Fluß der Worte zu erleichtern. In der Praxis allerdings beachtete man den Primat der Konversation selten, und ihre Verfechter wurden enttäuscht. Anstatt die Dialektik zu unterstützen, traten Wein und Worte in einen ungleichen Wettstreit, den der Wein normalerweise gewann, so daß es zu einem Trinken um des Trinkens willen kam, einem Trinken, um betrunken zu werden, was die Gesellschaft der Trinkenden eher zur Auflösung als zu einer Festigung durch Gewalttätigkeit trieb oder sie in gefährlicher, kollektiver Hysterie verband.

Der richtige Fluß der Konversation hängt demnach vom richtigen Mischungsverhältnis von Wein und Wasser und dem Trinken in kleinen Zügen ab, das heißt von allem, was die Wirkung der Droge mildert. Das kräftige Hinunterkippen nach der Art eines Wetttrinkens wie bei den Choen war eher selten und wurde außerhalb des Festes streng verurteilt. Der Gegensatz wird auf einigen Seiten der Urschrift des Athenaios deutlich, die herausgetrennt worden waren und nur deshalb auszugsweise erhalten sind: »Man kann es sogar als vornehm bezeichnen, die Zeit mit Trinken zuzubringen, vorausgesetzt, es geschieht in geziemender Weise und nicht unbeherrscht (*kōthōnizomenon*) und nicht dadurch, daß man den Wein nach Art der Thraker in einem Zug hinunterstürzt, sondern indem Unterhaltung und Trinken zu einer gesunden Einheit verschmelzen.« Da wir den vollen Wortlaut des Textes an dieser Stelle nicht mehr besitzen, wissen wir nicht, ob Athenaios die Vorstellungen der klassischen Quellen zitiert oder einfach seine eigenen Gedanken aus der Hohen Kaiserzeit zum Ausdruck bringt, doch auch ältere Texte stellen dieselbe Verbindung zwischen Konversation und mäßigem Trinken her. Eines von Sokrates' Argumenten gegen lange Züge beim Trinken im *Symposion* des Xenophon läuft darauf hinaus, daß solche, die das tun, nicht in der Lage seien, »etwas zu sagen.« »Laßt uns niemals einen Zug aus Trinkbechern nehmen, die bis zum Rand gefüllt sind, sondern laßt etwas Unterhaltung in die Gesellschaft kommen«, sagt eine Figur im *Verwundeten* des Antiphanes. Denselben Gegensatz wiederholen Figuren in mehreren Stücken des Alexis. »Siehst du«, sagt Solon im *Äsop*, »das ist griechische Art zu trinken, aus mittelgroßen

Bechern und unter vergnügtem Plaudern und Schwatzen.« Dagegen
ist ein Parasit in Alexis' Stück gleichen Namens der Inbegriff des
schweigenden Schlemmers: »Er ißt so stumm wie Telephos, nickt mit
dem Kopf denen zu, die eine Frage an ihn richten.« Es ist ein Charakteristikum der Degenerierten, »sich mehr am Wein als an den
Trinkgenossen zu erfreuen«, bemerkt Satyros und nimmt damit die
Ansicht Brillat-Savarins und der Anthropologen vorweg.[23]

Athenaios spricht vom »vornehmen« oder »freien« (*eleutherion*)
Benehmen, und diese Betonung des Standes im weitesten Sinn findet
sich in der frühen Literatur wieder. Alexis erklärt, daß »kein Mann,
der Weinliebhaber ist, von schlechtem (*kakos*) Charakter sein kann.
Denn der zwiefach geborene Bromios [Dionysos] leidet nicht die
Gesellschaft roher Männer und ein Leben ohne Vornehmheit.« Ein
ähnliches Gefühl kommt am Anfang der *Wespen* zum Ausdruck, wo
das Publikum die Laster des Gerichtsfreundes Philokleon zu erraten
sucht. Einer vermutet, er sei ein Weinliebhaber (*philopotēs*), worauf
Xanthias erwidert, keineswegs, da dieses Übel ein Leiden der Besten
(*chrēstōn*) sei. Gegen Ende des Stücks befiehlt Philokleons weltmänni-
scher Sohn Bdelykleon den Sklaven, ein Mahl zu bereiten, damit sie
sich betrinken können. Sein Unterschichtvater wendet ein, daß Trinken zu Türeneinschlagen, Gewalt und Strafen führt. »Nicht wenn du
in Gesellschaft feiner Leute bist« (*kaloi kagathoi*) bist, erwidert sein
Sohn. An diesem Punkt erwartet das Publikum wahrscheinlich etwas
von der Art der Bemerkungen des Athenaios, wie ein wirklich Vornehmer mäßiges Trinken durch feine Konversation zu veredeln vermag, Bdelykleon jedoch hat etwas anderes im Sinn. Es wird nicht
weniger gewalttätig zugehen; wenn aber der Schaden angerichtet ist,
werden sich die Herren bei dem Geschädigten für einen verwenden,
oder man selbst gibt eine witzige Geschichte zum besten, eine von
Äsops amüsanten Fabeln oder eine Erzählung aus dem alten Sybaris,
die man beim Symposion gehört hat; auf diese Weise macht man das
Ganze zu einer lustigen Angelegenheit, und der Leidtragende vergißt
die Sache und geht.[24]

Tavernen

Die obengenannten Bemerkungen erinnern daran, daß das Symposion, obwohl es als *das* klassische Beispiel gemeinsamen Trinkens in
der griechischen Gesellschaft galt, seit archaischer Zeit mit dem Lebensstil einer ganz bestimmten Gruppe, nämlich der Aristokratie

und ihrer Nacheiferer, in Verbindung stand. Oswyn Murray stellt fest: »Sosehr die Demokratie des 5. Jahrhunderts auch versuchen mochte, für öffentliche Gasträume und Festgelegenheiten zu sorgen, das Symposion blieb doch weitgehend ein privates und aristokratisches Reservat.« Die nachhaltige Verbindung mit dem Elitären wird in der Schlußszene der *Wespen* an der plumpen Art deutlich, mit der ein athenischer Niemand, ein Dikast (Geschworener) wie Philokleon, über das Symposion spricht: »Für das Athener Publikum des 5. Jahrhunderts ist das Symposion eine fremde Welt der Zügellosigkeit und des schlechten Benehmens.«[25]

Diejenigen, die nicht zu den aristokratischen Kreisen gehörten, mußten sich ihre flüssigen Stärkungen anderswo besorgen, in der Schankstube, im *kapēleion*, einem weit volkstümlicheren und bunter durcheinandergewürfelten Ort als der private und erlesene *andrōn*. Diese gutbezeugte Institution hat weniger Aufmerksamkeit bei den Gelehrten erregt, als ihr eigentlich gebührte. Außer den an Verweisen reichen Spalten von Arnold Hugs kurzer Eintragung in Pauly-Wissowas Enzyklopädie wird man kaum eine detailliertere Untersuchung darüber finden, und wenige beschäftigen sich überhaupt damit. Diese Vernachlässigung ist bis zu einem gewissen Grad das Ergebnis einer Bevorzugung, mit der das Symposion und das anthropologische Modell der Tischgemeinschaft in Darstellungen über das Trinken der Griechen behandelt wurden. Im Gegensatz zum Symposion nimmt das *kapēleion* eine historische Position ein, die bereits das konsumorientierte, individualistische Trinken ankündigt, welches ein hervorstechendes Merkmal der Moderne werden wird. Darüber hinaus gibt es einige philologische Fragen, die gelegentlich zu einem Problem werden können. Ein *kapēlos* kann sowohl ein Kleinhändler im allgemeinen als auch ein Schankwirt im besonderen sein, obwohl in der Komödie und in der Rhetorik meist von letzterem ausgegangen werden kann, sofern keine weitere Einschränkung gemacht wird.[26]

Diese Schankwirte haben offenbar Wein, Essig und Fackeln zum Ausleuchten des Heimwegs verkauft und außerdem Schutz vor Manteldieben angeboten. In einigen dieser Etablissements konnte man wohl auch essen. Die *kapēloi* begannen als Großhändler und verkauften später auch Wein in größeren Mengen an Leute, die es sich leisten konnten, zu Hause zu feiern. Sie durchbrachen aber auch den Großhandel, was als »vierteln« (*kotylizein*) bezeichnet wurde, und servierten kleinere Mengen Wein mit Wasser vermischt am Tresen. Im *Gorgias* erwähnt Platon einen ganz bestimmten *kapēlos* namens Sa-

rambos, dessen Kunst, Wein »zuzubereiten« (*paraskeuazōn*), er mit
der Arbeit des besten Bäckers von Athen und mit dem syrakusischen
Koch Mithaikos, bekannt als der Phidias der Küche, vergleicht. Manche Übersetzer behandeln Sarambos als einfachen Weinverkäufer
und übersetzen *paraskeuazōn* mit »liefern«; die Tatsache jedoch, daß
er neben kreative Berufe wie einen Bäcker und einen Meisterkoch
gestellt wird, läßt auf mehr als nur einen Kleinhändler schließen.
Platon spricht von Sarambos' Metier als Schankwirt, und just diese
Textstelle zitiert der Lexikograph Pollux, um zu zeigen, daß im klassischen Athen *kapēloi* auch Wein mischten. Platon, so sagt er, lobe Sarambos für dessen »Weinkennerschaft«, *oinurgia*. Worin die *oinurgia*
eines Schankwirts tatsächlich bestand, entzieht sich genauer Kenntnis; vielleicht im ehrlichen Bemessen des Weinanteils aus einer nicht
allzu lange offen herumstehenden Amphore, deren Inhalt durchge-
sicht und mit sauberem, kühlem Wasser vermischt, womöglich etwas
aromatisiert und in feinen Bechern mit einigen Kleinigkeiten, einigen *tragēmata* (Naschwerk) oder *hales* (würzige, salzige kleine Gerichte), als Zutaten gereicht wurde. Es gibt Beweise für ein Verbot
solcher Etablissements zumindest in Thasos, und in der Zeit vor Aristophanes hört man kaum von Tavernen. In seinen Komödien tauchen sie jedoch als fest etablierte Einrichtung auf, und es wäre
gefährlich, stillschweigend davon auszugehen, daß Tavernen eine
Erscheinung des späten 5. Jahrhunderts waren, die im Laufe des fortschreitenden vierten die älteren, mehr traditionellen Symposien ersetzt hätten. Beide Trinkgelegenheiten gab es noch lange Zeit, und
sie hatten wahrscheinlich schon jahrelang nebeneinander existiert,
bevor sie in den Quellen auftauchten.

　　Es gibt ausreichend Anhaltspunkte in allen möglichen Texten, die
auf eine weite Verbreitung und die Beliebtheit von Tavernen hinweisen. In Pompeji reichte ihre Dichte an die der Bars und Kneipen in
modernen Städten heran. Eine Schätzung für Athen käme sicher
noch zu weit eindrucksvolleren Ergebnissen. Man denke nur an die
lakonische Bemerkung, die Aristoteles in seiner *Rhetorik* dem Kyniker Diogenes zuschreibt: *Ta kapēleia ta Attika phiditia* (»Die Tavernen
sind die Speisesäle Attikas«). Der Witz des Vergleichs liegt in der Verbindung zweier äußerst konträrer Einrichtungen: die gemeinschaftli-
chen Speisesäle Spartas, Inbegriff eines konservativen Kollektivs und
Archetypus der elitären Tischgemeinschaft, der anzugehören gleichzeitig das Bürgerrecht definiert; dagegen die Athener Tavernen, eine
typische demokratische Blüte, durch und durch kommerziell und
offensichtlich plebejisch. Hinter dem Sarkasmus von Diogenes' Be-

merkung steckt jedoch eine Beobachtung des Publikums attischer Tavernen. So wie die Gemeinschaftsmessen die gesamte Bürgerschaft Spartas nährten, so drängt die ganze Bevölkerung Attikas am Abend in die *kapēleia*.[27] Die Beobachtung des Diogenes wird gestützt von häufigen Anspielungen in den Komödien und den Reden vor Gericht auf das »*kapēleion* in der Nachbarschaft«, was auf viele über die ganze Stadt verteilte Schenken schließen läßt. Sie waren eine so verbreitete Erscheinung im Stadtbild, daß der gehörnte Euphiletos, als er zu Beginn des 4. Jahrhunderts seinen kaltblütigen Mord an Eratosthenes rechtfertigte, behauptete, er und seine Freunde hätten die Fackeln für ihre nächtliche Expedition im »nächsten *kapēleion*« gekauft, so daß alle den Ehebruch seiner Frau bezeugen konnten, bevor ihr Liebhaber getötet wurde. Neben diesen literarischen Quellen tauchen *kapēleia* häufig auf Fluchtäfelchen auf – Hinweisbriefe, die bei Magiern in Auftrag gegeben und in unterirdischen Briefkästen, meist Gräbern und Felsspalten, hinterlegt wurden, um Hermes und Persephone zu beschwören, jemandes Feinde zu verhexen. Besonders eines dieser Täfelchen von einem erfolglosen Rivalen oder verarmten Alkoholiker bestätigt vollauf das in Komödien und Gerichtsreden gezeichnete Bild der Stadt Athen mit *kapēleia* an jeder Ecke: »Ich belege Kallias den Schankwirt und sein Weib Thraitta sowie die Taverne ›Zum kahlen Mann‹ und die nahe gelegene Taverne des Anthemion … und den Schankwirt Philo mit dem Fluch. Ich verfluche ihre Seelen, ihr Tun und Handeln (*ergasia*), Hände und Füße, ihre Tavernen … und auch den Schankwirt Agathon, Diener von Sosimenes … Ich verfluche Mania, die Bedienung der Schenke an der Quelle, und die Taverne Aristanders von Eleusis.« Das *kapēleion* »Zum kahlen Mann« scheint der Name einer bekannten, auch in einer anderen Inschrift erwähnten Taverne gewesen zu sein, deren Inhaber oder Personal vielleicht Kallias und Thraitta waren. Daß viele dieser Tavernenbetreiber Sklaven waren, wird nicht nur durch die Erwähnung ihrer Besitzer deutlich, sondern auch durch ihre Namen. Thraitta (Thrakerin) zum Beispiel wurde manchmal beinahe als Synonym für eine junge Sklavin benützt. Das weiter oben erwähnte Fragment *Äsop* des Alexis bezieht sich auf den Brauch, Wein vom Wagen zu verkaufen; und manche dieser *kapēleia* waren schlicht Karren, die aus Bequemlichkeit an einer Quelle abgestellt wurden, vielleicht, damit der Wein leichter mit kaltem Wasser vermischt und gleich an Ort und Stelle getrunken werden konnte. Andere, etwas fester gebaute Schenken hatten Brunnen oder Wasserbehälter auf dem Grundstück.[28]

Die Darstellung auf einer Schale aus einer Privatsammlung, zur Zeit als Leihgabe im Ashmolean Museum in Oxford, zeigt mit einiger Sicherheit ein *kapēleion*. Die Öffnung des Wasserbehälters oder *lakkos* befindet sich hinter einem jungen Mann, der nach *trikotylos*, nach billigem Wein zu drei Obolen der *chus*, fragt. Eine *oinochoē* oder ein Schöpfkrug hängt hinter ihm für den Fall, daß er den Wein an Ort und Stelle trinken will. Entweder öffnet er gerade die Amphore, oder er probiert den Wein mit einem Schwamm, was ein Symbol für Durst oder Gier nach Wein ist. In der anderen Hand trägt er einen Geldbeutel, um zu bezahlen. Die Trinkschale war vielleicht für ein Symposion bestimmt und stellte die Verbindung zwischen Gastfreundschaft und Marktplatz her, um die Trinkkumpane daran zu erinnern, wie der Wein, den sie tranken, dorthin kam, und um dem plebejischen Gegenstück des Symposions einen Blick über die Schwelle des aristokratischen *andrōn* zu erlauben; oder aber die Schale war für eine Schenke bestimmt, um anzuzeigen, daß auch das *kapēleion* in der Lage war, sich von der Welt mittels einer Bildersprache endloser Selbstbespiegelung abzuschließen.

In den siebziger Jahren legten Ausgräber ein Gebäude aus dem frühen 4. Jahrhundert v. Chr. frei, das einer dieser Tavernen, die neben einem Eßraum lag oder mit diesem verbunden war, ähnlich war. In »Raum 6« dieses Komplexes entdeckten sie einen ausgetrockneten Brunnen, der als Abfallgrube gedient hatte und mit Keramikscherben, Gräten (natürlich!) und vielen Amphorenfragmenten gefüllt war, die verrieten, daß neben attischem Wein auch Wein von Mende, Chios, Korinth, Samos und Lesbos ausgeschenkt wurde. Unter diesen Scherben aus grober Keramik fanden sie viele unterschiedliche Trinkbecher, manche von eher feinerer Ware:»Diese legen nahe, daß in diesem Lokal eine ziemlich erlesene Kundschaft bedient wurde, und der gewaltige Scherbenhaufen, der uns als Hinterlassenschaft im Brunnen erhalten blieb, kann möglicherweise als ein Anzeichen dafür gelten, wie stark der Wein und wie beliebt der Laden war.«[29]

Offenbar standen die *kapēloi* wie die Fischhändler und andere Gewerbetreibende bei der Bevölkerung im allgemeinen in geringem Ansehen. In einem Stück vergleicht der Stückeschreiber Theopompos die Spartaner mit Schankmädchen (*kapēlides*), weil sie nach ihrem Sieg im Peloponnesischen Krieg den Griechen einen Geschmack von Freiheit verschafften und sie danach mit Essig enttäuschten. Blepyros verwechselt in Aristophanes' *Reichtum* die Personifizierung der Armut mit dem Schankmädchen am Platz, das beim Einschenken

der Viertel »plump betrügt«. Und in den *Thesmophoriazusen* stößt der
Herold zwischen seinen öffentlichen Verwünschungen Flüche gegen
»die Schankwirte oder das Schankmädchen, die beim gesetzlich vorgeschriebenen Maß des *chus* oder der *kotylē* schamlos betrügen« aus.
Kapēlos und seine Ableitungen sind im allgemeinen nicht weit entfernt von Hausiererei und Gaunerei, und ehrliche Schankwirte werden dementsprechend gelobt.[30] Das mißtrauische Überwachen der
Mengen beim Ausschenken steht in krassem Gegensatz zur freigebi-
gen Gleichbehandlung beim Symposion.

Deutlich zeigt sich, daß die meisten unserer Quellen (die so etwas
wie einen wenn auch begrenzten Querschnitt durch die Gesellschaft
darstellen) die *kapēleia* als eine typische Erscheinung demokratischer
Handelsstädte ansehen und die Beliebtheit solcher Einrichtungen
den »niederen« Schichten der Gesellschaft zuschreiben. Dies zeigt
zum Beispiel die Tirade des Historikers Theopompos gegen die Bewohner von Byzanz und Chalkedon im achten Buch seiner *Philippika*:

»Die Tatsache, daß sie über lange Zeit eine Demokratie hatten,
zusammen damit, daß ihre Stadt ein Ort des Handels war, um
nicht zu erwähnen, daß die gesamte Bevölkerung ihre Zeit auf der
Agora und im Hafen verbrachte, zeigt, daß es dem Volk von By-
zantion an Selbstzucht mangelte und es gewohnt war, in Tavernen
beim Trinken zusammenzusitzen. Und das Volk von Chalkedon
führte, bevor es die gleiche Regierung wie die Byzantiner hatte,
ein besseres Leben. Aber nachdem sie die byzantinische Demokratie kennengelernt hatten, verkamen sie, und aus zurückhaltenden
und bescheidenen Menschen wurden Trinker und Prasser.«

Später wiederholte der Historiker Phylarchos die Beobachtung des
Diogenes über Athen und behauptete, daß die Byzantiner praktisch
in den Tavernen wohnten. In Thasos hingegen war das Abzapfen und
der Verkauf von *kotylai* nicht erlaubt, eine Maßnahme, die offenbar
dazu diente, Tavernen überhaupt zu verbieten.[31]

Nach dem Pamphletisten Isokrates zu schließen, lassen sich nur
ganz bestimmte Personen an solchen Orten sehen. In einer Lobrede
auf die antike Ratsversammlung, den Areopag, wirft er einen nostal-
gischen Blick zurück auf die Art, wie sich in den guten alten Zeiten
die jungen Leute benommen hätten: »Nicht ein einziger, nicht einmal ein Diener, zumindest kein ehrbarer, wäre so schamlos gewesen,
daß er in einem *kapēleion* gegessen oder getrunken hätte. Denn sie

pflegten die Würde und nicht das Possenreißen.« Dasselbe Thema
wird in seiner *Antidosis* noch weiter ausgeführt:

>»Ihr habt es soweit gebracht, daß die angesehensten [*epieikeis*] jun-
>gen Männer ihre Zeit mit Trinken und Geselligkeit [*synusiai*],
>Müßiggang und kindischen Spielen verbringen … während dieje-
>nigen, die von gemeinerer Natur sind, ihre Tage mit Zeitvertreib
>vertun, wie es früher ein ehrbarer Diener nicht gewagt hätte.
>Manche kühlen Wein bei den *Neun Brunnen*, andere trinken in
>den *kapēleia*, wieder andere ergeben sich dem Würfelspiel, und
>viele lungern an den Orten herum, wo die Flötenmädchen hinge-
>führt werden.«

Isokrates war mit seinen Vorurteilen nicht allein. Der Redner Hypereides, ein Zeitgenosse des Demosthenes, sagt in seiner Rede *Gegen
Patrokles*, daß »die Areopagiten jeden, der in einem *kapēleion* getafelt
hatte, vom Areopag ausschlossen«. Dabei handelte es sich natürlich
vor allem um den Versuch, Beratungen in betrunkenem Zustand zu
verhindern, und es macht ganz den Eindruck, daß, wenn in den
Quellen von Leuten die Rede ist, die tagsüber trinken, damit ein Besuch in den *kapēleia* gemeint ist. Bei der Prahlerei des Paphlagoniers
in den *Rittern* scheint es sich um einen Seitenhieb auf den morgend-
lichen Besuch des Demagogen Kleon bei den Kneipen der Agora vor
der Debatte im nahe gelegenen Rat zu handeln: »Ich, der ich heiße
Thunfischstücke verschlingen kann, trinke einen *chus* unvermischten
Wein, und dann gehe ich und setze die Feldherren in Pylos unter
Druck.«[33]
Isokrates versetzt uns in die Lage, einen Gegensatz zwischen zwei
Arten des Trinkens herzustellen: *potoi* (das Trinken beim Symposion)
der »Angesehensten« (*epieikeis*) und das Trinken in den Tavernen
durch die »schlimmsten Naturen«. Wie die Anspielung auf den
»Diener« zeigt, ist bei dieser Unterscheidung zwischen derber Pos-
senreißerei (*bōmolochia*) und Würde (*epieikeia*) unverkennbar ein
gutes Stück soziales Vorurteil am Werk. Wir sollten aber der rück-
wärtsgewandten Phantasie des Redners nicht mehr Glauben schenken, als sie verdient. Denn trotz des beschränkten Wissens, über das
wir verfügen, wird deutlich, daß wir es mit einer Hierarchie unter
den Tavernen zu tun haben. Sie reicht von First-class-*kapēleia* wie
dem auf der Agora ausgegrabenen Lokal, dessen Besitzer den besten
Wein von besten Produzenten in guten Keramikschalen, ausgeschenkt von angesehenen Schankwirten wie Platons Sarambos, an-

bieten konnten, bis zu den Buden, die von Figuren betrieben wurden, wie wir sie auf den Fluchtäfelchen antreffen, und deren Ausstattung vielleicht aus nicht mehr bestand als einem Sklavenmädchen und einem Karren an einer Quelle. Die Klientel ist ein getreues Abbild dieser Rangfolge. Den rhetorischen Quellen zufolge waren die Tavernen Örtlichkeiten, an denen Mitglieder des Areopags oder Aischines, der Schüler des Sokrates, angetroffen werden konnten oder eben Euphiletos mit seinen Freunden, die auf ihrem Weg, den Eratosthenes zu töten, Fackeln kauften. In der Komödie war es der Ort, an dem Männer wie Blepyros aus dem *Reichtum* oder Sklaven aus der *Lysistrate* und Frauen aus allen Schichten der Gesellschaft verkehrten, Bürgerfrauen aus der *Lysistrate*, den *Thesmophoriazusen* und *Ekklesiazusen* ebenso wie eine Amme aus dem *Pamphilos* des Eubulos. In der Taverne wurde wie im *andrōn* der Wein mit Wasser vermischt getrunken, jedoch ohne alle die Rituale und Regeln des gutbestellten Symposions: »Was mich betrifft – denn es gab ein großes, neues *kapēleion* dem Haus gegenüber auf der anderen Straßenseite –, behielt ich die Amme des Mädchens im Auge, denn ich hatte dem Schankwirt aufgetragen, mir einen *chus* [sechs Halbe] für einen Obolos zu mischen und ihn mit dem größten *kantharos*, den er besaß, herzuschicken.« In der Taverne wurde der Wein für jeden einzelnen in einem besonderen Gefäß gemischt und in einer eigenen Schale zum Trinken gereicht. Die komplizierten Rituale des Austeilens aus dem *kratēr*, eine Besonderheit des Symposions, spielen in der kommerziellen Umgebung der Taverne keine Rolle. Aristophanes nimmt das Symposion als Metapher für die Gemeinschaft, die von unwillkommenen Außenstehenden wie dem »Krieg« oder den Freunden des Ariphrades bedroht wird. Das *kapēleion* hingegen ist eine Allegorie des betrügerischen, verlogenen Schankwirts, der es darauf anlegt, seine Kunden auf der anderen Seite des Tresens auszunehmen, so gut es nur geht. Im *kapēleion* können jene angetroffen werden, die keinen Zutritt zum Symposion haben: »die Frauen, die Sklaven, die Barbaren«. Es scheint daher seine Funktion als das Gegenstück zum Symposion am Rand der Athener Bürgergesellschaft wahrzunehmen, ein Ort, wo die Leute »ohne jede Ordnung« trinken, wie Platon angesichts der Zecherei, die sein *Symposion* unterbricht und auflöst, bemerkt. Die Taverne ist ein Ort, wo Weine nach ihrem Preis beurteilt werden, wo das Trinken bequem gemacht und von sozialen Fesseln befreit ist, ein Ort, wo man trinkt, um sich zu betrinken, kurz, ein Ort, wo das Trinken in der Antike der Art und Weise, wie man heute trinkt, am nächsten kommt.[34]

Dies heißt jedoch gewisse charakteristische Züge dieses kommerziellen Trinkens, die dahinter, wenn auch nur undeutlich, sichtbar werden, außer acht zu lassen. Erstens einmal handelt es sich um lokale Schenken. Sie nisten sich bequem in der Nachbarschaft ein. Die Amme muß, wie so viele andere auch, vom gehörnten Euphiletos bis zu Blepyros aus dem *Reichtum*, nur über die Straße in ihr *kapēleion* huschen, um dort jemanden zu finden, der ihr einen ausgibt. In diesem Stück glaubt Blepyros, in der Göttin »Armut« das betrügerische Schankmädchen zu erkennen. Man kann davon ausgehen, daß Besucher und Kunden sich und ihre Trinkgewohnheiten kennen, und so etwas hat nichts mit anonymem Trinken zu tun: »Es gibt da einen Schankwirt in unserer Nachbarschaft, und wann immer ich Lust zum Trinken habe, gehe ich dorthin; er weiß genau – und nur er weiß es –, wie ich den Wein gemischt haben will. Ich bin stets sicher, ihn weder zu wässerig noch zu stark zu trinken.« Die enge Beziehung zwischen Wirt und Stammgast spiegelt sich im Brauch des Trinkens auf Kredit. Athen war eine Stadt, in der Geld zu leihen weit verbreitet war. Leicht verfügbare Kredite werden oft für ein Zeichen einer hochentwickelten kapitalistischen Ökonomie gehalten, in vielen Gesellschaften jedoch – und ganz besonders in der athenischen – scheint dies mehr mit vormonetären Wirtschaftsverhältnissen, die auf Gabentausch beruhen, zu tun zu haben, das heißt mit Geschäftsvorgängen, bei denen das Vertrauen nicht von der Eigenschaft des Geldes, sondern vom Bekanntheitsgrad der Person abhängt. Der Brauch des Trinkens auf Anschreiben stellt die Vorstellung des anonymen Trinkens in einer Taverne unvermeidlich in Frage, da er dem allgemeinen freien Warentausch durch Kredit und Verschuldung Fesseln anlegt. Daß selbst die lokalen *kapēloi* Aischines dem Sokratiker den Kredit aufkündigten, ist ein Zeichen für das Ausmaß seiner Zahlungsunfähigkeit.[35]

Symposion und *kapēleion* waren also mehr von Klassenunterschieden und kulturellen Differenzen gekennzeichnet als von Unterschieden in der Geselligkeit. An Geselligkeit mangelte es in der Taverne nicht, sie war nur anders; und wenn sie der Ort von Exzessen war, deren Trümmer die Archäologen so beeindruckten, so war ihr Ruf in Athen dennoch nicht schlechter als der des Symposions. Tatsächlich bedeutete sie nach Ansicht des Volkes, wenn überhaupt, eine geringere Bedrohung der öffentlichen Ordnung als die aristokratischen Trinkgelage. Und schließlich war Athen eine demokratische Stadt und bekannt für ihre Extreme. Nichtathener wie Theopompos und Diogenes oder gar die Regierung von Thasos sahen die Tavernen natürlich in einem ganz anderen Licht.

Die Griechen nahmen in einem erstaunlichen Ausmaß moderne Debatten über das Trinken als Droge oder als sozialer Katalysator vorweg. Sie waren ängstliche Trinker und teilten die Befürchtungen der Anthropologie, Wein könne die sozialen Verhältnisse bedrohen, und ihre Ansicht, daß das Trinken durch die Unterhaltung diszipliniert werden mußte, deckte sich mit der eines Brillat-Savarin. Ein wichtiger Aspekt des griechischen Weintrinkens hat allerdings wenig moderne Parallelen; es hat weder mit der Gemeinschaft der Trinker noch mit den Getränken selbst zu tun, sondern mit etwas dazwischen.

Becher

Mit zu den erstaunlichsten Texten über das Trinken im Altertum gehören jene Gedicht- und Prosafragmente, die von dem revolutionären Oligarchen und Spartabewunderer Kritias von Athen geschrieben sind und die Trinkgewohnheiten der Spartaner loben. In seinen *Elegien* stellte er die Trinkgewohnheiten der Spartaner – jedem Mann seinen eigenen Becher, keine Trinksprüche, die reihum gingen, keine Exzesse der Trunkenheit – den Gewohnheiten der Athener gegenüber. In einem ähnlichen Werk, *Die Verfassung der Spartaner*, faßte er sein Lob der spartanischen Institutionen in Prosa – eine begeisterte Untersuchung jeder geringsten Einzelheit des täglichen Lebens vom Schuhwerk bis zum Geschirr: »Die Schuhe der Spartaner sind die besten; ihre Mäntel sind sowohl am angenehmsten zu tragen als auch die nützlichsten; der spartanische *kōthōn* ist ein für den militärischen Gebrauch bestens geeigneter Becher und leicht im Kleidersack mitzuführen. Es ist ein Becher für Soldaten, da diese oft genötigt sind, unsauberes Wasser zu trinken: Die Flüssigkeit im Inneren des *kōthōn* kann nicht allzu deutlich erkannt werden, und außerdem hat der Becher Ränder, die Unreinheiten zurückhalten.«[36]
Das Fragment des Kritias ist das erste einer Serie von Rechtfertigungen, die von Anhängern der eigenartigen spartanischen Bräuche verfaßt wurden. Xenophon zum Beispiel berichtet, daß Lykurg sich rote Mäntel für die Spartaner ausdachte, weil er glaubte, daß diese Bekleidung Frauenkleidern am wenigsten ähnlich wäre. Auch gestattete er den Männern noch weit über ihre frühe Jugend hinaus, lange Haare zu tragen, nicht um ihrer Eitelkeit entgegenzukommen, sondern weil er meinte, diese ließen sie größer, vornehmer und gebieterischer erscheinen. Aristoteles kam in seinem *Staat der Spartaner* auf das Thema zurück. Rote Überkleider waren von Natur aus

männlich. Ihre blutrote Färbung sollte die Spartaner daran gewöhnen, furchtlos ihr Blut zu vergießen. Plutarch hatte dafür eine etwas andere Erklärung: Die blutrote Farbe war geeignet, eine Verwundung vor dem Feind zu kaschieren. In der *Rhetorik* wiederum gibt Aristoteles eine Interpretation im Stil Veblens von Xenophons Auffassung über das Tragen langer Haare: Es ist das »Merkmal eines unabhängigen Mannes –; denn es ist nicht leicht, mit langem Haar irgendeine Arbeit von Tagelöhnern zu verrichten«.[37]

Es ist nicht allzu schwierig zu erkennen, daß diese Semiotik der spartanischen Mode in recht defensivem Ton gehalten ist und eher eine auf sich selbst bezogene Ausformung eines Mythos darstellt. Die Schriftsteller geben zu viele Beteuerungen ab; und der Grund für ihre Verteidigungshaltung ist leicht zu durchschauen: Die Kleidung, die sie beschreiben, ist in den Augen der Athener eine eher luxuriöse Angelegenheit. Die Sitte, das Haar lang zu tragen, macht dies am deutlichsten; es war eine Mode, die außerhalb des Gebiets der Spartaner ziemlich verdächtig war, den Vorwurf der Verweichlichung und der Schwäche nach sich zog und an die Vorbilder langhaarigen Lasters, etwa die Gestalt des verworfenen Pheidippides in Aristophanes' *Wolken* oder den berüchtigten Alkibiades auf den Straßen Athens, gemahnte. Einen ähnlichen Beigeschmack von Luxus haben andere spartanische Modeartikel. Die Spartaner trugen feines Schuhzeug, Herrenschuhe im Gegensatz zu den Filzpantoffeln der Armen. Auch die *phoinikis*, das Überkleid mit seiner teuren scharlachroten Färbung, sprang einem Fremden als extravagantes Kleidungsstück ins Auge.[38] Im demokratischen Athen wäre der ganze Aufzug alles andere als asketisch gewesen. Die Nähe spartanischer Ausstattung zu dem Aufwand eines reichen und üppigen Lebensstils war ein ewiger Widerspruch für jene Bürger mit oligarchischen Neigungen, die einer spartanischen Lebensart, Beispiel der Bescheidenheit und Zurückhaltung, nacheiferten.

Kritias' ausgeklügelte Verteidigung des spartanischen Bechers fällt in dieselbe apologetische Kategorie. Auch dieser war kein unverdächtiger Gegenstand. Die Trinksitten der Spartaner ohne lebhafte Unterhaltung, ohne Trinksprüche und das Weiterreichen der Becher, das ein wohlgeordnetes Trinkgelage in Athen kennzeichnete, machten auf das Publikum des Kritias einen rohen, ungehobelten und gefährlichen Eindruck. Die Art der Spartaner, allein und schweigsam aus dem eigenen Becher zu trinken, hatte viel Ähnlichkeit mit dem ausufernden Wetttrinken um des Sichbetrinkens willen während der Choen, des Festes der Krüge. Der Becher seinerseits war ein Symbol für die falsche Art zu trinken, wie Aristophanes in seinem verlorenen Stück *Die Zecher* deutlich macht. Das Stück dreht sich um die Taten zweier Söhne eines Mannes, von denen einer ein Vorbild an Selbstkontrolle, der andere in allen Belangen äußerst zügellos ist. Diese Zügellosigkeit zeigt sich unter anderem an seinen Trinkgewohnheiten: Für ihn gibt es kein Maß, kein vornehmes Nippen aus flachen Gefäßen zwischen den zum besten gegebenen Geschichten; statt dessen »Chioswein aus spartanischen Bechern.«[39] Der *kōthōn* ist in Athen weit davon entfernt, ein Attribut schlichten soldatischen Asketentums zu ein, vielmehr steht er für die wüsteste Genußsucht, der von städtischen Weichlingen gefrönt wird. Der Grund für die Niedertracht des spartanischen Bechers ist klar: Er hatte die falsche Größe.

Die Griechen verfügten über eine reiche und verschiedenartige Auswahl an Bechern und Schalen in allen Formen und Größen. Es gibt Anzeichen dafür, daß man das Symposion mit kleinen Schalen begann und gegen Ende größere benützte. Der Skythe Anacharsis, der für die Griechen etwas Ähnliches bedeutete wie der »edle Wilde« mit seiner naiven Weisheit für das 18. Jahrhundert, fand das sonderbar. Warum aus kleinen Schalen trinken, wenn man leer, und aus großen, wenn man voll ist? Bei dem von Xenophon in seinem *Symposion* beschriebenen Trinkgelage versucht einer der Gäste, noch atemlos von einer improvisierten Tanzeinlage, die Dinge zu beschleunigen und verlangt »den großen Becher«, um seinen Durst zu löschen. Die Gäste machen mit und fordern für die ganze Runde große Becher; auch die anderen sind durstig, nicht vom Tanzen, wohl aber vom Gelächter über seine Vorstellung. Wie vorherzusehen, interveniert Sokrates, verdächtig oft Gast bei vielen überlieferten Symposien, und setzt sich für »kleine, häufig nachgefüllte Schalen« ein, »so daß wir zum Vergnügen verleitet und nicht durch den Wein zur Trunkenheit gezwungen werden«. Zum mäßigen Trinken beim wohlgeordneten Symposion passen Schalen von bescheidener Größe. Trinker, denen es mit dem Trinken ernst ist, fordern dagegen typischerweise große oder größere Becher, um zu zeigen, worum es ihnen geht. Die Frau in Pherekrates' *Korianno* geht sogar so weit, ihr eigenes Gefäß von ordentlicher Größe mitzubringen, und weist die kleine *kyliskē* zurück, die man ihr zuversichtlich anbietet.[40]

Von Bedeutung ist auch die Beobachtung, daß in der Literatur große Becher fast immer tiefe Becher sind, im Gegensatz zu den flachen, untertassenartigen Schalen. Das Fragment eines Stückes von Pherekrates zeigt den Unterschied von Größe und Form recht deutlich. In dem Stück *Tyrannis*, das eine Phantasie über Frauen an der Macht nach der Art von Aristophanes' *Ekklesiazusen* zu sein scheint, beschreibt er, wie die Frauen das Trinken der Männer kontrollieren:

> »Und für die Männer hatten sie Schalen, die flach waren, nichts als ein Boden ohne Seitenwände und gerade ein Müschelchen voll, wie ein kleines Probiergläschen; für die Weiblichkeit dagegen hatten sie tiefe Becher, wie die Becher von fahrenden Weinhändlern, voll gerundete, in der Mitte bauchig geweitete feine Gefäße; Becher, die weit vorausblickend für die größtmögliche Menge und kleinstmögliche Verantwortlichkeit bestimmt sind. Das Ergebnis? Wann immer wir sie beschuldigen, zu viel Wein getrunken zu haben, beschimpfen sie uns und schwören, sie hätten nicht mehr als einen einzigen Becher getrunken. Doch dieser eine ist größer als tausend Schalen.«

Einen ähnlichen Gegensatz gibt es im Stück *Die Heldin* des Epigenes: »Die Töpfer, du Schwachkopf, machen heute gar keine *kantharoi*, von diesen dicken, mehr; statt dessen nur diese flachen eleganten Dinger da … als ob wir die Becher und nicht den Wein tränken.«[41] Größe und Form der Gefäße standen auch für unterschiedliche Arten zu trinken. Tiefe Becher hieß tüchtiges Trinken, ein tiefer Schluck, zurückgelehnt, aus bauchigen, nach oben gehaltenen Krügen; flache Schalen hingegen wurden eleganter geleert, sachte geschwenkt und in kleinen Schlucken, während man Dialektisches zum besten gab, geschlürft.

Typisch für diese tiefen Gefäße war der *kantharos*, der fledermausohrige Pokal der Boötier und Etrusker: »Laß ihn uns leeren bis auf den Grund; in den *kantharos*, Junge, schenk ein, beim Zeus, in den *kantharos*«, sagt eine Komödienfigur zu seinem Sklaven. Aus einem riesigen *kantharos* betrinkt sich die Amme im *Pamphilos* des Eubulos (sie leert ihn in einem Zug), und ebenfalls einen vollen *kantharos* kippt sich Hermaiskos in Alexis' *Kratias* hinter die Binde. Es überrascht also nicht, daß Dionysos meistens diesen Becher an seiner Seite trägt, der damit gewissermaßen zum Attribut des Weingottes wird.[42]

Die hornförmigen Gefäße wie *rhyton* und *keras* gehören zur selben voluminösen Kategorie. Ein Fragment des Epineikos beschreibt drei Gefäße von legendärem Fassungsvermögen; alle drei *rhyta*. Eines, das Elefantenzahn genannt wurde, faßte zwei *choes*, also etwa gut 6 Liter, und wurde angeblich in einem Zug geleert. Mindestens eine Quelle bezieht sich auf dieses Gefäß; es war wohl mehr als nur eine Geschichte purer komödiantischer Einbildungskraft. Trinkhörner wurden wie der *kantharos* symbolisch mit Dionysos und seinem Gefolge in Verbindung gebracht und verrieten eine besonders ursprüngliche oder barbarische Haltung zum Trinken. Oft waren sie mit *akratos* (Unvermischtem) gefüllt. Ein erstaunliches Bild auf einem Gefäß von ungefähr 500 v. Chr. zeigt in verkürzter Darstellung einen Symposiasten, zum Trinken herausgeputzt wie ein Skythe, im Vordergrund, silhouettenartig gegen ihn abgehoben, sieht man ein riesiges Trinkhorn. Wenn in einer Komödie jemand nach einem Trinkhorn oder gar nach »Bechern, tiefer als Trinkhörner« verlangt, dann ist klar, daß die geordneten Sitten griechischen Trinkens verabschiedet werden sollen. Eine eindrucksvolle Darstellung dazu liefern plastische Gefäße, Keramikbecher in Form von Figuren. Die Becher gibt es in verschiedenen Formen, sie sind jedoch niemals eine Darstellung des feinen, anständigen Mannes, für dessen Lippen sie bestimmt waren, ein Ausschluß, der verblüffend ist und den François Lissarrague in seiner Untersuchung über die Bilddarstellung des Symposions für bedeutsam hält: »Außer Dionysos und Herakles sind keine Götter dargestellt; statt dessen findet man nur Frauen, weibliche und männliche Schwarze, Asiaten und Satyrn … Es sieht so aus, als ob die Anthropologie solcher figürlicher Gefäße das Gegenbild zum Griechen darstellte, ihm alles, was er nicht ist, vorhalten sollte.«[43] Es ist kein Zufall, daß die Gefäße mit den Formen solcher notorisch unmäßigen Trinker Becher für unmäßiges Trinken sind; besonders beliebt waren der *kantharos* und das Trinkhorn.

Trinkhörner waren den Moralisten ein Problem. Denn wenn, wie der Philosoph Chamaileon von Herakleia in seiner Abhandlung *Über die Trunkenheit* behauptet, große Becher eine Erfindung im Zeichen neumodischen Sittenverfalls sind und in früheren Zeiten nicht existierten, wie kommt es, daß das *rhyton* ein Attribut der Heroen in der Vergangenheit war? Auf diesen Einwand wußte der Philosoph eine Antwort. Die Künstler stellten die Heroen mit großen Bechern dar, damit deutlich wird, daß deren Raserei nicht ihrer unbeherrschten Natur, sondern ihrer Trunkenheit zuzuschreiben ist.[44]

Andere, weniger bekannte Formen haben einen ähnlichen Ruf wie der *kantharos* oder das *rhyton*. Das *kymbion*, ein tiefes Gefäß in der Form eines Bootes, war das bevorzugte Maß eines notorischen Säufers des 4. Jahrhunderts namens Euripides. Ein weiterer tiefer Becher, die *lepastē*, kommt – laut Athenaios – vom griechischen Verb *laptō* (lecken, schlürfen), das Athenaios unter »in einem Zug austrinken« verzeichnet. Ein Fragment des Pherekrates bietet eine solche *lepastē* den Durstigen im Publikum mit der Aufforderung an, ihn wie Charybdis hinunterzukippen. Woanders wird sie von alten Weibern geleert und dazu gebraucht, mit Erfolg Lysander zu bezaubern, nachdem ein *kōthōn* versagt hatte. Einer dieser tiefen Becher wurde tatsächlich »der atemlose Becher« genannt, weil sein Inhalt ohne Atemholen ausgetrunken wurde.[45]

Trotz der Konkurrenz gelingt es dem *kōthōn* des Kritias, in Athen zum Begriff *par excellence* für starkes Trinken zu werden. Er hat viel mit jenen Bechern gemein, die mit Dionysos und seinen Anhängern in Verbindung gebracht und in einem Zug geleert werden. Ein *kōthōn*, der in einem Stück von Alexis erwähnt ist, faßte gut einen Liter. Auf einem von Polemon in einer fragmentarischen Ekphrasis seines *An Adaios und Antigonos* beschriebenen Gemälde sitzt Dionysos mit einem kahlköpfigen Satyr, der einen *kōthōn* hält, auf einem Felsen. In Theopompos' *Stratiotides* beschreibt eine Frau die übliche Art, wie so ein Becher geleert wurde: »Ich, für meinen Teil, wäre bereit, meine Kehle nach hinten zu beugen, um aus dem nackenstauchenden *kōthōn* zu trinken.« Die meisten Kommentatoren sind der Ansicht, daß diese Komödie auf die Folgen der bizarren Szenerie von Frauen im Heer gemünzt war und offenbar mehr mit der Verbindung des *kōthōn* zum Militär zu tun hatte als mit den Spitzfindigkeiten des Kritias. Den *kōthōn* trifft man in den Händen der Soldaten sowohl in den frühen archaischen *Elegien* eines Archilochos als auch in den *Rittern* des Aristophanes im späten 5. Jahrhundert an. Wie auch immer – und entgegen Kritias – ist die Flüssigkeit, die sich im Inneren befindet, meistens Wein und nicht Wasser. Es gab Auseinandersetzungen darüber, wie der spartanische Becher tatsächlich ausgesehen habe. Manche wurden durch die Beschreibung des Kritias verleitet und hielten vergeblich nach einem Gefäß mit einem kunstvoll umgebogenen Rand Ausschau, der Verunreinigungen auffing. Die Fragmente weisen jedoch eher auf *ambōnes* hin, was einfach »Wulst« oder »Auskragung« bedeutet. Wenigstens ein Gefäß in der Form eines dicken Bierkrugs oder eines Seidels und mit der Inschrift *kōthōn* am Boden wurde gefunden, ein deutlicher Hinweis darauf, daß die meisten Erwähnungen in der Literatur auf diese Form zu verweisen scheinen. Zur Zeit des Kritias gegen Ende des 5. Jahrhunderts waren sie rundherum mit Auskragungen versehen. Normalerweise waren solche Auskragungen nur Dekoration, ein Versuch, Keramikware wie Silber aussehen zu lassen; beim *kōthōn* jedoch findet man sie auch oft an der Innenwandung, ein ziemlich sinnloses Unterfangen, das nur die Stabilität beeinträchtigt. Einige Keramikspezialisten waren der Meinung, dies könne nur mit dem Bemühen erklärt werden, Metallware bis zum Extrem zu imitieren. Die Erklärung des Kritias ist jedoch weit besser. Wozu Auskragungen an der Innenwandung, wenn nicht, um den Bodensatz aufzufangen?[46] Wenn solche Gefäße in modernen Beschreibungen über das Trinken bei den Griechen nur selten erwähnt werden, dann deshalb, weil sie nicht zum Bild der eleganten klassischen Trinkschale passen, sondern mehr wie mittelalterliche Trinkkrüge aussehen. John Beazley, der große Kenner griechischer Krüge, zog es vor, ihnen keinen Namen zu geben, und reihte sie (trotz fehlendem Ausguß) unter die Schöpfkrüge ein.

Wir sind nun in der Lage, die Spitzfindigkeiten des Kritias zu unterlaufen und die gängigen Bedeutungen des *kōthōn* wiederherzustellen. Er war ein äußerst nützliches Gefäß zum Schöpfen, und zwar nicht zum Schöpfen von Wasser aus Bergbächen, sondern von Wein aus Weinfässern, wie von Archilochos sehr reizvoll beschrieben. Der Inhalt ist darin weniger gut sichtbar als in den üblichen flachen Trinkschalen, nicht etwa um den Schmutz von Schmelzwasser zu verbergen, sondern einfach deshalb, weil es ein tiefer Becher für starke Trinker ist. Der Rand war nicht dafür gedacht, den von Kritias erwähnten Lehm zurückzuhalten, sondern den tüchtigen Trinker davor zu bewahren, den ganzen Bodensatz und alle anderen Stücke und Teile, die im griechischen Wein der Antike herumschwammen, in den Mund gespült zu bekommen. Die Karriere dieses Bechers mag bei den Soldaten begonnen haben, doch scheint er schon früh Eingang in das Symposion gefunden zu haben.[47] Dort nahm er dann seinen Platz neben dem *keras* und anderen Bechern ein als eine Herausforderung an das ordentliche Mischen und das Zuteilen des Weins. Der *kōthōn* mit seinem typischen Henkel sieht nicht aus wie eine Schale zum Weiterreichen.

Aus dem Namen dieser Schale leiteten die Griechen das Substantiv *kōthōnismos* und das Verb *kōthōnizein*, das zum ersten Mal im 4. Jahrhundert auftaucht, ab. Beide beziehen sich auf »starkes Trinken«: »*je vide la grande coupe*« (ich leere die große Schale), so beginnt ein französischer Kommentator die Konjugation dieses interessanten Verbums. Der Arzt Mnesitheos schrieb um die Mitte des Jahrhunderts eine Abhandlung in Form eines Briefes, in dem er behauptete, daß unter gewissen Umständen der *kōthōnismos* gut für die Gesundheit wäre, da er als Brechmittel wie auch abführend wirke. Er führt drei Punkte an, die berücksichtigt werden sollten, wenn man sich auf diese Art des Trinkens einläßt: »keinen unvermischten Wein, *akratos*, und während der *kōthōnismoi* keine *tragēmata* [getrocknetes Obst,

Nüsse und andere Nachspeisen] zu essen. Wenn man genug hat, sollte man nicht schlafen gehen, bevor man nicht – mehr oder weniger – erbrochen hat. Hat man genug erbrochen, gehe man nach einem kurzen Bad zu Bett. Falls man nicht in der Lage war, sich vollständig zu entleeren, ist es ratsam, mehr Wasser und ein Vollbad zu nehmen.«[48] Diese Art des Trinkens gab es wahrscheinlich schon immer, doch weckte die Pflege des *kōthōnismos* erst im 4. Jahrhundert die Aufmerksamkeit der Redner und Moralisten.

Demosthenes hielt ihn, Hypereides zufolge, für ein Laster der Jugend. Er beschrieb sie als *akratokōthōnes*, eine Bezeichnung, die immer geläufiger wurde. Der als die Lerche bekannte Schmarotzer zeigte einige Schlagfertigkeit, wenn er als Entschuldigung für sein Eindringen die Bemerkung des Demosthenes mit dessen notorischer Bereitschaft, Schmiergelder anzunehmen, in Verbindung brachte und den Redner einer Art metaphorischer Scheinheiligkeit zieh: »Dieser Mann, der andere Männer *akratokōthōnes* nennt, hat selbst den großen Becher leergetrunken.« Bei dieser Art von Trinkgelage handelte es sich offenbar um einen geselligen Wettkampf, der wahrscheinlich in einer Atmosphäre des Symposions stattgefunden hat, selbst wenn er manche Regeln des Symposions verletzte. Im frühen 3. Jahrhundert sind mit *kōthōn* schon nicht mehr Becher gemeint, sondern Trinkgelage oder Trinkgesellschaft. Zwei Arten werden erwähnt: *symbolikos* und *asymbolos*, mit oder ohne Beiträge; erstere sieht vor, daß jeder Teilnehmer seinen eigenen Wein mitbringt, die zweite setzt einen offenen Tresen voraus. Als der Peripatetiker Lykon im frühen 3. Jahrhundert als Student nach Athen kam, wurde er schnell ein Kenner solcher Stehparties wie auch der Preise der Kurtisanen in der Stadt.[49]

Wie die Bezeichnung des Demosthenes zeigt, wurde *kōthōn* nicht nur mit hartem Trinken in Verbindung gebracht, sondern mit dem Trinken von starkem, unvermischtem Wein. Dies hat er mit anderen tiefen Bechern gemeinsam. Der Begriff der »Tiefe« ist der Schlüssel zum Problem des Trinkens in Athen, das sich wie folgt auf den Koordinatenebenen aufzeichnen läßt: Eine Art des Genusses zeigt die horizontale Ebene. Der Wein wird ausgiebig mit Wasser vermischt; er wird in kleinen Schlucken aus kleinen, flachen Schalen getrunken; als Folge davon kommt es zu mehr Runden, zu mehr Zirkulation und Verteilung, die das Symposion zu einem so verbindenden Erlebnis macht; Worte und Wasser vermischen sich mit dem Wein, dessen vornehmliche Rolle darin besteht, die Unterhaltung anzuregen. Bei dieser leichten Form des Trinkens liegt das Gewicht nicht auf dem

Wein, sondern auf der Gesellschaft der Trinkenden, die sich um den *kratēr* scharen und durch den ganzen Aufwand an Mäßigung vor den Auswirkungen des Alkohols bewahrt werden – im kurzweiligen Spiel des Gesprächs und der Vorführungen. Der Wein ist im Grunde uninteressant und wird als nebensächlich erachtet. Es ist der Wein eines Brillat-Savarin und der Anthropologen, der Wein der Tischgemeinschaft.[50] Im Gegensatz dazu steht der entartete Genuß auf der vertikalen Achse, der Wein Baudelaires und der Alkoholiker: Dieser Wein ist *akratos*, schwer, körperreich und stark; die Becher sind groß und tief; getrunken wird in langen Zügen und ohne Atem zu holen. Der Wein stellt seine Vorherrschaft wieder her, und im Taumel des Rausches werden die Feinheiten des geselligen Beieinanderseins mit Füßen getreten. Hier ist der Wein nicht mehr Katalysator der Unterhaltung, sondern wieder Droge.

TEIL II

Verlangen

Kapitel 3

Frauen und Knaben

Der Redner Apollodoros beschuldigt Neaira, eine Prostituierte, vor Gericht. Für eine Weile schweift er vom Thema ab und läßt sich über den Nutzen der Frauen in Athen aus: »Hetären halten wir uns zu unserem Vergnügen, Konkubinen zur täglichen körperlichen Befriedigung und Ehefrauen zur Zeugung von Nachkommen und als ständige, zuverlässige Hüterin unserer häuslichen Angelegenheiten.«[1] Der antiken Literatur mangelt es nicht an Versuchen seitens der Männer, den Frauen die ihnen zukommende Rolle zuzuweisen, und sie verfügt zu diesem Zweck über ein ganzes Sortiment an Bezeichnungen und Begriffen: »Zwei-Obolen-Frau«; »Bodentrampel«; »Flötenmädchen«; »Gefährtin«; »Lohnempfängerin«; »Läuferin«; »Ehefrau«. Schon die Benennung war ein wichtiger Akt für die Herrschaft über die Frauen und ihre Sexualität. Zum Beispiel war es einer Frau in Syrakus, der großen griechischen Stadt an der Südspitze Siziliens, nach dem Gesetz verboten, »Goldschmuck oder auffällig gefärbte Kleider oder Gewänder mit Purpurborten zu tragen, wenn sie nicht als gewöhnliche Prostituierte gelten wollte«.[2] Apollodoros' klare Einteilung in drei Typen von Frauen ist für moderne Historiker besonders maßgebend geworden und wird bisweilen als unverfälschte Beschreibung der Rolle der Frau in Athen zitiert. Doch weit gefehlt! Der Redner legt bei der Anwendung der Bezeichnungen auf Neaira eine erstaunliche Inkohärenz an den Tag, und der ganze Erfolg der Rede könnte darin bestehen, solche Unterscheidungen dem Gespött auszuliefern. So gelang es Neairas Tochter, »einer gewöhnlichen Hure« (pornē), durch die Heirat mit König Archon Aufnahme in den Kreisen des vornehmen Bürgertums zu finden, ja sogar mit dem König zusammen den ältesten Riten im religiösen Kalender der Stadt vorzustehen, womit sie den Zorn der Götter herausforderte. Jean-Pierre Vernant bemerkt dazu, daß die Ausführungen des Autors »das Bestreben, zwischen rechtmäßiger Gattin und Konkubine eine klare Trennungslinie zu ziehen … und das gleichzeitige Unvermögen zu einer solchen Abgrenzung« beweisen.[3]

Auch andere Schriftsteller helfen da nicht viel weiter als Apollodoros; sie verwenden oft mehrere unterschiedliche Bezeichnungen
für dieselbe Frau und bringen damit ihre eigenen Klassifikation
durcheinander. Die Ambivalenz liegt just im Wortgebrauch, womit
die Rolle der Frau gewöhnlich beschrieben wird. *Gynē* kann, wie im
Deutschen, sowohl Ehefrau als auch ganz allgemein »Frau« bedeuten
und wurde manchmal ebenfalls für Konkubinen und Mätressen verwendet. Das häufigere Wort für Frauen, die in einer solchen infor-
mellen Beziehung lebten, war *hetaira*, was allerdings auch die Bezeichnung für eine Frau mit eigenem Vermögen oder hoher Bezahlung war oder – am anderen Ende der Skala – für ein Sklavenmädchen, das für eine Bordellinhaberin arbeitete. Es kann daher
kaum überraschen, daß, obwohl manche alten Definitionen bekannt
sind, alle Anstrengungen, klare Grenzlinien zwischen den unterschiedlichen Kategorien der Frauen in Athen zu ziehen (um Ehefrauen von Konkubinen [*pallakai*], Konkubinen von »Kurtisanen«
und »Kurtisanen« von »gewöhnlichen Huren« [*pornai*] zu unterscheiden), höchst fragwürdig bleiben und die Übereinstimmung darin
selten länger als eine Gelehrtengeneration überlebt. In jüngster Zeit
haben manche Wissenschaftler die Geduld mit der Inkonsequenz
antiker Autoren verloren. Sie achten nicht auf Vernants Bemerkung
und kommen zu dem Schluß, daß einzig eine Unterscheidung mit
einiger Sicherheit zulässig sei: die zwischen Ehefrauen und den übrigen. Die anderen Unterscheidungen stellten nichts weiter dar als ein
reiches Vokabular, welches den Männern erlaubte, unterschiedliche
Grade der Verachtung für Frauen, die sie benützten, zum Ausdruck
zu bringen.

Dieses »Zwei-Typen-Modell« in Werken über Frauen der Antike
hatte eine verheerende Wirkung auf die Karriere der Kurtisane oder
Hetäre. Sie wurde aus der zentralen Stellung in früheren Abhandlungen über Prostitution in eine beinahe unscheinbare Rolle in jüngeren Darstellungen verdrängt. Als zu Beginn dieses Jahrhunderts
Frauen und Sex zum ersten Mal ins Blickfeld rückten, übte die
Hetäre eine starke Faszination auf die männlichen Historiker aus. Sie
stellte sich als eine raffinierte Dame mit feinem Benehmen, als kulti-
vierte Frau von Welt, witzig, philosophisch gebildet und kokett vor.
In den früheren, idealisierenden Betrachtungen wurde ein strenger
Unterschied zwischen Oberschichtkurtisanen und den *pornai* gemacht, den Unterschichtprostituierten der Bordelle und Straßen, die
allein die »schlechte« Seite der Prostitution repräsentierten. Charles
Seltman zum Beispiel schreibt in den fünziger Jahren:

»Der Rahmen des sozialen Lebens in Athen unterschied sich nicht sonderlich von dem in Paris bis zum Jahr 1939. Es gab, insbesondere für Fremde aller Art, Bordelle, die seit dem frühen 6. Jahrhundert durch die Solonische Gesetzgebung genehmigt waren. Die Konzessionen wurden zur Unterbindung von Gezänk und Lärm in den Straßen ausgegeben. Später erst tauchten Straßengängerinnen auf, die im Dienst einer ›Madame‹ standen. Dieses über die ganze Welt verbreitete Unglück ist natürlich bis heute auch in jeder Mittelmeerstadt anzutreffen. Hetären jedoch bewegten sich sicherlich in einer ganz anderen Klasse; oft waren es hochgebildete Frauen aus anderen griechischen Stadtstaaten oder Städten, die ihren Lebensunterhalt im Handel, als Geschäftsfrauen, als Junggesellinnen oder Modelle verdienten.«[4]

Daß die mit den führenden Männern der Zeit in Verbindung stehenden Hetären, die einen Perikles oder Alkibiades in spaßige Unterhaltungen verwickelten, auch ihren Körper verkauften, war eine unerfreuliche Begleiterscheinung, die sogleich in den Hintergrund geschoben wurde.

Neuere von einer feministischen Haltung zur Prostitution geprägte Arbeiten über Frauen in der Antike haben sich allerdings heftig gegen dieses Bild gewandt und es als einen Versuch männlicher Phantasie – antiker ebenso wie moderner – gewertet, eine ganz und gar abscheuliche Einrichtung zu romantisieren. In dieser Sicht gab es zwei mögliche Rollen für Frauen: Ehefrau oder Prostituierte; eine uneindeutige »Kurtisane« hatte darin keinen Platz.[5] So bemerkt Eva Keuls in einem Kapitel mit der Überschrift »Zwei Arten Frauen. Die Spaltung der weiblichen Psyche«:

»Wenn das sexuelle Verhalten einer angesehenen Frau strikt auf den ehelichen Verkehr beschränkt wird, während dem dazugehörigen Mann Promiskuität erlaubt ist, so folgt daraus notwendig, daß die weibliche Bevölkerung deutlich in zwei Klassen geteilt ist: Die einen, die in ihrem Leben nur beschränkte sexuelle Kontakte haben, und zwar weit weniger, als ihrer Natur vielleicht entgegenkäme, die anderen, die Sex im Überfluß haben, möglicherweise mehr, als daß sie dabei noch etwas empfinden können.«[6]

Diese ursprünglich eher radikale Ansicht hat heute ihren Platz im »Mainstream« der antiken Studien gefunden. In einem Handbuch heißt es: »Die athenische Gesellschaft bildete einen sehr rigiden doppelten Normenkatalog bis zur Vollkommenheit aus, der keine Widersprüche oder Auslassungen enthielt, sondern auf einer klaren Trennung zwischen zwei Kategorien von Frauen beruhte, die nicht miteinander verwechselt werden konnten: legitime (oder potentiell legitime) Ehefrauen und alle anderen Frauen. Erstere waren die züchtigen Mütter und Töchter athenischer Bürger, die anderen standen für sexuelle Ausbeutung zur freien Verfügung.«[7] In dieser Version über die gesellschaftliche Stellung athenischer Frauen gibt es nur zwei extrem kontrastierende Gruppen, wobei die eine jeweils fast das Spiegelbild der anderen ist. Verbunden sind sie nur durch die Hydraulik männlicher Heterosexualität: Die Prostituierten schaffen Befreiung vom Druck, der durch die tugendhafte Absonderung anständiger Frauen erzeugt wird; sie bringen Erleichterung für die sexuellen Frustrationen unverheirateter Männer oder solcher, die in eine Heirat mit Frauen gezwungen wurden, deren einzige Attraktivität die reiche Mitgift oder eine einflußreiche Familie war. Die Prostituierte ist Ersatz für das, was die Ehefrau nicht bietet, ein »Körperdoppel« oder, wie es in einer neueren deutschen Untersuchung heißt, eine »*Ersatzfrau*«.[8]

Unter dem Einfluß dieser idealisierenden Unterscheidung zwischen Ehefrauen und dem Rest war die alte Unterscheidung zwischen Kurtisanen und »gewöhnlichen Huren«, Hetären und *pornai*, obsolet geworden. Sie fallen nun mehr oder weniger treffend unter eine einzige Kategorie: Sie sind alle Prostituierte.[9] Gleichzeitig wurden wichtige Abstufungen wie die der athenischen Hetäre und der Konkubine eliminiert, vergessen oder ignoriert, so als ob alle athenischen Frauen tugendhafte verheiratete Ehefrauen gewesen wären und alle Hetären Fremde, die seltsame Dialekte mit komischem Akzent gesprochen hätten. Dies stört die Zwei-Frauen-Theorie jedoch nicht. Es handelt sich um »paradoxe« Ausnahmen, deren Existenz »paradoxerweise« die der Regel zugrundeliegende Wahrheit bestätigen, oder sie werden der noch verschwommeneren Klasse der *pallakai* zugeordnet und je nach Belieben entweder zu den Ehefrauen oder zu den Hetären gezählt. Sicher gibt es nicht allzu viele Hinweise auf solche einheimischen Kurtisanen, denn ihnen fiel es leichter, dezent im verborgenen zu bleiben; gegeben aber hat es sie bestimmt, wobei sie eine wichtige Verbindung zwischen den Ehefrauen und den anderen bildeten und die männlichen Unterscheidungskategorien verschwimmen ließen.[10] Der Verdacht ist nicht von der Hand zu weisen, daß diese dogmatische Unterscheidung den Wissenschaftlern ermöglichte, eine Auseinandersetzung mit der Prostitution überhaupt zu vermeiden, und daß sie zu dem erstaunlichen Mangel an Untersuchungen auf einem Gebiet beiträgt, das am Schnittpunkt der zwei größten Wachstumszweige der modernen klassischen Altertumswissenschaft liegt, der Frauenforschung und der Sexualität.

Anstatt auf einer Einteilung in zwei feste Gruppen von Frauen und einer großen, undifferenzierten Menge von Sexarbeiterinnen zu bestehen, möchte ich in den folgenden Kapiteln die Verschiedenartigkeit und Komplexität des Sexmarktes von Athen herausarbeiten und erneut auf die Bedeutung der Hetären verweisen. Es gab zahlreiche Zwischenstufen zwischen dem erbärmlichen Leben auf den Straßen und dem bequemen Leben der erfolgreichsten Kurtisanen, die durchaus in den Bereich der legitimen Familie eindrangen und bei Apollodoros und seinen Anhängern Empörung hervorriefen. Von »Mätressen« und »Kurtisanen« zu sprechen mag eine Verherrlichung, Romantisierung oder Exotisierung eines Lebens sein, das in den meisten Fällen abstoßend, brutal und kurz war, und auch die Gefahr mit sich bringen, eine Art Hierarchie zu konstruieren – auf der anderen Seite jedoch erleichtern die Historiker das jämmerliche Dasein antiker Frauen um keinen Deut, wenn sie einfach alle »bösen Mädchen« in einen Topf werfen. Überdies bestand der Sexmarkt in Athen nicht nur aus der Ausbeutung der Frauen. Männer waren so gut sexuelle Ware, wie sie Kunden waren, und obwohl männliche Sexarbeiter wahrscheinlich nirgends so häufig waren wie ihre weiblichen Kolleginnen, spielten sie in der Stadt eine sehr ähnliche Rolle und machten Prostitution zu einer Sache, die mit mehr als nur Geschlechtszugehörigkeit zu tun hatte.

Die zur Bezeichnung von Frauen herangezogenen Begriffe waren so verschwommen, daß die Athener, wollten sie Mißverständnisse vermeiden, zu verschiedenen, häufig verräterischen Umschreibungen Zuflucht nehmen mußten. Anstatt mit *gynē* wurde eine Frau gern als *gynē gametē*, als »verheiratete Frau«, oder gar als eine *gynē gametē kata tus nomus*, eine »gesetzmäßig verheiratete Frau«, bezeichnet. Eine Hetäre konnte genauer als »eine dieser Frauen, die sich verkaufen« oder »eine dieser Frauen, die für zehn Drachmen bei den Symposien zur Verfügung stehen« definiert werden.[11] Daß die Kategorisierung der Frauen zu einer lebenswichtigen Sache wurde, lag an den Gesetzen. Ehebruch zog in Athen schwere Strafen nach sich. Eine alte Verfügung der Drakonischen Gesetzgebung (ca. 621 v. Chr.) erlaubte es, einen Mann, der beim Geschlechtsakt mit der Frau (Ehefrau, Tochter, Mutter, Schwester, Konkubine) eines anderen erwischt wurde, zu töten.[12] Es war daher ziemlich wichtig festzulegen, mit welchen Frauen ein Mann gefahrlos Verkehr haben konnte; demgemäß rechnete ein anderes antikes Gesetz, das dem Solon (ca. 594) zugeschrieben wird, die Frauen, die nicht unter dem Schutz des Gesetzes standen, nicht zu den *pornai*, sondern zu »jenen, die in den Bordellen sitzen, oder denen, die in der Öffentlichkeit herumlaufen«.[13]

Straßen

Wie wir gesehen haben, war der Raum in der Antike selten eine neutrale Gegebenheit und häufig stillschweigend mit symbolischer Bedeutung und ideologischen Unterscheidungen befrachtet. Auf der Ebene der Person betraf dies etwa den Gegensatz von links und rechts, der die Ethik des Essens beherrschte. In einem weiteren Umfang betraf es die den Göttern und Göttinnen vorbehaltenen Bereiche auf dem Stadtterritorium, die landwirtschaftlich bestellten Orte der Demeter, die umliegenden Hügel, Haine und Wälder, die der Artemis und dem Pan geweiht waren, sowie die Zitadellen der Athene. Eine der am sorgfältigsten abgegrenzten Zonen in der Stadt war die der Hestia, deren Zentrum Haus und Herd war im Gegensatz zur Sphäre des Hermes, dem Gott der Schwelle und der vom Haus wegführenden Wege sowie des Glücks.[14] Diesem strikten symbolischen Gegensatz entsprechend waren die Frauen der Straße am weitesten entfernt von der Welt der Ehefrauen, die sich in den Innenräumen aufhielten, »treue Hüterinnen dessen, was sich im Inneren befindet«, wie Apollodoros sagt. Frauen, die auf ihren untadeligen Ruf Wert legten, liefen, außer wenn es unbedingt nötig war und dann nur in einem dicken Überwurf, kaum im Freien herum; öffentliche Tätigkeiten wie Politik und Einkauf waren die Domäne der Männer. Frauen auf den Straßen lebten daher auf der falschen Seite der Schwelle und gaben, wenn sie sich dem öffentlichen Anblick aussetzten, ihre Verfügbarkeit kund. Sie trugen ihre Heimatlosigkeit in ihren Namen, die in ungeschönter Umgangssprache einiges von der Trostlosigkeit des Lebens auf der Straße zum Ausdruck brachten: »Brückenfrau« (*gephyris*), »Läuferin« (*dromas*), »Herumlungerin« (*peripolas*), »Straßenschlampe« (*spodēsilaura*), »Bodentrampel«, »Fußsoldatin«.[15] Sie bildeten eine anonyme Masse von Frauen, gesichtslose »Reihen« und »Herden«.

Kein Wunder, daß diese Frauen außer ihren Spitznamen in den Annalen der Geschichte wenig Spuren hinterlassen haben. Ein ungeschütztes Dasein und ein nomadisches Leben sind nicht der Stoff, aus dem Denkmäler geformt werden. Die gelegentlichen Bemerkungen von Beobachtern weisen darauf hin, daß »Frauen, die in der Öffentlichkeit herumgehen«, auch lange nachdem Solon sie zu einer Ausnahme gemacht hatte, zum Erscheinungsbild der Stadtlandschaft gehörten. Xenophon überliefert eine Bemerkung des Sokrates aus dem späten 5. Jahrhundert, daß die Straßen von Athen voller solcher Sicherheitsventile zur »Erleichterung des Druckes der Lust« waren.[16] Mehr Klarheit über diese Form der Prostitution kann aus den Reden und Komödien gewonnen werden, welche die sexuelle Moral männlicher Politiker anschwärzen. Diese oftmals obszönen Andeutungen führen über die bloße Spekulation hinaus und werfen ein wenig Licht auf das Schattenreich der athenischen Sexualität.

Am aufschlußreichsten ist die Anklage des Aischines gegen Timarchos von Sphettos, den er beschuldigte, ein gewöhnlicher Prostituierter gewesen zu sein. In Wahrheit scheint Aischines herzlich wenig Beweise gehabt zu haben, seine Anschuldigungen zu untermauern, und so stützte er sich statt dessen auf Gerüchte und Unterstellungen, wobei er insbesondere an ein Ereignis bei einer Ratsversammlung einige Monate zuvor erinnerte. Timarchos hielt vor dem Komitee einen Vortrag über die Notwendigkeit, die Verteidigungsanlagen der Stadt zu verstärken, doch wurde die ernste Stimmung immer wieder von Gekicher unterbrochen, wenn er von »Wällen« oder »Türmen«, die ausgebessert werden mußten, sprach oder erwähnte, daß jemand »irgendwohin geführt« werden sollte. Da offenbar die erwähnten Orte als die bevorzugten Schlupfwinkel der »Bodentrampel« und »Straßenschlampen« bekannt waren, nahm Aischines das Gelächter als Beweis dafür, daß die Tätigkeit des Beschuldigten als gewöhnlicher Prostituierter ebenfalls allgemein bekannt war. Autolykos, ein vornehmes Mitglied des erlauchten Areopags, entschloß sich, bei der allgemeinen Volksversammlung, die an einem Wintermorgen einige Zeit später abgehalten wurde, gegen die Vorschläge des Timarchos Stellung zu nehmen: »Ihr müßt nicht überrascht sein, Mitbürger«, hob er an, »wenn sich Timarchos an diesem verlassenen Ort und in der Gegend der Pnyx besser auskennt als die Mitglieder des Areopags ... wir können es Timarchos nachsehen: Er dachte, daß an einem so ruhigen Ort die Kosten für jeden von Euch gering sein werden.« Unmittelbarer Applaus, Erheiterung und lautes Gelächter. Autolykos seinerseits versteht den Witz nicht recht. Stirnrunzelnd fährt er fort; als er jedoch auf die Frage der »herrenlosen Gebäude« und der »Brunnen« zu sprechen kommt, gibt es kein Halten mehr, und die

ganze Versammlung geht im Tumult unter. »Glücklicherweise bleibt
dem modernen Leser das Wissen um die Doppeldeutigkeit erspart,
die die vulgären Zuhörer zum Lachen brachte«, bemerkt Charles
Darwin Adams in einer Fußnote seiner Übersetzung an dieser Stelle.
Doch wenn man bedenkt, daß Timarchos in derselben Versammlung
offiziell der Prostitution beschuldigt wurde, dürfte der moderne
Leser die antiken Anspielungen nicht allzu undurchsichtig finden.
Das Wort *lakkos*, ein Schachtbrunnen oder eine Zisterne, ist am
leichtesten zu deuten. Der Ausdruck war auf Prostituierte und deren
offenbar enorme sexuelle Leistungsfähigkeit gemünzt oder – noch
bildlicher – auf die Aufnahmebereitschaft für Ausscheidungen.[17]

Stadtmauern hinwiederum hatten zu gewissen Zeiten den Ruf als
Orte schneller, verstohlener sexueller Geschäfte und haben ihn da,
wo sie noch stehen, bis heute. Aber vielleicht beziehen sich »die
Mauern« und »der Turm« mehr auf den Rotlichtbezirk Athens, den
Kerameikos, der im Nordwesten um das Haupttor der Stadt, dem
Dipylon, lag. Der Kerameikos hatte seinen Namen von den Töpfern,
die das Viertel ursprünglich dominierten, doch war die Gegend auch
für die großartigen Gräber entlang den Straßen, die aus Athen hin-
ausführten, bekannt. Sie führten die Initiierten zu den eleusinischen
Mysterien und die Möchtegernphilosophen zu einer Sitzung mit
Platon im Gymnasium der Akademie. Spätere Kommentatoren ver-
banden die Bedeutung des Ortes allerdings mit einer etwas anderen
Erscheinung: »ein Ort in Athen, wo Prostituierte (*pornai*) herumstanden«, war die knappe Erklärung. Dieser grüne und friedliche Park ist
eine der ruhigeren archäologischen Stätten in Athen, doch wird sie
an einer Stelle in den *Rittern* des Aristophanes geräuschvoll mit
Leben erfüllt: Der Wurstverkäufer, der den Oberdemagogen von seinem hohen Sitz vertrieben hat, denkt sich eine angemessene Bestrafung für diesen aus: »Er soll meine alte Stelle übernehmen, eine Kon-
zession zum Wurstverkauf an den Toren, und Hundefleisch mit Teilen von Eseln vermischen, sich betrinken, Gemeinheiten mit den
Huren austauschen und dann seinen Durst mit dem Abwasser der
Bäder löschen.« »Ja, eine ausgezeichnete Idee. Das ist genau das Richtige für ihn; mit den Besuchern des Bades und den Huren herumkra-
keelen.«[18] Manche der Prostituierten, die an den Straßen standen,
werden Betten in den umliegenden Bordellen gehabt, andere es auf
den Friedhöfen in der Nähe getrieben haben. Dies gab Aristophanes
Gelegenheit, in einem anderen Stück mit Anwürfen gegen Persönlichkeiten des öffentlichen Lebens eine vulgäre Verbindung zwischen zwei Tätigkeiten *extra muros* herzustellen: Trauern und Huren.

»Mitten zwischen den Gräbern, höre ich, beugt sich der Knabe des
Kleisthenes nach vorn, reißt sich die Haare aus dem Arsch, rauft sich
den Bart ... und schreit.«[19] Im *Frieden* überbietet Aristophanes sogar
noch diese derbe Szene und verrät beiläufig, daß der Hafen von
Athen, der Piräus, ein weiterer beliebter Strich der Straßenhuren war.
Hoch im Flug über der Stadt auf dem Rücken eines Mistkäfers erblickt Trygaios beim Einsatz zur Befreiung der Friedensgottheit
einen Mann, der mitten zwischen den Prostituierten im Piräus
scheißt, eine Katastrophe, sollte sein koprophiles Transportmittel
vom Gestank angezogen werden.[20] Unverzüglich ruft er dem Mann
unten zu, er solle schnell ein Loch graben, darum duftenden Thy-
mian pflanzen und ihn mit Myrrhe begießen.

Im späten 6. Jahrhundert, wenn nicht früher, bekamen die lär-
menden Straßengänger Konkurrenz von den stimmungsvolleren
aulḗtrides. Obwohl oft als »Flötenmädchen« bezeichnet, war der zwei-
rohrige *aulos* mit Doppelblatt, auf dem sie spielten, in der Klangfarbe
mehr der Oboe oder Schalmei ähnlich. Die Griechen verglichen ihn
in den unteren Tonlagen mit dem Summen der Wespen und in den
höheren mit dem Schrei der Wildgänse. Der Lexikograph Pollux
stellte zur Beschreibung seiner Töne eine Liste mit attischen Wörtern zusammen: »klagend, lockend, trauernd«.[21] Zusammen mit den
anderen Musikmädchen spielten die *aulḗtrides* beim Symposion eine
wichtige Rolle, denn sie unterhielten die Gäste zu Beginn mit Musik
und am Ende der Party mit Sex. Doch ebensohäufig waren sie im
Freien, an den Docks des Piräus anzutreffen, wo sie, »kaum die Pu-
bertät hinter sich, zwar Geld, aber sich keine Zeit nehmen, um die
Manneskraft der Hafenarbeiter zu erschöpfen«, oder in Athen »dir an
Straßenecken entgegenlächeln«; es war natürlich möglich, Sex mit
einem Flötenmädchen zu haben, ohne es vorher auf ein Symposion
mitgenommen zu haben.[22] Anders als das Einzelinstrument Lyra, das
poetische Versenkung und Stille begleitete, wurde der *aulos* normalerweise bei der Musik zur Arbeit und Bewegung, insbesondere bei
der Fortbewegung der Tanzreihen in der Prozession und beim Mar-
schieren, eingesetzt.[23] Dabei wirkte eine übernatürliche Kraft auf den
Körper ein; wenn der *aulos* spielte, gerieten die Männer außer sich.
Der Pararedner der römischen Epoche, Dion Chrysostomos, erzählte die Geschichte des großen Flötisten Timotheos, der vor Alexander aufspielte. Alexander war so erregt von den Tönen der Musik
und dem Rhythmus des Spiels, daß er mit einem Satz aufsprang und
wie ein Besessener nach seinen Waffen griff. Selbst Tiere waren für
seinen Zauber empfänglich. Man sagte, daß die dekadenten Sybari-

ten den Fehler machten, ihre Pferde an das Flötenspiel zu gewöhnen, und dann hilflos zusehen mußten, als die Kavallerie mitten in der Schlacht anfing, zum Klang der feindlichen Musik zu tanzen, und ins feindliche Lager hinübertänzelte. Alle Flöten galten in der Antike bis zu einem gewissen Grad als magisch.[24] Die Flöte war ein wesentlicher Bestandteil des Symposions, weil sie den Rhythmus beim Mischen und Verteilen des Weins und beim Singen vorgab, doch bedeutete andererseits der begrenzte Raum, in dem diese Veranstaltung horizontaler Trunkenheit stattfand, in gewisser Weise eine Beschränkung für den *aulos*. Ein medizinischer Schriftsteller führt das Beispiel eines Mannes an, der jedesmal, wenn er seinen Laut in den engen Mauern des *andrōn* vernahm, in Panik geriet. Im Freien, auf der Straße, waren die Flötenmädchen in ihrem Element – im *kōmos*, einem ausgelassenen Umzug mit Gesang, Flöten und Spiel der betrunkenen Zecher, der die ganze Trinkgesellschaft hinaus in die Stadt zu Krawall und Ausschweifung führte.[25]

Man weiß von »Schulen für Flötenmädchen«, in denen nach Meinung alter Männer wie Isokrates junge Männer zuviel Zeit verbrachten. Platon deutet jedoch an, daß sie nicht sehr gut spielten und sie weniger ob ihrer musikalischen Fertigkeiten so beliebt waren.[26] Obwohl manche von ihnen in die höchsten Kurtisanenränge aufstiegen, gehörten die Flötenmädchen offenbar dennoch durchweg zu den billigsten und verachtetsten bezahlten Frauen. Im 4. Jahrhundert war die Bezeichnung *aulētris* beinahe ein Synonym für »billige Prostituierte«.[27] Bezeichnenderweise teilten sie sich im Piräus, in den Straßen und unter den Mauern den Platz mit den »Bodentrampeln« und bildeten die musikalische Begleitung, als die Festungsmauern im Jahre 404 nach dem Sieg Spartas geschleift wurden.[28] Bald darauf wurden die Befestigungsanlagen allerdings wieder aufgebaut, und Athen war wieder abgeschnitten, doch etwa zehn Jahre lang lernte die Stadt das Leben ohne eine Ummauerung kennen.

Das Leben in den Straßen war hart. Kämpfe um Prostituierte waren alltägliche Vorkommnisse in den einfacheren Vierteln, und insbesondere die Flötenmädchen wurden Opfer der Prügeleien konkurrierender Männer. Demosthenes erwähnt an einer Stelle ein Mitglied der *thesmothetai*, des gesetzgebenden Ausschusses der Archonten, das beim Versuch, ein Flötenmädchen abzuschleppen, in eine solche Keilerei verwickelt wurde. In den *Wespen* bringt Aristophanes ein ebensolches Tauziehen zwischen einem Vater und dessen Sohn um eine nackte *aulētris*, die sie bei einem Gelage mitgeschleppt hatten, auf die Bühne. In den *Acharnern* führt er den Anlaß des Peloponnesischen Krieges von einem hochgesinnten Streit um heiliges Land auf ein schmutziges Gezänk um *pornai* zurück und setzt ohne weiteres überseeische Eroberungen mit Flötenmädchen und »eingeschlagenen Visagen« gleich.[29] Solange diese Kämpfe auf das Symposion beschränkt blieben, waren sie eine Privatangelegenheit, die in einem Privatprozeß geklärt wurde. In den Straßen hingegen ging es um das ernste Problem der öffentlichen Ordnung, und die *astynomoi*, das Komitee der Zehn, das für die Offenhaltung und Begehbarkeit der Straßen der Stadt verantwortlich war, waren gesetzlich ermächtigt, Auseinandersetzungen zu schlichten und darauf zu achten, daß die Flötenmädchen und andere Musikanten aus ihren Diensten keinen Vorteil zogen. Die Höchstsumme für eine Nacht war auf zwei Drachmen festgelegt. Wenn mehrere Männer dieselbe Frau wollten, wurde dies durch das Los geregelt, ohne die Frau dabei zu fragen.[30] Es war dies keine leere Vorschrift, und es sind Fälle von Verurteilungen durch den schwerfälligen Vorgang der *eisangelia* (Anzeige) gegen Männer bekannt, die mehr zahlten, als das Gesetz erlaubte.[31]

Die weiteren Aufgaben der *astynomoi* bestanden darin, die Leichen derer, die auf den Straßen starben, wegzuschaffen und dafür zu sorgen, daß die Fäkaliensammler den Kot in der vorgeschriebenen Entfernung von den Stadtmauern abluden. Es mutet wie eine präzise Zusammenfassung der räumlichen, administrativen und symbolischen Stellung der Straßenfrauen Athens an, daß sie sich an Orten aufhielten, wo die Bademeister die Abwässer aus den öffentlichen Bädern abfließen ließen, wo diejenigen, die ein Bedürfnis verspürten, einfach ihr Geschäft verrichteten und wo die Stadt ihre Toten bestattete. Eine Straßenfrau war nicht nur auf der Straße, sie gehörte irgendwie auch zur Straße, sie war, nach den Worten des Dichters Anakreon, ein »öffentlicher Durchgang«, eine öffentliche Einrichtung für Körperfunktionen, eine »Zisterne«, die die überschüssigen Ausflüsse der sexuellen Lust aufnahm.[32]

Bordelle

Wurden die Straßen in der kollektiven Vorstellung mit Abfällen und Abwässern in Verbindung gebracht, so mutet seinerseits das Bordell mehr wie eine Leichenhalle oder ein Grab an: »Ich kenne jemanden, dem träumte, er habe ein Hurenhaus betreten und konnte es nicht wieder verlassen. Er starb wenige Tage später, was ein folgerichtiges Ergebnis des Traumes war. Dieser Ort ist wie jener, wo die Körper

hingelangen, ein ›öffentlicher Ort‹, und es verkommt dort viel
Sperma. Man kann daher mit Recht behaupten, daß dieser Ort dem
Tod gleiche.«[33] Das Leben im Bordell war, besonders von anderen
Prostituierten, verachtet und gefürchtet. Die Kurtisane Adelphasium
im *Jungen Punier* des Plautus will nicht in die Nähe dieser »Frauen
geraten, die nach Kuh- und Pferdestall riechen … die kaum je ein
freier Mann berührt oder nach Hause mitgenommen hat, diese
Zwei-Obolen-Nutten kleiner schmutziger Sklaven«.[34] Selbst für ein
Sklavenmädchen konnte das Bordell ein schlimmeres Los als der Tod
bedeuten, wie die Rede des Antiphon *Gegen die Stiefmutter* recht dra-
stisch bezeugt: Als die Sklavenkonkubine des Philoneos erfuhr, daß
ihr Liebhaber ihrer überdrüssig war und sie in ein Bordell schaffen
wollte, vergiftete sie sein Essen und brachte gleichzeitig seinen
Freund um, den er gerade als Tischgast bei sich hatte. Das Mädchen
wurde unverzüglich gefoltert und hingerichtet.[35]

Ein freundlicheres und positiveres Bild eines Bordellbesuchs wird
in der Sammlung der Komödienfragmente des Athenaios gezeichnet.
Hier werden die Sexarbeiter als Stütze der öffentlichen Moral gefeiert, als Teil eines wohlgeordneten Staatsgefüges mit einem bequemen und legalen Ventil für die Begierden, die sonst womöglich in
Ehebruch mündeten:

»Was die jungen Männer in unserer Stadt alles anstellen, ist erschreckend, wirklich erschreckend, ganz und gar unerträglich.
Denn es gibt doch junge Damen hier in den Bordellen, die durchaus zugänglich sind, junge Damen, deren Anblick nicht verwehrt
ist, wenn sie barbusig in der Sonne liegen und in halbkreisförmi-
ger Aufstellung bereits entkleidet auf ihren Einsatz warten; und
unter diesen Damen kann man wählen, welche man will: dünne,
dicke, runde, große, kleine, junge, alte, im mittleren Alter oder
darüber hinaus. Dies ist weit besser als mit Leitern an Hauswän-
den, die man auf Zehenspitzen besteigt, ehebrecherischen Geschäften nachzugehen oder durch den Rauchfang unter dem Dach
zu klettern oder sich unter einem Strohhaufen einschmuggeln zu
lassen. Bei diesen Mädchen ist man selbst der Erwählte. Sie ziehen
einen ins Haus und nennen die alten Männer ›Papachen‹, die jüngeren ›Brüderchen‹. Und alle stehen einem gefahrlos und ohne
große Kosten Tag und Nacht, wann immer man will, zur Verfügung. Was aber die anderen Frauen angeht, jene, die man nicht
anschauen kann, zumindest jedenfalls nicht wirklich, nicht einmal, wenn es gelingt, einen schnellen Blick auf sie zu werfen,

außer man nimmt es in Kauf, stets mit schlotternden Knien nach hinten zu schauen, halbtot vor Angst, sein Leben aufs Spiel setzend … Wie können Männer nur mit solchen Frauen Sex haben, o Kypris [Aphrodite], Herrin des Meeres, wenn sie, sobald sie sich mit ihnen eingelassen haben, an die Gesetze des Drakon denken müssen?«[36]

Andere Fragmente bestätigen das Bild der Bordelle des 4. Jahrhunderts, das Xenarchos zeichnet. Die Mädchen standen offenbar halbnackt oder nur in durchsichtige Stoffe gehüllt in einem Halbkreis zur Auswahl vor den Kunden. Eubulos behauptet, sie hätten gesungen. Eine Figur in einem Stück von Alexis verbringt drei volle Tage im Kerameikos auf der Suche nach Unterrichtung im »süßen Leben«, normalerweise waren die Besuche aber viel kürzer.[37] Das übliche Wort für Bordell, das sogar in den alten Solonischen Gesetzen vorkommt, ist *ergastērion*, was nichts anderes als »Geschäftsort« oder »Fabrik« bedeutet. Das Bordell war im wahrsten Sinn des Wortes ein Sexshop oder, wie ein Dichter meint, ein *kinētērion*, eine »Fickstube«: »Da stehen sie tatsächlich nackt herum, damit nur ja keiner enttäuscht ist. Man werfe einen Blick auf alles. Vielleicht entspricht es noch nicht den Erwartungen; vielleicht hat man etwas Besonderes [im Sinn]. Die Tür ist offen, ein Obolos der Eintritt. Hereinspaziert! Da gibts kein Geziere, keine Fisimatenten, kein Weglaufen, sondern es wird ohne Verzug gewählt, welche man will und wie man sie will. Man macht seine Sache, man sagt ihr, sie soll zum Teufel gehen; sie bedeutet einem nichts.«[38]

Die Komödiendichter sind nun natürlich nicht ganz ernst zu nehmen, und wir sollten uns nicht vom Eindruck einer gut funktionierenden Annehmlichkeit, wie in den Komödien beschrieben, verführen lassen. Eubulos verspielt die Wirkung, wenn er die Mädchen als »diejenigen, die der Eridanos mit reinem Wasser erfrischt«, beschreibt. Zu seiner Zeit floß der Eridanos durch die Stadt, und wenn er den Kerameikos erreichte, war er kaum noch etwas anderes als eine Kloake, ein Auffangbecken für den Abfall der großen Stadtgosse, für das bei Aristophanes erwähnte (aller Wahrscheinlichkeit nach) schmutzige Badewasser und für manch anderes sonst.

Wir sind glücklicherweise nicht allein auf die Ironie der Komödiendichter angewiesen, wenn wir uns ein Bild vom Leben in den Bordellen machen wollen. Eine Abwasserleitung des Kerameikos ging von einem mysteriösen Gebäude ab, bei den Ausgräbern als »Gebäude Z« bekannt, das noch knapp innerhalb der Stadt lag, da, wo die Stadtmauer mit dem Heiligen Tor eine Ecke bildete. Das Gebäude, ursprünglich nach der Mitte des 5. Jahrhunderts gebaut, erfuhr im Lauf der darauffolgenden anderthalb Jahrhunderte eine Reihe unterschiedlicher Ausgestaltungen. Die erste jedoch wies bereits das gleiche Muster wie das späterer Nutzungen auf. Eine im Schatten der Stadtbefestigung gelegene Tür gab den Zugang zu einer großen Empfangshalle frei. Von hier aus wurde der Besucher durch einen engen Korridor, der kurz vor der Küche in einen schmalen Hof abbog, an einigen kleinen Räumen vorbeigeführt. Weitere Türen gingen von da aus nach rechts und nach links. Geradeaus, direkt gegenüber, befand sich der Vorraum zu einem weit größeren Raum mit Mosaikfußboden. Von diesem aus erreichte der Besucher die Westseite des Hauses: eine Reihe von Zimmern mit rotverputzten Wänden und einen weiteren kleinen Hof am Ende. Es gab im ganzen mehr als fünfzehn Räume, die durch offene Durchgänge und durch Korridore miteinander verbunden waren, so daß das ganze Gebäude wie ein Labyrinth gewirkt haben muß. Die Archäologen fanden eine große Anzahl weiblicher Ausstattungsgegenstände, manche mit Abbildungen der Aphrodite und deren Kult sowie zur Unterhaltung der Gäste reihenweise Geschirr für Symposien. Diese Funde, zusammen mit der Größe der Anlage, ihrer Lage und die Anzahl der Räume weisen deutlich darauf hin, daß das Gebäude Z lange, wenn nicht immer, als Bordell und/oder als Herberge gedient hatte.[39]

Die erste Gestaltung wurde schon nach wenigen Jahren wahrscheinlich bei einem Erdbeben zerstört. Die späteren Anlagen weisen einen erheblich vergrößerten Haupthof auf. Die Archäologin Ursula Knigge fand bei ihren Grabungen etwas, was sie für Geräte zur Gartenarbeit hielt, die dazu gedient haben mochten, den Ort angenehmer zu gestalten. Vielleicht war dies der Platz für jene halbkreisförmigen Aufstellungen, auf die sich die Komödienschreiber beziehen. Zur gleichen Zeit wurden die Räume kleiner und zahlreicher. In diesem zweiten Bau, im späteren 5. Jahrhundert schnell auf den Trümmern des alten erbaut, wurden die ersten Spuren eines Aphroditekults gefunden, wie er in der Antike für die Frömmigkeit der Prostituierten typisch war, nämlich die Scherben eines Mischkrugs, auf dem die Opferung einer weißen Ziege abgebildet ist. Auch dieser zweite Bau hielt nicht viel länger als der erste; diesmal ging er in einem gewaltigen Feuer auf. Die verbrannte Ruine stand mehr als fünfzig Jahre lang verlassen da. Die Verarmung Athens nach der Niederlage im Peloponnesischen Krieg ließ keine großen neuen Bauvorhaben zu. Dennoch müssen ausreichend Fundamente erhalten geblieben sein, so daß um die Mitte des 4. Jahrhunderts ein dritter Bau auf dem Grundriß des alten errichtet werden konnte. Drei große Zisternen wurden angefügt, die miteinander durch unterirdische Rohre verbunden waren und vom Regenwasser, das vom Dach tropfte, gespeist wurden – eine verächtliche Metapher für Prostitution überhaupt, wie wir gesehen haben.[40]

In einer Komödie erwähnt ein Zeitgenosse ein Bordell im Kerameikos mit nicht weniger als dreißig Frauen, und der dritte Bau des Gebäudes Z hatte wahrscheinlich mindestens zwanzig Räume. Die Frauen, die diese Korridore bewohnten, waren Fremde, ziemlich sicher Sklavinnen, die Spuren von ihrer Verehrung fremder Gottheiten in Form kleiner Figürchen hinterließen. Diese und die Schmuckstücke, die in der Grabung gefunden wurden, lassen darauf schließen, daß sie aus Thrakien, Anatolien und Syrien, den üblichen Lieferanten von Sklaven für Athen, kamen. Unter den Funden war ein Silbermedaillon mit einer Figur, von Knigge als Aphrodite identifiziert, die auf dem Rücken einer weißen Ziege durch den Nachthimmel reitet zusammen mit Phosphoros, dem Morgenstern, dem Lichtträger, vor ihr und Hesperos, dem Abendstern, dem Stern im Westen, hinter ihr, die beiden Ansichten des Planeten Venus, der über die Zeit herrscht.[41]

Einige weitere Funde verschafften der Archäologin Gewißheit über andere Funktionen des Gebäudes und können zur Lösung eines alten Problems herangezogen werden. Die Diskussion um die mysteriösen »spinnenden Hetären« begann zu Beginn dieses Jahrhunderts mit der Entdeckung einer athenischen Parfümflasche. Ein junger Mann mit einem Stab in der einen und einem Huhn in der anderen Hand nähert sich einer Frau, die stehend beim Spinnen ist. Er wird von einem Jungen mit einem Vogel und einem Oktopus geführt, der zu ihm zurückschaut. Die ersten Kommentatoren deuteten dies als eine Szene aus dem Familienleben: Ein Mann kehrt mit seinem Sklaven vom Einkaufen zurück, während die Ehefrau beim Spinnen ist. Carl Robert wies jedoch 1919, gestützt auf eigene Erfahrungen in Neapel, darauf hin, daß die Szene nicht ganz so harmlos war. Die Frau war eine Prostituierte, der kleine Junge ihr Kuppler und der junge Mann ein Kunde, den er für sie aufgetan hatte.[42] Die Szene steht durchaus nicht allein da. Eine große Anzahl Vasen um den Beginn des 5. Jahrhunderts zeigen spinnende oder Wolle haspelnde Frauen, denen sich junge Männer mit Geschenken oder Geldtaschen nähern. Gerade letzteres soll die Absichten der Männer verdeutlichen, und in der Tat kann niemand ernsthaft bestreiten, daß nicht

klar sein soll, hinter wem und was die Männer in diesen Szenen her
sind. Was es mit den Frauen auf sich hat, ist hingegen schon umstrittener. Die kundigeren Kommentatoren sehen in der Spindel einen
exotischen Fetisch. Die Frauen sind Prostituierte, die ihre Kunden
mit vorgetäuschten weiblichen Tugenden reizen. Andere, unerschüt-
terlich auf ihrem Irrtum beharrend, behaupten, daß es gerade die
weiblichen Tugenden seien, denen Männer, welche Prostituierte aufsuchten, entfliehen wollten. Es müsse also eine andere Erklärung
geben. Die Frauen seien keine Hetären, sondern anständige junge
Damen, die von jungen Männern mit unmoralischen Absichten und
Geld von ihren Haushaltpflichten weggelockt würden. Nach beinahe einem Jahrhundert des Debattierens steht für eine knappe
Mehrheit von Forschern fest, daß die Frauen tatsächlich Prostituierte
sind und die Spindel nur eine Requisite ist, auch wenn Eva Keuls
weiterhin darauf besteht, daß es nicht die weiblichen Tugenden, sondern alle möglichen Arten weiblicher Verführungskünste waren,
welche die Männer von Athen erregten.[43]

Der Fund von über hundert Webgewichten in den Schichten des
5. und 6. Jahrhunderts von Gebäude Z lassen darauf schließen, daß
alle diese Deutungen auf einer falschen Fährte sind. Es mag sein, daß
eine gute Hausfrau harte Hausarbeit verrichtete und auch webte,
doch war die Kleiderherstellung auch ein Gewerbe, zu dessen Ausübung Sklavinnen wie auch freie Frauen, die in Schwierigkeiten geraten waren, am Webstuhl saßen – um zu überleben und nicht, um
Philosophen zu beeindrucken.[44] Sie teilten den schlechten Ruf eher
mit anderen Frauen, die arbeiteten – wie etwa Weinverkäuferinnen,
Ammen und Händlerinnen auf dem Markt –, als mit braven Haus-
frauen, die spannen. Schließlich ist das gebräuchliche Wort für Bordell im Griechischen schlicht »Fabrik« und für Prostitution »Handel«. Einige Epigramme der hellenistischen Epoche spielen auf die
Austauschbarkeit der zwei verbreitetsten Frauenberufe an, auf Athenes Textil- und auf Aphrodites Sexindustrie – eine ironische Gegenüberstellung. Zwei davon sind Widmungen von Wollwebern für
Werkzeuge des Wollwebergewerbes: Kämme, Spindeln und Weber-
schiffchen. Frauen, die der Schufterei müde wurden, wandten sich in
der Hoffnung auf ein leichteres Leben einer einträglicheren Beschäftigung zu: »Zu Athene sagte sie: ›Ich will mich Aphrodites Werk widmen und wie Paris gegen dich stimmen.‹« Eine von ihnen veranstal-
tet mit ihren Haspeln ein Freudenfeuer und wendet sich an Aphrodite: »Nimm den einen Handel von mir und gib mir dafür einen anderen!« In einem dritten Gedicht spielt der Dichter mit der Doppel-
bedeutung des Worts *ergazomai* (»machen« und »Geld machen«):

»Philainion schlummerte heimlich an Agamedes' Brust und machte
sich zur Decke. Die zyprische Aphrodite ihrerseits war die Wollwe-
berin. Laßt der Frauen Spindeln, der Frauen wohlgesponnenen
Faden ruhig im Wollkorb liegen.« Gelegentlich verhält sich die Sache
umgekehrt. Einer beschreibt eine alte Prostituierte, deren reiche Eroberungen bereits Geschichte sind und die daher gezwungen ist,
vom Hungerlohn der Weberei zu leben.[45] Der Geograph Strabon erzählt eine Anekdote, die zeigt, daß Wollweberei und Prostitution
sich gegenseitig durchaus nicht ausschließen müssen. Eine korinthische Hetäre wird beschuldigt, nicht fleißig genug an ihrem Webstuhl
zu arbeiten. »Aber ich habe in dieser kurzen Zeit schon dreimal einen
drübergelassen«, beklagt sie sich.[46]

Mit Hilfe des schmutzigen Witzes von Strabon, der Funde aus
dem Gebäude Z und der hellenistischen Epigramme erscheinen die
»spinnenden Hetären« in weniger rätselhaftem Licht. Mehrere Vasenbilder zeigen Wollweberei in einem – darüber herrscht unter den
meisten Kommentatoren Einverständnis – Bordell; und auf einem
Wasserkrug, der sich heute in Kopenhagen befindet, ist eine sitzende
Frau zu sehen, die einer nackten Prostituierten offenbar zeigt, wie
man Wolle verspinnt.[47] Am deutlichsten ist eine Schale aus dem späten 6. Jahrhundert des Malers Ambrosios aus einer Privatsammlung.
Ich hatte selbst keine Gelegenheit, sie zu sehen, doch scheint die Beschreibung eindeutig: »Ganz rechts sieht man ein Mädchen beim
Spinnen, während ein Mann versucht, die Situation bei einer Kollegin auszunutzen, die Flöte spielt. Auf der linken Seite schaut ein ge-
duldigerer Besucher zwei Hetären zu, die Wollspindeln in einen
Korb packen. Daß es sich bei den Frauen um Hetären handelt, geht
deutlich aus den Namen hervor, die der Maler ihnen gegeben hat –
Aphrodisia und Obole.«[48] Dasselbe Muster ist auch auf anderen
Vasen zu beobachten: Sobald Männer auftauchen, wird die Wolle
beiseite geschoben und weggepackt.[49] Ein habgieriger Sklavenbesitzer
mußte seine Sklaven nicht untätig herumsitzen lassen, bis die Nacht
kam. Das Bordell, besonders das billige, konnte gleichzeitig als Tex-
tilfabrik dienen.[50]

Sicher gab es auch Wollweber, die nur Wolle verarbeiteten, und
Prostituierte, die nie im Leben eine Spindel berührt hatten. Doch
scheint man um die Schlußfolgerung nicht herumzukommen, daß
eine große Gruppe Frauen im alten Athen zwischen Stuhl und Bänke
fiel und gezwungen war (oder es auch wählte), im anderen Beruf
nachtzuwandeln und dadurch den Ruf des Textilgewerbes zu trüben.
Die Symbole einer tugendhaften Beschäftigung wurden zu etwas
ganz und gar Anzüglichem, zu einem dichten Gestrüpp von Ver-

führung und Verzauberung, zu Fäden von Wollknäueln und Spin-
nennetzen.[51] Damit ist der gordische Knoten der »spinnenden
Hetären« durchschlagen, und man enthebt sich der Notwendigkeit,
übermäßiges Vertrauen in jene von den modernen Ikonologen bevorzugten Begriffe »Paradox« und »Ambivalenz« zu setzen. Das
männliche Eindringen in eine weibliche Umgebung, das die Vasen
immer wieder in Szene setzen, ist keine künstlerische Erfindung um
ihrer selbst willen, ein Zusammenprallen gegensätzlicher Welten,
sondern spiegelt das tägliche Eindringen der männlichen Bordell-
kunden in diese normalerweise männerfreie Zone wider. Schon
immer mutete es eher merkwürdig an, daß die Symposionsgefäße
des *andrōn* neben den Trink- und Vergnügungsszenen auch Bilder
von tugendhaften Ehefrauen bei ihrer Hausarbeit zeigen sollten;
doch gehörten sowohl Webgewichte als auch Weinschalen zum Gebäude Z. Hier sind Spindel und Wollkorb nicht Symbole der Tugend, sondern der Tageszeit. Die Vasen zeigen den Zeitpunkt, an
dem die eine Arbeit beiseite gelegt und eine ganz andere aufgenommen wird, eine Dramatisierung des Einsatzes der Nachtschicht, ein
Spiegelbild jener Szene auf dem Silbermedaillon aus dem Gebäude
Z, auf dem Aphrodite in der Zeit zwischen dem Morgen- und dem
Abendstern einherreitet. Die abgebildeten jungen Männer sind über
die Maßen begierig, als erste eingelassen zu werden, vielleicht gehören sie aber auch zu jenen Verdorbenen, die Bordelle schon zur Tageszeit aufsuchten, um, wie Demosthenes es ausdrückt, »Tageshei-
raten« einzugehen.[52] Eine Schale in Berlin hat ein anderes Ziel des
Spottes: Während ihre Kollegin Kunden empfängt, spinnt eine Frau
weiter. Auf dieser Darstellung schaut sie, in der ungewöhnlichen
vollen Frontalansicht, welche die Griechen einsetzten, um die Aufmerksamkeit des Betrachters zu fesseln, direkt auf den Trinkenden.
Vermutlich ist sie alt oder häßlich und nimmt das hellenistische Epigramm über die Prostituierte, die sich im Alter der Weberei zuwen-
den muß, vorweg; oder sie ist eine Bordellmutter, eine von jenen, die
»einen mit ihren Fäden umgarnt«.[53] Eine andere Frontalansicht
schaut einem vom Grund einer Schale in Paris entgegen. Sie blickt
nicht auf den Trinker, der seine Schale leert, sondern sie betrachtet
sich selbst in einem Handspiegel. Man kann ihren nackten Körper
durch die Falten ihres Chitons hindurch erkennen, und eine Inschrift besagt, daß sie »wunderschön« ist. Auch sie hat einen, obgleich
unbeachtet dastehenden, Wollkorb, der unten zu ihrer Rechten am
Rand des runden Rahmens sichtbar wird. Sie hat andere Dinge im
Kopf.[54] Die Vasenmaler nahmen die Faszination der französischen
Künstler des 19. Jahrhunderts an dem Thema vorweg, die während

der verkehrsarmen Zeiten im Bordell herumspionierten. Wie bei jenen war es nicht die Frauenarbeit, die die Athener sexuell faszinierte, schon gar nicht die »weibliche Tugend«, sondern der weibliche *ennui*, die erotisch aufgeladene Langeweile der Frauen, die in den Frauenräumen herumsaßen.

Z 3 erlitt das gleiche Schicksal wie Z 1; es wurde wahrscheinlich gegen Ende des 4. Jahrhunderts Opfer eines Erdbebens. Die Funde, die man gut zweitausend Jahre später entdeckte, könnten ein Indiz dafür sein, daß das Unglück am Tage stattfand, als die Frauen noch beim Weben waren.

Männer scheinen in großen Bordellen (*porneia*) nicht gearbeitet zu haben, doch wird sowohl von Männern als auch von Frauen berichtet, die »in einem *oikēma*« (Nische oder Kammer) saßen, ein Hinweis auf eine wahrscheinlich etwas andere Einrichtung. Aischines ist wie immer in diesen Dingen am hilfreichsten und sehr darum bemüht, so deutlich wie möglich zu sein, in der Hoffnung, daß etwas von dem Schmutz, mit dem er in seiner Rede um sich wirft, an Timarchos hängenbleibt:

> »Man stelle sich jene Männer vor, wie sie in ihren Kammern sitzen. Aus der Art ihres Berufes machen sie kein Geheimnis, bemühen sich aber dennoch um Zurückhaltung, halten die Türen geschlossen, wenn sie beschäftigt sind, und versuchen, ›sich nach der Decke zu strecken‹. Doch Türen oder nicht, ginge man diese Straße entlang und würde gefragt, was der Mann da gerade tue, so könnte man die Sache beim Namen nennen. Man müßte sie gar nicht erst sehen. Man brauchte nicht zu wissen, wer gerade mit ihm hineingegangen ist. Man fände es dank der Kenntnis über den Beruf des Mannes heraus.«[55]

Wir kennen zumindest eine Ausnahme von Aischines' Regel. *Phaidon* ist vielleicht Platons bewegendstes Werk, eine Beschreibung von Sokrates' Tod durch einen nahen Freund, der dem Dialog seinen Namen gegeben hat. Während der Scharfrichter den Gifttrank anmischt, der Sokrates langsam töten wird, spielt dieser mit Phaidons langem Haar (das alsbald in Trauer kurz geschnitten sein wird) und spricht über die Unsterblichkeit der Seele. Was Platon nicht erwähnt, ist die Tatsache, daß auch Phaidon einst »in einem *oikēma*« untergebracht war. Doch wenn er »die Tür zumachte«, geschah dies, um in philosophischen und nicht in sexuellen Austausch mit Sokrates zu treten, der schließlich reiche Freunde dazu bewegen konnte, Phaidon wieder freizukaufen.[56] Diesen zwei Berichten zufolge scheint sich das *oikēma* vom *porneion*, dem Bordell, zu unterscheiden. Von halbkreisförmigen Aufstellungen der Prostituierten wie in den Komödienfragmenten ist hier nichts erwähnt. Man muß sich vielmehr einen kleinen, kammerartigen Einzelraum mit einer Tür, die sich direkt zur Straße hin öffnet, vorstellen, in dem der Anbieter ausgestellt sitzt.

Phaidon, offenbar aus einer Aristokratenfamilie aus Elis, wurde bei der Einnahme seiner Stadt in die Sklaverei geführt, und so war es den meisten Männern, die solche Kammern bewohnten, ergangen. Manche männlichen Prostituierten hatten jedoch den Status eines Freien mit dessen Vorrechten und brauchten keinen Zuhälter, um ihre Geschäfte zu tätigen oder sie zu regeln; sie hatten mehr Möglichkeiten, ein eigenes Leben zu führen. In Platons *Charmides* wird »in einem *oikēma* zu sitzen« mit dem »Verkauf von Salzfisch« oder dem »Herstellen von Schuhen« gleichgestellt, beides ein niedriger, jedoch kein undenkbarer Beruf. Aischines zitiert einen Fall, der berühmt wurde. Diophantos, »bekannt als ›der Waise‹«, hatte einen Fremden arretiert und es gewagt, ihn vor den eponymen Archonten (eine bedeutende Magistratsperson, die dem Jahr ihren Namen gab), der für die Belange der Waisen zuständig war, zu bringen mit der Beschuldigung, der Mann habe ihn um vier Drachmen betrogen. Dies war ein Berufsrisiko für alle Prostituierten. In den schlimmeren Bereichen der Unterwelt gibt es neben denen, die die Gesetze der Gastfreundschaft brechen, auch jene, die »den Lohn stehlen, während sie sich mit Mädchen und Jungen vergnügen«, sagt Aristophanes.[57]

Symposion

> »In der Ankündigung von gesellschaftlichen Veranstaltungen ist es in bestimmten Kreisen von Los Angeles durchaus üblich, darauf hinzuweisen, daß ›Mädchen‹ oder ›Häschen‹ anwesend sein werden … In vielen Fällen wird in gleichem Geist und Ton darüber informiert, daß Champagner und Kanapees zu erwarten sind – eine Garantie dafür, daß die nötige Vorsorge für Verpflegung und Wohlbefinden der Anwesenden getroffen wurde.«
> (Zoe Heller, *Sunday Times*, 7. Juli 1996)

Bordelle, Straße und *oikēmata* müssen sich die meisten der zur Verfügung stehenden Körper untereinander aufgeteilt haben. Die ersten Frauen, die im eigentlichen Sinn als Hetären bezeichnet werden können, sind die sogenannten »Lohnarbeiterinnen«, die *mistharnusai*, das heißt Frauen, die für einen Abend oder länger als Begleitung gemietet und, wie die *pornai*, nur für Sex bezahlt wurden. Ebenso wie *ergastērion* (Fabrik) Bordell und *ergasia* (Gewerbe) Prostitution bedeuten kann, so trägt auch das Verb *mistharnein* (»für Lohn arbeiten«), auf Frauen angewendet, die Bezeichnung der Berufshetäre.[58] So fing Neaira an. Apollodoros meint, sie sei schon als junges Mädchen in das Gewerbe eingestiegen, nachdem sie als Sklavin von einer Frau mit Namen Nikarete, die behauptete, ihre Mutter zu sein, in Korinth gekauft worden war. Sie und ihre »Schwestern« wurden von wohlhabenden und vornehmen Männern, Dichtern, fremden Aristokraten und Meistern der griechischen Prosa wie Lysias als Begleiterinnen gemietet. Sie wurden zu Festlichkeiten ausgeführt und tauchten in ganz Griechenland auf Abendveranstaltungen und Trinkgelagen auf: »Simos von Thessalien hatte Neaira bei sich, als er hierher kam, um die Großen Panathenäen zu feiern. Nikarete kam als Anstandsdame ebenfalls mit. Sie logierten bei Ktesippos, dem Sohn des Glaukonides von Kydantidai, und diese Frau da, diese Neaira, ging in Begleitung von mehreren Männern zu den Abendessen und den Trinkgelagen, gerade wie eine Hetäre.« Häufig wurden sie von einem Mann bewacht, einem *pornoboskos*, eine Bezeichnung, die wörtlich übersetzt »Hurentreiber« bedeutet, weil er seine Herden von Frauen im Zyklus der Jahreszeiten und Feiern durch ganz Griechenland trieb.

Die Tätigkeit einer Begleiterin brachte nicht immer unbedingt Auslandsreisen mit sich, so daß Neaira die meiste Zeit in Korinth, einem Zentrum des Sexgewerbes, verbrachte, wo sie sich einen gewissen Ruf erwarb. Während dieser Zeit, meint Apollodoros, betrieb sie ihr Geschäft in aller Offenheit und hatte viele Liebhaber. Er nennt insbesondere zwei Athener und läßt einen davon bezeugen, daß er sie tatsächlich in Korinth »als Hetäre, die sich verdingt«, gemietet habe und daß sie mit ihm und seinem Freund getrunken habe. Diese Hinweise auf das »Trinken mit Männern«, die Apollodoros bei seinem Angriff gegen Neaira so gern vorbringt, beziehen sich natürlich auf die Welt des Symposions, die verbreitetste Form der Prostitution in Griechenland. Frauen zu beschaffen gehörte ebenso zu den Vorbereitungen einer Abendveranstaltung wie das Einkaufen von Fisch, Wein oder Parfümen. Einige Mädchen, die *musurgoi*, konnten die Gäste mit ihren Instrumenten, gewöhnlich »Flöte« oder Harfe, unterhalten, andere mit Tanz oder Gesang. Im *Symposion* des Xenophon werden diese Unterhaltungen kunstvoll ausgearbeitet und gipfeln in einer

Art mythologischem Gemälde. Die Musiker spielten Variationen allgemein bekannter Kultlieder: »Die anderen Flötenmädchen sollten ›Die Weise des Apollon‹ … und ›Die Weise des Zeus‹ spielen; aber das einzige, was diese Frauen spielen, ist ›Der schlagende Falke‹.« Manche waren erfindungsreicher und machten ihre eigene Musik und vielleicht sogar ihre eigenen Aufführungen. Aristophanes erwähnt eine Charixene, welche die späteren Lexikographen als »betagtes Flötenmädchen und Komponistin von Musikstücken … Verfasserin von Liedern« und »Komponistin von *erōtika*« beschreiben; möglicherweise ist die Szene mit den drei alten Frauen am Schluß der *Ekklesiazusen* eine Parodie auf eine solche Darbietung. In hellenistischer Zeit waren die »Lieder der Glauke«, einer anderen Musikerin, berühmt.[59] Andere hingegen, wie Neaira, hatten offenbar keine Instrumente und waren kurioserweise als »die Fußtruppe der jungen Kühe« bekannt, die sich einer Quelle zufolge ausschließlich auf ihr Aussehen und ihre Unterhaltungsgabe stützten.[60] Denn das Symposion war der Ort, wo blendend aussehende und schlagfertige Mädchen Witze und Zweideutigkeiten mit Künstlern und Politikern austauschten, wie dies auf den Darstellungen der Trinkschalen und Mischkrüge gefeiert wird. Sammlungen dieser obszönen Witzeleien der Hetären und ihrer männlichen Gegenspieler, der Eindringlinge oder »Schmarotzer«, wurden beinahe zu einer Untergattung der Literatur. Eine davon, Machons in langen Fragmentstücken teilweise erhaltene *Chreiai*, ist ein Gegenstück in Versen zu den Sammlungen philosophischer Anekdoten wie Xenophons *Memorabilien*. Manche Witze sind ausgesprochen raffiniert, indem sie mit Tragödienversen Wortspiele bilden. Wenn wir auch einräumen müssen, daß Machon, wie Xenophon, den Sammlungen manches Eigene hinzugefügt hat, so bedeutet das noch nicht, daß die geistreiche Hetäre fiktiver wäre als etwa der weise Sokrates.

Die Anwesenheit der Reichen und Berühmten in heiterer Stimmung und mit heruntergelassenen Hosen machte das Symposion zum geeigneten Ort, der sympotischen Hetäre einen einzigartigen Auftritt auf der Bühne der Geschichte zu verschaffen. Xenophon erzählt die Geschichte, wie im Winter 379 die Stadt Theben sich von der Herrschaft der von Sparta gestützten Partei befreite und, wenn auch nur für kurze Zeit, zur beherrschenden Macht in Griechenland wurde:

»Die Machthaber feierten stets ein Fest zu Ehren der Aphrodite, und Phillidas hatte neben vielem anderen schon lange versprochen, ihnen die erstklassigsten und schönsten Frauen von Theben zuzuführen. Dieses Versprechen wollte er nun erfüllen, und sie gedachten, die Nacht äußerst angenehm zu verbringen (denn Männer von dieser Art waren sie). Nach dem Mahl betranken sie sich unter der tätigen Mithilfe des Phillidas schnell, und dieser gab endlich ihren Forderungen, die Hetären herbeizuschaffen, nach. Er verließ den Raum und brachte Melon und seine Mitstreiter, drei von ihnen als Frauen verkleidet, den Rest als deren Diener herein.«

Aus Sittsamkeit baten die »Hetären« darum, daß die Diener hinausgeschickt wurden, und betraten mit verschleierten Gesichtern den Raum. Phillidas setzte neben jeden Offizier jeweils eine »Hetäre«. Kaum hatten sie sich gesetzt, rissen diese sich den Schleier vom Gesicht und zogen die Schwerter.[61]
Die internationale Halbwelt der Trinkgelage sah glänzend aus und war für die Bordelle, von denen einige, nach den Funden aus Gebäude Z zu urteilen, offenbar so etwas wie eine sympotische Atmosphäre zu schaffen suchten, sicher ein Gewinn. Sie konnte sich aber, wenn es sein mußte, auch in einem ganz anderem Licht zeigen: In Menanders *Samia* meint Demeas fälschlicherweise, seine Mätresse Chrysis, die sogenannte »Frau von Samos«, habe mit seinem Adoptivsohn Moschion geschlafen und erwarte ein Kind von ihm. Er droht ihr, sie aus dem Haus zu werfen: »Du denkst wohl, du bist so eine Feine. Geh in die Stadt, und du wirst schon sehen, was für eine Frau du wirklich bist. Die leben in einer anderen Welt, die Frauen dort, kriegen lumpige zehn Drachmen pro Abend und trinken unvermischten Wein, bis sie daran zugrunde gehen, und wenn sie sich zieren oder Einwände erheben, können sie verhungern. Du wirst die Härte des Lebens noch kennenlernen und deinen Fehler bitter bereuen.«[62] Demeas läßt bei dieser Aufzählung die schrecklichste Seite dieses Lebens aus, den Zuhälter oder *pornoboskos*, der in der Komödie als ein übler, intriganter, geldgieriger Charakter dargestellt wird und stets damit droht, die Frauen in ein Bordell abzuschieben. Auch wenn die Komödie die schlimmsten Züge übertreiben mag, so waren die echten Vertreter dieses Berufstandes sicher alles andere als wohlangesehen. Die Zuhälter standen den Romanzen der Liebhaber im Wege, für die Philosophen verkörperten sie schamlose Habgier, und dem gewöhnlichen Publikum verlangten sie, wie die Fischhändler

und Kneipenwirte, für einen begehrten Artikel zuviel Geld ab. Der Gedanke, daß ihre geliebte Neaira in den Fängen eines *pornoboskos* enden könnte, bewog ihre Liebhaber, große Summen aufzubringen, um sie freizukaufen.[63]

Eine weitere auffällige Auslassung in Demeas' Beschreibung dieser Lebensform ist Sex; und tatsächlich ist die Bedeutung der Sexualität bei der Arbeitsbeschreibung der gemieteten Mädchen schwer einzuschätzen. Natürlich wurde von beiden Seiten damit gerechnet, daß Geschlechtsverkehr stattfinden könnte. Die Mitglieder der thebanischen Regierungspartei sind offenbar davon ausgegangen (Xenophon meint allerdings interessanterweise, daß diese Annahme für eine bestimmte Art von Männern typisch sei), und die Harfenistin Habrotonon in Menanders *Schiedsgericht* findet es äußerst seltsam, daß Charisios ihrem *pornoboskos* zwölf Drachmen für eine Nacht mit ihr zahlt, aber kein sexuelles Interesse für sie zeigt. Demeas seinerseits ist sehr darauf aus, die häßlichen Seiten der Erfahrungen einer *hetaira mistharnusa* herauszukehren, und die Tatsache, daß er Sex nicht erwähnt, muß ernst genommen werden. Hetären, die für den Abend bezahlt werden, und *pornai*, die für den Geschlechtsakt bezahlt werden, müssen strikt auseinandergehalten werden. Der soziale Verkehr des Symposions, das »Trinken mit Männern«, das Apollodoros in Neairas Vergangenheit nachzuweisen so bemüht ist, sollte nicht als Euphemismus für Geschlechtsverkehr oder als nebensächliches Vorspiel für das eigentliche Geschäft im Bett verstanden werden. »Liebe machen« umfaßte ein weiteres Bedeutungsfeld als nur den Geschlechtsakt, wie dies heute der Fall ist. Die strenge Abschirmung ehrbarer Frauen in Athen öffnete der Hetäre ein weites Feld weiblicher Intimität. Da war der ungewohnte Umgang mit Frauen, wenn diese den *andrōn* betraten und die Schleier lüfteten, und Flirtereien konnten von langen Blicken über Scherze und Anzüglichkeiten bis zu Küssen und Zärtlichkeiten gehen, bevor die Frage aufkam, miteinander zu schlafen. In der *Eselskomödie* des Plautus versucht ein Freier seine Freundin von Flirtereien abzuhalten und breitet dabei das ganze Spektrum gängiger Koketterien während des Symposions aus: wie sie mit einem Mann aus einer Schale trinkt, wie sie ihm die Würfel reicht oder diese unter Nennung seines Namens wirft, wie sie auf den Fuß eines Mannes tritt, seine Hand nimmt, wenn sie sich von den Kissen erhebt, oder wie sie, wenn die Kerze raucht, einen Annäherungsversuch macht, hustet und ihre Zunge zeigt. Ihre Gesellschaft umfaßte alles, was eine Hetäre, eine »Gefährtin« zu bieten hatte, und allen Wunschträumen der Wollweberinnen zum Trotz arbeitete sie hart für ihr Geld.[64]

Es ist äußerst schwierig, die wahre Bedeutung der Sexualität im Symposion auszumachen, weil gerade die beiden detailtreuesten Berichte von Platon und Xenophon alle Unanständigkeiten zu vermeiden suchen. Unter den Gästen der Gesellschaft befinden sich keine Hetären; Platon ließ selbst die Flötenmädchen wieder wegschicken und die erotische Atmosphäre sich in Liebesphilosophie entladen. Xenophons Version ist auf den ersten Blick weit typischer. Anlaß ist einer jener im antiken Griechenland so häufigen Feiertage, die in einer Welt ohne freie Wochenenden halfen, Monate und Jahre zu strukturieren. Kallias gibt eine Abendeinladung für seinen »Freund« und dessen Vater, um den Sieg des Jungen im Ringen bei den Großen Panathenäen zu feiern. Nach dem Abendessen werden die Tische weggeräumt, und ein Mann erscheint. Er ist aus Syrakus und verdient seinen Lebensunterhalt mit der Choreographie von szenischen Darstellungen und musikalischen Aufführungen bei Symposien. Xenophon ist oft recht spröde in solchen Dingen, doch scheint klar zu sein, daß der Mann ein *pornoboskos* oder etwas Ähnliches ist. Er hat ein »gutes Flötenmädchen, eine Tänzerin, welche die erstaunlichsten Kunststücke kann, und einen überaus schönen Knaben, der die Kithara spielt und wunderbar tanzt« bei sich. Sie führen eine ganze Reihe tollkühner Überschläge und schwierige Akrobatik vor, die in einer Vorstellung der *Ariadne auf Naxos* gipfeln mit der Heldin als Braut gekleidet, die auf Dionysos wartet. Die Zuschauer empfinden die Darstellung als ausgesprochen realistisch. Die Tänzer küssen sich und tauschen Nettigkeiten aus. Schließlich umarmen sie sich und streben Richtung Brautbett. Die Vorstellung ehelicher Wonnen hatte eine mächtige Wirkung auf die Gäste. Die Junggesellen schworen, heiraten zu wollen, und die verheirateten Männer machten sich auf den Weg zu ihren Ehefrauen. Xenophon versucht, wenn auch mit weniger Finesse als Platon, das Sündhafte des Symposions zu mildern, indem er das Libidinöse wieder in den familiären Rahmen zurückführt.[65]

Bei den Diskussionen, die diesem Ballett vorangehen, verrät der Syrakusaner, daß er um den schönen, vielbegabten Knaben besorgt sei, der auch sein Bett zu teilen scheint. Er hat erfahren, daß einige Männer danach trachten, diesen zu verführen und damit zu »verderben«. Vermutlich waren die Berufsmusiker beim Symposion sexuellen Annäherungsversuchen ebenso ausgesetzt wie ihre weiblichen Kolleginnen. »Kitharaspieler« scheinen besonders beliebt gewesen zu sein. Misgolas, einer der angeblichen Exliebhaber des Timarchos, war ihnen bekanntermaßen besonders zugetan.[66]

Wenn ein Kunde mehr als nur eine Nacht von seinem »Tagelöh-
ner« haben wollte, konnte er einen Vertrag für eine längere Zeit aus-
handeln. Unsere Kenntnisse über solche Verträge außerhalb der
Komödien betreffen meistens Männer, und auch hier ist Aischines
unsere Hauptquelle. Er geht davon aus, daß Demosthenes bei seiner
Verteidigung des Timarchos die Gerüchte und Unterstellungen
zurückweisen und Tatsachen und Beweise verlangen wird, mit dem
Argument, daß »noch kein Mann jemals ›eine Begleitung‹ gewesen
sei, ohne vertraglich dafür verpflichtet worden zu sein«. Aischines
kommt diesem Angriff zuvor, indem er deutlich macht, daß solche
Verträge zwischen Männern wahrscheinlich in der Praxis nicht
durchführbar waren. Er selbst kennt nur ein einziges Beispiel eines
solchen Dokuments und erwähnt die Namen der beiden Vertrags-
partner nicht. Selbst diese dunkle Anspielung sieht mehr nach einer
weiteren Unterstellung, einer zusätzlichen Gelegenheit aus, Timarchos und dessen Freunde anzuschwärzen.[67] Tatsächlich handelt es
sich bei dem einzigen uns bekannten Vertrag, der gesichert ist, um
den zwischen einem gewissen Simon und Theodotos von Platäa, wie
Phaidon ein Flüchtling aus einer eroberten Stadt, der wahrscheinlich
jedoch nicht versklavt wurde. Simon behauptet, er habe dem Knaben
300 Drachmen bezahlt, wofür oder für wie lange, ist allerdings nicht
gewiß. Der Vertrag scheint nicht gerichtlich beglaubigt worden zu
sein. Vielleicht log Simon, vielleicht hatte aber auch Aischines recht
mit der Vermutung, die Klauseln solcher Verträge zwischen Männern seien so beschämend, daß sie nicht einklagbar waren. Jedenfalls
zog es Simon vor, den neuen reichen Liebhaber des Knaben wegen
eines tätlichen Angriffs bei einer Auseinandersetzung zu belangen,
statt den Knaben wegen Vertragsbruchs zu verklagen.[68]

Auch Verträge mit Frauen sind an mehreren Stellen in römischen
Komödien – Übersetzungen oder Varianten griechischer Originale –
überliefert. Einige werden in den Stücken des Plautus erwähnt, einer
davon ausführlich (unter dem griechischen Namen *syngraphos*) im
Wortlaut. Er betrifft Vereinbarungen zwischen Diabolus und Clea-
reta über die Dienste von Clearetas Tochter Philaenium. Es gibt einige grundlegende Bestimmungen, die vier Zeilen des Textes ausmachen und besagen, daß Philaenium ein Jahr lang alle Tage und
Nächte zum Preis von insgesamt zwanzig Minen (2000 Drachmen)
mit Diabolus verbringen sollte, gefolgt von 64 Zeilen mit aberwitzi-
gen Subklauseln. Diejenigen, die darauf abzielen, Flirtereien mit anderen Männern während des Symposions zu unterbinden, haben wir
bereits weiter oben genannt. Es gibt noch weitere: Sie darf nieman-

den zu sich lassen und andere Männer nicht einmal anschauen; sie darf keinen Zugang zu Schrifttafeln haben; sie darf nur im Namen weiblicher Gottheiten schwören und keine zweideutigen Worte gebrauchen; sie darf nur Attisch sprechen.[69] Zweifelsohne handelt es sich hier um eine Satire auf wahnhafte Eifersucht der Männer, die von Liebesraserei zu Hetären ergriffen sind, dennoch scheint der Vertrag formalisierte Klauseln zu enthalten, die einen ausschließlichen Anspruch auf das Mädchen sichern, wie sie auch aus anderen Komödien bekannt sind.

Zu Hause

War die geliebte Frau eine Sklavin, dann gab es freilich einen weit besseren Weg als mit Verträgen, sich die Rechte über sie zu sichern. Man konnte sie kaufen. Dies geschah mit Neaira, nachdem sie einige Jahre lang in Korinth gelebt und gearbeitet und sich einen Namen gemacht hatte. Zwei ihrer Liebhaber, Eukrates von Leukas und Timanoridas von Korinth, waren der Überzeugung, sie zahlten Nikarete so viel, daß es billiger wäre, Neaira mit allem Drum und Dran zu kaufen. Sie schlossen sich zusammen und bezahlten 3000 Drachmen, wofür sie »sie bei sich behalten und sich ihrer, solange es ihnen gefiel, bedienen« konnten.[70] In den Quellen sind Sklavenkonkubinen verhältnismäßig selten, was jedoch nicht heißt, daß sie auch in Wirklichkeit selten waren; ihre Existenz ist in allen Perioden der Geschichte Athens belegt. Es gab sie offenbar bereits im 7. Jahrhundert, zur Zeit der Drakonischen Gesetzgebung, die einem Mann, der einen anderen tötete, weil er mit einer »Konkubine, die zur Zeugung *freier* Kinder gehalten wird« erwischt wurde, Straffreiheit gewährte, was nebenbei auf die Existenz von Konkubinen hinweist, die zur Zeugung nicht freier Kinder gehalten wurden. Philoneos wurde, wie wir gesehen haben, im 5. Jahrhundert von seiner Sklavenmätresse vergiftet, und hundert Jahre später eröffnete Menander sein Stück *Der Mann, den sie haßte* (*Misumenos*) mit dem Soldaten, der dem Stück den Namen gab und der bestürzt war, daß seine Mätresse Kratia, eine Kriegsgefangene, seine Zuneigung nicht erwiderte. Normalerweise sind bei Menander die schon zu Beginn des Stücks bestehenden Verhältnisse solche mit freien oder freigelassenen Frauen, obwohl das Aufbringen von Geldern, um – ohne Wissen des Vaters natürlich – Freundinnen vom *pornoboskos* freizukaufen, in den Nebenhandlungen vieler römischer Komödien eine Rolle spielt. Es überrascht nicht, daß wir in den Reden nicht mehr von Sklavenmätressen hören. Beziehungen zwischen Herr und beinahe rechtlosem Sklaven fanden selten ihren Weg bis vor Gericht. Niemand interessierte sich für Philoneos' mörderische Konkubine. Daß wir überhaupt von ihrer Existenz wissen, verdanken wir den späteren Anklagen gegen die freie Ehefrau des Freundes.

Jede junge Haussklavin war selbstverständlich den sexuellen Annäherungen ihres Herrn ausgesetzt. »Die Sklavin Thratta zu küssen, während die Ehefrau wäscht« ist bei Aristophanes eine Normalität des täglichen Lebens, und in Menanders *Halsband* (*Plokion*) besteht die häßliche reiche Erbin darauf, daß ihr Gatte eine Dienerin entläßt, die zwar tüchtig arbeitet, für den Seelenfrieden der Frau jedoch zu hübsch ist. Eine Szene in Lysias' *Gegen Eratosthenes* verleiht dieser Anspielung auf häusliche Spannungen größere Wirklichkeit. Euphiletos kommt eines Tages früh nach Hause; er und seine Frau nehmen das Abendessen zusammen ein. Im oberen Stock fängt der Säugling an zu schreien. Er fordert seine Frau auf, hinaufzugehen und nachzusehen. Sie tut so, als ob sie zögerte. Er wolle sie nur aus dem Zimmer haben, damit »du dich an das Mädchen heranmachen kannst; es wäre nicht das erste Mal, daß du dich betrinkst und dich ihr aufdrängst«. Sie verläßt den Raum unter vorgetäuschtem Gestampfe und verschließt die Tür hinter sich. Er lacht und fällt in ein Verdauungsschläfchen, nicht ahnend, daß der Liebhaber Eratosthenes die Frau im oberen Stock erwartet und die ganze Sache ein sorgfältig abgekartetes Spiel ist.[71] Dennoch sollte man die Magd der Ehefrau nicht unbedingt als zum Harem des Mannes gehörig betrachten. Die in den Novellen des 18. Jahrhunderts üblichen Hintertreppengeschichten sind in der griechischen Literatur selten, und offensichtlich wurde streng zwischen Mätressen und Dienerinnen unterschieden. Tatsächlich galt es als schimpflich, im selben Haus neben der Frau oder anderen weiblichen Verwandten eine Geliebte zu halten. Der Redenschreiber Lysias wußte, wie man sich zu benehmen hatte: Als er in Athen mit Metaneira, eine von Neairas »Schwestern«, zusammen war, brachte er sie im Haus eines unverheirateten Freundes unter. Alkibiades war nicht so taktvoll; seine Frau wollte sich angeblich scheiden lassen, weil er Hetären, Freie und Sklavinnen, mit nach Hause brachte.[72]

War das Geld erst einmal zusammen, hatte der Liebhaber die Wahl, den Sklaven entweder freizukaufen oder ihn einfach zu kaufen. Die erste Option brachte für den unsicheren Liebhaber offensichtliche Risiken mit sich und bedeutete den Verzicht auf den Wie-

derverkaufswert, wenn er des Sklaven überdrüssig war. Ein Fall aus
einer Rede des Hypereides wirft ein Licht auf dieses befremdliche
und unzeitgemäße romantische Dilemma. Epikrates hat sich in einen
Knaben, der in einer Parfümhandlung arbeitete, verliebt und erklärt
sich bereit, ihn von seinem Eigentümer, einem Ägypter namens
Athenogenes, freizukaufen. Der Knabe überredet Epikrates, seinen
Vater und Bruder in den Handel mit einzuschließen. Als es zum Abschluß kommt, macht Athenogenes jedoch ein unerwartetes Angebot; anstatt sie freizukaufen, könne Epikrates sie ihm doch einfach
abkaufen: »Ich werde sie dir verkaufen, damit niemand den Knaben
belästigen oder verderben kann, und sie werden in Sicherheit keine
Schwierigkeiten machen. Am besten kaufst du sie und kannst sie
selbst freilassen, wann es dir gefällt; sie werden dann doppelt dankbar
sein, während es jetzt so aussähe, als hätte ich sie freigelassen.« Epikrates läßt sich überzeugen und unterschreibt den Vertrag. Wenig
später erweist sich, daß Athenogenes die enormen Schulden, die die
Sklaven mit dem Parfümladen gemacht hatten, in den Handel mit
einbezogen hat und der neue Besitzer der Sklaven nun dafür auf-
kommen muß. »Eine kleine Hure freikaufen« ist in der Komödie ein
gängiges Wort für die unbesonnene Verschwendungssucht verliebter
junger Männer. In Aristophanes' *Wespen* überschüttet Philokleon, der
vulgäre alte Geschworene, das Flötenmädchen, das er vom Symposion entführt hat, mit einer ganzen Reihe leerer Versprechungen und
vertauscht auf groteske Weise die Rollen von Vater und Sohn:

> »Schlau hab ich dich doch entführt, wie du grad mit den Gästen
> lesbisch züngeln wolltest! Drum sei erkenntlich gegen den da
> unten, willst du? – Weiß schon, du tust es nicht, du führst mich an
> und lachst mit offnem Maul mich aus: Bin nicht der erste, dem
> du's so gemacht! Doch wenn du artig und gefällig bist, kauf ich
> dich frei, sobald mein Sohn gestorben, und nehme dich zum
> Kebsweib, süßes Schweinchen! Denn sieh! Ich bin nicht Herr im
> Haus, ich steh als junger Mensch noch unter strenger Aufsicht.
> Mein Söhnchen hütet mich, ein mürrischer Kauz, ein schmutziger
> Pfefferkornundkümmelspalter; er ist besorgt, man könnte mich
> verderben; und ich bin doch einmal sein einziger Vater.«[73]

Wie Athenogenes dem armen Epikrates gegenüber klarmachte, war
es ein großer Unterschied, ob man einen Sklaven von seinem *pornoboskos* freikaufte oder ob man ihn nach dem Kauf freiließ, da Freigelassene weiterhin enge Beziehungen zu ihren früheren Herren auf-

rechterhielten, die durch unklare, gesetzlich jedoch verbindliche
Verpflichtungen sogar noch verstärkt wurden. Neairas Geschichte ist
auch hierfür ein gutes Beispiel. Nachdem Timanoridas und Eukrates
sie eine Weile als Sklavin und Mätresse bei sich behalten hatten, beschlossen sie, zu heiraten und sich niederzulassen. Da sie Neaira
nicht einem *pornoboskos* überlassen wollten, boten sie ihr an, ein Drittel der Summe für ihren Freikauf zu übernehmen, unter der Voraussetzung, daß sie selbst für den Rest aufkam. Sie brachte einen großen
Teil der Summe aus ihren eigenen Ersparnissen auf und konnte dem
noch einige Zuschüsse von seiten früherer Liebhaber hinzufügen.
Dieses Geld übergab sie einem Athener mit Namen Phrynion, der
das Fehlende noch zuschoß und sie damit freikaufen konnte. Doch
war diese Freiheit teuer erkauft. Ihre ehemaligen Herren konnten,
um nicht kompromittiert zu werden, darauf bestehen, daß sie niemals mehr in Korinth arbeitete. Auch Phrynion übte Macht über sie
aus:

> »Er nahm sie überall mit, zu Abendessen, Trinkgelagen und aus-
> schweifenden Unternehmungen. Er hatte mit ihr Verkehr, wann
> immer es ihm beliebte, und prahlte bei allen, die es nach ihr gelü-
> stete, mit seiner Verfügungsgewalt über sie. Einer der Nutznießer
> jener tumulthaften Besuche des Paares war Chabrias von Aixone,
> der aus Anlaß seines Sieges beim Wagenrennen in Delphi ein
> Festessen gab ... Und dort, während Phrynion schlief und Neaira
> in trunkener Benommenheit dalag, wurde sie von einem ganzen
> Schwarm Männer heimgesucht, samt den Dienern, die das Essen
> aufgetragen hatten.«

Apollodoros fügt die Aussagen anderer Gäste hinzu, die zufälligerweise anwesend waren und »beobachteten, daß Leute in der Nacht
aufstanden und zu Neaira gingen, insbesondere einige der Diener,
die Haussklaven des Chabrias waren«. Neaira packte, zutiefst ge-
kränkt durch diese empörende Behandlung, ihren Schmuck zusammen und reiste in die nächste Stadt Megara ab. Aber bei den knause-
rigen Megarern seinen Lebensunterhalt zu verdienen war hart, und
als ein anderer Athener, ein gewisser Stephanos, an ihre Tür klopfte
und sie bat, mit ihm zurükzugehen, packte sie die Gelegenheit beim
Schopf. Sie war noch nicht lange in Athen, als Phrynion von ihrer
Anwesenheit Kenntnis erhielt und seine Ansprüche auf sie geltend
machte. Die Auseinandersetzung führte schließlich vor Gericht, wo
ihr freier Stand zwar bestätigt, aber dennoch von ihr verlangt wurde,

ihre Zeit in gleicher Weise zwischen Stephanos und Phrynion, ihrem gegenwärtigen und ihrem ehemaligen Liebhaber, zu teilen. Freiheit für eine freie Frau war eine relative und nicht eine absolute Angelegenheit, so unsicher wie ambivalent.[74]

Es wurde bisweilen behauptet, daß eine Frau in einer festen Beziehung keine Hetäre mehr gewesen, sondern in den Stand einer *pallakē* oder Konkubine aufgestiegen sei. Es gibt jedoch wenig Anlaß dafür, Apollodoros bei seinem Unternehmen zu folgen, einen Keil zwischen die beiden Kategorien zu treiben.[75] Jedenfalls hört man öfter von athenischen Männern, die in einer dauerhaften Beziehung mit »Hetären« (und bisweilen auch mit deren männlichen Entsprechungen) lebten und eine Art Nebenhaushalt mit ihnen begründeten. Als Trygaios, nachdem er seinen Mistkäfer erfolgreich vom Geruch aus Piräus abgelenkt und seinen Weg zum Olympos fortgesetzt hat, sich den Träumen von einer Welt ohne Krieg nach Rückkehr der Gottheit Frieden auf die Erde hingibt, spricht er davon, sein Leben mit einer Hetäre und nicht mit einer Ehefrau am Herdfeuer verbringen zu wollen. Und als nach der Niederlage Athens bei Chaironeia Leokrates mit seiner Hetäre nach Rhodos ging, konnte diese »Geschäftsreise« durchaus als Evakuierung seines Haushalts angesehen werden, als verräterischer Akt im Augenblick, da die Stadt am Boden lag. Die Hetären wurden als fest liiert mit ihren Liebhabern betrachtet und mit ihnen identifiziert: »die Hetäre des Olympiodoros«, »die Hetäre des Athenogenes« usw.[76]

Die meisten Männer hatten solche Beziehungen entweder vor oder nach der Heirat. Trygaios war wohl Witwer, und Stephanos wird Apollodoros geantwortet haben, daß die Kinder, die er der Bürgerschaft zugeführt hat, nicht dem fremden Schoß der Neaira entstammten, sondern das Produkt einer vorherigen Ehe mit einer Bürgerin seien. Ebenso soll, Plutarch zufolge, Perikles seine Beziehung zu Aspasia erst nach dem Ende seiner ersten Ehe aufgenommen haben.[77] Timanoridas und Eukrates ihrerseits ließen sich von Neaira in der Zeit ihres Junggesellentums das Bett warmhalten, bevor sie sich häuslich einrichteten. Anderen gelang sowohl das eine als auch das andere, nämlich zu heiraten als auch sich eine Mätresse zu halten. Eine der Reden des Isaios, eines Lehrers des Demosthenes, handelt davon, wie Euktemon, ein äußerst reicher alter Mann, ein Verhältnis mit einer seiner Sklavinnen hatte, einer früheren Prostituierten, die später eines seiner Mietshäuser verwaltete. Seine zuerst kurzen Besuche beim Einziehen der Mieten wurden länger, als er anfing, zum Abendessen zu bleiben, bis er schließlich Frau und Familie verließ, um fest mit ihr zusammenzuleben, und (angeblich) auch ihre Kinder als seine eigenen ausgab. Trotz seiner Angriffe auf die häuslichen Verhältnisse von Stephanos und Neaira war auch Apollodoros nicht über jeden Verdacht eines unzüchtigen Lebenswandels erhaben, wurde ihm doch vorgeworfen, eine Hetäre freigekauft und eine andere weggegeben zu haben, obwohl er verheiratet war. Euktemon wie auch Apollodoros waren beide sagenhaft reich, und es wurde als ein Zeichen des Wohlstands und des luxuriösen Lebens angesehen, wenn einer sich mehr als eine Frau hielt.[78] Der Redner Hypereides verdiente mit der Politik und dem Schreiben von Reden für Leute wie Epikrates so viel Geld, daß er es sich leisten konnte, drei Mätressen in drei verschiedenen Häusern in Attika zu unterhalten. Myrrhine brachte er im Haus der Familie in Athen unter, nachdem er seinen eigenen Sohn hinausgeworfen hatte (da von einer Kränkung seiner Frau nirgends die Rede ist, war sie vermutlich schon gestorben), Aristagora in Piräus und Phila in Eleusis. Diese hatte er für eine große Summe freigekauft und als Freie in seinem Haus behalten; später machte er sie zur Vorsteherin (*oikuros*) seines Haushalts.[79]

Gelegentlich ist von Männern die Rede, die mit ihren Hetären – nicht neben der Ehe, sondern offenbar als ein Ersatz dafür – zusammenwohnen. Als Pyrrhos eine einheimische Hetäre, die Bürgerin war, in sein Haus aufnahm, schien er alle Angelegenheiten für den Fall seines Ablebens in Ordnung gebracht zu haben. Nach seinem Tod ging der Besitz wie geplant auf seinen Adoptivsohn über, und die Liebelei des Pyrrhos schien nicht mehr als ein kleines Amüsement gewesen zu sein. Zwanzig Jahre später jedoch tauchte eine Frau auf, die behauptete, jene Hetäre wäre die Ehefrau gewesen, sie selbst deren legitime Tochter und der große Besitz des Pyrrhos gehöre von Rechts wegen ihr. Andere eingefleischte Junggesellen hatten die Stirn, Fremden, sogar Sklaven, nachzulaufen und kamen damit ihrer Verantwortung, das Ihre zum Erhalt des autochthonen Urbestands von Athen beizutragen, nicht nach (nicht Zugewanderte zu sein, prahlten sie, sondern von einem Stück Land in Attika zu stammen, wo Athene ein Stück Wolle fallen ließ, das sie benützte, um einen Spritzer Sperma des übermäßig erregten Hephaistos abzuwischen). Ein solcher Affront gegen die Werte der Familie konnte nicht kommentarlos durchgelassen werden:

»Dieser Mann da, dieser Olympiodoros, hat nie eine Bürgerin
nach eurem Gesetz geheiratet. Er hat keine Kinder und hat auch
keine verloren. Aber er hat eine Hetäre. Er kaufte sie frei und hält
sie bei sich zu Hause, und sie ist es, die uns alle Verderben gebracht
hat, indem sie ihn zu immer größeren Verrücktheiten verleitet …
Nicht meinetwegen mische ich mich in diesen Streit ein, sondern
für seine Schwester, vom selben Vater und derselben Mutter ab-
stammend, die mit mir zusammen als mein Weib lebt; und für
seine Nichte, die meine Tochter ist. Denn ihnen ist Unrecht geschehen, ja mehr noch als das. Wer könnte es leugnen? Wer
möchte leugnen, daß sie entsetzlich leiden, wenn sie die Hetäre
dieses Mannes auf einem ihrer Ausflüge sehen, wie sie, alle Grenzen des guten Geschmacks überschreitend, mit ihrem Schmuck
und ihren feinen Kleidern prahlt – während jene zu arm sind, sich
auch nur etwas davon leisten zu können – und wie sie sich rück-
sichtslos auf unsere Kosten aufplustert.«[80]

Auch in der Komödie finden sich eine ganze Reihe Männer, die mit
Frauen in offenbar dauerhafter monogamer Beziehung zusammenleben, ohne mit ihnen verheiratet zu sein. Demeas in Menanders
Samia war ein alter Junggeselle. Spät in seinem Leben verliebt er sich
in eine Frau aus Samos und wird von seinem Adoptivsohn dazu
überredet, sie in seinem Haus aufzunehmen und sie damit vor den
Nachstellungen jüngerer Verehrer zu schützen. Die Attraktivität solcher Lebensgefährtinnen springt ins Auge. Hetären beherrschen die
Kunst, Männer sich wohl fühlen zu lassen. Sie konnten mit ihnen
essen und trinken, mit ihnen turteln und ihnen schmeicheln. Ihre
Schutzlosigkeit machte sie umgänglich, wie eine Komödienfigur es
ausdrückt: »Abgesehen davon ist es doch leichter, mit einer ›verheirateten‹ Hetäre auszukommen, als mit einer Ehefrau, oder etwa nicht?
Natürlich ist es das. Eine Ehefrau ist Herrin des Hauses, ihr Hochmut
ist gesetzlich genehmigt, während einer Hetäre bewußt ist, daß sie
sich, will sie den Mann behalten, gut benehmen oder aber einen anderen suchen muß.« In anderen Stücken Menanders wie *Die Gescho-
rene (Perikeiromene)*, *Der Mann aus Sikyon*, *Der Mann, den sie haßte* sind
die Männer, die in solchen unverheirateten Beziehungen leben, alle
Berufssoldaten in Übereinstimmung mit dem zählebigen Stereotyp
von den häuslichen Verhältnissen der Söldner, das auch Platon vertritt. Es mag etwas Wahres daran gewesen sein. Nach Xenophon be-
gleiteten Hetären das als »Zug der Zehntausend« bekannte Söldnerheer auf seiner Expedition ins Innere des Perserreichs.[81]

Eine letzte Gruppe von Frauen, die *megalomisthoi* oder »Hochlohnhetären«, muß noch berücksichtigt werden. Sie waren in der Lage, eigene Häuser zu unterhalten, wohin sie jeweils den Liebhaber, den sie
gerade sehen wollten, einluden. Manche dieser Etablissements
waren, besonders in hellenistischer Zeit, sehr reich eingerichtet. Der
Historiker Polybios war empört, als er bei einem Besuch in Alexandria erfuhr, daß die schönsten Häuser in dieser schönen Stadt »Haus
Mnesis« und »Haus Potheine« hießen, »und dabei war Mnesis ein
Flötenmädchen und Potheine ebenfalls«. Machon spricht von einem
Symposion bei Mania und von dem Besuch bei Gnathaina, wo Diphilos, ein Komödiendichter, einen alten obszönen Witz über die
Frigidität ihrer »Zisterne« macht (sie halte sie mit den Vorspielen
seiner humorlosen Stücke kühl, gibt sie zurück). Dieselbe Frau gibt
uns einen unmittelbareren Einblick in ihr Etablissement, da sie dem
winzigen Bestand der von Frauen verfaßten klassischen Literatur gewissermaßen eine Fußnote hinzugefügt hat, eine 323 Zeilen lange
»Hausordnung« (*nomos syssitikos*), die den Gästen mitteilt, wie sie sich
während des Besuchs bei ihr und ihrer Tochter zu benehmen hätten.
Es ist wie die *Chreiai* des Machon eine Parodie auf die von den Philosophen verfaßten *nomoi*. Gnathainas »Hausordnung« fand ihren Weg
in die große Bibliothek von Alexandria und wurde von dem Dichter-
Bibliothekar Kallimachos katalogisiert, der der Nachwelt die erste
spöttische Zeile überlieferte: »Die hier niedergeschriebene Ordnung
ist für alle recht und billig ...«

Hinweise auf die Häuser von Hetären reichen bis in vorhellenisti-
sche Zeit zurück. »Die Örtlichkeiten der Flötenmädchen zu stürmen« bezeichnet Aristophanes als Zeitvertreib der dekadenten jungen Männer im späten 5. Jahrhundert, und Amphis beschreibt den
Gott Reichtum, der »mit Sinope, Lyka, Nannio und anderer lebender
Habe zu Hause angebunden ist und niemals ausgeht«. Neaira hatte
ein Haus in Megara, wo Stephanos sich aufhielt und mit ihr Geschlechtsverkehr pflegte; und als sie nach Athen zurückkam, betrieb
sie, Apollodoros zufolge, ihr Geschäft in seinem Haus und begann,
von Fremden Geld zu nehmen, um die immensen Kosten für ihren
Lebensunterhalt zu bestreiten, da sie gewohnt war, auf großem Fuß
zu leben. Apollodoros mußte wissen, wovon er sprach, hatte er doch
selbst eine Hetäre freigekauft und »eine andere verheiratet«. Xenophons *Memorabilien* enthalten einen zurückhaltenden, jedoch un-
zweideutigen Bericht über eine dieser unabhängigen Frauen, die ein
bequemes Leben in ihrem eigenen Haus führten. Er berichtet vom
Besuch des Sokrates und einigen seiner Freunde im Haus der Theo-

dote, »einer sehr schönen Frau«. Der Philosoph, beeindruckt von der
Pracht ihres Hauses, bemerkt, »daß sie selbst kostbaren Schmuck trug
und ihre Mutter bei ihr mit Sorgfalt gekleidet und kostbar ge-
schmückt war, und die vielen gut aussehenden Dienerinnen..., die
ebenfalls nicht ohne Sorgfalt gekleidet waren, und daß das Haus
auch sonst reichlich mit allem ausgestattet war«. Er fragt, ob sie die
Hauseigentümerin sei, doch stellt es sich als schwierig heraus, hinter
die Herkunft ihres Einkommens zu kommen.[82]

Die Unabhängigkeit der »Hochlohnhetären« beruhte ebenfalls auf
vielen Kompromissen und konnte vielleicht nur dadurch aufrechterhalten werden, daß mehrere Liebhaber gegeneinander ausgespielt
wurden; es ist äußerst zweifelhaft, ob es, zumindest in Athen, für eine
Frau überhaupt möglich war, eigenen Grundbesitz zu haben. Auffällig ist, daß Neaira, die zwar als »Herrin ihrer selbst« (*autēn autēs ky-
rian*) bezeichnet wird, lieber unter dem Dach des Stephanos wohnte,
der als ihr Herr und Meister (*kyrios*) auftrat, wenn er von nichtsahnenden Fremden Geld wegen Ehebruchs erpreßte, wobei er sich
wahrscheinlich als ihr Ehemann ausgab. Theodote wird an einer anderen Stelle als ständige Mätresse des Alkibiades bezeichnet, was
vielleicht verständlich werden läßt, warum ihre Unabhängigkeit in
Xenophons Bericht als pure Selbsttäuschung bezeichnet wird.[83] Man
könnte diese Verhältnisse allerdings auch von einer anderen Seite betrachten. Apollodoros behauptet, daß Stephanos von Neaira ausgehalten wurde, und von einigen anderen Hetären wird berichtet,
männliche Bediente gehabt zu haben, die, wenn nötig, als Beauf-
tragte oder Beschützer auftreten konnten. Machon und Lynkeus von
Samos spielen mit dem Rollentausch in solchen Beziehungen: Der
Bauch ausgehaltener Männer schwillt an wie der Bauch ausgehaltener Frauen, nicht mit Kindern, sondern vom Essen. Besonders bekannt ist ein Gryllion (»kleiner Grunzer«), Mitglied des Areopags, der
Phrynes Schmarotzer war, und Satyros von Olynthos, der die gleiche
Rolle bei Pamphila spielte.[84]

Diese reichen und berühmten *megalomisthoi*-Hetären sind in gelehrten Abhandlungen erwähnt, über sie wurden Stücke geschrieben
und Reden auf sie verfaßt; Bonmots waren über sie im Umlauf, die
in Anekdotensammlungen wie jener von Machos und Lynkeus von
Samos überliefert wurden. Neaira ihrerseits konnte sich dank der
Rede des Apollodoros und einer nach ihr benannten Komödie des
Timokles zusammen mit Lais der Jüngeren, Lais der Älteren, Sinope,
Mania, Gnathaina, Nais, Thais und manchen anderen einen Platz auf
dieser exklusiven Liste sichern. Die bekannteste von allen war viel-

leicht Phryne. Sie ließ sich wie Theodote von Künstlern porträtieren. Sie war, wie berichtet wird, Praxiteles' Modell für seinen revolutionären ersten weiblichen Akt, der als Venus von Knidos bekannt wurde, sowie für die *Geburt der Venus* des Apelles, berühmt in der Nachempfindung von Botticelli. Eine andere Statue nach ihrem Abbild, ebenfalls von Praxiteles aus Gold gestaltet, wurde in Delphi geweiht und zwischen den Statuen Philipps von Makedonien und der des Archidamos, König von Sparta, aufgestellt, eine Widmung an die griechische Zügellosigkeit, wie der Kyniker Krates meint. Diese Kunstwerke überlieferten der Nachwelt nicht nur die Gestalt der Phryne, sondern machten ihr Bild in ganz Griechenland bekannt. Kallistratos' Werk *Über Hetären* zufolge wurde sie so reich, daß sie, nachdem die Makedonier die Stadt Theben dem Erdboden gleichgemacht hatten, gesagt haben soll, sie wolle die Stadtmauern auf ihre Kosten unter der Bedingung wieder aufbauen lassen, daß die Bürger folgende Inschrift anbringen ließen: »Alexander mag sie zerstört haben, doch Phryne, die Hetäre, ließ sie wieder errichten«; eine der wenigen Gelegenheiten, wo eine dieser Frauen sich verewigt hat.

Das späte 4. Jahrhundert scheint den berühmten Damen sogar noch mehr Spielraum verschafft zu haben, als die untereinander zerstrittenen Städte des alten Griechenland nur noch für die Versorgung reicher und mächtiger Personen, der Söldnerführer und Agenten sowie der Nachfolger Alexanders, die alle ihre Freundinnen und Freunde hatten, aufzukommen hatten. Schon um 350 bezahlten die phokischen Heerführer ihre Heere aus den in Delphi geplünderten Schätzen und suchten sich aus den besten Stücken der Beute die Geschenke für ihre Liebsten aus. Doch dies wurde bald noch von Harpalos, dem abtrünnigen Schatzmeister Alexanders, überboten, der über den Tod seiner Mätresse Pythionike dermaßen verzweifelt war, daß er ein großes Begräbnis für sie anordnete und zwei große Grabmäler zu ihrer Erinnerung errichten ließ, eines in Babylon und ein anderes bei den Gräbern außerhalb des Dipylon in Athen an der Straße nach Eleusis: »ein Denkmal, das an Größe nicht seinesgleichen hatte. Auf den ersten Blick möchte man nicht ohne Grund glauben, es müsse sich um ein Denkmal für Miltiades, Perikles, Kimon oder einen anderen der Großen und Ehrenwerten handeln, zumindest ein öffentliches Monument, das von der Stadt oder auf deren Veranlassung hin errichtet wurde. Doch wenn man es näher betrachtet und entdeckt, daß es ein Denkmal für die Hetäre Pythionike ist, was soll man davon halten?« Das Grabmal in Athen soll die enorme Summe von dreißig Talenten gekostet haben, dennoch fand es Plutarch, der es etwa 400 Jahre später gesehen hat, recht gewöhnlich. Theopompos schätzte die Kosten beider Gräber in seinem *Brief an Alexander* sogar auf über zweihundert Talente und behauptete auch, Harpalos habe ein Heiligtum errichtet, das er den Tempel der »Aphrodite Pythionike« zu nennen gewagt habe. Harpalos' Unternehmungen und die damit verbundene Publizität weckte bei den Hetären übertriebene Hoffnungen: »Du wirst die Königin von Babylon sein, wenn alles gutgeht; du kennst doch die berühmte Pythionike und ihren Harpalos?[85]

Pythionikes grandioses Grabmal war nur wenige Meilen von der Straße jener Frauen entfernt, die lärmend am Dipylon im Kerameikos herumstanden, ein anschauliches Beispiel für den weiten Bereich, der mit einem einzigen modernen Begriff, »Prostitution«, abgedeckt wird. Nur wenigen Frauen gelang die Reise vom einen bis zum anderen Punkt. Auf dieser Reise trafen wir alle möglichen Arten von Frauen: die Straßengängerinnen, die von der Hand in den Mund lebten, die Sklavenmädchen, die in einem Bordell für den Profit des Bordellbetreibers arbeiteten, und das professionelle »Partygirl«, das von seinen musikalischen Talenten und seinen Gefälligkeiten lebte. Wir trafen eine große Anzahl Frauen, die freie Mätressen der Reichen wurden, ja selbst eine oder zwei, denen es dank ihres Erfolgs gelang, ihr Leben selbst zu gestalten und – bis zu einem gewissen Grad – ihre Liebhaber auszusuchen. Die Welt dieser »Prostituierten« griff an vielen Punkten in die Welt der Männer ein, mit denen sie verkehrten, und es wäre abwegig, allgemeine Aussagen über sie oder ihre Kunden zu machen. Auch wechselten die Stationen der einzelnen Frauen. Lysias legt eine Liste von Frauen vor, die in ihrer Jugend Prostituierte waren und ihr Leben danach veränderten, und es gibt Anzeichen dafür, daß die Zurückgezogenheit der athenischen Frauen, die als Teil des Versuchs, sie unter männlicher Kontrolle zu halten, betrachtet wurde, ihnen bisweilen einen Bewegungsspielraum zwischen unterschiedlichen Existenzformen verschaffte: auf der Stufenleiter aufzusteigen oder in die Finsternis der Schande zurückzufallen; gelegentlich gelang es ihnen sogar, sich unter die Ehefrauen einzuschleichen oder ihre Kinder auf die Liste der Bürger zu setzen.[86]

Kapitel 4

Vom Umgang mit Hetären

Obwohl die Welt der Aphrodite ziemlich dunkel und mysteriös erscheint, lassen sich in diesem Dunkel dennoch bestimmte regelmäßig wiederkehrende Themen ausmachen. Eines der wichtigsten ist der Versuch, eine scharfe Trennlinie zwischen zwei Arten des amourösen Umgangs zu ziehen: zwischen der romantischen Strategie des Freiens, Buhlens und Verführens und der ungeschminkteren Vorgehensweise, Sex zu kaufen oder zu verkaufen. Die Unterscheidung taucht in vielen Diskussionen über den richtigen Umgang mit Liebhabern auf und wird von Zynikern wie dem Sklaven Karion in Aristophanes' *Reichtum* ans Tageslicht gezerrt und einer eingehenden Untersuchung unterworfen. Sein Herr spricht über die Macht des Geldes:

> »Die Dirnen aus Korinth – wenn sich an sie ein armer Schlucker macht – für diesen sind sie taub; doch wenn ein Reicher kommt, da beugen sie sich vor und schwänzeln mit dem Hintern gleich um ihn herum.
> – Die Buben, hör ich, machen's ebenso, dem Liebsten nicht, ach, nur dem Geld zuliebe!
> – Die Besseren nicht! Das tun nur Hurenbübchen! Ein rechter Knabe nimmt kein Geld!
> – Was denn?
> – Der eine will ein schönes Reitpferd, der andere eine Koppel Hunde.
> – Das Geld zu fordern schämen sie sich. Das Schändliche verdecken schöne Worte.«

Aristophanes berührt hier ein zentrales Problem der modernen Anthropologie: die Unterscheidung zwischen dem Waren- und dem Gabentausch, zwischen Bezahlung und Geschenk. Nicht immer ist diese Unterscheidung leicht zu fassen, doch gerade deshalb ist sie, wie ich zeigen möchte, so wichtig. Warentausch stellt eine Beziehung zwischen Objekten her, eine Beziehung, die in Geld ausgedrückt wird. Waren sind austauschbar, leicht meßbar und können miteinander verglichen werden, ihre Menge und Beschaffenheit kann in Einheiten, auch in Währungseinheiten zerlegt werden. Sie sind irgendwie ohne bestimmte Merkmale, eher anonym, und der Warentausch spiegelt diese Anonymität wider. Die Transaktion ist klar und endgültig, die Güter sind für den Verkäufer für immer verloren und gehen in den Besitz des Käufers über.

Gabentausch hingegen stellt nicht eine Beziehung zwischen Gegenständen, sondern zwischen Menschen her, die auf diese Weise durch Patronage- und Freundschaftsverhältnisse miteinander verbunden werden. Gaben sind folglich persönlich. Sie sollten einzigartig, individuell und einer objektiven Bewertung entzogen sein. Im Gegensatz zu Waren sind Gaben haftende Dinge. Eine Gabe ist für den Geber nie gänzlich verloren. Gut veranschaulicht wird dieses Prinzip in der griechischen Kultur durch die Tatsache, daß, wenn eine Stadt einem Gott in einem panhellenischen Heiligtum wie Delphi oder Delos Gaben darbringt, diese in der eigens dafür gebauten Schatzkammer der Stadt verbleiben. Eine Gabe stellt auch insofern eine Verbindung her, als sie dem Empfänger Schuld und Verpflichtung auflädt. Der Gabentausch ist daher alles andere als endgültig, sondern gerade einmal eine Episode einer langen Geschichte des Gebens und Zurückzahlens von Gefälligkeiten.

Der Unterschied zwischen diesen zwei Arten der Beziehung beruht nicht nur auf der Differenz zwischen dem Tausch von Gegenständen und der Bezahlung gegen Geld, obwohl Geld dank seiner Austauschbarkeit selbstverständlich mehr zur Herstellung unpersönlicher Beziehungen neigt. Wenn jemand jeden Morgen an einen bestimmten Ort geht, um mit einem gänzlich fremden Menschen eine bestimmte Menge Milch gegen eine bestimmte Menge Honig zu tauschen, dann sieht das ganz nach einem Warentausch aus, auch wenn keine Münzen ausgetauscht wurden. Auch sollte man sich den Gabentausch nicht als eine frühere Entwicklungsstufe der Kulturen vorstellen, aus der sie herauswachsen, sobald sie komplexer werden. Gaben und Waren existieren in ein und derselben Gesellschaft nebeneinander. Die Trennung ist daher eher relativ als absolut. Etwas kann mehr oder weniger Gabe sein, und Anthropologen können deshalb von Gegenständen (oder Personen) sprechen, die Warencharakter haben, Warencharakter verlieren und Warencharakter annehmen, wenn etwa ein Erbstück versteigert oder eine Sklavin zur Mätresse gemacht wird, wenn eine silberne Weihegabe ausgewogen und zur Auszahlung von Söldnern benützt wird, wenn eine Losurne zum Zahlmeister wird oder eine Sexveranstaltung zeitlich begrenzt ist.

Wir sprechen vor allem von einer symbolischen Unterscheidung, die gesellschaftlich aufrechterhalten und durchgesetzt werden muß. So gibt es etwa klar voneinander abgegrenzte Räume: der Markt gegenüber dem Heim; oder bestimmte Zeiten im Jahr: der Arbeitstag gegenüber dem Feiertag. Vor allem ist da die Sprache: »Freundschaft«, »Gunst«, Gefälligkeiten«, »geben« auf der einen Seite, »zahlen«, »kaufen« und »verkaufen« auf der anderen. Diese Unterscheidungen sollte man in modernen Gesellschaften nicht für überholt ansehen. Zwar läuft nur ein geringer Teil der modernen Wirtschaft über den Gabentausch, dennoch kann er von größter Bedeutung sein. Noch immer entfernen wir das Preisschild von Geschenken. Wir taxieren den Wert eines Geschenkes genau, haben aber große Vorbehalte, wenn jemand allzu laut das, was er gegeben, mit dem, was er erhalten hat, aufrechnet oder, was noch schlimmer ist, ein Geschenk schätzen läßt. Ganz besonders mögen wir Geschenke, die eigens für uns gemacht wurden oder einen Liebhaberwert für den Geber haben. Wir fragen uns, ob Politiker Einladungen in die Villen ihrer wohlhabenden, an Geschäften interessierten Freunde annehmen sollen. Gleichzeitig regen wir uns darüber auf, wenn eine Bezahlung für Dienste als Akt der Großzügigkeit dargestellt wird, für die wir Dankbarkeit zeigen sollen.

Wie diese Beispiele zeigen und wie der Sklave Klarion (selbst eine Ware) seinem Herrn gegenüber festgestellt hat, gibt es beim Schenken viel Heuchelei und Verstellung. Das Wesen der Gabe hängt in der Praxis von etwas ab, was Pierre Bourdieu Verkennung (*méconnaissance*) nennt – eine bewußte Fehleinschätzung –, das heißt davon, daß man so tut, als hätte das Geschenk keinerlei Wert und erfordere keine Erwiderung. Die Gefälligkeit, die dafür erwartet wird, muß als etwas erscheinen, was vollkommen im Ermessen des Empfängers liegt, der Wert auf seine Handlungsfreiheit legt, indem er Zeit und Art der Erwiderung bestimmt. Günstig ist es, wenn die Geschenke ein wenig unpassend sind, und auch, wenn eine Weile vergeht – aber nicht zu lange –, bevor sie erwidert werden. Erfolgt das Gegengeschenk zu schnell auf eine erwiesene Gefälligkeit, ist es kein Geschenk mehr, sondern Bezahlung für »geleistete Dienste«.

Der Unterschied zwischen diesen beiden Arten der Beziehung ist noch viel schwerwiegender, wenn eines der Tauschgüter Sex ist. Im klassischen Athen geht es nie einfach nur um die Frage, ob man es

für Geld oder für Geschenke tut. Geschlechtsverkehr in käufliche
Ware zu verwandeln setzt eine erhebliche Abstraktionsleistung voraus. Was verkauft die Prostituierte eigentlich? Zeit? Geschlechtsverkehr? Einen Körper? Einen Teil des Körpers? Andererseits müssen
Hetären, die mit Geschenken verführt werden, alle Diskretion aufbringen, um nicht als gewöhnliche Prostituierte zu gelten, solange
ihre Feinde das Marktgeschwätz dazu nutzen, sie wieder auf ihren
Platz zu verweisen. Spezialisierung ist ihrerseits ein Ergebnis sexueller Ökonomie. Wenn die Männer der Antike und moderne Wissenschaftler es schwierig finden, mit einer Hetäre richtig umzugehen,
dann liegt dies nicht nur daran, daß die Welt der Frauen kompliziert
ist. Die Hetäre vermeidet es weitgehend, sich selbst zu erklären oder
ihre Beziehung mit Männern offenzulegen. Sie wäre sonst keine
Hetäre.[1]

Liebe und Geld

Da Geschenk und Ware sich als Gegensätze definieren, können wir
das eine nicht ohne das andere verstehen. Man muß genau darauf
achten, wie Menschen und Sex in Verkaufsgüter umgewandelt werden, erst dann läßt sich verstehen, wie die Hetäre dies umgeht. Eines
der wichtigsten Merkmale war der Raum. Nach dem Solonischen
Ehebruchgesetz war, wie wir bereits gesehen haben, der Raum das
primäre Merkmal dafür, ob der Geschlechtsverkehr mit einer Frau
legal war oder nicht. War sie eine von denen, die »in der Öffentlichkeit auf und ab geht« oder »die im *ergastērion* sitzt« (in der Fabrik
oder im Laden), dann war sie eine Hure und nicht wegen Ehebruch
zu belangen. Diese öffentlichen Räume, die Straßen, die Agora, Bordelle, Sexstuben (*oikēmata*) und »Läden« wurden dem privaten Raum
des *oikos* gegenübergestellt, der sowohl »Heim« bedeutet als auch die
Menschen, die dort leben, die Familie, oder den Haushalt bezeichnet.
Sie wurden wohl als »Zonen der Zweckmäßigkeit« angesehen, als
magische Räume, welche Personen in Produkte verwandelten und
unkomplizierte Transaktionen weit entfernt von »Liebesgeschichten« und »Verführung« zuließen. »Die Tür ist offen, ein Obolos der
Eintritt. Hereinspaziert! Da gibt's kein Geziere, keine Fisimatenten,
kein Weglaufen, sondern es wird ohne Verzug ausgewählt, welche
man will und wie man sie will. Man macht seine Sache und sagt ihr,
sie soll zum Teufel gehen; sie bedeutet nichts.«[2]
Die Frauen, die den eigentlichen öffentlichen Raum frequentier-
ten, stellten kaum ein definitorisches Problem dar. Straßen sind Stra-

ßen. Die zweite Gruppe Frauen jedoch, jene im Bordell, bereiteten diesbezüglich Schwierigkeiten. Es kann mitunter schwerfallen, ein Haus von einem Haus mit schlechtem Ruf zu unterscheiden. Was für eine Art Gebäude war das Haus des Pyrrhos, wenn Philes Muttchen, »eine Frau, die jeder, der sie wollte, haben konnte«, dort wohnte? Es war ein Haus, in dem Durcheinander herrschte und das von Zechern und Nachtschwärmern aufgesucht wurde. Und wenn jemand, der im Haus des Stephanos beim Geschlechtsverkehr mit dessen »Tochter« Phano erwischt wurde, ohne Anklage wegen Ehebruchs laufengelassen wurde, dann ist es schwer zu sagen, welcher Schluß, den man daraus zu ziehen hat, schlimmer ist: daß das Mädchen deshalb eine gewöhnliche Prostituierte oder daß das Haus des Stephanos deshalb ein Bordell ist.[3] Das *ergastērion* macht aus Sex eine verkäufliche Ware, aber die Rollen können auch umgekehrt werden. Eine Hure kann ein Haus in einen Puff verwandeln.

Wie nicht anders zu erwarten, läßt sich Aischines eine solche nützliche Sophisterei in seiner Rede *Gegen Timarchos*, die ein besonders entschlossener Versuch ist, »Freundschaften« und »Liebschaften« in Geschäftsbeziehungen zu verkehren, nicht entgehen. Offenbar ging es bei diesem Prozeß wegen Prostitution gegen einen Politiker zum Teil um die Orte, wo angeblich Geschlechtsverkehr stattgefunden hat. War Timarchos wirklich ein Prostituierter, dann sollte die Anklage die Plätze bezeichnen können, wo er arbeitete. Aischines gibt vor, von dieser Argumentation abgestoßen zu sein:

»Die Verteidigung, die vorzubringen Demosthenes dich überredet hat, ist nicht die Verteidigung eines freien Mannes, sondern die Verteidigung eines Prostituierten, der Spitzfindigkeiten über Orte vorbringt. Da du aber Zuflucht in Gebäuden suchst und da du der Meinung zu sein scheinst, wir sollten jede Zelle [*oikēma*], in der du jemals gesessen hast, einzeln aufzählen, um unseren Fall zu beweisen, so wollen wir das tun. Du wirst es jedoch bereuen, wenn du hörst, was ich zu sagen habe. Niemals mehr wirst du zu einem solchen Argument Zuflucht nehmen, wenn du noch alle Sinne beisammen hast. Denn nicht die Häuser geben den Menschen Namen. Es sind die Menschen, die den Häusern ihre Namen geben: Wenn eine ganze Gruppe von Männern einen Ort mietet und ihn bewohnt, ihn miteinander teilt, dann nennt man es ›Wohnungen‹, wenn dies ein Mann allein tut, nennt man es ein Haus. Und wenn ein Arzt in einen dieser Straßenläden [*ergastēria*] zieht, dann nennt man das eine Klinik; zieht er aus und ein

Schmied zieht ein, dann ist es eine Schmiede; zieht ein Tuchwal-
ker ein, ist es eine Walkerei, ein Tischler, eine Tischlerei, und
zieht ein Kuppler mit seinen Huren ein, dann nennt man es einen
Puff [*porneion*], in Übereinstimmung mit dem, was drinnen vor
sich geht. Auf diese Weise hast du, so wie du dein Handwerk ausgeübt hast, aus vielen Häusern ein Bordell gemacht.«[4]

Es ist kein Zufall, daß es sich bei dem von Aischines beschriebenen
Haus um fünf Bewohner handelte, angefangen mit einem Arzt und
der Rest Huren, und daß, Aischines zufolge, Timarchos mit fünf verschiedenen Männern einzog, von denen der erste ein Arzt war und
der letzte auch »ein Prostituierter«. Als Timarchos mit dem Arzt
lebte, wurde die Klinik zu einem Bordell, eine Verwandlung, die
immer dort stattfand, wo er gerade hauste. Das von Aischines beschriebene Haus ist ein anonymer Ort, weit davon entfernt, ein Zu-
hause zu sein; ein zufälliger Ort, der gelegentlich von einer Anzahl
Männer bewohnt und von ihnen gemeinsam genutzt wurde oder in
rascher Folge von einem Besitzer auf den nächsten überging. Man
braucht wohl nicht viel Intelligenz, um zu bemerken, daß Aischines
die Verbindung zwischen Menschen und Orten noch einen Schritt
weiter zieht. Der »Laden auf der Straße« ist natürlich Timarchos
selbst, sein Körper, der an viele Männer der Reihe nach »vermietet«
wird. Die Körper-Gebäude-Metapher kommt nicht nur bei Aischines vor, und ein selbstbewußter Immoralist könnte auf den gleichen
Vergleich kommen, um einen ganz anderen Fall daraus zu konstruieren. Als Diogenes Aristipp darauf hinweist, seine Freundin Lais sei
eine öffentliche Hure (*koinē pornē*), entgegnet Aristipp, ob es denn
etwas ausmache, in einem Haus zu leben, in dem schon andere vorher gelebt haben, oder auf einem Schiff zu reisen, auf dem schon andere gereist sind.[5]
    Die Reihe der Marktplätze ist mit Bordell, Agora und Straßen
noch nicht zu Ende. Von dem stoischen Philosophen Persaios von Ki-
tion erfahren wir, daß selbst das Symposion, wo bisweilen Versteige-
rungen von Sklavenmädchen für die Gäste abgehalten wurden, zu
einem Marktplatz verkommen konnte. Und Antigonos von Karystos
berichtet, daß Persaios selbst einst bei einem Symposion ein »Flötenmädchen kaufte«, allerdings zögerte, es mit sich nach Hause zu nehmen, da er mit seinem Liebhaber Zenon zusammenwohnte. Man
muß hier auf der Hut sein, denn weil wir heute mit der Vorstellung,
daß Prostituierte »sich selbst verkaufen«, so sehr vertraut sind, überrascht es uns nicht, wenn die alten Athener ebenfalls die Terminolo-

gie von kaufen und verkaufen benutzten. Aischines kann sagen, Timarchos »verkaufe sich selbst freiwillig«, obwohl er natürlich weder von jemandem verkauft noch gekauft wurde. Aischines wendet nur die Sprache des Kaufens und Verkaufens an, um Timarchos zu einem Objekt zu machen und dessen Beziehung zu den »Kunden« von der ehrenwerten zwischen Liebhaber (*erastēs*) und seinem Geliebten (*erōmenos*) zu unterscheiden. Aber Athen war eine Sklavenhaltergesellschaft, in der Männer im wahrsten Sinn des Wortes andere Männer oder Frauen kauften und volle Verfügungsgewalt über sie hatten. In diesem Kontext wird die Vorstellung, »Frauen zu kaufen«, problematischer, da so viele *pornai* Sklavinnen und Eigentum ihres Kupplers waren, der sie seinerseits wieder »verkaufte« oder »vermietete«. Wenn Demosthenes den Philokrates beschuldigt, die Stadt für Geld zu verraten, dann tut er dies, indem er bildhaft beschreibt, wie dieser das Geld »beim Fisch- und Prostituiertenkauf« verpulvert. Das von ihm gebrauchte Wort, *agorazō*, »einkaufen gehen«, beschwört das Bild einer kommerziellen Transaktion herauf, dennoch gibt es keinen Grund, anzunehmen, daß die fraglichen Frauen jemals dauerhaft Eigentum des Philokrates waren. In Wahrheit hebt Demosthenes nur den normalen Gebrauch des Geldes hervor. Man sollte sich auch nicht unbedingt vorstellen, Persaios habe das Mädchen, für das er beim Symposion mitgeboten hatte, tatsächlich in Besitz genommen. Selbst unbestrittene Waren konnten sich immer wieder aus ihrem Warencharakter herauslösen.[6]

Zeit ist so eine Möglichkeit; Zeit ist das, was Neaira in ihren frühen Jahren als *mistharnusa* oder Lohnarbeiterin in Korinth verkaufte. Eine sympotische Hetäre wurde als Begleiterin für einen Abend bezahlt, und wenn, wie im Falle von Habrotonon in Menanders *Schiedsgericht*, der Kunde nicht mehr von ihr wollte, dann war sie vielleicht überrascht, dennoch hatte sie ihr Geld verdient. In seinem Angriff auf Neaira bezeichnet Apollodoros die Tätigkeit Neairas als »Handel« (*ergasia, ergazesthai*) und stellt an einem Punkt die rhetorische Frage: »Wo ist Neaira für ihren täglichen Lohn nicht überall hingegangen?« Ein noch extremeres Beispiel für diese Art des Erwerbs wird in den Geschichten über eine Frau namens Klepshydra, die Wasseruhr, vorgestellt. Sie wurde offenbar um die Mitte des 4. Jahrhunderts berühmt und war Gegenstand einer Komödie des Eubulos. Nach einer Quelle zu schließen, erhielt sie ihren Spitznamen deshalb, weil sie ihre Besuche zeitlich genau einhielt und den Geschlechtsverkehr sofort abbrach, sobald die Wasseruhr abgelaufen war; auf diese Weise teilte sie ihre Zeit sehr effizient in eine Reihe einzelner Abläufe auf. Die Wasseruhr, bei der in regelmäßigen Mengen das Wasser aus einem Gefäß in ein anderes lief, ist, wie die Zisterne, eine passende Metapher für Sex.[7]

Ein weiterer möglicher Anwärter auf den Status einer Ware war der Körper: »Wähl dir aus, welche du willst: dünn, fett, rund, groß, klein, jung, alt, im mittleren Alter oder darüber hinaus« sagt der Lobredner des Bordells in Xenarchos' *Fünfkämpfer*. Der zum Verkauf angebotene Körper ist sowohl bei Apollodoros als auch bei Aischines ein beliebtes Thema. Für den ersten ist Neaira eine Frau, die »mit ihrem Körper Handel treibt« – sie ist im »Körpergeschäft« –, während Aischines den Timarchos so zeigt, als wäre er irgendwie von seinem körperlichen Wesen abgetrennt. Er ist jemand, der »seinen Körper gegen Geld verdingt«; »er bediente sich seines eigenen Körpers mit Hohn und Verachtung«; »er versündigte sich gegen seinen eigenen Körper«. Seine Liebhaber begingen kein Unrecht und keine Taten der Hybris gegen Timarchos, sondern »gegen den Körper des Timarchos«. Die Männer, die ihn aufsuchten, als er im Haus des Arztes wohnte, bezahlten nicht, um Sex mit Timarchos zu haben, sondern sie »bedienten sich des Körpers des Timarchos«. Indem Aischines unablässig vom Rumpf des Timarchos spricht, verwandelt er den bekannten Politiker in einen entpersonalisierten anonymen Gegenstand.[8]

Auf einer weiteren Stufe der Objektivierung wird weniger der Körper als vielmehr ein Teil des Körpers zum Marktgegenstand. Dieser Stoff ist für die Zuhörer eines Apollodoros oder Aischines zu hart, man kann sich aber daruf verlassen, daß Aristophanes sich das Ganze sofort zu eigen macht. »Ferkel«, *choiros*, ist nun einmal das griechische Wort für die Geschlechtsteile der Mädchen oder der für die Hetären typischen glattrasierten Vulva. Wenn der alte Mann sich am Ende der *Wespen* das Flötenmädchen grapscht und es als »Ferkelchen«, *choirion*, bezeichnet, dann zeigt er deutlich, was er von ihr will. Die Komödienschreiber ließen sich solche Gelegenheiten für Witze nicht entgehen. Die späteren Lexikographen erklärten den verdutzten Lesern von Byzanz, daß der Ausdruck »Schweinchen in Korinth verkaufen« eine Anspielung auf die berühmten Prostituierten der Stadt sei. Da Korinth ein wichtiges Zentrum für Prostitution, Tempel und anderes war, muß dies eine ähnliche Bedeutung wie »Eulen nach Athen tragen« gehabt haben. In den *Acharnern* wird die Marktmetapher noch weiter getrieben. Der Held des Stücks, Dikaiopolis, hat die Nase vom Kampf gegen die Peloponnesier voll und beschließt, mitten in der Stadt, die sich zum Krieg rüstet, seinen Privat-

frieden zu machen. Er ist fest entschlossen, seinen Vorteil aus dem
Handel mit einer feindlichen Nation zu ziehen, und richtet, obwohl
deren Waren mit einem Embargo belegt sind, seine eigene Freihan-
delszone auf dem Marktplatz ein. Ihm nähert sich ein Mann aus dem
benachbarten Megara, dessen Einwohner unter den Auswirkungen
der athenischen Blockade und den regelmäßigen verheerenden
Überfällen leiden. Er hatte seine Töchter als Ferkel verkleidet, um sie
zu verkaufen und etwas Geld zu verdienen. Dikaiopolis durchschaut
die Verkleidung schnell und fängt an zu handeln. Für das Publikum
ist es nicht möglich, gleich zu verstehen, wovon die Rede ist und was
nun verhandelt wird – Schweine, Mädchen oder Vaginen. Zwei
falsche Identitäten kommen hier ins Spiel. Die Töchter aus Megara
verstecken ihre weiblichen Reize und werden kleine Schweine, doch
gleichzeitig werden mit Hilfe eines Wortspiels die kleinen Schweine
nichts anderes als Vaginen. Der oberflächliche Blick, der »Ferkel zu
verkaufen« sieht, und der durchdringende Blick, der durch die Verkleidung hindurch »Mädchen zu verkaufen« sieht, bringen ein drit-
tes Bild, »Mösen zu verkaufen«, die eigentliche Wahrheit hinter der
Fassade und die Lösung des Puzzles, hervor. Mit Hilfe dieses dichten
Wortspielgeflechts und der Verkleidung werden die Mädchen auf
die Ebene von Geschlechtsorganen reduziert.[9]
    Von dieser brutalen Darstellung, wie Körper zu Waren gemacht
werden, kommen wir zu einer annehmbareren Metapher, die »Sex
verkaufen« heißt. Es gibt einige Hinweise darauf, daß die Griechen
Geschlechtsverkehr zwischen Liebenden anders beurteilt haben als
gekauften. Die erste Metapher setzte einfach den Gabentausch und
die Gefälligkeiten auf einer mehr physischen Ebene fort, während
die zweite Hybris war. Die genaue Bedeutung von Hybris hat Generationen von Gräzisten Schwierigkeiten bereitet. Die Griechen haben
hier für etwas, was Gewalt, Unverschämtheit und Vermessenheit
umfaßt, ein Wort, über das wir nicht verfügen. Aischines stellt es in
einen sexuellen Zusammenhang: »Derjenige, der mietet, begeht Hybris«, sagt er. Es hat offenbar mehr oder weniger dieselben Konnota-
tionen wie unser »zum Geschlechtsverkehr mißbrauchen«. Aristoteles zum Beispiel erzählt die Geschichte von Hellanokrates von Larissa, dessen Liebhaber das Versprechen, ihn in seine Heimat zurück-
zubringen, nicht einhalten wollte; »somit wurde deutlich, daß die
Verbindung zwischen den beiden nicht im erotischen Begehren, sondern in der Hybris gründete«. Hellanokrates fühlte sich mißbraucht
und brachte ihn um. Vielleicht wurde Sex dann zu Hybris, wenn er
zu einer unpersönlichen Tätigkeit, zu einer schlichten Ware degra-

diert wurde, wenn Sex, anstatt Ausdruck gegenseitiger Zuneigung zu sein, keine Bedeutung mehr hatte. Es ist nicht allzu schwer zu verstehen, daß die Ex-und-hopp-Mentalität beim Sex, wie sie bei der Beschreibung der Bordellbesuche in den Komödien gepriesen wird, mit einem Wort assoziiert werden konnte, das woanders unverschämtes Benehmen bezeichnet.[10]

Das Wort *pornē* seinerseits ist abgeleitet von dem Verb *pernēmi*, das »verkaufen« oder – wahrscheinlicher – »verkauft werden« bedeutet. Wichtig ist, daß die Beziehung zwischen den zwei Wörtern wohl durchaus deutlich war: »*pernatai* = er verkauft«; daher auch *pornē*, »diejenige, die Geschlechtsverkehr (*mixin*) verkauft«. Von da ist es ein kleiner Schritt zu den Bescheibungen des Bordells in den Komödien als ein *kinetērion*, eine »Fickfabrik«, so als ob es sich um eine Werkstatt handelte, in der Sexware hergestellt wird. Das Warenangebot muß äußerst reichhaltig gewesen sein. Im 4. Jahrhundert kam es zu einer Inflation von Ratgebern und Handbüchern, die vom »Richtig kochen« bis zum »Was tun bei einer Belagerung?« alles abdeckten. Darunter waren auch Sexratgeber, die Anleitungen zu Zärtlichkeit und Verführung sowie zu Stellungsvarianten beim Geschlechtsverkehr boten. Aristophanes erwähnt eine Hetäre namens Kyrene, die offenbar zwölf beherrschte. Den meisten lassen sich keine Namen zuordnen, und dort, wo es möglich ist, wie bei der sogenannten »Löwin auf der Käseraspel«, wird man auch nicht klüger. Drei werden allerdings recht häufig genannt; zwei betreffen die Penetration von hinten: *kybda*, »vornübergebeugt«, das heißt stehend, mit der Frau, die sich nach vorn beugt, und *lordō*, »zurückgelehnt«, wobei die Penetrierte sich an die Brust des Penetrierenden lehnt. Die dritte Stellung heißt *kelēs* oder »Rennpferd«; bei dieser sitzt die Penetrierte rittlings, mit gespreizten Beinen auf dem Mann und reitet ihn wie ein Rennpferd. Unterschiedliche Stellungen haben auch unterschiedliche Preise. Bei einem Unsinnsopfer an Pornogottheiten in einem Fragment des Komödienschreibers Platon erhält Zurückgelehnt eine Drachme, Vornübergebeugt drei Obolen (eine halbe Drachme) und Rennpferd das *derma* oder die Haut, sicher eine Satire auf die Preisliste einer Prostituierten. Abgesehen davon, daß es sich hier möglicherweise um eine deutlich obszöne Anspielung handelt, war die Haut eines geopferten Tieres das meistgeschätzte Vorrecht und »Rennpferd« sicherlich die teuerste Stellung. Vornübergebeugt wiederum war die billigste Art von Sex, oft auf drei Obolen veranschlagt. In einer von Machons Geschichten über die *grande horizontale* Gnathaina taucht diese als Ware auf: Eine vornehme Dame, wenn

auch nicht mehr in den besten Jahren, geht auf den Markt und sieht
einen hübschen jungen Schlachter, der Fleisch auswiegt. Sie geht zu
ihm hin und fragt »Wieviel?«. Er grinst. »Drei Obolen«, meint er,
»vornübergebeugt«. Wir sind nun in der Lage, die ganze Bedeutung
des Verhaltens der zu Beginn dieses Kapitels erwähnten korinthischen Hetären besser zu verstehen. Mit ihrem ganzen Auftreten und
allen ihren Reizen sind sie, wenn sie sich für einen reichen Mann
vornüberbeugen, nicht besser dran als jede Billignutte.[11]

Die Tatsache, daß es offenbar einen Standardpreis für *kybda* gab,
trug dazu bei, dies zu einem erkennbaren Sexprodukt zu machen,
und eine spezifische Warenbezeichnung hat mit festen Preisen zu
tun. Wenn Theopompos die große Pythionike zu einer gemeinen
Hure erniedrigen will, dann stellt er fest, daß sie, abgesehen davon,
dreimal eine *pornē* und dreimal eine Sklavin zu sein, obendrein eine
sei, »die, wie jeder wußte, für jeden zum gleichen Preis zu haben
war«. Woanders treffen wir den festen Preis sogar im Namen der
Frauen an. Erinnern wir uns an die Frau in einer der Bordell-/Klei-
derfabrikszenen, die Obole genannt wurde, der Preis, auf den in Philemons Bericht über das Bordell Bezug genommen wird: »Die Tür
ist offen, ein Obolos der Eintritt. Hereinspaziert!« Eine andere Frau
war bekannt unter dem Namen Didrachmon, »Zweidrachmen«, weil
»sie jeden, der sie wollte, für zwei Drachmen besuchte«.[12]

Geld allein definiert keinen Warentausch, doch trägt es sicherlich
zu seiner Konzeptualisierung bei, und es scheint eine starke symbolische Verbindung zwischen Geld und Promiskuität zu geben, die in
beiden Richtungen funktioniert:

> »Für den käuflichen Genuß, der jede über den Augenblick und
> über den ausschließlich sinnlichen Trieb hinausgehende Bezie-
> hung ablehnt, leistet das Geld, das sich mit seiner Hingabe absolut
> von der Persönlichkeit löst und jede weitere Konsequenz am
> gründlichsten abschneidet, den sachlich und symbolisch vollkom-
> mensten Dienst – indem man mit Geld bezahlt hat, ist man mit
> jeder Sache am gründlichsten fertig, so gründlich, wie mit der
> Prostitution nach erlangter Befriedigung.«

Simmels Fin-de-siècle-Perspektive scheint im klassischen Athen
Rückhalt zu finden, wo Geld den promiskuitiven, anonymen Tausch
reflektiert und definiert. Daher sind Bordellfrauen im Fragment 82
des Eubulos »Geldfallen«, und im Fragment 67 erfahren wir, daß
man sich sein Vergnügen für »eine kleine Münze« bei ihnen kaufen

kann. Und am Geld zeigt Epikrates den Niedergang der Hetäre Lais, wenn er die Zeit ihrer Blüte, als ein *statēr* (zwei Drachmen) sie mit Zorn erfüllten, mit der späteren ihres Verblühens verglich, als sie sogar einen Triobolos (eine halbe Drachme) willig entgegennahm. Es gibt in der klassischen Zeit Hinweise auf eine einfache Gleichsetzung von Geld und Sperma, zwei Aspekte des Vermögens eines Mannes. Solche Hinweise werden später noch viel deutlicher. Dieselbe Logik führt Artemidoros im 2. Jahrhundert n. Chr. zu dem Schluß, daß, wenn Männer davon träumten, mit ihren Söhnen Geschlechtsverkehr zu haben, dies bedeute, sie ließen Geld in sie hineinfließen: Schulgeld oder die Übertragung von Eigentum. Nach demselben Prinzip wird der goldene Regen, der auf den klassischen Vasenbildern schwängernd in Danaes Schoß fällt, später, in Tizianmanier, zu einem Schauer von Goldmünzen, der in den Schoß einer Dirne niederprasselt. Es ist kein allzu weiter Weg von der Sicht des Eubulos auf Prostituierte als »Geldfallen« bis zu Simmels und Baudrillards Auffassung vom Kapitalismus als Promiskuität.[13]

In der Darstellung der Prostituierten als verkäufliche Ware ist eine deutliche Neigung zu Haß und Verachtung zu spüren, dennoch ist es wenig hilfreich, den Diskurs über den Warentausch als an sich zwingend positiv oder negativ zu werten. Solange es Prostitution gibt, kann diese Art des Sprachgebrauchs und der Symbolik sowohl dazu benutzt werden, Prostituierte zu schützen, als auch, sie zu verunglimpfen. Durch solche Strategien können sich mittellose Frauen und Männer mit begehrten Gütern ausstatten und Verkäufer werden. Es überrascht daher nicht, wenn Soziologen darauf stoßen, daß viele Prostituierte angeben, bei der ersten Geschäftsverhandlung auch ihre erste Erfahrung von Macht gehabt zu haben. Manche von ihnen ziehen es vor, Sexarbeiter genannt zu werden. Es sind die Kunden, die von einer besonderen Beziehung daherphantasieren und Geschichten von dem Mädchen erzählen, das sich in den Kunden verliebt hat und kein Geld von ihm nehmen wollte.[14] Wie wir uns erinnern, war es Klepshydra, die zum Mittel der Uhr griff.

Nur gute Freunde

Das Leben der großen Hetären ist Welten von Klepshydras Zeiteinteilung entfernt. Nichts könnte weniger einem Laden, an dem man anklopft, gleichen als Theodotes teuer eingerichtete Residenz, wo sie in luxuriöser Umgebung den Besuch des Sokrates empfängt. Der

Philosoph ist dementsprechend beeindruckt und recht neugierig, etwas über ihren Lebensunterhalt zu erfahren. Hat sie ein Landgut? Ein Haus? Arbeiten Handwerker für sie? Theodote verneint jede dieser Fragen. Ihre einzige Einnahmequelle sind ihre »Freunde«. Dem Philosophen erscheint dies als eine etwas brüchige Lebensgrundlage. Er wird zum Anthropologen und denkt über Vorgehensweisen nach, mit denen ein solches von glücklichen Umständen abhängiges Auskommen besser gesichert werden könnte. Freundschaft kann zum Beispiel durch Besuche zu passender Zeit bestätigt und gefestigt werden. Theodote ist vom Gedanken an solche Selbstbeschränkung entsetzt. Sokrates schlägt einen anderen Weg ein und vergleicht Freundschaft mit Hunger und Vorliebe fürs Essen (eine beliebte Analogie für das Begehren), indem er zur Metapher greift, um eine libidinöse Ökonomie angestachelter Begierden und zurückgehaltener Befriedigung zu entwerfen. Theodote ist so beeindruckt von Sokrates' wahrem Verständnis der Freundschaft, daß sie ihm anbietet, in ihre Dienste zu treten. Sokrates gibt vor, zu beschäftigt zu sein. Ihm wäre lieber, sie käme zu ihm.

Diese berühmte Episode voller ironischer Anspielungen muß Ausgangspunkt für jede Untersuchung über das Verhältnis zwischen der Hetäre und der Gabe sein, denn obwohl weder Sokrates noch Xenophon dies jemals deutlich aussprechen, ist Theodote natürlich eine Kurtisane. Anspielungen auf Kunden, Preise, Bezahlung und Sex werden sorgfältig vermieden. Das Gespräch dreht sich nur um Freundschaft und Gefälligkeiten. Der Philosoph bestimmt den Ton, sobald die Besucher ankommen, und verwirrt seine Begleiter mit der Frage, ob jene nun für die Gunst zu bezahlen hätten, von Theodote empfangen zu werden, oder ob diese für deren Aufmerksamkeiten zahlen müsse. Als die schöne Frau selbst erscheint, bewegt sich ihre Konversation niemals außerhalb der Sprache der Freundschaft, der Gefälligkeiten und der Dankbarkeit. »Wenn jemand, der mein Freund geworden ist, mir etwas zukommen lassen will ...«; so beschreibt sie ihre Lebensweise. Das Sprachspiel wird von Sokrates fortgeführt, der einen Plan entwirft, wie ihre Bekanntschaften »die besten Freunde werden und ihr für die längste Zeit in Freundschaft verbunden bleiben und zum Vorteil gereichen könnten«.[15]

In den Komödien und an anderen Orten wurden die Hetären bei zahlreichen Gelegenheiten mit Geschenken in Verbindung gebracht. Der Bote in Aristophanes' *Thesmophoriazusen* zum Beispiel verflucht »die Hetäre, die Geschenke in Empfang nimmt und danach, reichbeschenkt, den Freund betrügt«. Das bekannteste Beispiel – und in

mancher Hinsicht auch der klassische Fall – eines Geschenks von
einem Liebhaber an seine Hetäre ist jedoch Praxiteles' Geschenk
einer Skulptur des Liebesgottes für Phryne. Viele Geschichten wurden über dieses berühmte Geschenk erzählt. Athenaios erwähnt ein
Epigramm, mit dem diese Skulptur oder eine Version davon vom
Bildhauer selbst versehen worden sein soll: »Praxiteles porträtierte
mit Genauigkeit die Liebe, unter der er litt, und meißelte das Vorbild
aus dem eigenen Herzen. Er gab mich Phryne als Gegenleistung für
mich selbst.« Nach manchen Berichten wurde die Statue nicht für
Phryne gemacht, von ihr jedoch aus dem Werk des Künstlers ausgesucht, nachdem sie mit Bedacht ihren Wert kalkuliert hatte. Das Epigramm freilich weist die Statue als ein persönliches Geschenk aus.
Diese Statue ist eine künstlerische Wiedergabe seiner Liebe, der
Liebe, die er für Phryne empfand, und der Liebe, die ihm Phryne
schenkte. Sie ist das genaue Ebenbild, eine genaue Nachbildung –
»mich als Gegenleistung für mich.« Perfekt fügt sie sich auch in die
moderne Definition des Geschenks als einer persönlichen Beziehung
zwischen Menschen ein. Was versinnbildlicht die Beziehung zwischen zwei Liebenden besser als der Liebesgott? Die Statue setzte ihre
Karriere als Geschenk noch eine ganze Weile fort. Phryne schenkte
sie dem Gott selbst, Liebe zu Liebe für Liebe, und ließ sie im Heiligtum des Eros in Thespiai aufstellen. Dort blieb sie als einzige Touri-
stenattraktion der Stadt; später wurde sie unter den Kaisern nach
Rom verbracht, wo sie einem Brand zum Opfer fiel.[16]
  Die Reise vom Geschenk der Liebe zur Tempelgabe konnte auch
umgekehrt verlaufen. In seinem Werk *Die geplünderten Schätze von
Delphi* katalogisierte Theopompos die Geschenke aus antiken Schätzen, die die Tyrannen in Phokis, als sich das Heiligtum unter ihrer
Herrschaft befand, ihren männlichen und weiblichen Liebhabern
gemacht hatten: »Dem Flötenmädchen Bromias … gab Phallos ein
silbernes *karchēsion* [einen Becher], eine Votivgabe von Phokaia, und
einen goldenen Efeukranz, die Weihegabe von Peparethos … Dem
Tanzmädchen Pharsalia aus Thessalien gab Philomelos einen goldenen Lorbeerkranz, eine Weihegabe von Lampsakos.«[17]
  Nach den römischen Versionen von Plautus und Terenz zu
schließen, maß die Neue Komödie der Bedeutung des Gabentau-
sches in der Welt der Hetären (lat. *meretrix*) großes Gewicht. Der
Verfasser einer Studie meint: »Aus den meisten Texten, die den Unterhalt der *hetaira/meretrix* der klassischen antiken Welt zum Gegenstand haben, geht hervor, daß Geschenke, ob in Naturalien oder
Geld, nicht nur eine übliche Form der Bezahlung waren, sondern

dort, wo ... es sich um eine mehr oder weniger feste Beziehung handelte, beinahe auch die einzige.« Bisweilen waren diese Geschenke der wichtigste Teil der Handlung. Terenz' *Eunuch*, dessen Titel und ein gut Teil der Handlung aus einem verlorenen Stück Menanders stammt, stellt ein Sklavenmädchen und einen Eunuchen, die der Hetäre Thais von rivalisierenden Verehrern zum Geschenk gemacht wurden, in den Mittelpunkt. Neben römischen Kopien sind zwei Textstellen auf Papyri erhalten, welche die komplizierte Beziehung zwischen Sprache und Wirklichkeit beim Schenken zum Ausdruck bringen. Im ersten Text, einem neuen Fragment des *Mannes, den sie haßte*, zum ersten Mal 1977 veröffentlicht, beklagt sich der Soldat Thrasonides über die Behandlung durch die Gefangene Kratia, die ihn trotz aller von ihm erhaltenen Geschenke zu hassen scheint: »Ich kaufte sie, [gab ihr] die Freiheit, machte sie [zur Herrin] des Hauses, gab ihr Dienerinnen, Goldschmuck, Überkleider, behandelte sie wie eine Gattin.« Der zweite Text stammt aus dem Stück *Theophorumene* (*Das besessene Mädchen*). Ein Lauscher will ein unbekanntes Mädchen erregt von »meinen Geschenken« sprechen gehört haben und daß diese ihr gestohlen worden seien. Eine solche Sprechweise zeichnet das Mädchen sofort als *hippopornē*, eine Megahure (»Pferdehure«). Beide Textstellen zusammen zeigen auf schönste Weise den unsicheren Grund der Heuchelei und den Zynismus, der dem antiken Schenken zugrunde liegt. In dem ersten Text sind die Geschenke des Soldaten für Kratia fern von jedem Gedanken an die Bezahlung einer Prostituierten, was seine Behauptung, sie wie eine freie Frau, sogar wie eine Herrin des Hauses und seine Ehefrau behandelt zu haben, nur unterstreicht. Dennoch ist fast sicher, daß sie in Wirklichkeit eine Sklavenkonkubine ist (oder war). In dem anderen Fragment wird die Anspielung auf Geschenke sogleich als Einbildung einer Hetäre »durchschaut« und die Frau als Hure identifiziert, obwohl die Zuschreibung sich als vollkommen falsch erweist, da die Darstellerin ziemlich sicher eine Jungfrau ist. Diese Fragmente, zusammen mit Xenophons Bericht über den Besuch des Sokrates bei Theodote, zeigen, daß die Griechen sich mit Geschenken auskannten. Sie verstanden ebensogut wie jeder Anthropologe, wie die Sache funktionierte, daß sie nicht mehr als ein unsicheres Spiel war, dessen Regeln niemals erwähnt werden durften und in dem die Hetären die Großmeisterinnen waren.[18]

Solche Geschenke wurden natürlich nicht umsonst gemacht. Die Frauen mußten ein Gegengeschenk machen – nach ihrem Gutdünken selbstverständlich. Das Epigramm des Praxiteles macht deutlich,

daß sein Geschenk des Liebesgottes ein Gegengeschenk für Phrynes
Liebe ist. Mit welchem Geschenk hingegen Theodote die Gefälligkeiten ihrer Freunde erwidert, ist nicht ganz klar. Sokrates hilft ihr
auf die Sprünge. Vielleicht bezahlt sie die Gefälligkeiten mit Besuchen, wenn der betreffende Freund krank ist, mit Gratulationsbesu-
chen, wenn er Erfolg hatte, mit Worten, mit einem Blick. Kümmert
er sich besonders um sie, kann sie ihm »mit ganzer Seele« zugetan
sein« (was auch immer dies bedeuten mag). Sokrates kreist die Sache
nun beharrlich ein: »Ich weiß auch ganz gut, daß du nicht nur … mit
dem Wort, sondern auch mit der Tat davon überzeugst, daß dir deine
Freunde angenehm sind.« Später spricht er von einem Geschenk von
ta para seautes, »Dingen von dir«, von »Wohltaten und Freuden«,
womit er schon näher dran ist. Machon ist nicht so schüchtern. Was
seine Hetäre zu geben hat, gleicht dem, was die *pornai* verkaufen. Er
erzählt eine Anekdote von der Hetäre Niko und Demophon, dem
Geliebten des Sophokles: »Man erzählt sich, daß sie einen äußerst at-
traktiven Hintern hatte, den Demophon einst zu besitzen begehrte.
Sie lachte und sagte: ›Sei mein Gast, mein Freund, nimm ihn und gib
ihn dem Sophokles als ein Geschenk von mir.‹«
    Eine ähnliche Geschichte wird von Mania und Demetrios dem
Belagerer, einem hellenistischen Dynasten, erzählt: »Man erzählt
sich, daß Mania von König Demetrios, als dieser hinter ihr her war,
ein Geschenk für ihre Gunst erbat. Er gewährte es, und kurz danach
besann sie sich und sagte: ›Sohn des Agamemnon, jetzt kannst du.‹«
Dieses »kurz danach« ist der springende Punkt. Die Frauen im Bordell müssen es den Lobreden der Komödie zufolge »unverzüglich«
tun. Bourdieu bemerkt, daß ein System »der *institutionell organisierten
und abgesicherten Verkennung* … dem Geschenkaustausch, wenn nicht
sogar der gesamten symbolischen Arbeit zugrunde liegt«. Diese Kon-
frontation zwischen der Stellung von Außenseitern und der Erfahrung derer, die am aktuellen Geschehen teilhaben, mit der die Anthropologen nur allzu vertraut sind, kann auch beim Besuch des Sokrates bei Theodote beobachtet werden. An einem Punkt widerspricht die Hetäre der minutiösen Aufdeckung der Spielregeln:
»Beim Zeus«, schwört sie, »ich mache von keinem dieser Mittel Gebrauch.« Kaum beschämt stimmt Sokrates zu: »Gut so; und doch
kommt es sehr darauf an, daß man sich den Menschen gegenüber
natürlich und richtig verhält.«[19] Sowohl Manias kurzes Innehalten,
bevor sie den Wunsch des Demetrios erfüllt, als auch Theodotes
Heftigkeit gegen den Zynismus des Sokrates sind eine notwendige
Verteidigung gegen die Welt des Kaufens und Verkaufens. Etwas be-

wußt verkennen, um den heißen Brei herumschleichen, das Vermeiden von konkreten Bestimmungen, die Unsicherheit bei der Vergeltung von Gefälligkeiten – alles Strategien, um »Freundschaft« vom Markt fernzuhalten.

Es geht hier um mehr als nur um Empfindlichkeiten. In der Welt der Hetäre herrscht eine Atmosphäre der Geheimnistuerei und der Ausflüchte. Mit der Festlegung drohten Gefahren, kamen Steuern, Eingrenzungen und Gesetze. Frauen, die in Bordellen arbeiteten, wurden registriert und hatten den *pornikon telos*, die Hurensteuer, zu entrichten. Flötenmädchen durften nicht mehr als zwei Drachmen für eine Nacht verlangen und waren verpflichtet, mit jedem zu gehen, den der *astynomos* für sie bestimmt hatte. Frauen in den Bordellen und auf den Straßen genossen den Schutz, der anderen Frauen seit den Gesetzen des Solon oder Drakon gewährt wurde, nicht. Frauen aus Athen, die diese Lebensform gewählt hatten, liefen Gefahr, sich selbst und ihre Liebhaber den Gesetzen gegen Ehebruch, mithin der Todesstrafe auszusetzen. Hetären nahmen mit großem Interesse Anteil an diesen Vorgängen. Ihre heikle Position als »Begleiterinnen« – und eben nicht nur gewöhnliche Prostituierte zu sein – hing von dem ebenso heiklen Status des Geschenks ab. Jede Berechnung beim Schenken zu vermeiden, die Natürlichkeit der Freundschaft, auf der Theodote beharrt und mit der Sokrates ironisch übereinstimmt, all das kann von den Frauen selbst genutzt werden, um zu vermeiden, daß sie und ihr Leben Opfer von Fremdbestimmung, Bemessung und Verwertung werden.

Von entscheidender Bedeutung ist, daß eine Hetäre entscheiden kann, mit wem sie schläft. Theodote geht nicht mit jedem, der sie will, sondern mit dem, der sie »überzeugt«. In dieser Hinsicht stehen Hetären (ehebrecherischen oder potentiell ehebrecherischen) Ehefrauen näher als Prostituierte. Das passende Wort ist nicht kaufen, sondern *peithein*, »überzeugen, verführen«, oder *peiran*, »einen Versuch mit jemandem oder mit etwas machen mit dem Ziel, zu verderben oder Geschlechtsverkehr zu haben«, wie Photios es ausdrückt. Es kann für Angriffe eines Heeres auf Städte oder Länder, aber auch für den Angriff auf die »Geschlechtsehre« gebraucht werden. Es kommt im Neuen Testament vor und wird mit »Versuchung« übersetzt, findet sich aber auch in den winzigen erhaltenen Fragmenten des berühmtesten Sexhandbuchs der Alten Welt, das Philainis von Samos zugeschrieben wird. Spalte zwei des ersten Papyrosfragments ist überschrieben mit *Über die Kunst der Verführung* (*Peri Peirasmon*). Was folgt, sind Anleitungen zu verschiedenen Arten des Schmeichelns und der Verführung für *ton peirōnta*, den (männlichen) Verführer. *Pornai* hingegen müssen mit *ho bulomenos*, mit »jedem, der will«, zum Geschlechtsverkehr bereit sein. Apollodoros legt Wert darauf zu betonen, daß Neaira in ihrer frühen Laufbahn als Sklavenmädchen unter Nikarete »sich *jedem, der wollte*, hingab«, und nach Isaios war die »Gattin« des Pyrrhos und Mutter der Phile keine Hetäre, sondern »eine Frau, die jeder, der wollte«, haben konnte, ebenso wie Pythionike Theopompos zufolge »für alle, die sie wollten, für den gleichen Preis ohne weiteres zu haben war«. Dieselben Regeln galten natürlich auch für Männer. An einer Stelle in den *Memorabilien* des Xenophon fordert Sokrates, daß *pornos* genannt werde, wer seine jugendliche Blüte »einem jeden, der will«, verkauft, und Aischines behauptet, eine gewöhnliche Prostituierte unterscheide sich darin von einer »Begleitung«, daß sie »es mit vielen Männern ohne Unterschied treibe« (*eikē*).[20]

Eine weitere Grundregel ist die Launenhaftigkeit. Eine Hetäre muß stets die Freiheit haben, ihren Launen folgen zu können, und die, wenn auch winzige, Möglichkeit haben, etwas für nichts zu tun oder eine Gunst nicht zu vergelten. Es gibt allerdings eine rationale Erklärung für dieses irrationale Verhalten: »Es genügt schon die Möglichkeit, daß etwas anders verlaufen könnte, als das ›mechanische Gesetz‹ des ›Reziprozitätszyklus‹ es will, damit die gesamte Logik der Praxis eine Umwandlung erfährt.« Machons Sammlung witziger Sprüche ist voller Beispiele eines solchen launenhaften Verhaltens: »Moirichos versuchte Phryne ins Bett zu bekommen (*peiran*). Als sie hundert Drachmen von ihm wollte, sagte er: ›Du verlangst viel. Gingst du gestern nicht mit einem Fremden, obwohl du nur zwei Goldstücke bekamst?‹ ›Gut‹, sagte sie, ›warte, bis ich Lust auf Sex habe, dann will ich auch von dir nicht mehr nehmen.‹« Dies ist weit entfernt von den Festpreisen einer Didrachmon, einer Zweidrachmennutte. Lais soll eine ganze Schar Geliebter gehabt haben und nicht zwischen Arm und Reich unterschieden haben. Dem Philosophen Aristipp wurden Vorwürfe gemacht, weil er Lais so viel Geld gab, obwohl sie es mit dem Zyniker Diogenes umsonst trieb. Wie oft er auch danach verlangen mochte, Gnathainion (die Tochter oder Enkelin der großen Gnathaina) weigerte sich, ihrem Geliebten, dem Schauspieler Andronikos, das »Rennpferd zu reiten«, obwohl die beiden so gut wie verheiratet waren. Diese Gunst gewährte sie allerdings während der Abwesenheit des Andronikos einem gutaussehenden Kupferschmied: »Sie wollte sich ihm nicht gegen Geld hingeben, er jedoch bedrängte sie mit Bitten, gab ihr eine große Menge Gold und besaß sie schließlich.« Leider hatte der Mann kein Benehmen und prahlte im Laden des Schusters mit seiner Eroberung herum. Ihr Liebhaber kam dahinter und stellte sie zur Rede. Sie fand prompt eine Ausrede. Sie habe keine Lust gehabt, meinte sie, den verdreckten Körper des Kupferschmieds zu umarmen, und habe es nur über sich gebracht, den Teil seines Körpers zu berühren, der am kleinsten war und am weitesten von ihm abstand.[21]

Die Schwierigkeiten, die bei der Definition einer Hetäre entstehen, verraten deren Absicht. Eine Hetäre bleibt nur so lange eine Hetäre, wie es ihr gelingt, allen Versuchen entgegenzutreten, die sie festlegen wollen. Diese Ungewißheit hält sie auf der Seite von Recht und Gesetz und errichtet eine gläserne Wand zwischen dem, was sie tut, und dem, was in den Bordellen geschieht. Außerdem macht es sie begehrenswert: »Was für ein Unterschied, eine Nacht mit einer Straßengängerin zu verbringen oder mit einem Mädchen (*koriskē*)! O ja, die Festigkeit ihres Körpers, die Tönung ihrer Haut, ihr Teint, ihr Atem, mein Gott! Es geht nicht gleich ums Geschäft, man muß ein wenig kämpfen, wird von lieblichen Händen ein bißchen geschlagen und geknufft; ein großes Vergnügen, beim Zeus, das größte!«[22]

Die Ökonomie des Betrachtens

Der Versuch der Hetären, einer ökonomischen Festlegung zu entgehen, findet eine Parallele darin, zu vermeiden, sich dem männlichen Blick auszusetzen. Von anständigen Frauen in Athen wurde Zurückgezogenheit erwartet, sie hatten die Gesellschaft von Männern, die nicht zur Familie gehörten, zu meiden, und nicht einmal deren Namen durften sie in der Öffentlichkeit nennen. Sie waren so unsichtbar, daß in manchen Fällen ihre Existenz in Frage gestellt werden konnte. In Apollodoros' Rede *Gegen Neaira* ist der entscheidende Punkt, ob es im Hause des Stephanos jemals eine Bürgerin als Ehefrau gegeben habe, so daß dessen Kinder legitime Erben werden konnten. Ob die Absonderung nun ein Ideal oder eine gängige Praxis war, ob die Gewohnheit, Frauen dem männlichen Anblick zu entziehen, mit Ehre und Achtung oder aber mit Furcht und Verachtung in Verbindung stand, sind Fragen, die noch und noch Diskussionen entfacht haben.[23] Die Argumente gehen je nach Standpunkt in die eine oder andere Richtung, ohne viel Licht in die Angelegenheit zu bringen. Der Ausschluß wird als ein unveränderlicher Zustand gesehen, absolute Privatheit versus absolute Öffentlichkeit, mit dem Ziel,

die Welt der Frauen entsprechend der gängigen Trennung in zwei
Kategorien zu teilen: Ehefrauen und andere. Bestenfalls wird Sichtbarkeit als ein Widerschein von etwas anderem verstanden, als Hinweis auf die Haltung gegenüber Frauen, als Statusmerkmal. Der of-
fensichtlichste Aspekt der Absonderung, bei dem es um Sexualität
geht, um das Verlangen nach der Frau und die Macht weiblicher An-
ziehungskraft, wurde eigenartigerweise vernachlässigt. Wenn Sexualität überhaupt ins Spiel gebracht wurde, dann im Sinne von Ver-
drängung und Kompensation. Sexualität funktioniert bei solcher Betrachtung wie ein hydraulisches System: Die Frauen von Athen wurden dem Anblick entzogen, weshalb die Männer gezwungen waren,
sich Sklaven und Prostituierten zuzuwenden. Sklaven und Prostituierte boten in geistiger und seelischer Hinsicht nicht genügend Befriedigung, deshalb nahmen Männer homosexuelle Beziehungen zu
ihresgleichen auf usw. Bei dieser Betrachtungsweise setzt die Absonderung eine voll ausgebildete Kraft des Begehrens voraus, als ob
Männer sich in einem ständigen Zustand der Erregung befänden, die
nur bedient, erleichtert oder entlastet werden kann. Daß ein Ausschluß Begehren in Wirklichkeit hervorbringt, daß er Reize in besonderer Weise aktiviert, daß er sexuell stimulierend wirkt und nicht
nur ein passiver Reflex bestehender Triebe ist, wird selten berücksichtigt.

Vielleicht ist es sinnvoller, den öffentlichen und den privaten
Raum nicht als zwei getrennte Welten zu behandeln, sondern als
zwei Extrempunkte innerhalb eines einzigen Systems oder einer
Ökonomie, die in Wirklichkeit Begehren stimuliert, nicht bedient,
und Lust auf besondere Weise entfacht. Das ganze Geschäft mit dem
Abschirmen der Frauen, nur um sie später wieder zu enthüllen, stellt
diese in ein System des Betrachtens, das Luce Irigaray die »herr-
schende skopische Ökonomie« nennt: »Sie wird das schöne Objekt
zum Anschauen sein ... ihr Körper [findet sich] auf diese Weise ero-
tisiert und sollizitiert zu einer doppelten Bewegung der Zurschaustellung und des keuschen Rückzugs, um die Triebe des ›Subjekts‹
wachzurufen«. Der öffentliche Raum der Straßen und die abge-
schlossenen Bezirke der Frauen sind keine statischen Zonen, sondern
Extrempunkte auf der Skala der Reize: »Nimm's denn, du Hochver-
ehrte, bei Zeus, und mach es nicht wie Ehebrecherinnen: Die gucken
aus der Tür den Männern nach, und interessiert man sich für sie, so
ziehn sie sich zurück; doch geht man, sind sie wieder da. Mach's du
nicht so mit uns!«, sagt der Diener in Aristophanes' *Frieden*. Oder,
vom Standpunkt der Frauen: »Kaum gucken wir einmal zum Fenster

hinaus, will jeder den Fluch sich betrachten, und zieht man sich ein
bißchen zurück, da gaffen sie nur noch verrückter, ob der Fluch noch
einmal am Fenster erscheint.«[24] Der Anblick einer Frau ist also mit
einem spezifischen symbolischen Wert besetzt. Alle, außer den vollständig nackten und zur Schau gestellten Frauen, haben noch etwas
zu enthüllen. Für die Männer Athens befinden sich die Frauen von
Athen in unterschiedlichen Stadien des Sichentkleidens. Die äußerste
Zurschaustellung der Prostituierten im Bordell und die vollständige
Unsichtbarkeit der anständigen Dame zwingt alle anderen Frauen zu
einem Striptease zwischen diesen zwei Punkten.

Eine Ökonomie des Betrachtens klingt nach einer unerlaubten
Mischung von Metaphern; aber sie hat einen antiken Vorläufer. Werfen wir noch einmal einen Blick auf den Besuch des Sokrates bei
Theodote, so erkennen wir, daß seine erste Frage darauf abzielt, den
ganzen Besuch als einen Tausch nicht von Gaben, sondern als einen
des Sehens, um gesehen zu werden, zu gestalten: »Nun, ihr Männer,
sind wir der Theodote mehr Dank schuldig, weil sie uns ihre Schönheit zeigte, oder sie uns, weil wir sie betrachtet haben? Wenn es für
sie vorteilhafter ist, sich zu zeigen (*epideixis*), muß sie uns da wohl
Dank wissen, wenn aber für uns, sie anzuschauen (*thea*), schulden wir
dann etwa ihr Dank?« Der Anthropologe Sokrates legt das unausgesprochene Tauschverhältnis bloß und hat die Stirn, herauszufinden
zu wollen, welche der beiden Seiten Wertvolleres zu bieten hat.
Dabei verknüpft er »anschauen« mit »gelüsten«, die Ökonomie des
Betrachtens mit der des Begehrens. »Wir aber begehren schon jetzt
das zu besitzen, was wir gesehen haben, und wir gehen fort mit
heimlicher Begierde, und wenn wir weg sind, werden wir Sehnsucht
haben. Daher ist es natürlich, daß wir sie verehren, sie aber sich verehren läßt.« »Ja, beim Zeus«, erwidert Theodote, »wenn sich dies also
derart verhält, dann muß ich euch wohl Dank dafür wissen, daß ihr
mich angeschaut habt.«

Theodote ist keinesfalls eine zurückgezogene Frau, sie ist aber
auch keine öffentliche Prostituierte. Dennoch ist sie vom Beginn der
Episode an den Blicken der Männer ausgesetzt, alles wird veranschlagt – ihre Erscheinung, ihr Kleid, ihre Unbekleidetheit – und im
Rahmen der Ökonomie des Betrachtens bewertet. Sie wird Sokrates
als eine Frau vorgestellt, die von Künstlern zum Anschauen und
Malen besucht wird. Diesen Künstlern enthüllt sie einen sorgfältig
bemessenen Teil ihrer selbst, »soweit es der Anstand erlaube«. Als der
Philosoph mit seinen Busenfreunden eintrifft, stellt sie sich gerade
für einen Maler zurecht, dem sie Modell steht. Die Besucher be-

trachten sie, während sie betrachtet wird. Dieser Blick lädt ihren Körper erotisch auf. Anschauen steht unmittelbar mit Besitzergreifen im Zusammenhang. Die Männer möchten berühren, was sie gesehen haben. Theodotes Zurschaustellung eines Teils ihrer selbst dient dazu, ein Verlangen nach mehr zu entfachen. Ihre Enthüllung ist nur dazu da, die Aufmerksamkeit auf das zu richten, was noch immer verhüllt ist und noch zu enthüllen wäre.[25]

Die athenischen Frauen gleichen in gewisser Weise russischen Puppen. Das erste Hindernis, auf das das suchende Auge stößt, sind die Mauern des Hauses, in dem die Frauen eingeschlossen sind. Befindet man sich im Inneren des Hauses, sind die Frauen noch immer unsichtbar in der nächsten Schicht verborgen, im *mychos* oder den Frauenräumen. Hinter diesen Türen bleiben sie stets noch in den Falten ihrer Kleider versteckt. Hinter dieser Linie ist der weibliche Körper und im verborgensten Teil desselben die Vagina, der entlegenste Punkt. Frauen können sich an verschiedenen Orten dieses Kontinuums der Zurschaustellung aufhalten und von der Sichtbarkeit in die Unsichtbarkeit hinüberwechseln. Der Körper selbst ist wie ein Gebäude mit seinen Nischen und geheimen Orten. Wir haben dies bereits am Körper des Timarchos kennengelernt, den Aischines mit dem allen zugänglichen, öffentlichen Raum eines »Straßenladens« verglichen hat. Aristophanes benutzt ein ähnliches Gleichnis von Körper und Gebäude mit genau entgegengesetzter Wirkung in seiner Phantasterei über die Revolution der Frauen, den *Ekklesiazusen*, indem er das Bild der Privatheit, Verborgenheit und geheimnisvollen Sexualität der Welt der Frauen heraufbeschwört. Das Stück fängt mit einem Lobgesang auf eine Lampe oder besser auf das »Lichtauge« einer Lampe an. Weil diese, nach allem, was sie gesehen hat, Geheimnisse für sich zu behalten weiß, vertraut ihr Praxagora, die Hauptverschwörerin, die Verschwörung der Frauen an, die Regierung zu stürzen. Hier ist wenig Verständnis für die Absonderung als einen geschlechtslosen Raum und sicheren Hafen vor den Stürmen des Verlangens zu finden. Viel eher sind Heimlichkeit und Sexualität ineinander verflochten, um eine machtvolle erotische Wirkung zu erzielen: »Dir nur vertrauen wir, du bist uns nah / Im Kämmerchen, wenn mit gewandter Kunst / In Aphrodites Dienst wir uns bemühn. / Wer scheuchte den verschwiegnen Augenzeugen / Verliebter Kämpfe, dich, aus dem Gemach? / Du strahlst allein in tiefgeheime Buchten / Hinein und sengst den Flaum des Hügels weg.« Es gibt hier ein Wortspiel mit *mychos*, dem innersten Bereich des Hauses als dem Frauenteil, und *mychoi*, den geheimsten »Nischen« des weiblichen Körpers, das heißt der Vagina. Aber Aristophanes spielt hier einfach mit einem gebräuchlichen metaphorischen Vokabular, das den Körper als ein Gebäude oder einen Raum betrachtet und die Vagina entweder als offenes Tor des Körpers oder als Nische darin. Diese Auffassung vom Körper als Hülle bringt gelegentlich sonderbare Bilder hervor. Sokrates spricht von Theodotes Körper als von einem »Netz«, und Athenaios erzählt eine schlüpfrige Anekdote von dem Dichter Menander, der zu Besuch bei der schon in die Jahre gekommenen Hetäre Glykera war. »Sie brachte ihm heiße Milch und forderte ihn auf, sie zu trinken. Er aber sagte: ›Ich mag nicht‹, weil sich eine ›Altweiberhaut‹ darauf gebildet hatte. Darauf meinte sie: ›Blas die Altweiberhaut weg, und nimm, was drunter ist!‹«[26]

Alle anderen Unterschiede zwischen Frauen in Athen finden Entsprechungen auf der Ebene des Betrachtens. Der leichte Zugang zu Prostituierten im Bordell, ihre Verfügbarkeit für wenig Geld und die unkomplizierte Abwicklung sexueller Geschäfte findet eine Parallele in der Art, wie sie dem männlichen Anblick offen zur Schau gestellt sind. Auf der anderen Seite hängen die Schwierigkeiten, die großen Hetären in ein System einzuordnen, und die Schwierigkeiten, sie ins Bett zu kriegen, mit der Schwierigkeit zusammen, sie zu sehen. Dieser Gegensatz wird in den Komödien mit Vorliebe im Lob des Bordells herausgestellt. *Pornai* stehen »halbnackt« in der Sonne herum; es sind Frauen, »die anzusehen erlaubt ist«, »damit man nicht enttäuscht wird«. »Wirf einen Blick auf alles«, sagt ein Sprecher in einem der Fragmente, »… die Tür ist offen.« Nach Athenaios stehen sie im Gegensatz zu den freien Frauen, insbesondere zu den großen Hetären. Diese sind Frauen, die in Xenarchos' Lob des Bordells als jene, »die man nicht sehen darf«, beschrieben werden. »Wie können Männer«, fährt der Sprecher fort, »mit solchen Frauen Geschlechtsverkehr haben … wenn sie, kaum wollen sie hinein, an die Gesetze des Drakon denken?«[27]

Es ist, um es gelinde auszudrücken, ziemlich umstritten, die Hetären unter die Frauen des Innenbereichs zu zählen, geschützt von Drakons Gesetzen, die erzürnte Ehemänner und Väter vom Mord, im Affekt begangen, freisprachen. Dennoch kommt dies bei Athenaios recht deutlich zum Ausdruck, und es gibt keinen Grund anzunehmen, es sei falsch, nur weil es sich merkwürdig und dem unmittelbaren Verständnis entgegengesetzt anhört. Die Gesetze selbst sind unmißverständlich. Drakon schloß in seinen Freispruch »Konkubinen, die gehalten werden, um mit ihnen freie Kinder zu zeugen«, ein, und auch Solon schließt sie nicht aus, wenn er sich, wie wir gesehen haben, nur auf Frauen im Bordell und auf den Straßen bezieht. In ihrer verkürzten Sicht auf die Frau im alten Athen neigen moderne Wissenschaftler dazu, kompliziertere Kategorien wie die Mätresse und die Konkubine zu vergessen oder außer acht zu lassen. Die in der modernen Wissenschaft überlieferte Bedeutung von *moicheia* (Ehebruch) lautet »verbotener Geschlechtsverkehr mit einem weiblichen Familienmitglied«, was Mätressen vollständig ausschließt. Das athenische Gesetz jedoch ist ein Gesetz verbindlicher erster Urkunden, die öffentlich auslagen und die jeder in den Gerichtssaal mitzubringen das Recht hatte. Solange diese in Stein gemeißelten Gesetze des Solon und Drakon Teil des Gesetzeskodex blieben, so lange waren sie auch einer wortgetreuen Auslegung zugänglich. Und sie unterschieden deutlich zwischen Sklaven und Frauen der Straße und der Bordelle, jedoch nicht zwischen Ehefrauen und freien Konkubinen. Deshalb muß man durchaus mit der Möglichkeit rechnen, daß beide Gesetze von der beleidigten Partei dazu benutzt werden konnten, die Ehre ihrer Mätressen zu schützen, und es gibt mehrere Hinweise, daß dies sowohl theoretisch als auch in der Praxis getan wurde.[28]

Einige Beispiele, wo Hetären wie Ehefrauen behandelt wurden, haben wir bereits angeführt. Und mehr als einmal findet man die Bezeichnung »Ehebruch« (*moicheia*) auf Fälle angewandt, bei denen andere Männer als die Lebensgefährten Geschlechtsverkehr mit diesen Fauen haben oder ihnen zu nahe kommen. In Menanders *Geschorener* wird Moschion vom Sklaven Sosias für die Aufmerksamkeit, die er der Mätresse seines Herrn schenkt, dreimal als »Ehebrecher« (*moichos*) bezeichnet. Dies wird üblicherweise als leere Drohung des Sklaven und als Selbsttäuschung seines Herrn interpretiert. Die Beschuldigung scheint jedoch durchaus mit den Gesetzen des Drakon und Solon und dem Fragment des Xenarchos vereinbar zu sein. Eine ähnliche Anwendung der Bezeichnung findet sich in einer Anekdote des Machon. Er erzählt, daß der Ringer Leontiskos die Hetäre Mania bei sich »wie eine Ehefrau« hielt. Später erfährt er, daß sie sich von seinem Sportsrivalen Antenor »zu einer ehebrecherischen Affäre verführen ließ« (*moicheuomenēn*). Bezeichnend ist außerdem die Tatsache, daß es zwischen den von Drakon geschützten Mätressen und den vom Schutz ausgenommenen Huren Solons keine weiteren Zwischenstufen mehr gibt. Wenn gegen den Verführer von Neairas Tochter Anklage wegen »Ehebruchs« erhoben wird, dann geht es

darum, über den Vorwurf, daß das Haus des Stephanos ein Bordell
sei, die Solonischen Kategorien ins Spiel zu bringen. Dies legt meines
Erachtens die einzig mögliche Schlußfolgerung nahe, daß in allen
Fällen, wo es um *moicheia* ging, die alten, den Gesetzen des Drakon
und Solon zugrundegelegten Kategorien Gültigkeit hatten und angewandt wurden.[29] In der Praxis war es wahrscheinlich schwierig,
eine solche Klage vorzubringen, wenn die Mätresse keine Athenerin
war, da zu einem bestimmten Zeitpunkt ein Gesetz eingeführt
wurde, welches das »Zusammenwohnen« oder die »Heirat« (*synoikein*) mit Fremden verbot, auch wenn das Verbot wohl nicht so genau
genommen wurde, da viele Athener ganz offen mit Fremden zusam-
menlebten. Offensichtlich war im täglichen Leben der Unterschied
zwischen Ehefrauen und Mätressen für viele Männer und möglicherweise auch für viele Frauen eher verschwommen.

Man sollte die Sache vielleicht umgekehrt betrachten. In Athen
drehte sich heterosexuelle Erotik in der Regel weder um Sex in der
Ehe noch um kurze Besuche im Bordell. Sie spielte sich vielmehr im
vagen, undeutlichen Bereich der Verführung und Versuchung von
Frauen ab, deren Verfügbarkeit nicht ganz eindeutig war. An anderer
Stelle habe ich gezeigt, daß die Liebeslieder und Darbietungen von
Musikern beim Symposion sich vor allem um »Ehebruch« drehten,
wie man den Anspielungen in den Komödien auf die nächtlichen
moichikos-Lieder des Dichters Gnesippos aus dem 5. Jahrhundert und
dessen Chor von unflätigen weiblichen »Pflückerinnen« entnehmen
kann. Dies ist die Welt der Philainis, die ihrem »Verführer« rät, »der
Frau« nicht den Eindruck zu geben, sie sei »im Dienst«. Um was für
eine Art Frau handelt es sich?[30]

Was also ihre Sichtbarkeit betrifft, stehen die großen Hetären den
Ehefrauen näher als den *pornai*, die auf den Straßen verkehren und in
den Bordellen sitzen. Sie anzuschauen ist nicht gestattet – oder man
traut sich einfach: »Die Häuser der Hetären sind tabuisierte Orte, die
vom Himmel gefallen sind« (*diopeteis*), sagt eine Figur in einer
Komödie, »sie wurden« Orte, denen sich zu nähern verboten ist.« »Als
Lais noch ein frisches, junges Mädchen war …«, sagt ein anderer,
»hätte man eher einen Blick auf den Satrapen Pharnabazos werfen
können als auf sie«; aber als sie alt wurde, »hat man sie schneller zu
sehen bekommen, als man ausspucken konnte«. Auf Hetären kann,
wie auf verheiratete Frauen, bei Feierlichkeiten wie den Mysterien
von Eleusis oder den Poseidonien und beim Gang zum Brunnen ein
Blick geworfen werden. Wenn sie aus der Türe treten, sind sie verhüllt, doch gerade bei solchen Gelegenheiten wird die Phantasie von

dem, was unter den Kleidern verborgen ist, angeregt. Machon erzählt die Geschichte von Gnathaina und ihrer Tochter Gnathainion, denen sich beim Besuch der Kronosfeiern ein alter Feldherr nähert, dessen Begierde von der »eingehenden Betrachtung der Formen des Mädchens unter den Kleidern und ihren Bewegungen« beim Gehen angestachelt wird. Es wurden keine Fragen gestellt, als die bei der Verschwörung in Theben wie Hetären verkleideten Männer verhüllt beim Symposion eintrafen und die Diener aufforderten, den Raum zu verlassen, bevor sie eintraten. Erst als sie sich setzten, entblößten sie ihre – männlichen – Gesichter und zückten die Messer. Natürlich verhüllt sich die Hetäre, anders als die ehrbare Ehefrau, nicht aus Sittsamkeit, sondern um zu täuschen und zu verführen – und um ihren Marktwert zu halten; im Gegensatz zu den hochgepriesenen *pornai* des Philemon, die nackt herumstehen, »so daß man nicht enttäuscht wird«. In Antiphanes' *Über Hetären* »hatte Nannio den Spitznamen Proskenion (Bühnenbild), weil sie trotz ihrer vornehmen Erscheinung, ihres Goldschmucks und der teuren Kleidung ohne Kleider potthäßlich war«. Alexis führt das Thema noch weiter aus: »Eine ist klein; eine Korksohle wird in ihre Sandalen eingenäht ... Eine hat keine Hüften; sie näht etwas, was aufträgt, ins Untergewand, so daß diejenigen, die sie sehen, von ihrer schönen Hinterseite begeistert sind und mehr bieten.« Ein dicker Bauch? Wird mit einem Gürtel behoben! »Eine hat einen besonders schönen Körperteil; den kann sie unbedeckt lassen und zur Schau stellen.«[31]

Kein solcher Verdacht traf Phryne, die größte aller Hetären und angeblich die geschickteste Manipulatorin dieser Ökonomie des Betrachtens, da sie ihren Anblick mit Bedacht rationierte und Enthüllung wie Rückzug sorgfältig austarierte. Trotzdem war das, was sie zeigte, schön genug, wie Hermippos von Smyrna bestätigt:

> »Tatsächlich war sie an den Stellen, die sie dem Anblick nicht darbot, noch schöner. Es war nicht leicht, sie nackt zu sehen. Sie trug stets einen kleinen Chiton, der ihr eng auf dem Leib saß, und sie besuchte niemals öffentliche Bäder. Doch bei den großen Feiern der Eleusinien und Posidonien legte sie vor den Augen der Leute, die aus ganz Griechenland zusammengeströmt waren, das Oberkleid ab und löste ihr Haar, bevor sie ins Meer schritt; und von ihr nahm Apelles die Gestalt der Aphrodite, die dem Meer entstieg.«

Da sie offenbar das Untergewand anbehielt, glich ihr Anblick wohl eher einer Miß Wet-shirt als der Schaumgeborenen von Botticelli.

Weder entzieht sich Phryne vollständig dem Anblick, noch stellt sie sich völlig zur Schau. Totale Unsichtbarkeit und totale Zurschaustellung bringen die Bewegung im Kontinuum der Betrachtungsökonomie zum Stillstand und neutralisieren die Begierde. Indem sie viel zeigt, ihre Kleider jedoch nicht auszieht, bewegt sich Phryne innerhalb dieses Kontinuums und entfacht das Verlangen nach dem Verborgenen. Bei einer Gelegenheit freilich soll Phryne ihren Körper öffentlich zur Schau gestellt haben. Der Gottlosigkeit angeklagt, weil sie neue Götter eingeführt habe, wurde sie von Hypereides, einem ihrer Liebhaber, verteidigt, der nach antiker Ansicht bei diesem Anlaß seine beste Rede gehalten haben soll. Dennoch gelang es ihm nicht, die Geschworenen zu beeindrucken. Als er merkte, daß er so sein Ziel nicht erreichte, »führte er Phryne selbst vor, riß ihre Untergewänder auseinander, entblößte ihre Brüste und brachte seine Rede zu einem gefühlvollen Ende. Er erfüllte die Geschworenen mit heiliger Scheu und hielt sie davon ab, die Stellvertreterin und Dienerin Aphrodites zum Tode zu verurteilen, als sie sich ihrer erbarmten.«[32] Hätte sich Phryne zeit ihres Lebens zugänglicher gezeigt, hätte sie nicht damit rechnen können, eine derartige Wirkung hervorzurufen, doch dank jahrelanger flüchtiger Anblicke, Gerüchte und Vermutungen muß ihre plötzliche Zurschaustellung wie die Lösung in einem verwickelten Kriminalroman gewirkt haben.

Zu den Hetären gibt es viel Material. Es wurden Reden über sie geschrieben, sie traten in Theaterstücken auf, Bilder wurden nach ihnen gemacht, man diskutierte über sie in Dialogen. Dennoch haben die Wissenschaftler heute wie die Zeitgenossen große Schwierigkeiten damit anzugeben, wo genau sie ihren Platz in der griechischen Gesellschaft hatten. Dies erscheint paradoxer, als es ist. Vielleicht läßt sich jetzt ermessen, daß die Schwierigkeit, eine Hetäre zu definieren, engstens mit deren Dasein verbunden ist. Sie leben im labilen ökonomischen Gleichgewicht der Gabe und haben die bewußte Mißdeutung des Geschenks zum zentralen Punkt ihrer Liebesstrategie gemacht. Selbst der Name *hetaira*, »Gefährtin«, ist ein zweideutiger Euphemismus. Ihre Sprache ist ebenfalls von Doppeldeutigkeiten gekennzeichnet und immer rätselhaft, parodistisch und mit Wortspielen durchsetzt. Das Wichtigste beim Anzitieren der Literatur ist für Hetären nicht, ihre Bildung zu zeigen, sondern mit einem wohlklingenden Zitat ein obszönes Angebot in unschuldigen Anspielungen zu verstecken. Anaxilas vergleicht Hetären mit der tödlichen, rätselhaften Sphinx: »Nichts von dem, was sie daherplappern, ist ehrlich; ganz im Gegenteil, es ist alles verrätselt: wie sie ›verliebt‹ sind und ›befreundet‹ sind und ›mit jemandem gehen‹ möchten.« Der Freier von Philaenium in Plautus' *Eselkomödie* versucht strenger gegen ihre falsche Zunge vorzugehen, indem er ihr den Gebrauch aller »verbiegbaren Worte« untersagt. Die Worte der Hetären wechseln von einer Bedeutung zur anderen wie eine unverschämte Frau über die Hausschwelle; sie können jederzeit einen Vers aus einer Tragödie zitieren und genausogut eine Obszönität von sich geben. Diese Resistenz gegen feste Bedeutungen, Festlegungen, gegen Erwerb und Besitz bewahrt sie vor dem Konflikt mit den Gesetzen gegen Ehebruch und vor dem Kaufen und Verkaufen in den Bordellen. Gleichzeitig ist es nicht weiter verwunderlich, wenn dieses Rätsel, die Ungewißheit des Besitzes, dazu führt, daß man sie kontrollieren, in Bildern oder Prägungen verewigen will. Ist es ein Zufall, daß ausgerechnet Phryne, die nackt zu sehen bekanntermaßen beinahe unmöglich war, das Modell für den ersten weiblichen Akt, die Aphrodite von Knidos, wurde? Natürlich wollten die Maler sie malen, natürlich die Dichter über sie schreiben. Hetären haben hart daran gearbeitet, faszinierend zu wirken. In der Phantasie machte jeder mit ihnen, was man von ihnen erzählte. Die Hetäre mochte dem Kauf entgehen, sich den Absichten der Männer und ihrem Anblick entziehen, aber auf der Bühne, in der Schrift oder der Einbildung der Männer konnte sie allemal gebraucht werden:

»Die ganze Nacht lang legte mir der Traum Sthenelais nackt an die Seite, sie, die die Stadt in Brand gesetzt hat, sie, die große Summen verlangt, die ›Gold!‹ denen entgegenbrüllt, die um ihre Gunst anstehen. Bis zum Morgengrauen lag sie neben mir und gewährte mir alles umsonst. Nicht länger mehr werde ich vor einer Barbarin auf die Knie sinken, keine Tränen werde ich um meiner selbst willen mehr vergießen, jetzt, da ich den Schlaf habe, der mir gibt, was ich will.«[33]

TEIL III

Der Bürger

Kapitel 5

Körper

»In Bristol ging er, wie bekannt, so weit, sich Leute – Träger, Kutscher und andere – anzuheuern, die gewaltsam verhindern sollten, daß er einen Drogisten aufsuchte. Doch da die Autorität, ihn zu bremsen, ja ganz einfach bei ihm selbst lag, befanden sich die armen Gestalten in einer metaphysischen Falle.« (Thomas De Quincey, *Bekenntnisse eines englischen Opiumessers*, über Samuel Taylor Coleridge)

Antike Sucht

Aristophanes' *Wespen*, zum ersten Mal Ende Januar 422 v. Chr. aufgeführt, werden mit einer mysteriösen und spannenden Szene eröffnet. Es ist kurz vor Tagesanbruch. Zwei Sklaven stehen vor dem Haus Wache. Ein anderer Mann schläft auf dem Dach. Was sie bewachen, wird als »Untier« bezeichnet. Es flößt Angst und Bangen ein. Schließlich geben sie mehr darüber preis. Der Mann auf dem Dach ist ihr Herr, und das Ungeheuer, das er im Haus eingesperrt hat, sein Vater, der an einer »außergewöhnlichen Krankheit« (*nosos*) leidet. Sie fordern das Publikum auf, zu erraten, woran er leide, während der eine vorgibt, von mehreren einschlägig bekannten Bürgern deren eigene Laster erwähnt zu hören, und der andere entscheidet, ob sie richtig liegen oder nicht: »Amynias hier meint, er wär ein Spieler, ein Philhasard …« »Nein, Amynias, mit Philo freilich fängt die Krankheit an.« »Sosias dort sagt zu Derkylos, er sei ein Philosuff.« »Niemals, die Krankheit hat noch mancher Ehrenmann.« »Nikostratos ist der Ansicht, er sei ein Philaltar …« Auch diese Vermutung trifft weit daneben. Der Sklave entschließt sich, dem Publikum die richtige Antwort zu sagen. Das abscheuliche Ungeheuer im Haus ist ein »Prozessophiler«, ein Philheliast, die Krankheit, die ihn befallen hat, ein unaufhörlicher Drang nach Gerichtsverhandlungen. Alles haben sie unternommen, um ihn davon abzubringen, sogar zum Tempel des Asklepios auf Aegina haben sie ihn gebracht, damit er geheilt werde; doch immer wieder entwischt er ihnen und stellt sich jeden Morgen ganz vorne zum Gerichtsdienst an. Dem Publikum wird sogleich eine lebendige Demonstration von Philokleons Veranlagung vorgeführt. Der alte Mann erwacht früh und unternimmt jeden nur möglichen Versuch, zu entkommen: durch den Kamin, durch die Abflußrinne und, in einer respektlosen Anspielung auf die Flucht des Odysseus aus den Fängen des Zyklopen, an der Unterseite eines Esels hängend.

Wie die meisten Stücke des Aristophanes enthalten die *Wespen* ortsbedingte Details. Moderne Inszenierungen müßten das Stück erheblich überarbeiten, um es einem modernen Publikum verständlich zu machen, oder man müßte dem Programmheft viele Seiten mit Anmerkungen beifügen, welche die Besonderheit des peniblen demokratischen legalen Verfassungssystems von Athen erklärten (umfangreiche Listen von alteingesessenen Bürgern, die als Richter und Geschworene gewählt wurden, um über die verschiedensten, meist erbärmlichen und nichtigen Streitigkeiten auf der Grundlage von fadenscheinigen Beweisstücken zu richten) und einen Überblick über die Politik der Jahre um 420 gäben, in denen das Stück spielt. Selbst die gelehrtesten Kommentatoren sahen sich gezwungen, manche Pointen zu übergehen, weil sie den Witz nicht verstanden. Abgesehen von den örtlichen Besonderheiten der Satire erscheint die dramatische Vorlage jedoch äußerst zeitgemäß: Der alte Mann wäre im 20. Jahrhundert das Musterexemplar eines Suchtabhängigen.

Kulturhistoriker haben freilich behauptet, daß diese besondere Figur erst im späten 18. Jahrhundert ins öffentliche Bewußtsein drang. Einer der ersten war der Opiumsüchtige, gefolgt vom Alkoholiker, welcher die verbreitetste Erscheinungsform des Typus darstellt.[1] Kurz vor Ende des letzten Jahrhunderts kamen die Nymphomanen und Satyriatiker hinzu. Und seit neuestem wurde die Definition der Suchtabhängigkeit so allumfassend, daß der Sprachgebrauch der *Wespen* eingeholt wird und wir ohne weiteres von Schokoholics, Workaholics, von Konsumsüchtigen, von Waschzwang oder Sauberkeitswahn sprechen. Die Beispiele mögen willkürlich zusammengestellt wirken, dennoch hat der Suchtbegriff eine erstaunliche Verbreitung und Anerkennung gefunden, so daß die Verworfenen und Sünder in Opfer und Patienten verwandelt werden und aus Verdammung mitfühlendes Verständnis wird. Muten »Zwölfstufenprogramme« zur Heilung von Piercing und Jogging noch einigermaßen exotisch an, so wird etwa von Alkoholismus als einer, sogar erblichen, Krankheit gesprochen, die nicht geheilt, sondern nur durch totale Abstinenz überwunden werden kann; ja, man spricht sogar davon, daß Menschen mit einer erblichen Veranlagung zum Alkoholismus geboren würden.[2]

Die Anfangsszene der *Wespen* rechtfertigt zwar noch nicht, die Ideengeschichte der Sucht als Krankheit neu zu schreiben. Vielmehr ist der Sprachgebrauch dort einzigartig. Keine andere antike Quelle scheint, nicht einmal im Scherz, eine so klare Typologie der Suchtabhängigen unter dem Titel Krankheit zu liefern. Mit dem Ergebnis, daß das Publikum des Aristophanes aller Wahrscheinlichkeit nach die Szene als ein weiteres Beispiel für das meisterliche Talent des Dichters, *eikōnes* (lebendige satirische Bilder) hervorzubringen, auffaßte und weniger als eine alltägliche und gewohnte Sichtweise von Vorlieben. Spielleidenschaft und Trinkfreudigkeit eine Krankheit zu nennen war tatsächlich ein erstaunlicher und vorausschauender Scherz, der für die folgenden zweitausend Jahre erst einmal keine Chance hatte, ernst genommen zu werden. Die in Aristophanes' Zeit vorherrschende Ansicht über solche Leidenschaften war eher umgekehrt.

Auf die Gefahr einer unsinnigen und übertriebenen Verallgemeinerung hin könnten wir sagen, daß wir uns in der Moderne der Welt des Konsums relativ ruhig nähern, weil es uns gelungen ist, eine Art Gleichgewicht unserer Begierden herzustellen. Obwohl wir sie bändigen und unter Kontrolle halten müssen, sind sie nicht die eigentlich treibenden Kräfte in unserem Leben. Diejenigen, die hart gegen ihre Begierden ankämpfen müssen, sind die Ausnahme. Sie haben Dinge zu sich genommen, die sie nicht hätten nehmen sollen, oder haben in extremer Weise weniger gefährlichen Dingen so gefrönt, daß es ihnen schwerfällt, ohne sie zu leben. Durch lange Gewöhnung, erbliche Suchtneigung oder weil sie sich für kurze Zeit starken, süchtigmachenden Drogen verschrieben haben, werden sie von quälenden Bedürfnissen bedrängt. Mit ihnen ist etwas nicht in Ordnung, etwas, was als Krankheit bezeichnet werden kann und sie von der gesunden, normalen, gelassenen Bevölkerung trennt. Nach dieser medizinischen oder pseudomedizinischen Vorstellung von der Sucht wird als typische Quelle fehlgeleiteter Begierden eine Droge angesehen, welche die Konsumenten verändert und abhängig macht. Die Abhängigkeit erzeugt zwanghafte Begierden und brennende Bedürfnisse, die das Leben der Abhängigen vollständig beherrschen. Eigenartigerweise wird dieser Drang als etwas völlig anderes angesehen als das Verlangen nach Genuß. Es ist schon lange her, daß Alkoholiker,

Raucher und Heroinsüchtige einfach als Genießer betrachtet wurden. Tatsächlich wurde dem Genuß in modernen Darstellungen der Sucht so wenig Aufmerksamkeit geschenkt, daß für diejenigen, die zum ersten Mal eine gefährliche Droge zu nehmen wagen, der Genuß sich oft überraschend einstellt. Sie glauben daher, die Gefahr der Droge, ihre Kraft, sich des Opfers zu bemächtigen, es an sich zu binden, liege in irgendwelchen okkulten Vorgängen verborgen. Das Ergebnis ist eine unüberwindliche Schranke zwischen dem Verlangen nach Dingen, die als »Drogen« eingestuft werden, und allen anderen konsumierbaren Dingen. Die Herrschaft über die Lust auf Schinkenbrötchen, auf Ferien am Strand, das Verlangen nach der Rhetorik von Evangelistenpredigern oder Bestsellerliteratur wird (im Moment) für etwas anderes erachtet als die Herrschaft über das Verlangen nach Alkohol, Zigaretten oder Kokain. Wird ein ähnlich »triebhaftes« oder »genußsüchtiges« Verhalten gegenüber Nichtdrogen beobachtet, dann wird nicht gefragt, worin es sich unterscheidet, sondern, indem das Verständnis auf den Kopf gestellt wird, der Gegenstand als Droge oder drogenähnlich eingestuft. Es läßt sich schon voraussehen, daß in naher Zukunft die Chemie unseres eigenen Körpers, die Endorphine und das Adrenalin, als Substanzen gelten werden, die von uns »mißbraucht« werden können, und daß ein weiter Bereich menschlicher Betätigungen als suchtverdächtig und Genuß selbst bereits als eine weitere Droge eingestuft wird. Zur Zeit jedoch ist die offizielle und inoffizielle Liste der gefährlichen Drogen beschränkt, gelten wirklich Süchtige noch immer als die Ausnahme und sind relativ selten. Deshalb scheint nur für einige allgemein verbreitete Betätigungen wie etwa Rauchen und Trinken eine konstante Überwachung erforderlich zu sein.

Die Griechen dagegen kannten keine besondere Kategorie für konsumierbare Güter, die sich zum Mißbrauch besonders eigneten, sondern für sie war der Kampf gegen die Begierde eine normale Angelegenheit. Sie sahen sich allen möglichen Mächten ausgesetzt. Die Wonnen dieser Welt lauerten hinter der nächsten Ecke, um sie zu überwältigen. Die Tafelfreuden, Aale und gebratene Thunfischfilets, blumige Weine und vor allem natürlich die Schönheit des menschlichen Körpers übten eine starke Wirkung auf alle aus, die in dieses Gravitationsfeld gerieten. Es war kein spezieller Mechanismus am Werk, der eine besondere Abhängigkeit erzeugt hätte. Natürlich wollten die Menschen sich so ausgiebig wie möglich den Dingen widmen, die Spaß machten – der Rhetorik der Redner, dem Vergnügen an Theateraufführungen, den Freuden des Fleisches. Dies führte zu einem dem unsrigen gänzlich entgegengesetzten Modell der Abhängigkeit. Menschen, die einer Sache im Übermaß frönten, entwickelten keine von einem unwiderstehlichen Drang getriebene abnorme Abhängigkeit. Ihre Fähigkeit, den gewöhnlichen, natürlichen und zudringlichen Freuden dieser Welt zu widerstehen, war einfach geringer. Die Gegenstände, ob tote oder lebendige, der Lust und des Begehrens wurden als lebendig, provozierend und kokett empfunden; sie wurden von Köchen, Symposiarchen und den weiblichen Künsten der Verführung eingesetzt und von ihnen noch gesteigert. Normalerweise wurde dieser Kampf als eine regelrechte Schlacht zwischen dem Ich und der Welt betrachtet. Für jene mit einem Hang zum Philosophischen war das Subjekt jedoch in zwei Teile, die Seele und den Körper, geteilt. Letzterer agierte als Verräter zwischen den beiden Wegen, als die fünfte Kolonne der Lust. Der Krieg war ein richtiger Bürgerkrieg, ein innerer Kampf. Diese folgenreiche Theorie wird am entschiedensten in Platons *Phaidon* vertreten. Angesichts von Sokrates' Verurteilung zum Tod wird die Trennung von Seele und Körper von entscheidender Bedeutung. Der Dialog endet mit einem sensualistischen Bild dieser Trennung, wenn der Philosoph die Wirkung des Gifttranks spürt und von den Füßen an aufwärts allmählich den Kontakt mit seinem Körper verliert. Die dauernden Forderungen des Körpers verstummen allmählich, bis sie für immer schweigen, während sich die unsterbliche Seele aufmacht, in eine Welt der ungestörten Kontemplation zu entschwinden.

Dieser Konfliktzustand wurde für normal und natürlich gehalten, gleichgültig ob der Kampf nun zwischen einem selbst und den Genüssen der Welt stattfand oder zwischen Bewußtsein und Körper. Nicht normal indessen war, den Versuchungen augenblicklich und wiederholt nachzugeben. Solche schwachen Naturen warfen kampflos das Handtuch und wurden widerstandslos Sklaven ihrer Begierden. Sie galten als *akolastoi*, als hemmungslos und unverbesserlich, und als *akrateis*, als haltlos und schwach. Es gab mehrere Arten: Die meisten waren furchtbar »zeitgeistig« und betrieben bis zum Exzeß Dinge, denen sich bis zu einem gewissen Grad alle hingaben. Andere wiederum hatten mehr exotische und ausgefallenere Neigungen. Am bekanntesten waren jene, die sich dem Genuß des Fleisches hingaben wie der gierige Fischliebhaber, der *opsophagos*, der trinkfreudige *philopotēs* und jene anderen, die von ihren sexuellen Begierden überwältigt wurden; unter ihnen auch ein ganz besonderes Exemplar eines antiken »Ungeheuers«, das, wenn auch in eher ungewöhnlicher Ausprägung, enge Parallelen zu der modernen Auffassung des Suchtcharakters aufwies. Sie zeichneten sich nicht nur durch ihr ungewöhnlich großes Verlangen aus – ein großer Fischesser brachte vielleicht nur das große Verlangen nach Fisch zum Ausdruck –, sondern auch durch die Art der Befriedigung dieses Verlangens. Alle hatten einen ausgeprägten Hang zum Genuß, und die meisten gaben ihm dann und wann nach. Die Labilen zeichneten sich dadurch aus, daß sie sich bei jeder sich bietenden Gelegenheit widerstandslos ihren Begierden hingaben, selbst wenn Gesellschaft, gute Sitten und Gesetz zu widerstehen verlangten, ja selbst wenn darauf die Todesstrafe stand.

Der opsophagos

Philosophen und Intellektuelle ließen sich, wie wir gesehen haben, darüber aus, was genau es mit dem *opsophagos* und seiner *opsophagia* auf sich habe; in der Praxis jedoch war es normalerweise denkbar einfach, eine solche Gestalt auszumachen. Da saß er denn auf der anderen Seite des Raums, schnappte sich sein *opson*, ohne Brot, das seine Sinnesreizung dämpfen könnte, dazuzunehmen; nicht etwa irgendein altes *opson*, sondern fast immer das *opson* schlechthin, heiße Fischstücke. Wer nicht zu solchen Abendessen eingeladen war, konnte auf dem Markt oder im Hafen nach den *opsophagoi* Ausschau halten.

»Euthynos, mit Fingerring, in Sandalen und mit Parfüm überschüttet, hatte irgendeine kleine Angelegenheit mit *opson* zu erledigen, was weiß ich. Doch dann kam Phoinikides daher, und der liebe, liebe Taureas, ein jeder ein eingefleischter *opsophagos*, diese Art Männer eben, die Fischstücke gleich auf dem Markt verschlingen. Als sie sahen, was er tat, wollten sie fast sterben, gerieten ob des Mangels an Fisch (*anopsia*) außer sich, völlig außer Rand und Band. Sie versammelten Leute um sich und hielten große Reden darüber, daß sie mit einem solchen Zustand nicht leben könnten, daß es unerträglich wäre, wenn manche von euch große Summen für den Aufbau der Flotte bereitstellten, wo doch nicht ein Stückchen Fisch in den Hafen käme. Wofür hatte man eigentlich Inselgouverneure? Man müßte Gesetze erlassen, um den Nachschub zu sichern, dem Fisch sollte eine Schiffseskorte beigegeben werden. So, wie die Dinge standen, hatte Maton die Fischer monopolisiert, und Diogeiton sie, in Gottes Namen, davon überzeugt, ihm den Fang zu bringen.«[3]

Die Klassifizierung mancher Bürger als Fischesser gab es offenbar fast immer, und eine Zeitlang haben sich einige Dichter über dieselben Leute und deren typische Laster lustig gemacht. Phoinikides, der empörte Redenschwinger des obigen Zitats zum Beispiel, taucht in einem Stück des Euphanes wieder auf, wo er angesichts einer Bratpfanne mit Fisch kaum in der Lage ist, seine »vor Gier zitternden Hände« im Zaume zu halten.[4] Besonders zwei Leute, deren Lebenszeit hundert Jahre auseinanderlag, kamen immer wieder vor. Melanthios, der Großneffe des Aischylos, wurde gegen Ende des 5. Jahrhunderts wegen seiner Verkommenheit und *opsophagia* in mehreren Komödien verspottet, und im Frühjahr 421 machten sich alle drei Stücke im Wettbewerb der städtischen Dionysien über ihn und seine Eßgewohnheiten lustig. Eines dieser Stücke ist vollständig erhalten. Aristophanes beschreibt ihn und seinen Bruder als »ein Paar verfressene (*opsophagoi*) Gorgonen, forellenjagende Harpyien ... Fischvernichter«. Bei anderer Gelegenheit brachte der Komödienschreiber Archipp einen Fischchor auf die Bühne, der bereit war, im langen Krieg gegen die Menschheit eine Waffenruhe auszurufen unter der Bedingung, daß Melanthios in Ketten übergeben werde, damit er dasselbe Schicksal wie unzählige ihrer Verwandten erleide. Dem Philosophen Klearchos zufolge überbot er den Tithonos, der Unsterblichkeit verlangt hatte und gezwungen wurde, auf Ewigkeit freudlos als eine alte verschrumpelte Hülle zu leben. Melanthios hingegen betete darum, den Schlund eines Vogels mit langem Hals zu haben, um den Augenblick des Genusses zu verlängern.[5]

Sein Gegenstück im 4. Jahrhundert war Kallimedon, gemeinhin bekannt unter dem Namen Panzerkrebs, entweder weil dies seine Leibspeise war oder weil seine Augen in unterschiedliche Richtungen blickten. Er war ein Zeitgenosse des Demosthenes und wollte wie dieser ein öffentlicher Redner sein, obwohl er keinerlei Begabung in dieser Richtung zeigte. Seine politischen Ambitionen machten ihn jedenfalls ziemlich bekannt und dienten den Stückeschreibern als Vorwand, seine erlesenen Eßgewohnheiten in ironischen Gegensatz zu seiner angeblichen Staatskunst zu setzen. Seine Beharrlichkeit, was das Essen betrifft, war sprichwörtlich und wurde in witzige Schwurformeln der Komödie übernommen: »Ich werde von meinem Vorhaben nur ablassen, wenn Kallimedon vom Haifischkopf abläßt.«[6] Eine Figur machte sich über seinen politischen Ehrgeiz lustig, indem sie unterstellte, daß die einzigen Menschen, die zu seiner Ehre eine Statue aufstellen ließen, die Fischhändler wären. Ein anderer Dichter bauschte sein Feinschmeckertum zu heroischen

Ausmaßen auf: »Andere Männer, die mit den Göttern gerungen haben ... vereinigen ihre Kräfte mit Panzerkrebs, der als einziger unter den Sterblichen ein ganzes Stück Fisch aus aus einer brutzelnden Fischpfanne zu verschlingen vermag, so daß nichts mehr davon übrigbleibt.«[7]

Der allerbekannteste *opsophagos* war jedoch Philoxenos, kein Athener, sondern ein Dithyrambendichter von der zu Sparta gehörenden Insel Kythera. Über seine Heldentaten gab es viele Geschichten, obwohl er oft mit einem anderen Philoxenos, wenn nicht mehreren, verwechselt wurde. Da alle diese Philoxenosse gleicherweise Feinschmecker waren, waren entsprechend mehr Anekdoten über sie im Umlauf. Machon nahm Philoxenos mit den Hetären und den schmarotzenden *parasitoi* in seine Anekdotensammlung auf: »Man sagt, daß Philoxenos von Kythera ein *opsophagos* von ungewöhnlichem Ausmaß gewesen sei. Eines Tages kaufte er in Syrakus einen drei Fuß langen Oktopus, bereitete ihn zu und verschlang ihn bis auf den Kopf beinahe zur Gänze. Daraufhin bekam er schwere Verdauungsstörungen.« Ein Arzt wurde gerufen, der, als er die Schwere des Falles gewahr wurde, fragte, ob Philoxenos seine Dinge in Ordnung gebracht habe. Der Dichter empfiehlt seine Schriften Aphrodite und Dionysos und äußert seinen letzten Wunsch: »Charon ... will nicht länger hier mein Treiben dulden und befiehlt mich an Bord. Die Unterwelt ruft mich; dem Ruf zu folgen darf ich nicht säumen. Und für die Fahrt hinunter, gib mir den Rest des Oktopus zurück.« Machon berichtet, er habe wie Melanthios um einen drei Ellen langen Schlund gefleht, »damit ich länger schlucken kann und der Genuß am Essen recht lange währt«.[8]

Es sollte unterdessen klargeworden sein, daß man einen *opsophagos* nicht an der Menge dessen, was er verschlingt, noch an exotischer Raffinesse erkennt (in den Annalen griechischer Schlemmerei sind keine Lerchenzungen verzeichnet), sondern vor allem an der Heftigkeit und Nachdrücklichkeit seines Verlangens. Bezeichnenderweise hält er sich nicht an die Etikette, sondern schnappt sich den Fisch direkt aus der heißen Pfanne. Auch der paphlagonische Demagoge Kleon wird als *opsophagos* lächerlich gemacht, wenn er in den *Rittern* damit prahlt, »heiße Thunfischstücke zu verzehren«, oder mit dem Tod durch Ersticken an einem noch von der Pfanne her heiß brutzelnden Tintenfisch bestraft wird.[9] Dies bedeutet nicht, daß die Griechen sehr heiß aufgetragenes Essen schätzten, sondern daß ein rechter Fischliebhaber so gierig nach seinem Fisch war, daß er keine fünf Minuten warten konnte, bis er etwas abkühlte. Das war weit entfernt vom ästhetischen Urteil eines Fischers, der in einer Komödie befand: »Während die hervorragendsten Arbeiten eines Malers schließlich als Gegenstand der Bewunderung an der Wand hängen, werden die Früchte unserer Anstrengungen ohne viel Aufhebens von der Platte weggeschnappt oder verschwinden direkt aus der Pfanne.«[10] Opferfleisch war zum Teilen vorgesehen, Fisch jedoch behielt man für sich, griff man sich selbstsüchtig heraus und verschlang ihn ganz allein. Fisch verführte zu einer Art Wettessen, was bei einem Opfermahl gänzlich unangebracht gewesen wäre. Folglich zeichnete sich antikes Essen besonders durch die Geschwindigkeit des Verzehrens aus, und Philoxenos war in dieser Hinsicht selbstverständlich mit den albernsten Fähigkeiten ausgestattet. Dem Stoiker Chrysipp zufolge machte er seine Hand hitzebeständig, indem er sie in das Badewasser streckte, und verschaffte sich durch heißes Gurgeln eine ähnlich feuerresistente Kehle. Den Köchen befahl er, die Schüsseln, so heiß es ging, aufzutragen, damit er sie leeren konnte, bevor jemand anders sie berührte. Ein anderer *opsophagos*, ein gewisser Pithyllos, soll dieses gefräßige Gebaren noch übertroffen haben. Er hatte eine spezielle Membrane über seine Zunge gelegt und trug einen Fingerschutz, so daß seine Tischgenossen das Nachsehen hatten.[11]

Der Trinker

Während die athenischen Charakteristiken der Feinschmecker und deren Vorliebe für heißen Fisch für uns eher eigenartig wirken, können wir über ihre Bezeichnung von Zeitgenossen als Trinker nur mit der Achsel zucken. Von allen Sucht- und Störungstypen des 20. Jahrhunderts scheint der Alkoholiker am resistentesten zu sein. Trotz wiederholter kritischer Überprüfung gilt die Kategorie über kulturelle und historische Grenzen hinweg offensichtlich weiterhin als gültige Diagnose und objektive Beurteilung. Dennoch wurde mit einiger Berechtigung dagegen eingewendet, daß die Vorstellung vom Alkoholismus als »einem fortschreitenden Leiden, dessen Hauptsymptom der Verlust der Kontrolle über das Trinkverhalten sei und das nur durch vollständige Abstinenz von alkoholischen Getränken geheilt werden könne«, eine moderne Vorstellung, nicht mehr als etwa zweihundert Jahre alt, sei. Einige Anthropologen gingen sogar noch weiter und behaupteten, daß nicht nur die Terminologie, sondern das Faktum, der Alkoholimus selbst, ein durch und durch modernes Phänomen sei: »Alkoholismus kommt – auch in der Bedeutung der sich aus dem Trinken ergebenden Probleme – bei den meisten Gesellschaften auf der Welt selten vor. Man kann sogar noch weitergehen und feststellen, daß er außerhalb des Einflusses westlicher kultureller Strömungen beinahe unbekannt ist, obwohl er als Akkulturationserscheinung in Begleitung mit der modernen Industriegesellschaft eine stärkere Verbreitung erfährt.«[12] Obwohl es seit dem 19. Jahrhundert eine Anzahl Untersuchungen über antike Trinksitten unter dem Blickwinkel des Alkoholismus gibt, wovon einige jüngeren Datums sind (zum Beispiel John Maxwell O'Briens Studie von 1981 über Alexanders Alkoholprobleme im *British Journal on Alcohol and Alcoholism* oder Jean-Charles Sournias Kapitel über die antike Welt in seiner 1990 erschienen *History of Alcoholism*), teilen die meisten modernen Werke über antikes Trinkgebaren, die stärker von der anthropologischen Herangehensweise geprägt sind, die Skepsis der Anthropelogen, solche Kategorien kulturübergreifend anzuwenden.[13] Außerdem ist Alkoholismus, im Gegensatz zum physischen Verfall hervorgerufen durch übermäßiges Trinken (was nicht dasselbe ist), eine verschwommene Angelegenheit und selbst in unserer Gesellschaft schwer zu definieren. Er wird nicht durch medizinische Versuche, sondern durch sich selbst bestätigende Fragebögen diagnostiziert, die paranoiden Ängsten viel Platz einräumen: »Haben Sie schon einmal gedacht, Sie könnten Alkoholiker sein?« Da wir solche Umfragen bei den alten Athenern nicht durchführen können, scheint es recht müßig zu sein, nach antiken Alkoholikern Ausschau zu halten, die einer modernen Diagnose standhielten. Auf der anderen Seite erwähnten die Griechen Männer, die gewaltige Mengen Wein tranken, und bezeichneten gewisse Individuen als dem Trunk ergeben. Solche Charakterisierungen weisen auf deutliche Unterschiede, aber auch auf Ähnlichkeiten mit dem modernen Phänomen des Alkoholikers hin, die genauer zu untersuchen die Mühe lohnt.

Eine Vermutung, die aus dem Publikum über die Art der Neigung des alten Mannes zu Beginn der *Wespen* geäußert wurde, lief darauf hinaus, er sei ein *philopotēs*, ein »Trinker« oder »Liebhaber von Trinkgelagen«. Im Unterschied zu anderen Vorschlägen (»Opferfestophiler« usw.) scheint dieser Begriff keine Erfindung des Aristophanes zu sein. Verschiedene Figuren in zeitgenössischen Geschichten, in medizinischen und philososophischen Abhandlungen wie auch in den Komödien wurden mit solchen Ausdrücken belegt. Kimon, in der frühen klassischen Epoche eine der großen und, nach den Kriegen gegen die Perser für beinahe eine Generation, beherrschenden Gestalten Athens, lebte noch viele Jahre nach seinem Tod als großer

Trinker in der Erinnerung fort. In Eupolis' *Städten* bezeichnete ihn einer als »in keiner Weise schlechten Mann, sondern einfach ein sorgloser (*amelēs*) Trinker«. Der Historiker Theopompos von Chios soll, wie wir gesehen haben, sogar eine Liste der »Trinker und Trunkenbolde« in der Geschichte zusammengestellt haben. Die vielen erhaltenen Fragmente dieses Werks enthalten natürlich zahlreiche versoffene Tyrannen und Völkerschaften, was den Eindruck hinterläßt, als hätte sich Theopompos wie ein Besessener mit den Trinkgewohnheiten der Leute beschäftigt. Im 39. Buch der *Philippika* schreibt er über Apollokrates, den Sohn des Tyrannen Dionysios von Syrakus, es habe ihm an Selbstbeherrschung gemangelt und er sei ein Trinker gewesen. Im 23. Buch sagt er von Charidemos von Oreos: »Es war deutlich, daß Zügellosigkeit [*aselgē*] seinen Tagesablauf bestimmte, und er brachte es fertig, ständig zu trinken und betrunken zu sein.«[14] Die Tatsache, daß so viele Fragmente von Athenaios, der ein besonderes Interesse an den Freuden des Fleisches zeigte, erhalten sind, hinterläßt einen falschen Eindruck. Andererseits finden sich Hinweise auf Trinker und Trinken über sein ganzes Werk verstreut. Theopompos hingegen erhob solche Beschuldigungen wenn auch häufig, so doch nicht leichtfertig und sah sich selbst als so etwas wie einen Experten in diesen Dingen, bereit zur Verteidigung all jener, die seiner Meinung nach zu Unrecht angeschwärzt worden waren. Der spartanische Feldherr und Eroberer von Athen, Lysander, war eines dieser von früheren Historikern und (athenischen) Komödienschreibern fälschlicherweise als Trinker verleumdeten Opfer. Im 10. Buch seiner *Griechischen Geschichte* sagte Theopompos folgendes zu dessen Verteidigung: »Er war in allen Genüssen zurückhaltend und selbstbeherrscht; als er Herr über fast ganz Griechenland geworden war, frönte er in den griechischen Städten keinerlei sexuellen Leidenschaften oder gab sich dem Trunk hin oder trank zur falschen Zeit.«[15]

In der Komödie zeigt sich das Trinken in einer anderen Perspektive. Daß dem Trinken im Dramatikerwettstreit zu Ehren des Dionysos, des Weingottes, ein besonderer und positiver Platz eingeräumt wurde, erscheint ganz natürlich. Selbst die Tragödienschreiber mußten ihren hochtrabenden Trilogien ein ordinäres Satyrspiel anfügen. Nach den erhaltenen Beispielen eines Euripides oder Sophokles zu urteilen, wurden in diesen kleinen Dramen keine großen Anstrengungen unternommen, die Rolle, die sie als leidenschaftliche Anhänger des Weins spielten, aufzugeben. Die Komödiendichter waren entschlossen, sich in der Liga der Alkoholikerburlesken nicht schlagen zu lassen, und Untersuchungen der Alten Komödie bestätigen den Eindruck, daß das Theater des 5. Jahrhunderts mit Säufern auf der Bühne gut bestückt war. Besonders der frühe Dichter Krates soll sich als Erfinder dieser volkstümlichen Neuerung hervorgetan haben. Von da an gab es kein Zurück mehr. Betrunkene Frauen und beschwipste Sklaven waren Hauptbestandteile des Repertoires, Trinkgelage und sympotische Vorbereitungen wichtigste Szenen, trunkene Gesetzlosigkeit ein nützliches Hilfsmittel für die Handlung: »Es war der Wein ... der mich zu tun zwang, was ich tat. Das ist der Übeltäter, hier, der Wein.«[16] In den *Fröschen* macht sich Aristophanes über die komischen Klischees seiner Rivalen lustig, doch enthalten auch seine Werke manche Possen von Betrunkenen. Die *Wespen* etwa heben mit zwei Nachtwächtersklaven an, die dank der Flasche, die jeder von ihnen mit sich herumträgt, kaum mehr ihre Augen offenhalten können. Und gegen Ende läßt sich der alte Mann, vom Symposion angeheitert, mit seinem Sohn auf ein trunkenes Tauziehen um ein Flötenmädchen ein. In dieser Atmosphäre allgemeiner Trunkenheit wird es schwierig, Vorwürfe wegen maßloser Schwelgerei gegen einzelne zu erheben. Figuren, die selbst kaum widerstehen können, sind schwerlich in der Lage, einzelnen Zuschauern Vorhaltungen zu machen. Dennoch wurden, wie wir gesehen haben, bestimmte Persönlichkeiten des öffentlichen Lebens offenbar als Trinker gezeichnet.

Der Demagoge Kleon, der in den *Rittern* des Aristophanes in der Maske des Paphlagoniers gemeint ist, ist nicht nur ein *opsophagos*, sondern auch ein Trunkenbold, der sich damit brüstet, die heißen Thunfischstücke mit einem Krug unvermischten Weins hinunterzuspülen. Schon zu Beginn des Stücks wird die verheerende Wirkung solcher Gewohnheiten beschrieben, wenn er bewußtlos im Rausch daliegt und die geschickten Finger der Taschendiebe, die sich mit den seinen Tod voraussagenden Orakeln davonmachen, nicht bemerkt. Eine andere Gestalt, über die sich Aristophanes wegen ihrer Trinkerei offenbar lustig gemacht hatte, war sein Dichterrivale Kratinos. Ein Jahr nach dem Affront schlug Kratinos mit dem ungewöhnlichen Stück *Pytine* (*Die Flasche*) zurück. Dieses eigenartige Drama, von dem leider nur wenige Fragmente erhalten sind, stellt den Autor selbst als Figur auf die Bühne. Er war mit Komödie verheiratet, die ihn jedoch wegen schlechter Behandlung verlassen hatte. Freunde kommen und fragen nach dem Grund des Streits. Sie beklagt sich, daß er keine Komödien mehr schreibe, sondern sich nur noch dem Trunk hingebe. Viel mehr ist über die Handlung nicht be-

kannt, doch scheint es sich um eine beredte Verteidigung der schöp-
ferischen Kräfte des Weins durch den Dichter gehandelt zu haben:
»Ein Wassertrinker hätte niemals etwas Geniales schaffen können.«
Das Stück kam gut an und gewann 423 den ersten Preis bei den
Dionysien. Das Tondo einer Schale aus Süditalien zeigt einen Komö-
dienschauspieler in der Kleidung eines alten Mannes mit einer Flasche in der Hand und der Legende *philopotēs*. Möglicherweise stellt
die Abbildung Kratinos selbst dar.[17] Das Stück ist ein schönes frühes
Beispiel für die Mode des autobiographischen Bekenntnisses, das in
der westlichen Geschichte der Sucht dereinst eine so bedeutende
Rolle spielen wird. Kratinos befreit sich von seinem durch das Trinken verursachten Verstummen mit einem erfolgreichen Stück über
ebendieses durch sein Trinken verursachte Verstummen.

Dies alles reicht aus, um darzutun, daß der *philopotēs* ein wohlbe-
kannter Typus war, eine Bezeichnung, von der man sich nicht so
leicht befreien konnte. Gleichzeitig scheint die Komödie deutlich zu
machen, daß der Vorwurf nicht allzu ernst genommen wurde, und es
gibt Anzeichen dafür, daß er dem Ankläger mehr Schande als dem
Angeklagten brachte. Als Demosthenes mehrere junge Männer
wegen ihrer Trinkgewohnheiten schmähen wollte, mußte er einen
neuen Begriff, *akratokōthōnes*, prägen, um deren gefährliche Art des
Trinkens von der harmloseren des *philopotēs* zu unterscheiden.
Berüchtigt wurde jedoch die Äußerung und nicht etwa diejenigen,
die damit gemeint waren; sie setzte den Redner dem Vorwurf aus, ein
Wassertrinker zu sein.[18] Der Schluß liegt nahe, daß die Athener, auch
wenn sie exzessives Trinken mißbilligt haben mögen und in ständiger Angst vor den gewaltsamen und den zerstörerischen Folgen un-
kontrollierter Symposien zitterten, gegenüber Betrunkenen doch
äußerst tolerant waren – eine Haltung, die zu einer Quelle ständigen
Unbehagens für Historiker wurde, die über den Alkoholismus arbeiteten. Diese führen eine ganze Liste bis heute gängiger positiver Assoziationen auf die antike Welt zurück, die in der westlichen Kultur
zum Mythos des Alkohols als »einer irrationalen Macht, die Menschen zum Trinken verführt«, beigetragen haben sollen.[19] Es gibt aber
auch deutliche Anzeichen für eine weit negativere Beurteilung, und
dies nicht nur in den Werken des Theopompos. Der Sophist Antiphon rät den Lesern in seiner Abhandlung über die Staatskunst, »zu
vermeiden, als ›Trinker‹ bezeichnet zu werden, und darauf zu achten,
daß deine Angelegenheiten nicht vom Wein beherrscht werden«.[20]
Wie läßt sich also in den Quellen die offensichtliche Diskrepanz
zwischen einem harmlosen Laster, wie in den Komödien vorgeführt,

und dem schwerwiegenden Symptom moralischen Versagens, wie es von einigen Philosophen und Historikern verurteilt wird, erklären? War der Vorwurf, ein Trinker zu sein, ernst zu nehmen, war es etwas, was den Ruf schädigen konnte, oder war es eher ein liebenswertes, geringfügiges Laster? Um diese Frage beantworten zu können, müssen wir einen Blick auf die Art des Verhaltens werfen, das den antiken Trinker auszeichnet.

Zuerst einmal muß festgehalten werden, daß das zwanghafte Bedürfnis, das den modernen Alkoholiker ausmacht, kein charakteristisches Merkmal des *philopotēs* ist. Natürlich wurde tüchtig getrunken, und insbesondere gab es *kōthōnismos*, doch war dies eher mit einer besonderen Art des Trinkens als mit einem besonderen Personentypus verbunden.[21] Der *philopotēs* kennt das heftige Verlangen des Fischliebhabers nach dem Gegenstand seiner Begierde nicht. Er will nicht deren unverzügliche Befriedigung; solcher Eifer ist ihm fremd. Es gibt Anspielungen auf Personen, die, wie Antiphon sich ausdrückt, »vom Wein überwältigt« und »Sklaven des Trinkens« sind; bei näherem Hinsehen jedoch zeigt sich, daß die Wirkungen des Weins und nicht das Verlangen danach gemeint ist.[22] Wein verführt die Menschen dazu, Dinge zu tun, die sie sonst nicht täten – oder macht sie umgekehrt allzu apathisch, überhaupt etwas zu tun –, nicht aber zum Trinken. Die Leidenschaft des Trinkers schlägt die entgegengesetzte Richtung des drängenden Bedürfnisses eines *opsophagos* ein. Während letzterer sich durch die Geschwindigkeit des Verzehrs und die ausgeklügelten Techniken, sein Essen so schnell wie möglich von der Platte wegzuschnappen, auszeichnet, erkennt man den Trinker an dem in die Länge gezogenen Trinkgenuß und an seiner Stetigkeit. Aristoteles weiß von einem Trinker aus Syrakus zu erzählen, der ein Ei unter seine Matte legte, sich darauf setzte und beschloß, dort bis zum Ausbrüten des Eis trinkend zu verweilen; und der Verfasser der aristotelischen *Problemata* behauptete, Säufer zu kennen, »deren einzige Nahrung aus starkem Wein« bestehe und die folglich unter einem schweren Zittern litten.[23] Trinker tranken unentwegt; sie tranken sogar am Morgen, eine Erfindung, die Eupolis dem Alkibiades zuerkannte. Anekdoten über Trinker wie Philipp von Makedonien betonen nachdrücklich, daß er ständig betrunken war. Er soll seine sympotischen Gerätschaften stets und überall mit sich geführt, beim Schlafen sogar einen goldenen Becher unter das Kissen gelegt haben. Wie Theopompos versichert, hatte er die vorangegangene Nacht durchgezecht und war vollständig betrunken, als die Gesandten aus dem geschlagenen Athen – unter ihnen auch Aischines – eintrafen und in Erfahrung bringen wollten, wie er nach seinem überwältigenden Sieg bei Chaironeia die Angelegenheiten Griechenlands zu regeln gedachte. Bisweilen ritt er sogar betrunken in die Schlacht. Man erzählte sich die Geschichte von einer Frau, die gegen sein Urteil Einspruch zu erheben wagte: »An wen willst du dich wenden?« fragte er sie. »An den nüchternen Philipp«, entgegnete sie und machte ihn mit einem Schlag nüchtern.[24]

Sein Sohn Alexander war, soviel scheint klar, nicht besser, und einige Jahre nach seinem Tod erinnerte man sich seiner auf der attischen Bühne als eines tüchtigen Trinkers. In Menanders *Schmeichler*, wahrscheinlich acht oder zehn Jahre nach Alexanders Tod verfaßt, rühmt sich der prahlerische Soldat damit, dreimal hintereinander einen Zehn-*kotylai*-Krug (zusammen fast acht Liter) hinunterzukippen. Das wäre mehr, als Alexander geschafft hat, meint der Schmeichler. »Mit Gewißheit nicht weniger als er«, sagt der Soldat; »und das ist eine ganze Menge«, der andere.[25] In der Tat waren Alexanders »Alkoholprobleme« Gegenstand einer gelehrten Debatte, die noch Jahrhunderte nach seinem Tod anhielt. Diese Debatte wurde durch ein eher eigenartiges Dokument genährt, das Plutarch und anderen antiken Historikern zur Verfügung stand und als die *Königlichen Tagebücher* bekannt war. Angeblich soll es darüber berichten, wie der König, besonders gegen Ende seines Lebens, seine Tage verbracht hatte. Die *Tagebücher* scheinen von offenbar nicht enden wollenden Trinkgelagen und darauffolgenden Tagen der Bewußtlosigkeit zu berichten. Älian fügt seiner Liste von »üblen Dingen« über Alexander auch eine Zusammenfassung der Eintragungen eines Monats bei:

»Sie sagen, er habe am 5. Tag des Monats Dios [Oktober/November] in Eumaios' Haus getrunken; am 6. Tag dann schlief er aus, und sobald er an diesem Tag wieder bei Sinnen [*ezēsen*] war, erhob er sich von seinem Lager und regelte mit seinen Heerführern die Geschäfte des kommenden Tages, der nach seinen Worten früh beginnen sollte. Am 7. Tag feierte er mit Perdikkas, trank wieder und schlief den achten. Am 15. Tag desselben Monats war er wieder dabei, trank und tat den folgenden Tag das Übliche, was auf das Trinken folgt [das heißt: er schlief?]. Am 24. speiste er bei Bagoas und schlief noch zwei Tage danach, woraus zu schließen ist, daß Alexander entweder sich selbst durch übermäßiges Trinken an so vielen Tagen im Monat schadete oder diejenigen, die dies schrieben, logen. Man stelle sich nun vor, was die übrige Zeit geschah, berichten doch diese Auszüge stets von den gleichen Dingen.«[26]

Nur wenige moderne Wissenschaftler halten die *Königlichen Tage-bücher* für echt. Ein bei einem anderen Verfasser erhaltener Auszug enthält einen offensichtlichen Anachronismus, und verschiedene Historiker stießen auf ziemlich unterschiedliche Versionen. Ohnehin liegt eine Fälschung durchaus im Bereich des Möglichen, waren doch Tagebücher in der Antike eine beliebte literarische Gattung; so ist auch ein rührseliges Beispiel eines angeblichen Tagebuchs über die letzten Tage von Troja erhalten. Dennoch sind die Motive, speziell dieses Dokument zu fälschen, unklar. Einige meinten, der Autor habe beweisen wollen, daß Alexander vom vielen Trinken und nicht, wie angenommen, an Gift gestorben sei. Nach einer anderen Auslegung könnte es sich auch um eine gerissene Schmähschrift gehandelt haben, die zeigen sollte, daß Alexander der Große ein Säufer war. Gewiß betrachtet Aelian das Tagebuch als eine vernichtende Verurteilung des großen Mannes, und die Verteidiger Alexanders, von seinem Zeitgenossen Aristobulos bis Plutarch vierhundert Jahre später, waren bestrebt, die Tagebuchdarstellung von Alexander dem Großen als Trinker zurückzuweisen.[27] Aber selbst als Fälschung ist das Dokument von historischer Bedeutung, zeigt es doch, wie in der Antike mit Hilfe eines erfundenen Tagebuchs eines Trinkers ein zutreffendes Bild über Wesen und Wirken eines *philopotēs* gezeichnet werden konnte. Es unterscheidet sich wahrscheinlich von der Art und Weise, wie heute ein Tagebuch eines Alkoholikers gefälscht würde. Ein solches konzentrierte sich meines Erachtens auf das heimliche, einsame Trinken, auf das Vergessenwollen und auf ein großes Maß an Selbsttäuschung.[28] Auch Alexander hatte seine verlorenen Wochenenden, getrunken hat er aber in Gesellschaft. Das Trinken ist immer ein gesellschaftliches Ereignis; übermäßig ist es nur dadurch, daß es zur Gewohnheit wird.

Die *Tagebücher* tragen mit der Beschreibung des täglichen Daseins eines typischen Trinkers dazu bei, die offensichtlichen Widersprüche in der Haltung der Antike dem Trinken gegenüber zu erhellen. Das Elend des antiken Trinkers besteht normalerweise nicht in dessen schlechtem Gesundheitszustand, seinen gewalttätigen Wutausbrüchen oder darin, daß er irgendwo aufwacht und nicht weiß, wo er ist, sondern in der durch das ständige Trinken verursachten gleichgültigen Trägheit, ein allerdings auch in modernen Beschreibungen wohlbekanntes Merkmal. Nach jedem Trinkgelage ist Alexander für Tage außer Gefecht gesetzt, was eine schwere Vernachlässigung seiner verantwortungsvollen Stellung bedeutet. Dies ist typisch für den Trinker, der als *amelēs*, nachlässig, liederlich (oder, mit einer positiveren Bedeutung: sorglos) gilt. Solche Nachlässigkeit sagte Eupolis dem trinkfreudigen Feldherrn Kimon in den *Städten* nach, und deshalb rät Antiphon dem potentiellen Staatsmann, sich davor zu hüten, in den Ruf eines Trinkers zu kommen. In zahlreichen Texten läßt sich ein Zusammenhang zwischen Müßiggang und Trunkenheit feststellen. Herodot berichtet, daß Amasis, der nach einem Staatsstreich im 6. Jahrhundert die Herrschaft in Ägypten errang, als Privatmann ziemlich unbekümmert gewesen sei: »Es wird … erzählt, daß Amasis schon zu der Zeit, als er noch Privatmann war, sich dem Trunk ergab, spottlustig und keineswegs ein Mann war, der angespannt arbeitete. Wenn ihm die notwendigen Mittel zum Trinken und Wohlleben ausgingen, machte er die Runde und verlegte sich aufs Stehlen.« Theopompos zufolge standen die Menschen der Chalkidike »den vornehmsten Tätigkeiten mit Verachtung gegenüber, während sie sich dem Trunk und dem Müßiggang hingaben und äußerst genußsüchtig waren«. Im 50. Buch der *Philippika* wandte er sich den Bewohnern von Methymna, einer Stadt auf Lesbos, zu, die ihre täglichen Arbeiten stets mit Trinken verrichteten und »nie etwas erreichten, was der Rede wert gewesen wäre«.[29] Die Schreibhemmung des Kratinos in der *Flasche* ist ein weiterer deutlicher Hinweis.

Fehlender Ernst ist eine Grundvoraussetzung für Komödiengestalten und lustige Satyrn, und von Frauen, Sklaven und Barbaren wurde nichts anderes erwartet. Für Politiker, Generäle und Monarchen, die Theopompos angriff, bedeutete es hingegen eine gehörige Abqualifizierung. Die Frau, die Philipp sein trunkenes Herrschen vorwarf, sprach im Sinn einer langen Tradition politischer Philosophie. Trinken umnebelt das Urteil. Tatsächlich hielt man es fast für unmöglich, daß ein Trinker irgend etwas leistete, was beachtenswert war. Theopompos widerspricht der Behauptung, der spartanische Feldherr Lysander sei ein *philopotēs* gewesen, schon allein dadurch, daß er ihn als einen *philoponos*, einen »Workaholic«, bezeichnet. Beides zusammen konnte er nicht gewesen sein. Auch Plutarch läßt sich über das Bild Alexanders als eines unentwegten Trinkers, wie in den *Tagebüchern* beschrieben, aus und besteht darauf, daß er bei den Festen wohl mehr gesprochen als getrunken haben müsse: »Der beste Beweis ist sein Leben selbst, das zwar nur kurz, aber voller außerordentlicher Taten war.«[30] Die gegensätzlichen Einstellungen zum Trinken, wie man sie bei Theopompos und Antiphon auf der einen Seite und in der Komödie auf der anderen findet, beruhen auf einer strengen Trennung zwischen dem öffentlichen und dem privaten Stadtbürger. Es wird ein deutlich doppelter Maßstab angelegt. Dies macht es noch wahrscheinlicher, daß die unaufhörliche Betonung in den *Tagebüchern* von Alexanders in trunkener Benommenheit verbrachten Tagen Teil eines Versuchs waren, seinem Ruf zu schaden, vielleicht auch, einige der unpopulären Maßnahmen, die er in den letzten Jahren seines Lebens traf, der typischen Verwahrlosung des Trinkers zuzuschreiben oder das Fehlen spektakulärer neuer Eroberungen nach seinem Rückzug von Indien der gleichgültigen Trägheit eines Trinkers anzulasten. Es könnte tatsächlich von Theopompos diktiert worden sein.

Die gleiche Logik gilt für etwas, was auf den ersten Blick wie eine Ausnahme von dieser Regel aussieht, nämlich die negative Einstellung der Athener gegenüber Politikern, die Wasser tranken. Im Gegensatz zum Wein galt das Trinken von Wasser als ein Zeichen äußerster Vorsicht und äußersten Fleißes. Demosthenes war der berühmteste unter diesen Abstinenzlern und wurde dafür, wie er selbst berichtet, öfter angegriffen: »Weil ich Wasser trinke, sagen sie, sei ich übellaunig und mürrisch«, sagt er in der *Zweiten Philippischen Rede* und erinnert an einen Witz, den seine Feinde während der erbitterten Debatten, die auf den Beschwichtigungsfrieden des Philokrates folgten, machten: »Es überrascht nicht, Männer von Athen‹, sagte Philokrates, ›daß Demosthenes und ich uneins sind. Er trinkt Wasser und ich Wein.‹ Und ihr habt gelacht.« Lukian erinnert an einen von Demades, einem weiteren Gegner des Demosthenes, geäußerten Witz, daß, während andere Redner »gegen das Wasser« (d. h. gegen die Wasseruhr) sprachen, Demosthenes »zu Wasser« schrieb.[31] Demosthenes' eigene Interpretation der höhnischen Bemerkung ist wahrscheinlich recht stichhaltig. Menschen, die nicht tranken, hielt man möglicherweise für unsozial und ohne Mitgefühl, doch scheint er den wichtigsten Punkt der Beschuldigung verschweigen zu wollen. Nicht irgend jemand wurde beschuldigt, nur Wasser zu trinken, sondern ganz besonders die Redner. Demades' Witz zeigt deutlich, daß Reden schreiben und Wasser trinken ein Zeichen ernsthafter Berufsauffassung und eines Eifers ist, der nichts mit der frei geäußerten Rede zu tun hat. Erinnern wir uns an die Worte des Kratinos in der *Flasche*: »Ein Wassertrinker wird niemals etwas Geniales hervorbringen.« Die Logik, die hinter dem Vorurteil steckt, wird deutlicher, wenn der demagogische Paphlagonier in den *Rittern* seinen politischen Rivalen, den Wurstverkäufer, angreift: »Ach so, er ist also ein Redner? ... Ich glaub, ich kenne die Art. Da gibt es so ein kleines, nichtiges Prozeßchen gegen einen fremden Lumpen oder so etwas, und schon murmelt er die ganze Nacht lang vor sich hin, was er im Prozeß sagen will. Er brummelt auf den Straßen in seinen Bart, trinkt Wasser, geht den Freunden mit seinem ewigen ›Hab gerade mein Plädoyer gehalten‹ und ›Lief gut‹ auf die Nerven und glaubt zuletzt, er sei ein Redner.« Der Paphlagonier seinerseits hat solche besonderen Vorbereitungen nicht nötig; er prahlt damit, er könne den heißen Thunfisch vom Feuer weg essen, einen Krug unvermischten Wein leeren und gleich danach mit seinen Reden von großer Tragweite die Ratsversammlung mitreißen.[32] Mit der Behauptung, Demosthenes habe bei der Abfassung seiner Reden Wasser getrunken, bezweifeln seine Feinde die Lauterkeit, Leidenschaftlichkeit und Empörung in seiner Rede. All seine berühmte »Bitterkeit«, das ganze Gefühl und die Spontaneität sind mit klarem Kopf in der Nacht davor sorgfältig vorbereitet und akribisch genau verfaßt worden.

Der Gegensatz zwischen dem fleißigen Abstinenzler und dem faulen Trunkenbold kommt auch in medizinischen Schriften vor. Eine frühe Abhandlung, bekannt unter dem Namen *Luft, Wasser, Orte*, enthält einige einleitende Bemerkungen über das Wissen, das ein Arzt benötigt, um eine Diagnose zu erstellen. Das Klima ist sehr wichtig, unbedingt festzuhalten ist aber auch die Art der Menschen, mit denen einer verkehrt, ob sie »Trinker, Häppchenesser (*aristētai*, wörtl. »Frühstücker«), arbeitsscheue Gestalten oder disziplinierte, hart arbeitende und angemessen essende (*edōdoi*) Abstinenzler sind.[33] Vielleicht war es unumgänglich, daß Wein in der antiken Medizin eine so hervorragende Stelle einnahm. Der Wein hat unmittelbarere und deutlichere Wirkungen auf den Körper als die Nahrung und zeitigt anhaltendere Veränderungen als der Geschlechtsverkehr. Außerdem spielte er im sorgsam beachteten Gleichgewicht der Elemente heiß und kalt, feucht und trocken, den Grundlagen antiken medizinischen Denkens, offenbar eine wichtige Rolle. Wie bereits erwähnt, wurde Wein weit öfter als Heilmittel denn als Gift angesehen, als ein äußerst nützliches Mittel, um das richtige Gleichgewicht der Elemente wiederherzustellen oder um den Körper von den angesammelten Säuren zu reinigen.[34]

Eine der interessantesten medizinischen Untersuchungen über die Wirkungen des Weins findet man im 3. Buch der pseudoaristotelischen *Problemata*. Einige Fragen, aber nur wenige Antworten, kommen dem modernen Leser vertraut vor: 24. Frage: »Warum sind Betrunkene leichter zu Tränen gerührt? Weil sie heiß und feucht sind und es ihnen deshalb an Selbstbeherrschung mangelt und weil sie gleichzeitig nur wenig Antriebskräfte haben.« 11. Frage: »Warum können Betrunkene keinen Geschlechtsverkehr haben? Weil beim Geschlechtsverkehr ein Teil des Körpers heißer sein muß als der Rest und Betrunkene überall heiß sind, so daß die spezifische Differenz zusammenbricht.« 10. Frage: »Weshalb erscheint den Betrunkenen ein Gegenstand mehrfach?« 17. Frage: »Warum ist Kohl gut gegen Kater?«

Die 23. Frage betrifft den Tod durch Trinken: »Warum sterben Menschen, wenn sie, ganz ausgetrocknet, zuviel starken Wein trinken?« Die Antwort – die Hitze des Körpers wird von der übermäßigen Hitze erstickt – ist weniger interessant als die der Frage zugrundeliegenden Vermutungen über die unvermeidlichen Ursachen, die zu einem Trinkerschicksal führen. In der modernen Welt sorgt man sich um die chronischen Wirkungen des Alkohols auf den Körper im allgemeinen sowie auf Herz und Leber im besonderen. Es braucht lange, bis man sich zu Tode getrunken hat, und es gibt sehr wenige Hinweise darauf, daß die antike Welt sich der Gefahren eines lebenslangen Alkoholgenusses überhaupt bewußt war. Aelian meinte, wie schon erwähnt, Alexander habe sich dadurch geschadet, daß er an so vielen Tagen im Monat trank, doch normalerweise ging es mit denen, die vom Trinken starben, plötzlich und unerwartet zu Ende.[35] Nach einem einzigen maß- und pausenlosen Saufgelage von großen Mengen unvermischten Weins – oder sogar von einem einzigen Schluck davon – konnte Fieber die Folge sein. Die Einstellung der Griechen zu unvermischtem Wein war in dieser Hinsicht der gängigen modernen Einstellung zu Ecstasy näher. Es kann regelmäßig eingenommen werden, ohne daß schädliche Wirkungen auftreten, und dann stirbt man plötzlich auf mysteriöse Weise daran. An die Gefahren des unvermischten Weins wurde in den Ritualen des Symposions und in den Geschichten, die zu ihrer Begründung erzählt werden, erinnert: den Schluck unvermischten Wein in homöopathischer Dosis als vorbeugendes Mittel zu Ehren des Guten Geistes, die erste Schale mit Wasser gemischten Wein für den Gott der Gesundheit oder den Retter Zeus. In den Geschichten wird auch des Schicksals jener Menschen gedacht, welche die Regeln brachen und es wagten, unvermischten Wein zu trinken, Männer etwa wie der Spartanerkönig Kleomenes, der von den Skythen lernte, unvermischten Wein zu trinken, und als Folge vom Tod im Delirium ereilt wurde. Als Alexander auf das Wohl des Kallisthenes, des Historikers der Expedition, trank und ihm seine Trinkschale reichte, lehnte dieser ab und soll gesagt haben: »Ich möchte nicht in die Lage kommen, aus einer von Asklepios' Heilschalen trinken zu müssen, nachdem ich aus der Schale

Alexanders getrunken habe.« Hephaistion, Alexanders Saufkumpan, war nicht so ängstlich. Im Winter 324/323 ergriff ihn ein Fieber, und er wurde auf strikte Diät gesetzt. Er wartete ab, bis der Arzt gegangen war, stand dann auf und aß zum Frühstück ein gebratenes Huhn, das er mit einem großen *psyktēr* Wein hinunterspülte. Kurz darauf starb er; der Bilderbuchtod eines Trinkers.[36] Das Fieber wird ihn schon ausgetrocknet haben, und der *psyktēr* war, wie man sich erinnert, ein Gefäß, das zum Kühlen des noch nicht mit Wasser vermischten Weins diente.

Alexander starb den Sommer darauf, und sein Trinken wurde in beinahe jedem Bericht erwähnt. Eine der ersten Beschreibungen stammt aus zeitgenössischer, feindlicher Quelle, von Ephippos aus Olynthos auf der Chalkidike, der ein Wetttrinken mit einem furchteinflößenden Gegner namens Proteas beschreibt. Alexander verlangte einen Zwei-*chus*-Krug (ungefähr sechseinhalb Liter) und trank auf dessen Gesundheit. Darauf nahm Proteas den Krug und trank ihn unter dem Beifall der Anwesenden aus. Etwas später trank Proteas noch einmal auf das Wohl des Königs. Alexander wollte die Herausforderung annehmen, konnte aber nicht mithalten. »Statt dessen fiel er auf die Kissen zurück, und die Schale entglitt seiner Hand. Bald darauf wurde er krank und starb.« Der Bericht Diodors war noch dramatischer. Medios, ein Thessalier, gab ein Fest. »Dort trank er zum Gedenken an den Tod des Herakles eine große Menge unvermischten Wein. Er füllte einen riesigen Becher und stürzte ihn hinunter. Plötzlich stöhnte er laut auf, als ob er einen mächtigen Schlag erhalten hätte.« Das verhängnisvolle Fest des Medios wird auch in den *Tagebüchern* erwähnt, obwohl dort nicht von unvermischtem Wein und titanischen Schlucken die Rede ist, sondern nur von einem der üblichen langen Trinkgelage bis spät in die Nacht. Daß das Hinunterstürzen des Bechers des Herakles und der darauffolgende plötzliche Anfall ausgelassen wurde, nährte die Vermutung, der Verfasser der *Tagebücher* habe die Möglichkeit, daß der König vergiftet wurde, ausräumen wollen; es scheint aber klar zu sein, daß die dramatischeren Berichte eher der griechischen Auffassung eines natürlichen »Todes durch Trinken« von unvermischtem Wein in einem Zug entsprechen.[37] Die *Tagebücher* tragen durch das Auslassen der wichtigen Details, *wie* Alexander getrunken hat, wenig zum Beweis eines natürlichen Todes durch natürliche Ursachen bei. Andererseits war den Griechen vollkommen klar, daß die Wirkung von Gift in kleinen Dosen eine langsame Wirkung haben konnte, wie jenes der Sklavenkonkubine des Philoneos, das ihren Herrn auf der

Stelle, dessen Freund jedoch erst zwanzig Tage später tötete. Die *Tagebücher* sollten vielleicht gerade die gegenteilige Annahme beweisen: Alexander müsse vergiftet worden sein, da das Trinken in jener Nacht sich nicht von zahllosen anderen Gelegenheiten, die er unbeschadet überlebt hatte, unterschied. Noch wahrscheinlicher ist, daß die *Tagebücher* mit Alexanders Tod überhaupt nichts zu tun haben.

Schürzenjäger und Knabenschänder

Ist die moderne Sucht – mit all ihren Workaholics, Schokoholics und Shopoholics – der Alkoholismus, so wird die antike Vorliebe öfter als eine *–philia*, eine Liebe zu oder für etwas bezeichnet, weshalb die Liste der Süchtigen zu Beginn der *Wespen* nicht nur unseren Freund, den Trinker, enthält, sondern auch noch den »Liebhaber des Würfelspiels« und den »Liebhaber des Opfers«. Mit diesem Sprachgebrauch war man sich allgemein einig, daß Liebe in allen ihren Abstufungen und Variationen, von der Anziehung durch einen schönen Menschen bis zur schieren tierischen Lust, in allen menschlichen Dingen die größte Macht ausübte. Konfrontiert mit der Wahl zwischen weltlicher Macht, militärischem Ruhm und einer weiblichen Schönheit, war es nur natürlich, daß Paris der Helena verfiel und Aphrodite den goldenen Apfel überreichte. Und es war auch klar, daß dies ein katastrophales Unheil nach sich ziehen würde. Liebe wurde ganz und gar mit Verrücktheit assoziiert. Homer zeigt Aphrodite auf dem Schlachtfeld in der Ebene von Troja als eine ziemlich unwirksame Gottheit; unter allen Olympiern hatte sie jedoch allein die Macht, sich gegen Zeus zu behaupten. Nur indem sie sich der Kräfte von Aphrodites Gürtel bediente, konnte Hera damit rechnen, über ihren ansonsten allmächtigen Gatten zu obsiegen und ihn lange genug abzulenken, um den Gang der Dinge zu wenden. »[Zeus] sah sie; Liebesbrunst umfing seine göttlichen Sinne.« In einem verlorengegangenen Stück weist Euripides dem Sohn Aphrodites ähnliche Kräfte zu: »Wer Eros für einen geringeren Gott hält, ist entweder ein Narr oder einer ohne Kenntnis der Schönheit und weiß nichts davon, daß dieser Gott in menschlichen Dingen die größte Macht ausübt.«[38] In diesem Punkt waren sich Philosophen und Dichter einig. In Platons *Staat* wird »Aphrodites Lust« als die größte und heftigste Lust bezeichnet, als diejenige, die zur größten Raserei führt. In den *Nomoi* bemerkt der Athener, daß alle Menschen von drei Bedürfnissen und Verlangen getrieben sind. Zwei davon, das Verlangen nach Essen und

Trinken, sind von Geburt an da, das dritte taucht erst später auf, ist jedoch »das heftigste und herrischste Verlangen, das die Menschen mit Macht zu allen Arten des Wahnsinns treibt.« Der Sophist Prodikos sagt es bündiger: »Verdoppeltes Begehren ist Eros«, »verdoppelter Eros ist Wahnsinn«.[39]

Gelegentlich findet man in extremen Fällen diese theoretische und metaphysische Macht verwirklicht: Die Zurschaustellung des nackten Körpers der Phryne durch Hypereides vor dem Gericht überwindet auf der Stelle jeden Widerstand bei den Geschworenen und sichert ihr den Freispruch; Platon beschreibt die außerordentliche Verblüffung im Gymnasion, als der junge Charmides in seiner ganzen jugendlichen Blüte erscheint; Sokrates warnt Kritobulos, den hübschen Sohn des Alkibiades zu küssen:

> »Weißt du nicht, daß dieses Tier, das man schön und jung nennt, um so viel schlimmer ist als die Giftspinnen, wie diese nur bei Berührung etwas einflößen, jenes aber ohne Berührung, wenn man es nur ansieht, und sogar aus weiter Entfernung und derart, daß es rasend macht? Also rate ich dir, Xenophon, wenn du irgendwie einen Schönen siehst, schnellstens zu fliehen. Dir aber, Kritobulos, gebe ich den Rat, ein Jahr lang in die Fremde zu gehen; denn vielleicht könntest du in so langer Zeit von dem Biß mit einiger Mühe wieder genesen.«[40]

Auf einer anderen Ebene stellt das übermächtige sexuelle Verlangen die Grundlage von Aristophanes' *Lysistrate* dar, worin ein Sexstreik die Männer von Athen und Sparta schnell in die Knie zwingt.

Dieser Liste von Zeugen ließen sich alle jene Individuen hinzufügen, denen wir schon vor Gericht begegnet sind und die, sei es auf Verdacht ihrer Feinde oder aber nach eigenem Eingeständnis, im Würgegriff einer mächtigen Leidenschaft sind: Olympiodoros, dessen Hetäre ihn ganz verrückt machte; Euktemon, der im hohen Alter noch Opfer von obskurem Liebeszauber wurde und seine Familie verließ, um mit Alke zu leben; Simon, der so vernarrt in Theodotos war, daß sein neuer Liebhaber sich gezwungen sah, den Knaben außer Landes zu bringen; Epikrates, dessen Kopf von der Liebe zum Sohn des Parfümverkäufers derart benebelt war, daß er sich ein ganzes Vermögen abnehmen ließ. Bei allen diesen Fällen gab es für den Sprecher natürlich gute Gründe, die Macht der Liebe zu übertreiben, um von närrischem und bedauernswertem Verhalten berichten zu können. Dies geschah jedoch vor einem Publikum, das solche

Argumente durchaus einleuchtend fand und bereits unzählige traurige Liebesgeschichten gehört hatte, die mit einem Kuß anfingen und in Gewalt und Wahnsinn endeten.

So wie der Trinker in der trunkenen Atmosphäre der Komödie untergeht, so schwierig ist es auch, verschiedene Arten von Sexbesessenheit zu unterscheiden, wenn doch alle darin einig sind, daß jedermann jederzeit von der Macht des Eros überwältigt werden kann. Dennoch tauchen bisweilen Individuen auf, deren Verhalten einen deutlichen Hang zu amourösen oder sexuellen Begegnungen zeigt, der über das normale menschliche Maß hinausgeht. Dazu gehörten bestimmte Männer, die an ihrer spezifischen Sexualität erkannt werden konnten wie der *gynaikomanēs*, der Weibstolle, der *philogynēs* oder Frauenliebhaber, der *moichos* oder Ehebrecher und der *philopais* oder *philomeirakios* wie Sokrates, der der Jugend leidenschaftlich ergeben war. Nicht zuletzt gab es die eigentümlichsten sexuellen Ungeheuer wie den *katapygōn* und den *kinaidos,* deren Laster unterschiedliche Formen annehmen konnten.

Im Unterschied zum *paiderastēs* und *philopais* waren Bezeichnungen wie Weibstoller und Frauenliebhaber bei den klassischen Schriftstellern äußerst selten, nicht weil die ganze Gesellschaft homosexuell ausgerichtet war – unsere Untersuchungen über Prostition und Hetären sollten dieses Mißverständnis beseitigt haben –, sondern weil in einer vorwiegend heterosexuellen Umgebung die männliche Verehrung für das weibliche Geschlecht im Gegenteil eine extreme Form annehmen mußte, um eines Kommentars überhaupt für würdig erachtet zu werden. Eine Form der Gynäkophilie wird in einer Komödie des Antiphanes beleuchtet: »Was denn, bin ich nun ein Frauenliebhaber, recht und billig [*ou dikaiōs*], oder nicht, mit all diesen Hetären mir zu Diensten? Was könntet ihr denn als erstes mit mir machen? Mir die Füße mit euren lieblichen, zarten Händchen reiben; ja, das tut gut!« Das auffälligste Exemplar dieser Sorte, das sich in den Straßen von Athen herumtrieb, war Kallias der Jüngere, Sohn eines der reichsten Männer seiner Zeit und eine in der klassischen Literatur allgegenwärtige Figur, die sich oft im Hintergrund aristokratischer Versammlungen aufhielt, Gast in Xenophons *Symposion* und im großen philosophischen und eher komischen Seminar, das Platon im *Protagoras* beschreibt. Außerhalb der Philosophie tritt er allerdings als weniger erhabene Persönlichkeit auf. In den *Fröschen* beschreibt ihn Aristophanes, wie er, Herakles gleich, als Kleidung das Fell seiner Beute trägt, in diesem Fall jedoch kein Löwen-, sondern ein »Miezenfell«. Wer den Witz nicht versteht, dem

erklärt ein späterer Kommentator, daß Kallias von den Komödienschreibern als »wild auf Frauen« verspottet wurde. In den *Vögeln*
wird er von »Frauen und streitsüchtigen Nervensägen (*sykophantai*)
gerupft«, und 421 widmete Eupolis ihm und seinem Anhang (darunter auch Protagoras) ein ganzes Stück, *Die Schmeichler*, das den ersten
Preis vor Aristophanes' *Frieden* gewann (vielleicht war die skatologi-
sche Farce mit dem Mistkäfer zu Beginn des Stücks doch zuviel für
einige der Juroren). Seine Angeberei bei Frauen scheint viele Formen
angenommen zu haben. Einige spätere Kommentatoren meinten, er
sei als *pornomanēs*, als »Hurengänger«, verspottet worden. Kratinos
dagegen tippt auf Ehebruch und behauptet, er sei gezwungen worden, einem beleidigten Ehemann, dessen Frau er verführt habe, eine
riesige Geldsumme zu bezahlen. Das extremste Beispiel seines
Wahns wird jedoch von dem Redner Andokides in dessen Rede *De
mysteriis* berichtet: »Kallias heiratete eine Tochter des Ischomachos;
kaum ein Jahr nach der Heirat nahm er auch die Mutter ins Haus
und wohnte mit Mutter und Tochter zusammen, der Unhold.« Andokides zufolge wollte die Tochter sich umbringen, lief schließlich
weg und ließ ihre Mutter Chrysilla mit Kallias zurück, der sie heiratete. Auch die Mutter fiel in Ungnade und wurde hinausgeworfen.
Sie behauptete, schwanger von ihm zu sein, und brachte ihre Verwandten dazu, während einer von ihm geleiteten Feier zur Aufnahme zweier neuer Mitglieder in die vornehme Familie der
Kerykes, die Anerkennung des Kindes zu verlangen: »Sie kamen mit
dem Kind und einem Opfertier zum Altar und hießen ihn, mit der
Feier zu beginnen. Er fragte, wessen Kind es sei. Sie sagten, es sei das
Kind des Kallias, Sohn des Hipponikos. Er sagte: ›Aber ich bin Kallias.‹ Sie sagten: ›Ja, und das ist dein Kind.‹« Nach mehreren Jahren
versöhnte er sich mit Chrysilla und erkannte den Jungen, der kein
Kleinkind mehr war, in aller Form an. Vielleicht hätte man ihn Ödipus nennen sollen, schlug Andokides mit verständlicher Empörung,
jedoch kaum über jeden Zweifel erhabener Logik vor. Bemerkenswert ist nach unserer Meinung immerhin, daß Hetären in der Charakterisierung des Kallias als eines Mannes, der »verrückt nach
Frauen« ist, so gering veranschlagt werden, obwohl Hetären um ihn
herum genügend Stoff für Gerede abgegeben haben mochten; zwar
tauchen sie im Stück des Eupolis über ihn auf, jedoch nur als Preise,
um die die Schmeichler wetteifern, weshalb die gründlicheren Kommentatoren bemerken, daß er nicht als *pornomanēs*, »Hurengänger«,
sondern als *pornoboskos*, als Zuhälter, verspottet wurde.[41] Erlagen
Männer dem Reiz der Hetären, dann war dies ein Zeichen der Macht

und der Kunst der Frauen; machten sich jedoch Männer daran, die
Frauen anderer Männer, die Mütter der eigenen Frauen oder gar ihre
eigenen Töchter zu verführen, dann handelte es sich eindeutig um
ihre eigene sexuelle Zügellosigkeit.

Eine wichtigere Rolle spielten Hetären bei den Angriffen auf Alkibiades, eine weitere Person des öffentlichen Lebens mit dem Ruf
eines Schürzenjägers; aber auch in seinem Fall war es die Verführung
der Frauen anderer Männer, was seiner sexuellen Zügellosigkeit besonders deutliche Züge verlieh. Am Ort seines Exils, in Sparta, ging
das Gerücht um, er habe die Gemahlin des Königs geschwängert,
hatte der König doch seit zehn Monaten nicht mehr mit ihr geschlafen, weil er aus Furcht vor einem Erdbeben ihr Bett mied. In Abydos
stellte er gar die Perversität des Kallias in den Schatten, zumindest
wenn man der Version folgt, die Lysias erzählt: Alkibiades und sein
Freund Axiochos gingen nach Abydos und heirateten dort dieselbe
Frau, behauptet der Redner. »Als die Frau eine Tochter gebar, gaben
die beiden vor, nicht sagen zu können, wessen Kind sie sei, hatten jedoch, kaum war sie ins heiratsfähige Alter gekommen, auch mit ihr
Verkehr. Gelüstete es Alkibiades nach ihr, sagte er, daß sie die Tochter des Axiochos sei; war es an ihm, behauptete Axiochos, sie sei die
Tochter des Alkibiades.« Die Beschuldigungen des Philosophen Antisthenes gingen sogar noch weiter. Alkibiades, sagte er, »hatte mit
seiner Mutter, seiner Schwester und seiner Tochter Verkehr, gerade
so, wie es die Perser halten.« Fällt der *opsophagos* durch die Schnellig-
keit des Verschlingens und der Trinker durch seine Ausdauer auf,
verrät der Mann, der nur an Frauen denkt, seine Perversität durch die
Mißachtung der Gesetze, der Gesellschaft und der Natur, eine Regel,
die Aristoteles treffend in einer Liste von Dingen, derer Menschen
sich schämen sollten, zusammengefaßt hat: »Verkehr zu haben, mit
wem du keinen haben darfst, wo du keinen haben darfst, wann
du keinen haben darfst, weil solche Taten von der Zügellosigkeit
(*akolasia*) herrühren«.[42] Für diesen Standpunkt gibt es gute Gründe.
Wir haben bereits gehört, daß ein Mann, der seine Frau mit einem
anderen in flagranti erwischt, diesen straflos töten durfte. Öfter jedoch konnte ein Ehebrecher sich sein Leben erkaufen, indem er dem
gehörnten Ehemann eine große Summe zahlte. Dieser wiederum
hatte offenbar das Recht, den Ehebrecher gefangenzuhalten und ihn
nach Belieben zu foltern, solange er kein Messer dazu benützte.
Daher kam wahrscheinlich die bekannte Strafe der *aporhaphanidōsis*,
einen Rettich in den Arsch zu stecken, in das Theaterstück, obwohl
Kenneth Dover betont, daß aller Wahrscheinlichkeit nach dieser

Rettich »nicht nur die kleine Wurzel, die wir Rettich nennen, war, sondern ein Gattungsname, der eine weit größere Sorte bezeichnete«.[43] Dieser schrecklichen Strafen wegen hat der *moichos* seinen Ruf für sexuelle Ausschweifung zu verdanken. Ein Ehebrecher in Athen mußte seiner Leidenschaft schon sehr ergeben und eine Beute der Frauen sein, um so hohe Strafen, Folter und jähen Tod in Kauf zu nehmen. Die glückselige und gelassene Gynäkophilie eines Antiphanes zeigt sich nun in einem etwas anderen Licht. Wenn er ein »Frauenliebhaber, recht und billig« ist, dann deshalb, weil seine Begierden untypischerweise nicht außerhalb des Gesetzes stehen. Die Frauen, mit denen er sich umgibt, sind ausschließlich Hetären, die – bis dahin – nur seine Füße massieren. Aber gerade weil er sich so anständig benimmt, ist er natürlich kein richtiger Schürzenjäger.

Während sich ein *opsophagos* oder ein Trinker durch sein Verhalten in der Öffentlichkeit oder bei halböffentlichen Gelegenheiten, auf der Agora, beim Gastmahl oder im *kapēleion*, zu erkennen gibt, wird der *moichos* mehr durch Zufall entdeckt. Paradoxerweise scheint das Mysterium, das seine Taten umgibt, zu strengeren und kanonisierten Stereotypen geführt zu haben. Die Tatsache, daß der Ehebrecher sein Laster aus tödlicher Not geheimhält, zwingt die ängstlichen Bürger dazu, einen solchen gefährlichen Charakter schon an den Anzeichen zu erkennen und daraus auf die typischen Taten zu schließen, ohne ihn dabei gesehen zu haben. Rhetorische Handbücher sind voller Hinweise, woran der Ehebrecher zu erkennen ist. In Aristoteles' *Sophistischen Trugschlüssen* erfahren wir, daß man seinen Gegner einfach an »der Tatsache, daß er ein Dandy [*kallōpistēs*] ist oder daß beobachtet wurde, wie er nachts umherwandert«, als *moichos* erkennen kann. Die Klischeevorstellung vom schönen Verführer war so stark, daß unattraktive Männer, die Ehebruch begingen, wahrscheinlich ungestraft davonkommen konnten, ebenso wie schwache Männer, die eines Überfalls beschuldigt wurden, meint Aristoteles. In seiner *Rhetorik* verriet er Männern, die nicht mit Häßlichkeit gesegnet waren, wie sie der Strafe entgehen konnten: Sie sollten zeigen, daß das Vorurteil sich gegen jemand richtete, der für alle über jeden Zweifel erhaben war: »zum Beispiel, wenn einer für einen *moichos* gehalten wird, weil er elegant gekleidet [*katharios*] ist, dann muß der und jener [es folgen die Namen einiger eleganter Tugendbolde] auch einer sein.« Phylarchos zufolge ließ das Gesetz von Syrakus solche sophistischen Spiegelfechtereien nicht zu und gewährte gutgekleideten Männern im Zweifelsfall keinerlei Vergünstigung. Es besagt: »Ein Mann soll sich nicht schön machen oder ausgesucht und auffällig anziehen, oder er läßt es zu, für einen Ehebrecher oder *kinaidos* [ein männlicher Verführer von Männern] zu gelten.«[44]

Wie im England der Renaissance hielt man den Frauenliebhaber und ganz besonders den Ehebrecher dafür, daß sie immer hinter den Frauen her waren, für irgendwie weibisch, und sie wurden als verweichlicht dargestellt. Ägist, der Klytämnestra das Bett warmhielt, während Agamemnon vor Troja stand, wird in Aischylos' *Orestie* vom Chor als Frau angesprochen; und auf einer korinthischen Vase, auf der abgebildet ist, wie Tydeus sein ehebrecherisches Weib Ismene ersticht, gab der Maler den Liebhaber Periklymenos in Weiß wieder, traditionell die Farbe des Fleisches von Frauen.[45] Besonders nachdem das Thema Alkibiades aufgekommen war, schienen die Komödienschreiber an diesem Paradoxon Gefallen gefunden zu haben. Einer schrieb: »offenbar ein Mann der Frauen, insofern alle Frauen sein Ziel sind, ohne jedoch wirklich ein Mann zu sein«, und eine Figur in den *Schmeichlern* des Eupolis ordnete ihn den Frauen zu. Eine ähnliche Anspielung liegt vielleicht auch dem Epigramm des Timokles über den lasterhaften Ktesippos im 4. Jahrhundert zugrunde: »Er macht eine hervorragende Figur unter Frauen, aber nicht unter Männern.« Das ungewöhnlichste und gleichzeitig vielsagendste Beispiel dieser Art antiker Logik, die uns so fremd vorkommt, ist eine vielzitierte Geschichte aus dem Orient. Der berühmte Sardanapal, dessen Grabinschrift menschliche Schwächen auf die leichte Schulter nahm und Vorbeikommende aufforderte, sich »dem Essen, Trinken und der Brunst [oder, in manchen Versionen, dem »Spielen«] hinzugeben«, war dafür bekannt, daß er sich in seinem Harem einschloß:

> »Arbakes, ein Meder von Geburt und einer der Feldherrn des Königreichs, zettelte mit einem Eunuchen namens Sparameizes eine Intrige an, um einen Blick auf Sardanapal zu werfen; und als der König zögernd sein Einverständnis gab, wurde ihm eine Audienz gewährt. Als der Meder eintrat, sah er den König, das Gesicht wie eine Frau mit Bleiweiß überzogen und mit Juwelen behängt, wie er in Gesellschaft seiner Konkubinen Purpurwolle kämmte; und er saß mitten unter ihnen mit angezogenen Knien, geschwärzten Augenbrauen, in Frauenkleidern, den Bart geschoren und sein Gesicht mit Bimsstein glattgerieben, und als er Arbakes erblickte, rollte er seine Augen nach oben, bis man das Weiße sah.«

Wären da nicht die Aufforderung zur »Brunst« auf seinem Grabstein und die »Konkubinen« um ihn herum, könnte man leicht glauben,

Sardanapals einziges Interesse im Harem habe dem Gespräch über Strickmuster gegolten. Für die Griechen jedoch ist es das typische paradoxe Bild des Frauenhelden, der von der Frauenwelt verdorben wurde.[46]

Die Männer, deren Leidenschaften dem männlichen Geschlecht zugewandt waren, brauchten nicht zu Exzessen der Gesetzlosigkeit und der Perversität Zuflucht zu nehmen, um erkannt zu werden. Misgolas, der sich mit seiner besonderen Vorliebe für Kitharaspieler in Reden und Komödien einen Namen machte, ist uns schon begegnet. Zu denen, die bei späteren Generationen im Ruf standen, der Knabenliebe gefrönt zu haben, gehören auch Alexander und Sophokles. Letzterer erwarb sich seinen Ruf durch Geschichten, die schon zu seinen Lebzeiten die Runde machten. Er kommt in dem sonderbaren Werk *Reisebilder* (*Epidemiai*) des Ion von Chios aus dem 5. Jahrhundert vor, ein Buch in Prosa, das Geschichten von berühmten Zeitgenossen erzählt, die sich in Chios aufgehalten haben, und von deren amüsanten Unterhaltungen bei den abendlichen Gastmählern. Unter diesen vornehmen auswärtigen Besuchern befand sich auch Sophokles, dessen Verführungstechniken in einem langen Fragment beschrieben werden: »Der hübsche Mundschenk erschien und stand mit rotem Gesicht beim Feuer. Sophokles war sichtlich erregt und sagte: ›Willst du, daß ich meinen Wein mit Genuß trinke?‹ Der Junge nickte. ›In diesem Fall, nimm dir Zeit beim Füllen meiner Schale und ziehe dich nicht allzu schnell zurück.‹« Der Junge errötete so sehr, daß seine Gesichtsfarbe ein noch tieferes Rot annahm, was die gelehrte Gesellschaft zu einer Betrachtung über Farbenterminologie anregte. Schließlich wandte sich der Dichter wieder seinem Opfer zu. Er bat den Jungen, etwas Weinsatz, der in seiner Schale zurückgeblieben war, wegzublasen, wobei er, während der Junge vornübergebeugt dastand, die Schale stetig näher an seine Lippen brachte. Als ihre Münder auf gleicher Höhe waren, stieß er nach vorn und gab ihm einen Kuß. Ein späterer Schriftsteller erzählt eine andere Geschichte über die sexuellen Eskapaden des Sophokles. Er trieb es mit einem Jungen außerhalb der Stadtmauer, und als sie fertig waren, rannte der Junge mit dem feinen Überkleid, das sie als Decke benutzt hatten, davon. Es wird berichtet, Euripides habe ihn wegen des Vorfalls verspottet und behauptet, Sophokles sei ob seiner »Unbeherrschtheit« (*akolasia*) mit Verachtung gestraft worden.[47]

Ebenfalls ein Kuß mußte dafür herhalten zu zeigen, daß Alexander homosexuellen Begierden verfallen war. Dikaiarchos, ein Schüler des Aristoteles, behauptete, Alexander habe sich in einem Theater vor aller Augen liebkosend über seinen Freund, den Eunuchen Bagoas, gebeugt, und als das Publikum ihm Beifall klatschte, beugte er sich noch einmal vor und küßte ihn.[48] Diese Geschichten muten, besonders im Vergleich zu den Taten der *moichoi*, eher als sanfte Äußerungen der Unbeherrschtheit an. Es ist schwer zu verstehen, wie gerade diese Beispiele des Sophokles oder Alexanders eine besondere Art der leidenschaftlichen Besessenheit demonstrieren sollten, aber vielleicht waren es ja erst spätere Generationen, die sie in diesem Sinn interpretierten. Andererseits passen sie recht gut zur Formel des Aristoteles von der sexuellen Zügellosigkeit mit den falschen Personen, zur falschen Zeit und am falschen Ort.

Katapygōn und kinaidos

Keiner von denen, die sich den Begierden ergaben, rief mehr Empörung hervor als jene Sorte sexuell Verkommener, die abwechselnd *katapygōnes* oder *kinaidoi* genannt wurden, wobei die zweite Bezeichnung offensichtlich seit Beginn des 4. Jahrhundert dasselbe semantische Feld wie die erste belegte. Wie die Ehebrecher waren sie an ihrer Vorliebe für feine, verführerische und weibische Kleidung leicht zu erkennen. Ein Mann, der das Pech hatte, in Syrakus aufgeputzt und in »ausgesuchter« oder »auffälliger« Kleidung erwischt zu werden, hatte, wie wir uns erinnern, die Wahl, entweder als *moichos* oder als *kinaidos* zu gelten. Desgleichen stützt Aischines, wenn er für einen Augenblick von seiner langen Attacke auf Timarchos ausruht und sich dessen Förderer Demosthenes zuwendet, seine Anklage mit Anspielungen auf die ausgesuchte Kleidung des Redners, anstatt ihn der *kinaidia* und der Verweichlichung zu zeihen: »Wenn dich jemand aus deinen entzückenden Tüchern und dem weichen kleinen Chiton darunter wickelte, diesen Kleidern da, die du trägst, während du Reden gegen deine Freunde schreibst, und wenn er sie dann unter den Geschworenen von Hand zu Hand gehen ließe, ich glaube, sie könnten nicht sagen, ob sie Männer- oder Frauenkleider in den Händen hielten.« Auch der *katapygōn* scheint im 5. Jahrhundert für solche auffällige Kleidung bekannt gewesen zu sein. Deshalb vergleicht eine Komödienfigur in einem glänzenden Stück mit metaphorischen Wortspielen die Tragödien des Euripides mit überwürzten Speisen; »das ist alles *katapygosynē*«, sagt er, »verglichen mit einem richtigen Stück Fleisch.« Ein anderer Tragöde, der hervorragende Agathon, treibt die übervornehme Einkleidung noch eine Stufe weiter und erscheint in Aristophanes' *Thesmophoriazusen* in Frauenkleidern. Euripides, wegen seiner Misogynie in Schwierigkeiten geraten, bittet ihn, in das nur den Frauen vorbehaltene Thesmophorenfest einzudringen und den Ärger der Frauen mit einer Verteidigungsrede zu besänftigen. Seine freundliche Weigerung bringt ihm einen scharfen Angriff von Mnesilochos, einem Verwandten des Euripides, ein, der ihn einen *katapygōn* nennt.[49]

Wie beim *opsophagos* war es leichter, einen *katapygōn* zu erkennen als genau zu bestimmen, was ihn zu einem machte. Es gibt jedoch keine ausufernde antike Debatte über die Bedeutung von *katapygosynē* wie jene über *opsophagia*. Trotzdem hat diese Unklarheit Altertumswissenschaftler nicht davon abgehalten, sich des Falles anzunehmen und ihn in ihrem Sinn zu entscheiden. Der *katapygōn/kinaidos* ist »der passive Homosexuelle«, jenes eigenartige Tier. Der Konsens geht ursprünglich auf einige zufällige antike Hinweise zurück, in Verbindung vielleicht mit zählebigen modernen Vorurteilen über das sexuelle Verhalten effeminierter Männer, wurde jedoch durch neuere Forschungen und deren Befund, aus dem hervorgeht, daß die athenische Gesellschaft eine überwiegend »phallokratische« gewesen sei, erheblich bestärkt. Unter dieser »Herrschaft des Phallus« gab es keine Sexualität um ihrer selbst willen, sondern nur das, was ein Wissenschaftler als »ein mehr oder weniger allgemeines Ethos der Penetration und Unterwerfung« bezeichnet, »ein soziokultureller Diskurs, der durch Anwesenheit oder Abwesenheit seines zentralen Begriffs, des Phallus, strukturiert wird«. Die Menschen wurden sexuell nicht nach dem Geschlecht der Person, mit der sie Verkehr hatten, sondern nach der Rolle, die sie dabei übernahmen, typologisiert, denn Sex brachte in der antiken Welt die Menschen nicht zusammen, sondern trennte sie. Liebende betrachteten sich beim Liebesakt wie durch eine unüberbrückbare Kluft getrennt: »Die ›aktive‹ und dominante Rolle war stets mit positiven Werten besetzt«, behauptet Michel Foucault, »auf der anderen Seite mußte einem der Partner beim Geschlechtsakt die passive und unterlegene Rolle zugewiesen werden.« Die Penetration wird demnach als absolut zentrale Angelegenheit betrachtet, die nicht nur den Bereich sexueller Beziehungen, sondern die gesamte antike Gesellschaft Athens oder ganz Griechenlands beherrscht. Den *katapygōnes/kinaidoi* wird nach dieser Theorie »entsprechend dem Protokoll, das Penetrierende und Penetrierte auseinanderhielt, automatisch unterstellt, daß sie von anderen Männern penetriert werden wollten, und ihnen die weibliche Rolle zugeteilt«. Diese sexuelle Vorliebe hatte auch außerhalb des sexuellen Bereichs große Auswirkungen: »Da sexuelle Aktivität als Nullsummen-spiel angelegt ist – der erbarmungslose Zusammenschluß von Ge-winnern und Verlierern –, ist der *kinaidos* ein Mann, der verlieren möchte.«[50] Kein Wunder, daß solche Naturen Abscheu einflößten.

Man geht wohl nicht fehl mit der Feststellung, daß diese Theorie übertrieben ist und nicht nur ein vereinfachtes und schematisches Bild der Gesellschaft von Athen zeichnet, sondern auch eines, das zu erheblichen Mißverständnissen verleitet. Macht wurde oft mit Be-griffen des Geschlechts belegt, aber es war eine subtile und kompli-zierte Beziehung, in der Werte wie Liebe, Austausch von Geschen-ken, Begehren und Hingabe ineinander verwoben waren, und nicht ein bloßes »Nullsummenspiel«, das der Penetrierende immer ge-wann. Tatsächlich gibt es in der klassischen Epoche wenig Anhalts-punkte für eine Sprache der sexuellen Aggression und der Unterwer-fung. Ein oder zwei Graffiti kann man vielleicht als Penetrationsdro-hung ansehen, solche Beispiele waren jedoch selten und meist mehr-deutig. Der Gegensatz zu anderen Epochen und Kulturen, selbst zu einer, die so nahe ist wie die römische, ist erstaunlich.[51] Die Athener beschimpften sich nicht mit »Fick dich ins Knie« und ähnlichem, und es kam wohl kaum vor, daß ein unterlegener Wettkämpfer, ein besiegtes Heer oder ein übervorteilter Händler von sich sagte, er wäre »in den Arsch gefickt« oder »abgewichst« worden. Da es an Be-stätigung in den Texten mangelt, wurde mancher Hinweis, der die Theorie stützen sollte, aus der bildenden Kunst, insbesondere von Vasenbildern, abgeleitet, die als stumme Gebilde von Experten in aufschlußreiche Geschichten über sexuelle Unterdrückung umge-modelt werden können. Kenneth Dover brachte in seinem Werk über griechische Homosexualität den Stein ins Rollen: »Die Frau nimmt fast ausschließlich eine ›untergeordnete‹ Position ein, der Mann eine ›übergeordnete‹; die Frau ist vornübergebeugt, liegt auf dem Rücken oder wird getragen, der Mann steht aufrecht oder liegt oben.« Dover bringt Beispiele aus der Anthropologie, aus den altis-ländischen Sagen, aus dem italienischen Sprachgebrauch des »*incu-lato*« (»in den Arsch gefickt«) zur Bezeichnung einer besiegten Fuß-ballmannschaft, aus John Boormans Film *Deliverance* und dem Ver-halten von Primaten, um seine Lesart der Bilder zu stützen und zu zeigen, daß Penetration, besonders Penetration von hinten, weltweit in dieser Form interpretiert wird. Andere halten nicht einmal dieses vergleichende Material für nötig. Der Symbolgehalt von Macht und Unterwerfung geht mit der Anordnung der Körper einher: »Sicher-lich erlaubt die Stellung, die ein Eindringen von hinten darstellt, dem Maler zu zeigen, daß die Frauen unpersönlich, als pure Sexinstrumente, gebraucht werden, deren Gefühle und Reaktionen für den männlichen Liebhaber unerheblich sind.«[52]

Besagte nach vorn gebeugte Stellung mit Penetration von hinten ist natürlich *kybda*, die Drei-Obolen-Stellung der Prostituierten am unteren Ende der Preisskala. Auf diese Stellung gibt es viele Anspielungen in der Literatur, die helfen könnten, ihre Bedeutung zu erhellen. Sie weisen darauf hin, daß sie, neben billigem Sex, auch mit stehend im Freien praktiziertem Geschlechtsverkehr (im Englischen auch *knee-trembler* genannt) oder mit kurzem ehebrecherischem Genuß, während der Ehemann schläft, in Verbindung gebracht wurde und nicht mit Unterwerfung. Diese Hinweise aus der Literatur erklären auch einige Darstellungen von rektaler Penetration auf den Vasen. Daß Männer darauf oft noch die Schuhe anhaben, auf anderen mit Stock und dem Überkleid auf dem Arm ausgestattet sind, kann ebenfalls als Anspielung auf die Hast einer Hintertreppengeschichte oder einer Bordellszene interpretiert werden.

Allerdings gibt es eine Vase, die eindeutig die Beziehung zwischen Penetration und Macht zu zeigen scheint. Es handelt sich um die sogenannte Eurymedon-Vase, ein schwarzlasiertes, rotfiguriges Gefäß wahrscheinlich aus dem zweiten Viertel des 5. Jahrhunderts. Darauf abgebildet sind zwei Figuren, auf jeder Seite eine, und zwischen ihnen ist eine Schrift zu sehen. Eine der beiden Figuren, bis auf einen offenen Überwurf nackt, hält ihren halberigierten Penis in der Hand und schreitet auf den Mann auf der anderen Seite zu, der einen eng am Körper anliegenden orientalischen Anzug und einen Köcher am Arm trägt. Diese Figur steht vornübergebeugt da und wendet ihr bärtiges Gesicht dem Betrachter frontal zu, wobei sie ihre Hände zu beiden Seiten ihres Kopfes erhebt, als ergäbe sie sich. Unterhalb des Ausgusses der *oinochoē* verläuft eine Inschrift vom Kopf des Schreitenden zum Fuß des Stehenden. Sie ist schlecht zu lesen, scheint aber zu besagen: »Ich bin Eurymedon und stehe vornübergebeugt«. Kaum hatte die Vase wissenschaftliche Aufmerksamkeit erregt, wurde dies auch schon als ein Hinweis auf die Schlacht von Eurymedon in den sechziger Jahren des 4. Jahrhunderts gedeutet, in der der trinkfreudige Kimon lange genug nüchtern war, um die Athener zu einem glänzenden Sieg über die Perser zu führen. Die Vase soll »eine spezielle Form des Triumphs« darstellen oder, um mit Dovers etwas bodenständigeren Worten zu sprechen: »Sie verkündet: ›Wir haben die Perser in den Arsch gefickt.‹«[53] Die These wurde von der klassischen Altertumswissenschaft weitgehend akzeptiert – der Name Eurymedon, die asiatische Bekleidung und das ungefähr zutreffende Datum bedeutete für viele mehr als nur Zufall; aber sie hält einer genauen Prüfung nicht stand. Gloria Ferrari Pinney kam bei einer Untersuchung der Vase zu der Überzeugung, daß ganz ohne Zweifel der »Sachverhalt für die patriotische Deutung wenig hergibt«. Als erstes ist schon der Zusammenhang sonderbar. Was hat die Szene auf einem Weinkrug zu suchen? Außerdem sieht der Mann, der seine Männlichkeit in der Hand hält, mehr wie ein Reisender aus. Er ist nicht der typische Angehörige des athenischen Heeres; er ist nicht einmal ein Soldat, der Mann auf der anderen Seite nicht unbedingt ein Perser. Eigenartig auch, daß der Künstler so viel Raum zwischen den zwei Gestalten ließ. Wenn es sich um einen Triumph handelt, warum wird dann nicht der Augenblick der Penetration, der triumphale Akt selbst gezeigt? So wie die Dinge liegen, könnte die Aussage der Vase höchstens bedeuten: »Wir hoffen sehr, die Perser in den Arsch zu ficken.« Der erdrückendste Beweis jedoch ist der Name Eurymedon selbst. Die Schlacht trug den Namen nach einem Fluß, und Flüsse waren den Griechen heilig. Es wäre sehr befremdlich, wenn der Ort einer Schlacht mißbraucht würde, und erst recht vollkommen unerklärlich, wenn der Ort eine Gottheit ist. Auch wenn es zahlreiche antike Machtdarstellungen sowie Darstellungen von Schlachten und Eroberungen in Malerei wie Bildhauerkunst gibt, so ist diese Vase doch recht eigenartig. Für die obige Deutung gibt es weder Parallelen noch einen symbolischen Zusammenhang, sie bietet daher den Vorurteilen des späten 20. Jahrhunderts weidlich Gelegenheit, sich in die Entzifferung einzuschleichen.[54] Die Eurymedon-Vase ist der klassische Fall eines antiken Kunstwerks, das auf den ersten Blick ganz klar erscheint, bei näherer Überprüfung sich jedoch als weit komplizierter und mysteriöser entpuppt. Als Zeuge einer Verbindung von Penetration und Macht ist sie meines Erachtens fehl am Platz, zum Thema *katapygōn* hat sie freilich eine Menge zu sagen.

Obwohl es einige Anhaltspunkte dafür gibt, daß manche *katapygōnes* sich gern penetrieren ließen – Agathon zum Beispiel wird dessen in den *Thesmophoriazusen* verdächtigt –, besagt dies nicht, daß es diese heimliche Vorliebe war, die sie als solche definiert hätte. Dover versucht die Verbindung mit einer recht eigenartigen Textstelle in den *Rittern* des Aristophanes herzustellen, wo der Wurstverkäufer es für ein gutes Omen seiner Initiation zum Politiker hält, daß »ein männlicher *katapygōn*« zu seiner glückbringenden Rechten einen mächtigen Furz ließ. Dover hält dies nun für eine Bestätigung: »Die Anatomie des Anus wird durch gewohnheitsmäßiges Arschficken verändert, und es gibt moderne Witze, die (zu Recht oder Unrecht) davon ausgehen, daß der Klang der Fürze von diesen Veränderungen betroffen wird.« Vielleicht ließen sich ja einige schwache Gründe für diese ungewöhnliche Schlußfolgerung finden, wenn denn Aristophanes den Blähungen des *katapygōn* eine besondere verräterische Klangfarbe verliehen hätte. Im Text gibt es aber keinen Anhaltspunkt dafür, daß der *katapygōn* den Blicken entzogen war, und schließlich erkannte man solche Männer zuallererst und besonders an ihrem Auftreten. Außerdem beugt sich der Wurstverkäufer als Antwort auf das günstige Omen unverzüglich vornüber und deutet damit an, von hinten gefickt zu werden. Der erste Kandidat für eine »aktive, positive, männlich penetrierende Rolle« wäre hier also der weibische *katapygōn* selbst.⁵⁵

Tatsächlich scheint der Begriff *katapygōn* ein sehr breites Bedeutungsspektrum gehabt zu haben. Er wurde auf Frauen und bestimmte Tierarten wie Mäuse, sogar auf Fische wie den Lippfisch angewendet. Dover ist sich dessen sehr wohl bewußt, behauptet aber, daß das Wort zu einer bedeutungslosen Beleidigung wurde, als ob von dem ursprünglich Penetrierenden nur noch dessen Erniedrigung übriggeblieben wäre: »Zumindest zur Zeit des Aristophanes, und vielleicht auch schon viel früher, hatten die Begriffe keine spezifischere Bedeutung mehr als ›Arschloch‹ in der heutigen Umgangssprache. ›Ratte‹ und ›Sau‹ sind vielleicht die geläufigsten Entsprechungen.« Für diejenigen, denen es schwerfällt zu verstehen, warum eine Komödienfigur Fische und kleine Säugetiere mit sinnlosen Beleidigungen eindecken sollte, käme vielleicht, nach Konsultation des Liddell-Scott-Wörterbuchs, eine andere Bedeutung für *katapygōn* in Frage, die Dover nicht beachtete: »lüstern«, »geil«. Weder ist sie so spezifisch wie »ein Mann, der sich analer Penetration hingibt« noch so allgemein wie »Sau«, und sie hat den Vorteil, manchen Textstellen Sinn zu verleihen. In *Lysistrate* zum Beispiel wendet sich die findige und namengebende Heldin, als sie sich mit der Revolte der anderen Frauen, die lieber »durchs Feuer gehen« wollten als auf Sex zu verzichten, konfrontiert sah, ärgerlich mit folgenden Worten an diese: »Oh, durch und durch verbuhlt [*katapygōn*] ist dies Geschlecht!« Entsprechend der Penetration-Unterwerfungstheorie heißt das entweder »Was für eine ganz und gar verfickte Bande wir doch sind!« oder, in Dovers Version: »Was für ein jämmerliches, verdammtes Pack wir Frauen doch sind!« Lassen wir jedoch den Phallozentrismus beiseite und schauen einmal ins Griechischwörterbuch, dann wird die Bedeutung plötzlich klar und paßt haarscharf zum Thema der weibli-

chen sexuellen Zügellosigkeit: »Was für eine Bande von Nympho-
maninnen wir doch sind, ein richtig geiler Haufen!«, wie Alan Som-
merstein übersetzt.[56]

Es scheint also klar, daß die Lebewesen, die als *katapygōn* bezeichnet wurden, nicht allgemein für ihr Verlangen nach analer Penetration beleidigt werden sollten, noch wurden sie daran erkannt. Sie
verrieten sich durch ihre Lüsternheit und Promiskuität. Mäuse seien
die allerlaszivsten Kreaturen, behauptete Älian und zitierte Kratinos
als Zeugen für ihre »*katapygosynē*«, und Lippfische ließen noch nicht
einmal vom Geschlechtsverkehr ab, wenn sie gefangen würden,
meint Apollodoros (nicht der Redner), so daß sie »für die Alten« zu
Archetypen der »Zügellosigkeit« und »Verworfenheit« wurden.[57] Ein
katapygōn ist demnach im allgemeinen ein Geschöpf – Tier oder
Mensch, Mann oder Frau –, das schrankenlosen Geschlechtsverkehr
pflegt. Manchmal wird der Begriff allerdings in einem breiteren Sinn
verwendet und meint dann *akolasia* überhaupt oder den Mangel an
Selbstbeherrschung. Aristophanes' erstes Stück, *Die Zecher*, das nur als
Fragment erhalten ist, behandelte das Schicksal zweier Brüder, von
den der eine *sōphrōn*, selbstbeherrscht, der andere *katapygōn*, nicht
eine »alte Sau« oder ein »Arschficker«, sondern »ein gänzlich Verwor-
fener« war. Es ist immer schwierig, sichere Aussagen über Stücke zu
machen, die nur fragmentarisch erhalten sind, doch zeigte sich die
katapygosynē des *katapygōn*-Jüngers nicht im passiven Analverkehr,
sondern in einer durchgängig lasterhaften Lebenshaltung. Er brach
die Schule ab und lernte statt dessen »zu trinken und unanständige
Lieder zu singen, syrakusische Feste zu feiern sowie sybaritisches Luxusleben und Wein aus spartanischen Bechern« kennen. Diese weite
Auslegung von *katapygosynē* trägt dazu bei, den Sinn einer Textstelle
aus den *Acharnern* zu erhellen, welche die Kommentatoren häufig
in Erstaunen setzte. Ein dekadenter Gesandter berichtete aus Persien, daß »die Perser nur Vielfraße und schwere Trinker für Männer von Bedeutung hielten«, und Dikaiopolis bemerkt dazu: »Und
wir [halten solche gewaltigen Schlemmer] für Schwanzlutscher und
katapygōnes.«[58]

Kinaidos scheint *katapygōn* irgendwann im 4. Jahrhundert verdrängt zu haben. Obwohl der Begriff unter den Römern und in der
europäischen Renaissance ein langes Nachleben haben sollte, war er
in der klassischen Zeit doch viel seltener als *katapygōn*, nicht weil es
so lange dauerte, bis er sich allgemein durchsetzte, sondern weil die
rhetorischen und philosophischen Werke, die den überwiegenden
Teil der erhaltenen Literatur des 4. Jahrhunderts ausmachen, in ihrer

Wortwahl weit sorgfältiger waren als Aristophanes, dessen Stücke vor dem neuen Terminus geschrieben waren. Soweit wir erkennen können, richten sich die zwei Begriffe jedoch auf einen vertrauten Zusammenhang: Verweichlichung, Nymphomanie und völlige Hingabe an den Genuß. In Platons *Gorgias* taucht das Wort wahrscheinlich zum erstenmal auf. Sokrates diskutiert mit Kallikles über die Natur der Begierde und ihre Erfüllung. Kallikles verteidigt das Streben nach Genuß. Sokrates versucht ihn dazu zu bringen, seine Meinung zu ändern, indem er den Bereich des Genusses im Genußsuchenden mit einem Krug, der dauernd leckt, vergleicht. Kallikles ist nicht überzeugt. Sokrates holt weiter aus und vergleicht das Leben des Selbstbeherrschten mit dem des Unbeherrschten: Der erstere hat gute Behälter, die er aus den wenigen, ihm zur Verfügung stehenden Vorräten mit Milch, Honig und Wein auffüllt; der andere hingegen hat Gefäße, die lecken, und ist Tag und Nacht damit beschäftigt, sie wieder aufzufüllen, und leidet Höllenqualen, hört er je damit auf. Welcher von beiden führt nun ein glücklicheres Leben? Noch immer gibt Kallikles keine zufriedenstellende Antwort. Er meint, daß der Mann, dessen Gefäße gefüllt wären, keinen Genuß mehr habe und das Leben eines Steines führe. Für ein genußvolles Leben muß es einen mächtigen Zustrom geben. In diesem Fall, sagt Sokrates, allmählich ärgerlich werdend, brauchst du einen entsprechend mächtigen Ausfluß, vielleicht wie jener Raubvogel, der gleichzeitig frißt und scheißt. Er fügt noch einige andere Beispiele hinzu: Wenn du das Leben eines Mannes nimmst, der andauernd hungrig ist und essen muß, oder eines Mannes, der andauernd durstig ist und trinken muß, oder »eines, den es andauernd juckt, und der sich dauernd kratzt, bis er sich das Herz aus dem Leibe kratzt, und der sein ganzes Leben mit Kratzen verbringt; sag mir, ob der glücklich genannt werden kann?« Kallikles bleibt ungerührt. Sokrates holt zum letzten Schlag aus: »Wie denn? Ist das Äußerste dieser Dinge, das Leben des *kinaidos*, nicht eine erschreckende und beschämende Neigung?« Die Kommentatoren haben über die Stelle gestritten, aber es scheint doch klar, daß Platon meint, was er sagt. Der *kinaidos* ist das Beispiel schlechthin für Unersättlichkeit, für das nimmer befriedigte Verlangen des Mannes, der sich kratzt und kratzt, ein Verlangen, das nicht nur sein Geschlechtsleben, sondern sein ganzes Dasein beherrscht. Das Leben der *kinaidoi* ist *to kephalaion*, »das Paradigma«, für ein Leben des immerwährenden Genusses, des leckenden Gefäßes, es ist das Beispiel schlechthin für hemmungslose Gier.[59]

Verschiedene Wissenschaftler haben den Versuch unternommen,

eine Moral, in der das Wichtigste darin besteht, Penetration zu vermeiden, mit einer solchen zu versöhnen, deren Hauptanliegen die
Notwendigkeit der Selbstbeherrschung ist. Foucault, dem man vorgeworfen hat, in seiner Mentalitätsgeschichte den »Experten« zu
wenig Aufmerksamkeit geschenkt zu haben, scheint ihnen an diesem
Punkt mehr Aufmerksamkeit geschenkt zu haben, als sie verdienen.
In seinem ganzen Werk über das antike Griechenland hebt er die Bedeutung der *enkrateia*, der Selbstbeherrschung, bei der Konstruktion
der Geschlechtlichkeit hervor und steckt willkürlich den Bereich ab,
wo sie mit dem Diskurs von Wahrheit und Meinung zusammen-
trifft. Unglücklicherweise versucht er dieses Modell mit dem Pene-
tration-Macht-Schema zu versöhnen, das er von hervorragenden
Vertretern der klassischen Altertumswissenschaft wie Kenneth
Dover und Paul Veyne übernommen hat, und tischt die bizarre Vorstellung von der ethischen Passivität wieder auf: »Für die Griechen
[ist] der Gegensatz zwischen Aktivität und Passivität wesentlich und
entscheidend für den Bereich der sexuellen Verhaltensweisen wie für
den der moralischen Haltungen … was in den Augen der Griechen
ethische Negativität schlechthin darstellt, ist nicht, daß man beide
Geschlechter liebt; auch nicht, daß man sein eigenes Geschlecht dem
anderen vorzieht, sondern daß man in den Lüsten passiv ist.« Obwohl
der Ehebrecher also eine sexuell aktive penetrierende und männliche
Rolle verkörpert, wird dies durch seine Passivität im Genuß, die ihn
als effeminiert zeichnet, wieder aufgehoben. Vielleicht mag man ja
noch bereit sein, diese Spitzfindigkeit zu schlucken und all das, was
für die Penetration geltend gemacht wurde, zu vergessen und zuzugestehen, daß eine metaphorische Penetration am Ende womöglich
wichtiger sei als die eigentliche – wenn denn die Griechen von »Pe-
netriertwerden aus Lust« gesprochen hätten, was sie aber, soweit uns
bekannt ist, nicht taten. Darüber hinaus sieht sich Foucault, um seine
Theorie aufrechterhalten zu können, gezwungen, eine Versöhnung
zwischen zwei durchweg unterschiedlichen ethischen Modellen her-
beizuführen. Das eine ist ein im wesentlichen einsamer Kampf des
Subjekts oder der Seele gegen die weltlichen und fleischlichen
Genüsse; das andere eine zutiefst bipolare Struktur, bei der die passive Rolle vom aktiven begehrenden Subjekt abhängig ist, in der also
die untergeordnete Rolle mit ihrer ethischen Negativität in diesem
»Nullsummenspiel«, welches der Geschlechtsakt ist, erst geschaffen
wird.[60] Was spielt nun die Rolle des penetrierenden aktiven Subjekts,
das den *moichos* zum Weib macht? Die Ehefrauen und Töchter, die er
verführt? Der Rettich? Und welches aktive Subjekt schwingt seinen

symbolischen Phallus, um den *opsophagos* beim Genießen passiv werden zu lassen? Der Thunfisch, die Meerbrasse oder der Fischhändler? Die Anhänger des Phallozentrismus sollten, bevor sie sich noch weiter in solche Absurditäten verrennen, ihre Prämissen überprüfen. Die Kerben an seinem Bettpfosten brachten der fragilen Männlichkeit des *moichos* gar nichts ein. Für Penetration vergaben die Griechen keine Punkte. Sie sahen keine Kluft zwischen dem Verlangen zu penetrieren und dem Verlangen, penetriert zu werden, und sie ordneten sicherlich nicht die gesamte Gesellschaft, geschweige denn die ganze Welt nach einem Koitusschema. Die ganze Theorie ist eine schlichte Projektion unserer eigenen schlechten Träume von der Geschlechtlichkeit auf die Ebene einer ganz anders gearteten Kultur.

Platons *kinaidos* ist mithin ganz aus eigenem Antrieb zügellos. Es braucht keinen aktiven Penetrierenden, um ihn passiv oder unmännlich werden zu lassen. Er spielt nicht eine Rolle, sondern er lebt einfach so. Es ist seine Natur. Theoretisch könnte er eine auf einer verlassenen Insel gestrandete Jungfrau sein, er wäre dennoch ein *kinaidos*. Wenn es eine Verbindung zwischen Unmännlichkeit und Sexualität gibt, so besteht sie nicht in der Passivität, sondern in der Unersättlichkeit. Die Stellung der Penetration von hinten wird in der Literatur, wie wir gesehen haben, als schnell, billig und leicht zu haben gehandelt, ein *pornikon schēma*, das sich für Ehebrecher wie Prostituierte eignet. Wenn sich Männer selbst in diese Lage brachten, so ist dasselbe damit gemeint, nämlich daß einer es mit jedem treibt, die männliche Version der Nymphomanin also, die nur auf sexuellen Genuß aus ist. Später, in hellenistischer Zeit, wird diese Stellung in physiologischer Terminologie behandelt. Frage 26 im 4. Buch der *Problemata* wendet sich denen zu, deren Natur »wie die der Frauen« ist, und entwirft ein Modell, das demjenigen von Platons leckendem Gefäß diametral entgegengesetzt ist – am Ende jedoch auf dasselbe hinausläuft. Der Verfasser erklärt, wie die sexuelle Lust in den Zonen des Unterleibs, die von Feuchtigkeit und Samen angeschwollen sind, entsteht.[61] Durch die Ejakulation werden diese Flüssigkeiten befreit, doch sind bei manchen Männern die Wege zu den Hoden blockiert, so daß die Flüssigkeit statt dessen in den Bauch fließt. Dies kann bis zu einem gewissen Grad auch denen widerfahren, die sich in übertriebenem Maß dem Geschlechtsverkehr hingeben, bei denen jedoch, die von Natur aus effeminiert sind, ergießt sich alle Feuchtigkeit in diese Region. Deren Verlangen kann niemals Erleichterung finden und wirklich besänftigt werden, »weshalb diese auch unersättlich

[*aplēstoi*, wörtl. »unauffüllbar«] sind, gerade so wie Frauen«. Der ef-
feminierte Mann der *Problemata*, entweder von Natur oder aus Gewöhnung Produkt abnormaler Triebe, ist für den modernen Süchtigen die naheliegendste Sache der Welt.[62]

Andere Bezeichnungen für diese sexuell Abartigen können auf
dieselbe Art und Weise aufgeschlüsselt werden. Sehr verbreitet sind
lakkos, Zisterne, *lakkoprōktos*, Zisternenarsch, einer, der mit einem
von Zuflüssen und Rohren unentwegt wieder aufgefüllten Behälter
verglichen wird, Bild einer »bodenlosen Schuld«, wenn auf den verschwenderischen Sohn in den *Wolken* oder die wahllose Promiskuität
des Politikers Timarchos gemünzt, der bald darauf angeklagt wurde,
sein Leben als gemeiner Prostituierter zu fristen. *Molgos*, der Wein-
schlauch aus Ochsenhaut, war ein weiterer, in der Komödie ge-
bräuchlicher Ausdruck für sexuellen Mißbrauch. Unter Aufwand
beträchtlicher Erfindungskraft behaupten die Phallokraten, dies
komme daher, weil die Haut eines wiederholt Penetrierten irgendwann wie Leder aussehe, dem antiken Kommentator Pollux zufolge
jedoch aufgrund eines unerschöpflichen Fassungsvermögens (*aplē-
ston*). Ein weiterer Begriff ist *euryprōktos*, Klaffarsch, ein Favorit bei
allen, die glauben, Penetration sei das Wichtigste in der Sexualität
der Antike. Diese und andere Bezeichnungen beziehen sich jedoch
auf Dekadenz und Verweichlichung im allgemeinen, auf modische
junge Männer mit langen Haaren wie der als Frauenheld bekannte
Alkibiades im besonderen. In den *Wolken* spielt Aristophanes mit der
wörtlichen und der herkömmlichen Auffassung des Begriffs. Der
»Anwalt der schlechten Sache« prahlt damit, daß seine Sophisterei
selbst einen Ehebrecher zum Freispruch verhelfen könne: Wenn sich
selbst Zeus dem Eros beugen muß, wie soll da ein Sterblicher noch
widerstehen können? Sein Gegenspieler verlangt zu wissen, mit welchem Argument er seine verkommenen Studenten davor bewahren
will, »Klaffärsche« zu werden, wenn ihnen dafür, daß sie seinem Rat
folgen, »der Rettig im Arsche brennt«. »Ist er ein Klaffarsch, ei, was
schadet's ihm?« sagt der Anwalt der schlechten Sache und macht sich
daran, Anwälte, Tragiker, Demagogen und schließlich das gesamte
Athener Publikum als *euryprōktoi* zu bezeichnen. Der Anwalt der
guten Sache prüft das Publikum und stellt fest, daß der andere recht
hat. Er gibt auf und verläßt die Bühne. Hier wird wahrscheinlich auf
passive Homosexualität und Ehebruch, auf Effeminiertheit, Leichtgläubigkeit und Gier angespielt. Und obwohl es sicherlich nicht nur
um Penetration geht, ist häufige Penetration symptomatisch für Unersättlichkeit. Auch hier muß man sich vor anachronistischen

Schlußfolgerungen hüten. Offenbar ist nicht einmal der *euryprōktos* ein passives Objekt. »Ich kann das Volk sich ausdehnen und zusammenziehen lassen«, prahlt der Paphlagonier, einer der *euryprōktoi*-Demagogen, in den *Rittern.* »Den Trick kennt mein Arsch auch«, erwidert grob sein Rivale, der Wurstverkäufer.[63] Im Geschlechtsleben der Antike war der »passive« Partner bestimmt nicht inaktiv. Er oder sie war kein Lustobjekt oder Instrument von jemand anderem, nicht irgendein nahtloser Körper zum Durchbohren, sondern jemand, der mitmacht und sich nur zu gern dem Genuß öffnet.

Dies führt uns zum eigentlichen Kern des Mißverständnisses, auf dem die Macht-Penetrations-Theorie beruht. Die moderne Sichtweise auf Sexualität, welche sich unter allen möglichen Perspektiven auf Penetration konzentriert, die Sexualpartner in Penetrierende und Penetrierte scheidet und den Geschlechtsakt als Beherrschung, Aggression und Unterwerfung interpretiert, enspricht nicht einem Verständnis, das Sexualität als etwas Natürliches und allgemein Menschliches ansieht, sondern einer spezifischen Auffassung über die Liebe, Ergebnis einer langen wechselhaften westlichen Tradition. Sexualität hat seit der klassischen Antike großes Interesse geweckt, Ängste ausgelöst sowie Wissen und Reformen befördert. Es wäre erstaunlich, wenn alle diese ideologischen Bewegungen unsere heutige Sicht auf Sexualität am Ende nicht grundlegend verändert hätten. Hier ist nicht der Ort, auf Einzelheiten dieser Geschichte einzugehen, doch einige wichtige Stationen dieser Entwicklung mögen immerhin genannt sein: die wachsende Bedeutung der Vorstellung von der körperlichen Unversehrtheit in den ersten Jahrhunderten unserer Zeitrechnung, die in der christlichen Apotheose der Jungfräulichkeit Marias gipfelte und zu dem Bild eines intakten Körpers von makelloser Unberührtheit, bereit, Wunden, Narben und Perforationen zu empfangen, beitrug; die Überwachung der Körperöffnungen, die mit dem Versuch in der Rechtsprechung einhergeht, einstmals eher nebulöse sexuelle Delikte wie Sodomie, Analverkehr und Vergewaltigung zu definieren; die Propagierung der »Missionarsstellung« (eine ideologische Intervention ohnegleichen im Sexualbereich), die den Versuch unternimmt, menschlichen Geschlechtsverkehr von tierischem und zivilisierten von barbarischem zu scheiden, in Wirklichkeit die Aktivität des aktiven Partners und die Passivität des »passiven« betont und festschreibt; die vorherrschende viktorianische Auffassung von Sexualität, die allen penetrierten Körpern die Rolle von Lustobjekten, die selbst keine Lust empfinden, zuweist und selbst die Ehefrau als Sexualmärtyrerin sieht, die sich auf den Rücken legt, während ihr Gatte zur größeren Ehre Englands unaussprechliche Dinge mit ihr anstellt. Nach allen diesen Revolutionen unserer Ansichten über Sexualität wäre es in der Tat erstaunlich, wenn die Sprache eines italienischen Fußballfans oder die Szene aus einem Hollywoodstreifen als Modell dafür taugten, wie die Griechen im 5. Jahrhundert vor Christus über sexuelle Dinge dachten.

Besonders ein Einstellungswandel, nämlich die Auffassung von Sexualität als einem einseitigen Vergnügen, war bei der Erfindung der Penetration als Macht von wesentlicher Bedeutung, insofern er den passiven Partner zum lustlosen Objekt für die sexuelle Lust des anderen macht. Im 19. Jahrhundert wurde die Klitoris (ein griechisches Wort) und der weibliche Orgasmus wiederentdeckt oder wieder zur Sprache gebracht, Analverkehr jedoch wird, im Gegensatz zum vaginalen, nach wie vor als einseitiges Vergnügen und als zutiefst sadistisch und erniedrigend betrachtet. Es erstaunt daher kaum, daß die klassischen Altertumswissenschaftler anale Penetration in klassischer Zeit als Aggression und Machtausübung interpretiert haben. Aber im klassischen Athen wurden die Penetrierten nicht als willenlose Objekte zur Befriedigung der Lust eines anderen angesehen. Frauen legten sich sicherlich nicht auf den Rücken (oder beugten sich nach vorn) und harrten der Dinge, die mit ihnen angestellt wurden. Sie machten in vollen Zügen mit. Analverkehr war weder tierisch noch erniedrigend, sondern lustvoll. Selbst passive Anhänger des Analverkehrs wie der Wurstverkäufer, der seinen Arsch hinhält, machen mit und empfinden Lust, und zwar, wie die *Problemata* zeigen, nicht an sexueller Unterwerfung, sondern am Sex selbst, eine Lust, die sogar noch größer ist als die des penetrierenden Partners; eine Lust wie die der Frauen: ein lustvoller Kitzel ohne Ende. Der *kinaidos/katapygōn* ist kein durch wiederholte Erniedrigung entwürdigtes und beleidigtes sexuelles Opfer, sondern ein Nymphomaner, voll weiblicher Lust, der sich herausputzt, um Männer anzulocken, und jederzeit bereit zum Geschlechtsverkehr ist. So ist die Beschreibung des Aristophanes vom »Knaben des Kleisthenes«, der zwischen den Gräbern des Kerameikos vornübergebeugt den Arsch aufreißt, und dies ist ganz sicher die Botschaft von Timaios' Beschreibung des Agathokles, später Tyrann von Syrakus: »In seiner frühen Jugend war er ein gewöhnlicher Prostituierter [*pornos*], der zu allen Ausschweifungen bereit war, eine Dohle, ein Bussard, der seinen Hintern jedem, der wollte, entgegenstreckte.« Obwohl dies schon früher als Beweis für antikes phallokratisches Denken herangezogen wurde, macht Timaios deutlich auf die Promiskuität des Agathokles aufmerksam.

Ein Fischteller aus dem 4. Jahrhundert in Athen. Viele solcher Teller, Zeugnis griechischer Fischversessenheit, wurden vor allem in Süditalien gefunden. Der gemalte Fisch peinigte langsamere Esser mit Bildern davon, woran sich ihre schnelleren Nachbarn bereits erfreuten.

Innenseite einer Trinkschale von Exekias aus dem späten 6. Jahrhundert. Dionysos kann nicht gebändigt werden. Er füllt das Schiff seiner Entführer aus, und sein Wein umrankt den Mast. Ein rotes Meer von Wein schwappt über den Rand der Schale und bringt die Einfassung des Rundbildes zum Verschwinden.

Tondo auf einer Trinkschale aus dem 5. Jahrhundert. Ein Junge kauft Wein
in einer Taverne. An der Wand hängt ein Krug, hinter ihm sieht man die
Öffnung einer riesigen Zisterne (*lakkos*). Der *lakkos* wird mit Regenwasser
gefüllt, das zum Mischen des Weins benötigt wird; er ist jedoch auch ein
warnendes Symbol für unersättliche Begierden sexueller und anderer Art.

Ein Silbermedaillon aus dem
4. Jahrhundert, gefunden im
»Gebäude Z«, unmittel-
bar an der Innenseite
der Stadtmauer im
Kerameikos. Aphro-
dite reitet auf einem
Ziegenbock durch
den Nachthimmel,
während Luzifer,
der Morgenstern,
den Weg leuchtet.

Eine Parfümflasche aus
dem 5. Jahrhundert.
Einer verführerisch ge-
kleideten Frau nähern
sich ein Junge und ein
junger Mann, der Mee-
resfrüchte und Wildbret
als Geschenke bei sich
hat. An dieser Vase ent-
zündete sich der Streit
darüber, ob spinnende
Frauen Verführinnen
oder Verführte waren.

Ein gerippter *kōthōn*, der
sogenannte »Spartanische
Becher« oder Feldbecher.
Der Spartanerfreund Kritias
behauptete, daß die Rippen
als Schmutzfänger dienten,
wenn die Soldaten während
des Feldzuges Fluß- oder
Schmelzwasser trinken
mußten. Die Athener be-
nutzten ihn in der Regel,
um sich so schnell wie
möglich zu betrinken.

Eine andere Parfümflasche aus dem 5. Jahrhundert. Die »spinnende Hetäre« verhüllt sich schamhaft mit einem Schleier; ihr Wollkorb ist hinter dem Stuhl gerade noch sichtbar. Ein bartloser junger Mann unternimmt einen unverblümten Annäherungsversuch und bietet ihr Geld an.

Tondo auf einer früh-klassischen Schale. Diese »Hetäre« trägt eine Parfümflasche in der einen Hand und schaut nicht den Trinker an, sondern in einen Spiegel, den sie in der anderen Hand hält. Die Inschrift lautet: »Sie ist schön.« Ihren Wollkorb hat sie rechts an den Rand geschoben, während sie sich für eine andere Arbeit zurechtmacht.

Außenseite einer Schale, um 470 v. Chr. Hier handelt es sich ohne Zweifel um ein Bordell und eine Kleiderfabrik. Ein Mädchen stellt seine Arbeit beiseite, während ein anderes Besucher empfängt. Die Frau in der Mitte fährt mit dem Spinnen fort; möglicherweise handelt es sich um eine der »Damen, die dich mit ihren Fäden umgarnt«.

Innenseite einer italischen Schale. Ein Komödiendarsteller in der Aufmachung eines alten Mannes hält einen Weinkrug in der Hand; die Inschrift lautet: »Trinkfreund« (*philopotēs*). Man vermutet, daß es sich um Kratinos, den Rivalen des Aristophanes, handelt, der sich in einem seiner Stücke selbst als Trinker zeichnete, hin- und hergerissen zwischen der Pflicht, Komödien zu schreiben, und seiner Liebe zum Wein.

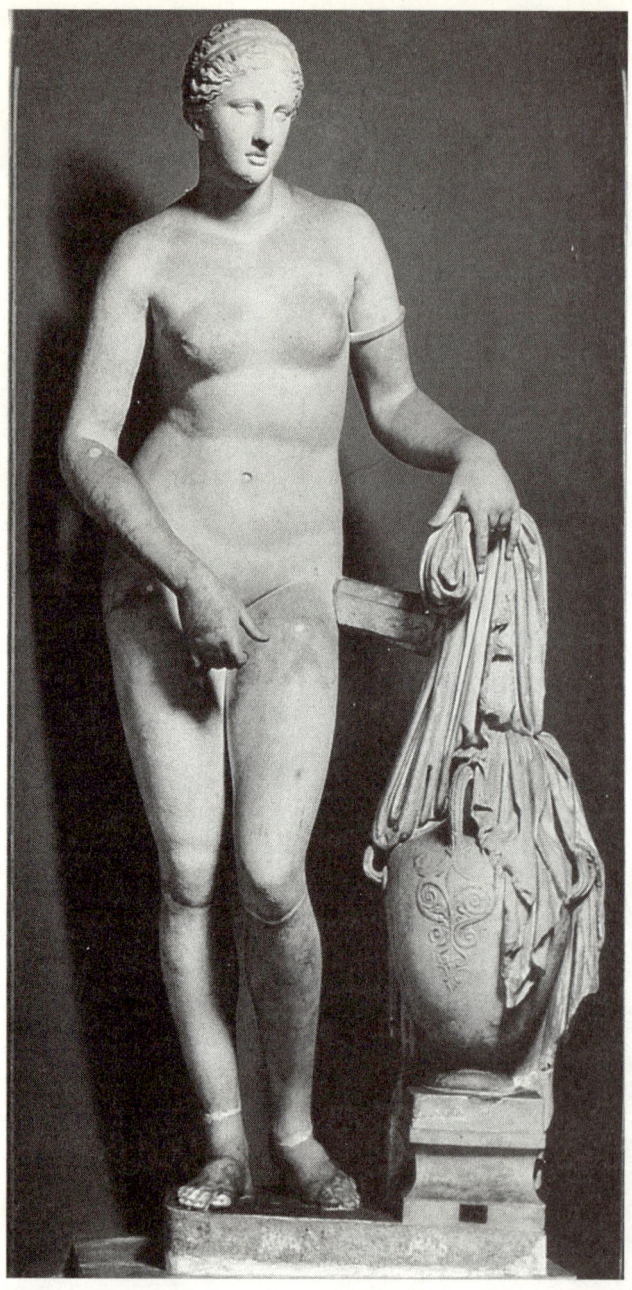

Eine Kopie der Aphrodite von Knidos des Praxiteles. Diese Statue, der erste eigentliche weibliche Akt, soll nach der großen Hetäre Phryne gestaltet worden sein. Man erzählte sich Geschichten über Männer, die über ihr weinten, sich an ihr befriedigten und sie mit Sperma befleckten. In unmittelbarer Umgebung wurden pornographische Abbildungen an Touristen verkauft.

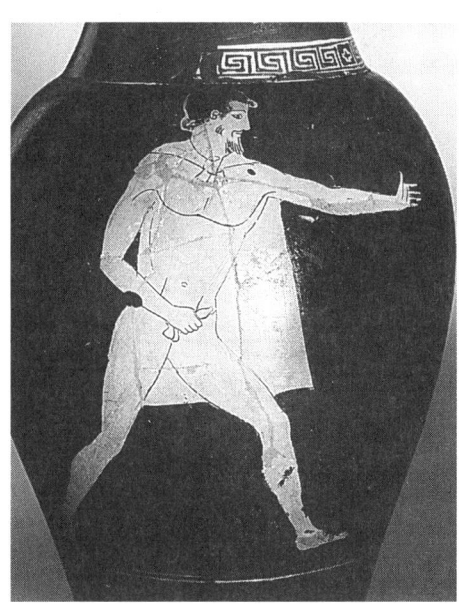

Die frühklassische »Eurymedon-Vase«. Ein Mann, an seinen Penis greifend, läuft auf einen vornübergebeugten Barbaren auf der Rückseite des Weinkrugs zu. Die Inschrift zwischen den beiden Figuren lautet: »Ich bin Eurymedon und stehe vornübergebeugt.« Die Szene wird in der Regel, wenn auch fälschlicherweise, als Triumph interpretiert: »Wir haben die Perser in den Arsch gefickt!« Der Schlüssel zum Verständnis liegt jedoch im ausgesparten Raum zwischen den beiden Männern.

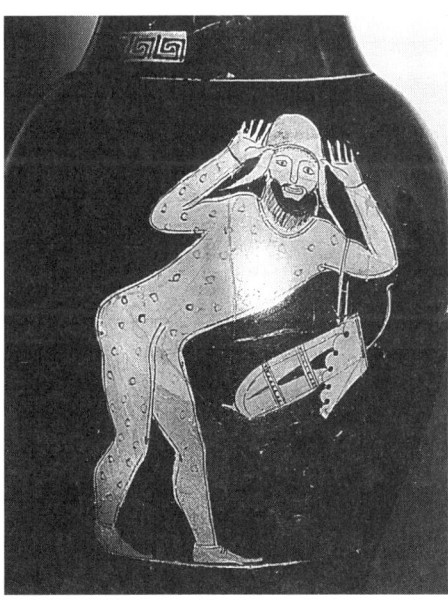

212

Demosthenes, der große Redner des späten 4. Jahrhunderts. Er blickt nach-
denklich und bescheiden drein, doch mag der Anblick täuschen. »Wenn
dich jemand aus deinen entzückenden Tüchern und dem weichen kleinen
Chiton wickelte und die Stücke dann unter den Geschworenen von Hand
zu Hand gehen ließe, ich glaube, sie könnten nicht sagen, ob sie Männer-
oder Frauenkleider in den Händen hielten«, behauptet Aischines.

Nicht sein Verlangen, penetriert, beherrscht, in ein Sexobjekt verwandelt zu werden, steht zur Diskussion, sondern seine ständige und
grenzenlose weibische Sexualität. »Passive« anale Lust mag für die
Promiskuität und Unersättlichkeit des *kinaidos* typisch sein, definiert
jedoch wird er durch seine Unersättlichkeit und nicht durch Passivität. Schließlich »ist kein Unterschied, ob einer vorn oder hinten ein
kinaidos ist«, wie der Philosoph Arkesilaos beim Anblick einiger
»eherecherischer und unzüchtiger« Männer bemerkte.[64]
Die charakteristische sexuelle Schrankenlosigkeit des Weichlings
wurde ohne weiteres auch auf die anderen Gelüste übertragen, so
daß »Klaffarsch« oder »Zisternenarsch« auch eine allgemeine Form
der Verkommenheit ohne sexuelle Konnotation bedeuten kann. Das
Leben eines *kinaidos* war lange vor Platon das Paradebeispiel für ein
Leben des Genießens ohne Ende. Nicht das passive, mit Lust penetrierte Objekt ist das vorherrschende Bild der Begierde in klassischen
Texten, sondern das eines Gefäßes, eines vollen oder leckenden
Krugs, eines bodenlosen Brunnens, eines gierigen Magens, eines
Weinschlauchs aus Ochsenhaut. Verlangen heißt Aufnahmebereitschaft; sie zu erfüllen heißt füllen. Durch seinen Ausguß oder durch
seine anderen Öffnungen kommuniziert das Gefäß mit der Welt. Es
wird nicht von der Welt penetriert, es verleibt sie sich ein. Es verschlingt sie; es füllt sich mit den Strömen der Genüsse dieser Welt
auf. Das Bild des bodenlosen oder beschädigten Gefäßes macht es
möglich, Verlangen von Leere, Mangel, Bedürfnis abzuleiten und
den *kinaidos* zum Vorläufer des modernen Süchtigen zu machen.
Beide sind nicht durch zusätzlichen Genuß, sondern durch ungenü-
gende Befriedigung definiert; beide leiden an unbefriedigten Gelüsten und Entzugserscheinungen.
Diese Vorstellung traf auf alle Arten der Begierde zu, ob Durst,
Freßgier oder Sexualität, und führte zu einer Verschmelzung unterschiedlicher Sinnesgenüsse. Beide, Prostituierte und Liebhaber von
Trinkgelagen, werden »Zisternen« genannt, weil sie wahllos aufnehmen, was in sie hineinfließt. Der *katapygōn*-Jünger in Aristophanes'
Zechern beweist seine *katapygosynē* nicht durch Sex, sondern im Trinken, wenn er »Wein aus Chios in spartanischen Bechern« in sich hin-
einschüttet; und solche, »die am meisten trinken und essen, sind
Schwanzlutscher und *katapygōnes*«, wie es in dem denkwürdigen Satz
in den *Acharnern* heißt. Selbst die Lust der Männer auf Frauen, der
durch Ejakulation erleichterte sexuelle Kitzel, kann als ein durch
Verzehr gestillter Hunger aufgefaßt werden. »Mein Schwanz ist ein
veritabler Herkules, der zum Gastmahl geladen«, sagt in der *Lysistrate*

der von seiner Frau wiederholt hingehaltene, geile Ehemann. Von dem Kyniker Diogenes, der überall und wann immer ihn die Lust ankam, onanierte, hätte er nicht viel Sympathie erwarten können: »Wenn man nur auch seinen Hunger stillen könnte, indem man sich den Magen reibt«, meinte dieser.[65]

Was die Eurymedon-Vase betrifft, haben wir uns jetzt einen größeren Zusammenhang erschlossen und können mehr Sinn darin entdecken. Als erstes stellen wir fest, daß Geschlechtsverkehr in vornübergeugter Stellung, *kybda* (wie in Komödien und auf anderen Vasenbildern dargestellt), offenbar außerhalb des Hauses praktiziert wurde und ein Symbol für Promiskuität war. Zweitens sollte klargeworden sein, daß die Distanz zwischen zwei Figuren nicht auf eine ungeschickte Darstellung zurückzuführen ist und übersehen werden kann, sondern für die Entschlüsselung von größter Bedeutung ist. In diesen schwarzen Leerraum setzte der Künstler die Verkommenheit des Asiaten. Die Pointe besteht darin, daß er sich so ohne weiteres anbietet, was nicht derart deutlich hätte gezeigt werden können, wäre der Akt selbst zur Darstellung gelangt. Wie Agathokles streckt er sein Hinterteil allen und jedem entgegen, Zeichen seiner sexuellen Unersättlichkeit. Er mag wohl als Weichling, als schwach und feige dargestellt sein, es ist jedoch nicht der Akt der Penetration, der ihn von vornherein unterwirft und zum Weib macht; er hat sich schon längst ergeben, nicht den Griechen, wohl aber seinen Begierden. Es ist seine lüsterne, durchlässige Veranlagung, seine sichtbare Nymphomanie, die ihn weibisch macht.

Was aber hat diese Vorstellung mit einem Weinkrug zu tun? Wie wir gesehen haben, kann ein vornübergebeugter *katapygōn* Sinnbild für alle Arten des Konsumierens sein. Der französische Vasenspezialist François Lissarrague hat festgestellt, daß als Skythen gekleidete Männer auf Trinkschalen offenbar Trinkgenossen darstellen sollen, die ihren Wein auf skythische Art, das heißt, stark oder unvermischt tranken. Ein vornübergeugter Skythe könnte daher ohne weiteres einer von Dikaiopolis' *katapygōnes* sein, »die am meisten trinken«, ein Scherz, auf diejenigen gemünzt, die in Gesellschaft dem unmäßigen Weingenuß frönen, oder auf jene, die direkt aus dem Krug trinken oder zu früh mit dem Trinken beginnen: »Wer immer das frühe Trinken ersonnen hat«, sagt eine von Eupolis' Figuren, »ist verantwortlich für große Zisternenarschigkeit« (*lakkoprōktia*).[66]

Wer aber ist dann Eurymedon? Das Problem ist nicht so schwierig, wie es den Anschein hat. Eurymedon war tatsächlich der Name eines Flusses in der heutigen Türkei, wo eine berühmte Schlacht geschlagen wurde, aber auch der Name verschiedener historischer Figuren und von mehreren Gestalten aus der Mythologie. Der Name könnte auch einem anderen Teilnehmer der Trinkgesellschaft in mehr oder weniger gutmütigem Spott angehängt worden sein. Andererseits könnte es auch eine literarische Anspielung sein. Die Vase könnte die Verballhornung einer bekannten Szene mit einem Heroen und dessen skythischen Knappen darstellen, und in der Tat hieß der Knappe von Nestor wie der von Agamemnon Eurymedon. Die Fragmente des ionischen Dichters Hipponax aus dem 6. Jahrhundert bieten einen weiteren verführerischen Hinweis an, der die verweichlichte, bodenlose Lust des *katapygōn* mit einer wüsten Homersatire verbindet: »Nenne mir, Muse, die eurymedontische Charybdis der Tiefe, / die Allesverschlingende, die ihre Spalte nimmt für den Magen. / Sage, wie er verdirbt durch den Willen des Volkes, / gesteinigt zum grausigen Tode am Ufer des nimmerdurchpflügten / Meeres.« Ist dies ein Hinweis auf irgendeinen unbekannten Eurymedon-Anhänger oder ein patronymischer Scherz in pseudohomerischem Stil über Eurymedon selbst?

Möglich ist jeder dieser unbekannten und halbbekannten Eurymedons. Wahrscheinlich wird man nie wissen, wer er wirklich war. Immerhin, wenn wir uns die Vase in ihrer Umgebung denken und uns vorstellen, wie der Krug seine Runde unter den Trinkern in einem frühklassischen Symposion macht, dann fangen die Eurymedons an, sich zu vermehren. Wenn der Schenk den Wein eingießt, sieht der Trinker den seltsamen Läufer auf dem Krug. Er wird neugierig. Er sieht die Worte, die aus seinem Mund zu kommen scheinen. Er folgt dem Text um das Gefäß herum, laut lesend, wie in der Antike üblich. Beugt er sich nach vorn, um das Ende der Zeile zu lesen, wird er dabei ertappt, daß er zu der Gesellschaft sagt: »Ich bin Eurymedon, ich stehe vornübergebeugt.« Am Schluß des Textes befindet er sich zu jemandes Füßen. Er blickt auf und sieht den asiatischen Bogenschützen, der ihn anguckt. *Er* ist Eurymedon – und reingefallen.[67]

Kapitel 6

Ökonomien

Der gefräßige Körper existierte natürlich nicht in einem luftleeren Raum, und während die Philosophen sich über die Auswirkungen ungezügelter Begierden auf die Unversehrtheit von Körper und Seele erregten, bestand für die meisten Athener die Gefahr exzessiven Konsums in einer unmittelbaren Bedrohung von Haus und Familie.

Der oikos

Zwischen Bürger und Staat ist der oikos angesiedelt, unterschiedlich mit »Familie«, »Besitztum und Landbesitz«, »Haushalt«, »das Haus« übersetzt. In Athen befand sich der oikos in einer eher schwierigen Lage, eingezwängt zwischen den strengen Ansprüchen von Individuum und Staat. Denn das besondere Verhältnis von Stadt und Bürger, das für das klassische Griechenland im allgemeinen und für das demokratische Athen im besonderen so bestimmend ist, konnte nur durch Zurückdrängen anderer Bindungen, die im Wege hätten stehen können, erreicht werden. Der Zusammenhalt der Stammesverbände, Familien- und Ahnenkult wurden von den Gründern der Demokratie am Ende des 6. Jahrhunderts mit Vorbedacht untergraben und durch eine Unmenge von Organisationen der Polis ersetzt. Folglich scheint die emotionale Bindung an die jeweiligen Landbesitztümer, die üblicherweise sehr klein waren oder aus mehreren verstreuten kleinen Grundstücken bestanden, relativ schwach gewesen zu sein. In Attika gab es keine Taras oder Bridesheads, und anders als bei den großen Landsitzen der englischen Aristokratie, die normalerweise ungeteilt in den Besitz des ältesten Sohnes übergingen, während die jüngeren Brüder in die Armee eintraten, Geistliche oder Kaufleute wurden, fiel der athenische oikos nach dem Tod des Eigentümers oft auseinander, weil er unter die Erben aufgeteilt und innerhalb weniger Generationen ausgebaut, auseinandergelegt und wieder zusammengefügt wurde. Der oikos war weniger eine gefühlsbesetzte Heimat als vielmehr eine wirtschaftliche Notwendigkeit, »eine Maschine, aus der man sein Einkommen bezieht«, wie ein moderner Historiker es ausdrückt.[1]

Der Besitz, den ein Mann erbte, war also nicht eine endgültige Größe, sondern eher so etwas wie die anvertrauten Talente aus Matthäus 25. Die Leute verfolgten genau, ob die Erben ihre Landgüter vergrößerten oder verkleinerten und ob sie mehr oder weniger an ihre Nachkommen weitergeben konnten. »Als Geschäftsmann halte ich die Mitte zwischen meinem Großvater und meinem Vater«, sagt der wohlhabende Metöke Kephalos, Vater des Redners Lysias, am Anfang von Platons *Staat*. »Mein Großvater, der Kephalos hieß wie ich, erbte ungefähr ebensoviel, wie ich jetzt besitze, und vergrößerte das Vermögen um das Mehrfache; mein Vater Lysanias verringerte es unter den jetzigen Bestand. Ich bin zufrieden, wenn ich meinen Söhnen hier nicht weniger hinterlasse, als ich übernommen habe, sondern etwas mehr.« Die Erfahrung von Kephalos' Familie scheint in klassischer Zeit recht typisch gewesen zu sein, die Vermögen kamen und verschwanden mit beängstigender Geschwindigkeit. Dem Historiker John Davies gelang es, das ungefähre Ausmaß der Veränderungen für die oberen Klassen der athenischen Gesellschaft zu errechnen, indem er den Familienverbindungen jener Bürger nachging, die als Leiturgen verzeichnet waren (die paar hundert reichsten Bürger mit einem Besitz von mindestens 18000 Drachmen waren zu Diensten für die Öffentlichkeit wie der Ausstattung eines Schiffs oder der Entrichtung religiöser Feierlichkeiten verpflichtet). Heraus kam nur eine einzige Familie, die für fünf Generationen unter die reichsten gezählt wurde, während 357 Familien innerhalb von nur einer Generation von Habenichtsen zu Reichen und von Reichen wieder zu Habenichtsen wurden. Die Zahlen sind nicht vollständig, und nicht reich zu sein bedeutet selbstverständlich nicht, daß jemand arm ist. Die deutliche Kluft übertreibt wahrscheinlich den Eindruck der Instabilität nur wenig, den sie nicht gänzlich falsch wiedergibt: »Für die Mehrheit der Bürger ist es nicht üblich, über lange Zeit einen hohen materiellen Wohlstand zu halten«, sagt ein säumiger Steuerzahler, der vorgibt, arm zu sein.[2]

Es gibt einige spektakuläre Beispiele für dahinschwindende Vermögen. Am aufsehenerregendsten war die Art und Weise, wie sich das von Kallias gegen Ende des 5. Jahrhundert geerbte Vermögen in Luft auflöste. Zwischen 430 und 420, als er das Vermögen seines Vaters Hipponikos antrat, galt er als der reichste Mann Griechenlands. Dreißig bis vierzig Jahre später hieß es, er sei *penēs*, arm. Natürlich übertrieben seine Feinde die spätere Armut, dennoch ist die Veränderung, selbst mit Angabe genauerer Zahlen, erstaunlich: »Man sagt, sein Großvater habe sein Eigentum auf 200 Talente (1200000 Drachmen) geschätzt, heute jedoch soll es weniger als zwei Talente (12000 Drachmen) wert sein.« In modernen Untersuchungen wird der Peloponnesische Krieg und ganz besonders die Besetzung Attikas durch die Spartaner im letzten Jahrzehnt des 5. Jahrhunderts für die »Armut« des Kallias verantwortlich gemacht. Athen wurde in ihrem Verlauf vom umgebenden Land und Kallias von seinen Konzessionen in den Silberminen, die offenbar die Grundlage des familiären Reichtums waren, abgeschnitten. Antike Beobachter hingegen hatten dafür weniger Verständnis. Kallias habe das Besitztum seines Großvaters durch seine gewaltige Verschwendungssucht auf ein Prozent dessen verringert, was es einst war. Denn nach antiker Vorstellung war nicht Krieg, sondern Lasterhaftigkeit die größte Bedrohung des Eigentums. Andokides sagt in seiner Rede *De mysteriis*:

> »Vielleicht erinnert ihr euch an die Zeit, als Athen ganz Griechenland beherrschte und in Blüte stand und Hipponikos der reichste Mann von Griechenland war. Dann aber begannen, wie alle wissen, Weiber und Kinder geheimnisvoll darüber zu tuscheln, daß das Haus des Hipponikos heimgesucht werde und einen bösen Geist beherberge, der ›seinen Tisch umstoße‹. Ihr erinnert euch dessen, Männer von Athen! Und wie, glaubt ihr, hat sich das Omen erfüllt? Hipponikos dachte, er ziehe einen Sohn groß. In Wahrheit beherbergte er einen Fluch unter seinem Dach, einen Poltergeist, der sein Vermögen verschleuderte und alle Grenzen der Zurückhaltung übertrat und sein ganzes Leben über den Haufen warf. Das ist Kallias, nicht ein Sproß von Hipponikos' Haus, sondern sein Unheilbringer.«[3]

Es gab verschiedene Wege, wie ein verschwenderischer Sohn sein Eigentum durchbringen konnte. Spiel in seinen unterschiedlichen Formen – Würfeln, Hahnenkämpfe oder »Wachtelklatschen« (um den Vogel wurde ein Kreis gezogen, der Vogel auf den Kopf geschlagen, und es wurden Wetten abgeschlossen, ob er standhalten oder aus dem Ring weichen werde) – war bisweilen Ursache des finanziellen Ruins. Pferdezucht war ebenfalls gefährlich. In den *Wolken* von Aristophanes wurde Strepsiades' *oikos* durch die Leidenschaft seines Sohnes für schnelle Pferde in eine katastrophale finanzielle Lage gebracht. Strepsiades arrangiert für seinen Sohn ein Studium bei Sokra-

tes, damit er lerne, sich aus seinen Schulden herauszuargumentieren.
Wenn sich die Sophisten darauf verstanden, aus weiß schwarz zu
machen, dann sollte es ihnen nicht schwerfallen, rote Zahlen in
schwarze zu verwandeln. Kallias allerdings soll sich weit mondäne-
ren Lastern verschrieben haben und wird in der Komödie vornehm-
lich für zwei Dinge, denen er frönte, verspottet: Frauen und Gastmähler. Er war nicht der einzige. Wenn große Besitztümer verschwanden, waren die Schuldigen häufig der Magen und das Herz.

Essen und Trinken

Fischkonsum wurde nicht nur als hedonistisches und zügelloses
Vergnügen angesehen, sondern auch als mächtige Belastung für die
Finanzen. Eine Komödienfigur fällt über die Fischhändler her, weil
sie »uns jeden Tag unser Eigentum stehlen«. »Lebendig oder tot führt
der Fisch Krieg gegen uns«, meint ein anderer, denn jeder, der über
Bord fällt, wird aufgefressen, und selbst wenn der Fisch tot ist, »kostet er uns ein Vermögen, und wer den Preis zahlt, wird augenblicklich zum Bettler«. In der Komödie wird deutlich, daß frischer Fisch
in Athen üblicherweise teuer war, eine Quelle ständiger Sorge für ein
Volk von Fischliebhabern. Einer spricht davon, daß die Fischhändler
»königlichen Tribut« für ihre Ware verlangten. Andere verfallen in
ein heroisches Pathos. Einer beschreibt, wie er seinen Fisch gegen Silber aufwiegen lassen mußte, wie Priamos, als er den Körper des Hek-
tor von Achilles freikaufen mußte; wieder ein anderer behauptet, er
müsse wegschauen, wenn er Fisch kaufe, wie Perseus beim Anblick
des Gorgonenhaupts, denn sähe er, wie klein der Fisch im Verhältnis
zum Preis ist, gefröre er sofort zu Eis![4]
    Schwieriger ist es, angesichts dieser maßlosen Übertreibungen die
wirklichen Preise für Fisch im klassischen Athen herauszufinden,
doch bieten die Komödien einige Zahlen an. Um sie ins rechte Licht
zu rücken, darf man nicht vergessen, daß gegen Ende des 5. Jahrhunderts eine Drachme (das sind sechs Obolen) am Tag ein guter Lohn
für einen geschickten Arbeiter war. Gleichzeitig wurden fünf Obolen pro Tag als *opson*-Betrag für einen Halbwüchsigen und zwei Kinder als geradezu lächerlich übertrieben angesehen. Den Preis von
drei Drachmen für einen einzigen Aal, den Aristophanes in den
Acharnern nennt, fanden manche Kommentatoren daher schwer zu
schlucken. Andererseits nahm Aal einen Spitzenplatz unter den Delikatessen im klassischen Athen ein, und Aristophanes beschrieb einen

Zustand im Krieg. In einem Stück aus dem folgenden Jahrhundert
wird Aal für mindestens zwölf Drachmen erwähnt. Andere Zahlen
hören sich etwas vernünftiger an. Man erfährt, daß der Oktopus für
vier Obolen und Barrakuda für acht angeboten wurden. Eine Figur
in einem Stück des Alexis hält zehn Obolen für zwei Meeräschen für
zu hoch, obwohl in Diphilos' *Gschaftlhuber* (*Polypragmon*) ein Käufer
dieselbe Summe für einen Seebarsch akzeptiert, weil der gerissene
Fischhändler darauf hinweist, daß er natürlich nicht von attischen
Preisen, sondern vom auf Ägina geltenden Kurs spreche. In den
Schmeichlern des Eupolis schließlich bereitet jemand – mit ziemlicher
Sicherheit Kallias oder sein Beauftragter – ein großes Festessen mit
acht Seebarschen und zwölf Doraden vor: Die Kosten belaufen sich
auf 100 Drachmen. Man muß davon ausgehen, daß die Auflistung
des Fragments nicht alle Fische aufzählt und der Käufer für dieses
Geld mehr bekam.[5]

In Komödien genannte Preise sind natürlich oft übertrieben und
sollten nicht unbesehen übernommen werden. Glückerlicherweise
ermöglicht eine in Akraiphia in Böotien zu Beginn dieses Jahrhunderts ausgegrabene Inschrift eine Überprüfung auch von anderer
Seite. Sie enthält eine Liste für Fischpreise, die sich wahrscheinlich an
der oberen Grenze bewegten und dazu dienen sollten, die Massen
von Menschen, die sich während der Feierlichkeiten in der Stadt aufhielten, vor Betrug zu schützen. Es ist allerdings nicht leicht, die Zahlen der Inschrift mit den Angaben in der Komödie zu vergleichen.
Die Preise in Akraiphia richteten sich nach dem Gewicht, während
alle Preise in der attischen Komödie für den ganzen Fisch oder für
Fischstücke galten, deren Größe und Gewicht man nur schätzen
konnte. Dennoch wurden Vergleiche durchgeführt, und sie bestätigen die Angaben der Komödie im großen und ganzen: »Die Übereinstimmung ist jedenfalls bemerkenswert und legt nahe, daß die
Dialoge der attischen Komödie einer Inflation keinen Vorschub leisten.«[6] Fügt man die Informationssplitter zusammen, lassen sich einige Schlußfolgerungen über Fischpreise in Athen ziehen. Kleinere
Fische und wenig beliebte Sorten waren nicht besonders teuer und
wurden wahrscheinlich von vielen Stadtbewohnern als Geschmacks-
bereicherung und zur Abwechslung den Mahlzeiten beigegeben.
Selbst der beste Fisch lag im Preis nicht gänzlich jenseits des Einkommens eines athenischen Arbeiters, kostete ihn jedoch ein gutes Stück
seines Wochenlohns. Ein Gastmahl mit Fischgerichten für mehrere
Gäste hingegen kam nur für die Reichsten in Frage; eine Kiste
Champagner ist vielleicht die entsprechende moderne Parallele.

Es mag überraschen, daß in einer Stadt, die so nah am Meer lag, Fisch ein Luxus war; aber es ist kein Wunder. Abgesehen von den Schwierigkeiten, den Fisch frisch zu halten und zu transportieren, hat das Mittelmeer, im Unterschied zur Nordsee, dem Roten Meer oder dem Atlantik, wenig wohlschmeckende Fische von passabler Größe und hatte sie wohl auch nie. Spätere arabische Chronisten, die Gelegenheit hatten, das Mittelmeer mit anderen Gewässern zu vergleichen, betrachteten es als ein besonders armes Meer, von Allah mit Mangel an Lebewesen dafür geschlagen, daß es das Leben so vieler Männer geraubt hatte.[7] Außerdem waren die von den Griechen bevorzugten Fische bis auf Thunfisch, der nur während seiner jahreszeitlichen Wanderungen erhältlich war, und die kleineren, billigeren Sorten wie Sardellen Einzelfische und tauchten im allgemeinen nicht in großen Schwärmen auf, so daß die griechischen Fischer, die selbst von sprichwörtlicher Armut waren, ihren Lebensunterhalt durch den Fang einzelner Fische in den Küstengewässern verdienen mußten. Manchmal hatten sie Glück und zogen ein beachtliches Exemplar einer besonders geschätzten Art an Land, doch meist fingen sie sehr wenig. Fisch war teuer, weil er rar war.

Die Inschrift von Akraiphia wirft die Frage auf, ob die Regierung auf dem Fischmarkt intervenierte. Sicherlich gab es amtlich bestellte Marktaufseher, *agoranomoi*, in Athen, die angewiesen waren, auf alle Händler ein Auge zu haben. Eine Komödienfigur des 4. Jahrhunderts schlägt vor, seinen Freund zum *agoranomos* zu machen, um den *opsophagos* Kallimedon an den Fischständen abzufangen, bevor dieser sich über den Fang hermachen kann; ein anderer fordert einen Ausschuß von drei *opsonomoi* mit besonderer Weisungsbefugnis über die Fischhändler. In Apuleius' *Goldenem Esel* gibt es einen amüsanten Bericht darüber, wie eine solche Intervention in der Praxis aussehen könnte. Da wird zwar eine ganz andere Epoche, wohl aber die gleiche Vorliebe beschrieben – eine Vorliebe für Fisch zieht sich durch die gesamte Zivilisation der heidnischen Antike:

»Dann geh ich zum Bade, nehme aber meinen Weg über den Markt, um mich erst mit etwas Mundvorrat zu versehen. Ich finde da herrliche Fische feilgeboten, nur forderte man hundert Drachmen dafür; ich handelte und bekomme sie für zwanzig. Eben war ich vom Markte wieder herunter, so sah ich einen alten Schulkameraden von mir aus Athen [den Pythias, unterdessen oberster Marktaufseher und Ädil der Stadt]. … ›Ich bin hier Proviantverwalter … wenn du was einzukaufen hast, so kann ich dir nützlich sein.‹ Ich bedankte mich, weil ich an meinen Fischen schon genug hatte. Inzwischen fiel ihm mein Einkauf in die Augen. Er bückt sich danach, schüttelt ihn herum, ihn desto besser zu besichtigen, und fragt mich: ›Wieviel hast du für den Schund gegeben?‹ ›Mit genauer Not‹, gebe ich zur Antwort, ›hat mir ihn der Fischer noch für zwanzig Drachmen gelassen.‹ Als er das hörte, nahm er mich bei der Hand und führte mich schnurstracks wieder auf den Markt zurück. ›Von wem‹, sprach er, ›hast du den Bettel gekauft?‹ Ich zeige ihm den kleinen, alten Mann, der auf einer Ecke feilbot. Er aber fährt ihn mit strenger Stimme an: ›Du da! Ist das die Art, wie man die Freunde des Ädilen hier behandelt, und einen Fremden obendrein? Ist es erlaubt, die Leute so unverschämt zu betrügen und für so elendes Zeug noch zwanzig Drachmen zu verlangen? Wollt ihr denn mit eurem gottlosen Nepp Hypata, die blühendste Stadt Thessaliens, zu einer öden Wüste machen? Das soll euch nicht gelingen. Ich will euch zeigen, wie ein Amtmann mit Schurken eures Schlages umzugehen weiß.‹ Und damit schüttet er alle meine Fische auf den Boden, und einer seiner Schergen muß sich hinstellen und sie zerstampfen. Nach diesem strengen Exempel wendet er sich zufrieden mir zu. ›Nun‹, sprach er huldvoll, ›verweile dich nicht länger, lieber Lucius, laß dich nicht abhalten. Es ist gut, die öffentliche Beschimpfung dieses Lumpen ist genug.‹ Bestürzt und ganz verwirrt ob des Verlustes meines Geldes und der Mahlzeit, begab ich mich ins Bad und blieb dort bis zum Abend.«[8]

Die athenischen *agoranomoi* behielten also die Fischhändler und alle anderen Händler im Auge. Es gibt aber Hinweise auf besondere Verordnungen, die unmittelbar mit dem Fisch zu tun haben. Bereits erwähnt haben wir das (wahrscheinlich frei erfundene) Gesetz, das Fischhändlern verbietet, ihren Fisch mit Wasser zu netzen, damit er frischer aussehe (aller Wahrscheinlichkeit nach die Sequenz eines phantastischen Szenarios, etwa einer Wasserknappheit infolge eines Streiks der Wolken). In einem Stück des Alexis aus der zweiten Hälfte des 4. Jahrhunderts kommen einige Gesetze vor, die einem gewissen Aristonikos zugeschrieben wurden. Eines dieser Gesetze war offensichtlich dazu bestimmt, Fixpreise festzusetzen und das Feilschen zu unterbinden. Ein anderes zwang die Fischhändler, ihre Kunden stehend zu bedienen. Dies mutet komisch an, die Satire zielt jedoch auf Aristonikos als eine reale Gestalt in der Politik des 4. Jahrhunderts, und es gibt auch Parallelen dazu. Tatsächlich hat einer seiner Vorschläge eine verblüffende Ähnlichkeit mit einer Maßnahme, die in Platons *Nomoi* vorgebracht wird: »Wer welche Ware auch immer auf dem Markt verkauft, soll keinesfalls zwei Preise auf seine Waren schlagen. Er soll einen Preis verlangen, und wenn er ihn nicht erhält, dann tut er recht daran, seine Sachen wegzubringen, und soll nicht am selbigen Tag einen geringeren oder höheren Preis dafür verlangen.« Dank dieser Ähnlichkeiten meinten manche, der Komödienschreiber parodiere den Philosophen, obwohl die Anspielung für das gewöhnliche Publikum allzu verborgen ist. Auf der anderen Seite wurden in Athen sehr ähnliche Gesetze in Kraft gesetzt, wie etwa das Verbot des Feilschens um Flötenmädchen. Mit wechselnden Preisen für jeden Fang wäre eine strenge Festsetzung der Preise schwierig gewesen, ein Feilschverbot jedoch war ein Weg, der Sache beizukommen. Insofern könnte zumindest dieses Gesetz echt gewesen sein.[9]

Fisch war die größte Belastung für das Einkommen, doch auch das Trinken konnte mitverantwortlich für finanziellen Ruin sein. Kritias' konservatives Loblied auf die spartanischen Trinkbecher (aus denen sie, wie wir ja wissen, nur Wasser tranken!) war nur ein Teil seiner Hymne auf die ausgezeichneten Trinksitten der Spartaner überhaupt. Deren typische Selbstverleugnung war nicht nur der körperlichen Gesundheit und der Urteilskraft zuträglich, sondern auch dem »Vermögen«. Im Gegensatz dazu war das übermäßige Trinken der Athener Quelle von mancherlei Problemen: »Der Körper wird geschwächt ... der Verstand geht verloren; die Sklaven nehmen schlechte Gewohnheiten an; und ruinöse, das Gut verschlingende Ausgaben kommen auf sie zu.« Auch Xenophon zieht zwischen der spartanischen und der athenischen Art zu trinken einen ähnlichen Vergleich, der die Belange des Haushalts wie des Körpers in den Vordergrund stellt: »Welche Gelegenheiten boten sich ihnen nicht, mit ihren Tischgesellschaften, die nach diesen Regeln abliefen, sich selbst und den ganzen Besitz durch Gier und übermäßigen Weingenuß (*oinophlygia*) zu zerstören?« Der Tyrann von Syrakus, Dionysios, zog, Theopompos zufolge, undisziplinierte Tischgesellschaft vor und umgab sich bewußt mit »solchen, die ihr Eigentum in Trinkgelagen, Würfelspiel und dergleichen Unmäßigkeiten vertan hatten; denn nach seinem Willen sollten alle in einen elendiglichen Zustand des Ruins gelangen.« Deshalb fühlte er sich vielleicht zu Nausimachos und Xenopeithes, den Waisenkindern eines wohlhabenden Händlers, hingezogen, die, als sie volljährig wurden, ihren Vormund wegen des Vermögens ihres Vaters vor Gericht brachten – und zehn Jahre später gleich noch einmal. Die Erben des Vormunds klagten dagegen. Der Grund für die neuerliche Klage der Brüder war nicht, daß sie die erste Vereinbarung für ungerecht hielten, sondern, wie sie selbst sagten, einzig und allein deshalb, weil ihnen das Geld ausgegangen war, nachdem sie ihr ursprüngliches Erbe »mit Essen und Übermaß an Wein [*paroinuntas*] in der Gesellschaft des Aristokrates und Diognetos und anderer von dieser Sorte« verpraßt hatten. Aber nicht nur junge Männer waren für solches Verprassen ihrer Mittel zu haben. Aristophanes meinte, daß trinkende Frauen ebenso bedrohlich für den Haushalt seien. In den *Thesmophoriazusen* schleicht sich Mnesilochos im Auftrag des Euripides in Frauenkleidung bei der Feier der Frauen ein und trifft auf eine Frau, die eine wie ein Säugling gewickelte Flasche in den Armen wiegt. Dies führt zu einer Reihe von Anwürfen gegen die Trunksucht der Fauen und der daraus resultierenden Verheerungen: »Heißblütiges, versoffnes Weibervolk, das sich ein Weingeschirr aus allem schafft, du Segen aller Wirte! Unser Fluch, du Fluch des Hausrats, du Fluch des Webestuhls.«[10]

Die direkteste Verbindung zwischen Trinken und finanziellem Ruin ist zweifelsohne der Preis des Weines selbst. Genaue Informationen zur Ökonomie des Trinkens sind schwierig zu erlangen, und man kann nur vorläufige Schlüsse daraus ziehen. So gibt es einige Hinweise darauf, daß Wein aus Chios in klassischer Zeit lange eine Spitzenposition einnahm und dementsprechend teuer war. Eine späte, von Plutarch erzählte Anekdote über Sokrates erwähnt einen von dessen Freunden, der sich über die hohen Preise in der Stadt beklagt und seinen Standpunkt am Beispiel einiger Artikel, unter anderem »Wein aus Chios für eine Mine« (hundert Drachmen), verdeutlicht. Die Textstelle kann aber nicht ernsthaft als Hinweis für den Preis von (einer Amphore?) Wein aus Chios in klassischer Zeit gelten. Die Komödie hilft da etwas weiter. Ein Fragment des Alexis erwähnt den Preis von zehn Obolen für einen *chus* (ungefähr 3,5 Liter), und in Menanders *Schiedsgericht* wird Smikrines, wenn er sich über den Lebensstil seines Schwiegersohns Charisios beklagt, ein wenig deutlicher: »Darüber, daß er sich betrinkt, will ich nichts sagen. Beinahe aber nicht zu glauben ist – wie jemand Wein trinken kann, der einen Obolos das Viertelchen kostet«, das sind zwölf Obolen oder zwei Drachmen für einen *chus*. Die Kommentatoren haben sich lange Zeit den Kopf darüber zerbrochen, ob dieser Preis hoch oder gering war, ob er die Knausrigkeit des Smikrines oder die Verschwendungssucht des Schwiegersohns verspottete. Letzteres ist wahrscheinlicher, da der Preis dreimal höher lag als für den billigsten Wein, den *trikotylos*, der für einen Obolos den knappen Halben zu haben war. Die eigentliche Zielscheibe von Smikrines' Hohn scheinen aber weniger die Kosten, die die Trinkerei des Charisios verursachte, gewesen zu sein, als vielmehr die Art, wie er trank. Anstatt mit einigen netten Freunden bei einem netten Symposion an einem netten Weinchen zu nippen, ertränkte er seine Sorgen in gewöhnlichen Tavernen und anderen Häusern mit schlechtem Ruf, wo der Wein glasweise verkauft wurde.[11]

Diese äußerst mageren Statistiken können durch archäologische Befunde ergänzt werden. Auf einigen der auf der Agora und anderswo gefundenen Amphoren befinden sich Zahlenmarkierungen, und obwohl manche davon Gewichtsmarkierungen sind, beziehen sich andere – eine, die sich auf einem Krug für Wein aus Mende befindet, und weitere auf Gefäßen aus Chios – aller Wahrscheinlichkeit nach auf den Preis. Über die Resultate der Untersuchungen schreibt Darrell Amyx:

»In einem Brunnen aus dem 5. Jahrhundert wurde auf der athenischen Agora eine Gruppe von sechs Amphoren aus Chios gefunden, die alle ungefähr dieselbe Größe (um die 22 Liter) hatten und damit möglicherweise dem Standardmaß von sieben *choes* pro Amphore entsprachen. Wenn die eingeritzten Zahlen darauf richtig gelesen und interpretiert wurden, belief sich der Preis des darin enthaltenen Weins regulär auf einen *statēr* oder zwei Drachmen per *chus*. Das ist gerade dreimal mehr als der traditionelle Einzelhandelspreis für den attischen *trikotylos oinos* für vier Obolen der *chus*, ein Preis also, welcher der hervorragenden Qualität des Weins aus Chios durchaus entspricht.«

Das paßt gut zu Menanders Hinweis. Charisios muß Wein aus Chios getrunken haben! In seiner Studie über antike Preise, die sich auch auf Papyri-Dokumente erstreckte, fand François Salviat heraus, daß die *grands crus* etwa vier- bis fünfmal teurer verkauft wurden als der *vin ordinaire*. Er stellt fest, daß ältere Weine womöglich noch teurer waren. Alle diese Berechnungen leiden erheblich unter der Tatsache, daß Kommentatoren und Archäologen keinen Unterschied gemacht haben, ob Wein viertelweise oder im Krug verkauft wurde. Außerdem spürt man unter französischen Wissenschaftlern eine gewisse Enttäuschung darüber, daß der Preis für Weine, die eine Vorstellung von Luxus vermitteln sollten, nicht höher war und der Wein nicht unbedingt die astronomische Summe eines Pétrus, Yquem oder La

Tâche kosten mußte, um für im Preis überzogen zu gelten. 50 Mark
ist für die meisten Leute immer noch eine unsinnige Summe Geld
für eine Flasche Wein, wenn es sich nicht um Champagner handelt.
Dennoch kann auch in Deutschland heutzutage ein guter Sancerre
vier- bis fünfmal teurer als ein billiger Sauvignon Blanc sein, ebenso,
um einen passenderen Vergleich zu nehmen, ein Rioja der Spitzen-
klasse gegenüber einem ordinären Tischwein in einem Land mit
Weinanbau wie Spanien. Am anderen Ende der sozialen Skala gibt es
Hinweise auf Leute, die vulgär genug waren, in Kneipen auf einen
Hieb einen *chus* Wein für einen Betrag wegzuputzen, der leicht mehr
als den Tageslohn eines Arbeiters ausmachen konnte.[12]

Man darf aber die Möglichkeit nicht außer acht lassen, daß die
Verfasser, die Trinken mit finanziellem Ruin in Verbindung brachten, nicht an den Preis des Weines dachten. Wie schon erwähnt, war
Gleichgültigkeit (*ameleia*) ein charakteristischer Zug der Trinker, was
Folgen für die Führung sowohl ihrer Privatgüter als auch der öffentlichen Ämter hatte. Bei diesen Fällen sind weniger die Ausgaben für
Wein als vielmehr die Trunkenheit das Hauptproblem. In der Abhandlung des Kritias über die Übel des Trinkens in Attika rangieren
den *oikos* ruinierende Ausgaben knapp hinter unvernünftigem Verhalten und aufsässigen Sklaven, ganz abgesehen von der allgemeinen
Atmosphäre alkoholischer Zerrüttung, die durch jene dekadenten
attischen Trinksitten mit Trinksprüchen, Wetttrinken und dergleichen hervorgerufen wird. Trunkenes Fehlverhalten, *paranoia*, und
nicht nur übertriebener Weingenuß ist für das Verschwinden des
Erbes der beiden Brüder Nausimachos und Xenopeithes verantwortlich. Weil sie trinken, vernachlässigen die Frauen das Weben, vergessen Dichter wie Kratinos ihr Handwerk und verliert der Gutsherr die
Kontrolle über seinen Besitz.

Festzuhalten ist daher, daß es sich hier nicht um einsame Laster
handelt. Es hätte lange gedauert, bis Kallias ein Talent verpraßt hätte,
selbst wenn er sein ganzes Leben lang nichts anderes als Aale gegessen
und diese mit Wein aus Chios hinuntergespült hätte. Luxuriöses
Essen wird erst dann ruinös, wenn jemand anfängt, ausschweifende
Gastmähler (*polyteleia deipnōn*) zu geben, denen sich lange Symposien
anschließen. Hier schlagen die Kosten wirklich zu Buche; hier sind
Summen im Spiel, die tatsächlich ein Vermögen verschlingen können. Menander erwähnt eine Festveranstaltung, die ein Talent gekostet hatte, und zwei Quellen berichten davon, daß Alexander die Kosten für ein Gastmahl auf 100 Minen, das sind 10000 Drachmen, oder
mehr als anderthalb Talente begrenzt habe.[13]

Sex und Kosten

Die meisten antiken Autoren scheinen darin übereinzustimmen, daß ungeachtet der Versuchungen des Fischessens, Pferdereitens und »Wachtelklatschens« Frauen und Knaben mit Abstand die größte Gefahr für den Besitz darstellten. »Männer, die ihre Ausgaben unter Kontrolle hatten, können das nicht mehr, wenn sie in Liebe verstrickt sind«, sagt Xenophon. In Platons *Staat* sind es von den Liebeshändeln bis zum Verlust des Vermögens nur wenige Zeilen: Liebe (ob zu einer Hetäre oder einem Knaben) ist ein mächtiger Geist, der den »tyrannischen Mann« heimsucht: »Und viele schreckliche Begierden begleiten die Liebe und fordern Tag und Nacht viel von ihm. Ist dem nicht so?‹ ›Ja, Sokrates, so ist es.‹ ›Und alles Geld ist bald einmal ausgegeben.‹ ›Selbstverständlich.‹ ›Und danach kommen Pfändung und Verkauf.‹ ›Ja, ja, so ist es in der Tat.‹«

Wir haben gesehen, daß Frauen am Verschwinden des Privatbesitzes von Kallias, des größten privaten Landbesitzes des 5. Jahrhunderts, großen Anteil hatten. Auch Andokides, Kallias' großer Feind und Ursprung manch schlechter Rede über ihn, mußte selbst Verluste aus Wollust in Kauf nehmen. Sein Vater Leogoras war ein bekannter Verschwender und wurde von den Komödienschreibern dafür verspottet, daß er sein Vermögen an eine Hetäre namens Myrrhina verschleudert habe. Sich in eine Hetäre zu verlieben wurde zum klassischen Beispiel für ein schädliches Verlangen: »Eine Hetäre ist für jeden Mann, der eine unterhält, ein Unheil. Und er ist auch noch voller Freude, eine Katastrophe im Haus zu beherbergen.« Isokrates bemerkte, wer von Macht besessen sei, verliere den Verstand; gerade wie diejenigen, die in Kurtisanen verliebt sind, welche sich die Liebe der Männer erschleichen, um dann den zu ruinieren, der sich mit ihnen eingelassen hat. In Xenophons *Oikonomikos* bemüht Sokrates das gleiche Beispiel, um zu zeigen, daß Geld nicht immer einen Vorzug darstellt: »Wenn jemand für Geld eine Hetäre kauft und ihretwegen an seinem Körper, seiner Seele und seinem Besitz Schaden nimmt, auf welche Weise hat er dann aus seinem Geld Vorteil gezogen?‹ ›Auf gar keine Weise‹, sagt sein Gesprächspartner, ›nicht mehr, als tödliche Nachtschattengewächse, die verrückt machen, wenn man sie ißt, ein Vorzug genannt werden können.‹«[14]

Homosexuelle Beziehungen werden weniger oft erwähnt, können aber ebenso gefährlich sein. In den *Memorabilien* erinnert Xenophon daran, was ihn der Philosoph über Knaben gelehrt hat: »Du Unglücklicher, und was glaubst du für Folgen zu erleiden, wenn du einen Schönen geküßt hast? Glaubst du nicht, daß du sofort ein Sklave bist an Stelle eines Freien, daß du vieles aufwendest für verderbliche Vergnügungen, daß du gar keine Muße mehr hast, dich mit etwas Schönem und Gutem abzugeben, daß du vielmehr gezwungen würdest, dich ernsthaft mit Dingen zu befassen, mit denen sich nicht einmal ein Rasender befassen würde?‹ ›Beim Herakles‹, antwortet Xenophon, ›welch gewaltige Kraft legst du einem Kuß bei!‹« Nach so einem Gespräch überrascht es nicht mehr, daß Xenophon später eher ein Homoskeptiker wurde. In einem Streitgespräch über einen Besitz fühlte sich ein empörter Sprecher bemüßigt, mit einem alarmierenden Infinitiv die ökonomischen Folgen homosexueller Verhältnisse zu beschreiben: »*Katapepaiderastēkenai* meint »([s]einen Besitz) mit Knabenliebe durchgebracht haben«. Dies hatte sein Gegner mit seinem eigenen Besitz getan, und dies täte er auch mit dem zur Rede stehenden Besitz, wenn er ihn in die Hände bekäme.[15]

Zahlreich und verschlungen sind die Pfade, die von der Vernarrtheit zum Ruin führen. Die Philosophen scheinen an eine allgemeine Verwirrung der Geisteskräfte unter dem Einfluß der Liebe gedacht zu haben, die zu finanzieller Nachlässigkeit und Ausgaben für irgendwelche närrischen Dinge führte. In dieser Hinsicht glichen die wirtschaftlichen Folgen der Liebe denen des Trinkens. Beide, Liebende und Trinker, vermögen immer weniger das zu tun, was sie tun sollten, und sich dessen zu enthalten, was sie nicht tun sollten, sagt Xenophon. Dies betrifft nicht nur den Kauf von Juwelen und Kleidern, was, um nur ein Beispiel zu nennen, der Mätresse des Olympiodoros die großartigen Auftritte erlaubte, sondern auch weniger vorhersehbare Verluste. Eine Anekdote über Alkibiades weiß zu berichten, wie dieser einst in das Haus seines reichen Liebhabers Anytos platzte und sich zu einer kleinen Umverteilung des Besitzes entschloß. Er trank ihm aus der Hälfte aller Weinschalen (offensichtlich aus Silber und Gold) zu und befahl dann seinen Dienern, sie zu nehmen und in das Haus seines Freundes Thrasyllos zu schaffen, der in ärmeren Verhältnissen lebte. Einige wandten ein, das Benehmen des Alkibiades sei taktlos gewesen, aber Anytos erwiderte: »Ganz und gar nicht! Er hätte alles mitnehmen können, und doch war er so taktvoll, die Hälfte dazulassen.«[16]

Ausgaben für Liebesgeschichten waren so unterschiedlich wie die Liebesverhältnisse selbst. Tatsächlich war, wie erwähnt, die Art der ökonomischen Transaktion für die Definition des Charakters der Liebesbeziehung von entscheidender Bedeutung. Die Bezahlung eines festgesetzten Preises kennzeichnete die anonyme Promiskuität des Bordells, ein Geschenk eine Vereinbarung für längere Zeit mit ungewisser Rückzahlung.

Für den Geschlechtsverkehr selbst war der niedrigste Preis für Männer und Frauen ein Obolos. Das war wenig. Zu wenig, meinen manche Kommentatoren und halten die Angabe nur für eine sprichwörtliche Redensart, die einen im Kerameikos nicht weiter brachte als ein paar Mark auf der Reeperbahn. Sie wird allerdings von Komödienschreibern, Philosophen und Vasenmalern vom frühen 5. bis zum späten 4. Jahrhundert bestätigt, und Prostituierte müssen in Athen so billig gewesen sein, daß selbst Sklaven sie sich leisten konnten, denn man weiß, daß Sklaven sie besucht haben. »Zwei Obolen wert« (*diobolaria*) ist andererseits in der römischen Komödie auch die Bezeichnung für eine billige Prostituierte und drei Obolen der Preis, mit dem man den Tiefpunkt, auf den alternde Hetären herabsinken, bezeichnet. In den *Thesmophoriazusen* verlangt der Tragöde Euripides von dem Skythen eine Drachme für Sex mit dem Flötenmädchen. Zwei Drachmen verlangte Didrachmon, und zwei Drachmen boten die Besucher Lais an, ein Betrag, den sie in ihrer Jugend verächtlich zurückwies, im Alter jedoch gierig an sich nahm. Dies war – nicht zufällig – auch die höchste Summe, welche die *astynomoi* für die Miete der Flötenmädchen festsetzten. Theopompos (der Komödiendichter) meint, daß Frauen, die man für zwei Drachmen haben konnte, Hetären in den mittleren Rängen (*mesas*) waren.

Am anderen Ende der Skala beläuft sich die höchste Bezahlung auf 1000 Drachmen, die Gnathaina für eine Nacht mit ihrer Tochter Gnathainion verlangte. Der Kunde, ein reicher alter Satrap, will nur 500 zahlen. Gnathaina meint, das mache nichts: »Ich bin sicher, du wirst ihr heute nacht das Doppelte geben.« Diese Summe ist nun allerdings außerordentlich hoch. An anderen Stellen wird gesagt, Gnathaina habe eine Mine (100 Drachmen) für die Dienste ihrer Tochter verlangt. Wenn ein Kunde immer wieder kam, ohne nachzuzahlen, machte sie ihn darauf aufmerksam, daß eine Mine der Preis für eine Nacht sei und nicht die Gebühr für einen ganzen Kurs. Dieselbe Summe soll auch Phryne für eine Nacht verlangt haben.[17]

Etwas anders als der Diskurs über die Preise für Frauen läuft der über die Preise für unterschiedliche Arten des Geschlechtsverkehrs. An zwei Stellen wird *kybda*, die als verhurt und billig verachtete vornübergebeugte Stellung zur Penetration von hinten, zum Preis von drei Obolen erwähnt. Der nächste Preis (eine Drachme nach Plato comicus) war *lordō*, von hinten, wobei sich die Frau mit vorgeschobenem Bauch und eingezogenem Rücken zurücklehnt, und an

der Spitze der Liste rangierte *kelēs*, das »Rennpferd«. Preise sind dafür
keine bekannt, doch soll es sich dabei um den Gipfel des Luxus in der
Sexindustrie gehandelt haben, der nur dann gewährt wurde, wenn
der Kunde auch bereit war, viel Geld auszugeben. Machon erzählt
die Geschichte eines Bronzeschmieds, der ein Vermögen für Gnathainion ausgab, bis sie ihm dieses Privileg gewährte. Die Atmosphäre von Luxus, die diese Stellung umgibt, wird in einigen hellenistischen Epigrammen deutlich, angeblich Widmungsgedichte von
Hetären, die, um im Bild zu bleiben, ihre Sporen an den Nagel häng-
ten: »Lysidike weihte dir, kyprische Aphrodite, den goldenen Stachel
von ihrem wohlgeformten Fuß, mit dem sie so manchen Hengst, der
auf dem Rücken lag, zugeritten hat; und ihr Schenkel rötete sich
nicht, so leicht hüpfte sie auf und nieder. Sie beendete den Ritt, ohne
die Sporen zu gebrauchen. Und so hängte sie ihr goldenes Wappen
an das Tor [deines Tempels].« Eine ähnliche Widmung von der Feder
des Posidippos, angeblich aus Dankbarkeit für den Sieg bei irgendeinem sexuellen Großen Preis der Nation gegen eine andere Hetäre,
erwähnt eine purpurne Gerte und gewichste Zügel. Die Epigramma-
tiker der hellenistischen Zeit liebten es sehr, ihre eigenen Grabge-
wölbe mit verfeinerten Versionen der gewöhnlichen Grabinschriften
und Widmungen zu entwerfen, die sich überall in dieser Epigra-
phenkultur finden. Ihre ironischen und obszönen Versionen der
Widmungen der Wollweberinnen, die sich der Prostitution zugewandt hatten, haben wir bereits kennengelernt, und Lysidikes außergewöhnliches Geschenk ihrer Sporen an Aphrodite scheint auch
noch andere und bescheidenere Vorbilder in der Alltagswelt gehabt
zu haben. Eine in Athen gefundene Inschrift ist eine richtige Widmung (an wen oder was, ist nicht bekannt) »einer gewissen Frau« für
»viele Ritte« (*pollois kelētismois*). Alle möglichen Händler weihten
dem Hermes gewöhnlich Gaben, um Glück, und anderen Göttern,
um göttlichen Beistand für ihre Geschäfte zu erflehen. Häufig taten
sie dies mit kleinen Lehmtafeln, *pinakes*, auf denen ihr Arbeitszweig
abgebildet war. Es gibt keinen Grund dafür, warum Arbeiterinnen
aus Aphrodites Zunft sich darin hätten unterscheiden sollen. Vielleicht erfüllten die Täfelchen mit erotischen Szenen im Oxforder
Ashmolean Museum diese Funktion. Es störte auch niemand, wenn
solche Weihegeschenke zu Werbezwecken genutzt wurden.[18]

Mit den »gemieteten« Hetären, den *mistharnusai*, die Geld nicht
für den einzelnen Geschlechtsakt, sondern für den Abend verlangten,
fangen die wirklich hohen Preise an. Die meisten waren Musikantin-
nen, die eigentlich nicht mehr als zwei Drachmen pro Nacht verlan-

gen durften, doch spricht Menander von zehn Drachmen, um sie zu einem Symposion zu holen, und Charisios zahlt im *Schiedsgericht* der Harfenistin Habrotonon zwölf Drachmen für einen Tag. Vielleicht war nach der Abschaffung der Demokratie auch die »Musikmädchen-Lotterie« zu Ende, und die Flötenmädchen konnten mehr verlangen. Zwölf Drachmen sind ein Haufen Geld, doch auch diese Summe wurde von einem Mädchen in Menanders *Schmeichler*, das 300 Drachmen pro Tag kostete, bei weitem überboten. »Dieser Preis erscheint phantastisch«, meinen Arnold Gomme und Francis Sandbach in ihrem Menander-Kommentar, »obwohl auch moderne Erfahrungen zeigen, daß für die Gunst einer Frau riesige Summen ausgegeben werden.« Mit Bezahlungen in dieser Höhe trugen Mädchen und Knaben wesentlich zu den Kosten eines Gastmahls bei.

Für Verträge über längere Zeitspannen waren die Summen dementsprechend höher, obwohl Simon, Lysias zufolge, behauptete, über eine unbekannte Zeitspanne nur 300 Drachmen für einen platäischen Knaben bezahlt zu haben. Andererseits wurden in Plautus' *Eselskomödie* die Exklusivrechte auf Philaenums Begleitung für ein Jahr auf 2000 Drachmen geschätzt. Diese Ungleichheit ist vielleicht nur auf den Unterschied zwischen komödiantischer Übertreibung und Wirklichkeit zurückzuführen.[19]

Wenn es um den Kauf oder den Freikauf von Geliebten ging, waren natürlich noch höhere Summen im Spiel. Die Hetäre Antigone benötigte nur 300 Drachmen, um ein Sklavenmädchen zu kaufen, eine Summe, die sie als Vermittlungsgebühr für die Abwicklung von Epikrates' verhängnisvollem Kauf des Parfümgeschäfts erhielt. Demosthenes meinte, daß jeder Sklave in der Fabrik seines Vaters (ausgebildete Metallarbeiter) 500 bis 600 Drachmen wert wäre. Und aus einer Diskussion in Xenophons *Memorabilien* über die unterschiedlichen Preise für Sklaven geht hervor, daß 1000 Drachmen im allgemeinen der höchste Preis für den Kauf eines Sklaven waren (obwohl es das Gerücht gab, Nikias habe für den Verwalter seiner Silbermine weit mehr bezahlt). Waren die Sklaven Geliebte, dann freilich waren solche Summen nicht ungewöhnlich. Neaira zum Beispiel wurde von Nikarete für 3000 Drachmen verkauft, und Epikrates war bereit, für den Sohn des Parfümverkäufers mit Bruder und Vater als Dreingabe 4000 Drachmen zu bezahlen. In den Stücken des Plautus wechseln Summen von 2000 bis 6000 Drachmen (ein Talent) den Besitzer, letzteres ein Gaunerstück, um einen Zuhälter übers Ohr zu hauen.[20]

Dies sind nun wirklich bedeutende Summen, die hier zur Debatte stehen, ausreichend, auch in den größten Vermögen empfindliche Lücken zu hinterlassen. Zwei Männer mußten die 3000 Drachmen aufbringen, um Neaira von Nikarete zu kaufen. Und als Neaira ihrerseits zwei Drittel dieser Summe zusammenbringen wollte, um sich freizukaufen, mußte sie sich an einen größeren Kreis von Leuten um Beiträge wenden, was sie wiederum zu unangenehmen Verpflichtungen gegenüber Typen von zweifelhaftem Ruf zwang. Epikrates mußte herumgehen und im Kreis seiner Freunde das Geld für den Kauf seines Geliebten und dessen Familie zusammenkratzen. Es war schon deshalb ziemlich naiv von dem Redner, zu behaupten, es habe zwischen Simon und Theodotos keinen Vertrag geben können, weil Simon die Summe schlicht nicht aufbringen konnte. Betrug der Preis für den Geliebten mehr als das, was man hatte, dann mußte der Rest zusammengebettelt, geliehen oder gestohlen werden. Eine Hetäre freizukaufen wurde im allgemeinen für einen leichtsinnigen Akt der Verschwendung gehalten, nicht nur, weil Hetären sehr teuer waren, sondern weil sich junge Männer, wenn sie das Geld aufbringen wollten, ruinieren konnten.

Jedoch selbst die Summen, die für den Kauf von Körper und Seele des Geliebten aufgebracht wurden, waren verschwindend gering, verglichen mit einer anderen Art sexueller Zügellosigkeit: dem Ehebruch. Dies war es in erster Linie und weniger die Hetären, was dazu führte, daß Kallias' Reichtum »gerupft« wurde. Mit Phokos' Frau erwischt, sollte er den enormen Betrag von drei Talenten bezahlen, um der Strafe für Ehebruch zu entgehen. Drei Talente, das sind 18000 Drachmen, genug, um einen Habenichts unter die paar Hundert reichsten Bürger Athens zu befördern, und da die Strafe der Tod sein konnte, wenn man mit einer Athenerin, welche die Frau eines anderen war, in flagranti erwischt wurde, mochte einer wie Kallias geglaubt haben, noch billig davongekommen zu sein. Auch an anderen Stellen sind Zahlungen an gehörnte Ehemänner belegt und scheinen öfter vorgekommen zu sein. Ein Philosoph spricht offen von Männern, die die Frauen ihrer Nachbarn »auf der Basis von Bezahlung« verführen, und in den griechischen und römischen Komödien gibt es viele Beispiele für derartige Erpressungen. Der wohlhabende Ehebrecher, welcher der Strafe durch Zahlung einer großen Summe entgeht, wurde zum sprichwörtlichen Beispiel dafür, wie Geld Delikte begünstigte, ein gutes Gegenbeispiel zum Stereotyp des armen Kriminellen, der durch Not zu seinen Übeltaten gezwungen wird. In Aristophanes' Liste derer, die vom Gott »Reichtum« am Geschäft beteiligt wurden, figuriert auch der Ehebrecher, der »deinetwegen gerupft von dannen zieht, wenn er erwischt wird«, »denn der Reiche wurde laufengelassen, wenn er Geld lockermachte«, wie ein antiker Kommentator einer späteren Leserschaft erklärte. Als Euphiletos und einige andere mit Fackeln, die die Szene beleuchteten, Eratosthenes beim Geschlechtsverkehr mit der Frau des Euphiletos erwischten, war dessen erste Reaktion, dem Ehemann Geld anzubieten. Besonders seit der Unbedachtheit des Kallias mochte jeder Ehemann, der dahinterkam, daß seine Frau sich einen reichen Liebhaber geangelt hatte, glauben, er habe das große Los gezogen. Tatsächlich wurden Ehemänner verdächtigt, aus Profitgier den Ehebruch ihrer Ehefrauen mit Vorbedacht bewerkstelligt zu haben. Des Mordes angeklagt, mußte Euphiletos beweisen, daß die Episode mit tödlichem Ausgang nicht »aus Geldgründen, um mich selbst von der Armut zu befreien und reich zu werden« inszeniert war.[21]

In diesen Zusammenhang sollten wir auch die von Apollodoros erzählte Geschichte stellen, daß Neaira ihren Preis heraufsetzte, als sie in Stephanos' Haus zog, »mit der Begründung, daß sie nun Ansehen habe und das Haus mit einem Mann teile. Und dieser Mann half ihr bei Denunziationen und Erpressungen. Sollte sie nun irgendeinen reichen Fremden, der sich nicht auskannte, als Liebhaber bei sich haben, und Stephanos diesen auf frischer Tat erwischen, dann würde er ihn mit ihr zusammen als *moichos* einsperren und die Gelegenheit nutzen, viel Geld aus ihm herauszupressen.« Es hat beinahe den Anschein, als ob Apollodoros das vom Ehebrecher erpreßte Geld mit dem erhöhten Preis der Hetäre zusammenbringe. Wir haben schon gehört, daß die Hetäre dank ihrer Beherrschung der Ökonomie des Betrachtens, dem Spiel von Sehen und Gesehenwerden samt seinen Verheißungen des Besitzes, der ehebrecherischen Frau nähersteht als der gewöhnlichen Prostituierten. Und wir haben auch gehört, daß ihre Dauerliebhaber von ihnen wie von ihren verheirateten Frauen sprechen und andere Männer, die Geschlechtsverkehr mit ihnen haben, als Ehebrecher betrachten. Wo liegt der Unterschied zwischen dem, was im Haus des Phokos geschah, als sich Kallias mit dessen Frau dort aufhielt, und dem, was im Haus des Pyrrhos geschah, als die Mutter von Phile dort wohnte und die Nachbarn Anzeichen für Orgien beobachteten, oder im Haus des Stephanos, als Neaira dort einzog? Wo liegt der Unterschied zwischen dem höheren Preis, den Neaira normalerweise ihren Kunden abverlangte, seit sie mit Stephanos zusammenlebte, und den Summen, die unwissenden, als Ehebrecher eingesperrten Fremden abgepreßt wurden? Gnathainion stieg zum Bronzeschmied ins Bett, als sie »aufgehört hatte, Begleiterin zu

sein (*hetairein*)« und obwohl sie »kein Geld mehr nehmen wollte«;
aber den Bronzeschmied kostete es einen Haufen Gold und eine
Menge Überredungskunst.[22]

Die habgierige Hetäre

Die Vorstellung, daß jeder Gnathainas Tochter oder sogar Phryne
haben konnte, wenn nur der Preis stimmte, ist dazu angetan, die Behauptung der Hetäre, Geliebte und Freundin zu sein, Lügen zu strafen. Indem man den großen und berühmten Kurtisanen einen Ein-
heitspreis zuerkennt, betrachtet man sie als *pornai*, da sie an der gleichen Art der Bargeldbezahlung, jedoch auf einem anderen Preisni-
veau – eine Mine anstatt einen Obolos –, teilhat und sich nur quanti-
tativ und nicht qualitativ von einer Hure unterscheidet. Es paßt gut
zu den Verdrehungen eines Theopompos von Chios, eines Autors,
der Hetären eindeutig feindlich gegenübersteht, wenn er versucht,
sie auf gewöhnliche Prostitution festzunageln, wenn er behauptet,
diese schwer faßbaren Frauen seien von »jedem, der wollte«, »zum
selben Preis wie alle« zu haben gewesen. Andererseits sind Gnathainions »1000 Drachmen für eine Nacht«, wie die eine Million Dollar
im Hollywoodfilm, eine maßlos übertriebene Summe, welche die
Ausnahme bestätigen, einmalig und dem Blutgeld des Ehebrechers
ähnlicher als dem Preis für eine Hure.

Auf dieser Ebene wird das Verhältnis zwischen Preis, Angebot und
Nachfrage ziemlich verwirrend. Hohe Preise sind nicht gerade Zei-
chen eines breiten Angebots, sondern ein Symbol für Exklusivität.
Wieder einmal scheinen Simmels Bemerkungen aus dem Wien der
Jahrhundertwende angebracht:

> »Der Abscheu, den die moderne, ›gute‹ Gesellschaft vor der Pro-
> stituierten hegt, ist um so entschiedener, je elender und ärmlicher
> diese ist, und mindert sich mit der Höhe des Preises, um welchen
> sie sich verkauft, bis sie schließlich die Schauspielerin, von der je-
> dermann weiß, daß sie von einem Millionär ausgehalten wird, oft
> genug in ihre Salons aufnimmt; während ein solches Frauenzim-
> mer vielleicht viel blutsaugerischer, betrügerischer, innerlich ver-
> kommener ist, als manche Straßendirne ... der Verkaufspreis [er-
> spart] durch seine exorbitante Höhe die Herabdrückung [...], die
> ihm sonst die Tatsache des Verkauftwerdens bereitet. ... Die Kur-
> tisane, die sich für einen sehr hohen Preis verkauft, erhält damit

›Seltenheitswert‹ … Wie viele andere Gegenstände, ist auch die Gunst mancher Kurtisane nur deshalb sehr geschätzt und von Vielen gesucht worden, weil sie den Mut hatte, ganz ungewöhnliche Preise zu fordern.«[23]

Ein hoher Preis geht mit einer Ökonomie des Betrachtens einher. Eigentlich sollte er eine Frau als sexuell verfügbar brandmarken, in Wahrheit dient er jedoch dazu, sie außer Reichweite zu stellen. Sie kann zwar von jedem erworben werden, jedoch nur zu einem unbezahlbaren Preis. Anstelle der direkten Abfolge von Verlangen – Bezahlung – Befriedigung bestimmt die Art der Bezahlung die Möglichkeit der Befriedigung, und die Möglichkeit der Befriedigung hat wiederum Auswirkungen auf das Verlangen. Der hohe Preis hält – wie das Geschenk – die erregende Spannung der Verfügbarkeit einer Hetäre in der Schwebe und stellt eine anstößige Abgeschlossenheit her. Die Hetäre sperrt sich mit ihrem unrechtmäßig erworbenen Gewinn ein wie ein reicher Satrap, wie Pharnabazos: »Mir scheint, daß ›Reichtum‹ blind ist«, meint eine Figur bei Amphis. »Er kommt nicht sein Mädchen besuchen, sondern sitzt wie gelähmt zu Hause, zusammen mit Sinope, Lyka, Nannio und anderen solchen Schnorrern und macht keinen Schritt vor die Tür.« »Ich verliebte mich in Phryne …, als sie noch nicht war, was sie heute ist; weil ich bei jedem Besuch viel Geld für sie ausgegeben, ist mir ihre Tür jetzt verschlossen«, behauptet eine Figur in Timokles' *Neaira*. »Die Häuser der Hetären sind für diejenigen, die nicht bezahlen können, verbotene Bereiche«, sagt Aristophon. Aristodemos zieht in einer Geschichte über einige Kunden von Gnathainas Tochter, die in Not geraten waren und deshalb vom Haus ausgeschlossen wurden, eine Parallele zwischen dem Schutzschild der Bescheidenheit und den Hürden des Preises. Die Geschichte spielt im semantischen Feld von *peiraō*. Anstelle »auf die Probe gestellt worden zu sein« wie manche keusche Frau, steht Gnathainion buchstäblich »unter Belagerung«. Die Männer haben Werkzeuge mitgebracht, Hacken und Pickel, und drohen, das Haus niederzureißen. »Wenn ihr diese Dinge habt, könntet ihr sie doch versetzen und uns unser Honorar schicken.«[24]

Es gab freilich nur wenige Hetären, die Sex für einen bestimmten Preis anboten. Daraus folgt, daß für Hetären ausgegebenes Geld nicht wirklich Geld für Sex ist, sondern es sind, wie die Philosophen betonen, zusätzliche Ausgaben, Kosten, die um die Liebe herum entstehen, Auslagen ohne Ende für Geschenke mit der Erwartung, daß sie zur Erfüllung führen mögen, und Extravaganzen noch und noch.

Für die darein verstrickten Frauen ist es ein schwieriges Spiel. Auf der
einen Seite müssen sie dafür sorgen, daß ihre Liebhaber nicht allzu
selbstgefällig werden und die Gunst für selbstverständlich hinnehmen. Auf der anderen Seite dürfen sie nicht allzu deutlich werden.
Zeigen sie zu direkt, was sie wollen, oder drohen damit, ihre Gunst-
bezeigungen zurückzuziehen, wenn sie nicht erhalten, was sie fordern, dann wird Freundschaft zu einem ausdrücklichen Gegenge-
schäft gemacht: eins für das andere. Die Hetären müssen zu Tricks
greifen und Anzüglichkeiten zu Hilfe nehmen, jene zweideutigen
Reden, für die sie berühmt waren. Einige Fragmente von Menanders
verlorenen Stücken illustrieren diese Techniken sehr gut. Aus dem
Kindchen (*Paidion*): »Du hast mir eines aus Gold gegeben. Wenn es
nun noch mit einigen Edelsteinen verziert wäre. Das wäre schön!«
Aus derselben Szene wahrscheinlich, ein wenig taktloser: »Da fehlen
nur ein Smaragd und einige Karneole.« In der *Anzahlung* versucht es
ein anderes Mädchen etwas mutwilliger: »Ich denke, das war gut, daß
du mir den Schlangenarmreif gekauft hast.« Es war dies eindeutig
eine subtile Kunst, die eine gewisse Übung voraussetzte. Ein Fragment scheint gerade von einer solchen Unterweisung zu handeln: »Er
soll dich mit einer Schmuckkette um deinen Hals behängen.« In den
Memorabilien führt Xenophon vor, wie Sokrates die Wissenschaft,
Geschenke zu ergattern, zusammen mit Theodote entwickelt. Der
Kreislauf der Gegenseitigkeit, rät Sokrates, wird am besten mit einer
geringfügigen Gefälligkeit eingeleitet, der Fortgang sollte allmählich
gesteigert werden: »Zuerst mußt du von von denen, welche dir ihre
Zuneigung zeigen, nur das verlangen, was ihnen bei der Erfüllung
ganz wenig Mühe macht...« Sechshundert Jahre später entsetzten
sich die Gäste des Athenaios über dieses Bild des Philosophen, der die
Rolle einer Kupplerin übernahm und »Lockmittel der Lust empfahl,
an die weder Niko von Samos noch Kallistrate von Lesbos noch Philainis von Leukas [sic] oder gar Pythonikos von Athen je gedacht
hatten«. Athenaios weist bei aller Entrüstung darauf hin, daß es für
diejenigen, die keinen Sokrates zur Verfügung hatten, neben dem
allgemein bekannten Text der Philainis eine Fülle an Büchern zum
Selbstunterricht auf dem Gebiet der Verführung gab, und man kann
mit Sicherheit davon ausgehen, daß sie nicht nur an *ton peirōnta*, den
Verführer, sondern auch an *tēn peirōsan*, die Verführerin, gerichtet
waren.

Dem Komödienschreiber Anaxilas gelingt es in seinem Stück *Das
Küken*, die gesamte komplexe Strategie einer Hetäre mit einer einzigen Metapher zu umreißen, indem er ihre notorisch beschönigende

Sprache, ihre immer weiter ausufernden Ansprüche, die Ambivalenz
der Gabe und der Reiz der Gefahr in einer Version des Rätsels, dessen
berühmte Antwort Ödipus gibt, zusammenbringt:

»Und alle diese Huren können als thebanische Sphinx bezeichnet
werden; nichts von dem, was sie vor sich hinplappern, ist klar und
deutlich, sondern es wird ganz und gar in Rätseln gesprochen, davon,
wie sie es lieben ›zu lieben‹, ›Freundinnen zu sein‹ und mit ›jemandem zu gehen‹. Und dann heißt es: ›Wenn ich nur etwas mit vier Beinen haben könnte … einen Stuhl vielleicht.‹ Und dann: ›Wie wäre es
mit etwas, das drei Beine hat, ein dreibeiniges Tischchen?‹ Und dann
›eine Dienerin, mit zwei Beinen‹. An diesem Punkt macht er sich, gerade wie Ödipus, am besten davon, wenn er kapiert hat, was gespielt
wird, und gibt vor, sie nicht einmal gesehen zu haben. Das braucht
ein wenig Überwindung, aber zumindest ist er in Sicherheit. Jene
aber, die dem Glauben verfallen, die Frauen wären in sie verliebt,
verlieren den Boden unter den Füßen; sie werden hinweggefegt und
hoch in die Lüfte gewirbelt.«[25]

Was Anaxilas hier sagen will, ist bestimmt kein Rätsel. Die Opfer der
Hetären sind in einem Netz von zweideutigen Worten gefangen, sie
werden sukzessive mit vorgeblicher Freundschaft verführt, bis sie
sich vollständig verstrickt und ruiniert haben. Wenn sie das Rätsel
lösen, das Geschenk durchschauen und merken, daß die Frauen
Freundschaft nur aus materiellen Gründen vortäuschen, können sich
die Männer befreien; nehmen sie die Worte aber für bare Münze,
sind sie verloren. Die Rede ist ein ausgezeichnetes Beispiel dafür, wie
Sprache, Begehren und Gabe zusammenwirken, um die Ambivalenz
der Hetäre aufrechtzuerhalten. Das Geben ist nicht nur ein Zeichen
für befriedigtes Verlangen, sondern es gehört selbst zur Konstruktion
des Verlangens. Die verschiedenen Arten, für das Vergnügen zu bezahlen – der Erwerb zu festen Preisen, das Feilschen, der Kauf bei der
Versteigerung, die Gabe mit der Hoffnung auf Erwiderung –, kreie-
ren eine unterschiedliche Beziehung zwischen dem, der begehrt, und
dem begehrten Objekt, unterschiedliche Aussichten, das Ziel zu erreichen, und mehrere Stufen der Zurückweisung, bevor Befriedigung gewährt wird.
    Die habgierige und zynische Kurtisane, die Verliebtheit vor-
täuscht, in Wirklichkeit jedoch nur am materiellen Gewinn Interesse
hat, ist eine gängige Figur in der Komödie. Menanders *Thais* hebt
mit einem Prolog an, der die epische Form parodiert: »Singe mir,

Gottheit, von der Frau, der schamlosen, doch schöngestaltigen und auch beredten. Singe mir von der Frau mit wüstem Gehabe, die dir die Tür ins Gesicht schlägt; von der Frau, deren Geheisch wie Hagel daherkommt, doch nimmer die Liebe, statt dessen auf ewig Verstellung.« Darüber sprach auch Epikrates in seinem Stück *Anti-Lais*, wo er, Athenaios zufolge, das gewöhnliche Flötenmädchen der »Hochlohnhetäre« gegenüberstellt. »Du siehst, daß die anderen Flötenmädchen Apollons Weise spielen ... und die Weise des Zeus; diese Frauen jedoch spielen nur den ›schlagenden Falken‹.« Diese Gier hat auch biologische Bedeutung. Hetären sind, wie alle Frauen seit Pandora, »hungrig«, gefräßig, versoffen und unersättlich (*aplēstos*), ein Wort, das im Griechischen dieselbe sexuelle Konnotation hat wie im Deutschen auch.[26] Solche Geier in Menschengestalt treten besonders in den Stücken des Römers Terenz auf. Sein *Eunuch*, der weitgehend auf Menanders verlorenem Stück gleichen Namens basiert, handelt vom Buhlen zweier Rivalen um die Aufmerksamkeit der Hetäre Thais, die als eine Frau vorgestellt wird, die soviel wie möglich aus Phaedria und Thraso herauszuholen versucht. Die Eröffnungsszene seiner *Hecyra* (*Die Schwiegermutter*) zeigt das schamloseste Exemplar der plündernden Hetäre, wenn auch mit einem gewissen Verständnis für ihren Standpunkt. Syra, eine alte Hetäre, unterweist eine andere in der Kunst des Überlebens. Die einzig realistische Strategie in einer Männerwelt ist Zynismus. Männer wollen immer etwas umsonst haben und erweisen sich stets als treulos. Frauen müssen für sich selbst sorgen: »Gerade deshalb bin ich immer darum besorgt, dich zu warnen und dich anzuhalten, mit niemandem Mitleid zu haben. Wenn es dir gelingt, eines Mannes habhaft zu werden, nimm ihn aus, plündere ihn, zieh ihm die Haut bei lebendigem Leib ab!« Solche Stereotypen sind nicht nur auf die Komödie beschränkt. Die Hetäre Niko handelte sich den Spitznamen »Ziege« ein, weil sie den Thallos (*thallos* = »belaubter Zweig«) »verschlungen« hatte. Besonders Redner waren darauf aus, das Bild der gierigen Frau zu zeichnen, und schnell zur Hand, wenn es darum ging, die Schuld für eine lange Liste von Vergehen auf die Forderungen einer intrigierenden Hetäre zu schieben. Antigone, die Epikrates dazu brachte, eine ganze Familie von Parfümhändlern freizukaufen, haben wir schon kennengelernt, ebenso die Hetäre, die Olympiodoros zu allen möglichen verschwenderischen Verrücktheiten trieb, so daß sie als Lebefrau in vollem Glanz auftreten konnte. Außerdem weiß man von einer zweiten Phryne – nicht zu verwechseln mit der berühmten Frau aus Thespiai –, der nach dem 6. Buch von Herodikos' *Kōmōdumenoi* (*Die in der Komödie Verspotteten)* von den Rednern der Spitzname Sestos oder »Sieberin« gegeben wurde, weil sie die Männer, die mit ihr verkehrten, sorgfältig aussiebte.

Da die Angaben über das Geld, das für Hetärengeschenke ausgegeben wurde, ungenau sind, haben wir selten Gelegenheit, diese Ausgaben mit den genauen, bisweilen minutiösen Angaben zu vergleichen, die uns über andere Arten von sexuellen Dienstleistungen zur Verfügung stehen. Immerhin ist, wie stets, auf Aischines Verlaß. So behauptet er, daß Timarchos die ganzen 2000 Drachmen, die er dem Schwager eines Bürgers, den er bezichtigte, ein Sklave zu sein, abgepreßt hatte, für seine Hetäre Philoxene verwendet habe.[27]

Geld und Moral

Timarchos ist in der Tat das klassische Beispiel dafür, wie eine hemmungslose Person sein ganzes Besitztum durchbringen konnte, nach Auffassung der Athener eine dramatische Demonstration ökonomischer Selbstzerstörung:

»Denn sein Vater hatte ihm ein sehr großes Vermögen hinterlassen, das er verschwendete … Aber er tat es, weil er ein Sklave war, ein Sklave der schändlichsten Begierden: der *opsophagia* und Ausschweifung beim Gastmahl, der Flötenmädchen, Hetären, des Würfelspiels sowie all der anderen Dinge, denen sich kein anständiger Mann hingeben sollte …
– Sein Vater hinterließ ihm ein Vermögen, das jeder andere für den Dienst am Staat hätte gebrauchen können, doch dieser Mann konnte es noch nicht einmal für sich selbst erhalten. Er hatte ein Haus hinter der Akropolis, am Fuße des Sphettos, ein weiteres Stück Land in Alopeke, außerdem neun oder zehn Sklaven, Schuster, von denen ihm jeder täglich zwei Obolen ablieferte, und einen Handwerker, der ihm drei einbrachte; dazu eine Tuchweberin, die ausgesuchte Kleider für den Markt herstellte, und ein Mann, der sich auf die Stickerei verstand. Des weiteren gab es Schuldner, bewegliches Gut …
– Das Haus in der Stadt verkaufte er dem Komödiendichter Nausikrates – später wurde es für zwanzig Minen an Kleainetos weiterverkauft –; den Besitz am Fuße des Sphettos verkaufte er an Mnesitheos von Myrrhinusa, ein großes Gut, das von diesem heruntergewirtschaftet wurde. Das Land in Alopeke, kaum elf oder

zwölf Stadien von der Stadtmauer entfernt, bat ihn seine Mutter,
wie ich erfahren habe, zu behalten, und, wenn er nichts damit an-
fange, es ihr zu überlassen, damit sie dort begraben werde. Doch
nicht einmal dieser Besitz wurde ausgespart. Er verkaufte das
Land für 2000 Drachmen. Auch von den Sklaven blieben keine
übrig; sie wurden alle verkauft.

– Nein, er ließ nichts übrig, kein Stück Land, keine Sklaven, kein
Geld auf Zinsen noch irgend etwas sonst, wovon ein ehrlicher
Mann leben könnte. Im Gegenteil, an die Stelle des väterlichen
Erbes traten Geilheit, *sykophantia*, Schamlosigkeit, Liederlichkeit,
Feigheit, Frechheit, alles, was jeden anderen vor Scham erröten
ließe.«[28]

Das sieht zunächst wie ein systematischer und sorgfältig ausgedach-
ter Versuch aus, Timarchos von politischen Ämtern auszuschließen
und, was stets Aischines' erstes Anliegen ist, einige Daten und Fakten
und vernünftige Argumente sexuellen Andeutungen, Klatsch und
Skandalen gegenüberzustellen. Wenn man die immer wiederkehren-
den Hinweise auf die Kosten in den athenischen Berichten über
Vergnügungen auflistet, ist es ohne Zweifel verlockend, die Höhe der
Ausgaben in Rechnung zu stellen. Es sieht immer gut aus und macht
einen vernünftigen Eindruck, sich über Geld Sorgen zu machen.
Diese wirtschaftlichen Sorgen waren nun freilich nicht unbegründet.
Auch wenn wir die Übertreibungen der Komödie außer acht lassen –
Bankette, deren Ausrichtung sich auf ein Talent beliefen, Mädchen
zu eben diesem Preis, eine leidenschaftliche Nacht mit der Frau eines
Nachbarn, die den Kallias das Dreifache kostete –, so sind doch Aus-
gaben verbürgt, die jedermanns Geldbeutel hätten drücken können.
Es gibt keinen Grund, daran zu zweifeln, daß die Freuden des Fleisches im Vergleich zu den eher nebulösen und schwer faßbaren
Schwierigkeiten des Selbst oft richtige Probleme bereiteten. Ich
glaube jedoch, daß es falsch wäre, die finanziellen und moralischen
oder geistigen Angelegenheiten getrennt zu behandeln. Rationales
wirtschaftliches Denken ist nicht der einzige oder gar der wichtigste
Beweggrund, der hinter diesem ökonomischen Diskurs steht. Wenn
die Athener sich mit dem Aufwand beschäftigen, dann steckt weit
mehr dahinter als nur ein Aufrechnen der Kosten.

Erstens wird eine Sache, wenn man ihr einen Geldwert zuschreibt,
austauschbar und beweglich. Die Athener unterschieden zwischen
zwei Arten von Eigentum: dem sichtbaren und dem unsichtbaren,
phanera und *aphanēs usia*. Bei der Auflösung der Besitzungen, wenn

sie »versilbert« wurden (*exargyrizein*), wurde reales Eigentum zum Verschwinden gebracht. Es rückte in die Sphäre des Tausches ein, wo es sich, mir nichts, dir nichts, in Luft auflösen konnte. Es wurde konsumierbar, eßbar. Eine monetäre Bewertung weist an und für sich schon auf Ausgeben, Verschwendung und Verlust hin.

Zweitens ist Geld ein allgemeiner Maßstab, mit dem alle Arten von Lastern gemessen werden können. Die griechische Moralauffassung ist im Gegensatz zu den absoluten Vorschriften der jüdisch-christlichen Tradition als in ihrem Grundsatz relativ bezeichnet worden. Im Vergleich zum »Du sollst« und »Du sollst nicht« der Bibel kann die griechische Ethik mit einem kurzen Satz umrissen werden: *Mēden agan*, »Von nichts zuviel«. Bei einer sich auf Abstufungen gründenden Moralauffassung bietet Geld eine wesentliche Bemessungsgrundlage für das Ausmaß und die Intensität von Begehren und Lust. Und dank ihrer Austauschbarkeit können auch verschiedene Begierden als Repräsentanten einer allgemeinen Verschwendungssucht oder fehlender Selbstbeherrschung – und weniger als Beispiele besonderer Vorlieben – miteinander verglichen und in Verbindung gebracht werden. Im Gegensatz also zu einer modernen Auffassung vom Preis, die als eine Widerspiegelung von Angebot und Nachfrage (*wie viele* etwas haben wollen) zusammengefaßt werden kann, werden Ausgaben und Wert im klassischen Athen normalerweise als Indikatoren des Verlangens eines Käufers angesehen, dafür, *wie sehr* jemand etwas haben will und wieviel er dafür zu zahlen bereit ist. Ebenso wie antike Moral sich auf das begehrende Subjekt konzentriert, behandelt der Diskurs der athenischen Elite Ökonomie als etwas, das von der Masse der Subjekte, von Konsumenten, das heißt von ihnen selbst, bewegt und geleitet wird. Im *Protagoras* macht Platon die Männer, die Flötenmädchen mieten, dafür verantwortlich, daß deren Preise so hoch sind. Die Komödienfigur in Timokles' *Neaira* gibt den eigenen früheren Ausgaben die Schuld am hohen Preis, den Phryne nun verlangt. Die enttäuschten *opsophagoi* beschuldigen andere Fischesser, zuzulassen, daß die Fischpreise so gestiegen sind.

Die Betonung der Ausgaben ist daher weniger ein rationales Abwägen der tatsächlichen Probleme ausschweifenden Essens, Trinkens und Hurens, sondern ein Gradmesser der Selbstberrschung. Sorge über die Ausgaben bedeutet Sorge über die Begierde selbst. Sie ist weniger rational als vielmehr rationalisierend und eine plausible Rechtfertigung für Besorgnisse, die ihre wichtigste Triebkraft von anderswoher bezieht, ähnlich vielleicht, wie wenn wir uns Sorgen um Leute machen, die Drogen nehmen oder zuviel Sex haben. Beides kann die Gesundheit beeinträchtigen, so wie Fischessen und Kurtisanen eine wirtschaftliche Gefahr darstellen können; dennoch, meine ich, wäre es falsch, wollte man die hauptsächliche Sorge der Moralisten im physischen oder finanziellen Wohlergehen derer sehen, denen sie gilt. Tatsächlich wäre es interessant gewesen, die Reaktion zu kennen, als um die Mitte des 3. Jahrhunderts Demetrios, der Enkel des Demetrios von Phaleron, die Heuchelei der Moralisten beim Namen nannte: »Als die Mitglieder des Areopags ihn vorluden und ihn zu einem besseren Leben ermahnten, erwiderte er: ›Ich halte mir eine der schönsten Hetären und schade niemandem damit, ich trinke Wein aus Chios und führe mich im übrigen sehr gut auf, ich bezahle dafür mit meinem eigenen, selbstverdienten Geld und bin nicht, wie manche von euch, auf Schmiergelder und Ehebruch angewiesen.‹«[29]

Das Land aufessen

Der Verschwender zehrt seinen Besitz auf, wie er ein Fischgericht verzehrt. Tatsächlich benützen die Griechen den Begriff »den Besitz verzehren« (*katesthiō*) oder »hinunterschlingen« (*katabrochthizō*). Um die Metapher ranken sich viele Wortspiele und Witze. In der Neuen Komödie arbeiten Köche gern für junge Männer, die schon dabei sind, ihre Besitzungen für irgendein Mädchen »aufzuessen«. Um ihr wildes Verlangen zu stillen, hat einer sogar ein eigenes Menü dafür zusammengestellt, das zum großen Teil aus Weichtieren und anderen »Felsenfischen« bestand. Ein anderer beobachtet das Publikum und stellt fest, daß viele darunter sind, die ihre Besitzungen auf seine Kosten »aufgegessen« haben. Der Sohn des großen Feldherrn Chabrias, Ktesippos, bot großartige Gelegenheiten zu solchen Witzen, insbesondere als er das Geld für das Grabmal seines Vaters für seine Laster ausgab, oder, wie manche behaupteten, sogar die Steine dafür verkaufte, was einen alten Mann in Menanders erstem Stück von 321, *Zorn* (*Orgē*), zu verspätetem Nacheifern verleitete: »Siehe, Frau, auch ich war einmal jung; natürlich habe ich damals nicht fünfmal am Tag gebadet wie heute; auch schöne Kleider habe ich nicht getragen wie heute, noch mich parfümiert wie heute. Und außerdem, beim Zeus, werde ich mir die Haare färben und die Körperhaare entfernen und werde nicht säumen, meine jetzige Gestalt abzuwerfen und ein Ktesippos zu werden und einen Stein nach dem anderen zu verschlingen und nicht nur mein Land.« Menander schlägt in Form eines Gebets für solche Charaktere eine passende Bestrafung vor: »Verehrte Mutter Erde, geheiligt bist du, geschätzt bei Männern von guter Gesinnung! Vorkehrungen hätten wir treffen sollen gegen jene, die ihr ererbtes Land vertilgen, sie zwingen müssen, für immer die Meere zu befahren, auf daß sie nimmermehr den Fuß auf die Erde setzen, damit sie wissen, welch gutes Ding sie geerbt, welch feine Sache sie nicht zu erhalten wußten.«[30]

Aischines weiß also, wovon er spricht, auch wenn sich ein vernünftiger Leser wundern mag, warum in einer Rede, die angeblich über Prostitution handelt, so viel Wert auf den Verkauf der Güter gelegt wird: »[Demosthenes] geht also auf dem Marktplatz auf und ab und äußert seine Verwunderung darüber, daß ein und derselbe Mann sich prostituiert und gleichzeitig sein väterliches Erbteil aufgezehrt haben soll.« Doch Aischines spricht nicht von einer ökonomischen Logik, nach der die Prostitution dem Timarchos genügend eingebracht hätte, um ihn davor zu bewahren, sein Vermögen zu verprassen, oder umgekehrt. Wenn Aischines davon spricht, daß Timarchos nicht nur »sein Besitztum verfressen, sondern auch ›versoffen‹ (*katepien*) hat«, dann spielt er nicht auf die Trinkgewohnheiten des Timarchos an, sondern auf die Art und Weise, *wie* er seinen Besitz vertan hat: Er »aß sein Eigentum nicht nur auf, er hat es ›in einem Zug hinuntergeleert.‹« Es entsteht der Eindruck von einem Süchtigen, der nach dem Schuß giert: »Er verkaufte sein Eigentum unter Wert, konnte nicht warten, bis er einen besseren oder wenigstens einen angemessenen Preis dafür erhielt. Er verkaufte es zu dem Preis, den er gerade bekam. Dies zeigt, wie sehr ihn danach verlangte, seinen Vergnügungen zu frönen.« Man sieht, wie dieses Beispiel Ausgeben und Konsumieren zu einem Bild verschmelzen läßt. Die Metapher vom Aufessen und Austrinken des Eigentums stellt das Verlangen, das befriedigt werden soll, auf eine Stufe mit dem Vorgang, Geld zu seiner Befriedigung aufzutreiben. Die Liquidierung von Timarchos' Eigentum ist nicht der Versuch eines ehrbaren Bürgers, die Mittel für das, was er haben will, aufzubringen, sondern ein deutlicher Beweis für die Begierden, die unter seiner Haut kochen, ein spektakuläres Loch im väterlichen Erbe, ein ktesippisches Gegenmonument für sein Verlangen.[31]

Es überrascht daher nicht, daß der Haltlose und der Verschwender, der *akratēs* und der *asōtos*, oft zu einem Bild verschmelzen, daß der *katapygōn*, die Figur, welche den Mangel an Selbstbeherrschung in sich trägt, häufig als Inbegriff der Lasterhaftigkeit hingestellt wird. Den *katapygōn*-Sprößling in Aristophanes' *Zechern*, der systematisch lernt, wie man ein extravagantes Leben führt, haben wir gesehen, und auch der pferdenärrische Sohn des Strepsiades in den *Wolken* wird mit ähnlichen Worten beschimpft, weil er sein Besitztum zugrunde richtet: »Du Hundsfott! Vatermörder! Strauchdieb du! ... du *Zisternenarsch*, du!« Dover hält dies für »sehr allgemeine Schimpfworte und Worte der Verachtung«, doch wäre es unsinnig, die direkte Anspielung auf die verheerende Wirkung leugnen zu wollen, die Pheidippides für den Besitz seines Vaters hat. *Lakkoprōktos*, Zisternenarsch, spielt auf dessen verschwenderische Art an und ist die direkte Umkehrung des Adjektivs, mit dem die bodenlosen Reichtümer von Kallias' Familie bezeichnet wurden, bevor Kallias auftauchte: *lakkoplutos*, »zisternenreich«. Mit der sorgfältigen Auflistung von Timarchos' Besitztümern entwirft Aischines daher ein lebendiges Bild eines Verschwenders, der seinen ausschweifenden Begierden dermaßen ausgeliefert ist, daß er sie sofort befriedigen muß: »Seht nur, wie Timarchos sein Besitztum zu Geld gemacht«, sagt er, »gerade so, wie er sich selbst zu Geld gemacht hat.«[32]

TEIL IV

Die Stadt

Kapitel 7

Politik und Gesellschaft

Wir haben uns heutzutage daran gewöhnt, im Namen des »öffentlichen Interesses« seriös recherchierte Artikel in unseriösen Zeitungen über das Geschlechtsleben von Personen der Öffentlichkeit zu lesen. Auch die Athener verknüpften Lust und Politik, obwohl doch ziemlich befremdlich anmutet, wie sehr diese Verbindung das öffentliche Leben durchdrungen hat und mit welcher Hingabe und welchem Erfindungsreichtum ihr nachgegangen wurde. Die Polis erst gegen Ende eines Buches wie dieses einzuführen ist insofern ein wenig unredlich, als viel von dem Material, das bereits zur Diskussion gestellt wurde, in erster Linie aus der Politik stammt: Ausführungen über politische Gegner in Reden vor der Volksversammlung oder den Gerichten, falsche Anschuldigungen gegen Personen des öffentlichen Lebens in den Komödien bei öffentlichen Feiern, Schmähreden aus den politischen Abhandlungen der Philosophen. In diesem letzten Teil möchte ich nur das Beweismaterial an seinen Platz bringen und erklären, warum es dorthin gehört.

Die Stadt als Zeuge

Athen war seit dem Sturz der Diktatur des Hippias und den Reformen des Kleisthenes am Ende des 6. Jahrhunderts bis zur Oligarchenherrschaft, die von den Nachfolgern Alexanders 322 errichtet wurde, bis auf einige kurze Unterbrechungen eine Demokratie; nicht eine repräsentative wie die meisten modernen Demokratien, sondern eine direkte. In der Praxis bedeutete dies, daß die Stadt von einer souveränen Versammlung, der *ekklēsia*, regiert wurde, zu der alle männlichen Bürger zugelassen waren. Die Versammlung tagte mehrmals im Monat am frühen Morgen, um über politische Belange zu entscheiden. Die Geschäftsvorgänge für die Versammlung wurden vom Rat der Fünfhundert vorbereitet, einem jährlich gewählten Gremium, das einen Querschnitt durch die Bürgergesellschaft darstellte und im Rotationsverfahren die täglichen Geschäfte des Staates leitete. Jedermann konnte in der Versammlung ein Gesetz vorschlagen oder seine Stimme dagegen erheben. War es von der Mehrheit angenommen, wurde es in Stein gemeißelt und auf einem öffentlichen Platz ausgestellt. Schließlich müssen so viele dieser Dokumente in der Gegend herumgestanden haben, daß es nach einiger Zeit wie auf einem überfüllten Friedhof ausgesehen haben muß. Dank dieser ungewöhnlichen Praxis sind jedoch Tausende solcher Dokumente bis heute erhalten, was den Historikern detailliertere Einblicke in das Funktionieren der athenischen Demokratie verschafft als bei manchen jüngeren Herrschaftssystemen.

Bürger über dreißig Jahre konnten in Richter- und Geschworenenlisten gewählt werden, die normalerweise aus mehreren hundert, gelegentlich auch aus über tausend Mitgliedern bestanden. Im 4. Jahrhundert prüften die älteren Bürger auch die von der Versammlung verabschiedeten Gesetze auf ihre Legalität und darauf, daß sie keine Widersprüche enthielten. Die Geschworenenlisten, der Rat und viele andere Komitees und Ämter wurden per Los besetzt, was die Athener als ein grudlegend demokratisches System betrachteten. Um sicherzugehen, daß alles mit rechten Dingen zuging, wurden komplizierte Losurnen, *klērōtēria*, entwickelt. Einige dieser Denkmäler athenischen Gleichheitsdenkens sind erhalten, und ihr Funktionieren ist in Aristoteles' *Staat der Athener*, im ausgehenden 19. Jahrhundert auf einem Papyrus wiederentdeckt, beschrieben. Die Losurnen waren das Bollwerk gegen die stete Bedrohung durch antidemokratische Kräfte der politischen Parteien oder charismatischer Einzelpersonen, die nur auf eine Gelegenheit warteten, die Staatsgewalt an sich zu reißen, um eine »Tyrannis« oder Diktatur zu errichten. Da die Demokratie solche Anstrengungen unternahm, nicht nur die Souveränität des Volkes zu erhalten, sondern auch eine breite Beteiligung am täglichen Regierungsgeschehen und an der Rechtsprechung zu sichern, ist es nicht verwunderlich, daß das Leben und die Kultur in Athen von Politik durchdrungen waren.

Nicht nur war Athen politisch offen, sondern seine Bevölkerung mußte auch wenig staatliche Kontrolle ertragen, was anderswo in Griechenland kaum der Fall war. Es gab keine Polizei im eigentlichen Sinn (die berühmten skythischen Bogenschützen waren offenbar nicht mehr als Ordnungskräfte bei öffentlichen Versammlungen), keine Zensoren, keine Sperrstunden, keine Bürgerverzeichnisse. Tatsächlich waren im Gegensatz zu den monumentalen Steininschriften, auf denen die Berichte öffentlicher Körperschaften festgehalten waren, Berichte über Personen von äußerst geringem Umfang und oft unvollständig. In dieser Stadt, die mit der Vergabe des Bürgerstatus so restriktiv verfuhr, gab es dennoch keine zentrale Registrierung der Bürger, noch nicht einmal eine Registrierung des Grundbesitzes; die Bezeugung des Besitzes war den Nachbarn aufgetragen. Athen war nicht nur eine Modelldemokratie, es war in mancher Hinsicht das Vorbild eines Minimalstaats, wie er heute von extremen Liberalen gepriesen wird.

Auf den ersten Blick konnte eine solche Gesellschaft nicht gerade eine vielversprechende Arena für Berufspolitiker abgeben. Das System des Wahlverfahrens durch das Los machte jeden Versuch, eine Regierungskarriere einzuschlagen, buchstäblich zum Glücksspiel. Es gab wenige gewählte Amtspositionen; die Feldherrenwürde oder die Mitgliedschaft in einem der Finanzausschüsse verschafften zum Beispiel einigen eine Machtbasis, dennoch brauchten auch ehrgeizige Männer, die sich weder in Buchhalterstuben noch in Offiziersmessen wohl fühlten, nicht zu verzweifeln. Es war durchaus möglich, in der athenischen Demokratie eine Machtstellung zu erringen – vorausgesetzt, man konnte Reden schreiben.

Nach der Überlieferung wurde den Athenern die Redekunst (*rhētorikē*) im Jahre 427 auf dramatische Weise offenbart, als ein gewisser Gorgias aus dem sizilischen Leontini in Athen eintraf, um sich die Unterstützung Athens gegen Syrakus, den mächtigen Nachbarn seiner Heimatstadt, zu sichern. Natürlich hatte es schon vor der »Rhetorik« sehr erfolgreiche Redner gegeben – Perikles war nicht gerade auf den Mund gefallen –, aber Gorgias brachte das ganze Selbstbewußtsein einer neuen Disziplin mit, die sich in jahrzehntelangen Debatten über Eigentum während der nachtyrannischen Ära in seiner Heimat Sizilien herausgebildet hatte, sowie seine eigene neue Stilbildung. Moderne Gelehrte des Griechischen können an Gorgias' Stil nichts Verführerisches finden, und sein Einfluß auf Thukydides trägt wesentlich dazu bei, warum der Historiker so schwer verständlich ist; dennoch war die Wirkung des Gorgias auf Athen zweifelsohne beachtlich. Die Stadt sandte – verhängnisvollerweise – nicht nur entscheidende Hilfe nach Leontini, sondern die Rhetorik fand in Athen ihre eigentliche Heimat, wo die Demokratie den Rhetorikern viele Gelegenheiten bot, ihren neuen Ausdruck zu üben. Gorgias verglich die Kunst der Überredung mit Zauberei und Verzauberung, und in der Tat schien etwas Magisches in der Art zu liegen, wie Geld und Macht sich hinfort um begabte Redner versammelten. Sowohl die ehrlichste als auch die unehrlichste Art und Weise, zu Geld zu kommen, bestand im Verkauf von Reden an Kunden, die das Wort eines anderen zur Durchsetzung ihrer Fälle vor Gericht zu Hilfe nahmen (typischerweise bestanden die Athener darauf, daß diejenigen, die in Prozesse verwickelt waren, auch selbst auftraten). Demosthenes begann seine Laufbahn auf diese Weise, desgleichen Lysias – der jahrhundertelang als der Meister des klassischen (»attischen«) Stils galt und wegen seiner fremden (sizilischen) Herkunft keine öffentliche Karriere machen konnte. Weit einträglicher allerdings war es, wenn einer seine Talente für sich selbst nutzen konnte. Demosthenes setzte sein Redetalent dafür ein, um einen Teil seines Erbes zurückzuerlangen, das seine Vormünder, als er noch minderjährig war, sich angeeignet hatten. Noch bezeichnender war, daß von Timarchos, einem äußerst erfolgreichen »Redner«, behauptet wurde, er habe Geld erpreßt, indem er jemanden fälscherweise beschuldigt habe, ein ehemaliger Sklave zu sein. Allein die Tatsache, daß jemand eine Ausbildung in einer Rhetorenschule genossen hatte, konnte als Beweis gegen ihn verwendet werden – von gut ausgebildeten Rhetorikern, versteht sich. »Ich habe nichts gegen Männer, die dem Isokrates [einer der populärsten Redner] Geld geben«, sagt ein gewisser Androkles in einer Rede, die Demosthenes für ihn geschrieben hatte, »aber, beim Zeus, ich glaube nicht, daß Männer ihre Rednergabe dazu benutzen sollten, Ansprüche auf das Eigentum anderer Leute zu erheben oder es ihnen, wie in manchen Fällen geschehen, sogar wegzunehmen, weil sie meinen, sie seien anderen überlegen und schlauer.« Diese Art des rücksichtslosen Ausnützens legaler Verfahren war, vielen Quellen zufolge, sehr verbreitet und der *sykophantēs*, der berufsmäßige Denunziant, eine verhaßte und verachtete Figur. Es war nicht gerade günstig, daß Athen nicht nur über keine Polizeikräfte verfügte, sondern auch keine öffentliche Strafrechtsinstanz kannte und statt dessen von jedem, der die Stadt – oft gegen hohe Belohnung – auf Gesetzesübertretungen aufmerksam machen wollte, das heißt von »jedem, der wollte« (*ho bulomenos*), abhängig war.[1]

Das meiste Geld war jedoch im politischen Bereich zu machen, wo man sein Redetalent nutzen konnte, um die ganze Versammlung hinter sich zu bringen. Diese öffentlichen Redner (*rhētores*) genossen höheres Ansehen als die *sykophantai* und Redenschreiber, obwohl die Grenzen zwischen den beiden Gruppen oft recht verschwommen waren. Sie waren die Auslese unter den Rednern und standen in den Augen der Athener den Politikern und Staatsmännern am nächsten. Diese Form der Macht brachte zweifellos etwas ein, sie war lukrativ,

bisweilen sogar äußerst lukrativ. Fremde Regierungen zahlten riesige
Summen dafür, die einflußreichsten Redner auf ihre Seite zu bringen. Geld wurde, Demosthenes zufolge, für den Frieden bezahlt, der
346 zwischen Philipp von Makedonien und Athen geschlossen
wurde, aber auch Demosthenes hatte nichts dagegen, sich selbst (und
seine Partei) zu bereichern, wenn sich Gelegenheit bot. Sein Widerstand gegen die Makedonier wurde vom persischen König mit vielen
Geschenken unterstützt, und er erhielt einen Haufen Geld, als Alexanders Schatzmeister, der abtrünnige Harpalos, in äußerster Be-
drängnis in Athen eintraf und einen sicheren Ort für das viele Geld
brauchte, das er seinem König gestohlen hatte. Nur wenige Redner
gingen in Armut auf ihr Altenteil.

Auf der anderen Seite nahmen öffentliche Redner größte Risiken
auf sich, denn ihre politischen Feinde ließen sich keine Gelegenheit
entgehen, leichtfertige und ungeschickte Sprecher für ungesetzliche
oder unheilvolle Vorschläge zu verfolgen. Häufig wurde die Todesstrafe verhängt. Manche vermieden es, sich selbst zu exponieren, und
bezahlten andere, die stets bereiten *sykophantai*, um ihre Angelegenheiten voranzutreiben, die sie dann mit großer Anteilnahme unterstützten. Apollodoros beschuldigte Neairas Liebhaber Stephanos, seinen Lebensunterhalt auf diese Weise zu verdienen. Wahrscheinlich,
weil man ihn als Agenten irgendeines dunklen Hintermannes ansieht, wurde der *sykophantēs* zum »Sykophanten« im heutigen Sinn;
in der Alten Komödie stand er jedoch in enger Verbindung mit anderen Speichelleckern wie dem Parasiten und dem Schmeichler
(*kolax*).[2]

Sollte nun ein Rivale in der Versammlung keinen Fehler gemacht
haben, dann konnte irgendeine andere Anschuldigung gefunden
werden, um ihn zugrunde zu richten oder ihn durch Verhängung des
Exils, den Entzug der Bürgerrechte oder die Todesstrafe vom Schau-
platz zu entfernen. Politik floß regelmäßig in Gerichtsverhandlungen
ein, und die athenischen Politiker waren äußerst findig, wenn es galt,
das Gesetz für ihre persönlichen Fehden zu nutzen. Manche dieser
Klagen erscheinen uns heute schrecklich banal. Man weiß von einer
Amtsenthebung aus dem Grund, daß mehr als zwei Drachmen für
Flötenmädchen bezahlt wurden, von Anklagen gegen Männer, die
sich einen falschen Namen zugelegt hatten, und vom mysteriösen
Fall eines gewissen Erasistratos »um einen Pfau«. Es gab sogar Anklagen wegen übertriebener Prozeßsucht, *graphai sykophantias*. Für den
Sozialhistoriker hat diese eigenwillige Anwendung der Gesetze uner-
wartete Vorteile. Dank der Politik wissen wir oder meinen wir soviel

über Prostitution in der Antike zu wissen. Die Rede *Gegen Timarchos* etwa war Aischines' Vergeltung dafür, daß die Anhänger des Demosthenes ihn für den Friedensvertrag mit Philipp des Verrats bezichtigt hatten. Die Rede *Gegen Neaira* ist die Rache des Apollodoros an Stephanos, der ihn wegen ungesetzlicher Vorschläge vor der Versammlung attackierte und ihn sogar des Mordes anklagte.

Das Fehlen einer Polizeiverwaltung hieß also nicht, daß Athen ganz ohne Polizei war. Es war im Gegenteil insofern überkontrolliert, als jeder Einwohner ein potentieller Spitzel der Polis war. Da vollständige Aufzeichnungen und Verzeichnisse fehlten, waren die Gerichte um so mehr auf Zeugen angewiesen, die aufgerufen waren, über alle möglichen Fakten und Geschehnisse auszusagen: welcher von zwei Brüdern älter war, ob jemand ein Bürger war oder nicht, ob einer ein Sklave war, ob einer verheiratet war oder nicht, wie reich einer war oder wie arm. Besonders wertvoll waren in dieser Hinsicht Hausangestellte, die oft der einzige Weg waren zu erfahren, was hinter den Mauern eines Athener Hauses vor sich ging. Es waren Hausangestellte, die der aufgebrachten Bevölkerung verrieten, daß die Eleusinischen Mysterien in Privathäusern entweiht worden waren. Unglücklicherweise galt die Zeugenaussage von Sklaven nur dann als gültig, wenn diese gefoltert worden waren. Dementsprechend kam es oft vor, daß die Parteien in athenischen Prozessen die Herausgabe der gegnerischen Haussklaven forderten oder die eigenen anboten, damit die Wahrheit durch Folter aus ihnen herausgepreßt werde. Wer dies verweigerte, war verdächtig, nicht etwa Mitleid zu haben, sondern etwas zu verbergen. Wen das stört, mag sich damit trösten, daß die Forderung nach der Folter zwar öfter vorgebracht, jedoch fast immer zurückgewiesen wurde. In nur zwei von 42 Fällen ist bekannt, daß der Forderung stattgegeben wurde, jedoch wurde in keinem der beiden Fälle die Folter tatsächlich angewandt. Aber nur ein leichtsinniger Wissenschaftler ginge so weit zu behaupten, daß das Foltern von Sklaven, um Aufschlüsse zu erhalten, nie stattgefunden habe. Und obwohl die Forderung der Folter in den meisten Fällen weitgehend der Einschüchterung diente, so scheint es sich doch niemals um ein bloßes Ritual gehandelt zu haben. Bekanntermaßen wurden Sklaven (und Fremde – und sogar Bürger) gefoltert, wenn man glaubte, sie seien in ein Verbrechen verwickelt.

Schlicht gesagt, war ein Sklave als Mitwisser im Falle eines Streites innerhalb des *oikos* womöglich höchst gefährlich. Es war die Dienerin der Ehefrau, die Euphiletos unter Androhung der Folter die Einzelheiten der Untreue seiner Gattin mit Eratosthenes enthüllte und es ihm und seinen Freunden ermöglichte, das schuldige Paar in jener verhängnisvollen Nacht zu überraschen. Man versteht nun, warum Astyanassa, Helenas Dienerin in Troja, zur mythischen Begründerin der Sexratgeber wurde und warum die Frauen in Aristophanes' *Ekklesiazusen* der Lampe für ihre Diskretion so dankbar sind.[3]

Doch selbst wenn das Haus schwieg, die Straßen waren zum Schwatzen bereit. Athen war zu groß, um in die Kategorie jener von Anthropologen beschriebenen Dorfgesellschaften zu gehören, wo jeder jeden kennt, aber Personen des öffentlichen Lebens standen in der Stadt dennoch unter Beobachtung. Sobald sie aus der Tür traten, sahen sie sich von tausend Augen beobachtet und verrieten oft mehr über ihre persönlichen Gewohnheiten oder ihre politischen Verbindungen, als sie dachten. Demosthenes braucht sein Publikum kaum daran zu erinnern, wie Aischines aussieht, »wenn er in seinem bis zu den Knöcheln reichenden Mantel über den Markt stolziert, mit aufgeblähten Backen geht er dahin, ein enger Freund des Philipp von Makedonien zu euren Diensten«. Apollodoros gibt seinen Geschworenen den Rat, den Argumenten und dem Gesetz zu folgen und dann ihren Blick auf Neaira zu wenden, um zu sehen, ob sie schuldig sei oder nicht. Vielleicht hat er diesen Kunstgriff von Demosthenes gelernt. Man müßte Apollodoros nur auf der Straße begegnen, meinte dieser, um zu sehen, »was für ein zügelloses Leben er führt«, eine Beschuldigung, die Apollodoros, der sich die gewandte Sprache des Demosthenes schließlich selbst aneignete, weit von sich wies: »Ich sehe selbst, wie ungeschickt ich auftrete mit meinem lauten Reden, dem schnellen Gang … doch dank meines bescheidenen Aufwandes, den ich mit meiner Person treibe, wird auch deutlich, um wieviel zurückhaltender meine Lebensführung im Vergleich zu der meines Gegners und seinesgleichen ist.« Selbst ein Einkaufsbummel konnte zum Schaden gereichen, wie Timarchos und sein Freund Hegesander merken sollten: »Daß dies wahr ist, wißt ihr alle«, sagt Aischines, Verschwörung und Sittenlosigkeit witternd, »denn wer hat nicht, wenn er bei den Fischständen war, die großen Summen gesehen, die sie ausgaben?« Timarchos' Bauch war der Beweis für seine Moral: »Erst kürzlich warf er in der Volksversammlung sein Überkleid ab, und sein Körper war ob seiner Trunksucht und seiner Laster in einer so entsetzlichen und beschämenden Verfassung, daß anständige Männer ihren Blick abwenden mußten.«[4]

Konnten sich die Bürger gerade nicht daran erinnern, hinter Timarchos und Hegesander für ein Thunfischfilet angestanden zu haben, oder waren sie, wenn sie Apollodoros auf der Straße begegneten, nicht imstande, ihm seine Laster gleich anzusehen, dann konnten sich die Redner immer noch auf das »Hörensagen« berufen. Aischines macht davon tüchtig Gebrauch, um zu »beweisen«, daß Timarchos ein gewöhnlicher Prostituierter war. Besonders erinnert er an eine jüngst stattgehabte Versammlung im Rat der Fünfhundert, in der die nichtssagende Rede des Timarchos über die Instandhaltung der städtischen Verteidigungswerke mit Hilfe von Anzüglichkeiten in eine höchst amüsante Anspielung auf sein Leben als Straßenprostituierter verwandelt wurde. Aischines ruft seinen Zuhörern in Erinnerung, daß der Gott »Gerücht«, ein Begleiter des Götterboten Hermes, in Athen sogar kultisch verehrt wurde, doch ungeachtet seiner besonderen Fürsprache macht es ganz den Eindruck, als hätte das Hörensagen in den antiken Gesellschaften in höherem Ansehen gestanden als heutzutage: »Die Rede darüber, wie ein Mann lebt und wie er sein Leben bestreitet, wandert ganz von selbst durch die Stadt, gibt der Öffentlichkeit Privatangelegenheiten preis und prophezeit bisweilen gar, was passieren wird.« Der athenische Kult des Gerüchts scheint zur Erinnerung daran eingerichtet worden zu sein, daß die Nachricht vom großen Sieg am Eurymedon im Jahre 465 noch am selben Tag auf unerklärliche Weise die Ägäis überquert habe und in Athen eingetroffen sei. In diesem Zusammenhang stellt die skandalöse Verbindung, die das Publikum aus dem unglückseligen Vortrag des Timarchos über den Zustand der Stadtmauern heraushörte, ein plötzliches, übernatürliches Aufblitzen der Wahrheit dar, wie ein Fenster, das unerwartet in die Zukunft aufgestoßen wird – ein Omen (*klēdōn*) und nicht einfach nur Gerede. Auf einen gleichen Mechanismus verwies Andokides, als er abergläubische Gerüchte über böse Geister im Haus des Hipponikos als Zeichen für das lasterhafte Leben des Kallias deutete. Das Kichern im Rat geht daher weit über ein gegenseitiges Sichanstoßen und Augenzwinkern hinaus. Durch den Gebrauch von Wörtern mit einem sexuellen Doppelsinn gleicht Timarchos einer Hetäre mit ihrer trügerischen Rede, ihren obszönen Anzüglichkeiten und biegsamen Worten. Die *klēdōn* aber ist das genaue Gegenteil der Doppeldeutigkeit. Die Hetäre ist eine Wissende. Sie fängt die Nebenbedeutung in ihren Worten wie die Spinne Fliegen in ihrem Netz. Timarchos seinerseits ist unwissend der Wahrheit in die Falle gegangen. »Wir wissen, daß wir nicht lachen sollten …«, sagen die Athener, als ihnen Schweigen geboten wird, »aber die Wahrheit hat solche Macht, daß sie alle menschlichen Pläne zunichte macht.« Die *klēdōn* ist der Rauch im Zentrum der Stadt, der ein gefährliches Feuer anzeigt.[5]

Die bekanntesten Gerüchtefabriken waren die Barbiere und die Parfümhändler, Zentren des Austausches, die nicht aufzusuchen einem den Ruf eines Misanthropen eintragen konnte. Allerdings erreichte ein Gerücht erst den Gipfel seiner Laufbahn, wenn es auf die Bühne kam. Wie schon erwähnt, eröffnete Aristophanes die *Wespen* mit der Beschimpfung mehrerer Zuschauer für ihre Spielleidenschaft, Trunksucht und Vorliebe für Opfer, und es gibt unzählige andere Beispiele für Klatsch und üble Nachrede in seinen Stücken und denen seiner Zeitgenossen. Diese Form skurriler scherzhafter Schmähung spielte bei verschiedenen religiösen Feierlichkeiten eine Rolle und wurde oft gutmütig hingenommen. Sokrates stand bekanntlich während der Aufführung der *Wolken* auf, damit das Publikum das Ziel der Satire selbst sehen konnte. Sein Schüler Platon hingegen reagierte bitter und machte die Komödiendichter teilweise verantwortlich für die falsche Vorstellung über seinen Meister, die zu seinem Prozeß und Tod führte. Gelegentlich kam es zu Versuchen, die Komödie zum Verstummen zu bringen oder Komödienschreiber zu verfolgen; zu der Zeit des Timarchos war das Theater aber noch immer ein äußerst gefährlicher Ort für den guten Ruf in der Öffentlichkeit. Es gibt natürlich auch andere junge Männer, die Timarchos heißen, sagt Aischines, »aber wenn die Komödien im Kollytos aufgeführt werden und … von einigen Leuten gesagt wurde, sie wären ›große timarchische Huren‹ … dann hielt dies jedermann für eine Anspielung auf dich.« Jemand muß nur den Namen Timarchos hören, schon fragt er: »Von welchem Timarchos sprichst du? Von Timarchos, der Hure?«[6]

Keine von Timarchos' Reden ist überliefert, doch jeder, der sich so weit in die Politik Athens einließ wie er, hätte sich wohl eine sehr dicke Haut zugelegt und einen ganzen Köcher voll vergifteter Pfeile. So mancher Verleumder wurde, wenn die Reihe an ihn kam, in diesem Korpus athenischer Beredsamkeit selbst verleumdet, so daß man versucht ist, all diesen Klatsch, diese Anzüglichkeiten und Schmähungen auf die »Grobheiten« athenischer Politik zu schieben. Isokrates faßte die *sykophantai* sogar als eine Art Umverteiler des Reichtums auf, wenn er meinte, daß der Rede nicht mächtige Männer mit viel Geld, aber wenig Verstand gute Redenschreiber anstellen sollten. Jedenfalls gab es Zeiten, da kernige Redner ihren Einfluß nutzten, um weniger gewandte und fähige zu drangsalieren, oder bei anderer Gelegenheit unschuldige Begleiterinnen wie Neaira wegen politischer Rivalitäten angegriffen wurden. Solche Leute hielten keine unsterblichen Reden oder hatten aufgrund ihrer gesellschaftlichen Stellung ohnehin kein Rederecht. Vielleicht war es diese Sorte Männer und Frauen, die statt dessen Zuflucht zur Zauberei nahmen und zwar keine Prosatexte, dafür aber an Hermes und Persephone Verwünschungen auf Bleitäfelchen in die Unterwelt schrieben und sie darum baten, die Zungen ihrer Ankläger zu lähmen, so daß, wenn sie dem Gericht ihre Anklagen vorlegten, diese »ohne Gewicht sowohl in Worten als auch in Taten« erscheinen mögen. Die Machtlosen allerdings haben ebensowenig ein Monopol auf das Übernatürliche.[7]

Die athenische Demokratie war eine große Errungenschaft. Eine beträchtliche Zeit lang gab sie dem einfachen Volk reale Macht, doch war die Offenheit des Systems ein zweischneidiges Schwert. Das Fehlen von Registrierungen und Bürgerverzeichnissen mag vielleicht dazu geführt haben, daß dann und wann einmal sich ein Sklave die Staatsbürgerschaft erschlich, doch wurden auch unpopuläre Bürger beschuldigt, sie hätten sich ihre Position unrechtmäßig angeeignet. Es bedeutete, daß manche Frauen sich den Versuchen, ihnen und ihrer Sexualität Fesseln anzulegen, entziehen konnten. Es bedeutete aber auch, daß Leute behaupten konnten, rechtmäßige Ehefrauen seien nicht besser als Kurtisanen, oder sogar, daß die Mutter von jemandem eine Hure sei. Athen war äußerst erfolgreich darin, eine Machtansammlung in der Hand von Diktatoren und Parteien zu vereiteln, andererseits wurden nur wenige positive Schritte unternommen, um die Rechte einzelner zu schützen. In der Komödie und in der Philosophie wird Demos, die Personifizierung des Volks, bisweilen mit einem Monarchen verglichen. Athen war nie ein autoritärer Staat; aus einem bestimmten Winkel besehen, konnte es freilich den Eindruck eines solchen machen.

Die feinen Unterschiede

Dies ist der politische Zusammenhang, in dem die Enthüllungen unserer Quellen über Eß-, Trink- und Kopulationsgewohnheiten von Persönlichkeiten des öffentlichen Lebens stehen. Die meisten modernen Historiker neigen dazu, solche Anschuldigungen als pure Rechtfertigungen oder Gemeinplätze abzutun, als unbedeutende Versuche phantasieloser Politiker, ihre Gegner mit irgendwelchen Anwürfen zu überziehen. Diejenigen, die der Sache etwas mehr Aufmerksamkeit gewidmet haben, sehen darin einen Klassenantagonismus. In einer Untersuchung über die Elite von Athen gibt Josiah

Ober eine gute Zusammenfassung dieser Sicht der Dinge: »Das Bild,
das ein Prozeßführender von seinen reichen Gegnern zeichnete,
zielte oft darauf ab, die bis zum offenen Ressentiment gehende Miß-
gunst eines armen Mannes zu entfachen, der bis dahin das Leben der
begüterten Klasse nur von weitem kannte.«[8]
  Die Betonung des Klassenstandpunkts scheint auf den ersten Blick
für das meiste hier vorgeführte Material zu gelten. Bestes Beispiel ist
das Trinken. Wein ist Eigentum, und die Weinkeller von Landgütern
wurden bisweilen inventarisiert. So etwa spielt Wein im konfiszier-
ten Besitztum jener reichen Männer, die für die Schändung der Hermesbilder zum Tod verurteilt wurden, eine wichtige Rolle, so wie
er wahrscheinlich auch an dem denkwürdigen Abend, der sie in
diese Lage brachte, die Hauptrolle gespielt hatte. Die Neigung zum
Trinken (oder zu Trinkgelagen) im allgemeinen wird am Anfang
der *Wespen* als Krankheit »ehrenwerter und angesehener Männer«
(*chrēstoi*) bezeichnet, ein Wort, das manchmal auch die Klassenzugehörigkeit charakterisiert, obwohl, wie bereits erwähnt, normalerweise nicht die Tatsache, wieviel man trank, sondern wie man trank
und – vor allem – wo man trank, das entscheidende Kriterium war.
Seinen Becher in einem *kapēleion* oder bei einem Symposion zu leeren hatte gerade wegen der Assoziation mit unterschiedlichen Klassen eine sehr unterschiedliche Bedeutung: Ersteres war nach Isokrates und den Komödiendichtern der Ort, wo sich Sklaven und der
Pöbel herumtrieben und, Theopompos zufolge, die Art Einrichtung,
die in Städten florierte, wo das gewöhnliche Volk die Herrschaft
hatte; letzteres, nach Aristophanes, hingegen ein Ort, wo reiche junge
Männer sich geistreiche Geschichten über den Luxus von Sybaris er-
zählten und der sie der Reihe nach zu Gesängen über die aristokratischen Tyrannenmörder Harmodios und Aristogeiton animierte. Der
Zusammenstoß der Kulturen wird vielleicht in einer Szene gegen
Ende der *Wespen* am deutlichsten, wo der vulgäre alte Vater Philokleon von seinem weltgewandten Sohn eine Lektion über die Art
und Weise, wie man sich als feiner Mann benimmt, erteilt bekommt:
»Leg dich nieder hier und lerne, was in Gesellschaft Brauch und
guter Ton. – Wie soll ich mich denn legen? – Nun, mit Anstand! –
Nun, etwa so? – Beileibe, nein! – Wie denn? – Streck aus die Bein,
und als geübter Turner leg hübsch dich, so, aufs Polster hingegossen;
betrachte dann die Vasen: ›Ei, wie zierlich!‹ Sieh auf zur Decke; lobe
die Tapeten. … Das Flötenmädchen bläst…« Das Symposion mit
allen seinen sonderbaren Ritualen, mit seinen gelehrten Gesängen
und der gelehrten Unterhaltung muß wie eine schrecklich fremde

Umgebung gewirkt haben, dazu da, die Teilnehmer nicht von der
Welt im allgemeinen, wohl aber von den plebejischen Massen der
Stadt zu isolieren; manche dieser offziellen und nichtoffiziellen
Abendgesellschaften haben offenbar bewußt die öffentliche Auf-
merksamkeit auf sich gezogen. In einer verlorenen Rede des Lysias
wurde ein Mann beschuldigt, einer Gruppe mit Namen *kakodaimonistai* (die »bösen Geister«) anzugehören, die an Tagen mit schlechtem
Omen Feiern abgehalten haben sollen. Ein Historiker hat sogar vorgeschlagen, die Hexenjagd, die auf die Schändung der Hermesstatue
und auf die Gerüchte folgte, die Eleusinischen Mysterien seien in
Privathäusern profaniert worden, als Zeichen des Mißtrauens der
Menschen gegenüber der in ihrer Mitte gegründeten aristokratischen Einrichtung des Symposions zu betrachten; was auf eine »po-
tentielle Existenz eines echten Klassenkampfes in Athen« verweise,
der sich auf die Trinkgelage konzentrierte.[9]

Der Brauch, aus spartanischen Bechern, den wohlbekannten *kōthōnes*, zu trinken, gibt weitere Hinweise. Schon im ersten Stück des
Aristophanes von 427 sehen wir, daß »Wein von Chios aus spartanischen Bechern« zu trinken mit der dekadenten sympotischen Welt,
der »feinen Welt« des *katapygōn*-Sprößlings in Verbindung gebracht
wurde; und auch noch ein Jahrhundert später wird es in den Tiraden
des Demosthenes als typisch für eine bestimmte Sorte junger Männer bezeichnet. Der Brauch scheint gegen Ende des 5. Jahrhunderts
in der Zeit von Athens Niederlage im Peloponnesischen Krieg seine
Nachahmer gefunden zu haben. Eine wichtige Rolle spielen zu dieser Zeit die Becher in der prospartanischen Propaganda des Kritias –
ein Aristokrat, Freund Platons und führende Figur der Oligarchen-
clique, welche die Gelegenheit bei der Niederlage sogleich ausnutzt,
um in Athen einen Polizeistaat zu errichten. Man hört auch von
Männern, welche die neue Ideologie in ihrem Auftreten, ihrer Kleidung, indem sie lange Haare trugen und »den Spartaner spielten«
(*lakōnizein*), unverzüglich in die Praxis umsetzen. Es ist sicherlich
kein Zufall, daß Archäologen eine große Anzahl *kōthōnes*, die im Gebiet der Agora gefunden wurden, auf diese Zeit, Ende des 5. und Anfang des 4. Jahrhunderts, datiert haben.[10]

Ein halbes Jahrhundert nach der Entweihung der Mysterien
konnte das Symposion noch immer Quelle des schlechten Benehmens eines »Ehrenmannes« sein, wie ein gewisser Ariston erfahren
mußte, als er von einem alten Feind auf seinem Abendspaziergang
entdeckt wurde. Der Mann war selbst zu betrunken, um ihn aus eigener Kraft noch behelligen zu können, doch waren unglücklicher-

weise gerade sein Vater und seine Freunde in einem nahe gelegenen Haus beim Trinken. Aristons Spaziergang brachte sie zu einem schnellen und gewalttätigen Entschluß, so daß die ganze Gesellschaft den *andrōn* verließ, um ihm eine Lektion zu erteilen. Eine Anklage wegen Überfalls folgte, und schon befindet man sich wieder vor Gericht. Ariston kennt die Art Verteidigung, die der Vater vorbringen wird, sehr genau: »daß es in Athen viele Männer gebe, Söhne von ›ehrenwerten Herren [*kalōn kagathōn*], die sich selbst aus Spaß, wie es junge Leute tun, Spitznamen zulegen‹, wie die *ithyphalloi* [*kalōn kagathōn*] oder *autolēkythoi* [Geizkragen; Schmarotzer], daß ›unter diesen Männer sind, die Hetären lieben‹, daß sein eigener Sohn einer von ihnen sei und daß ›diese oft Kämpfe um Frauen ausfechten, wie es eben bei jungen Männern vorkomme‹.« Ariston wechselt ohne weiteres zwischen gewalttätiger Trunkenheit und Affären mit Hetären, und in der Tat tauchen »Männer, die Kämpfe um Hetären ausfechten« in den Quellen regelmäßig auf. Dies war die Sorte Männer, welche die Komödien des Antiphanes richtig schätzten, wie der Dichter Alexander dem Großen erklärte, dem es nicht so erging. Nach Aristons Rede hat man den Eindruck, diese freche Bande glaubt, sie benehme sich wie die Oberschicht und daß die Welt des Sex sich ebenfalls in Klassen unterteile.[11]

Es scheint in der Tat unbestreitbar, daß die Sprache der Gabe und der Ware, welche zwischen Hetäre und *pornē* unterscheidet, ein striktes Klassenelement enthält. Die »arbeitenden Mädchen« (*ergazomenai*) der »Arbeitsstuben« (*ergastēria*) oder die »Mietfrauen« (*mistharnusai*), welche die Symposien schmückten, haben Namen, die ihnen den Anstrich von Sklavinnen oder Arbeiterinnen niedrigster Herkunft geben. *Hetairēsis* (Begleitung) auf der anderen Seite ist eine aristokratischere Art der Beziehung, Frauen angemessen, die zur Welt der Freundschaft und der Gaben gehören. Spielt die Klasse bei der Unterscheidung der Frauen eine Rolle, so auch bei der Unterscheidung ihrer Kunden. Die Hetären und die Musikerinnen (obwohl von ihren Feinden möglicherweise als »Mietfrauen« bezeichnet) gehörten durchaus zur Welt des Symposions. In ihren frühen Jahren tourte Neaira mit Nikarete und Metaneira durch ganz Griechenland und trank zusammen mit vornehmen Männern von überall her, mit thessalischen Potentaten und athenischen Metöken. Frauen wie die *semnotatas*, die »unnahbaren« – und tödlichen – »Damen«, die zur Unterhaltung der prospartanischen Regierung in Theben 379 aufgeboten waren, verschafften diesen Zusammenkünften ein wenig Klasse und genossen ihrerseits etwas vom Glanz der vornehmen Gesellschaft. Solche Frauen konnten den *pornai*, den, wie es in der knappen, anmaßenden Bewertung der Hetäre Adelphasium heißt, »Zwei Obolen-Schlampen dreckiger kleiner Sklaven«, die zum Warenkatalog der Herbergen, Bordelle und Kneipen gehörten, leicht hochnäsig begegnen.[12]

Die Athener machten ihre Witze über Sex und Sexobjekte als Waren, die mehr oder weniger gerecht verteilt werden konnten. Die »Frauen an der Macht« in den *Ekklesiazusen* des Aristophanes schlossen Sex in ihr neues kommunistisches System mit ein und gestanden alten häßlichen Weibern die Möglichkeit zu, die Reize eines jungen Mannes zu genießen, während seine junge Freundin warten muß, bis sie an die Reihe kommt. Gnathainions *Nomos syssitikos*, ein Entwurf von Prinzipien der Gleichheit und Gerechtigkeit für alle, und Phrynes neuer Gott »Teilen« (Isodaites), dessen Einführung zu einer Klage wegen Blasphemie gegen sie führte, zeigen, daß das sympotische Prinzip gleichberechtigter Teilnahme auch auf die Gunst der Hetären angewendet werden konnte. Sokrates argumentiert zu Beginn des *Phaidros* ähnlich. Als er hört, der Redner Lysias habe eine kluge Abhandlung über die Liebe geschrieben, in der er ausführt, Knaben sollten ihre Gunst lieber denen, die nicht in sie verliebt, als denen, die in sie verliebt sind, schenken, wünscht sich der verarmte alte Philosoph, Lysias hätte geraten, ihre Gunst den armen und nicht den reichen, alten und nicht jungen Männern und, ganz allgemein, einfachen Leuten wie ihm zu schenken. Hätte er das vorgeschlagen, schließt Sokrates, wäre seine Abhandlung demokratisch und nicht nur klug gewesen.[13]

Am Fischstand jedoch zeigt sich die Kluft zwischen Arm und Reich am deutlichsten. Timokles beschreibt in einem Stück, wie der Schnorrer, genannt die Lerche, sich auf dem Markt herumtreibt: »Ein Marktplatz voller schöner Fische ist eine Augenweide, wenn man sie sich leisten kann, unerträglich aber, wenn man schlecht bei Kasse ist.« Ohne Aussicht auf eine Einladung zum Abendessen und mit nur vier Bronzemünzen in der Tasche wandert die Lerche unglücklich zwischen den Fischständen herum und betrachtet verzweifelt die leckeren Aale, Thunfische, Rochen und Panzerkrebse. Nachdem er von allen die Preise erfahren hat, macht er sich zu den billigen Sprotten davon. In Aristophanes' *Fröschen* spricht Dionysos von einem wohlhabenden Mann, der in Lumpen herumläuft, jedoch sein wahres Einkommen dadurch verrät, daß er beim Kauf von Fisch auf dem Markt gesehen wird. Es gibt sogar einige Textstellen, die den Eindruck erwecken, als sei der Verzehr von Fisch ein von den Reichen eifersüchtig gehütetes Vorrecht. In einem Fragment der *Reichen Erbin* des Alexis schlägt eine Figur vor, daß ein Mann, der sonst knapp bei Kasse ist, verhaftet und ins Gefängnis geworfen werden sollte, wenn er beim Kauf von Aal erwischt wird. Ein anderer Dichter, Diphilos, läßt in seinem Stück *Der Händler* einen Korinther sagen: »Wenn wir [in Korinth] jemanden auffällig viel Fisch kaufen sehen, dann erkundigen wir uns, wo er lebt und was er tut. Stellt sich heraus, daß er über einen Besitz verfügt, dessen Einnahmen ihm solche Ausgaben erlauben, lassen wir ihn sein Leben genießen. Zeigt sich aber, daß er über seine Verhältnisse lebt, wird ihm solches künftig verboten. Wer sich nicht daran hält, wird bestraft ...« Eindeutiges Anliegen ist Klassenzugehörigkeit auch in den *Reichen* des Antiphanes, wo beschrieben wird, wie zwei »alte Fischesser« beim Anblick eines gewissen Euthynos, der »in Sandalen, mit einem Ring und mit Parfüm übergossen« gerade irgendeinen *opson*-Handel tätigt, von Panik darüber ergriffen werden, daß der Fischmarkt von einigen wenigen reichen Männern leergekauft werden könnte. Sie versammeln die Menge um sich und beschuldigen den Übeltäter, wobei sie ihre Klagen mit folgenden Worten beschließen: »Es ist nicht demokratisch von ihm, so zu handeln und so viele Fische wegzufressen.« In diesem Zusammenhang braucht man nicht überrascht zu sein, daß Fischstücke schließlich zu jenen Dingen gehören, die bei der revolutionären Umverteilung des Eigentums durch die gemeinschaftssinnigen Frauen an der Macht (*Ekklesiazusen*) für alle erhältlich sein sollen.[14]

Es hat also den Anschein, daß die Freuden des Fleisches in der athenischen Gesellschaft je nach Klasse unterschiedlich sein können und den Komödienschreibern wie den Rednern Gelegenheit bieten, ihre Feinde als Angehörige einer Elitegruppe zu kennzeichnen, die ihren ausschweifenden Lebensstil pflegt, beliebte Ziele mithin des Neides und des Klassenantagonismus. Leider ist es nicht so einfach. Sobald wir versuchen, Schichtenmerkmale auf gegebene sozioökonomische Gruppen in der athenischen Gesellschaft anzuwenden, heben wir vom Boden der Tatsachen ab.

Klasse

Im Gegensatz zu der äußerst rigorosen Trennung zwischen Griechen und Barbaren, Mann und Frau, Freien und Sklaven sind die sozialen und ökonomischen Unterschiede innerhalb der Polisbevölkerung weit schwieriger festzumachen. Das Problem liegt nicht darin, daß zu

wenige Klassifizierungsmöglichkeiten zur Verfügung stehen, sondern, im Gegenteil, zu viele.[15]

In archaischer Zeit regierte in Athen ein Adelsgeschlecht, die Eupatriden, und obwohl seit der Zeit Solons eine ganze Anzahl Refor-
mer daranging, ihre Macht und Bedeutung zu beschneiden, hatten
dennoch viele große Männer in der Demokratie des 5. Jahrhunderts
enge Beziehungen zur Aristokratie. Perikles, ebenso Alkibiades,
waren beide mit den Alkmaioniden, einer der wichtigsten unter diesen Familien, verwandt. Kallias war nicht nur der reichste Mann von
Griechenland, sondern gehörte auch zur vornehmen Familie der
Kerykes, Wächter der Eleusinischen Mysterien. Im 4. Jahrhundert
waren die Aristokraten allerdings fast gänzlich von der politischen
Bühne verschwunden. Obwohl nur noch ein Abglanz ihrer früheren
Bedeutung, gab es sie zumindest noch, und sie hielten durch ihre
berühmten Namen, dank erblicher Priesterämter, über die Gräber
der Vorfahren sowie in einigen Fällen (bei den Nachkommen der
Tyrannenmörder Harmodios und Aristogeiton) durch besondere
Vorrechte an ihrer Familienidentität fest. Und gerade als man dachte,
sie wären endgültig von der politischen Bühne abgetreten, stellte im
Zeitalter Alexanders eine der vornehmsten Familien, die Eteobuta-
den, in der Person des Lykurg den letzten Führer der Demokratie.

Um die Macht der Eupatriden im 6. Jahrhundert zu schwächen,
hatte der Gesetzgeber Solon ein neues Ständesystem eingeführt, das
auf Eigentum gegründet war. An der Spitze standen die »Fünfhun-
dertscheffler«, danach kamen die Ritter, die Zeugiten (die Hopliten
oder Gespannbauern), und auf der untersten Stufe standen schließlich die Theten. Diese formellen Kategorien überlebten auch noch in
der Demokratie, doch bezog man sich selten auf sie, und sie spielten
in den wichtigsten demokratischen Institutionen keine oder eine nur
geringe Rolle. Diejenigen, die durch das Los zu Magistraten bestimmt wurden, mußten im späten 4. wie seinerzeit im frühen
5. Jahrhundert ihre Eigentumsklasse ausweisen können; nur daß zu
dieser Zeit niemand mehr deshalb nicht gewählt werden konnte,
weil er Thete war, und sich niemand unmöglich machte, wenn er
einen solchen vorschlug.

Die politische Philosophie legt ihrer Analyse der unterschiedlichen Verfassungen in Griechenland eine einfachere binäre Struktur
zugrunde, wenn sie von »den Wenigen« und »den Vielen« oder von
den Notabeln (*gnōrimoi*) und dem Volk spricht. Die Aristoteles zuge-
schriebene Geschichte der athenischen Verfassung betrachtet die politische Entwicklung Athens als einen andauernden Kampf zwischen

zwei Gruppen, der mit dem Triumph der letzteren, des Volkes, ausgeht. Anderenorts finden wir Bezeichnungen, die sich offenbar auf Klassenzugehörigkeiten beziehen. Es gibt die »vornehmen Herren« (*kaloi kagathoi*, wörtl. »die Schönen und Edlen«), die »Begünstigten« (*eudaimones*), die »Ehrenwerten« (*chrēstoi*), die »Leute mit Geschmack« (*charientes*) – und natürlich »die Reichen« und »die Armen«. Die letzten beiden Kategorien treten meist ohne jede Klasse dazwischen auf, doch in jeder Untersuchung darüber stößt man schnell auf Verwirrung und Ungereimtheiten. Kallias wurde, wie man sich erinnert, als »armer Mann« bezeichnet, als er immer noch zwei Talente hatte. Man muß diese Bezeichnungen deshalb als relativ ansehen.

Moderne Untersuchungen, die sich auf Modelle ähnlicher, jedoch besser erforschter Ökonomien stützen und mit dem wenigen an Information, was über athenische Besonderheiten zur Verfügung steht, unterlegt werden – zum Beispiel Erbregelungen, der Umfang von Besitz und Eigentum, Größe der Güter, Arten des Getreides, Höhe der Nahrungsimporte, durchschnittliche Ernten, Wetter usw. –, stimmen weitgehend darin überein, daß die athenische Bürgerschaft einen weiten ökonomischen Bereich von Armut bis Wohlstand und Reichtum abdeckte, wobei die Mehrheit der Bevölkerung (mindestens 80 Prozent) Bauern waren, die eigenes Land bearbeiteten und deren Wohlergehen aufgrund der Klimaschwankungen in Attika von Jahr zu Jahr erhebliche Unterschiede aufwies. Die Probleme beginnen mit dem Versuch, innerhalb dieses Kontinuums signifikante Abstufungen auszumachen. Manche haben sich an Solons quasi-militärischen Kategorien orientiert, welche die Bürger nach ihren militärischen Funktionen einteilten. Reiter, die sich Pferde leisten konnten, Hopliten, eine gesicherte »Mittelklasse«, die sich Rüstungen und Waffen leisten konnten, und die Ruderer, die sich gar nichts leisten konnten. Wenn etwa Thukydides von der immensen Zahl derer spricht, die in den frühen Jahren des Peloponnesischen Krieges von der Pest dahingerafft wurden, dann führt er die Todesfälle unter den Rittern, den Hopliten und dem »Pöbel« getrennt auf. Dennoch weist dieser Versuch, die Athener einzuteilen, Mängel auf. Die Waffengattungen waren nicht besonderen Schichten vorbehalten. Arme Hopliten, die ihre Ausrüstung wohl geliehen hatten, sind schon im frühen 5. Jahrhundert bezeugt, und sowohl Ruderdienst als auch Hoplitentum wurden als gemeinsame Kriegserfahrung des Komödienpublikums vorausgesetzt. Außerdem hatten die militärischen Kategorien wenig mit dem zivilen Leben zu tun und scheinen, mit Ausnahme der jungen Männer mit aristokratischen Ambitionen und langem

Haar, welche die Kavallerie stellten, keine in sich geschlossenen dauerhaften sozialen und politischen Gruppierungen hervorgebracht zu haben.[16]

Moderne Historiker unterscheiden auch gern zwischen denen, die Staatsdienste, sogenannte *leiturgiai* (»Leiturgien«, die später zum ausschließlich religiösen Dienst wurden) leisteten, und solchen, die dies nicht taten. Die leiturgische Klasse war ihrerseits für die meiste Zeit des 4. Jahrhunderts unterteilt, wobei die größte Last auf einer Kerngruppe von etwa 300 sehr reichen Männern mit einem Besitz von mindestens drei (?) Talenten ruhte. Diese wurde von einer größeren Gruppe von 1200 bis 2000 Männern mit einem Besitz von mindestens einem (?) Talent und einer entsprechend geringeren Belastung für den finanziellen Bedarf der Stadt unterstützt. Obwohl die Staatsdienste in den öffentlichen Reden bei jeder Gelegenheit beschworen wurden, so waren es doch die Besitztümer und nicht die Menschen, welche die Fähigkeit, leiturgische Ämter zu übernehmen, definierten, und es gibt wenig Anzeichen dafür, daß die Steuerzahler eine eigene Klasse gebildet hätten. Zwar erwähnt Demosthenes einen Angehörigen dieser Elite, einen gewissen Meidias, der seinen Zuhörern bei jeder Gelegenheit in Erinnerung rief: »Wir sind die Leiturgen, wir sind die Steuerzahler, wir sind die Reichen.« Es handelt sich jedoch wohl um ein großspuriges »Wir« eines einzelnen, und die Aussage ist eher dazu bestimmt, die besondere Anmaßung und Heuchelei des Meidias zu charakterisieren. Tatsächlich sagt Demosthenes, Meidias habe, verglichen mit ihm selbst, ein ziemlich schlechtes Gedächtnis, was seine Staatsdienste betreffe, denn Demosthenes gehörte zu den wohlhabendsten unter diesen Wohlhabenden, auch wenn er weder hier noch bei anderen Gelegenheiten irgendein Zeichen von Klassensolidarität zeigte.

Mangels einer klaren Unterteilung der athenischen Bürgerschaft und angesichts solcher widersprechender und widersprüchlicher Kategorisierungen verfielen die Historiker darauf, von einer »müßigen Klasse« zu sprechen. Das ist jene Schicht, die ausreichend Besitz hat, um nicht arbeiten zu müssen. Der Begriff hat insofern einen Vorteil gegenüber anderen, als er diese Gruppe als eine natürliche, sich aus sich selbst bildende Klasse behandelt, die keiner antiken Bezeichnung oder Redensart bedarf, um ihre Existenz zu rechtfertigen. Gleichgültig, ob dieser Unterschied von ihnen selbst oder ihren Mitbürgern wahrgenommen wird, unterscheiden sich diese jungen Männer von anderen dank ihres »müßigen Lebensstils«. Sie können mit denen, die »reich« genannt wurden, wie auch mit der größeren

Gruppe der Leiturgen, der Steuerzahler, jenen 1200 oder 2000 Männern mit einem Besitz von mindestens einem Talent, gleichgesetzt werden. Der verbleibende Rest der Bevölkerung kann als »arm« gelten, weil er nicht unter diese Kategorie fällt.

Diese Sicht auf die athenische Gesellschaft verrät den Einfluß des Soziologen Thorstein Veblen, dessen *Theory of the Leisure Class* (*Theorie der feinen Leute*) 1899 veröffentlicht wurde. Veblen ist besonders für seinen Begriff der »conspicuous consumption« bekannt geworden, und sein Werk dreht sich zu einem gut Teil um die Semiotik des Elitismus, um die Zeichen, mit deren Hilfe sich die Adligen vom Rest der Bevölkerung zu unterscheiden suchen. Veblen sah in der freien Verfügbarkeit über die Zeit das wichtigste Element für die Herausbildung sozialer Hierarchien, den Schlüssel zur Sprache aristokratischer Selbstdarstellung. Nur die Elite konnte es sich leisten, nicht zu arbeiten und verschwenderisch zu sein. Aber es genügte nicht, nur privat nutzlos zu sein; man mußte diese Tatsache unablässig kundtun. Deutlich und für alle sichtbar mußte das Nichtstun sein.

Die Griechen waren sich dieser Logik durchaus bewußt. Aristoteles bemerkt, daß das Haar lang zu tragen wie die Spartaner und deren Bewunderer »das Zeichen eines freien Mannes [*eleutheru*] ist, denn es ist nicht einfach, mit langem Haar niedere [*thētikon*] Arbeit zu verrichten«. Langes Haar zu tragen war in Athen jedoch selten, und, wie bereits erwähnt, findet man weniger Anzeichen für Prahlerei als bei Eliten anderer Gesellschaften. Demosthenes meinte, daß sich dies in seiner Zeit durch Politiker verändere, die anfingen, luxuriösere Häuser zu bauen; sein Bericht über Meidias, einen der schlimmsten Missetäter in dieser Hinsicht, zeigt aber gerade, wie empfindlich die Athener selbst noch um das Ende der klassischen Periode gegen Angeberei waren: »Er baute in Eleusis ein Haus, das so groß war, daß es die seiner Nachbarn überragte, er führte seine Frau zu den Mysterien, oder wohin er sonst wollte, mit einem Gespann weißer sikyonischer Pferde, er stolzierte mit drei oder vier Dienern auf der Agora umher und reichte seine tiefen Becher, seine Trinkhörner und seine Kelche herum.« Demosthenes mag ein wenig übertrieben haben, aber selbst so hätte Meidias, einer der aufsehenerregendsten Verschwender seiner Zeit, unter der Elite anderer Gesellschaften nicht das geringste Aufsehen erregt. »Nur drei oder vier Diener? Nur ein Haus? Nicht in Athen, sondern in Eleusis? Mit Nachbarn?« Unter den Reichen und Neureichen von Athen gab es einige Angeber, die größere Häuser bauten, manche mit Säulen vor dem Eingang; den-

noch verausgabten die Athener, wie ich zu zeigen versuche, ihre
Energien im allgemeinen nicht in Prunk und Glanz.[17]

Man könnte nun behaupten, daß Ausgaben für vergänglichere
Dinge wie für Essen, Trinken und Sex – keine müßige, doch eine genießende Klasse – der Veblenschen Analyse näher komme. Das Geld,
das Kallias bei einem seiner Gelage für all die Schmeichler, Philosophen und Freunde, mit allen Fischgerichten, Weinkrügen, den Flötenmädchen, Harfenspielern und Akrobaten ausgab, war für immer
verloren. Kallias meinte vielleicht nur großzügig zu sein, es handelte
sich aber um eine Zurschaustellung seines Reichtums vor anderen
reichen Athenern und Besuchern aus ganz Griechenland. Dagegen
erfahren wir wenig über sein Haus, das so klein war, daß er im *Protagoras* (315d) seinen Lagerraum ausräumen mußte, um Platz für all die
Sophisten, die er um sich versammelte, zu haben. Dennoch machten
seine Einladungen einen solchen Eindruck auf seine Zeitgenossen,
daß Platon und Xenophon, noch ein halbes Jahrhundert nachdem
die Tische geräumt waren, darüber schrieben. Ebenso großartige
Abendgesellschaften fanden noch am Ende des 4. Jahrhunderts statt;
eine davon gab der Redner Xenokles und wurde durch Matrons Ho-
merparodie *Das attische Gastmahl* unsterblich: »Und warf ich die aus-
geschlürften Seeigel von mir, von denen ein Widerhall kam, rollten
sie Sklaven auf nacktem Boden zwischen die Füße ... viele Gräten
zog ich heraus, bis zu den Wurzeln mit allem«; »und nachdem ich
genossen, überkamen mich Tränen, daß nie mehr bis morgen ich
sehen sollte dergleichen, statt dessen darben mit Käse und Brot von
der Gerste.«[18]

Mit dem Begriff der »müßigen Klasse« stellen sich nun aber
ebenso viele Probleme ein wie mit anderen Versuchen einer Klassifizierung der Athener. Eine ideologische Trennung hinsichtlich der
Arbeit findet sich nicht am oberen, sondern am unteren Ende der
Skala. Die athenische Elite hielt an ihren Ländereien fest, teilte aber
im allgemeinen nicht die Abneigung gegen Geschäft und Handel wie
andernorts manche Adligen mit Grundbesitz. Auf der anderen Seite
gibt es deutliche Anzeichen dafür, daß die jahreszeitlichen Zyklen
der Landwirtschaft sehr vielen armen Athenern genug freie Zeit verschafften, um an der Demokratie teilzuhaben, und daß sie mit den
Reichen die Abneigung gegen bestimmte bezahlte Dienstleistungen
oder gegen Arbeiten in Werkstätten teilten, die nach »Sklavenart«
waren. Unter den Schriften des Demosthenes existiert eine Rede, für
einen gewissen Euxitheos verfaßt, dessen Mutter als Amme gearbeitet hatte und auf dem Markt Bänder verkaufte, offenbar Grund

genug für seine Stammesgenossen, ihn seines Bürgerstatus zu berauben. Er wendet sich mit folgenden Worten an die Geschworenen: »Armut zwingt oft freie Männer dazu, Sklavenarbeit zu verrichten, es wäre aber billiger, sie dafür zu bedauern als sie zu vernichten. Denn ich habe von manchen Frauen, Bürgerinnen, gehört, die in schlimmen Zeiten der Stadt Ammen, Weberinnen und Weinleserinnen wurden, und viele von ihnen sind heute reich und haben die Armut hinter sich gelassen.« Wir haben also mehr Grund, am Fuß der Säule eine »bedürftige Klasse« anzunehmen, die dadurch auffiel, daß sie Seite an Seite mit Sklaven arbeitete, als eine »müßige Klasse« an der Spitze. Selbst die »genießende Klasse« mit ihren ausufernden und verschwenderischen Banketten, auf den ersten Blick die Kategorie, die am wenigsten in Frage zu stellen wäre, ist bei genauerem Hinsehen doch eine eher brüchige Gruppierung. Sie als gegeben vorauszusetzen wäre ein Irrtum. Denn was ist die Feststellung, diejenigen, die teure Dinge genießen, gehörten der Klasse an, die sie sich leisten kann, anderes als eine sinnlose Tautologie? Für die meisten Athener wäre dies, wie wir noch sehen werden, höchst fraglich, und es gibt zweifellos anderes zum Klassenbewußtsein zu sagen. Auch wenn ein reicher Mann sich mehr Aale, mehr und besseren Wein, mehr und exklusivere Frauen als andere Athener leisten konnte, weist nichts darauf hin, daß diese relativen Vorteile dazu beitrugen, ihn vom Rest der Bevölkerung strikt zu unterscheiden. Nichts weist darauf hin, daß diese quantitativen Unterschiede zu einem qualitativen Sprung wurden.[19]

Es gehört ebenso zur zweiten Natur moderner Historiker, wie es zur zweiten Natur antiker Philosophen gehörte, den Schlüssel zu jeder Gesellschaft in der Sozialstruktur zu sehen, eine Folge vielleicht der Bedeutung, die den ökonomischen Faktoren in historischen Zusammenhängen automatisch zugestanden wird. Was der Überblick jedoch zumindest zeigt, ist die geringe Übereinstimmung über die Art und Weise, wie die Athener in sozioökonomische Gruppen zu unterteilen sind, noch weniger darüber, wie bestimmte Individuen diesen zuzuordnen wären. Historiker etwa der Geschichte der Stadtstaaten im Italien der Renaissance oder der englischen Geschichte in allen ihren Perioden – ganz zu schweigen von denen der römischen Geschichte – haben wenig Mühe, Eliten auszumachen, und können ihre Gelehrsamkeit darauf verwenden zu untersuchen, wie diese Eliten ihre Vorrangstellung angesichts neuer Verhältnisse behaupteten. Historiker der griechischen Geschichte stehen hingegen immer noch am Ausgangspunkt. Die Schwierigkeit jedoch, eine Kategorie der

Klasse für Athen zu finden, sollte nicht als Problem gesehen werden; sie ist vielmehr ein Merkmal athenischer Kultur.

Wir können diese typische »Klassenkonfusion« in drei Blöcke unterteilen. Als erstes scheinen unsere Quellen unstreitig insofern einiges dazu beizutragen, als sie eine Art vorsätzlicher, ja ideologischer Klassenblindheit befördern. Die Gefahr der *stasis* (Bürgerzwist jeglicher Art) schreckte die Griechen zu allen Zeiten, und ein gut Teil der politischen Philosophie und viele Gesetze dienen dazu, sie zu verhindern. Auch die Athener waren nicht anders. Sie waren jeder Vorstellung einer geteilten Bürgerschaft abhold, und sowohl vor Gericht als auch auf der Bühne redeten und agierten sie so, als wäre das Publikum eine homogene Gruppe von wohlhabenden, in geordneten Verhältnissen lebenden Bürgern, dessen geringfügige Differenzen von der großen Kluft, die es von den Frauen, Sklaven und Fremden trennte, überwogen wurden. Aristophanes faßt zum Beispiel oft Figuren zu einer Familie zusammen, die offensichtlich zu getrennten sozioökonomischen Schichten gehören, und entwirft Einzelfiguren wie Dikaiopolis in den *Acharnern* oder Trygaios im *Frieden*, die gleichzeitig verschiedenen Klassen anzugehören scheinen. Auch Demosthenes, einer der reichsten Männer seiner Zeit, identifiziert sich, seiner Situation nicht Rechnung tragend, mit den Massen, wenn er von »uns« spricht. Auf einer anderen Ebene gingen viele Athener mit dieser Ideologie offenbar pragmatisch um: die Reichen (bis auf eine oder zwei Ausnahmen), indem sie vermieden, allzu großartige Häuser zu bauen oder allzu auffällige Kleider zu tragen, ebenso die Theten, wenn sie, sobald sie einen Magistratsposten einnahmen, so taten, als wären sie keine Theten, und ihren Unmut an jenen ausließen, deren Leben dem von Sklaven glich; und wenn zum Archonten oder Geschworenen berufen, rieten sie von jeder Umverteilung des Eigentums ab, eine Maßnahme, die dazu da war, sowohl politische Parteienbildung als auch Klassengegensätze zu verhindern: »Das erste, was ein Archont tut, wenn er seinen Dienstraum betritt, ist zu verkünden, daß bis zum Ende seiner Amtszeit ein jeder behalten soll, was er bisher besessen hat.« Schließlich hatte diese Klassenblindheit eine unbestreitbare Auswirkung, insofern sie das Klassenbewußtsein unter den Athenern milderte. Ökonomische Unterschiede waren etwa das, was man »eine Leiche im Keller« nennt, eine heikle Sache, von der nie direkt gesprochen wird; diese Zurückhaltung war aber offenbar eine erfolgreiche Strategie, mit der es den Athenern gelang, Bürgerzwist und Klassenkämpfe zu verhindern.[20] Unterstützt wurde die Indifferenz der Athener durch gewisse strukturelle Faktoren, die verhinderten, daß die Kluft zwischen Arm und Reich sichtbar wurde. So wie eine Spezies in der Natur können auch gesellschaftliche Gruppen sowohl an ihrer inneren Homogenität als auch an ihrer Unterschiedlichkeit gegenüber anderen Gruppen erkannt werden. Athener konnten nicht an den Namen ihrer Familien (*genos*) identifiziert werden, sondern sie führten den Namen ihrer Väter und der Gemeinde (*dēmos*) oder Diözese, in der sie eingetragen waren. Namen wurden oft innerhalb der Familie weitergegeben, aber das Weglassen der *genos*-Bezeichnung mußte es ungemein erschweren, Familienbeziehungen zwischen reichen Männern zu erkennen; es war einfacher, reiche Familien auszumachen als reiche Individuen. Selbst wenn die Blutsverwandtschaft durchsichtiger gewesen wäre, hätte sich über diese doch kein gemeinsamer Lebensstil herausbilden müssen. Tatsächlich gibt es deutliche Hinweise dafür, daß viele Athener Bluts- oder Anverwandte hatten, die viel reicher oder ärmer waren als sie selbst. Der Mann zum Beispiel, den Timarchos beschuldigte, ein ehemaliger Sklave zu sein, war zu arm, um einen Redner zu bezahlen (was seine Gemeinde vielleicht in erster Linie dazu bewogen hat, ihm die Bürgerrechte abzuerkennen), aber er hatte einen Schwager, der dreißig Minen aufbringen konnte. Timarchos seinerseits hatte einen Onkel, der so arm war, daß er staatliche Unterstützung bezog. Außerdem gibt es Hinweise auf eine große Umschichtung in den Rängen der Reichen, hervorgerufen durch die Fährnisse des Krieges. Als Folge davon gab es seit der Zeit des Peloponnesischen Krieges in Athen wohl nur noch ein ziemlich lockeres (und immer lockerer werdendes) Verhältnis zwischen den Hierarchien von Reichtum, Stand und Macht, recht schwache Verbindungen innerhalb dieser Hierarchien selbst und wenig Fortbestand dieser Vorteile von einer Generation zur nächsten. Was immer an Homogenität übrigblieb, wurde davon überlagert, daß die Demokratie darauf bestand, jeden Bürger als Individuum wahrzunehmen. Unter diesen Umständen ist es nicht überraschend, daß der Sinn für Eliteidentitäten in Athen eher schwach ausgebildet war.[21]

Dank der vielen Sklaven und dem hohen Anteil an Kleinbauern, die ihr Land selbst bearbeiteten (*auturgoi*), kamen Auseinandersetzungen zwischen Bürgern, die Fabrikarbeiter, und solchen, die Eigentümer waren, oder zwischen Bürgern, die Landbesitzer waren, und deren Pächtern oder Arbeitern – an anderen Orten und zu anderen Zeiten wichtige Quelle eines Klassenbewußtseins –, in Athen selten vor. Die Bürger waren ökonomisch nicht stark integriert, sondern schufen überall auf dem Land eine Reihe von getrennten, relativ autarken Parallelökonomien, eine Subsistenzwirtschaft, die den Hintergrund für die enorme Betonung der Selbstverantwortlichkeit in der griechischen Ethik bildete. In diesem sozioökonomischen Kontinuum gibt es nur wenige Brüche, Punkte, an denen aus Unterschieden Hierarchien entstanden. Die Ausnahme waren, wie schon erwähnt, jene Bürger, die in der Stadt für andere arbeiteten; es waren aber wenige, und sie wurden von den unabhängigen Bauern auf dem Land, die nicht weniger arm waren, verachtet. Die Polis stand zwischen Arm und Reich und monopolisierte nahezu vollständig die Beziehungen zwischen beiden Gruppen. Sie zog Geld in Form der Leiturgien von den Reichen ein; und es war auch die Stadt, die das Elend der Armen durch verschiedene Beihilfen (Versammlungsgeld, Geschworenengeld, Bezahlung für Anwesenheit bei Feierlichkeiten usw.) und gelegentliche öffentliche Bewirtung erleichterte.

Manche Anspielungen auf die Klasse in Komödien und Reden stellen sich bei näherem Hinsehen als ein Bezug auf etwas weit Unbestimmteres oder etwas ganz anderes heraus. Klassengegensätze wurden durch gesichertere Abgrenzungen ersetzt (oder in solche verwandelt). Die wichtigsten Grenzlinien in der athenischen Bürgergesellschaft wurden, wenn man den Komödiendichtern und Rednern glauben darf, zwischen der jüngeren und der älteren Generation, den Landbewohnern und den Städtern und vor allem zwischen den Sprechenden und denjenigen, zu denen gesprochen wurde, gezogen. Als ob es in Athen eine unausgesprochene Übereinkunft zwischen Jung und Alt gegeben hätte, spricht ein Redner wie von einer Familie aus verschiedenen Generationen und mit unterschiedlichen Interessen:

»Die jüngeren Mitglieder der Familie versuchen zumindest in dem, was sie tun, bescheiden und zurückhaltend zu sein, während die ältere Generation, wenn sie sieht, daß die Jungen zu verschwenderisch sind, zuviel trinken oder in ihren Vergnügungen zu weit gehen, so tut, als hätte sie nichts gesehen … Dasselbe gilt für euch, Männer von Athen, die ihr in einer großzügigen Familiengemeinschaft zusammenlebt. Bisweilen beobachtet ihr die Taten von Männern, die in Schwierigkeiten geraten, und obwohl ihr, wie es heißt, seht, habt ihr nichts gesehen, und habt nichts gehört, obwohl ihr hört.«[22]

Oft werden diese vielfältigen Abgrenzungen nach Belieben verschmolzen. Eine ganze Reihe von Komödien stellt ausschweifende oder überspannte und sophistische junge Männer in einen Gegensatz zu ihren ungehobelten und ungebildeten, pfennigfuchserischen Vätern wie etwa in den *Wolken*, den *Wespen* und womöglich auch in den *Zechern*. Habgier und Anmaßung der politischen Führer sowie die Leichtgläubigkeit der Regierten sind weitere Themen. Im späten 5. Jahrhundert kennzeichnen Hinweise auf »vornehme Herren« und »edle und würdige Männer« (*gennaioi*) öfter eine besondere Art des Verhaltens als besondere Gruppen. Es bedeutet, angesehen zu sein, sklavisches (auch in bezug auf »Sklave seiner Begierden zu sein«) oder unfeines Verhalten zu vermeiden, »Klasse zu haben« statt »Klasse zu sein«. Allzuviel in die Komödien des Aristophanes hineininterpretieren zu wollen ist immer gefährlich, aber interessanterweise trifft man sowohl in den *Zechern* als auch in den *Wespen* auf Lektionen in affektiertem Benehmen, so als ob dies Dinge wären, die man sich beibringen kann und die nicht angeboren sind. Vornehmes Gebaren ist nicht mehr ein Vorrecht der Aristokraten; jeder kann lernen, degeneriert zu sein.

Die Betonung von Essen, Trinken und Sex in der athenischen Komödie kann als wesentlicher Bestandteil dieser Blindheit gegenüber sozialen und ökonomischen Grenzen, dieses fehlenden Klassenbewußtseins, angesehen werden. Anspielungen auf die Genüsse des Fleisches dienen meist nicht dazu, auf Trennungen innerhalb der athenischen Gesellschaft hinzuweisen, sondern das Publikum daran zu erinnern, wieviel Gemeinsames es hat. Die Athener konzentrierten sich lieber auf die Augenblicke gemeinsamen Genusses, als sich bei der Tatsache aufzuhalten, daß manche sich nur ein- oder zweimal im Jahr Fisch leisten können, während andere jeden Tag ihren Seebarsch zum Frühstück verzehren. Es geht um animalische Leidenschaften, die allen Menschen gemeinsam sind, den gemeinsamen Nenner der Instinkte, Verführungen, denen alle widerstehen müssen, Versuchungen, denen jeder erliegen kann. Arme Männer tranken ebensogern und -viel wie Alkibiades oder Alexander und hatten wie diese am anderen Morgen einen Kater. Manche mochten in Kneipen trinken, andere im gut ausgestatteten *andrōn*, alle jedoch kannten die Freuden des Weins – und die Gefahren, wenn er nicht mit Wasser gemischt war. Hetären treten im Leben von gewöhnlichen Athenern wie dem Trygaios im *Frieden* des Aristophanes ebenso auf wie in den aufwendigen Häusern eines Hypereides oder Alkibiades; beim Sex jedoch geht es immer um das gleiche, ob mit Flötenmädchen, thrakischen Dienern oder den Frauen im Bordell am Stadttor. Wenn Fisch auf die attische Bühne gebracht wird, dann heißt dies, daß das ganze

Publikum beschuldigt wird, dem Fischgenuß sklavisch verfallen zu sein, und selbst Sklaven konnten der *opsophagia* bezichtigt werden. Wichtig ist die Schlichtheit dieser Genüsse. Auf der Bühne werden Menschen von nichtigen Objekten weltlicher Begierden verführt. Perikles regt sich über ein paar Huren auf, erläßt Dekrete, die sich wie Trinklieder anhören, und beginnt den Peloponnesischen Krieg. Kleon kann sich von einer schönen Platte Tintenfische kaum losreißen, als er gerufen wird, um vor der Volksversammlung zu sprechen. Lysander wird bei einem großen Becher Wein zu einem Bündnis überredet. Hinter den erhabenen Prinzipien und hochtrabenden Worten lauert niedrige Gefräßigkeit und schiere Lust. Aus der Sicht der Komödie wird die ganze Welt von den allen Menschen gemeinsamen Körperfunktionen bewegt.[23]

Prüft man außerdem die Formel, daß teure Sachen das Vorrecht derer sind, die sie sich leisten können, genauer, dann muß man auch daran erinnern, wie billig es sein konnte, an der Welt der Genüsse teilzuhaben. Jedermann konnte sich von seinem Staatsgeld ein schönes Stück frischen Fisch, eine *kotylē* importierten Wein, einen Quickie mit einem vom Pech verfolgten Flötenmädchen, einige Minuten in einem Verschlag mit einem im Krieg unglücklicherweise versklavten aristokratischen Philosophen aus Elis leisten. Der Marktplatz wurde als ein volkstümlicher Ort, an dem die Allgemeinheit teilhatte, aufgefaßt. Der Markt für Sex, Wein und gutes Essen war ein komplexes System mit einem weiten Preisspektrum von sehr billig bis sehr teuer und dazwischen etwas für jeden. Wenn der Seebarsch zu teuer war, dann konnte man immer noch Sprotten kaufen. Wenn das Flötenmädchen für zwei Drachmen jenseits der finanziellen Möglichkeiten lag, dann gab es immer noch das billige Bordell für einen Obolos. Was einen von den Bessergestellten trennte, waren nur gerade ein paar Münzen, die einem an diesem Tage fehlten, und nicht der gesellschaftliche Rang. Abgesehen von diesen vielen qualitativen Unterscheidungen gibt es auch noch das quantitative Element, das insbesondere bei der Rede über das Essen so deutlich wird. Dies ist der Grund, warum lange Listen bei der Beschreibung verschwenderischer Bankette in den Komödien eine solche Rolle spielen. Ein heutiger Routineautor könnte eine opulente Dinnerparty mit wenigen Worten umreißen: Champagner, Kaviar, Hummer, Gänseleber. Ein Athener wie Matron, der dasselbe versuchte, benötigte fünfzig Zeilen, um Stück für Stück all die Köstlichkeiten aufzuzählen. Wirkliche Extravaganz kann nur durch die Fülle der Details ausgedrückt werden. Das heißt, daß es neben dem sozioökonomischen Kontinuum ein Kontinuum des Konsums und daß es wenige Bruchstellen für die Herausbildung unterschiedlicher Lebensstile gibt. Nach diesem Verständnis kann der einzelne ruhig sein Stück Thunfisch essen oder ein Glas Wein trinken. Die Gefahr liegt im Verlust der Kontrolle; diese Gefahr drohte aber allen Männern, reichen wie armen.

In der Tat können wir in der griechischen Betonung der Selbstbeherrschung eine völlige Umkehrung des Verhältnisses zwischen Klasse und Konsum erkennen. Der wirklich vornehme Mann beherrscht seine Begierden; er trägt Selbstverantwortung. Im Gegensatz zu Timarchos, ein Sklave seiner Laster, denen »kein freier oder edler Mann frönen sollte«, oder Kleon, der wie ein Wolf über sein Essen herfällt und seinen Wein mit einem Zug hinunterschüttet, trinkt der Mann mit gutem Benehmen langsam, nimmt dazwischen Wasser zu sich und widmet sich der Konversation. Ein wichtiges Thema der Philosophen und Redner war die Tatsache, daß reiche Männer, obwohl sie mit den Dienern, die sie umgaben, scheinbar nichts gemein hatten, in Wahrheit, eben weil sie so unmäßig aßen und tranken, Sklaven waren – nämlich Sklaven ihrer Gelüste. Die Lasterhaften und Haltlosen benehmen sich wie Diener, weil sie dauernd da- und dorthin laufen, um die leckenden Krüge ihrer Begierden zu füllen. Das Leben der *kinaidoi* sieht vielleicht so aus, als ginge es ganz in Genuß und Zügellosigkeit auf; es ist aber nicht nur »schrecklich und beschämend«, sondern es ist »ein Kampf« (*athlios*).[24]

Wo Geld liegt

Bei der Verknüpfung von Genuß und Eigentum tritt in den athenischen Quellen eine andere Logik zutage als in Veblens Darstellung des Reichtums. Mag der Aufwand im Männerraum noch so verschwenderisch gewesen sein, so ist er dennoch nicht dauerhaft sichtbar. Waren die Fischgräten vom Boden aufgewischt, die Flötenmädchen nach Hause gegangen, dann blieb von all dem, wofür man eine Menge Geld ausgegeben hatte, nicht mehr viel zu sehen, und nicht jeder konnte sich auf einen Platon, Xenophon, Eupolis oder Matron verlassen, die den Abend in Dichtung oder Prosa unsterblich machen würden. Die Bedeutung des berühmten und so häufig nachgeahmten *Ungefegten Saals* des Sosos besteht nicht nur darin, daß er einen Triumph der Kunst über die Natur darstellt, sondern daß er der Nachwelt auch die vergänglichen Abfallprodukte erhält und aus dem Bedeutungslosen ein Monument macht, einen Triumph der Kunst über die Zeit. Das Symposion war sowohl eine kurze als auch eine intime Zurschaustellung für eine begrenzte Gruppe eingeladener Gäste in der geschlossenen Welt des *andrōn*. Für einen Aristokraten im Sinne Veblens wäre solche unsichtbare Verschwendung reine Verschwendung. Für einen Athener hingegen war die Heimlichkeit die Hauptattraktion. Es war eine diskrete Art, Geld auszugeben, unauffällig zu genießen, denn es zahlte sich in Athen nicht aus, seinen Reichtum bekanntzumachen.

Die Athener hatten eine sehr einfache und direkte Art, die Staatsfinanzen zu verwalten. Wer reich genug war, um gewählt zu werden, war verpflichtet, Steuern zu bezahlen, wenn der Staat Geld benötigte, und für die Kosten der Veranstaltungen bei den religiösen Feierlichkeiten (*chorēgiai*) und für die Ausrüstung der Kriegsschiffe (*triērarchiai*) nach Vereinbarung aufzukommen. Es gab unzählige solcher Belastungen, allein ungefähr hundert Leiturgien für religiöse Feste pro Jahr und eine Flotte von mehreren hundert Schiffen. Einen dithyrambischen Chor oder eine Gruppe Waffentänzer (*pyrrichistēs*) zu finanzieren mag vielleicht nicht mehr als ein paar hundert Drachmen gekostet haben, eine Tragödientrilogie für die großen Dionysosfeierlichkeiten schon erheblich mehr, und allein schon eine einzige Trierarchie konnte das Vermögen eines reichen Mannes um nicht weniger als ein Talent erleichtern. Niemand mußte mehr als eine Leiturgie pro Jahr leisten, doch waren ihrer so viele, daß sie sich mit großer Regelmäßigkeit wiederholten, und jeder, der um die Gunst des Volkes buhlte, mußte mehr als nur das Nötigste tun. Die Stadt bekränzte jene Leiturgen, die ihre Staatsdienste mit Würde versahen, und belohnte sie mit ehrenvollen Auszeichnungen. Auch die Siege bei den Dramatikerwettkämpfen sollte man in diesem Licht betrachten: Wen es wundert, daß manche ausgezeichneten klassischen Dramen beim Wettbewerb an letzte Stelle gesetzt wurden (zum Beispiel die *Medea* des Euripides oder *Die Wolken* des Aristophanes), sollte sich daran erinnern, daß vielleicht der Mäzen bestraft werden sollte, weil er an den Kostümen gespart hatte, und nicht das Stück selbst.

Die Aufzählung ihrer Leiturgien verschaffte reichen Männern, die in Prozesse verwickelt waren, die nötige Glaubwürdigkeit. Demosthenes etwa war natürlich viel zu bescheiden, um sein Publikum an »die Trieren, die ich bezahlt, die Chöre, die ich gestiftet, die Steuern, die ich entrichtet, die Kriegsgefangenen, die ich freigekauft, und ähnliche andere großzügigen Handlungen, die ich vollbracht habe«

zu erinnern; andere waren da weit weniger zurückhaltend. Unter
den Reden des Lysias gibt es eine gegen Ende des 5. Jahrhunderts ge-
schriebene Schlußrede für einen Mann, der sich gegen eine nicht
näher bezeichnete Klage zur Wehr setzte. Darin wird alles, was er offenbar seit seinem Erbantritt für die Stadt getan hat, aufgezählt: 3000
Drachmen für Tragödien, 2000 für einen Chor bei den Feiern für
Apollo und Artemis, mit dem er einen Preis errang, 800 Drachmen
für Waffentänzer bei den Großen Panathenäen, 5000 für einen siegreichen Männerchor bei den Dionysien, 300 für einen Dithyramben-
chor bei den Kleinen Panathenäen, sechs Talente für Trierarchien,
außerdem 1200 Drachmen für Spiele bei den Prometheusfeiern, 1500
für einen Kinderchor, 1600 für eine Komödie des Kephisodoros, die
den Wettbewerb des Jahres 404/403 gewann, und 700 für einen
Chor bartloser Waffentänzer. Außerdem leistete er eifrig seine Flot-
tenausrüstungen:

> »Und ich will euch den besten Beweis für die Tatsachen geben: Al-
> kibiades war an Bord meines Schiffes, zumindest am Anfang …
> Ich bin nun sicher, ihr wißt, daß er als Feldherr tun und lassen
> konnte, was er will, und niemals ein anderes als das beste Schiff
> der Flotte betreten hätte … und als ihr die Feldherren aus dem
> Amt entließet … da wollten diejenigen, die sie ersetzten, auf mei-
> nem Schiff fahren … Wieviel Geld, meint ihr, hat ein so gut aus-
> gerüstetes Schiff gekostet? Wieviel Ungemach hat es dem Feind
> bereitet? Wieviel Nutzen der Stadt gebracht?«

Unser Freund Apollodoros scheint seine Trierarchien insofern besonders großzügig geleistet zu haben, als er die höchsten Beträge bezahlte und das Schiff »so schön und großartig« wie möglich ausrü-
stete, sogar sicherstellte, daß alle Kriegssteuern bezahlt waren, bevor
er das Amt abgab. Sein Amtsnachfolger fragte, ob er auch die Take-
lage vergoldet habe (ich frage mich, ob dies das Schiff war, das in den
Werftverzeichnissen unter dem Namen Tryphosa, »die Prunkvolle«,
erwähnt ist). Als Sohn eines Sklaven, der mit Bankgeschäften zu Geld
gekommen war, mußte Apollodoros einiges unter Beweis stellen.[25]
    Zweifelsohne gab es manche, die ihr Amt nicht so begeistert aus-
übten und sich vor der Verantwortung des Reichtums zu drücken
suchten. Aber auch deren Mangel an Großzügigkeit konnte von
ihren Feinden bekanntgemacht werden. Dikaiogenes, ein Nachfahre
des Tyrannenmörders Harmodios, für den Staat allerdings weit weniger wert als dieser, wurde vom Volk in einem Prozeß mit einem

Besitz belohnt, tat aber wenig dafür: »Er stiftete für seinen Stamm einen Chor bei den Dionysien und wurde vierter; er stiftete eine Reihe Tragödien und Waffentänzer und wurde letzter. Das waren die einzigen Leiturgien, die er leistete – zu leisten gezwungen war; und so schlecht hat er sie trotz seines Vermögens ausgeführt.« Im Jahre 392 erregte Dikaiogenes' Knauserigkeit öffentliche Aufmerksamkeit, als »sein Name auf einer Liste auftauchte, die gegenüber den Standbildern der Stammesheroen aufgestellt war und Männer erwähnte, welche ihr Versprechen, zu den Kriegsanstrengungen beizutragen, nicht hielten; die Überschrift lautete: ›Dies sind die Männer, die dem Volk versprachen, einen freiwilligen Beitrag zur Rettung der Stadt zu leisten, und nichts bezahlten.‹«[26]

Die Leiturgien weckten das Interesse des Volks von Athen an Privateigentum und ermutigten Grundbesitzer oder solche, die es werden wollten. Rivalen im Kampf um einen Landbesitz stützten ihre Argumente oft ebensosehr darauf, wie gut sie das Gut zum Nutzen der Stadt verwalteten, wie viele Leiturgien sie und wie wenige (nicht zuletzt wegen ihrer Lasterhaftigkeit) ihre Gegner übernehmen würden, wenn sie den Zuschlag bekämen, wie auf die formale rechtliche Seite:

> »[Thrasyllos] diente Jahr für Jahr als Trierarch ohne Unterbrechung; er prüfte nicht nur die Anträge, sondern traf auch die bestmöglichen Vorkehrungen, und ihr wiederum habt dessen gedacht, was er getan hatte, habt Ehrenerklärungen für ihn abgegeben, habt seinen Sohn gerettet, als ihm sein Eigentum genommen wurde … Apollodoros seinerseits [der Sohn des Thrasyllos, nicht Neairas Geißel] veranschlagte sein Vermögen nicht zu gering wie Pronapes [der Verwalter der Gegenpartei] … im Glauben, ihr hättet keinen Anspruch darauf; er aber verwaltete sein Eigentum ohne jegliche Winkelzüge und vollbrachte alle Dienste, die ihr ihm zugewiesen habt … in der Meinung, er sollte für sich selbst nur wenig Geld ausgeben und den Rest für die Stadt sparen, damit es für deren Zwecke zur Verfügung stehe.«

Athen lehnte die revolutionäre Umverteilung des Eigentums ab, wie sie in anderen griechischen Städten oft gerühmt und gelegentlich durchgeführt wurde, und Konfiszierungen in großem Stil waren selten. Auf der anderen Seite führte das Leiturgensystem in Verbindung mit endlosen Vermögensprozessen vor den Gerichten die Athener jedoch zu der Vorstellung, daß sie nicht nur die letzte Instanz in Eigen-

tumsfragen seien, sondern in gewisser Weise auch entfernte Mitbe-
sitzer dieser Landgüter mit einem Recht auf Entschädigung, wenn sie
schlecht verwaltet wurden. Tatsächlich gab es ein Gesetz gegen Verschleuderung des geerbten Vermögens: die *graphē argias* und unter
Umständen noch die *graphē paranoias*. Hinweise auf deren Anwendung gibt es nicht viele, aber Lysias schrieb um die Wende zum
5. Jahrhundert zwei Reden zu solchen Verfahren, und Euxitheos
nutzte das Gesetz zu einem Angriff gegen jene, die Markthändler
überfielen, was beweist, daß das Gesetz in der zweiten Hälfte des
4. Jahrhunderts offenbar noch immer in Kraft war. Athener der
klassischen Zeit hielten das Gesetz für sehr alt. Lysias behauptet in
einer Rede, daß Drakon gegen Ende des 7. Jahrhunderts für solche
Nachlässigkeit die Todesstrafe vorgesehen, Solon sie jedoch zu Beginn des 6. Jahrhunderts in eine schwere Geldstrafe umgewandelt
habe. Plutarch hat wohl dies im Auge, wenn er sagt, daß Solon dem
Areopag aufgetragen habe, eine regelmäßige Untersuchung durch-
zuführen, »wie ein jeder Mann seinen Lebensunterhalt bestreitet,
und die Müßiggänger zu bestrafen«, was an die enge Verknüpfung
von »Verschwendung« und »Faulheit« gemahnt.[27]

Trotz des bedeutenden Beitrags, den die Reichen für den Staat leisteten, unternahm der Staat seinerseits herzlich wenig, um Eigentum
genau einzuschätzen oder auch nur zu verzeichnen, wem was
gehörte. Land wurde nicht registriert, und die Besteuerung ist wohl
auf Selbstbewertung hin erfolgt, was Gelegenheit für Betrügereien
bot, wie der oben erwähnte Redner über den Pronapes bemerkte.
Diejenigen, die ausgesucht wurden, um für Feierlichkeiten und
Trierarchien aufzukommen, konnten dagegen einwenden, sie seien
nicht an der Reihe, oder jemand anderen unter Androhung eines
Vermögenstausches (*antidosis*) dafür bestimmen, sollte er sich wei-
gern. Dieses Vorgehen ist ein weiteres Beispiel für die Absonderlich-
keit der athenischen Verfassung; allerdings war die Logik insofern
zwingend, als sie jene bloßstellte, die vorgaben, zu arm zu sein, dem
Volk zu helfen. Wie bei der Folter von Sklaven beließ man es normalerweise bei der Androhung, zumindest ist nicht überliefert, ob solche Maßnahmen zum Vermögenstausch tatsächlich jemals stattgefunden haben, wohl aber, daß einige eingeleitet wurden. Allein die
Tatsache, daß an eine so weitgehende Maßnahme überhaupt gedacht
werden konnte, beweist die sonderbare Trennung, die in Athen zwischen den Reichen und ihrem Reichtum bestand, und erinnert
daran, daß das Eigentum und nicht die Menschen eigentlich die »leiturgische Klasse« ausmachte.[28]

Es ist in erster Linie die typisch athenische Kombination von
großem öffentlichem Interesse und einem großen Mangel an öffentlicher Information, warum der Reichtum einer peinlich genauen
Prüfung unterworfen wurde. Wie reich jemand *erschien*, war entscheidend dafür, ob er besteuert wurde, ob seine Selbsteinschätzung
bezweifelt wurde, ob der Archon jemanden aufforderte, Leiturgien
zu übernehmen, ob jemand zu einem Vermögenstausch aufgefordert
wurde. Aristophanes gibt im *Reichtum* ein eindrucksvolles Beispiel
dafür, was es bedeutete, einer so peinlichen Prüfung unterzogen zu
werden. Der Gott Reichtum entzieht sich dem Anblick und beginnt,
seine Gunst denjenigen zu schenken, die ihm treu gedient haben,
indem er das Schicksal gerechter Männer wendet. Sofort schnüffelt
ein *sykophantēs* bei einem gerade zu Vermögen gekommenen Mann
herum: »Woher hast du den Mantel da?« fragt er, bereits den Prozeß
wegen Diebstahls in der Nase. »Gestern habe ich dich doch noch im
Rock des armen Mannes gesehen.« Isokrates, dessen Erfolg als Rheto-
riklehrer nicht unbemerkt geblieben war und der sich folglich sofort
mit einer Aufforderung zum Vermögenstausch konfrontiert sah,
meinte: »Heutzutage muß sich ein Mann gegen die Beschuldigung,
er sei reich, wehren, als ob es sich um ein Verbrechen handelt ... es ist
mittlerweile schrecklicher, des Wohlstandes verdächtigt als auf frischer Tat bei einem Verbrechen erwischt zu werden.« Der Blick des
Volkes wurde auf das Privatleben der Bürger gelenkt, weniger um zu
zeigen, wie der andere lebte, und damit Neid zu erregen, sondern
um zu sehen, wo Geld war. So, wie Dionysos in den *Fröschen* bemerkt, daß der Mann, der in Lumpen geht und keine Steuern bezahlt, an den Fischständen seine wahren Verhältnisse verrät, weil er
Einkäufe tätigt, die seine Armut Lügen strafen.[29]

Trotz der eminenten Bedeutung, die den Zeichen zugemessen
wurden, hat dies also bei weitem nichts mit Veblens Theorie der au-
genfälligen Selbstdarstellung zu tun. Die Reichen zeigen ihren Status
nicht einfach dadurch an, daß sie Geld ausgeben, es sind vielmehr
ihre unkontrollierten Begierden, die sie verraten. Es handelt sich
daher um ein anderes Gleichgewicht zwischen dem Bezeichnenden
und dem Bezeichneten: Anstatt mit Veblens Semiotik des Elitismus
haben wir es mit einer Epistemologie des Reichtums zu tun. Diese
epistemologische Priorität kommt in der Art und Weise zum Vorschein, wie die Athener zwischen verschiedenen Klassen des Besitzes
unterscheiden: Normalerweise sprechen sie nicht von beweglichem
und unbeweglichem Privatvermögen, sondern von »sichtbarem und
unsichtbarem« Besitz, wobei letztere Kategorie mit unverhohlenem

Mißtrauen bedacht wurde, weil sie Gelegenheit bot, das Volk zu betrügen. Land zu verteilen ist eine ehrliche Sache, sagt Blepyros bei seinen Betrachtungen über den kommunistischen Staat in Aristophanes' *Ekklesiazusen*, wie aber steht es mit »Silber und persischen Münzen, dem unsichtbaren Reichtum?« Archäologen können viele Beweise für diese Art des Vermögens beibringen. Fast alle antiken Münzen, die sich heute in den Museen oder in Privatsammlungen befinden, stammen aus Verstecken, die in der Antike angelegt wurden. Die Kniffe der antiken Steuerhinterzieher sind daher die eigentliche Grundlage der modernen Numismatik. Der Gott Reichtum ist wegen seiner Erfahrungen, die er dabei gemacht hat, furchtbar ängstlich, wenn er ein fremdes Haus betritt: »Führt mich mein Unstern hin zu einem Filz, der scharrt mich auf der Stell im Boden ein; kommt dann ein Freund, ein Ehrenmann, zu ihm, und spricht ihn um das kleinste Sümmchen an, so schwört er, niemals hab' er mich gesehen.« In der ganzen griechischen Welt gab es viele solcher Schätze, die vor einfallenden Heeren, der geldgierigen Stadt wie auch vor bedürftigen Freunden versteckt worden waren, und der »Goldtopf« spielt in vielen antiken Komödien eine wichtige Rolle. Daß all dieser entschwundene Reichtum jetzt erst, mehr als zweieinhalbtausend Jahre später, wieder ans Licht kommt, zeigt, wie erfolgreich Horten sein konnte; obwohl die Tatsache, daß die Archäologen und nicht die Eigentümer ihn ausgraben, auch ein Zeichen dafür ist, daß die Strategie nicht ganz aufgegangen ist.[30]

Der Informationsmangel war also ein zweischneidiges Schwert. Einigen reichen Männern gelang es, Armut vorzutäuschen und ihr Geld zusammenzuhalten. Andere wurden ihren Ruf, den sie sich durch einen ausnahmsweisen Besuch am Fischstand erworben hatten oder weil sie mit einer kostspieligen Freundin oder einem anspruchsvollen Philosophen im Schlepptau gesehen wurden, nicht mehr los und daher mit Steuern belegt, die sie womöglich nicht bezahlen konnten: »Ich glaube nicht, Geschworene, daß es richtig ist … uns ungerechtfertigterweise in den Ruin zu treiben. Mir wurde von meinem Vater und von anderen der älteren Generation gesagt, daß ihr über Fragen des Vermögens bei manchen früheren Anlässen, und nicht erst in diesem Fall, getäuscht wurdet. Von Männern, die ihr zu ihren Lebzeiten für reich hieltet, stellte sich nach ihrem Tod gerade das Gegenteil heraus.« Diese leise Stimme der Vernunft scheint allerdings auf taube Ohren gestoßen zu sein. In Ermangelung eines besseren Informationssystems war die unexakte Wissenschaft des Herumschnüffelns im Privatleben der Leute wesentlicher Bestandteil der

Vermögensbewertung in Athen, was dem Klatsch und dem Vorurteil
den Weg ebnete.[31]

Dennoch darf man nicht vergessen, daß Besitz im demokratischen
Athen für etwas sehr Flüchtiges gehalten wurde, und die Unbestän-
digkeit der Vermögen war vielen Männern, die vor dem Volk zu
sprechen sich anschickten, bewußt. Ermittlungen über das Privatleben von Bürgern verrieten, wo sich das Geld befand, wichtiger jedoch war, daß damit der Geldfluß verfolgt und gezeigt werden
konnte, woher es kam und wohin es ging. Die Redner versuchten,
den Reichtum eines Mannes einzuschätzen, indem sie nachzeichne-
ten, was damit über mehrere Generationen hinweg geschehen war,
und zeigten gewissermaßen anhand einer Reihe von Schnappschüs-
sen, wo er in Verfügungen, Leiturgien, bei Verkäufen oder Prozessen
kurz an der Oberfläche auftauchte. Aischines geht bis zum Großvater
des Timarchos zurück, um die Geschichte dieses Vermögens zu erzählen. Der Reichtum eines Bürgers ist die erstarrte Zeit am Ende
einer langen Folge von Ereignissen. Verbrauch spielt in diesen Erzäh-
lungen manchmal eine Rolle, wenn unsichtbares Geld für einen kurzen Augenblick sichtbar gemacht, mehr aber noch, wenn Besitz und
Vermögen zum Verschwinden gebracht werden. Verbrauch ist nicht
nur ein Zeichen von Reichtum, sondern ein bedeutendes Ereignis in
der Geschichte eines Reichtums, normalerweise das große Finale. Besitztümer werden hemmungslos und genußsüchtig zum Verschwinden gebracht. Sie werden, wie wir gesehen haben, »wegopsopha-
giert«, weggetrunken, gehen in Knabenliebe auf. Diese Denkweise,
die Verbrauch schließlich gar nicht mit Reichtum, sondern mit *Verarmung* zusammenbringt, meint, daß Begierden eine unmittelbare
Wirkung auf das Patrimonium ausübten und ganze Besitztümer ver-
schlängen; eine eigentümlich lustfeindliche Auffassung von Vermögen oder eine eigentümlich überspitzte Auffassung von Begierde –
oder eben meistens eine sonderbare Mischung von beidem. In einer
Rede des Demosthenes zum Beispiel leugnet Mantitheos, daß er seinen Anteil am Haus seiner Familie dem Kriton verkauft habe, schon
deshalb, weil Kriton ihn gar nicht hätte kaufen können: »Und ihr
werdet sofort verstehen, daß sein Zeugnis falsch ist. Vor allem lebt er
nicht bescheiden genug, um das Haus eines anderen zu kaufen, ganz
im Gegenteil. Er führt ein solch extravagantes und lasterhaftes Leben,
daß er dafür nicht nur sein eigenes, sondern auch das Vermögen von
anderen verbraucht.« Dasselbe Argument taucht auch im umgekehr-
ten Sinn auf, dahin gehend, daß, wer ein großes Vermögen geerbt
und keine teuren Laster hat, es zu Bargeld gemacht oder versteckt

haben muß. Der Sprecher der 5. Rede des Isaios etwa nimmt die Tatsache, daß Dikaiogenes keine verrückte Leidenschaft für Pferde zeigt, zum Beweis dafür, daß er nicht arm, sondern knauserig ist, das Sichtbare einfach unsichtbar gemacht und es auf die hohe Kante gelegt hat.[32]

Ein gut Teil des Diskurses über privaten Verbrauch hat deshalb nicht den Klassengegensatz zum Thema, sondern ist vielmehr ein direkter Konflikt zwischen öffentlicher und privater Verwendung von privatem Reichtum. Ein Erbe, das für Laster verschleudert wird, ist nicht nur für den einzelnen und seine Familie, seine Erben und seine rivalisierenden Anwärter, sondern auch für die Stadt verloren. Das Geld für ein Bankett etwa hätte für eine Triere gereicht. All das Geld, das für Hetären verschleudert wurde, hätte statt dessen für Feiern zu Ehren der Götter verwendet werden können. »Du bist ein reicher Mann, Demosthenes«, höhnt Aischines, »und übst Leiturgien aus – du förderst die Feier deiner eigenen Vergnügen.« »Die größte Leiturgie, die einer für die Stadt vollbringen kann, besteht darin, Tag für Tag diszipliniert zu leben und Selbstbeherrschung zu üben«, sagt ein anderer Redner, dessen Katalog an Leistungen wohl eher kurz war.[33]

Begierde und Verbrechen

Aischines läßt keines dieser Argumente aus, wenn er das Privatleben des Timarchos vor den Augen der Öffentlichkeit ausbreitet. Dessen Erbe war groß genug, um Leiturgien zu übernehmen, dennoch gab er es für seine Genußsucht aus und nicht für den Staat (und wenn die Leute fragten, warum sein Vater selbst keine Leiturgien übernommen habe, wo doch das Vermögen so groß gewesen sein muß, dann ist die Antwort die, daß sein Vater das Vermögen unsichtbar gemacht hatte, um gerade das zu vermeiden). Zweitens, dank seiner Lasterhaftigkeit prostituierte er sich, verschwendete seinen ganzen Besitz und verarmte. Drittens wurde er so arm, daß er, der doch so viel geerbt hatte, sich gezwungen sah, Zuflucht zu Korruption und Unterschlagung zu nehmen. Der letzte Teil dieses »Weges eines Liederlichen«, der Verworfenheit und schlechtes Benehmen zusammenbringt, ist keine Erfindung des Aischines, sondern ein beliebtes Thema bei Vermögensstreitigkeiten. Zahlreiche Redner wandten sich an das Volk und behaupteten, dessen Feinde richteten ihr Augenmerk jetzt auf das Vermögen anderer, nachdem sie ihre eigenen Mittel durchgebracht hätten. Wenn sie keine legitimen Ansprüche hätten, brächten sie unberechtigte Forderungen vor oder nähmen zu *sykophantia* und falschem Zeugnis (*pseudomartyria*) Zuflucht. Der Bedarf an Geld für seine Laster brachte Kriton dazu, einfach zu behaupten, er habe Mantitheos' Anteil am Haus gekauft; er zwingt Neaira, Geld von nichtsahnenden Fremden zu erpressen; er verführt Timarchos dazu, jemanden zu beschuldigen, ein ehemaliger Sklave zu sein; er ist die Ursache dafür, warum Nausimachos und Xenopeithes von ihrem Vormund mehr Geld haben wollen, als ihnen zusteht. Tatsächlich ist die Bezichtigung, die eigene Zügellosigkeit durch ungerechtfertigte Forderungen zu finanzieren, so verbreitet, daß Thrasyllos meint, Apollodoros sei schon deshalb ein leuchtendes Beispiel des Gemeinsinns, weil er dies nicht tat.[34]

Die Verknüpfung von abwegigen Begierden und Kriminalität, die in mancher Beziehung an die Auffassungen des 19. Jahrhunderts über die Gefahren des Trinkens oder an unsere eigene über das Klauen und über sich prostituierende Drogenabhängige erinnert, beschränkte sich nicht auf die Besonderheiten von Vermögensstreitigkeiten oder auf die Gerichtsfälle, sondern war Teil einer allgemeinen Denkweise, die das Verbrechen als Ergebnis schwieriger Lebensverhältnisse versteht. Die befremdliche Anomalie, daß in einer Stadt, die vom Volk regiert wurde, die unterste Klasse offiziell von den Staatsämtern ferngehalten wurde, stammt höchstwahrscheinlich daher. Theten sollten selbstverständlich kein Amt innehaben, die Versuchung, Schmiergelder anzunehmen oder Geld zu stehlen, wäre zu groß für einen armen Mann. Viele dieser Textstellen in den Komödien, die Konsum zum Indikator von Klassenunterschieden zu machen scheinen, stellen sich als eine Einschätzung der Ursachen von Verbrechen heraus. In Alexis' *Reicher Erbin* wird der arme Mann, der beim Kauf von Aalen gesehen wird, verhaftet, weil er ein »Manteldieb« sein muß (eine antike Form des Raubüberfalls, der meist spät in der Nacht ausgeübt wurde und oft gewalttätig war). Die vorbeugende Verhaftung ist eine Bestrafung, so als ob er auf frischer Tat bei einem Verbrechen erwischt worden wäre. Dieselbe Überlegung steht hinter dem korinthischen Gesetz in Diphilos' *Händler*: »Wenn einer überhaupt kein Vermögen hat und dennoch einen aufwendigen Lebenswandel pflegt, dann übergeben sie ihn dem öffentlichen Ankläger … denn sein Lebensstil kann nur auf einem Verbrechen beruhen, versteht ihr. In den Nächten begeht er Taschendiebstähle und Raubüberfälle oder gräbt sich durch Mauern [Einbruch], oder er ist im Bund mit jenen, die als *sykophantai* auf der Agora auftreten oder falsches Zeugnis ablegen.« Das ist es auch, was den Blepyros in Aristophanes' *Ekklesiazusen* an der Revolution stört. Ihr werdet die Leute nicht dazu bringen, ihr Geld in einen gemeinsamen Topf zu geben, sagt er. Sie werden ihren Reichtum leugnen, selbst unter Eid, da sie ja vor allem durch falsches Zeugnis zu ihrem Geld gekommen sind. Dazu werden sie keinen Grund mehr haben, antwortet Praxagora, die Anführerin der Frauen: Fischfilets und Wein, Gewänder und andere Sachen werden von nun an für alle da sein, also hat keiner mehr Grund zum Stehlen. Das wird sie nicht davon abhalten, sagt Blepyros, denn gerade die Männer, die solche Dinge lieben, sind dem Diebstahl am meisten verfallen.[35]

Nach Herodot war die Vermeidung von Verbrechen der eigentliche Beweggrund, der hinter dem ägyptischen Gesetz zur Offenlegung des Vermögens stand, ein Gesetz, das, ihm zufolge, Solon in das athenische Gesetzeswerk übernommen habe und das noch unter der Demokratie in Kraft war: »Dies war das Gesetz, daß jeder Mann einmal im Jahr vor dem örtlichen Gouverneur die Quelle seines Lebensunterhalts offenlegen sollte. Tat er das nicht oder konnte er nicht nachweisen, daß er ein ehrliches Leben führte, wurde er zum Tod verurteilt.« Der Pharao Amasis, der dieses Gesetz erließ, wußte, wovon er sprach. Als Privatmann war er ein typischer fideler, sorgloser Trinker gewesen, der vom Diebstahl lebte. Wurde er von seinen Opfern beschuldigt, schleppte er sie zum nächstgelegenen Orakel, das ihn manchmal für schuldig erklärte, manchmal auch nicht. Als er Herrscher von Ägypten wurde, hatte er verständlicherweise wenig für die Götter übrig, die ihn freigesprochen hatten, und hielt seine Maßnahme für ein wirksameres Mittel, Verbrechen vorzubeugen.[36]

Die Auffassung, Reichtum als etwas Wandelbares und Brüchiges, getrennt von den Menschen, die ihn besitzen, anzusehen, und Konsum weniger als Zeichen einer Elitenzugehörigkeit, sondern vielmehr als Warnung vor den gefährlichen Begierden des einzelnen, steht in einem deutlichen Zusammenhang mit dem besonderen demokratischen System von Athen mit seiner Furcht vor innerer Zerrissenheit, seinen symbolischen Aneignungen, seinem Mißtrauen gegenüber den Reichen und seinem schwachen Familien- und Klanzusammenhalt. Die Demokratie überzog die athenische Gesellschaft mit Politik und sorgte für einen strukturellen Wandel; sie veränderte nicht nur die Zusammensetzung der Klassen, sondern sie brachte auch die Erkennbarkeit, sogar die Bedeutung sozioökonomischer Gruppen zum Verschwinden. Politik beherrschte soziale Identität und soziale Beziehungen in einem weit größeren Ausmaß als in anderen Kulturen. Politik war in Athen Gesellschaft.

Dennoch überlebte die Demokratie die Ankunft der Makedonier nicht, und im Jahre 318 errichteten die Eroberer ein oligarchisches Regime, dem Demetrios von Phaleron, ein Schüler des aristotelischen Philosophen Theophrast, vorstand. Neben anderen Maßnahmen schaffte Demetrios die Trierarchien und andere Leiturgien ab, wodurch Reichtum plötzlich weit weniger gefährlich wurde als ehedem. Unter diesen neuen Gegebenheiten und in der neuen Umgebung von Königen und Höflingen, die Eliten begünstigten und sich mit ihrem Pomp untereinander und von den gewöhnlichen Menschen abzugrenzen suchten, wurden die künstlichen Grenzen der Zurschaustellung durchbrochen, was zur Folge hatte, daß Athen sich anderen Gesellschaften anglich, in denen Konsum weniger als etwas Gefährliches denn als ein Unterscheidungsmerkmal angesehen wurde, nicht Zeichen von Ruin und Verbrechen, sondern eines großen, stetigen Einkommens, weniger eine Quelle der Scham als vielmehr des Stolzes. Es war ein Enkel des Demetrios, der sich im 3. Jahrhundert vor dem Areopag weigerte, »ein besseres Leben zu führen«, mit der Begründung, er könne seine Ausschweifungen sehr wohl aus eigenen Mitteln bestreiten. Als der makedonische König davon hörte, belohnte er die Frechheit, indem er ihn zum Archonten machte. Demosthenes hätte sich im Grabe umgedreht.[37]

Kapitel 8
Politik und Politiker

Timarchos in der Tinte

Mit noch größerer Aufmerksamkeit war der Blick der Bürger auf die Personen des öffentlichen Lebens gerichtet. Bevor ein Amtsträger sein Amt verließ, hatte er sich den *euthynai*, einer Überprüfung seiner Amtsführung, zu unterziehen. Aber auch für all jene, die in öffentliche Stellungen berufen wurden, gab es eine automatische Überprüfung durch den Rat oder das Gericht, bevor sie ihren Posten übernehmen durften. Die Anzahl derer, die davon betroffen waren, war enorm. Jedes Jahr mußten sich alle 500 Mitglieder des Rates dieser Überprüfung, der *dokimasia*, unterziehen, ebenso die neun Archonten und um die siebenhundert andere Amtsträger. Unnötig zu betonen, daß die meisten dieser Überprüfungen pure Formalität blieben. Ein jeder wurde gefragt, wer seine Eltern waren, wer seine Großeltern, aus welchem *dēmos* sie stammten und aus welchen Dorf sie kamen. Gefragt wurde außerdem, ob einer zu einer höheren Vermögenskategorie als die Theten gehöre, ob er seinen Heeresdienst geleistet habe und ob er freundlich zu seinen Eltern sei. Die Antworten mußten durch Zeugen und Beweise gestützt werden, und jedermann konnte die Kandidatur in Frage stellen. Nach Anhörung aller Beweise und der Einwände – oder auch ohne Anhörung – kam es zur Abstimmung, und der Kandidat wurde angenommen oder eben abgewiesen, ohne daß irgendwelche weiteren Schritte gegen ihn unternommen wurden, aber auch ohne Möglichkeit auf Berufung.

Ein Wissenschaftler vertritt die Ansicht, daß diese Überprüfungen gelegentlich weit gehen konnten, bis hin zu einer allgemeinen Einschätzung des Charakters des Kandidaten. Für diese Auffassung spricht allerdings nicht viel. Es gibt wenig Anhaltspunkte dafür, daß Einwände häufiger gewesen wären als heutzutage etwa bei Heiratsaufgeboten, und, gemessen an der großen Zahl, gingen die meisten auf einen Wink hin durch. Der Zweck der Überprüfung bestand darin sicherzugehen, daß die Kandidaten den Wahlkriterien entspra-

chen, daß sie das entsprechende Alter hatten, daß sie richtige Bürger
von Athen und nicht aus irgendeinem Grund untauglich für das Amt
waren. Ausnahmen mag es gegeben haben, und es war stets möglich,
die Überprüfung zu einer umfassenderen Untersuchung zu erwei-
tern. Die Geschworenen mußten ihre Entscheidung zuungunsten
eines Kandidaten nicht rechtfertigen und waren vollkommen frei,
jemanden, den sie nicht mochten oder nicht für wert befanden, ab-
zulehnen. Besonders um die Wende zum 5. Jahrhundert scheinen
diese Routineüberprüfungen als Nachwirkung der oligarchischen
Umstürze weit feindseliger geworden zu sein. Der Redenschreiber
Lysias wirkte zu genau dieser Zeit, und von seinen Reden waren
nicht weniger als fünf aus Anlaß öffentlicher Überprüfungen geschrieben, während im restlichen Korpus der »Attischen Redner«
Überprüfungen überhaupt nicht auftauchen. Hauptgegenstand des
Streits war in allen diesen Fällen der Verdacht des Sympathisierens
mit der Oligarchie, und Beweise dafür wurden in allen Lebenszu-
sammenhängen eines Mannes gesucht. Zum Beispiel hatte sich ein
Kandidat dafür zu verteidigen, daß er sein Haar wie ein Aristokrat
lang trug.[1]

Eine Gruppe unter den Bürgern wurde automatisch abgelehnt:
die *atimoi*, die Entrechteten. Das waren Männer, die von der Teilnahme an der Demokratie ausgeschlossen waren, die nicht an der
Versammlung teilnehmen, in Auschüssen sitzen, Zeugnis ablegen,
Gestze vorschlagen oder Ämter besetzen durften und denen sogar
der Zutritt zur Agora und den Tempeln verwehrt war. *Atimia* war offenbar eine Bestrafung für jene, von denen man meinte, sie hätten
ihre Pflichten vernachlässigt; Deserteure zum Beispiel oder solche,
die schon seit langem in der Schuld der Götter oder des Staates standen. Sie wurde auch auf Beamte angewandt, die der schlechten
Führung für schuldig befunden wurden, und auf solche, die schon
dreimal für falsches Zeugnis oder liederlichen Lebenswandel (*argia*)
verurteilt worden waren, eine Erinnerung an den öffentlichen Charakter eines unsittlichen Lebenwandels. Die Zurückweisung eines
Kandidaten auf Grund von *atimia* wurde bisweilen als eine rein formale Disqualifizierug von geringer Bedeutung bezeichnet im Gegensatz zu den gewichtigeren Einwänden, die zum Beispiel gegen
Sympathisanten der Oligarchie vorgebracht wurden und die vermutlich stimmten. Die Aberkennung der Rechte geschah in den
meisten Fällen durch ein Gerichtsverfahren, und es wurde unverzüglich bekanntgegeben, wen es betraf; es gab aber auch eine Gruppe
von Missetätern, die auf Grund ihrer Taten ihre Rechte automatisch

verloren, ohne daß ein formales Urteil nötig wurde. Dies betraf Männer, welche in der Versammlung ungesetzliche Vorschläge machten, sodann Prostitutierte und Kuppler, Männer, die sich weigerten, sich von Ehebrecherinnen zu trennen und womöglich auch jene, die ihr Erbe verschleudert hatten. Ein Mann, der sich einer Untersuchung zu unterziehen hatte, ohne einer Schuld überführt worden zu sein, konnte sich immer noch mit allen möglichen Fragen über sein Privatleben konfrontiert sehen.[2]

Die Ämter, für die sich Bürger solchen Untersuchungen unterzogen, waren normalerweise nicht die wichtigen Machtpositionen in Athen. Die wirklichen Autoritäten, die tatsächlichen »Führer« der Stadt, waren die *rhētores*, die in der Versammlung Reden hielten. Natürlich sollten solche Personen des öffentlichen Lebens ebenso einer öffentlichen Überprüfung unterworfen werden. Dennoch entstand hier ein Problem. Obwohl es einen Stamm von Bürgern gab, die im politischen Leben aktiv waren und regelmäßig Reden hielten, handelte es sich nicht um eine formelle Gruppe, und theoretisch konnte jeder Bürger *rhētōr* werden und sich an das Volk wenden. Dies war ein grundlegendes Prinzip der Demokratie. Die *dokimasia* der Redner unterschied sich deshalb von den anderen Überprüfungen, und jedermann, der von den Geschworenen nicht abgelehnt wurde, galt für wählbar. Solche Ablehnungen waren äußerst selten. Ich kenne nur einen Fall in der ganzen Geschichte der Demokratie. Der Verlust der politischen Rechte war in den zwischen Politikern ausgefochtenen Kämpfen eine eher milde Bestrafung; vielmehr suchten sie das Exil, den Ruin oder die Todesstrafe gegen ihre politischen Feinde zu erreichen, doch war politische Untauglichkeit ziemlich schwierig nachzuweisen. Trotzdem war dies im Jahr 346/345 offenbar die richtige Waffe gegen Timarchos, der gerade auf höchst unangenehme Weise Gebrauch von seinen Vorrechten gemacht hatte, als er die Strafverfolgung gegen Aischines wegen dessen angeblich schlechter Führung auf einer vorhergegangenen Friedensmission zu Philipp betrieb.

Obwohl in der Versammlung zu sprechen ein weiteres Vorrecht der Bürger und deshalb auch durch etliche Gesetze der Aberkennung des Rederechts geregelt war, so scheint es doch ein besonderes Gesetz für die Prüfung der *rhētores* gegeben zu haben, das den Ausschluß bestimmter Schurken regelte oder empfahl. Aischines läßt sich nicht davon abhalten, die gesetzlichen Bestimmungen einzeln aufzuzählen, und fügt der Bedeutung einer jeden seinen eigenen Kommentar hinzu. An erster Stelle der Liste steht der Bann »über den Mann, der Vater und Mutter schlägt oder diese nicht unterstützt oder sie nicht aufnimmt«. An zweiter Stelle folgt »der Mann, der seinen Heeresdienst nicht geleistet oder in der Schlacht seinen Schild weggeworfen hat«. An dritter »der Mann, der als gemeiner Prostituierter oder als Päderast« (*hētairēkōs*) aufgetreten war, und schließlich »der Mann, der seine Erbanwartschaft vertan oder ein Erbe verschleudert hat«. Die Rede wurde oft als Anklage gegen Prostitution angesehen; in Wahrheit ist sie mehr eine allgemeine Darlegung, daß Timarchos nicht dazu befähigt war, sein Wort an das Volk zu richten. Den längsten Teil seiner Rede widmet Aischines dem Vorwurf der *porneia*, aber ein wesentlicher Teil und die eigentliche Beweisführung ist, wie wir wissen, der Verschleuderung seines väterlichen Erbes gewidmet. Während seiner ganzen Rede bezieht er sich auf beide Vorwürfe, und in der Vorrede, wo er die Sorte Männer vorstellt, die sich in der Hoffnung auf einen Freispruch zur Unterstützung des Timarchos bereit finden, erwähnt er nicht nur männliche Prostituierte und deren Kunden, sondern auch verschwenderische Söhne, die er an erste Stelle setzt. Er fordert die Geschworenen auf, alle der Reihe nach fortzuschicken: »Sagt denen, die ihr väterliches Vermögen aufgegessen haben, sie sollen weggehen und eine Arbeit suchen und ihr Leben woanders fristen.« So verbindet er den Vorwurf der *argia* (Faulheit, Ausschweifung) mit der Ächtung lasterhafter Politiker.[3]

Der Prozeß des Timarchos und die *dokimasia rhētorōn* waren jüngst Gegenstand großen Interesses in der Altertumswissenschaft. Kenneth Dover brachte den Stein ins Rollen, als er die Anklagerede zum Ausgangspunkt seiner Untersuchung über das eigenartige Phänomen der griechischen Homosexualität machte. Etwa zwanzig Jahre später spielte sie im Werk von Michel Foucault und seinen amerikanischen Anhängern eine herausragende Rolle bei der Auslotung des Verhältnisses zwischen Politik und Sexualität in Athen. Diese Untersuchungen neigen dazu, eine angebliche sexuelle Passivität bei der männlichen Prostitution ins Zentrum zu rücken, eine Passivität, die mit allen möglichen Formen der Negativität und des Andersseins zusammengebracht wurde:

»Jeder männliche Bürger, der sich als Prostituierter betätigte, brachte sich gegenüber seinen Mitbürgern in eine sozial untergeordnete Stellung: Er verlor die ebenbürtige Stellung unter seinesgleichen und nahm statt dessen den Rang von Frauen, Fremden oder Sklaven ein; diese Personen, die per definitionem sowohl der Verfügungsgewalt als auch den Genußvorstellungen des Männlichen und der Mächtigen unterworfen waren, erkannten die Bürger Athens als ihre berechtigten Herren an. Für einen Mann von bürgerlichem Stand bedeutete Prostitution daher die Zurückweisung des verfassungsmäßigen Schutzes seiner körperlichen Integrität, den die athenische Demokratie bot. Er verwirkte sein Geburtsrecht, sich als Athener gleichen Ranges mit seinen Mitbürgern an der Regierung zu beteiligen. Ein Prostituierter zu sein bedeutete, den Phallus aufzugeben- das sichtbare Zeichen des eigenen soziosexuellen Privilegs auszuliefern –, und dies war, neben der Versklavung, die schlimmste Degradierung, die einem Bürger widerfahren konnte, gleichbedeutend mit einer freiwilligen Entmannung.«

Foucault variiert das Thema etwas. Was bei Timarchos nicht stimmt, ist folgendes:

»[Aischines] beschreibt Timarchos als einen Mann, der sich in seiner Jugend in die niedere und demütigende Position eines Lustobjekts für die anderen gesetzt und sich so allen gezeigt hat; er hat diese Rolle gewollt, er hat sie gesucht, er hat sich darin gefallen und hat daraus Gewinn gezogen … Was für die Athener kaum erträglich ist – dieses Gefühl versucht Aischines in der Rede gegen Timarchos zu schüren –, ist nicht der Gedanke, von jemandem regiert zu werden, der die Knaben liebt oder der in seiner Jugend von einem Mann geliebt worden ist; was man nicht akzeptieren kann, ist die Autorität eines Führers, der sich seinerzeit mit der Rolle des Lustobjekts identifiziert hat.«

Diese Argumentation beruht auf einer sehr vereinfachenden Polarisierung der athenischen Bevölkerung in erwachsene männliche Bürger und andere, eine Entgegensetzung, die ihre genaue Entsprechung auf sexuellem Gebiet zwischen Penetrierenden und Penetrierten findet. Die Logik ist einfach. Der männliche Prostituierte wird von ihnen als Penetrierter angesehen. Also kann er kein Bürger sein.[4]
Das Problem bei diesen Ausführungen besteht darin, daß sie den Vorwurf der Verschleuderung des Patrimoniums vollkommen außer acht lassen (es sei denn, es handelt sich dabei einfach um eine andere Form des Penetriertwerdens, »passiv zu sein im Hinblick auf die eigenen Lüste«) und ihre gesamte Argumentation auf minutiöse Einzelheiten sexueller Handlungen stützen, etwas, was Aischines, sowenig wie andere athenische Quellen, überhaupt nicht explizit aus-

führt. Wenn die entscheidende Frage für die athenische Gesellschaft Penetration und nicht Prostitution war, könnte man erwarten, daß es ein entsprechendes Gesetz gegeben hätte. Zwar beruft sich Aischines in der Tat auf jemanden, der den Timarchos eine Frau genannt hatte, doch hatten Frauen nach allgemeinem Dafürhalten vielerlei Fehler, und penetriert zu werden gehörte normalerweise nicht zu den schlimmen. Der übliche Weg der Effeminierung führte in Athen über die Feigheit im Kampf und das dreiste Eindringen in die Bezirke der Frauen. Vielleicht ließe sich hinter dem Diskurs des Aischines ein Text ausmachen, bei dem es um die Frage ginge, wer den Phallus besitzt und wer den seinigen verloren hat, und daß darin das eigentliche Problem besteht, ein solcher vesteckter Text müßte aber sorgsam freigelegt werden und darf nicht einfach auf der Grundlage von Beobachtungen über andere Gesellschaften oder in Anlehnung an Freud oder das allgemeine Verhalten von Primaten vermutet werden. Ohne eine textkritische Erläuterung bleibt diese Art von Analyse eine bloße Behauptung.

Hätte Aischines seine Beweisführung der Untauglichkeit des Timarchos auf formale Aspekte beschränkt, ohne nach den Ursachen zu fragen, dann ließe es sich vielleicht rechtfertigen, die Lücke zu füllen und gelegentliche dunkle Anspielungen zum Hauptthema der Rede zu machen; doch in Wahrheit stellt er eine Reihe von Verbindungen zwischen Politik, Verschwendungssucht und Prostitution her, der bislang wenig Beachtung geschenkt wurde. Die Wucht und Wirksamkeit der Argumentation des Aischines speist sich aus der Wiederholung eines einzigen eindringlichen Bildes, das während der ganzen langen Rede aufrechterhalten wird, und dies trotz der Tatsache, daß die zwei Anklagepunkte – Verschleuderung des Besitztums und *porneia* –, oberflächlich betrachtet, recht wenig miteinander zu tun zu haben scheinen. Aischines »nahm sich einige Versatzstücke von Geschichten und Anekdoten, die bis in Timarchos' Jugend zurückreichen, vor und brachte sie mit drei der vier Regeln zusammen, die im Gesetz zur Prüfung der *rhētores* zugrunde gelegt waren«. Auch Demosthenes fand es absurd, denselben Mann beider Verbrechen anzuklagen; er ging auf der Agora vor dem Gericht herum und sagte es jedem, der es hören wollte. Dennoch können, wie wir gesehen haben, Ausschweifung und Promiskuität im griechischen Denken in enger Verbindung stehen und werden von degenerierten Gestalten wie dem *katapygōn* und dem *kinaidos* verkörpert. Aischines führt keinen niederträchtigen Angriff gegen Timarchos, sondern gibt sich große Mühe, die Anklagen in einen Zusammenhang zu bringen, indem er in seiner Rede das schlüssige Charakterbild eines Mannes mit hemmungslosen Begierden, einer lasterhaften Person herausarbeitet.[5]

Der Held in Aischines' Bericht ist die unkontrollierbare Hemmungslosigkeit des Timarchos. Sie treibt ihn dazu, sowohl sich selbst als auch sein Eigentum zu verkaufen. Als Misgolas, der allseits bekannte Liebhaber von Kitharaknaben, ihm Geld anbot, damit er zu ihm komme, »nahm Timarchos, ohne zu zögern, an, obwohl er Geld genug für einen vernünftigen Lebensstil hatte. Sein Vater hatte ihm einen großen Besitz hinterlassen, den er, wie ich im Verlauf meiner Rede darlegen will, aufgegessen hat; er benahm sich aber so, weil er dem schändlichsten aller Laster, der *opsophagia*, teuren Gastmählern, Flötenmädchen und Hetären, dem Würfelspiel und den anderen Lastern, die ein freier und würdiger Mann meiden sollte, verfallen war.« Timarchos feilschte freilich nicht lange um seine Tugend, und seine Bereitwilligkeit ist nichts anderes als eine unmittelbare Folge seiner Genußsucht. Sie findet ihren Widerhall in der Tatsache, daß er später seinen Besitz verkaufte, ohne darauf zu warten, einen dem Wert entsprechenden Preis dafür zu erhalten. In der Argumentation des Aischines sind sowohl Prostitution wie Ausschweifung nur Nebenwirkungen von Timarchos' verzweifelten Versuchen, andere Begierden zu befriedigen. So wie die Korinther davon ausgehen, daß ein armer Mann, der Fisch kauft, ein Manteldieb sein muß, leitet Aischines die Prostitution des Timarchos von dessen Zügellosigkeit ab:

»Was sollen wir sagen, wenn ein junger Mann von ganz außergewöhnlichem Aussehen sein Vaterhaus verläßt und die Nächte in den Häusern anderer Männer verbringt, wenn er sich Flötenmädchen und die teuersten Hetären hält, wenn er zum Spiel geht, ohne dafür zu bezahlen, was sollen wir davon halten, wenn jemand anders seine Rechnung bezahlt? Brauchen wir einen Seher, um die Zeichen zu deuten? Ist es nicht sonnenklar, daß ein Mann mit solchen Ausgaben notwendigerweise denen, die für ihn bezahlen, zu ihrem Vergnügen zur Verfügung steht?«[6]

Zwar spielt Aischines darauf an, was zwischen Timarchos und dessen Kunden geschah, und unterstellt, dieser habe nichts dagegen gehabt, zu tun, wofür er bezahlt wurde, und sei noch so bereit gewesen, »daß man es ihm besorgte«, dennoch besteht kein Anlaß, einem individuellen Fehler oder irgendeiner tiefgründigen soziosexuellen Dichotomie auch noch Unterwerfung hinzuzufügen. Aischines legt Wert auf die Feststellung, daß Timarchos einfach liederlich mit seinem Körper umging. Ausschließlich das vor Augen, wofür er sein Geld ausgeben könnte, legt er sich zurück und denkt an Flötenmädchen. Er »besudelte« sich sogar mit einem Sklaven, wenn auch mit einem anscheinend wohlhabenden, und »dachte nur daran, ihn zum Zahlmeister seiner Verworfenheit zu machen«. Wenn Aischines manchmal darauf hinweist, daß Timarchos seine Betätigung genoß, so bedeutet dies, daß er Sex um seiner selbst willen mochte, und nicht, »daß er einfach als Sexobjekt gebraucht wurde«. Er war Bock und Hure in einem. Die Anspielungen des Aischines auf Analverkehr oder Oralsex oder was immer er seinen Zuhörern in den Kopf setzen wollte, trug stets zum stimmigen Bild von einer lasterhaften Person bei, der jede Beherrschung ihrer Begierden abging und die sich mit allen nur denkbaren Mitteln Geld verschaffte, um sie zu befriedigen. Er wies darauf hin, daß Timarchos bisweilen für ein Vergnügen bezahlte, während er sich schon dem nächsten hingab. Einen solchen Sack voller Begierde frei in der Stadt herumlaufen, geschweige denn in der Versammlung und im Rat herumstolzieren zu lassen war eine grobe Fahrlässigkeit.[7]

Aischines kommt bald auf die politische Dimension von Timarchos' unersättlicher Gier zu sprechen. Es ist die dritte Stufe auf dem »Weg eines Liederlichen«, eng verbunden mit den anderen Stufen, nicht durch das Anderssein als Folge der Penetration, sondern durch ein und dieselbe unablässige zügellose Gier. Auf der ersten, als er noch stattlich und gut im Fleisch war, verschleuderte er sein Gut, seinen Körper, doch dann stellte er eines Tages fest, daß »seine jugendliche Schönheit verblüht war und niemand, wie man erwarten kann, weiterhin dafür bezahlen wollte, wo doch andererseits seine Lüsternheit und unmoralische Natur nach wie vor nach demselben verlangten und ohne nachzulassen ein ums andere Mal an ihm zerrten, so daß er sich auf ein Leben von der Hand in den Mund zurückgeworfen sah und schließlich dazu überging, sein väterliches Erbe zu verschlingen«. Aber noch nicht einmal der Besitz seiner Vorfahren reicht aus, seine Begierden zu befriedigen, so daß wir schließlich auf der dritten Stufe ankommen. Er wendet sich der Stadt zu: »Nicht nur sein väterliches Erbe aß er auf, nein, er verzehrte auch euer Eigentum, das Gemeineigentum.« Indem Aischines die Verbrechen des Timarchos in dieser Folge aneinanderreiht, entwirft er ein klares Bild davon, wie dessen Begierden sich nach außen entluden und zuerst von den eigenen körperlichen Gaben, dann von denen der Vorfahren und schließlich von der Stadt selbst zehrten.[8]

Nun wäre zu zeigen, wie es ihm gelang, die Stadt für seine Vergnügungen bezahlen zu lassen. Timarchos war einer der Rechnungsprüfer, der *logistai*, gewesen, also Mitglied einer Prüfungskommission, welche die Führung der Beamten, Priester, Trierarchen und anderer am Ende ihrer Amtszeit überprüfte. Er mißbrauchte diese Stellung, behauptet Aischines, um Geld von unschuldigen Männern zu erpressen und Schmiergelder von schuldigen zu nehmen. Als nächstes kaufte er den Statthalterposten der Insel Andros, Mitglied des Attischen Seebundes, und fing an, dort die Frauen zu belästigen; »er machte aus euren Verbündeten eine Einrichtung zur Befriedigung seiner Lüste [*bdelyria*]«. Athen hatte großes Glück, fährt Aischines fort, daß zur Statthalterzeit des Timarchos niemand auf die Idee kam, die Insel zu kaufen. Er hätte sie verkauft. Zurück in Athen, tat er sich mit seinem degenerierten Gefährten Hegesander zusammen, der bereits selbst ein vollendeter Gauner auf eigene Faust war, und stahl 1000 Drachmen aus dem Tempelschatz des Parthenon. Schließlich ging er dazu über, das Geld für die Auszahlung der Söldner in Eretria auf der Insel Euböa zu stehlen. Aischines geht vom Thema des Erbenverkaufs elegant und leicht zu dem des Ausverkaufs des Staates über. An einem Tag faßt Timarchos den Entschluß zum Verkauf seines Besitzes in Alopeke, am nächsten ist es schon die Insel Andros, und dies alles im vergeblichen Bemühen, seine lasterhaften Gelüste zu befriedigen.[9]

Aischines hat uns die direkteste Verbindung zwischen privatem Konsum und Staat gezeigt. Da es der direkteste Weg ist, wurde er auch viel begangen, und es gibt noch manch andere Beispiele in den Reden. In gewissem Sinn handelt es sich nur um das politische Korrelat der Verbindung von Lust und Verbrechen. Gewöhnliche Bürger begleichen ihre unersättliche Begierden mit Geldbörsen, die sie Passanten an den Straßenecken stehlen, oder mit fremdem Eigentum, auf das sie Ansprüche erheben. Lasterhafte Politiker berauben die Öffentlichkeit. Diese Verbindung konnten wir bereits bei mehreren Gelegenheiten feststellen. Für »Huren und Fisch« verkaufte Philokrates, die bewegende Kraft hinter Aischines' »korrupter Gesandtschaft«, Athen an Philipp. In der frechen Erwiderung des Demetrios an den erlauchten Areopag spielt dies eine Rolle. Er kann sich Wein aus Chios leisten und schöne Hetären, während seine Richter zu Ehebruch und Korruption Zuflucht nehmen müssen, um zu ihrem Vergnügen zu kommen. In einer Komödie des Timokles reden zwei Figuren über die Bestechlichkeit verschiedener Politiker, auch des Demosthenes und des Hypereides: »Wie die Syrer die Möwen, wird er die Fischhändler reich machen«, sagt der eine, »denn Hypereides ist ein *opsophagos*« (von den Syrern hieß es, sie äßen keinen Fisch). In einem anderen Stück, den *Ikariern*, vergleicht der Dichter den Hypereides mit einem lauten, schäumenden Fluß voller Fische, bereit, für eine Gegenleistung jeden Acker zu bewässern. Eine Untersuchung über Bestechung in Athen stellt fest, daß die Hauptnutznießer der Korruption »eigenartigerweise« oft Hetären und Fischhändler waren.[10]

Die Argumentation des Aischines, die Lasterhaftigkeit mit Korruption verknüpft, war demnach bereits gut eingeführt. Man trifft sie schon am Anfang der rhetorischen Tradition im Werk des Gorgias an. Um sein Rednertalent vorzuführen, baut er eine imaginäre Verteidigung des Palamedes auf, der vor Troja gesteinigt wurde, nachdem man eine Summe Goldes (von Odysseus dorthin gelegt) in seinem Zelt gefunden hatte. Er konnte gar kein Bestechungsgeld von Priamos erhalten haben, behauptet der mythische Palamedes, denn er hätte keine Verwendung dafür. Verschwender brauchten Geld, nicht bescheidene Männer wie er. Wer seine Triebe beherrscht, hat keine Bestechungsgelder nötig, wohl aber diejenigen, die Sklaven ihrer Sinne sind. Wenn ein Athener die Tatsache zu erklären hätte, daß liederliche Charaktere eine von vier Gruppen waren, die im Gesetz über das Verhalten öffentlicher Redner namentlich aufgeführt wurden, dann gäbe er wahrscheinlich die gleiche Begründung. Genau dies unternimmt der Redner Isokrates, wenn er ebendieses Gesetz in der *Panathenäischen Festrede* erläutert: »Männer, die für schändliche Vergnügungen verschleudert haben, was sie von ihren Vätern erhalten, versuchen ihrer privaten Notlage mit öffentlichem Eigentum abzuhelfen.« In seiner weiteren Laufbahn kommt Aischines auf das Thema zurück und bringt es auf eine noch bündigere Formel: Ein »Freund des Volkes« muß »Selbstbeherrschung besitzen und bescheiden in seiner Lebensweise sein, damit er wegen seines unschicklichen Aufwandes nicht zum Schaden des Volkes auf Schmiergelder angewiesen ist«.[11]

Diese letzte Rede ist interessant, weil sie zu einer anderen Gruppe von Gefahren überleitet, die gemeinhin lasterhaften Politikern, diesmal auf dem Feld der Außenpolitik, zugeschrieben werden. Der Anlaß war die Verleihung des Kranzes an Demosthenes. Dessen vehemente Opposition gegen Philipp war mit der Niederlage bei Chaironeia 338 fehlgeschlagen, und Philipps Sohn Alexander stand eben im Begriff, Persien zu erobern; dennoch verehrte das Volk Demosthenes noch immer wie einen Helden, der sein Bestes tat. Aischines seinerseits, dessen Aktivitäten mehr und mehr auf eine Beruhigung der Atmosphäre zielten, unternahm alles, um den Ehrenwagen seines schärfsten Rivalen aufzuhalten. Er meinte, daß die Politik der Falken der Stadt zum Schaden gereiche und nur den Genüssen des Demosthenes diene. Denn Demosthenes sei ein Abgrund, ein Verschwender, genau wie Timarchos fünfzehn Jahre zuvor. »Es ist wahr, daß persisches Gold seine Ausschweifungen beförderte, aber selbst das wird nicht ausreichen, denn kein Vermögen hat je einen schlechten Charakter überlebt. Alles in allem unterhält er seinen Lebensstil nicht aus eigenen Mitteln, sondern dadurch, daß er euch in Gefahr bringt.«[12]

Isokrates bestand auf dem gleichen Punkt in seiner Rede *Über den Frieden*, in der er sich ebenfalls gegen die Falken unter den Politikern wandte, die durch den Krieg immer reicher würden, während das Volk leide. Das berühmteste Beispiel für eine solche Argumentation war jedoch die Debatte über die große Sizilienexpedition im Jahre 415. Die riesige Armada war ursprünglich als Beistand für die Verbündeten Athens geplant, ihr stetiges Anwachsen ließ den erklärten Zweck jedoch verdächtig erscheinen. In Wirklichkeit handelte es sich um das erste Eroberungsunternehmen, das die Stadt seit vielen Jahren unternahm, und es löste eine heftige Debatte aus, die Thukydides in seiner *Geschichte des Peloponnesischen Krieges* festhielt. Mit der strittigste Punkt war die Persönlichkeit des Feldherrn Alkibiades, eines jungen Mannes aristokratischer Herkunft mit schillerndem Charakter, der sein Haar lang trug und bei den olympischen Spielen große Erfolge im Wagenrennen errungen hatte:

»Sind gewisse Leute so froh über die Befehlshaberstelle, zu der man sie erhoben hat [sagt Nikias, einer der Feldherren, die gegen die Expedition gestimmt hatten], und suchen euch bloß aus eigennützigen Absichten zu dieser Unternehmung zu reizen, zumal in einem zu einer Befehlshaberstelle noch ziemlich jungen Alter, um mit ihren Marställen Staat zu machen und wegen des daraufgehenden Aufwandes sich an ihren obrigkeitlichen Ämtern wieder zu erholen, so gebt solchen ja nicht die Mittel in die Hände, daß sie auf Gefahr des Staates den Glanz ihrer Häuser unterhalten können. Gedenkt nur, daß dergleichen Leute den Staat beeinträchtigen, während sie ihr eigenes Vermögen draufgehen lassen.«[13]

In ihren Debatten über die Außenpolitik beschworen Falken wie
Tauben das eindringliche Bild des Verschwenders, dessen lasterhafte
Begierden Verderben bringen, und warnten Athen davor, daß es im
Begriff stehe, sein Erbe zu verschleudern, wenn es der Politik der jeweiligen Gegner folgte. Isokrates vergleicht das Gebaren des Bundes
mit einer verführerischen und verderbenbringenden Hetäre und
wirft den Athenern ob ihrer Gier nach schönen Worten schmeichle-
rischer Demagogen mangelnde Selbstbeherrschung vor. Demosthenes, der Wortführer dieser Haltung, weist ebenfalls auf die dekadente
Neigung der Athener zu Schmeicheleien hin und tadelt sie in zahlreichen Reden vor der Versammlung für ihre Verweichlichung, um
sie zu großen Dingen zu ermuntern. Sie hätten sich für die Freuden
des Augenblicks entschieden und für ein angenehmes Leben anstatt
für künftigen Gewinn. Während sich die Politiker bereicherten,
werde das Besitztum der Stadt verschleudert, denn das Wohlergehen
einer Stadt messe sich an ihren Verbündeten, ihrer Vertrauenswür-
digkeit und am guten Willen. Den Schaden, der den griechischen
Staaten unter athenischer, dann unter spartanischer Herrschaft zuge-
fügt wurde, vergleicht er in einem ungewöhnlichen Gleichnis mit
einem Sohn, der sein väterliches Erbe durch schlechte Führung ver-
schleudere. Das sei schlimm genug, sagt er, aber es geschehe wenigstens durch eigenes Fleisch und Blut. Der Schaden dagegen, den
Philipp anrichten werde, gleiche einem Besitz, der von einem Ba-
stard oder einem Sklaven verschleudert werde.[14]

Philipps Verschwinden

Bei dem Streit zwischen Aischines und Timarchos ging es im
Grunde natürlich um Philipp von Makedonien. Timarchos hatte
versucht, gegen Aischines ein Urteil zu erreichen, weil sich dieser auf
einer Friedensmission in Makedonien habe einwickeln lassen. Um
Timarchos davon abzuhalten, klagt ihn Aischines seinerseits wegen
schlechten Betragens als Redner an. Die Gesandtschaft, zu der Demosthenes wie auch Philokrates und Aischines gehörten, kehrte 346
mit einem Schlichtungsvertrag nach Athen zurück. Obwohl am Zu-
standekommen des Ergebnisses beteiligt, begann Demosthenes
nichtsdestoweniger unmittelbar nach seiner Rückkehr, das Abkom-
men zu unterminieren. Er versetzte die Athener in Unruhe, machte
sie mißtrauisch gegen Philipps Absichten und redete ihnen ein, sie
gingen in eine Falle. Er beschrieb die Stimmung der Furcht in seiner

späteren Anklage gegen Aischines: »Die Lage war gespannt, es war
nicht klar, was sich ereignen würde, und auf dem Markt wurde gestritten und diskutiert.« Dadurch daß Demosthenes und Timarchos
zu diesem Zeitpunkt einen der Gesandten der Korruption ziehen
und unterstellten, die Stadt werde verkauft, heizten sie das
Mißtrauen noch zusätzlich an. In diesem Zusammenhang hielt Timarchos seine Reden über »die Mauern« und »den Turm« im Rat, und
in dieser gereizten Atmosphäre war dies eine deutliche Aufforderung, die Stadt auf einen Angriff vorzubereiten. Und in diesem Zusammenhang steht auch sein aufgeregtes Benehmen in der Versammlung, wo er sein Überkleid von sich warf und anfing, wie ein
Gymnast herumzuspringen. Timarchos hatte im Rat beantragt, jegli-
chen Waffenhandel mit Philipp bei Todesstrafe zu verbieten. Dies
vor allem, behauptet Demosthenes, provozierte Aischines, Philipps
Freund.[15]

Bemerkenswert ist nun die Tatsache, daß der politische Kontext,
die Bedrohung durch Philipp von Makedonien und der schwache
Stand der Stadt, in der Rede des Aischines vollständig fehlt. Das war
eine glänzende und äußerst wirkungsvolle Strategie, und selbst heute
noch wird die Rede *Gegen Timarchos* kaum als etwas anderes denn als
ein wichtiges Dokument zum Studium der griechischen Homosexualität betrachtet. Durch Aischines ist Timarchos für viele noch
immer »Timarchos der Prostituierte«, und manche sind überrascht
zu hören, daß er auch mit Politik zu tun hatte. Wir müssen jedoch
nur ein wenig an der Oberfläche kratzen, und schon kommt die
Außenpolitik hervor. Indem er die Ehefrauen der Männer von Andros mißbrauchte, entfremdete Timarchos Athen den Verbündeten.
Er hat die Insel nicht wirklich für ein Bestechungsgeld verkauft, er
hätte es aber getan, wäre ein interessierter Käufer vorbeigekommen.
Die Angelegenheit in Eretria war dagegen schon ernser, insofern sie
sich auf eine Episode bezieht, die zum Verlust von fast ganz Euböa
führte, einer großen Insel an der Ostküste von Attika, die nur durch
einen schmalen Kanal vom attischen Festland getrennt war. Ohne
alle Einzelheiten aufzuzählen, stellt Aischines eine direkte Verbindung her zwischen der Bestechlichkeit des Angeklagten und einer
der größten Katastrophen in der Außenpolitik der vorhergegangenen Jahre. Timarchos spreche über Sicherheit und Verteidigung der
Stadt, doch wegen seiner unersättlichen Gier sei es ihm gelungen,
diese gerade zu untergraben. Auf genau dasselbe Muster trifft man
im Bericht über die Tätigkeiten von Hegesander, dem Gefährten des
Timarchos. Der war Schatzmeister eines Feldherrn am Hellespont,

stahl den Sold für die Truppen, verschwand darauf und ließ den Feldherrn zurück, der für die daraus resultierenden Fehlschläge zur Strafe in die Verbannung geschickt wurde. Die Unterstellung läuft darauf hinaus, daß Timarchos und seine Verbündeten am Krieg besonders interessiert seien, weil er ihnen die Gelegenheit biete, noch mehr Geld für ihre dekadenten Gelüste abzuzweigen, ein, wie schon erwähnt, alter Vorwurf gegen die Falken in der Politik und einer, den Aischines bei seinem Versuch, Demosthenes den Kranz vorzuenthalten, noch einmal mit großem Geschick vorbrachte.[16]

Es gibt noch andere, subtilere Formen, mit denen Aischines gegen seine Gegner vorgeht. Er setzt sich für ein öffentliches Redeverbot für Timarchos und seine Mitstreiter ein. Im Verlauf seiner Rede bewerkstelligt er die Knebelung jedoch schon selbst und nimmt ihnen die Möglichkeit, sich Gehör zu verschaffen oder, wenn sie sich Gehör verschaffen, verstanden zu werden. Entzug der Bürgerrechte sei die unverzügliche Sanktion, die gegen Männer solcher Lebensart in Kraft trete, und ihre Lebensweise habe sie nach dem Gesetz automatisch ihres Rederechts beraubt. Mit seiner Rede bringt Aischines sie zum Schweigen, ohne auf einen Gerichtsspruch warten zu müssen. Die Art und Weise, wie er dies tut, ist außerordentlich geschickt. Er verschweigt die politischen Aktivitäten des Timarchos nicht, im Gegenteil, er breitet sie sogar vor aller Augen aus. Man sieht Timarchos sprechen; man sieht ihn in der Versammlung, aber man hört nicht, was er sagt. Man wird abgelenkt von seinem Fleisch und ist nur daran interessiert, Zeichen seiner Trunkenheit und Ausschweifung zu sehen. Man sieht ihn im Rat sprechen, und für diesmal hört man Teile seiner Rede, aber man versteht sie nicht, weil man die Hinweise auf Türme und Mauern nicht als Bemerkungen zur Verteidigung der Stadt, sondern als Anspielungen auf seine schamlosen Nächte deutet. Aischines sperrt Timarchos in eine Echozelle. Er kann sich nicht zu Gehör bringen. Die Leute schauen auf seine Kleidung, auf seine Bewegungen, auf die Beschaffenheit seiner Haut, und niemand nimmt wahr, was aus seinem Mund kommt. Alles, was er sagt, weist auf ihn zurück. Seine Auslassungen über die Sicherheit der Nation und die Lage Athens werden zum Eingeständnis seiner besonderen sexuellen Verworfenheit. Wie kann er ein Redner sein, wenn seine Worte aufgrund seiner Lebensweise so unzuverlässig und lächerlich wirken?

Eine vom Redner angewandte Technik besteht darin, die Zuhörerschaft zu gewinnen, indem er Mittlerfiguren einsetzt, die Timarchos bei solcher Gelegenheit für uns beobachten. Nicht nur Aischines sieht die ausschweifende Sinnenlust des Angeklagten, auch manche würdige Männer in der Versammlung wenden sich ab und schauen woanders hin. Nicht Aischines, sondern die Ratsmitglieder brechen über die sogenannte »Krisenzeit« in Gelächter aus. Ganz zum Schluß seiner Rede wendet Aischines die Knebelung noch einmal an und unterhält die Geschworenen mit dem Spiel des Zeichenlesens, anstatt die Argumente der anderen Seite anzuhören. Zu den Männern, die zugunsten von Timarchos aussagen, gehören nach seiner Meinung Huren, Kunden und Verworfene. Er will keine Namen nennen; da aber jeder hervortreten wird, bitte, soll man sehen, ob man erraten kann, wer wer ist! Es mag für Aischines riskant sein, eine Angelegenheit von nationaler Bedeutung auf solche Weise zu behandeln, dennoch läuft sein Argument darauf hinaus, daß es keine wirklich große Krise gibt. Dank des Vertrags stellt Philipp für Athen keine Gefahr mehr dar, und Männer wie Timarchos und Demosthenes sind einfach hysterisch und machen sich lächerlich. Die Ratsmitglieder, die gelassen genug sind, um zu kichern, wenn Timarchos von der Ausbesserung der Mauern spricht, haben die Situation ganz richtig verstanden.

In gewisser Weise jedoch lacht Timarchos zuletzt. Im Sommer 343, im Laufe seines eigenen Prozesses gegen Aischines wegen dessen Fehlverhaltens bei der Gesandtschaft, erließ Demosthenes tatsächlich die Maßnahme, die »der junge Mann« im Jahr 346 dem Rat vorgeschlagen hatte, nämlich jeden Handel mit Waffen oder Kriegsausrüstung mit Philipp bei Todesstrafe zu verbieten. Er behauptet, Aischines habe den Timarchos nur deshalb angeklagt, um diesen Dorn im Auge der Makedonier zu entfernen. Nach drei Jahren, in denen sich Athens Beziehungen zu Philipp gefährlich verschlechterten, erwies sich die Hysterie des Timarchos als erstaunliche Voraussicht. War das Publikum vorher belustigt, so blieb ihm jetzt das Lachen im Hals stecken.

Prunk der Bankette

Banalisierung der politischen Situation ist die Strategie in Aischines' Rede, die Tatsache, daß er den Kampf um die Außenpolitik auf dem Feld des Privatlebens austrägt, pure Taktik. Flötenmädchen und Phalanx, Krustentier und Kavallerie, Hopliten und Hetären, Wein und Wall passen beim besten Willen nicht zusammen. Oswyn Murray behauptet, daß die Kultur des Gastmahls die Sprache der Stadt und der Politik mit Bedacht vermeidet. Für die Dauer des Abends gelten eigene Regeln und Gesetze. Werden die beiden gegensätzlichen Welten zusammengebracht, entsteht ein feines Gemisch aus Ironie und lächerlichem Pathos. Dies ist Teil einer alten Tradition, bei der die Welt des häuslichen Friedens und der privaten Vergnügungen mit der der bedeutenden politischen Geschäfte, der Verluste und des Krieges kontrastiert wird (»[Sardanapals] Schwert ist ein Weinfaß, sein Speer ein Becher ... sein Kriegsruf ›Laß Duftwasser verströmen‹« usw.). Die zwei Bereiche vermischen sich nicht. Für Plutarch war es, wie wir uns erinnern, ganz unmöglich zu glauben, daß jemand, der so viel erreicht hatte wie Alexander, so viel getrunken haben soll, wie ihm nachgesagt wurde. Das Thema kann bis zum unhomerischen oder antihomerischen Ethos der griechischen Lyriker der archaischen Zeit zurückverfolgt werden, und es taucht in der Komödie immer wieder auf. Die Vorlage der *Acharner* zum Beispiel besteht darin, daß ein bestimmter Bürger, Dikaiopolis, seinen privaten Frieden geschlossen hat, während die übrige Stadt sich immer noch im Peloponnesischen Krieg befindet. Er unterhält einen Markt voller Waren, die unter das Embargo fallen, und trifft Vorbereitungen für ein Fest, während der Feldherr Lamachos sich zur Schlacht rüstet. In einem langen Dialog wird jeder Befehl des Lamachos an den Sklaven zum Herrichten der Rüstung von einem unverschämten Befehl des Dikaiopolis konterkariert, mehr Essen heranzuschaffen: »Bring mir meine runde gorgonengesichtige Tartsche«, »Bring mir meine runde gorgonzolabeschichtete Torte«.[17]

Dieser Konflikt ist der Schlüssel zu einem Fragment von Antiphanes' *Reichem*, der zwei »alte *opsophagoi*« beschreibt, die alle Klischees des politischen Diskurses abspulen, nachdem sie auf dem Markt keinen Fisch gefunden haben:

> »Sie versammelten Leute um sich herum und führten Reden darüber, daß sie mit so einer Situation nicht leben könnten, es unerträglich sei, daß man solche Geldsummen zur Beherrschung der Meere aufbringe, während kein Fisch in den Hafen komme. Wofür hatte man eigentlich Inselgouverneure? Man sollte Gesetze zur Unterwerfung der Fische erlassen, eine Flottenbegleitung sollte für sie abgestellt werden.«

Der Politiker Kallimedon, offenbar eine unwichtige Figur im »promakedonischen« Lager und bei einer Gelegenheit von Demosthenes der oligarchischen Verschwörung beschuldigt, wurde andauernd auf diese Weise lächerlich gemacht. Seine Ehrenerklärungen stammen von den Fischhändlern. Seine Entschlossenheit im Kampf wird am deutlichsten bei Fischbanketten. Andere Männer sind bereit, für das Vaterland zu sterben; Kallimedon würde sein Leben für einen Sauuterus hingeben (offensichtlich eine große Delikatesse).[18]

Die Ökonomie der Worte

Zweifellos steckt hinter der Verknüpfung wichtiger politischer Angelegenheiten mit kleinen Genüssen bisweilen eine ernste Absicht; etwa wenn daran erinnert wird, daß es die Politiker sind, welche die Politik trivialisieren, indem sie diese nur zum Vehikel ihrer Vergnügen machen, und nicht die Redner und Satiriker, die nur darauf hinweisen. Demosthenes' Hohn gegen Philokrates, er habe die Stadt verkauft und das Geld für Huren und Fisch verwendet, ist Teil dieses Spiels, die kleinen Begierden des privaten Lebens gegen das Schicksal der Nation auszuspielen. Aristophanes' Gegenüberstellung von großen Debatten in der Versammlung und Kleons Platten voller Meeresfrüchte bringen dessen selbstgerechte Rhetorik wie eine Seifenblase zum Platzen. Die gefährlichen Freuden des Timarchos sind ebenfalls reichlich trivial. Die Insel Andros mag für eine Spielschuld verkauft werden, Euböa für ein Flötenmädchen dahingehen. Das Geld, das Timarchos erpreßte, als er jemanden beschuldigte, ein ehemaliger Sklave zu sein, floß unverzüglich in Geschenke für seine Hetäre Philoxene. In allen diesen Fällen verraten die Leidenschaften des Privatlebens das wahre Treiben der Politiker. Kleons verwegener politischer Stil wird aufs beste von seiner gierigen und vulgären Art, zu essen und zu trinken, illustriert.

Auf ähnliche Weise kann das maßlose politische Wirken des Timarchos selbst als ein weiteres Beispiel seines unbeherrschten Charakters gelten, ebenso, wie er dafür bezahlt. Die Art und Weise, wie er halbnackt vor der Volksversammlung herumhüpft, steht in schönstem Einklang mit seiner Unmoral, zeigt die gleiche Hemmungslosigkeit, die er bei der ungeduldigen Befriedigung seiner unersättlichen Begierden an den Tag legt, zeugt von der gleichen Schamlosigkeit, mit der er sich prostituiert, um die Erfüllung seiner Gelüste bezahlen zu können. Beides sind Beispiele für sein ungeordnetes Leben. Aischines lenkt die Aufmerksamkeit besonders auf jene politischen Aktivitäten des Timarchos, die zur Anklage gegen ihn selbst führten. Timarchos war ein korrupter *logistēs*, ein Mitglied der Prüfungskommission, die Mißwirtschaft in der Verwaltung untersuchte, zufälligerweise derselbe Ausschuß, der Aischines' Fehlverhalten bei der Ge-

sandtschaft untersuchen sollte, falls der Klage des Timarchos stattgegeben würde.

Das Wirken der Redner, ihr Vortrag wie die Fähigkeit, Gesetze zu
erlassen, kann auch in Begriffen der Zügellosigkeit beschrieben werden. Worte haben ihre Funktion innerhalb einer Art Bedeutungs-
ökonomie, die – wie das Patrimonium – durch Selbstbeschränkung
erhalten wird oder aber verschleudert werden kann. Die Wurzeln
dieser Vorstellung gehen bis ins 5. Jahrhundert zurück, wo man die
Verbindung von Sophisterei und Degeneration oft antrifft. Der *katapygōn*-Sprößling in den *Zechern* des Aristophanes scheint wie Alkibiades – zusammen mit dessen anderen schlechten Angewohnhei-
ten – gelernt zu haben, wie man die dekadenten Neologismen der
Redner einsetzt. Sein erstaunter Vater versucht die Quelle eines jeden
herauszufinden. Der Dichter wendet die gleiche Rhetorik in den
Wespen an, wo der Unterricht in sympotischem Benehmen nicht nur
die Choreographie des Bei-Tische-Liegens, sondern auch ein außer-
gewöhnlich reiches Vokabular umfaßt, mit dem der Raum bewun-
dert wird. Tatsächlich spotteten die Rivalen über Aristophanes, er sei
selbst ein wenig Sophist, jedenfalls mehr als Euripides.[19]

Kallistratos von Aphidna, ein dekadenter Politiker des frühen
4. Jahrhunderts, wird in einem Komödienrätsel mit einem Arschloch
verglichen, das ständig vor sich hinblubbert und Gesetz um Gesetz
ausfurzt. Worte und Gesetze, die nur produziert werden, um der Genußsucht eines Politikers zu dienen, gehören selbst zu dieser Genußsucht und haben an ihren Exzessen teil. Gesetze sind wie Münzen,
sagt Demosthenes: Wer zu viele davon prägt, mindert und entwertet
die Währung der Stadt. Desgleichen zaubern die alten *opsophagoi* die
Rednerklischees von den nationalen Interessen, den Steuern und der
Sicherheit aus dem Hut, wenn sie zum Hafen gehen und keine Fische
vorfinden. Timarchos hatte hundert Gesetze vorgeschlagen, und Aischines führt dessen politische Exzesse, die sykophantische Zügellosigkeit, die sich in dem Versuch, Aischines selbst vor Gericht zu bringen, so exemplarisch gezeigt hat, zusammen mit der körperlichen
Zügellosigkeit in einer Liste der Laster des Timarchos auf: »Geilheit,
Verleumdung, Schamlosigkeit und Schwelgerei, Verweichlichung
und Prunksucht [*tryphē*] …«[20]

Es sieht so aus, als ob die Prozeßgegner Aischines beschuldigten,
die Gesetze dadurch zu entwerten, daß er so absurde Beschuldigungen wie *porneia* gegen Timarchos vorbrachte. Es kostet Aischines einige Mühe, den Vorwurf zu entkräften. Er halte nichts von endlosen
Reden und Prozessen. Zu Beginn der Rede *Gegen Timarchos* entschul-

digt er sich beinahe, daß er die Klage überhaupt vorbringt, ein Zaudern, das seine Bescheidenheit zeigen soll. Noch weiter baut er dieses Thema beim Versuch aus, Demosthenes den Kranz zu verweigern. Im Gegensatz zu dem großen Mann redet er nicht die ganze Zeit. Er ist ein Mann, der auf seine Worte achtet und ihren Wert hochhält: »Die Bescheidenheit meiner Lebensweise, Demosthenes, läßt mich schweigen. Ich brauche nicht viel und ich will nicht mehr. Im Gegenteil, ich fände es beschämend. Ich spreche oder lasse es, wenn ich es für richtig halte. Keine lasterhafte Natur beschwert mich. Du hingegen bist eher ruhig, wenn dich jemand bezahlt, und wenn du das Geld ausgegeben hast, fängst du an zu kreischen.«[21]

Partner im Genuß

Individuelle Begierden mochten vielleicht die Hauptursache dafür sein, daß das Privatleben von Politikern zu einer Bedrohung für den Staat wurde; es gab aber noch eine Gefahr anderer Art bei den teuren Gastmählern und Trinkgelagen: die Verschwörung. Typisch für die antiken Genußsuchenden war, daß sie ihr Vergnügen in Gruppen suchten. Timarchos ist ein sehr geselliger Mensch. Seine Laster – Spiel, Flötenmädchen, Trinken – sind alles soziale Laster. Wenn er bei den Fischständen herumsteht, dann steht er dort nicht allein. Moderne Historiker, die über das Symposion gearbeitet haben, betonen die Verbundenheit, die im *andrōn* besteht, etwas, was Anthropologen Kommensalismus nennen, die Gemeinschaft der Tafel. Dasselbe Phänomen gilt auch für katholische Kongregationen oder Mitglieder akademischer oder juristischer Kollegien, die jeden Abend ihr gemeinsames Mahl an der »Gemeinschaftstafel« einnehmen, im Glanz silberner Trinkkrüge, Freundschaftsbecher, Öl- und Essigfläschchen und Teelöffel, die ihnen von den Ehemaligen im Laufe der Jahrhunderte vermacht wurden. Die Tafel selbst schafft die Kontinuität über Jahrhunderte hinweg, während die Teilnehmer immer wieder nachwachsen. Kommensalismus war auch in Athen eine wichtige Einrichtung. Aischines hat den Demosthenes offenbar eines großen Verbrechens beschuldigt, weil dieser seine Mitgesandten, mit denen er gegessen hatte, nach der Rückkehr verraten habe: »Er geht herum wie ein Tragöde und ruft aus: ›Was ist mit dem Salz, das wir teilten?‹, ›Wo ist die Tafel, an der wir zusammensaßen?‹, ›Was geschah mit dem Wein, den wir als Trankopfer für die Götter vergossen?‹« Demosthenes wiederholt den Vorwurf aber nur deshalb, weil er meint, daß Aischines damit nichts gewönne. In einer über Freundschaften zwischen Politikern so beunruhigten Gesellschaft wie der der Athener war der Kommensalismus weniger eine heitere als vielmehr eine unheimliche Angelegenheit, wie Aischines drei Jahre zuvor selbst gezeigt hatte.

Die anderen Gefährten des Timarchos streift Aischines nur, verweilt aber lange bei dessen Affäre mit Hegesander. Verschwenderisch im Umgang mit dem Geld, das er aus der Armeekasse unterschlagen hatte, frönt Hegesander im Haus des stadtbekannten Sklaven Pittalakos dem Spiel. Dort sieht er den hübschen Timarchos. Ihm gefällt, was er sieht, und er möchte ihn mit nach Hause nehmen, da er in ihm einen Mann »nach seinem Charakter« erkennt. Pittalakos erhebt Einspruch, doch der stets bereite Timarchos ist sofort überredet. Die Szene entspricht dem guten alten »Streit um eine Hetäre«, außer daß in diesem Fall die Hetäre Timarchos selbst ist. Pittalakos will die neue Situation nicht hinnehmen und folgt dem Paar betrübt überallhin nach. Der Belästigung überdrüssig, beschließen die beiden Männer, ihm einen Denkzettel zu verpassen. Sie brechen in seine Spielhöhle ein und zertrümmern sie, wobei sie auch seine geliebten Wachteln töten, die sonst nur einen Schlag auf den Kopf auszuhalten hatten. Nachdem Pittalakos aus dem Spiel war, ließ sich Timarchos bald behaglich mit Hegesander ein. Der Beweis? Man hatte sie beim Einkaufen gesehen … an den Fischständen![22]

Gerade die Tatsache, daß nichts darüber bekannt war, was sich zwischen Hegesander und Timarchos abspielte, machte die Angelegenheit nach Aischines' Überzeugung verdächtig. Warum gab es keine Zeugen? Weil sie allein waren. »Welchen ausgefallenen Obszönitäten werden sie sich wohl, denkt ihr, hingegeben haben, allein und betrunken, wie sie waren?« Bei einer solchen intimen Beziehung zwischen zwei lasterhaften Politikern ist es weiter gar nicht verwunderlich, daß sie auch gemeinsam Unterschlagungen betreiben und der Stadt 1000 Drachmen stehlen. »Was für eine schreckliche Kumpanei!« bemerkt Aischines zu dieser betrügerischen Verschwörung.[23]

Verschwörung muß also mit auf die Liste der Gefahren kommen, die durch die Freuden des Fleisches drohen. Über Bankette und Symposien sind sich Männer verbunden. Hier bilden sich politische Allianzen heraus, formieren sich Parteiungen, die gegen den Staat arbeiten. Wir haben bereits von solchen Gruppen gehört, den *kakodaimonistai*, den »verruchten Geistern« aus der Rede des Lysias, den »Anstiftern« und »Wankelmütigen«, wie sie in der Rede *Gegen Konon* auftauchen. Vielleicht gehören auch die *hermokopidai* dazu, die am

Vorabend der Sizilischen Expedition die guten Hermen Athens zertrümmerten. Das muß keine geschlossene Gruppe sein. Alle die Männer, die in der Nacht von Aristons Spaziergang mit Konon zusammen tranken, halfen diesem freudig dabei, den Feind seines Sohnes zu verprügeln.

Timarchos und Hegesander hinterlassen bisweilen den Eindruck, Mitglieder einer dieser Rowdybanden zu sein, wenn sie unterwegs sind, um den armen Pittalakos zusammenzuschlagen, und, wenn er Klage erhebt, sich mit den anderen Spielkumpanen auf die Aussage zu einigen, es sei alles Verrücktheit, *paranoia*, Erregung im Suff gewesen. »Wer von euch ist nicht schon in ihre Kämpfe und Gelage [*kōmos*] geraten und war nicht in Sorge um die Stadt?« fragt Aischines. Das Symposion mit seiner beengten und dichten Atmosphäre fernab von jeder Realität und besonders dem Freundschaftstrunk, der *philotēsia*, bei dem einer auf das Wohl des anderen trinkt, ist ein geeigneter Ort, Allianzen zu schmieden. Demosthenes macht die verräterische Komplizenschaft des Aischines mit Philipp deutlich, indem er auf die *philotēsiai* hinweist, die jener auf den makedonischen König ausbrachte. Der Becher konnte von einem einzelnen oder einer Gruppe erhoben werden, letzteres kommt jedoch meistens in verschwörerischem Zusammenhang in den Komödien vor. In Aristophanes' *Lysistrate* hält jede der Frauen einen Becher in der Hand, wenn sie ihren sexuellen Staatsstreich planen.[24]

Ein Bürger Athens hat daher allen Grund, äußerst mißtrauisch zu werden, wenn er in der Politik aktive Männer zusammen picheln oder auf dem Markt zusammenstehen sieht. Aristophanes braucht nur die Gäste aufzuzählen, um auf eine gefährliche Allianz hinzuweisen: »Und eure Trinkgesellschaft soll aus Kleon, Theoros [einer von Kleons Anhängern, in der Komödie als Schmeichler, Meineidschwörer und Prozeßheld beschrieben], Aischines [ein weiterer zwielichtiger Charakter des 5. Jahrhunderts] und Phanos [noch ein Freund des Kleon, offenbar sein *sykophantēs*, »Mitverfasser der Anklageschriften«] bestehen.« Tatsächlich tafelt Philokleon schließlich mit einer Gruppe von Politikern, die keinen Rückhalt im Volk haben, anmaßende, reiche Männer mit langen Haaren und Schmeichler, von denen einige später mit der oligarchischen Verschwörung in Verbindung standen. Es sind vielleicht Männer, die sonst eigentlich von der schrecklichen Vulgarität des alten Mannes abgestoßen wären.[25]

Neben dieser Verbundenheit gibt es auch besondere Verpflichtungen, für die einer der Gäste bezahlt werden kann. Die Politik des

Schmarotzers ist in der Tat ein weites Gebiet, das weit weniger Beachtung gefunden hat, als es verdient hätte. Männer, die umsonst essen, werden in der Regel als unpolitische Geschöpfe behandelt, als bloße Eindringlinge, wohingegen sie in der Komödie oft als Agenten anderer, besonders von Politikern, auftreten, denen sie aus ehebrecherischen Verwicklungen heraushelfen, für die sie falsches Zeugnis ablegen und auf der Straße Kämpfe austragen. Schmarotzer sind eng verwandt mit jenen *sykophantai*, die im Namen von anderen Klage gegen Bürger erheben. Weder in Athen noch sonstwo gab es so etwas wie eine freie Tafel. Ein typisches Beispiel eines solchen Schmarotzers ist der in den *Wespen* beschriebene Amynias, der gierig an der Tafel des Leogoras mitißt und als Angeber, Schmeichler und *sykophantēs* bezeichnet wird. Er gehört daher wahrscheinlich zu jenen Sykophanten, von denen es in den *Wolken* heißt, daß Leogoras sie ernähre (*trephei*). Ein anderes Beispiel dieser Art ist ein gewisser Smikythion. Er wird in den *Wespen* zusammen mit anderen Schmarotzern mit erfundenen oder entstellten Namen wie Chremon (»Notleider«) und Pheredeipnos (»Gastmahlschnorrer«) als einer von denen, »die im nächsten Jahr in Prozesse verwickelt sein werden«, aufgezählt. Er taucht noch einmal zur Fütterungszeit in einem Fragment des Pherekrates auf, wo er als »Mann des Schlundes, als ein Berufsgast, den ich überallhin mitbringe« bezeichnet wird. In der Komödie führen Schmarotzer alle möglichen Dienste für ihre »Ernährer« aus, vom Beistand bei der Verführung bis zur Hilfe beim Streit. Häufig war ihre Unterstützung bei Prozessen begehrt. Historiker geben sich große Mühe, den streitsüchtigen *sykophantēs* vom verleumderischen Schmarotzer zu unterscheiden. Ein Athener des 5. Jahrhunderts wäre wohl eher der Meinung, daß beide viel gemeinsam haben. Die Beziehung des Timarchos zu Hegesander hat demnach manche Parallelen in den Annalen der griechischen Komödie. Auch Timarchos ist ein *parasitos*, einer, der in den Häusern anderer Männer umsonst speist und ihnen dafür zu Willen ist. Das Wort, das Aischines zu seiner Beschreibung gebraucht, ist *asymbolos*, »nichts beisteuernd«, einer der verbreitetsten Beinamen für einen Schmarotzer.[26]

An diesem Punkt erhebt natürlich der Sex sein Haupt. Als ein gewisser Pamphilos entdeckt, daß Timarchos und Hegesander vorhaben, den Staat um 1000 Drachmen zu erleichtern, beschuldigt er sie vor der Versammlung in sphinxartiger Undeutlichkeit: »Ein Mann und eine Frau« veruntreuen Geld, ruft er aus. Die Zuhörer verstehen nicht. Pamphilos erklärt: »Versteht ihr nicht, was ich meine? Der

Mann, so wie er heute ist, ist Hegesander dort, doch davor war er die Frau des Leodamas; und die Frau ist Timarchos hier.« Solche Beschuldigungen aus heiterem Himmel gegen persönliche Feinde wurden in der Versammlung häufig vernommen. Nachrichten über die Schändung der Mysterien der Demeter tauchten zuerst auf diesem Weg auf. Manche der Denunzianten werden wohl Spinner mit einem Groll, jedoch nicht genügend Beweisen für einen Prozeß gewesen sein, die in der Versammlung für etwas Abwechslung während der langweiligen Geschäftssitzungen sorgten. Aber wer war dieser Leodamas, und warum soll Hegesander seine Frau oder Ehefrau gewesen sein? In der Loeb-Ausgabe von Aischines (1919) sah sich Charles Darwin Adam veranlaßt, Leodamas zweimal im Register aufzuführen: einmal als »Leodamas, Prostituierter des Hegesander« und einmal als »Leodamas von Acharnai, ein athenischer Freund Thebens«. Kirchner machte nun in der *Prosopographia Attica* eine Person daraus, und seinem Beispiel folgt man im allgemeinen: Leodamas, ein berühmter Politiker, dessen Laufbahn im zweiten Viertel des 4. Jahrhunderts ihren Höhepunkt erreichte, wird in der *Rhetorik* des Aristoteles erwähnt, der ihn als den Führer der Opposition gegen den Gesetzefurzer Kallistratos in den sechziger Jahren des 4. Jahrhunderts bezeichnete und ihn zusammen mit Demosthenes und Aischines zu den ersten Rednern zählte.[27]

Die Bezeichnung des Timarchos als »Frau« oder »Ehefrau« des Hegesander wurde von den Anhängern der Penetrationsthese als deutlicher Hinweis auf sexuelle Passivität aufgefaßt. Aber die Zuhörer hatten Mühe, die Bemerkung zu verstehen, und es ist unwahrscheinlich, daß Pamphilos es gewagt hätte, die Versammlung mit einer so entschiedenen Anspielung auf sexuelles Rollenverhalten zu schockieren. Es muß also eine ursprünglichere Anspielung geben, die nicht ganz so obszön ist, und da alle drei Angehörige dieser Menage prominente Politiker waren, ist es naheliegend, sich in der Politik umzusehen. Da gibt es tatsächlich gewisse Parallelen. Andere Schmarotzer und *sykophantai* werden auch in der Komödie verweiblicht. In den *Rittern* des Aristophanes von 424 erwähnt der Wurstverkäufer ein Orakel für ihn, welches voraussagt, daß Demos Smikythe und ihren »Gatten« (*kyrios*) vor Gericht bringen werde. Die meisten modernen Kommentatoren stimmen mit den antiken darin überein, daß hier trotz des Frauennamens ein Mann gemeint ist, und mit einiger Wahrscheinlichkeit handelt es sich um unseren prozeßsüchtigen Schmarotzerfreund Smikythion. Auch der als *sykophantēs* und Schmarotzer des Leogoras bekannte Amynias erhält in den *Wolken* eine verweiblichte Form seines Namens. Keiner dieser Männer hat irgendwelche Beschuldigungen wegen besonderer sexueller Vorlieben auf sich gezogen. Solche Unterstellungen könnten natürlich in neuen Papyrusfragmenten noch aufgefunden werden. Die Veränderung des Geschlechts leitet sich davon ab, was wir bereits über Abhängigkeitsverhältnisse wissen.[28]

Viele Untersuchungen gehen von der Betonung einer Gleichrangigkeit beim griechischen Gastmahl aus. Es gibt aber keine Gleichrangigkeit, wenn die anzeigewütigen Parteigänger des Leogoras mit ihm tafeln, keine, wenn Kleon mit Theoros, Timarchos mit Hegesander speist. Es gibt keine Gleichheit zwischen dem Ernährer und dem Ernährten. Das Verb *trephein*, »nähren, aufziehen, unterhalten«, der griechische Ausdruck zur Kennzeichnung der Beziehung zwischen Schmarotzern und ihren Gönnern, beschreibt eine grundsätzlich ungleiche Beziehung. Das Wort wird gemeinhin für die Beziehung zwischen Sklaven und deren Besitzer verwendet (*trephōn*, »Halter«, ist auch eine Bezeichnung für »Herr«). Der Begriff bezeichnet demnach die »Haltung« einer Ehefrau durch ihren Gatten. Ernährung ist ein unabdingbarer Teil der ehelichen Verbindung. Persephone wurde in den Hades entführt, aber nur, weil sie dort auch gegessen hat, ist sie für Demeter und die Oberwelt verloren und muß ihren Entführer heiraten. Ein ausgehaltener Mann wird, wie die Drohnen im Bienenstock, unmännlich durch den Mann, der ihn aushält. Dieses grundlegende Prinzip sexueller Beziehungen wird im Fall der Hetären gut beleuchtet. Denn auch die reichen Frauen fütterten Schmarotzer an ihrer Tafel und stellten damit eine glatte Umkehrung des Geschlechterverhältnisses her. So wie eine Frau in das Haus ihres Mannes zieht und dort mit Kindern schwanger wird, schwellen die Schmarotzer vom Essen an. Die Unterwerfung der Frauen unter die Männer ist in Athen zuallererst eine ökonomische, soziale und politische Tatsache und nicht eine sexuelle.[29]

Historiker, die zwanghaft moderne Vorstellungen auf die antike Geschichte übertragen, denken an Geschlechtsverkehr, wenn sie darauf stoßen, daß ein Mann als Frau oder Ehefrau bezeichnet wird; dies ist ein Irrtum. Aischines sieht die Beweise für die Prostitution des Timarchos darin, daß dieser das Haus seines Vaters verlassen hatte und umsonst bei Hegesander speisen konnte. Es sieht ganz danach aus, daß ebendiese Umstände Pamphilos in der Volksversammlung dazu bewogen, ihn als die Frau oder Ehefrau des Hegesander anzuschwärzen. Kohabitation, *synoikein*, ist ein Synonym für Ehe. Aischines nennt Hegesander, ebenso wie den Timarchos, eine »Hure« und will ihn dazu bringen einzugestehen, daß er jetzt eine gleiche Beziehung zu Timarchos unterhalte, wie Leodamas sie früher zu ihm unterhalten hatte. Pamphilos zieht dieselbe Parallele zwischen der Beziehung des Timarchos zu Hegesander und der früheren des Hegesander zu Leodamas, nur bedient er sich einer etwas respektvolleren Sprache, wenn er sie als Mann und Frau bezeichnet. In beiden Fällen sind es die offensichtliche Intimität und Abhängigkeit in der Beziehung, das Essen im Haus des Gönners, was an erster Stelle das Geschlechterverhältnis und die ihm zugewiesenen Rollen erklärt, so wie bei Amynias und Smikythion im 5. Jahrhundert. Sieht ein Schmarotzer gut aus wie Timarchos, dann erhält er den Spitznamen »Heilige Ehe«, sagt eine Figur in Anaxandrides' Stück *Odysseus*. Athenaios zitiert die Rede gegen Timarchos, um gerade auf diesen Punkt hinzuweisen, daß jene »männlichen Huren«, die umsonst speisen, später dafür bezahlen werden. Er vergleicht die Rede mit einem Fragment des Ephippos, wo eine Komödienfigur scharfsinnig bemerkt, daß, wenn man einen jungen Mann ein Haus betreten und dort beim Essen zugreifen sieht, ohne einen Beitrag dazu zu leisten, man sicher sein kann, daß er die Rechnung in der Nacht bezahlt. Ein Schmarotzer hängt so viel bei seinem politischen Freund herum, daß es aussieht, als ob er bei ihm eingezogen wäre. Das sehen die Leute, und das ist die Grundlage für die Anspielung auf sexuelle Unterwerfung, »Prostitution« oder Heirat.

Man mag sich wundern, warum es nötig sein soll, ein fest geschnürtes Bündel von Vorstellungen bei der Beschreibung eines Mannes als Frau oder Hure – Zusammenwohnen, Ernährung, Sex – aufzulösen und damit dem einen mehr und dem anderen weniger Bedeutung zuzumessen. Es ist deshalb wichtig, weil die Unterordnung bei der Aufnahme in ein Haus, beim Kenntlichmachen der Beziehung also, bestimmend dafür ist, welche Rolle – die des Mannes, der Frau, der Hure oder des Hurenbocks – wem zugewiesen wird. Die ökonomische Seite der Beziehung und die Tatsache des Einzugs können schon Grund genug für Beschuldigungen sein. Ein Politiker ist »ein Prostituierter«, weil er »sich gegenüber anderen prostituiert«. Der Schmarotzer zahlt bisweilen für das Mahl mit sexuellen oder politischen Diensten, die ökonomische Abhängigkeitsbeziehung zu seinem *trephōn* (Halter) oder *kyrios* (Ehemann oder Wächter) ist jedoch das wesentliche Element. Die sexuelle Berechnung ist nur Zuckerguß auf einem mißratenen Kuchen.[30]

Timarchos steht nicht allein da. In der Literatur Athens werden Politiker oft so dargestellt, als wären sie alle *katapygōnes* und *pornoi*.

Mitunter heißt es, es sei eine Phase, die sie durchliefen, um Redner zu werden. Der Wurstverkäufer in den *Rittern* wird vor Gericht von einem *katapygōn* bestiegen, bevor er selbst ein Redner wird, und der Paphlagonier Kleon brüstet sich im selben Stück, *tus binumenus*, die »Gefickten« (enthält vielleicht auch eine Anspielung auf *tus bulomenus*, die Ankläger), aufgehalten zu haben, indem er einen gewissen Gryttos von den Bürgerlisten strich und damit ein Exempel an ihm statuierte. Der Wurstverkäufer entgegnet ihm, er habe dies ja nur aus Eifersucht getan, damit sie nicht Redner werden können. Wir wissen nichts weiter über den Entzug der Bürgerrechte von Gryttos, doch scheint der Fall Ähnlichkeiten mit der Anklage des Aischines gegen Timarchos neunzig Jahre später aufzuweisen. Wie wir gesehen haben, kann sich die Behauptung, ein *katapygōn* zu sein, einfach auf eine verweichlichte, dekadente Art des Sprechens und Gebarens beziehen, auf degeneriertes (weltläufiges) Gehabe und einen gefährlichen Mangel an Selbstbeherrschung; es kann aber auch eine Form sein, politische Beziehungen zum Ausdruck zu bringen. Sex und das Geschlechterverhältnis sind die Instrumente, um politische Vertraulichkeiten zu karikieren. Politiker »gehen miteinander ins Bett«, bilden gefährliche Verschwörungen. Es ist etwas zutiefst Undemokratisches an Politikern, die Freunde haben.[31]

Als Hegesander von Leodamas' Frau zum Ehemann des Timarchos wurde, ging es nicht darum, daß er inzwischen mehr Mann geworden war oder einmal sehen wollte, wie es ist, oben zu liegen, sondern er war ganz einfach vom politischen Klienten zum Patron aufgestiegen. Die befremdliche Menage von Leodamas, Hegesander und Timarchos hat politisch durchaus ihren Sinn. Zusammen mit Hegesanders einflußreichem Bruder Hegesippos, wegen seiner Haartracht Krobylos, »Haarknoten«, genannt, waren sie zwischen 370 und 350 offenbar eine einflußreiche prothebanische und antimakedonische Gruppe, deren sich Demosthenes in den vierziger Jahren dann gern bediente. Wären die Geschworenen in den Nächten, in denen Hegesander und Timarchos allein waren, heimlich zugegen gewesen, sie hätten kaum etwas gehört oder gesehen, was ihre lüsterne Neugierde befriedigt hätte. Wenn das Gastmahl zu Ende war und alle gegangen waren, dann frönten die beiden keinen entlegenen Liebesspielen; sie sprachen über Politik.

Wir sollten nicht auf den Fehler verfallen, einen Unterschied zwischen *hetaireiai*, den Tafelgesellschaften und politischen Klubs, die das Wirken der Demokratie durch gegenseitigen Beistand in Prozessen untergruben, und *hetairēsis*, der sexuellen Gemeinschaft, zu machen. Auch Aischines legt sich eine solche Unterscheidung nur zurecht, wenn er die Zusammenarbeit der beiden Männer (Timarchos, »der Prostituierte«, und Hegesander, »sein Kunde«) bei der Unterschlagung von Staatsgeldern als *philetairōs*, »wie die besten Freunde«, bezeichnet. Die Hetäre ihrerseits spricht natürlich von »Geschenken« und »Gunst« und »Freunden« und versucht, möglichst großen Abstand vom »Kaufen und Verkaufen«, den »Fabriken« und der »Arbeit« von Prostitutierten zu halten. Dasselbe Wort *mistharnein* (»für Lohn arbeiten«) wird sowohl für Politiker, die gegen Geld für jemand anderen arbeiten, als auch für Callgirls, die für Geld auf Symposien gehen, gebraucht. Aischines und Demosthenes lieben es, das Bild des Marktes heraufzubeschwören, wenn sie sich gegenseitig und andere der Korruption beschuldigen. David Harvey bemerkt in seiner Studie über Bestechlichkeit in Athen, daß Redner in ihren Schmähreden vom Verkauf der »Wahrheit«, der »Ehre«, des »Gerichts« wie auch der Stadt sprechen. Sehr häufig läuft die Beschuldigung direkter auf »sich selbst verkaufen« hinaus, also genau die Beschuldigung, die Aischines gegen Timarchos erhebt. Die Zuhörer, auch heutige Philologen, sollten freilich nicht eine automatische Verbindung zwischen dem Prostituierten, der sich verkauft, und dem Politker, der sich verkauft, annehmen. Aischines macht das ganz deutlich. Warum verbietet der Gesetzgeber Prostituierten zu sprechen? »Weil der Mann, der das Recht, seinen Körper zu mißbrauchen (*ephehybrei*), verkauft, nach seiner Meinung auch bereit wäre, den Staat zu verkaufen.« Bisweilen ist es nicht so leicht zu unterscheiden, ob ein Gegner an sexuelle oder andere Dienste denkt. Aischines findet es äußerst erstaunlich, ausgerechnet von Demosthenes der Korruption beschuldigt zu werden, von einem Mann, »der noch jedes Glied seines Körpers verkauft hat«.[32]

Die Rede über Prostitution, Verkaufen und Kaufen, über das Freihalten beim Gastmahl dreht sich um eine zentrale Frage athenischer Politik und der griechischen Gesellschaft, nämlich um die Natur der Freundschaft. Wann wird Verpflichtung zu Unterordnung? Wann wird eine Gunstbezeigung zu einer Dienstleistung? Wann ein Geschenk Bezahlung? Wann wird ein Liebhaber zur Hure? Die dauernde Sorge wurde im politischen Kontext noch komplizierter. Von bedeutender Tragweite war die Entscheidung des Perikles während der demokratischen Revolution in Athen Mitte des 5. Jahrhunderts, die Bezahlung (*misthos*) für Geschworene einzuführen. Es soll die direkte Antwort auf die Art und Weise gewesen sein, wie der sorglose, trinkfreudige Feldherr Kimon seinen im Kampf gegen die Perser er-

worbenen Reichtum einsetzte, um sich bei den Leuten Einfluß zu erkaufen. Nach Theopompos kümmerte er sich nicht um sein Land
und erlaubte jedem, zu kommen und sich zu nehmen, was er
brauchte. Auch führte er ein offenes Haus, wo er viele Bürger unter-
hielt und arme Athener zu Tische lud. Die Einrichtung des *misthos*
war ein wohlüberlegter Vorstoß des Perikles gegen dieses System der
Patronage, womit er die Bürger zu Geldempfängern der Stadt und
nicht des Kimon machte. Gleichzeitig setzten die Leiturgien die
Spenden der Wohlhabenden fest, nicht nur die Spenden für Trieren
und Chöre, sondern auch die Leiturgie der *hestiasis*, des öffentlichen
Festessens für das Volk, so daß aus »Geschenken« »Pflichten« wurden.
Mit der Zeit erwarteten die Athener diese Schenkungen von den
Reichen, und anstatt sich für das Empfangene verpflichtet zu fühlen,
waren sie verärgert, wenn es nicht kam. So gesehen ist der durch die
Losurne, welche Anonymität gewährleistet, ausbezahlte *misthos* ein
Pfeiler der Demokratie und sorgt für klare, saubere und letztlich un-
persönliche Beziehungen im Gegensatz zur Unterwürfigkeit, die
eine lästige Begleiterscheinung der Großzügigkeit ist. Geschworenendienst ist ein Job, für die die Geschworenen bezahlt werden.
Selbst im 4. Jahrhundert, als der Staat Geld für nichts verteilte, wurde
der *misthos* immer noch als Entgelt für bestimmte Dienste, wie etwa
das Erscheinen in der Versammlung oder die Anwesenheit bei Feierlichkeiten, angesehen. Die unangenehme Seite des *misthos*, vermietet
oder schlicht verkauft zu werden, wird durch die Losurne verschlei-
ert, da der Zahlmeister, nämlich die Bewohner der Stadt selbst, unsichtbar bleibt. Der Lohn kann dank dem Los leichter angenommen
werden, weil er in die Nähe des Opferstücks gerückt wird. Interessant ist, daß Bdelykleon die Bezahlung personalisiert, wenn er in den
Wespen darüber jammert, Geschworenendienst sei jetzt nur noch
Sklaverei, und auf einen Zahlmeister und nicht auf die Urne verweist, auf einen *katapygōn* von Politiker, der den Geschworenen die
drei Obolen vorenthalten kann, wenn sie zu spät kommen.[33]
   Stand die Demokratie Freundschaften zwischen Politikern und
ihren Wählern feindselig gegenüber, so hegte sie ebenfalls Mißtrauen gegen Freundschaften unter Politikern selbst. Niemand war
gegen Griechen, die Geschenke annahmen oder machten, miß-
trauischer als die Athener. Kleon, der Populist und beherrschende
Politiker Athens in der unruhigen Zeit zu Beginn des Peloponnesischen Krieges, ging noch einen Schritt weiter als Perikles und kün-
digte seinen Freunden förmlich und in aller Öffentlichkeit die
Freundschaft auf, wobei er zu verstehen gab, daß ein guter Politiker

der Stadt allein verpflichtet sein sollte. Es spricht einiges dafür, daß
seine Schmähung des armen Gryttos und anderer Möchtegernredner
als »Gefickte« zu der Geringschätzung politischer Gegner gehört, die
ihre politische Laufbahn als Freunde älterer Politiker begonnen hatten. Wie Kleon wurde auch Demosthenes beschuldigt, »Reden gegen
seine Freunde zu schreiben« und seine Tischgefährten während der
Gesandtschaft verraten zu haben, indem er sie nach seiner Rückkehr
denunzierte. Er begegnet dem Vorwurf, indem er die Gemeinschaft
bestätigt, aber die Verpflichtung von sich weist: »Ich bin mir im
klaren darüber, daß auch der vorsitzende Ausschuß des Rates das
Opfer untereinander teilt, daß seine Mitglieder zusammen speisen,
daß sie zusammen Trankopfer darbringen, was aber nicht heißt, daß
die tüchtigen Männer unter ihnen verpflichtet sind, die Schlechten
nachzuahmen. Im Gegenteil, wenn sie einen von ihnen bei einer
Untat erwischen, dann erstatten sie dem Rest des Rates und dem
Volk Bericht über ihn.« Kameraderie zwischen den Bürgern war für
die Demokratie eine Herausforderung, der sie mit verschiedenen
Strategien vorzubeugen suchte; sie unternahm Anstrengungen, private Vereinigungen wie die *hetaireiai* zu verbieten, und fing an, kleine
Vergütungen für politische Dienste zu zahlen, sie versuchte Vereinigungen, die auf Freundschaft gründeten, durch Berufsverbände auf
der Grundlage eines Entgelts zu ersetzen und bekämpfte die Spei-
chelleckerökonomie der Gefälligkeiten und Gaben mit Güterzuwei-
sungen. Gleichzeitig versuchte die Stadt auch eigene Formen der Geselligkeit als Ersatz anzubieten, indem sie die Bürger zu öffentlichen
Bankketten einlud oder auf eigene Kosten Gastmähler für sie gab, ja
sogar Preise für »Freunde des Volkes« aussetzte.[34]

Soziale Beziehungen zwischen Bürgern und Politikern stellen ein
kompliziertes Ganzes dar, das von nicht gerade einfachen Regeln beherrscht wird. Es geht nicht darum, daß Freundschaft eine freiere
Verbindung wäre als ein Arbeitsverhältnis, daß gewährte Gunst gut,
Vergütung jedoch schlecht, Bezahlung demokratischer als Geschenke wäre. Alles, was man sagen kann, ist, daß dies die Fragen
sind, über die diskutiert wird. Eine einzige Beziehung kann von verschiedenen Autoren unterschiedlich dargestellt werden, doch die
Ausgangsbestimmungen der Debatte bleiben konstant. Obwohl Foucault und seine Anhänger recht haben, den Prostitutionsvorwurf als
politisch einzuschätzen, sind sie auf dem Holzweg, wenn sie das
Hauptgewicht auf die sexuelle Handlung selbst legen. Was ich ver-
folge, ist die Problematisierung der politischen Freundschaft in sexuellen Begriffen, nicht die Problematisierung der Penetration in poli-

tischen Begriffen. Es ist so offensichtlich und deswegen erstaunlich, daß so viele es übersehen haben: Bei der Prostitution geht es nicht in erster Linie darum, was im Bett passiert – das bleibt bloßer Spekulation überlassen –, sondern daß es gegen Geld passiert.

Kapitel 9

Tyrannis und Revolution

Wir sind beinahe am Ende der politischen Geschichte athenischer
Begierden angekommen, doch fehlt noch ein Abschnitt. Denn, obwohl man über normale Bürger mit ihren ausgefallenen Gelüsten in
dauernder Sorge war und die Befürchtung hegte, daß die Schwächen
der Redner die Stadt in Gefahr bringen und dem Verrat ausliefern
könnten, galt die größte Angst doch dem Gespenst der Revolution.
Unbeherrschte Begierde hatte die Kraft, nicht nur das gute Funktionieren des Regierungapparates zu stören, sondern sogar die Regierung zu stürzen: »Wenn einer einen Barsch kauft, aber seine Nase
über Sprotten rümpft, dann meint der erstbeste Sprottenverkäufer
sofort: ›Der Mann hier scheint schon auf dem Weg zur Tyrannis zu
sein‹«, sagt Bdelykleon, der Sohn des Prozeßsüchtigen in den *Wespen*,
bei der Beschreibung eines alltäglichen Einkaufsganges. Sein Sklave
Xanthias hatte ähnliche Erfahrungen gemacht: »Ja, ich weiß. Gerade
gestern ging ich ins Bordell und wollte, daß die Hure dort mich wie
ein Rennpferd reitet. Sie aber wurde wild und schrie, ob ich für die
Wiedereinführung der Tyrannis des Hippias laufen wollte.«[1]

Macht und Genuß

Bei all dem, was wir bis jetzt am Fischstand gehört und gesehen
haben – reiche Männer, die behaupten, arm zu sein, Manteldiebe, die
verhaftet werden, Politiker, die sich verschwören, um Staatsgelder zu
unterschlagen, den armen, schwachen Kallimedon, der gar nichts tut,
was irgendwelche Folgen hat –, ist es kaum verwunderlich, wenn sich
erweist, daß dies auch ein Ort ist, wo Tyrannen ihr wahres Gesicht
zeigen. Manches von dem, was Bdelykleon berichtet, kommt uns
schon ziemlich bekannt vor; am deutlichsten ist das lächerliche Pathos. Es handelt sich um eine Satire über den politischen Diskurs,
und es geht darum, daß, nach Bdelykleon, der Ruf »Tyrannis« und
»Verschwörung« in diesen Tagen überall, selbst beim Einkaufsbum-

mel, zu hören ist. Der Vorwurf wurde so oft wiederholt, daß er schon nichts mehr galt. Wir sollten uns in Erinnerung rufen, wie prompt die alten *opsophagoi* im Stück des Antiphanes beim Anblick der ausverkauften Fischstände zu ihren abgedroschenen Phrasen Zuflucht nahmen: Es ist nicht »demokratisch, soviel Fisch zu verschlingen«. Desgleichen schlägt eine Komödienfigur vor, ein Marktaufseher solle Kallimedon daran hindern, den Fisch am Marktstand zu verschlingen; ein anderer beklagt sich, dies sei die Handlungsweise eines Tyrannen. Die Pointe der Anekdote besteht darin zu zeigen, wie leichtfertig die Athener im Umgang mit dem politischen Diskurs geworden waren, so daß sie schon beim geringsten Anlaß den Staat wähnten und die schwersten Beschuldigungen erhoben, auch wenn es um die nichtigsten Angelegenheiten ging.[2]

Die Szene kann auch als eine ernster zu nehmende Anspielung auf Verschwörung verstanden werden. Aristophanes hebt in den *Wespen* zwei Gruppen von Politikern hervor, die zusammen feiern, die eine um Kleon und die andere um Phrynichos, wobei er deutlich auf die Gegenwart populistischer oder elitistischer – jedenfalls undemokratischer – Parteien an der Tafel anspielt. Man braucht nur vom Einkaufen zu sprechen, schon sind auch Abendessen gemeint; man braucht nur eine Andeutung auf Gastmähler zu machen, um den Verdacht auf geheime Absprachen zu lenken. Und ebenso braucht Aischines nur Hegesander und Timarchos an den Fischständen zu erwähnen, und schon ist der Beweis einer Verschwörung zum Zweck der Unterschlagung erbracht. Waren Beschuldigungen wegen »Verschwörung« in Athen wohlfeil genug, dann haben Aischines und Aristophanes sie vollends geläufig gemacht.

Nun gibt es allerdings noch eine weitere Ebene, die einer Erklärung bedarf, da die tyrannischen Einkaufszüge des Bdelykleon zu einer starken Strömung zu gehören scheinen, welche Macht mit Genuß verbindet. Dies ist ein bekanntes Thema im antiken Denken über Eroberung und Herrschaft. Als die Griechen der Küstenregion der heutigen Türkei bei ihrem Aufstand gegen die Perser im späten 6. Jahrhundert auf dem griechischen Festland Hilfe suchten, stützten sie ihr Anliegen vor allem mit materiellen Argumenten und sprachen von Edelmetallen, von Prunkgewändern, Lasttieren und Sklaven, die bei einem Krieg gegen Persien gewonnen werden könnten. Als eine Generation später die reichen Perser in die dürren Landstriche Griechenlands einfielen, fand man das eher verwunderlich. Herodot beschreibt, wie der spartanische König Pausanias nach dem entscheidenden Sieg der Griechen das persische Lager bei Platää inspizierte. Er findet das Zelt des Xerxes, das der Monarch im Jahr zuvor überstürzt verlassen hatte. Es ist voller Gold und luxuriös eingerichtet. Pausanias fordert den Koch des Großkönigs auf, für die Sieger ein typisches persisches Gastmahl aufzutischen, das alle durch seine Üppigkeit in Erstaunen setzt. Zum Spaß verlangt er gleichzeitig von seinem griechischen Koch, ein typisch spartanisches Gastmahl zuzubereiten, und läßt die anderen griechischen Befehlshaber kommen. Der Kontrast ist beeindruckend. »Ich habe euch hierhergebeten«, sagt der spartanische König, »um euch zu zeigen, wie unvernünftig die Perser sind. Dies ist das Leben, das sie führen, und doch kommen sie hierher, um uns unserer jämmerlichen Armut zu berauben.«[3]

Die Niederlage der Perser trug tatsächlich dazu bei, die Armut in Griechenland zu mildern, und in den folgenden Kriegen bis zur Schlacht am Eurymedon im Jahr 465 wurde insbesondere Athen reich. Eine Episode, die für andere, welche keine Spuren hinterlassen haben, stehen mag, geht auf den großen Feldherrn Kimon zurück, der nach der Einnahme des persisch besetzten Byzanz die Beute verteilte. Er nahm die persischen Gefangenen, ließ sie entkleiden und alle ihre Juwelen und Prachtgewänder auf die Seite legen. Dann forderte er die verbündeten Städte auf, entweder den Schmuck und die Gewänder oder die Männer zu nehmen. Da die Verbündeten sahen, daß die Männer zur Arbeit nicht taugten und als Sklaven nichts brachten, wählten sie den Putz und dachten, Kimon sei ein Dummkopf. Bald jedoch kamen die Familienangehörigen der Gefangenen aus Lydien und Phrygien mit Unsummen an Lösegeldern herbei und gaben Kimon so viel, daß er seine Söldner für die ganze Saison und darüber hinaus bezahlen konnte. Kimon benutzte die Beute aus den persischen Kriegen, um für die armen Bürger Athens ein Fest zu geben und die Stadt zu verschönern, indem er auf der Agora Bäume pflanzen ließ, die Akademie in einen belaubten Hain mit Bahnen für den Schnellauf und mit Wegen verwandelte sowie die große Südmauer der Akropolis bauen ließ. Als Perikles die anderen Tempel und Statuen hinzufügte, samt jener riesigen von Phidias geschaffenen Gold- und Elfenbeinstatue der Pallas Athene, wurde dies als ein Ausdruck der städtischen Herrschaft angesehen, ein materielles Monument materieller Macht, wenn auch einige meinten, die Stadt sehe dadurch wie eine Kurtisane aus.[4]

Diese direkte Beziehung zwischen Reichtum, Genuß und Eroberung bedeutete, daß die Macht ein ziemlich gefährliches Spiel war. Zusammen mit der wertvollen Kriegsbeute kam die Dekadenz in die

Stadt, die Saat des Untergangs wurde mit der Ernte des Krieges eingebracht. Das klassische Beispiel für die Griechen des 4. Jahrhunderts
war Sparta, das nach hundertachtzigjähriger vermeintlicher Unbe-
siegbarkeit 371 bei Leuktra vernichtend geschlagen wurde. Die Ursache für den Niedergang wurde in seinem Erfolg gesehen. Der Sieg
über Athen im Peloponnesischen Krieg im Jahr 404 führte schnell
zur Entstehung eines eigenen Reiches und beendete eine lange Periode, in der keine überseeischen Herrschaftsgebiete gehalten wurden.
Das Imperium brachte Reichtum, der Reichtum Zwietracht unter
den Bürgern und Verfall. Selbst ein so großer Bewunderer Spartas
wie Xenophon war enttäuscht. Das vorletzte Kapitel seiner Abhandlung über die spartanische Staatsform handelt davon, wie die Spartaner seiner Zeit durch Schmeichelei und Gold im Gefolge imperialer
Macht verdorben wurden. Dasselbe Muster stellt er am Ende eines
anderen Werkes, der *Kyrupädie*, in der persischen Geschichte fest. Die
Perser waren nicht schon von jeher Schwächlinge, Schwelger und
Weichlinge. Vor ihren großen Eroberungen waren sie enthaltsam
und stark, ähnlich wie die Spartaner.

Auch Athen blieb von solcher Kritik nicht verschont, und Isokrates kleidet seinen Angriff auf die Herrschaftspolitik der Falken in
den Jahren um 350 in Worte darüber, wie notwendig es sei, die Begierden zu beherrschen, wobei er Richtlinien der privaten Moral auf
den Staat überträgt. Genau ein Jahrhundert später beschlichen die
Römer dieselben Zweifel, als sie zu ihren eigenen imperialen Aben-
teuern aufbrachen. Das Erbe der reichen Provinz Asia Minor wurde
als der Umschlagspunkt angesehen, an dem der Niedergang der Republik einsetzte, und bei verschiedenen Gelegenheiten davor und
danach weigerte sich der Senat, Gebiete, die sich anboten oder in
Reichweite lagen, zu übernehmen und zu vereinnahmen, als ob er
fürchtete, damit der Republik zu schaden. Man sollte die antike
Furcht vor dem Imperium ernst nehmen, wenn auch nicht so ernst
wie die mächtigere Triebkraft zur Eroberung. Sicher war der erschreckende Reichtum Ägyptens einer der Gründe, warum Kleopa-
tra, lange nachdem die anderen hellenistischen Monarchien den römischen Legionen in die Hände gefallen waren, immer noch auf
ihrem Thron saß. Manche Römer dachten mit Blick auf das, was
Marcus Antonius widerfahren war, man hätte besser mehr Abstand
vor so einem Luxus gehalten.

Die Griechen betrachteten einzelne Monarchen ähnlich wie imperiale Mächte. Geschichten über dekadente Tyrannen bei Herodot
oder anderen Schriftstellern behandeln klassische Altertumswissen-

schaftler oft in der Ansicht, es gehe nur darum, mit Hilfe der Darstellung gemeinster Laster deren Charakter schlechtzumachen; aber wie bei Imperien bezeichnen die Vorteile und der Genuß der Macht etwas, was auch für Monarchen von zentraler Bedeutung ist. Xenophon eröffnet seinen Dialog über das Königtum, *Hieron*, mit der Annahme, daß »Tyrannen« sich von Privatbürgern insbesondere durch die Menge sinnlicher Genüsse, zu denen sie Zugang haben, unterscheiden. Im Lauf der Abhandlung wird hingegen dargelegt, in welcher Furcht sie leben, ein Umstand, der von Dionysios von Syrakus, dem Zeitgenossen Xenophons, in krasser Form vor Augen geführt wird, wenn er seinen Freund Damokles unter einem Schwert sitzen läßt, das an einem einzigen Haar über dessen Kopf aufgehängt ist. Nur durch selbstlose Herrschaft und indem er sein Volk wohlhabend und glücklich macht, kann ein Monarch tatsächlich in Sicherheit und Ruhe leben. Das 4. Jahrhundert brachte eine Blüte an Theorien über die Monarchie hervor, verfaßt von abtrünnigen Bürgern der athenischen Demokratie. Neben Xenophon und Platon widmete Isokrates dem Thema mehrere Abhandlungen und Briefe, wobei er häufig auf Genuß und Ausschweifung zurückkommt. Dank der Notwendigkeit, für ihre täglichen Bedürfnisse sorgen zu müssen, können Privatbürger nicht umhin, Selbstbeherrschung zu lernen. Monarchen mangelt es an einer solchen Erziehung im Maßhalten, und sie müssen sich deshalb – an Isokrates halten. Ein König muß vor allem Selbstbeherrschung zeigen, weil er dadurch am wenigsten wie ein Sklave und am ehesten wie ein Herrscher wirkt und weil er seinem Volk ein Beispiel an Mäßigung sein soll.

Monarchen wie Reiche können durch die Fülle an schönen Dingen um sie herum in verweichlichter Untätigkeit versinken. Es gibt jedoch noch einen komplizierteren Mechanismus, der Genuß und das Dahinsiechen einer Monarchie verbindet. Wenn Macht Genuß ist, dann hat die Art und Weise, wie sie genossen wird, direkte Auswirkungen auf die Natur der Macht selbst. Der Unterschied zwischen einem König und einem Tyrannen liegt in der Ausübung von Selbstbeherrschung. Manchmal gibt es da eine unmittelbare Verbindung. Theopompos stellte einen Katalog trinkfreudiger Monarchen und Staatsmänner zusammen und stellte wie die brave Frau, die sich über Philipps trunkenen Kopf an den »nüchternen Philipp« wandte, fest, daß betrunkene Herrscher schlechte, nachlässige und unberechenbare Herrscher sind. Mangelnde Beherrschung ihrer sexuellen Begierden war ein anderer, verbreiteter Vorwurf gegen Tyrannen. Haltlosigkeit verführte die Monarchen zu sexuellen Übergriffen,

Ehebruch und zur Vergewaltigung der Frauen und Söhne der Bürger. Wenn Aischines versichert, daß Timarchos als Statthalter von
Andros die Frauen der Insel als zu seiner sexuellen Verfügung ste-
hende Objekte mißbrauchte, dann malt er ihn bewußt in den Farben
eines Tyrannen.

Angesichts der immensen Summen, die zur Befriedigung so
großer Begierden benötigt werden, gibt es auch weniger direkte Verbindungen zwischen Zügellosigkeit und Despotismus. Steuern, Kon-
fiskationen und andere grausam erpreßte Abgaben gehen auf die Lasterhaftigkeit von Tyrannen zurück. Solche Lasterhaftigkeit ist das
unmittelbare Ergebnis eines Mangels an Selbstbeherrschung des Tyrannen und seine Ermordung das bittere Ende. Im 4. Jahrhundert
findet man diese Erklärung in der Formel über den Untergang von
Staaten. Thukydides bezieht sich an mehreren Stellen auf Athen als
eine *polis tyrannos* und vergleicht dessen Geschichte mit dem wach-
senden Despotismus eines Tyrannen. Xenophon hält die Verachtung
der Spartaner für ihre Verbündeten für eine wesentliche Ursache
ihres imperialen Niedergangs. In seiner Rede *Über den Frieden* stellt
Isokrates die ausführlichste und detaillierteste Analyse der Theorie
über das Königtum am Beispiel einer Stadt vor: Es gibt Tyrannenrei-
che und Königreiche; letztere gründen auf tugendhafter Selbstbeherrschung, erstere werden unweigerlich von den unterdrückten
Untertanen oder Untertanenstädten gestürzt. Nach Xenophon, Isokrates und einer Reihe anderer Zeitgenossen wurde Athen, allem
Anschein zum Trotz, im Peloponnesischen Krieg nicht von Sparta
besiegt; Athen war ein Tyrann, der »wegen seiner Grausamkeit« von
den Städten des eigenen Reichs umgebracht wurde.[5]

Bankette der Macht

Ein kostspieliger Aspekt dieser Verknüpfung von Genuß und Macht
ist das Staatsbankett. Essen ist in allen Gesellschaften eine machtvolle
Metapher. Wir haben unsere »Pfeffersäcke« in den Handelshäusern,
haben »Filetstücke«, an denen sich Immobilien»haie« und Grund-
stücksmakler gütlich tun, »dicke Fische«, die die Unterwelt beherrschen, und noch immer »riechen wir den Braten«, »teilen uns den
Kuchen«, »machen ein Schnäppchen« und »beißen auf Granit«. Antike Gesellschaften desgleichen, und häufig nahmen sie die Metapher
wörtlich. In den *Wespen* kann Bdelykleon seinem prozeßsüchtigen,
prokleonischen Vater mit deutlichen Bildern vom Essen und Genuß

klarmachen, daß er von den Demagogen an der Nase herumgeführt wurde: Die Städte des Reichs machen die Redner mit Wein und Käse, Honig und weichen Kissen, mit Ehrenkränzen und Trinksprüchen glücklich, geben dem Volk aber nicht einmal eine Knoblauchzehe ab. Er schlägt eine gerechtere Verteilung vor, bei der jede Stadt zwanzig athenische Bürger mit einfacher guter Bauernkost wie Biestmilch und Hasenfleisch bewirten muß.

Mehrere Wissenschaftler weisen darauf hin, daß Bdelykleon hier auf einen persischen Brauch anspielt. Die Perser scheinen Konsum als ein Hauptwerkzeug bei der Repräsentation ihrer Macht eingesetzt zu haben. Herodot erzählt eine Geschichte von Kyros dem Großen, der seinem Volk an einem Tag schwere Arbeiten auferlegte und es am nächsten festlich bewirtete, ein deutlicher Hinweis auf die Möglichkeit, sich entweder auf die Seite der Sieger oder der Verlierer zu schlagen. Xerxes, einer der Nachfolger des Kyros, folgte dem Beispiel und nutzte während der Invasion in Griechenland die Bewirtung zur Klarstellung seines Verhältnisses zu der reichen Insel Thasos. Die Rechnung für Bewirtung und Unterhaltung des Heeres und des Hofes belief sich auf 400 Talente. Ein Witzbold der Insel ließ ein Dankesfest für die Gnade der Götter ausrichten, daß sich König Xerxes nicht auch noch ein Frühstück servieren ließ. Die »Königstafel« schien eine durchaus übliche Auflage gewesen zu sein. Theopompos vergleicht sie mit einer Steuer: »Wann immer der König einen seiner Untertanen besucht, werden zwanzig Talente für sein Gastmahl aufgebracht, bisweilen dreißig, in manchen Fällen mehr. Denn das Gastmahl war von jeher wie ein Tribut allen Städten entsprechend ihrer Größe auferlegt.« Dieses System war immer noch in Kraft, als Themistokles nach den Persischen Kriegen zu den Persern überlief. Als Belohnung für seinen Verrat gab ihm der Großkönig drei Städte, die seine Tafel versorgten: Lampsakos für den Wein, Myus für sein *opson* und Magnesia für sein Brot. Plutarch führt Quellen an, die besagen, daß Themistokles auch eine Stadt erhielt, die für sein Bett, und eine, die für seine Kleider zu sorgen hatte, und Herodot erwähnt in seinem Bericht über Ägypten, daß einer Stadt die Versorgung der Königin mit Pantoffeln auferlegt war. Pausanias' Darstellung der zwei Gastmähler in Plätää war demnach alles andere als ein Witz, sondern erfaßt genau den Kern der persischen Invasion.[6]

Athen in seiner Eigenschaft als imperiale Macht machte selbst Gebrauch von einem ähnlichen symbolischen Mechanismus. Das Attische Reich nahm seinen Ausgang, als sich unmittelbar nach den Perserkriegen die griechischen Städte im Attischen Seebund zusammenschlossen, um Gebiete von den Persern zurückzuerobern. Sein Sitz war die heilige Insel Delos, die unter dem Schutz des Apollon stand, der dort geboren sein soll. Als Vater des mythischen Ion war Apollon von jeher der Schutzgott der ionischen Griechen, einer nach Dialekt und Kultur losen Gruppierung von Griechen, zu der auch Athen gehörte. Die immensen Reichtümer aus Tribut und Kriegsbeute waren in seinem Tempel aufbewahrt, und die Verbündeten hielten im heiligen Bezirk ihre Versammlungen ab. 454/453 wurde das Zentrum des Bundes samt seinem Schatz nach Athen verlagert, und seit dieser Zeit heißt er bei den Historikern das Attische Reich. Als Reaktion auf Athenes Handstreich gegen Apollon zahlte nun jede Stadt des Attischen Bundes ihren Anteil des Tributs an die Athenentempel in Athen. Dieser Zehnte wurde genauestens in Stein gemeißelt aufgelistet, was künftigen Historikern eingehende Kenntnisse über die Finanzen des Reichs verschaffte. Überdies finden sich von dieser Zeit an Hinweise darauf, daß die Städte des Reichs gezwungen waren, als Beitrag zu den großen Feierlichkeiten, den Panathenäen, bei denen die Göttin ein neues Gewand erhielt, Schlachtopfer zu stellen. Interessant ist, daß die Feierlichkeiten zu Ehren des Apollon in Delos 426 von den Athenern mit richtigen Wettkämpfen und sogar einem Wagenrennen wieder eingeführt wurden. Thukydides berichtet, dies sei als Reaktion auf ein Orakel geschehen, andere behaupten, das Orakel sei infolge einer Pest erfolgt. Apollon wurde lange als pestsendender Gott angesehen – sowohl die *Ilias* als auch *König Ödipus* nehmen davon ihren Ausgang –, und Athen war gerade dabei, sich von einer verheerenden Pestepidemie zu erholen, der auch Perikles zum Opfer gefallen war. Die Wiederaufnahme der Feierlichkeiten und die Errichtung eines neuen Tempels waren Versuche, einen erzürnten Gott zu besänftigen, an dessen tödliche Macht man erst kürzlich wieder erinnert worden war. Apollon hatte wahrscheinlich einigen Grund, sich zu ärgern, wenn er von Delos aus zusah, wie die Feierlichkeiten für Athene dank der Gaben seiner Ionier in neuen Tempeln und unter glänzenden Monumenten erblühten, und, wenn er sich umdrehte, sein eigenes schäbiges, halbfertiges Heiligtum und die heruntergekommenen Feiern betrachtete. Die Athener hatten jedoch nicht vor, denselben Fehler ein zweites Mal zu begehen und diesmal Athenes Eifersucht zu wecken. Für den Fall, daß die neuen Feiern bei den verärgerten Untertanen des Reichs allzu beliebt werden und die Prozession für das neue Gewand der Athene beeinträchtigen sollten, wurde im Jahr darauf auf Antrag eines gewissen Thydippos ein Gesetz erlassen, das die Verpflichtung, die Panathenäen mit Opfertieren zu versorgen, festschrieb und für alle Mitglieder des Reichs (ungefähr 170 Städte) für verbindlich erklärte. Nach den Opferhandlungen wurde das Fleisch von der Akropolis in den Kerameikos gebracht, wo es unter den *dēmoi* verteilt und zur Bewirtung des Volks von Athenes Stadt bei einem großen Festbankett verwendet wurde. Auf diese Weise bekamen auch die Athener eine Vorstellung davon, wie ein Königsmahl schmeckte; vielleicht nicht ganz wie ein persisches, doch allemal besser als eine Knoblauchzehe.[7]

Die Königstafel war nicht nur ein Zeichen persischer Vorherrschaft in Ägypten und dem Vorderen Orient, sondern es war auch zu Hause ein Zeichen der Erhabenheit des Königs. Die Griechen brauchten nicht lange, um zu merken, wie sehr sie sich von ihrem Symposion unterschied: »Von denen, die zum Mahl mit dem König geladen sind, speisen einige vor den Augen derer, denen es beliebt zuzuschauen, im Freien, andere im Inneren mit dem König. Aber selbst diese speisen nicht wirklich mit ihm. Statt dessen gibt es zwei einander gegenüberliegende Räume. In einem nimmt der König das Mahl zu sich, im anderen seine Gäste. Diese kann der König durch einen Vorhang am Eingang sehen, sie ihn jedoch nicht.« Bei besonderen Anlässen kam der König auch in den großen Bankettsaal, und manchmal lud er nach dem Mahl bestimmte Gäste in seine Räume zu einem Symposion ein, das sich allerdings ebenfalls deutlich von dem der Griechen unterschied: »Die Symposiasten werden von einem der Eunuchen vorgeladen. Sie gehen hinein und trinken mit ihm [dem König], aber sie trinken nicht vom selben Wein. Auch sitzen sie auf dem Boden, während der König allein auf einer Liege mit goldenen Füßen ruht.« Die Struktur des Banketts wie auch die Tributleistung an Nahrung durch die Städte des Reichs dienen eindeutig der Hervorhebung königlicher Suprematie, in einer Weise, die der Gemeinschaftlichkeit des griechischen Banketts konträr entgegengesetzt ist.

Schon im 5. Jahrhundert waren persische Bankette in Athen bekannt. Die *Acharner* des Aristophanes beginnen mit der Rückkehr eines verweichlichten Gesandten aus Persien, der beschuldigt wird, seine Mission über Gebühr hinausgezogen zu haben, um häufiger die Königstafeln zu genießen, und der schließlich nur mit leeren Versprechen zurückkam: »Sie bewirteten uns wie Gäste und nötigten uns immer wieder, süßen Wein aus Gläsern und goldenen Bechern zu trinken, unvermischten Wein! ... Die Barbaren, müßt ihr wissen, achten nur Männer, die Unmengen essen und trinken.« »Und wir hier«, erwidert Dikaiopolis, »halten solche für Schwanzlutscher und

katapygōnes.« Der Gesandte fährt, ohne auf ihn zu achten, unverdros-
sen fort und kommt zum Höhepunkt seiner Reise: »Dann bewirtete
uns der *König* und setzte uns ganze geschmorte Ochsen vor.«[8]

Die makedonischen Erben der persischen Königstafeln kannten
deren Protokoll. Das königliche makedonische Bankett mutet wie
eine absonderliche Mischform an, welche den Kommensalismus des
andrōn mit seiner besonderen griechischen Ausprägung der Kollekti-
vität in sich birgt und gleichzeitig an der hierarchischen Umgebung
um den König teilhat. Diese gefährliche Mischung von kamerad-
schaftlicher Egalität und absoluter Macht, von gelassener Offenheit
und Glorifizierung barg Spannungen in sich, die nie ganz gelöst werden konnten, so daß das makedonische Symposion offenbar häufig
den Hintergrund für Mißverständnisse zwischen dem Souverän und
seinen Untertanen-Kameraden abgab, mitunter sogar für Mord und
Totschlag.

Auf der anderen Seite boten gewisse Elemente des Symposions,
wie zum Beispiel der »erste« Rang des Symposiarchen und ähnliches,
eine günstige Ausgansposition für die Entfaltung symbolischer
Macht und wurde von den sizilischen Tyrannen auch so eingesetzt.
Philipp und Alexander machten die Symposien zum großen Schau-
platz ihrer Vorrangstellung. Bei diesen Anlässen brachten die athenischen Gesandten ihre Freundschaftsbecher auf den makedonischen
König aus, und hier machte Alexander seine ersten Versuche mit der
persischen Sitte der Huldigung und brachte seine loyalen Gefährten
dazu, sich vor ihm zu verneigen, ein kleiner Zusatz zum normalen
Trinkspruch und ein kleines Vorspiel zur freundschaftlichen Umar-
mung. Interessanterweise ist es ein griechischer Gast, Kallisthenes,
ein Schüler des Aristoteles und der Historiker der Gesandtschaft, der
Einwände erhebt, eingedenk vielleicht der griechischen Tradition
von Gleichheit im Umkreis des Mischkrugs. Als ihm bedeutet
wurde, daß es ohne Verbeugung und Kratzfüße keinen Freund-
schaftskuß gebe, erwiderte er, er müsse in diesem Fall ungeküßt bleiben. Nicht lange danach verlor er auch sein Leben. Selbst der große
Apologet Plutarch meint, daß Alexanders Trinkgelage ein Ort der
Speichelleckerei und der Denunziation von seiten der Gäste und der
Überheblichkeit von Alexanders Seite gewesen sei. Vielleicht hat
Plutarch recht, und Alexander war kein Trinker, obwohl er an so vielen Trinkgelagen teilnahm. Vielleicht war er süchtig nach Bewunderung und nicht nach Wein.

Alexander bediente sich auch der üblichen Vorrechte beim Staatsbankett; das Essen war eine Manifestation seiner Vorrangstellung wie

schon beim persischen König, in dessen Fußstapfen er getreten war. Auserlesene Früchte gab es und den unvermeidlichen Fisch, der ihm von der Küste zugesandt wurde. Diese Vorrechte, die ihn von anderen abhoben, wurden jedoch mehr in der Art der Tischgemeinschaft griechischer Bankette dazu genutzt, Loyalitäten unter seinen Höflingen herzustellen und Freundschaften zu schmieden. Plutarch behauptet, er habe diese Delikatessen so großzügig mit seinen Freunden geteilt, daß oft nichts mehr für ihn selbst übrigblieb. Bei den Banketten scheint es sich um verschwenderische Unternehmen mit sechzig bis siebzig Gästen gehandelt zu haben, und die Kosten für die Bewirtung des Königs begannen ruinöse Ausmaße anzunehmen. Es wurde eine Grenze gesetzt, allerdings bei 10000 Drachmen, also eineinhalb Talenten, und man mag diese Summe auch wiederum für keine Grenze halten. Nach griechischen Maßstäben waren solche Bankette ausgesprochen verschwenderisch. Andererseits war das nichts im Vergleich mit den persischen Königstafeln, bei denen, wie Ephippos, ein griechischer Kritiker von Alexander bemerkt, bis zu 15000 Gäste bewirtet wurden und die Kosten 400 Talente betragen konnten. Der Unterschied besteht vielleicht darin, daß für Alexanders Feste oft andere Personen bezahlten. Denn Alexanders Macht entfaltete sich in einem Komplementärsystem, das aus Gewährung und Erwiderung von Vergünstigungen wie auch in der Gewährung der Gastfreundschaft und der Verteilung von Privilegien bestand. Die *Tagebücher* und andere Berichte über seinen Tod zeigen, daß er auch häufig als Ehrengast in den Häusern anderer Männer bewirtet wurde, ganz wie Autolykos in Xenophons *Symposion* oder die Nachkommen von Harmodios und Aristogeiton, die ständige Ehrengäste von Athen waren. Andererseits scheint der persische König stets der Gastgeber gewesen zu sein. Selbst wenn er auf Reisen von seinen Untertanen bewirtet wurde, war es noch immer die Königstafel, und er konnte, wenn er wollte, das Vorrecht auf Freunde, die ihm verpflichtet waren, übertragen anstatt auf die Städte, welche diese ernährten.

Nachdem Alexander nach Indien aufgebrochen war, gingen die Bankette bei denen, die zurückblieben, weiter. Sein Freund Harpalos, den Alexander als Schatzmeister in Babylon zurückließ, brachte nicht nur die schöne Pythionike aus Athen dorthin – eine hübsche Illustration der plötzlichen Machtverschiebung von der Stadt an den Hof –, sondern er ließ sich auch große Mengen Fisch vom Persischen Golf kommen, eine Usurpation der Privilegien Alexanders in der Annahme, daß dieser nicht mehr zurückkehren werde.[9]

Fisch taucht bei diesen Staatsbanketten häufig auf. Das berühmteste Beispiel ist vielleicht die vom römischen Satiriker Juvenal 500 Jahre später abgefaßte Beschreibung von der Reise eines riesigen Steinbutts an die Tafel des Kaisers Domitian – eine Parodie auf dessen Tyrannenherrschaft, obwohl es für diese Geschichte eines glitschigen Tributs auch griechische Vorläufer gibt. Einer davon bezieht sich auf Polykrates, den Herrscher der Insel Samos, das am Ende des 6. Jahrhunderts in der Ägäis eine Vormachtstellung innehatte. Nach Herodots Bericht war dessen Freund Amasis, der kluge, trinkfreudige König von Ägypten, in Sorge darüber, daß Polykrates zu reich sei und damit den Neid der Götter auf sich ziehen könnte. Er schrieb ihm und gab ihm den Rat, sich vorsichtshalber des Gegenstandes, an dem sein Herz am meisten hing, zu entledigen. Also prüfte Polykrates seine Schmucksammlung und entschied sich für den in Gold gefaßten Smaragdring, seinen Lieblingsring, eine Arbeit eines gewissen Theodoros, Sohn des Telekles von Samos. Er rüstete eine Expedition auf einem großen Kriegsschiff aus und warf den Ring vor aller Augen ins offene Meer. Daraufhin kehrte er nach Hause zurück und beklagte den Verlust. Fünf Tage später fing ein Fischer einen riesigen Fisch, den er dem Tyrannen überreichte. Als der Koch den Fisch aufschnitt, fand er im Inneren den Ring und brachte ihn triumphierend dem Polykrates. Polykrates, im Glauben, die Götter seien ihm wohlgesinnt, schrieb dem Amasis und berichtete ihm, was vorgefallen war. Amasis brach die Verbindung zu Polykrates unverzüglich ab. Es war unmöglich, diesen Mann vor seinem Schicksal zu bewahren, und es war klar, daß Polykrates einen elenden Tod erleiden würde; dieser würde Amasis daher weniger Kummer bereiten, wenn er nicht mehr länger dessen Freund war. Als die Perser auftauchten, erfüllte sich die Voraussage des Amasis. Polykrates wurde vom Satrapen Lydiens verraten und gekreuzigt. Ob Amasis weniger Kummer darüber empfand, ist nicht bekannt.

Für unsere Zwecke ist der Weg von Bedeutung, auf dem der Fisch zum Tyrannen kam. Der Fischer erzählt Polykrates, daß er ihn normalerweise direkt auf den Markt gebracht hätte, doch da es sich um ein so außergewöhnliches Exemplar handle, habe er gedacht, es sei »ein Fisch, der deiner und deiner *archē* [Herrschaft] würdig ist; und so habe ich ihn dir als Geschenk gebracht«. Eine elegante Art, die Macht des Tyrannen zum Motor dafür zu machen, daß der Fisch den Weg zurück auf dessen Tisch findet, dennoch ist die Vorstellung von einem Fisch, der »deiner Herrschaft würdig ist«, für das griechische Denken vollkommen folgerichtig.

Eine andere Geschichte wird zur Erklärung, warum die Syrer kei-

nen Fisch essen, erzählt: »Wann immer sie aus Mangel an Willens-
kraft Fisch essen, schwellen ihre Füße und ihre Bäuche an; dann klei-
den sie sich in Sackleinen, gehen auf die Straße, setzen sich dort auf
einen Dunghaufen und flehen in vollkommener Selbsterniedrigung
zur Göttin.« »Die Göttin« ist Atargatis von Syrien, eine der wichtigsten Gottheiten des antiken Libanon und des Vorderen Orients überhaupt. Daß Fisch bei ihrem Kult eine herausragende Rolle spielt, ist
daran zu erkennen, daß ihr echte Fische oder goldene Darstellungen
von Fischen dargebracht werden und ihren Verehrern gewisse Spei-
severbote bei Fisch auferlegt sind. Die Griechen deuteten dies typischerweise als ein Beispiel tyrannischer *opsophagia*. In einer Überlieferung, die wahrscheinlich auf den Historiker Xanthos von Lydien
im 5. Jahrhundert zurückgeht, wird eine historische Königin Atargatis erwähnt, die ein solcher *opsophagos* war, daß sie allen Fisch für sich
beanspruchte und ihren Untertanen sogar verbot, davon auch nur zu
probieren. Als Folge solcher *hybris* wurden sie und ihr Sohn Ichthys
(»Fisch«) »von Mopsos dem Lyder gefangengenommen und in den
See von Askalon versenkt, um von den Fischen verschlungen zu werden«.

Von den Kykladen, also aus etwas heimischeren Gefilden, kommt
eine andere Erzählung über Fisch und Macht. Sie stammt aus dem
Staat der Naxier, eine wahrscheinlich von einem der Schüler des Aristoteles zur Unterstützung von dessen Werk über politische Theorie
verfaßte Abhandlung. Ein wirrer Bericht über eine Episode während
der Entstehung der Tyrannenherrschaft auf der Insel im 6. Jahrhundert erzählt von einem äußerst reichen und angesehenen Bürger namens Telestagoras aus dem »Piratenklan«, den das Volk mit Geschenken ehrte. Wenn nun manche Leute versuchten, die Fischpreise zu
drücken, dann pflegten die Fischhändler zu sagen, sie würden den
Fisch eher dem Telestagoras schenken als ihn zu diesem Preis verkaufen; meiner Meinung nach noch einmal ein deutlicher Hinweis
auf das Tyrannenprivileg von der Art eines Polykrates, durchmischt
mit einigen Fischhändlerspäßen aus der Komödie des 4. Jahrhunderts. Einige junge Männer wollen einen großen Fisch kaufen, die
Fischhändler wiederholen ihren Spruch und sagen, sie wollten ihn
lieber dem Telestagoras schenken. Das provoziert die jungen Männer
in ihrer Trunkenheit zu einem tätlichen Angriff auf den Mann und
seine Tochter, was zu einem allgemeinen Aufstand zugunsten des
Fischhändlers unter Führung eines gewissen Lygdamis, ein Freund
des athenischen Tyrannen Peisistratos und bald seinerseits Tyrann
von Naxos, führt.[10]

Athen

Es erscheint vielleicht ein wenig weit hergeholt, Bdelykleons Einkaufsgang mit den tyrannischen Göttinnen und glitschigen Despoten zusammenzubringen und das simple Verlangen nach einem Barsch als Ausdruck symbolischer Macht anzusehen. Dennoch gibt es in den *Wespen* deutliche Anspielungen auf das persische System, welche die Verbindung von Tyrannis und Essen zwingender erscheinen lassen. Wir haben bereits gesehen, daß die Vorstellung der Königstafel den Hintergrund für Bdelykleons Vorschlag hergibt, jede Stadt des Attischen Reichs möge zwanzig Bürger mit Biestmilch und Hasen bewirten, und sie ist ebenfalls ein hervorstechendes Element bei seinem gefährlichen Einkaufsbummel. Als er von dem Sprottenverkäufer der Tyrannenverschwörung bezichtigt wird, mischt sich der Gemüsehändler ein: »Nun sage mir, du bist wohl hinter einem Lauch her; ich glaube fast, du hast die Tyrannei im Sinn, oder denkst du vielleicht, Athen sollte verpflichtet werden, dich mit Zukost zu versorgen?« – eine deutliche Anspielung auf die Königstafel. Dieselbe Vorstellung taucht in anderen Komödien auf, wenn, in Umkehrung der Metapher, die Fischhändler beschuldigt werden, »königliche Tribute« für ihre Ware zu nehmen. Bleibt die Frage: Was ist mit dem Fisch?

An diesem Punkt sollten wir uns an die obsessive Gerechtigkeit beim antiken Opfer erinnern und daran, wie das Fleisch von Kühen, Schafen und Schweinen in gleiche Portionen aufgeteilt wurde, die – wie es gerade kam – aus Fleisch oder Knorpel bestanden und aufs Geratewohl unter die Bevölkerung verteilt wurden oder an die Amtsträger, die sogenannten *oinoptai*, die darüber wachten, daß bei öffentlichen Feierlichkeiten jeder Bürger seine – gleiche – Portion Wein erhielt. Die Stadt hat diese Vorstellung von einer Opfergemeinschaft offenbar als Grundpfeiler zur Bildung einer Bürgergemeinschaft genutzt und mit einer beträchtlichen Anzahl öffentlicher Bankette unterstützt. In Athen wurden bei religiösen Festen riesige Opfer dargebracht und Hunderte von Rindern auf einmal geschlachtet, so daß alle Bürger mit Fleisch versorgt waren. Außerdem wurden die fünfzig vorsitzenden Mitglieder des Rates der Fünfhundert während ihrer Präsidentschaft täglich auf Kosten der Stadt bewirtet und einige Ehrenbürger sogar ihr ganzes Leben lang ausgehalten. Angesichts der neueren Forschung geht man in der Tat nicht zu weit zu behaupten, daß Bankette abzuhalten eine zentrale Veranstaltung der Polis war: »Teilnahme an den Feierlichkeiten ist gleichbedeutend mit

Teilnahme am Gemeinwesen.« Es gab sogar Gesetze, die das Volk dazu zwangen, das Essen der Stadt einzunehmen.

Dieses Prinzip kann als das wahre Fundament der athenischen Demokratie angesehen werden, denn *isonomia*, »gleiches Teilen«, wird einige Zeit vor der Ideologie der *dēmokratia*, der »Macht des Volkes«, erwähnt. *Isonomia* stellt eine Gedankenverbindung von *nemō* (»verteilen«) zu der davon abgeleiteten *kreanomia* her, der Verteilung des Opferfleisches, mit einem treffenden Verweis auf eine andere Ableitung des Verbs, nämlich *nomos* (Gesetz). Einem zeitgenössischen Trinklied zufolge haben die »Tyrannenmörder« Harmodios und Aristogeiton *isonomia*, nicht Demokratie, nach Athen gebracht, als sie gegen Ende des 6. Jahrhunderts »der Tyranenherrschaft ein Ende bereiteten«. Kleisthenes, der Begründer der Demokratie, ist in Wahrheit als gerechter und guter Verteiler zu betrachten und weniger als Revolutionär. Es ist fraglich, ob er dem Volk überhaupt neue Macht in die Hände gegeben hat. Er veränderte nur die politische Struktur von einem vertikalen System der Patronage in eine horizontale, in ganz Attika gültige Ordnung, indem er die *dēmoi* und Stämme nach isometrischen (und wahrscheinlich rein zufälligen) Prinzipien neu organisierte und dabei regionale Loyalitäten aufbrach sowie die Machtbasen der Aristokratie zerstörte; dabei verschaffte er dem Volk einen besseren Stand, so daß es zu einer eigenen Macht wurde.[11]

Es ist nicht sehr schwierig zu erkennen, daß das Sonderrecht des Tyrannen auf den besten Fisch vom Markt in diesem Zusammenhang verstanden werden muß. Auf den Punkt gebracht wird dies anschaulich vom Nachfolger des Polykrates, der, eingedenk des Schicksals des alten Tyrannen am Kreuz, beschließt, auf die geerbte Macht zu verzichten. Er führt den Kult des Zeus Eleutherios ein und ruft das Volk zusammen, dem er beim öffentlichen Opfer eine lebendige Darstellung seines politischen Programms gibt. Er wird die Herrschaft teilen (wörtl.: »die *archē* in die Mitte setzen«) und verkündet »gerechte, gleiche Verteilung« (*isonomia*) für die Bewohner von Samos, ein markanter Gegensatz zur Monopolisierung des großen, »seiner Herrschaft würdigen« Fisches durch Polykrates. Einem ähnlichen Bild begegnet man in einer frühen athenischen Metapher der Macht in den politischen Gedichten des Solon, beinahe ein Jahrhundert vor der Demokratie der gerechten Anteile eines Kleisthenes. Solon beschreibt, was seine Kritiker zu ihm als Gesetzgeber sagten und wie sie sich über ihn lustig machten, weil er nicht die höchste Macht, die doch in Griffnähe lag, für sich in Anspruch nahm: »Seine Netze waren voller Fische«, raunten sie, »aber er war so erstaunt über seinen Fang, daß er ihn nicht an Land ziehen konnte.«[12]

Es scheint also klar, daß das Prinzip des »gerechten Teilens« und der »gleichen Chance auf einen Anteil«, das im verteilten Opfer verkörpert ist, auf den Marktplatz als *meson*, als »Gemeinplatz« in der Stadtmitte, im Zentrum der Gemeinde, übertragen werden kann. Auf Naxos und Samos wird Fisch dem führenden Mann nicht nur als Geschenk oder Vorrecht überreicht, sondern von den Fischern oder Fischhändlern sogar vom Verkauf ausgenommen. In den Anfängen der demokratischen Tradition stoßen wir also bereits auf Hinweise dieser Verbindung zwischen politischer Freiheit und Freiheit des wirtschaftlichen Austausches, dem wichtigsten Charakteristikum moderner westlicher Ideologie. Dieselbe Vorstellung liegt vielleicht dem Gesetz zugrunde, das später den Preis für Flötenmädchen festsetzte und sie unterschiedslos jedem zubilligte, der ihre Dienste in Anspruch nehmen wollte, ebenso dem demokratischen Reden der *opsophagoi*, wenn der Fang monopolisiert wurde. Dennoch war es kein System zum Vorteil der Händler, denn diese waren häufig nicht einmal Teil des Gemeinwesens. Es war ein »freier Markt« nur für Konsumenten, ein Markt der Teilhaberschaft, bei dem festgesetzte Preise durchaus ihren Platz hatten.

Legen die Griechen also solches Gewicht auf die Gleichheit der Opfergemeinschaft, eine Gleichheit, die bei jedem Schlachtopfer wieder neu bestätigt wird, dann schwingen in den Beschreibungen von gierig essenden Politikern automatisch Anspielungen auf Machtgier mit. Wenn Aischines davon spricht, daß Timarchos nicht nur seinen eigenen Besitz verbraucht, sondern auch das Gemeinwohl, *ta koina*, verschlingt, dann stellt er eine direkte Verbindung her zwischen Privatgelüsten, der Verschwendung von Besitztümern und der Veruntreuung öffentlicher Mittel. In dieser langen Tradition einer Politik des Verschlingens gibt es unübersehbare Verbindungen zur Tyrannis. Solche Vorstellungen waren in der Komödie sehr verbreitet, insbesondere tragen sie zur Charakterisierung des Demagogen Kleon in Aristophanes' *Rittern* bei. Wir sind ihm schon beim Verschlingen von Thunfischstücken und Tintenfisch begegnet, bevor er seine Reden in der Versammlung hielt. Aristophanes stellt eine metaphorische Verbindung zu seiner Bestechlichkeit her: Kleon ist wie ein Thunfischspäher, der nach silbernen Schwärmen imperialen Tributs Ausschau hält, um sie in sein Netz zu leiten. Man unterstellte ihm weit und breit, Bestechungsgelder von den Mileterm genommen zu haben, möglicherweise um seinen Einfluß geltend zu machen, die Bundesabgaben, die sie an Athen zu zahlen hatten, zu senken. Aristophanes spielt auf diese Bestechungsgelder an und nennt sie nach

einer Spezialität der Region »milesische Seebarsche«. Kleon »sahnt
das ganze Gemeinwesen ab«. Er ist ein Hund, der das *opson* von der
Tafel des Volkess schnappt und in der Nacht »die Teller und die Inseln« leckt. Aber nicht irgendein Essen reicht Kleon als Bestechung,
er schnappt sich die Bissen von Athens Königstafel. Sein Feinschmeckertum richtet sich auf den Tribut, auf die Inseln des Bundes,
auf das Attische Reich selbst. Mit diesen Bildern vom Essen zeichnet
Aristophanes den Demagogen als einen Usurpator der stadteigenen
archē. Wir erkennen jetzt die tiefe Wahrheit in der Rede der empör-
ten *opsophagoi* in den *Reichen* des Antiphanes: »Es ist nicht demokratisch, soviel Fisch zu verschlingen.«[13]
   Es war der aristokratische, charismatische Alkibiades, der, obwohl
aus ganz anderem Holz geschnitzt, etwa eine Dekade nach Kleon öffentliche Berühmtheit erlangte und der Metaphernfolge vom Bankett zur Tyrannis während der Feiern nach seinem großen Sieg beim
Wagenrennen 416 in Olympia auf höchst anschauliche Art Gestalt
verlieh. Er steuerte sieben Wagen und wurde Erster, Zweiter und
Dritter. Euripides schrieb eine Siegesode für ihn, und sein Ruhm
wurde in der ganzen griechischen Welt gefeiert. Plutarch bemerkt, er
habe erreicht, was noch keinem vor ihm, ob Privatbürger oder
König, gelungen sei. Einige Aspekte seines Feldzugs gaben allerdings
Anlaß zur Sorge. Das Problem war, daß er von den Städten des Attischen Reiches Unterstützung erhielt; Ephesos stellte ein persisches
Zelt, Chios Futter für die Pferde, Kyzikos die Schlachtopfer und Lesbos den Wein und andere Dinge des täglichen Bedarfs. Die Ähnlichkeiten mit der Königstafel und den persischen Privilegien eines Themistokles mußten auch ohne die Warnungen Bdelykleons acht Jahre
zuvor einem jeden ins Auge stechen. Wieder einmal drohte das kleb-
rige Geschenk mit allen seinen unausgesprochenen Verpflichtungen
die Demokratie zu unterminieren.[14]

Tyrannenherrschaft

Alkibiades stand 416 mit seiner *hybris* nicht allein da. Sein ungewöhnlicher Auftritt in Olympia stimmte offenbar mit der nationalen
Gemütslage überein. Nach zehn Jahren Krieg ohne wesentliche Ge-
bietsverlusten und den fünf darauffolgenden Jahren eines zerbrechli-
chen Friedens, während dessen Dauer die Feinde des Feindes, die
Perser, den Krieg bis vor die Tore Spartas trugen, fingen die Athener
wieder an, übermütig zu werden. Im gleichen Jahr unternahm Alki-

biades eine Expedition auf den Peloponnes, um in Argos Sympathisanten der Spartaner gefangenzunehmen, während eine andere
Flotte zu der kleinen Insel Melos in den Kykladen auslief, einer Stadt,
der es irgendwie gelungen war, im zurückliegenden halben Jahrhundert der Vereinnahmung durch das Attische Reich zu entgehen,
deren Glückssträhne nun aber zu Ende war. Unter der erdrückenden
Überlegenheit fiel die Stadt unentrinnbar an Athen. Die meisten
Männer wurden umgebracht, Frauen und Kinder in die Sklaverei
verkauft und auf der Insel Kolonisten aus Athen angesiedelt. Im darauffolgenden Jahr wurden noch ehrgeizigere Unternehmen ins Auge
gefaßt. Man plante, eine gewaltige Expedition nach Sizilien zu unternehmen, angeblich um Athens belagerten Verbündeten zu Hilfe zu
kommen, doch war die Zahl der Truppen groß genug, um die ganze
Insel für die Athener zu erobern und sogar, so munkelte man, um
eine Ausgangsbasis nach Karthago zu haben.

Während der Debatte über die Expedition wurde Alkibiades vom
Schatten seines olympischen Erfolgs eingeholt. Der Befehlshaber Nikias, ein vorsichtiger Mann, war gegen den Plan und warnte davor,
daß Alkibiades den Krieg nur dazu benutze, um seinen verschwenderischen Lebensstil zu finanzieren. Er bemühte dasselbe Bild, das
Aischines später im Zusammenhaang mit der Feindschaft des Demosthenes gegen Philipp von einer öffentlichen Person zeichnete,
deren private Leidenschaften zu Risiko, Gefahr und Krieg führten.
Selbst Thukydides, obwohl ein Anhänger des jungen Feldherrn, war
offenbar gleicher Meinung:

>Seine Begierden waren sowohl in Hinblick auf Pferdezucht als
auch auf andere Ausgaben größer als sein Vermögen. In der Tat
trug dies, wie sich erweisen sollte, viel zum Niedergang der Stadt
bei. Denn die Massen fürchteten sich vor der Unbändigkeit seines
Körpers, seines Lebensstils und vor der großen Findigkeit, die er
in allen seinen Unternehmungen an den Tag legte. Sie waren der
Meinung, es gelüste ihn nach der Tyrannenherrschaft, und wen-
deten sich von ihm ab.«[15]

Dennoch wurden zum Zeitpunkt der Debatte wenige Befürchtun-
gen über Alkibiades laut, oder vielleicht wurden alle Zweifel an den
Motiven derer, die für die Expedition eintraten, von der Gier des
Volkes nach den legendären Reichtümern Siziliens und des Westens,
wie in den Anekdoten und Geschichten über die Städte Sybaris,
Akragas und Tarentum verkündet, hinweggefegt. *Sybaritikoi logoi*,

»sybaritische Geschichten«, scheinen im 5. Jahrhundert fast so etwas
wie eine literarische Gattung gewesen zu sein, und der Reichtum des
Westens wurde vor allem als Essen und im Essen imaginiert, da Süditalien und Sizilien für ihre fruchtbaren Felder, den fetten Käse, für
ihre Köche und gute Küche berühmt waren, was uns heute sehr vertraut klingt. Ein syrakusisches Mahl war immerhin so berühmt, daß
es etwa ein Jahrzehnt vor der Debatte über die Expedition im Lehr-
plan des *katapygōn*-Sprößlings in den *Zechern* auftauchte. Metagenes,
ein Komödiendichter gegen Ende des 5. Jahrhunderts, gab in seinen
Thuriopersai von den Reichen der Gegend eine Beschreibung, wobei
er zwei Dinge, für die der Westen größte Berühmtheit erlangt hatte –
nämlich ausgefallene Bankette und Überfülle der Natur –, zu einem
ungereimten und etwas unglücklichen Bild vom Rohen und Gekochten verband: »Der andere Fluß [Sybaris] schiebt eine Woge von
Käsekuchen und Fleisch und gekochten Rochen, die zu uns herüber-
schwänzeln, auf uns zu, während die kleineren Zuflüsse mit ge-
backenem Tintenfisch, mit Meerbrassen und Panzerkrebsen dahin-
fließen … Von selbst gedämpfte Fischstücke kommen heran und
gleiten in unseren Mund.« Als die Bürger von Athen ihre Hand erhoben, um ihr Einverständnis zur Entsendung der Flotte auf die verheerende Reise zu geben, hätte ein aufmerksamer Beobachter beim
Versuch, die Motive der Bürger zu ergründen, bei vielen vielleicht
den Magen knurren hören. Die reichen Städte des Westens konnten
mehr als »Biestmilch und Hase« bieten; sie vermochten eine Königstafel auszurichten, die eines Königs würdig war.[16]

Die Seifenblase der Selbstsicherheit platzte in dramatischer Form.
Als erstes stand jemand in der Volksversammlung auf und verkün-
dete, in Privathäusern seien die Eleusinischen Mysterien entweiht
worden, wobei als einer der Missetäter Alkibiades genannt wurde.
Dann, kurz bevor die Expedition aufbrechen sollte, wachten die
Athener eines Morgens auf und stellten fest, daß über Nacht ein ent-
setzlicher Vandalenakt begangen worden war. Ihre Hermesstatuen
waren verunstaltet und zertrümmert worden. Hermes war der Gott
der Reisenden und der glücklichen Ereignisse, der Schwelle und
neuer Unternehmungen. Sein Kult fand in kleinem, persönlichem
Rahmen statt und war in Athen äußerst populär. Er hatte gewisse
Ähnlichkeiten mit Kulten wie dem des Elefantengottes Ganesha im
heutigen Indien. Die ungewöhnlichen Hermesbilder zeigten einen
schönen bärtigen Kopf, einen erigierten Penis und enthielten einen
lehrreichen Text auf einem Steinquader. Sie waren eine Besonderheit
Athens, ein typisches Merkmal der Straßen, Torwege und Eingänge,

die den Reisenden aus den Dörfern vom Land anzeigten, daß sie den
halben Weg zur Stadt zurückgelegt hatten, oder sie mahnten, unterwegs »nur gerechte und gute Gedanken zu hegen«. Eine große Anzahl war am Eingang der Agora in der Stoa des Hermes aufgestellt,
eine Gelegenheit für Händler, Kläger und Politiker, die Tagesge-
schäfte mit Fortüne zu beginnen, und eine praktische Plattform, von
wo aus man bei den Panathenäen dem Vorbeizug von Athenes
neuem Kleid, das wie ein riesiges Segel wirkte, zuschauen konnte.
Unter diesen Hermen gab es eine Gruppe, die vom Feldherrn Kimon
nach dem ersten Sieg des Attischen Seebundes über die Perser um
476/475 gestiftet worden war. Dieser Sieg läutete den Beginn eines
halben Jahrhunderts ein, das von Athen bestimmt wurde, und war
daher ein geeigneter Anlaß, die Schwelle zum klassischen Zeitalter
zu markieren. Thukydides sagt, die Frevler hätten die Antlitze der
Statuen »rundherum beschnitten«, und manche von denen, die auf
der Agora ausgegraben wurden, bestätigen diese Beschreibung in der
Tat, so als ob die Täter vorgehabt hätten, ihren archaisch anmuten-
den Bärten zu einem moderneren Aussehen zu verhelfen. Es konnte
nicht ausbleiben, daß Wissenschaftler vermuteten, die Angriffe hätten sich gegen die provozierenden Penisse der Hermen gerichtet; so
hat eine feministische Historikerin die These aufgestellt, die ganze
Sache sei von Frauen organisiert worden, um gegen die Unterdrückung durch das Patriarchat zu protestieren. Liegen auch die Be-
weggründe und zum Teil die Identität der *hermokopidai*, der »Her-
mesverstümmler«, noch immmer im Dunkeln, so gibt es keine Zweifel über die Wirkung ihrer Taten auf die Bevölkerung. Die Menschen waren in großer Furcht darüber, daß die Gunst des Gottes nun
verspielt sei und über der Expedition ein Unheil schwebe. Die Verstümmelung der Hermen von 415 steht mit der Stiftung des Kimon
sechzig Jahre zuvor in einer deutlichen Symmetrie: Anstatt daß die
Hermen eine zweite Phase imperialer Eroberung eröffneten, mar-
kiert ihre Verstümmelung den Anfang vom Ende der ersten.[17]
			Man ließ die Flotte wie geplant auslaufen; sobald sie jedoch den
Hafen verlassen hatte, nahmen die Ängste bei den Zurückgebliebe-
nen hysterische Ausmaße an, nicht zuletzt weil immer alarmieren-
dere Enthüllungen durchsickerten. Nach Thukydides konzentrierte
sich die Aufmerksamkeit auf eine bestimmte Periode der Vergangenheit Athens, auf die Tyrannenherrschaft des Peisistratos und seines
Sohnes Hippias, welche die Stadt hundert Jahre zuvor beherrscht
hatten:

»Indem sie sich alles, was sie über diese gehört hatten, in Erinnerung zurückriefen, verfielen sie nun in eine üble Stimmung und mißtrauten jenen, die in Verbindung mit den Mysterien beschuldigt wurden; alles, was geschehen war, wurde als Teil einer Verschwörung zur Errichtung einer Oligarchie oder ›Tyrannenherrschaft‹ angesehen. Infolge der erhitzten Gefühle wurden viele hervorragende Männer unverzüglich ins Gefängnis gebracht, und es gab keine Anzeichen der Erleichterung in dieser Lage. Im Gegenteil wurden sie täglich erbarmungsloser, und es wurden noch mehr verhaftet.«

Andokides zufolge, der selbst schwer davon betroffen war, leerte sich der Markt, sobald der Rat auf der Agora zusammentrat, weil die Leute befürchteten, sie könnten die nächsten Opfer von Denunziationen und Verhaftungen werden. Schließlich entschied sich Andokides dafür, dem Leiden ein Ende zu machen und alles zu gestehen, was den sicheren Tod für viele der Inhaftierten, aber für ihn und einige andere die Freiheit bedeutete. Nun, da die Hermesschänder bestraft waren, wandte sich das Volk mit größerer Entschlossenheit den Entweihern der Mysterien zu, die, wie man glaubte, zu derselben Verschwörung zum Sturz der Demokratie gehörten. Überzeugt davon, daß Alkibiades mit der Sache zu tun hatte, rief man ihn aus Sizilien zurück und trieb den Feldherrn, der sich am meisten für die Expedition eingesetzt hatte, in die Arme Spartas. Damit wurde eine Reihe von Ereignissen in Gang gesetzt, die nach Ansicht mancher Zeitgenossen zur schließlichen Niederlage Athens im Peloponnesischen Krieg führten und, nach Ansicht von Thukydides und einiger anderer, die Demokratie selbst in Mißkredit brachten.[18]
Lange hatten die Athener Ängste vor Tyrannen genährt, eines der hervorstechendsten Merkmale der Demokratie und des griechischen politischen Denkens überhaupt. Die Diktatur des Peisistratos und seines Sohnes ging im Jahr 510 zu Ende. Die Möglichkeit einer Wiedereinsetzung des Hippias war gebannt, als sich der alte Mann 490 mit der Niederlage seiner persischen Unterstützer bei Marathon konfrontiert sah. Die Aussicht auf einen Staatsstreich war danach in den Augen der meisten modernen Kommentatoren äußerst gering. Dennoch wurde fast ein Jahrhundert nach Beendigung der Schreckensherrschaft noch immer der Tyrannenvorwurf in der Versammlung und auf der Bühne erhoben, wo er zum Angriff auf prominente Persönlichkeiten herhalten mußte. Wenn Aristophanes in den *Wespen* behauptet, der Tyrannenvorwurf sei in Athen billiger als

Salzfisch zu haben, dann übertreibt er wahrscheinlich nur gelinde.
Die meisten seiner Zeitgenossen hielten es nämlich für weit mehr als
nur einen rhetorischen Topos, der von Politikern bei gegebenem
Anlaß vorgebracht wurde. Auch wenn es seit über achtzig Jahren
keine Tyrannenherrschaft in Athen mehr gab, nahmen die Athener,
wie Thukydides bemerkt, die Bedrohung immer noch sehr ernst.

Kleisthenes und seine Nachfolger hatten in Athens Verfassung
einen Mechanismus eingebaut, der es möglich machte, Tyrannen
loszuwerden, bevor es zu spät war. Es wurde darüber abgestimmt, ob
die Stadt einige prominente Bürger für eine gewisse Zeit verbannen
sollte. War das Ergebnis positiv, kam es zu einer weiteren Abstimmung, in der bestimmt wurde, wen es treffen sollte. Die Namen der
Kandidaten wurden auf eine Tonscherbe geritzt, die man *ostrakon*
nannte, und diese in die Urnen geworfen. Der »Gewinner« wurde
ausgewiesen, was zehn Jahre Verbannung bedeutete, wonach er mit
allen Bürgerrechten ausgestattet wieder zurückkehren und sein Eigentum zurückverlangen konnte. Es war ein Versuch, den schädli-
chen Kreislauf, der Athen vor der Tyrannenherrschaft aus dem
Gleichgewicht gebracht hatte und weiterhin andere Städte destabili-
sierte, in den Griff zu bekommen und unter Kontrolle zu halten. Bei
diesem Kreislauf trieb eine Fraktion ihre Rivalen ins Exil, wo diese
ihre Rückkehr betrieben und bittere Rache planten, bis hin zur Verbannung ihrer Feinde im Gegenzug. Peisistratos seinerseits hatte sich
in ebendieser Weise zum Tyrannen aufgeschwungen. Manche wenden ein, daß der Ostrazismus kein geeigneter Schutz gegen die Tyrannis sei, da die größte Gefahr von den Populisten her drohte, die
man nicht durch Abstimmung ins Exil treiben konnte. Dies hieße jedoch eine moderne Vorstellung von Diktatur auf eine ganz andere
Kultur anzuwenden. In Athen brachte sich ein potentieller Tyrann
durch Eigenschaften ins Gespräch, die wenig mit Popularität oder
politischer Gerissenheit zu tun hat, sondern weit mehr mit Persönlichkeit und Lebensstil.

Der Grund, warum Alkibiades verdächtigt wurde, an der Verschwörung gegen den Staat beteiligt zu sein, bestand nicht darin, daß
er besonders populär gewesen wäre oder Reden gegen die Demokratie geführt oder Waffen für einen Umsturz gehortet hätte. Seine
Ankläger, sagt Thukydides, »sahen die Beweise in seiner gesetzlosen
und undemokratischen Lebensweise«. Dies konnte auf verschiedene
Weise interpretiert werden. Alkibiades zeigte bestimmt *paranomia*,
Gesetzlosigkeit, Verachtung gegen das Gesetz, und es gibt zahllose
Geschichten über ihn, die diese Seite seines Charakters zu illustrieren

scheinen. Am eindringlichsten ist vielleicht Platons Beschreibung,
wie Alkibiades, sich ziemlich betrunken auf ein Flötenmädchen stüt-
zend und mit einem Kranz auf dem Kopf, der ihm halb über die
Augen hängt, in Agathons bis dahin wohlgeordnetes Symposion
platzt. Sogleich ernennt er sich zum Leiter des Gelages und versucht
jedermann so betrunken zu machen, wie er selbst bereits ist. Er wartet nicht einmal, bis der Wein anständig mit Wasser gemischt ist,
sondern trinkt ihn direkt aus dem Kühlgefäß. Andere mögen auf
seine sexuellen Untaten hinweisen, auf seine Affären mit verheirateten und unverheirateten Frauen, ja sogar mit einer illegitimen Tochter. Eine solche Form der Verachtung gegenüber Normen mag in
jeder Gesellschaft für gefährlich erachtet werden und galt als typisch
für Tyrannen. Sein Verhalten in Olympia war ein sicherer Beweis für
seinen Drang nach größeren Vorrechten als die, die ihm als gerechte
Anteile in der Stadt gleicher Bürger zustanden. Diese *paranomia* ist
nicht einfach ein Vergehen, eine Mißachtung irgendwelcher Gesetze
oder Autoritäten, sondern eine Mißachtung der Grenzen der Begierden, der Gesetze und des Protokolls, die Begierden unter Kontrolle
zu halten, im Falle des Alkibiades vor allem der Gesetze, die Sex und
Trinken regeln.

Es ging nicht darum, daß ein Mann mit »tyrannischem Lebensstil«
überdurchschnittliche Genüsse begehrte, an denen sich der Überlieferung nach persische Monarchen und Satrapen sowie griechische
Diktatoren vor langer Zeit einmal delektiert hatten. Vielmehr überstiegen die Begierden eines tyrannischen Mannes bald die Mittel
eines Privatbürgers und zwangen ihn, zum Äußersten zu greifen. Er
mußte das System umstürzen, um von seinen Schulden wegzukom-
men. Es war weniger eine Tyrannis aus Ehrgeiz als eine aus Verzweif-
lung. Thukydides benennt es: »[Alkibiades'] Begierden waren größer
als sein Vermögen.« Das Volk »dachte, er trachte nach der Tyrannis,
und so wandte es sich von ihm ab«. Man meinte, Alkibiades brauche
einen Umsturz, weil er seine Begierden nicht unter Kontrolle hatte
und seine Ausgaben seine Mittel überstiegen. Nach dieser Analyse
gründete sich der Verdacht der Tyrannenherrschaft, der ihn von der
sizilischen Expedition zurückrief, auf dieselben Charaktereigen-
schaften, die ihn, Nikias zufolge, so eifrig die Eroberung Siziliens
(und Karthagos) betreiben ließ, nämlich auf seine Zügellosigkeit.[19]

Tatsächlich kam es 411 in Athen zu einem oligarchischen Staatsstreich, doch entgegen den scheinbar wohlbegründeten Befürchtungen der Athener in den Jahren 422 (als die *Wespen* aufgeführt wurden) oder 415 handelte es sich nun um eine Folge der Maßnahmen

zur Verteidigung der Stadt. Denn die Revolution, die unmittelbar auf
das Chaos und die Demoralisierung folgte, welche die sizilische Katastrophe mit sich brachte, war ihrerseits eine Folge des Rückrufs des
Feldherrn, der die Kampagne am eifrigsten befürwortet hatte, und
der Tatsache, daß Nikias, der Heerführer, der ihr größter Gegner
war, als einziger Befehlshaber dort belassen wurde. Das war nicht
nur eine schlechte Idee, sondern für viele auch eine Bestätigung
dafür, daß die Demokratie offenbar private politische Rivalitäten
über das nationale Interesse zu setzen fähig war, aber nicht zu einer
klaren und konsequenten Herrschaft. Wie Thukydides in seinen
Überlegungen zur schließlichen Niederlage Athens bemerkt, verlor
die Stadt nicht wirklich gegen Sparta, noch wurde sie durch ihre eigenen Verbündeten vernichtet. Athen verlor den Peloponnesischen
Krieg, weil es sich selbst besiegte. Tatsächlich waren unter den Demagogen, die um die Mysterien, die Hermen und die aufgedeckte
Bedrohung der Demokratie ein Getue machten, etliche, die später
als Rädelsführer der oligarchischen Tyrannenherrschaft wieder auftauchten. Wie bei einer Tragödienfigur oder bei Polykrates mit seinem Fisch war die Tat, welche die Stadt ausführte, um dem Schicksal
zu entgehen – nämlich der Rückruf des Alkibiades –, in Wahrheit die
Ursache ihres Schicksals. In dieser Tragödie spielten, so meint
Thukydides, übertriebene Ängste vor Begierden, Zügellosigkeit und
Verschwendung ganz gewiß eine große Rolle.[20]

Dem klassischen Bericht über die Ursprünge eines Staatsstreichs
begegnet man in Platons *Staat*, wo beschrieben wird, wie eine Verfassung die andere ablöst und wie sie sich entwickeln. Der tyrannische
Charakter trägt einen Tyrannen im Innern, seinen Trieb, der alle anderen Begierden beherrscht. Sein Lebensweg besteht aus lauter
»Festen und *kōmoi*, Gelagen, Umzügen und Hetären«; dies führt zu
Schulden und Pfändung und schließlich zu schlechter Behandlung
der Eltern, die sich seinen Forderungen nach mehr Geld widersetzen.
Er schlägt seine Mutter um der Hetäre willen, oder »Schläge hageln
auf seinen … Vater nieder« wegen eines hübschen neuen Freundes«.
Bald darauf wirft er sich, ohne Geld, aber immer noch mit den gleichen Hirngespinsten von Genüssen, die wie Bienen in seinem Kopf
herumschwirren, dem Verbrechen in die Arme: »Wird er dann nicht
zum ersten Mal Hand an die Mauern eines Hauses oder den Mantel
eines nächtlichen Spaziergängers legen?« Manchmal finden solche
Charaktere ein Ventil als Söldner oder in den Reihen der Anhänger
eines fremden Tyrannen; anderenfalls bleiben sie in der Stadt und
begehen Verbrechen: »Sie stehlen, brechen in Häuser ein, schneiden

Geldbeutel ab, stehlen Mäntel, rauben Tempel aus, treiben Sklaven-
handel, und manche, die gut zu reden verstehen, werden Verleumder, machen falsche Zeugenaussagen und nehmen Bestechungsgelder.« Finden sich genügend solcher Charaktere in einer Stadt zusammen, werden sie sich ihrer zahlenmäßigen Stärke bewußt und finden
mit Hilfe der Dummheit des Volkes einen Führer, der Tyrann über
alle wird. Kommt es zu Widerstand, dann wird er mit der Hilfe seiner Gefährten (*hetairoi*) sein Vaterland unterjochen, so wie er einst
den Vater mißhandelte. »Wäre dies schließlich nicht das Ergebnis der
Begierden eines solchen Mannes? – Das wäre es in der Tat.«[21]

Das Ende der Zivilisation

Kommt uns dieses Muster bekannt vor, so deshalb, weil wir die Geschichte der Entstehung eines Tyrannen schon in Aischines' Ankla-
geschrift gegen Timarchos kennengelernt haben. Hauptdarsteller in
Platons Beschreibung des Tyrannen ist wie in Aischines' Biographie
des Timarchos die Begierde. Der Redner hat den Angeklagten bereits
der *sykophantia*, der Bestechung und des Tempelraubs beschuldigt; er
begnügt sich jedoch nicht damit, sondern folgt Platon bis zum
Höhepunkt: »Ihr werdet viele Männer dieser Art finden, die Städte
zerrüttet und sich selbst damit in das größte Unglück gestürzt haben
… die grenzen- und willenlose Hingabe des Körpers an Genüsse
nährt die Räuberbanden, sie lockt die Seeräuber auf die Piraten-
schiffe, sie ist die Furie eines jeden Mannes, die ihn dazu bringt, seinen Mitbürgern die Kehle durchzuschneiden, Gefolgsmann eines
Tyrannen zu werden und die Demokratie stürzen zu helfen.« Tyrannenherrschaft scheint das *telos* zu sein (und, so wird unterstellt, Demosthenes der Tyrann), die logische Folge von Timarchos' Vorliebe
für Flötenmädchen, Würfelspiel und Fisch, wenn er nicht sofort ge-
bremst wird. Endete im 18. Jahrhundert »der Weg eines Liederlichen« im Irrenhaus Bedlam, so führte der Gang der klassischen Verschwender auf die Zitadelle und drohte, das Irrenhaus in die Stadt zu
bringen.[22]

Aischines' Bild von Vergnügungssüchtigen als Mördern, Gesetzes-
brechern, Seeräubern und Plünderern, das die Fleischeslust mit Verwilderung und Barbarei verknüpft, gleicht in großen Zügen Platons
von der Begierde getriebenen Verworfenen, die nächtens die Straßen
bevölkern, Mäntel rauben, in Häuser einbrechen, Geldbeutel ab-
schneiden und schließlich das unstete Leben eines Söldners führen.

Ein ähnliches Bild der Verwilderung begegnet in Theopompos' Porträt vom Kern des makedonischen Heeres:

>»Philipp verachtete jene, die ein ordentliches Leben führten und ihren Mitteln entsprechend lebten. Er zog diejenigen vor, die auf großem Fuß lebten und förderte sie; Männer, die den Spieltisch nie verließen, Männer, die stets betrunken waren … Manche von ihnen pflegten sich den Bart zu schaben und sorgten dafür, daß ihre Haut weich blieb, obwohl sie erwachsene Männer waren … Sie hatten zwei oder drei männliche Prostituierte bei sich und waren anderen in der gleichen Art zu Diensten, so daß man sie mit Fug und Recht Hetären statt Gefährten nennen darf, keine guten Marschierer, aber gute Straßenhuren, denn sie waren Mörder von Natur, aber Männeraufreißer [*andropornoi*] nach ihrer Lebensart … Achtlos allem gegenüber, was sie hatten, begehrten sie, was sie nicht hatten, obwohl sie einen guten Teil Europas besaßen … – Kurz, … ich glaube, daß Philipps Freunde und Gefährten schlimmere Untiere und von bestialischerer Veranlagung waren als die Kentauren, die im Peliongebirge umherstreifen, oder die Laistrygonen, die in der Ebene von Leontini lebten.«

Die Laistrygonen waren Menschenfresser, denen Odysseus auf seiner langen Reise zurück nach Ithaka begegnet war. Sie kamen ans Ufer und warfen riesige Felsbrocken auf die Flotte, versenkten die Schiffe und »speerten die Männer wie Fische«, bevor sie ihre Beute nach Hause schafften, um sie zu verspeisen. Kentauren kommen in verschiedenen Mythen vor. Eine Geschichte ist der Hintergrund für einen der verbreitetsten Stoffe in der griechischen Kunst: die Kentauromachie, die auf unzähligen athenischen Weinschalen und -krügen auftaucht, im großartigen Giebelfeld des Zeustempels in Olympia, auf den verlorenen bemalten, von Kimon gestifteten Friesen des Thesion in Athen, auf den erhaltenen Steinfriesen des Hephaisteion sowie des Apollontempels auf dem landeinwärts gelegenen Hügel von Bassai in Arkadien oder auf dem Parthenon selbst. Die Kentauren waren zur Hochzeit des Peirithoos, König ihrer zivilisierten Nachbarn, der Lapithen, eingeladen. An Wein nicht gewöhnt, gerieten die Kentauren in ihrer Trunkenheit außer sich, verwüsteten das Hochzeitsmahl und versuchten die Frauen der Lapithen (weibliche Kentauren sind nicht bekannt), sogar die Braut Hippodameia selbst wegzuschleppen. Eine andere Geschichte geht um einen Besuch des Herakles. Als Gast der Kentauren wundert er sich, warum ihm seine

Gastfreunde nicht einen Becher Wein anbieten, besonders da er eine ungeöffnete Amphore im Inneren der Höhle sieht. Sein Gastgeber erzählt ihm, dies sei ein Geschenk für alle Kentaurenstämme von Dionysos, der verboten habe, das Gefäß vor der Zeit zu öffnen. Herakles überzeugt ihn, daß die Zeit jetzt gekommen sei. Sobald jedoch die Kentauren den Duft des Weines wittern, scharen sie sich zusammen, betrinken sich auf der Stelle und werden wild. Herakles bleibt keine andere Wahl, als sie mit seinen mit dem giftigen Blut der Hydra getränkten Pfeilen zu töten. Selbst sein Gastgeber stirbt, als er ungläubig einen der Pfeile untersucht, darüber erstaunt, daß ein so kleiner Pfeil die kräftigen Wesen niederstrecken konnte.[23]

Der Kampf der Lapithen und Kentauren rief nach Bebilderung, voller Bewegung und Leben, trunkenen Männern mit Pferdeleibern, verzweifelten Frauen, umgestürzten Tischen. Er nimmt jedoch einen solchen Rang an den bedeutenderen Tempeln ein, daß es naiv wäre, ihn nicht als Symbol für andere Kämpfe, etwa der Griechen gegen die Perser, der Zivilisation gegen die Barbarei, des inneren Streites von Regeln und Gesetzen gegen die von tierischen Leidenschaften beherrschte Anarchie, der Zivilisation gegen das Chaos anzuerkennen. Die Entgegensetzung von Dionysos und Apoll, Versinnbildlichung des Gegensatzes von Eingebung und Intellekt, von Zersetzung und Form, von Trunkenheit und Traum, ist weitgehend eine moderne Erfindung, hat aber bestimmte antike Wurzeln und scheint ein zentraler Aspekt jeder Darstellung der Kentauromachie zu sein: Der wilde, trunkene Pferdemensch repräsentiert die Gewalt, die jeden befällt, der den Wein des Dionysos nicht zu trinken weiß; die Lapithen ihrerseits werden von Apoll unterstützt, der im Giebel von Olympia heiter und klar über dem Chaos steht, Garant der Ordnung, die wieder einkehren wird.[24]

Häufig wird behauptet, daß Wildheit und Zügellosigkeit, obwohl im griechischen Denken beide charakteristisch für die Barbaren, selten in Kombination auftreten. Wahr ist auch, daß es im griechischen Denken eine starke Strömung gibt, die es für unmöglich hält, daß ein Mann gleichzeitig genußsüchtig und kriegerisch sein könne. Aus ebendiesen Gründen widerspricht Polybios Theopompos' Darstellung der makedonischen Gefährten. Andererseits war es allgemein üblich, Genuß als Widerspiegelung der Macht zu sehen, Eroberung und Herrschaft in Begriffen der »guten Dinge« auszudrücken, die der siegreichen Stadt oder dem erfolgreichen Tyrannen zufielen. Es ist kaum zu weit gegriffen, die zur Erlangung der Königstafel nötige Gewalt und den Krieg als einen der Königstafel selbst innewohnen-

den Teil anzusehen, die zur Erlangung dieser imperialen Genüsse
nötige Gewalt als eine Widerspiegelung derselben Gewalt zu sehen,
die dem Begehren innewohnt. Theopompos geht in seiner Darstellung der Makedonier einen Schritt weiter als Polybios, und seine Gegensätze vertragen sich recht gut, wenn er die Wildheit hervorholt,
die unter der Patina genußbetonter Verfeinerung liegt. Die Vergleiche, mit denen er schließt, enthalten schon diese unvereinbare Mischung. Nicht nur, daß die Kentauren und Laistrygonen wild und
barbarisch sind; wie die makedonischen Gefährten zeigt sich ihre
Barbarei an der Art, wie sie ihre Begierden stillen: mit Kannibalismus, in trunkener Raserei, durch Vergewaltigung beim Hochzeitsmahl.

Die Laistrygonen, die sich Griechen wie Fische aus dem Meer zum
Fraße holen, rufen ein anderes Volk in Erinnerung, dem die Griechen am Rand der Welt begegnet sind. Im Jahr 325 v. Chr. segelt Nearchos von Kreta, ein Intimus Alexanders, aus Indien zurück, wobei
er in großer Distanz, ohne direkte Verbindung zu den Truppen, den
strapaziösen Landweg des Eroberers durch die gedrosische Wüste
Persiens abschirmt, den dieser, wie man sagt, absichtlich wählte, um
seine Leute für den gegen ihn durchgesetzten Rückzug zu bestrafen.
Nearchos hatte den Auftrag, die Nordküste des Persischen Golfs, die
Menschen dort und ihre Sitten zu erforschen und Alexander umfas-
send Bericht zu erstatten. Der Bericht wurde dringend erwartet, und
als Gerüchte aufkamen, daß die Kundschafter gesehen worden
waren, wurde ein Suchtrupp ausgesandt, um sie auf dem Weg von
der Küste zu treffen. Die Strapazen der Reise hatten sie jedoch bis zur
Unkenntlichkeit entstellt, ungeschoren und salzverkrustet, bleich
und übermüdet, wie sie waren. Der Suchtrupp erkannte sie zuerst
nicht und beantwortete ihr Hilfeersuchen mit Befehlen. Und doch
war ihre Geschichte das Warten wert, denn sie hatten viele wunder-
liche Dinge zu berichten. Zum ersten Mal hatten sie Wale, die Wasser in die Luft spritzten, gesehen. Zunächst hatten sie vor Überra-
schung die Ruder fahrenlassen, doch statt zu fliehen, ruderten sie
ihnen entgegen, machten ein großes Getöse, schlugen mit den Ru-
dern aufs Wasser, bliesen die Hörner, schrien und erschreckten die
Kreaturen derart, daß sie tiefere Gewässer aufsuchten. Danach
klatschten sie erleichtert in die Hände. Doch selbst dieses Wunder
der Natur wurde von ihrem Bericht über einen Stamm überboten,
der einen langen Küstenstreifen im Norden des Arabischen Meeres
bewohnte, vielleicht im Gebiet des späteren Belutschistan. Geschichten über die *ichthyophagoi* oder Fischesser waren seit den frühesten

Geographen und Ethnographen bekannt. In der Antike war der
Name großzügig an eine ganze Anzahl verschiedener Stämme, welche die Küsten des Persischen Golfs und des Roten Meeres bewohnten, verliehen worden. Der früheste Hinweis taucht bei Herodot auf,
der von Fischessern in der Gegend von Assuan in Ägypten spricht. Er
erzählt die Geschichte, wie im 6. Jahrhundert der persische König
Kambyses sich ihre Fähigkeit, mit wenig Verpflegung auszukommen, zunutze machte und einige von ihnen zur Erkundung des entlegenen legendären Königreichs der Äthioper am südlichen Ende der
Welt aussandte. Außer ihrem Namen war jedoch bis zu Nearchos'
Zeiten wenig über ihre Lebensweise bekannt. Was er an den Rändern
der bekannten Welt antraf, war etwas, was dem zu Hause recht nahe
kam, eine absurde Verkehrung der äußersten Verfeinerung griechischer Zivilisation: ein Volk, das ausschließlich von Fisch lebte.[25] Hier,
am Ende der Welt, spiegelt die Lebensform einiger armer Wilder ein
groteskes Bild griechischer Begierden wider, eine Art »Spiegel des
opsophagos«. Es war ein Volk, dem Fisch als hauptsächlicher Lebensunterhalt diente und Brot als Zukost, um die Monotonie zu unter-
brechen, ein Volk, das weder Haken noch Boote noch Feuer kannte.
Die *ichthyophagoi*, für Theopompos leider etwas zu spät entdeckt,
sind der Inbegriff des Bildes von der Wildheit und der Bestialität
ungezügelter Genüsse. Auf der untersten vorstellbaren Stufe der
Zivilisation frönen sie der höchsten Stufe eines Feinschmeckertums,
von dem der größte *opsophagos* nur träumen kann.

Grundsätzlich sind die Freuden des Fleisches, Essen, Trinken und
Sex, auch animalische Leidenschaften, und trotz aller Kennerschaft,
mit der ein distinguierter Mann auf die Tafel des Gastmahls blickt,
ergibt er sich in Wirklichkeit Begierden, welche er mit den niedrig-
sten Kreaturen teilt. Er zeigt die tierische Seite seiner Existenz. Wie
Kleon ist er der Hund, der die Teller ableckt. Unbeherrscht sind
Hunger, Durst und Lust, wie das Beispiel der Kentauren und Laistrygonen zeigt, imstande, die Grenzen von Sitte und Gesetz zu
durchbrechen, gesellschaftliche Einrichtungen wie Heirat und Gastfreundschaft zu zerstören und an ihre Stelle Kannibalismus, Ausschweifung und Vergewaltigung treten zu lassen. Zivilisation grün-
det auf der Zügelung animalischer Leidenschaften im Rahmen von
Regeln und der Etikette: den Wein, wie es sich gehört, mit Wasser zu
mischen, ihn ordnungsgemäß unter der Tischgesellschaft herumgehen zu lassen, das Brot in der linken und das *opson*, die Verfeinerung,
in der rechten Hand zu halten. Werden diese Regeln, selbst mit viel
Raffinement, gebrochen oder verkehrt, dann ist die Zivilisation selbst

gefährdet und ein *daimōn* ist im *oikos* losgelassen, der die Tafel umstürzen wird.

An mehreren Stellen seiner Anklage gegen Timarchos plaziert Aischines kleine, dunkle Bilder der Zerstörung und des Verderbens. Eines der eindringlichsten ist das eines Gegen-Athens, das in der Rede des Autolykos vor der Versammlung heraufbeschworen wird, bei der harmlose und banale Erwähnungen von Stadtbezirken plötzlich als Anspielungen auf Orte verstanden werden, wohin Prostituierte wie Timarchos ihre Kunden schleppen. Dieses andere Athen, auf das angespielt wird, ist trostlos und beunruhigend. Diese Stadt ist nicht von Haushalten belebt, sondern besteht aus *oikopeda*, aus »Haustrümmern« wie »Gebäude Z« vielleicht, das Bordell, dessen Ruinen fünfzig Jahre lang im Schatten des Heiligen Tores lagen; oder der »Platz des Pferdes und des Mädchens«, eine Ruine, die, sagt Aischines, so heißt, weil in alten Zeiten ein Athener strenger Tugendauffassung dort seine unzüchtige Tochter angebunden hatte, zusammen mit einem Pferd, welches sie auffraß, bevor es selbst verhungerte – eine kleine Kentauromachie im Zentrum von Athen, ein kleines Stück Wildheit im *oikos* als Beitrag zu Zucht und Ordnung. In diesem Gegen-Athen der Doppeldeutigkeit ist der Hügel der Pnyx nicht mehr der zentrale Ort der Regierung, der Versammlungort der Bürger, sondern ein »Ödland«, wo Straßenmädchen ihre Kunden abschleppen. »Ihr müßt nicht überrascht sein, Mitbürger«, begann Autolykos seine Rede auf ebendiesem Hügel, »wenn Timarchos mit diesem verlassenen Ort (*erēmia*) und der Gegend auf der Pnyx besser vertraut ist«; »... vielleicht«, fuhr er fort, als das Gelächter vorübergehend verstummte, »dachte Timarchos, daß an diesem stillen Ort (*hēsychia*) jedem von euch kaum Unkosten entstehen.« In dieser Gegend der Pnyx scheint es keine Gebäude und Wohnhäuser gegeben zu haben, wohl aber »Behausungen«, das Hauptanliegen von Timarchos' Anträgen. »Behausungen«, *oikēseis*, für die Wohnsitze athenischer Bürger ist ein ungewöhnliches Wort, ein Wort, das für barbarische Kulturen, welche die Höhe der städtischen Zivilisation noch nicht erreicht hatten, und manchmal sogar für den Unterschlupf von Tieren benutzt wurde. Möglicherweise war es die antike Version der »Armensiedlungen«, bewohnt von den Ärmsten, Einwanderern oder Flüchtlingen vom Land, welche die Bedrohung durch Philipp ernst genommen hatten.

Platons tyrannischer Charakter voller unbeherrschter Begierden ist eher wie ein Nomade, der, ewig verfolgt vom Stachel kitzelnder

Lust, nach einem Platz in einem Söldnerheer oder der Leibgarde eines fremden Tyrannen Ausschau hält. Das Bild ruft den archetypischen Wanderer, die Kuh Io in Erinnerung, die vom Stachel der Bremse Heras von Argos bis an die adriatische Küste verfolgt wird, wo die ionischen Inseln um Korfu von ihr den Namen haben; sie trifft den Prometheus im Kaukasus (wie Aischylos' *Gefesselter Prometheus* berichtet), setzt über den Bosporus (»Rinderfurt«), den sie im Vorbeigehen tauft, und landet schließlich in Ägypten, wo sie gebärt. Aischines zeichnet Timarchos als Nomaden, der sein Eigentum verkauft und unentwegt von der »Furie des Begehrens« verfolgt wird; darin weniger Io als Orest, der für den Mord an seiner Mutter durch ganz Griechenland gejagt wird, bis er schließlich in Athenes gerechte Stadt kommt. Timarchos hat Athen nie verlassen, aber nachdem er sein Vaterhaus und den Boden, auf dem er geboren war, so schnell, wie es seine Furie verlangte, verkauft hat, endet er auf der schiefen Bahn. Der Herumtreiber ist mittellos, *aporos*, dazu verdammt, durch das Ödland der Promiskuität zu wandern, Zuflucht in den Häusern und in den Armen anderer Männer, auf den Straßen und in verlassenen Gebäuden zu suchen. Er ist ein Landstreicher, ein Strolch im wahrsten Sinn des Wortes: »Wo immer er seinen Hut ablegt«, ist er zu Hause. Aber Timarchos ist auch ein Redner, dessen Worte gehört werden, der hundert Gesetzesanträge eingebracht hat und der, Hure, die er ist, im Herzen der Stadt nicht nur die Häuser, in denen er sich aufhält, zu Bordellen zu verwandeln, sondern die ganze Stadt, in der er umgeht, zum Ödland zu machen droht. Das Zentrum Athens läßt er zum Randgebiet, zum Tummelplatz der Straßenprostitution verkommen und macht die Volksversammlung zu ihrem eigenen, fremden Hinterland. Er krempelt die Stadt durch seine Anzüglichkeit um.

Der Kontext der Rede ist auch hier wichtig. Timarchos hatte Panik verbreitet, als er das Rednerpodium ohne Überkleid betrat, den Verkauf von Waffen verbot, sofortige Maßnahmen zur Ausbesserung der Stadtmauern und der Befestigungstürme beantragte, als ob die Stadt im Begriff wäre, von den wilden, betrunkenen, immerfort marschierenden, verschwenderischen, genußsüchtigen, verhurten, bestialischen Makedoniern des Theopompos eingenommen zu werden. Aischines kontert den Versuch seines Gegners, die Athener mit einem unmittelbar bevorstehenden Angriff der Barbaren zu erschrecken, mit einem anderen Bild einer Stadt, die durch zerstörerische Leidenschaften von innen zerstört wird, vom Tier, das im Inneren lauert. Das Athen, das Timarchos bewohnt, mit seinen leeren Bezirken, den verfallenen Gebäuden, bodenlosen Brunnen, barbari-

schen Behausungen und dem Ödland, haust innerhalb der Stadtmauern und wartet nur darauf, die Macht zu ergreifen. Das Gegen-
Athen war schon lange da; die Polis ist auf seiner Niederhaltung gebaut. Es verschwand niemals ganz und liegt in den Rissen der Stadt
im Hinterhalt, an ihren Rändern und zwschen den Zeilen der Reden
des Timarchos. Es ist der Ort der Straßenprostituierten und Herumtreiber, der Ort hemmungsloser Begierden und tierischer Leidenschaften, die wie die unergründliche, abgründige Charybdis nur darauf harrt, Athen zu verschlingen.[26]

Siglen

AA	Archäologischer Anzeiger
AC	L'Antiquité Classique
AM	Mitteilungen des Deutschen Archäologischen Instituts, Athenische Abteilung
ARW	Archiv für Religionswissenschaft
BCH	Bulletin de Correspondance Hellénique
BICS	Bulletin of the Institute of Classical Studies of the University of London
CAF	Theodor Kock (Hrsg.), *Comicorum Atticorum Fragmenta*, Leipzig 1880–1888
ClAnt	Classical Antiquity
C & M	Classica et Mediaevalia
CPh	Classical Philology
CQ	Classical Quarterly
CR	Classical Review
DK	Hermann Diels und Walther Kranz (Hrsg.), *Die Fragmente der Vorsokratiker*, Berlin (8. Aufl.) 1956
FGrHist	Felix Jacoby (Hrsg.), *Die Fragmente der griechischen Historiker*, Leiden 1954–1957
FHG	Fragmenta Historicorum Graecorum
G & R	Greece and Rome
GRBS	Greek, Roman and Byzantine Studies
HSPh	Harvard Studies in Classical Philology
IG	Inscriptiones Graecae
JbAC	Jahrbuch für Antike & Christentum
JHS	Journal of Hellenic Studies
MH	Museum Helveticum. Revue suisse pour l'Étude de l'Antiquité classique
PA	Johannes Kirchner (Hrsg.), *Prosopographia Attica*, Berlin 1966
PCG	Rudolf Kassel und Colin Austin (Hrsg.), *Poetae Comici Graeci*, Berlin/New York 1983ff.
PCPhS	Proceedings of the Cambridge Philological Society
PLG	Theodor Bergk (Hrsg.), *Poetae Lyrici Graeci*, Leipzig (5. Aufl.) 1900
PMG	Denys L. Page (Hrsg.), *Poetae Melici Graeci*, Oxford 1962
POxy	Bernard P. Grenfell und Arthur S. Hunt (Hrsg.), *The Oxyrhynchus Papyri*, London 1984ff.

P & P	Past and Present. A journal of historical Studies
QUCC	Quaderni Urbinati di Cultura classica
RAC	Rivista di Archeologia Cristiana
RE	*Pauly's Real-Encyclopädie der classischen Altertumswissenschaft*, neu hrsg. von Georg Wissowa, Stuttgart 1894–1970, München 1972–1980, Stuttgart/Weimar 1997
REG	Revue des Études Grecques
RFIC	Rivista di Filologia e di Istruzione Classica
RIDA	Revue Internationale des Droits de l'Antiquité
SCI	Scripta classica Israelica
SDHI	Studia e Documenta Historiae et Iuris
SEG	Supplementum Epigraphicum Graecum
SVF	Hans von Arnim (Hrsg.), *Stoicorum Veterum Fragmenta*, Stuttgart 1964
TGF	August Nauck (Hrsg.), *Tragicorum Graecorum Fragmenta*, Hildesheim u. a. 1983
ZPE	Zeitschrift für Papyrologie und Epigraphik

Apuleius' *Goldener Esel* steht in der Übersetzung von Edward Brandt; die Zitate aus Aristophanes folgen der Übertragung von Ludwig Seeger; Aristoteles' *Rhetorik* wird nach der Ausgabe von Franz Sieveke zitiert; den Homer-Stellen liegt die Übersetzung von Johann Heinrich Voß zugrunde; Platon folgt August Horneffer und Otto Apelt; Thukydides ist wiedergegeben nach Johann David Heilmann, Xenophon nach Peter Jaerisch.

Anmerkungen

Kapitel 1
Essen

1 Xenophon, *Memorabilien* III 14. Die fruchtbarste Diskussion des Begriffs findet sich bei Johannes Kalitsunakis, »*Opson* und *opsarion*«, in: *Festschrift für Paul W. Kretschmer. Beiträge zur griechischen und lateinischen Sprachforschung*, Wien u. a. 1926, S. 96–106.

2 Plutarch, *Moralia* 667f. Anscheinend war es in vielen griechischen Städten üblich, die Ankunft des Fangs mit einer Glocke anzukündigen, ein Vorgang, auf den sich auch eine Anekdote Strabons bezieht: »Ein Kitharaspieler gab eine Probe seiner Kunst. Jedermann hörte ihm zu, bis die Fischglocke ertönte; daraufhin verließen ihn alle und gingen zu den Fischständen, bis auf einen Mann, der aber fast taub war. Der Kitharaspieler ging zu ihm hin und sagte: ›Ich möchte mich für Ihre Höflichkeit und Wertschätzung bedanken, Herr; alle anderen gingen davon, als sie die Glocke hörten.‹ Worauf der andere antwortete: ›Wie? Die Glocke hat schon geläutet?‹ Und als der Kitharaspieler bejahte, rief der Taube: ›Gehabt Euch wohl!‹, sprang auf und eilte den anderen nach.« (XIV 2,21; S. 658, Iasus)

3 Archestratos 15 und 21.

4 Phylarchos *FGrHist* 81 F 45; Diodor VIII 19; Theophr. (?) (Chamäleon des Pontos), *Über den Genuß* bei Athenaios VI 273c.

5 Klearchos F 59 (Wehrli) bei Athenaios XII 518c; Athenaios VIII 341a; III 105c; VII 282a und 325f.; Platon, *Gorgias* 518b mit Dodds ad loc.

6 Demosthenes XIX 229; Aischines I 42, 65 und 95.

7 Aristophanes, *Wespen* 491; Athenaios III 116a–d.

8 Aristophanes, *Wespen* 495; Timokles 11 *PCG*; Alexis 200, 159 *PCG*; Chrysipp, *Die um ihrer selbst willen ausgesuchten Dinge* bei Athenaios VII 285d; Antiphanes 69 *PCG*. Andere Meerestiere, die sporadisch auftauchen, sind der Panzerkrebs oder die rotflossige Meerbrasse. Manche dieser Haltungen finden sich auch anderswo. Alan Davidson zitiert G. L. Faber, einen britischen Konsul in Fiume im 19. Jahrhundert, zur Einstellung der Venetianer zur Meerbrasse: »Es ist eine gängige Form des Spotts, jemanden zu bezichtigen, diese Art von Fisch zu essen«; *Mediterranean Seafood*, London 1981, S. 90.

9 Archestratos 8; Anaxandrides 40 *PCG*; Antiphanes 145 *PCG*.

10 Anaxandrides 34, Zeilen 5ff. *PCG* (die letzten Zeilen sind etwas verderbt). »Fischstäbchen« ist eine etwas lockere Übersetzung von *phryktos*, den der antike Lexikograph Hesychios als »billigen kleinen getrockneten Fisch« anführt; Lynkeus von Samos bei Athenaios VII 295a–b; zu Apuleius und der Fischmagie im allgemeinen vgl. Adam Abt, *Die Apologie des Apuleius von Madaura und die antike Zauberei* (= Albrecht Dietrich/Richard Wünsch [Hrsg.], *Religionsgeschichtliche Versuche und Vorarbeiten*, Heft 2), Gießen 1908, Nachdr. Berlin 1967, S. 135f. und 140–144; die Vasen sind wiedergegeben in: *ARW* 101, Heft 3, und bei Eduard Gerhard (Hrsg.), *Auserlesene griechische Vasenbilder*, Bd. 1, Berlin 1840; Tafel LXV.

11 Athenaios XIII 586a–b; Aristophanes, *Acharner* 885, vgl. 894, *Frieden* 1013f.; vgl. Eubulos 34 und 36 *PCG*, Archippos 27 *PCG* und Antiphanes 27 *PCG* mit Kommentar der Hrsg. ad loc. Die Göttin von Madurai in Tamil Nadu, die Shiva verführt und seine Braut wird, ist dort unter dem Namen Meenakshi, die »fischäugige Göttin«, bekannt.

12 Aristophanes, *Ritter* 927ff.; *Acharner* 1156–1161; Antiphanes 77 *PCG*; *SVF* III, 167, Nr. 667.

13 Eubulos 118 *PCG*; Platon, *Staat* 404b–405a.

14 Vgl. die Einleitung zur Archestratos-Ausgabe von John Wilkins und Shaun Hill, *The Life of Luxury*, Totnes 1994, S. 11–15, und Richard L. Hunters Bemerkungen in seinem Kommentar zu Eubulos 37 *CAF*: Eubulus. The Fragments, Cambridge 1983.

15 Euphron 1, Zeile 6 *PCG*; Eriphos 3 *PCG*; Menander 264 (Körte). Eine hellenistische Inschrift der Stadt Thera erinnert daran, daß die Heroen ihre Ration von drei Fischen erhalten mußten: Friedrich Blass (Hrsg.), *Griechische Dialekt-Inschriften*, Bd. 3, S. 191ff., Nr. 4706.

16 Guy E. J. Berthiaume, *Les rôles du mágeiros*, Leiden 1982, S. 63. Zur Verteilung durch das Los vgl. [Xenophon], *Staat der Athener* II 9; Plutarch, *Moralia* 642e–f; zur griechischen Technik des Schlachtens im allgemeinen Berthiaume, *Mágeiros*, S. 50.

17 Homer, *Ilias* XVI 747, 406ff., XXIV 80ff., vgl. V 487; vgl. Martin Schmidt, *Die Erklärungen zum Weltbild Homers und zur Kultur der Heroenzeit in den bT Scholien zur Ilias*, München 1976, S. 182–185.

18 Homer, *Odyssee* XII 329–332, vgl. IV 368f. In Leiden und anderen holländischen Städten erinnert eine besondere Mahlzeit aus Brot und Hering an die Not während der spanischen Belagerung von 1574; vgl. Simon Schama, *The Embarrassment of Riches*, London 1987, S. 26ff.; vgl. Michail Bachtin, *Rabelais und seine Welt*, Frankfurt a. M. 1987, zu Molinets »Disput des Fisches mit dem Fleisch«. Nicholas Purcell behauptet, daß Meeresfrüchte eine negative Konnotation nie ganz verloren haben: »Eating Fish. The Paradoxes of Seafood«, in: John Wilkins/David Harvey/Mike Dobson (Hrsg.), *Food in Antiquity*, Exeter 1995, S. 132–149.

19 Pauline Schmitt Pantel, *La cité au banquet*, Rom 1992, S. 53–105; für die hellenistische Epoche S. 359–420.

20 Antiphanes 217 *PCG*; Xenarchos 7 *PCG*; Athenaios VII 313f.

21 Antiphanes 69 *PCG*; vgl. 127; Aristophanes 402 *PCG*.

22 Aristophanes, *Wolken* 982f.; Xenophon, *Memorabilien* III 13,4; Thukydides, *Peloponnesischer Krieg* I 138.

23 Plutarch, *Moralia* 439f, 99d, 5a; Muhammad M. Ahsan, *Social Life under the Abbasids*, London 1979, S. 158; Xenophon, *Kyrupädie* VIII 5,3; vgl. Dikaiarchos 51 (Wehrli) bei Varro, *Rerum rusticarum liber* I 2,15; Alexis 57 *PCG*; da es die Griechen offenbar vermieden haben, Menschen beim Essen abzubilden, war mit dem vorgeschlagenen Denkmal vielleicht daran gedacht, das Feingefühl des Publikums zu beleidigen. Erwähnenswert ist auch, daß der Feinschmecker Philoxenos nur eine Hand in heißes Wasser taucht, um sich daran zu gewöhnen, heißes *opson* direkt aus der Pfanne zu essen: Chrysipp bei Athenaios I 5e.

24 Diese Orientierungscodes müssen dennoch nicht unbedingt einfach sein; sie können im Gegenteil enorm komplex sein, wie Pierre Bourdieu in seinem Essay über das kabylische Haus, »Das Haus oder die verkehrte Welt«, zeigt, in: ders., *Entwurf zu einer Theorie der Praxis*, Frankfurt am Main 1976, S. 48–65. Im Falle von *opson* führt eine simple Links-schlecht-rechts-gut-Formel zu genau entgegengesetzten Schlußfolgerungen hinsichtlich der Wertung des Essens mit der rechten oder der linken Hand.

25 Vgl. Aristophanes, *Wespen* 300ff.; Lysias XXXII 20.

26 Platon, *Staat* 372a–e.

27 Xenophon, *Memorabilien* I 3,5.

28 Andrew N. Wilson, *Jesus*, London 1992, S. 49.

29 Ich frage mich, ob der Tatsache, daß Netze zur Rechten ausgeworfen werden, nicht einige Bedeutung zukommt, denn dies wäre natürlich die Seite, wo ein Grieche nach *opson* greift.

30 Diodor XI 57,7; Kurt Huber, »Zur indirekten Überlieferung der Tischgespräche Plutarchs«, in: *Hermes* 73 (1938), S. 326f.; Ingemar Düring, »Athenaios och Plutarchos«, in: *Eranos* 34 (1936), S. 8f.

31 Sidney I. Landau, Dictionaries. The Art and Craft of Lexicography, New York 1984, S. 98; vgl. Thomas Pyles, The Origins and Development of the English Language, New York 1964, S. 305.

32 Der Leitartikel der *Times* von heute (17. 11. 1994) bemerkt verdächtigerweise: »Populärer Geschmack ist per se vulgär.«

33 Derek Attridge, »Language as History, History as Language. Saussure and the Romance of Etymology«, in: Derek Attridge/Geoff Bennington/Robert Young (Hrsg.), *Post-structuralism and the Question of History*, Cambridge 1987, S. 183–211. Die Etymologie scheint in der Tat eine besondere Faszination auf politisch rechtsgerichtete Schriftsteller wie William Safire auszuüben; über dessen falsche Anwendung der Etymologie als Indikator der wahren Bedeutung vgl. Landau, *Dictionaries*, S. 99.

34 Vgl. allgemein R. J. Hankinson, »Usage and Abusage. Galen on Lan-

guage«, in: Stephen Everson (Hrsg.), *Language*, Cambridge 1994. Martin Heidegger hielt das Griechische für den *logos* schlechthin, für die Sprache, in der Wörter und das von ihnen Bezeichnete eine Einheit bildeten.

35 Wilhelm Schulze, *Quaestiones Epicae*, Gütersloh 1892, S. 498f.; Friedrich Bechtel, *Lexilogus zu Homer*, Halle 1914, S. 202f.; Emile Boisacq, *Dictionnaire étymologique de la langue grecque*, Paris 1923; vgl. Johann B. Hofmann, *Etymologisches Wörterbuch des Griechischen*, München 1949, Stichwort »opson«. Hjalmar Frisk, *Griechisches etymologisches Wörterbuch*, Heidelberg 1970; Philippe Chantraine, *Dictionnaire étymologique de la langue grecque*, Bd. 3, Paris 1974, Stichwort »opson«.

36 Es wäre zu einfach zu behaupten, daß solche etymologisch abgeleiteten Bedeutungen ganz und gar falsch wären. In einer Welt, in der es noch keine Wörterbücher und Akademien gab, war ein idiosynkratischer Gebrauch durchaus zugelassen. Selbst heute noch haben falsche Etymologien ihre Wirkung, und wenn sie populär genug werden und einsichtig erscheinen, beginnen sie Bedeutung zu erlangen und ihre Definitionen im nachhinein, wenn auch aus falschen Gründen, zu verifizieren. Platons etymologische Herleitung des Wortes *opson* von *hepsō* (kochen) zeigt, daß auf dem Wort seitdem Essensgeruch lag.

37 Plutarch, *Moralia* 667f.

38 Hegesander bei Athenaios VIII 343d.

39 Das gleiche doppelte Verbot taucht in Athenaios' eigenem Dialog auf; zumindest handelt es sich um einen bekannten Abstinenzler Ulpian, »ein Syrer, wenn es um Fisch geht«, der verneint, daß *opsarion* Fisch bedeutet (VIII 346c; vgl. IX 385b). Offenbar waren Philosophen generell dafür bekannt, sich des Fischgenusses zu enthalten. Antiphanes 132 *PCG* läßt einen – vermutlich kynischen – Philosophen verkünden: »Wir haben stets Meeresfrüchte da – nämlich Salz.«

40 Xenophon, *Memorabilien* III 14,7.

41 Das kommt selbst in der überwachten heutigen Sprache vor. In der Familie meiner Mutter wurde das Wort *fornicator* (Ehebrecher, auch Hurenbock) recht frei einfach für »Lügner« gebaucht.

Kapitel 2
Trinken

1 Charles Baudelaire, Die künstlichen Paradiese, hrsg. von Franz Blei, übers. von Erik-Ernst Schwabach, München 1925, S. 63f.; Roland Barthes, »Lecture de Brillat-Savarin«, in: Jean Anthelme Brillat-Savarin, *Physiologie du goût*, Paris 1975, S. 12.

2 Vgl. die Einleitung zum Sammelband Susanna Barrows/Robin Room (Hrsg.), *Drinking. Behavior and Belief in Modern History*, Berkeley 1991; Mary Douglas, *Constructive Drinking. Perspectives on Drink from Anthropology*, Cambridge 1987, S. 4: »Trinken ist im wesentlichen ein sozialer

Akt in einem gesellschaftlich anerkannten Kontext. Wenn sich das Augenmerk auf Alkoholmißbrauch richtet, dann müßte der Rat des Anthropologen dahingehend lauten, daß die wirksamste Art der Kontrolle über Sozialisation läuft.«

3   Mnesitheos bei Athenaios XI 483f–484b. Zu den *Problemata* vgl. die neue Edition von Pierre Louis, Paris 1991, S. 51–56. Louis hält das meiste für gegen Ende des 3. Jahrhunderts v. Chr. und unter dem Einfluß medizinischer Schriften geschrieben. Zur Liste des Theopompos vgl. Athenaios X 435d und *FGrHist* 115 F 283a – wahrscheinlich eine Zusammenfassung aller Bemerkungen zu Trinksitten in seinem Werk. Auffälligerweise enthält Älian, der die Untersuchungen des Theopompos über dieses Thema erwähnt, eine ebensolche Liste (*Varia historia* II 41).

4   Aristophanes F 96 (Rose); Mnesitheos bei Athenaios I 32d; Hippokrates, *De victu acutorum* II 5; Theophrast, *De odoribus* 51f. Die beste jüngste Untersuchung über Wein und Weinbau in Griechenland sind Roger Brocks Beiträge in Jancis Robinson (Hrsg.), *Das Oxford Wein-Lexikon*, Bern/Stuttgart 1995, Einträge »Griechenland«, »Symposion«.

5   Fernand Braudel, *Sozialgeschichte des 15.–18. Jahrhunderts*, München 1985–1986; Archestratos 59–60 (Ribbeck) (Der sichere Kenner hat hier offenbar einen Fehler gemacht. Die Stadt Byblos im Norden des heutigen Libanon war für ihre Papyrusexporte berühmt und brachte auf diesem Weg das Wort *biblos*, »Buch«, nach Griechenland, ebenso das Wort »Bibel« in die europäischen Sprachen; biblinischer Wein hingegen kam wahrscheinlich aus Thrakien.) Eubulos 122 *PCG*; vgl. Alexis 280 *PCG*, Klearchos 5 *PCG*, Epineikos 1 *PCG*, Kratinos 195 *PCG*. Für den Begriff »in Blüte« vgl. François Salviat, »Le vin de Thasos. Amphores, vin et sources écrites«, in: Jean-Yves Empereur/Yvon Garlan (Hrsg.), *Recherches sur les amphores grecques*, Athen 1986, S. 179.

6   Hermippos 77, Zeilen 1–5 *PCG*, mit Kommentar der Hrsg.; vgl. Salviat, »Le vin de Thasos«, S. 187–193; Plinius, *Naturalis historia* XIV 73; vgl. Philyllios 23 *PCG*. Isaac Casaubon meinte, die Götter hätten in ihre Betten genäßt, weil sie soviel davon getrunken hatten: *Animadversiones in Athenaei Deipnosophistas*, Lyon (2. Aufl.) 1621 [1600], S. 68, 40.

7   Virginia Grace, *Amphoras and the Ancient Wine Trade*, Athen 1961; Athenaios I 32f; Pollux VI 15; Salviat, »Le vin de Thasos«, S. 188f. und Anm. 95.

8   Salviat, »Le vin de Thasos«, S. 147–154 und 173ff.; Robin Osborne, *Classical Landscape with Figures*, London 1987, S. 105ff. Der Verfasser überbewertet allerdings den Interessenkonflikt zwischen Stadt und Land. Es ist mehr als ein Zufall, daß eine solch strenge staatliche Weinkontrolle in einer für ihren Weinanbau berühmten Polis ausgeübt wurde. Auch die Weinbauern profitierten von strikten Qualitätskontrollen.

9   Beim Trinkgelage des Agathon liegt Phaidros auf dem »ersten« Platz,

der Gastgeber Agathon auf dem »letzten«: Platon, *Symposion* 177d und 175c. Die Hierarchie konnte von einem König oder einem Tyrannen eingesetzt werden, um Begünstigungen zum Ausdruck zu bringen: vgl. Hegesander bei Athenaios XII 544c. Schmitt Pantel stellt in ihrer Analyse des öffentlichen Festmahls das Speisen im *prytaneion*, einem länglich, rechteckigen Raum, der dem Raum des Symposions nachgebildet ist, der Speisung im *tholos*, einem vollkommen runden Raum von streng demokratischem Gepräge, gegenüber: *La cité au banquet*, S. 147–177, bes. S. 169, Anm. 69. Oswyn Murray (Hrsg.), *Sympotica. A Symposium on the Symposion*, Oxford 1990, hat – mit einer instruktiven Einleitung – einige Artikel zum Thema zusammengestellt.

10 François Lissarrague, *Un flot d'images. Une esthétique du banquet grec*, Paris 1987, S. 23.

11 Athenaios II 37b–c; Timaios *FGrHist* 566 F 149. Das ist der Hauptgrund für Lissarrague, das Thema zu behandeln. Die Trinker nehmen eine gängige Metapher wörtlich und verwechseln Phantasie und Wirklichkeit, vgl. *Banquet grec*, S. 104–118. Zu Seefahrermetaphern vgl. M. Davies, »Sailing, Rowing and Sporting in One's Cup on the Wine-Dark Sea«, in: *Athens Comes of Age. From Solon to Salamis*, Princeton 1978, S. 72–90; William J. Slater, »Symposion at Sea«, in: *HSPh* 80 (1976).

12 Xenophon, *Symposion* II 1; Platon, *Symposion* 176a; Philochoros *FGrHist* 328 F 5; Athenaios XI 486f–487b; Xenophon, *Anabasis* VI 1,30 erwähnt eine Wahl, doch Eryximachos in Platons *Symposion* scheint seinen Platz einfach einzunehmen.

13 Xenophon, *Memorabilien* III 13,3 und II 1,30; Platon, *Staat* IV 437d; Athenaios III 123a–125d, vgl. VIII 352b (es macht den Eindruck, als hätte man kalte Getränke als besonders geeignet für Trinksprüche erachtet); Machon 270 (Gow) mit Kommentar des Hrsg. ad loc. und zu 259; Theophrast bei Athenaios XI 782a–b.

14 Sophilos 3 *PCG*; Anakreon 11 (Page); Diokles 7 *PCG*; vgl. Athenaios X 426d–e; Anaxilas 23 *PCG*; vgl. Ion von Chios *FGrHist* 392 F 2; Hermippos 24 *PCG*; Eupolis 6 *PCG*; Ameipsias 4 *PCG*; Nikochares 2 *PCG*; Hippolochos bei Athenaios IV 129e–f. Aber nicht alle Weine waren gleich. Bei manchen meinte man, sie vertrügen eine Verdünnung besser als andere, was auch Begriffe wie *polyphoros* (»fruchtbar«) in Aristophanes, *Reichtum* 853 und *autokras* (»herrschsüchtig«) in Pollux VI 24 usw. vermuten lassen. Kratinos 196 *PCG*: »Dieser Wein kann halb-halb vertragen« muß ein Witz sein. Ein tüchtiger Trinker ist dermaßen von der Stärke des Weins beeindruckt, daß er ihm doch einige Tropfen Wasser beizugeben gedenkt – nach Ansicht der meisten Leute aber immer noch viel zu wenig.

15 Eubulos 94 *PCG*; vgl. Kassel/Austin zu Aristophanes 540 *PCG*; Felix Jacoby zu Philochoros *FGrHist* 328 F 87 (IIIb [Suppl.], S. 371); Lissarrague, *Banquet grec*, S. 26–48, Oswyn Murray/Manuela Tecusan (Hrsg.),«Un rituel du vin: la libation«, in: dies., *In Vino Veritas*, London

1995, S. 126–144; Jean Rudhardt, *Notions fondamentales de la pensée religieuse et actes constitutifs du culte dans la Grèce classique*, Paris (2. Aufl.) 1992 [1958], S. 242; Martin P. Nilsson, »Die Götter des Symposions«, in: ders., *Opuscula selecta*, Lund 1951, S. 428–442. Jacobys Bemerkung (vgl. oben) sollte in Erinnerung bleiben: »Die Überlieferung über Anzahl, Häufigkeit und die Gefäße bei offiziellen Libationen anläßlich der Symposien weist große Unterschiede auf.« In einer hellenistischen Grabung in Korinth kamen Reste einer Taverne mit vielen anderen Trinkdämonen zum Vorschein wie »Katerstopp«, »Trinksüß« und »Schmerzlos«; Oscar Broneer, »Investigations at Corinth in 1946/47«, in: *Hesperia* 16 (1947), S. 239ff.

16 Theophrast, *Charaktere* XIII 4, X 3; Platon, *Symposion* 176b–e; vgl. Kritias *DK* 88 F 6, Zeilen 6–9, 23f.; Alexis 21 *PCG*; Xenophon, *Staat der Spartaner* V 4; Xenophon, *Symposion* II 26, vgl. 25: der von Sokrates hervorgehobene Gegensatz zwischen Pflanzen, die mit Wasser übergossen werden, und solchen, die nur so viel aufnehmen, wie sie brauchen, Athenaios X 425a–b; Schmitt Pantel, *La cité au banquet*, S. 85f., vgl. Theophrast, *Charaktere* X 3.

17 Eubulos 94, Zeilen 6–11 *PCG*; vgl. Hunter, *Eubulus*, S. 185–189; Adespota [Anonymi] 101, Zeilen 11–13 *PCG*.

18 Antiphanes 112, 113 *PCG*; Platon 192 *PCG*; Alexis 9 *PCG*; Menander 443 (Körte); vgl. Pollux VI 99. *Akratos* heißt eigentlich »unvermischt«, meint aber oft einfach »stark«. Das erklärt, warum sich Demosthenes in Hypereides, *In Demosthenem* F b (Jensen, S. 24) über Männer beklagen kann, die den Wein »unvermischter« trinken, und Xenophon von »sehr unvermischt« spricht: *Anabasis* IV 5,27; vgl. Antiphanes 25 *PCG* und Alexis 246 *PCG*.

19 Platon, *Symposion* 213e, 223b–c.

20 Artemidoros I 66; Kritias F 6 (West); Aristophanes, *Acharner* 978–986.

21 Aristophanes, *Ritter* 1288f.; vgl. Robert Parker, *Miasma*, Oxford 1983, S. 99 mit Anm. 101; Aristophanes, *Acharner* 959ff.; Euripides, *Iphigenie bei den Taurern* 947ff.; Herbert W. Parke, Athenische Feste, Mainz 1987; Richard Hamilton, *Choes and Anthesteria. Athenian Iconography and Ritual*, Ann Arbor 1992, S. 113ff. Einige haben behauptet, bei den Choen sei der Wein wie üblich in eine Schale eingeschenkt worden, da Plutarch (*Moralia* 643a) erklärt, Orest sei so bedient worden. In anderen Quellen werden jedoch Schalen nicht erwähnt; und bei den Gefäßen, die an die Feiern erinnern, werden neben den *choes* auch keine Schalen erwähnt. Überzeugend ist allerdings die Prahlerei des Dikaiopolis in den *Acharnern* 1203 und 1228f., er habe seinen *chus* in einem Zug, ohne abzusetzen, ausgetrunken. Wenn für die Choen Schalen erwähnt werden, vermissen die Altertumswissenschaftler den Verstoß gegen die Trinksitten bei den Feierlichkeiten.

22 Plutarch, *Moralia* 679a und 716a.

23 Athenaios XI 781d; Xenophon, *Symposion* II 26; Antiphanes 205 *PCG*

(nach Kocks Text); Alexis 9 *PCG*, Zeilen 8–10, 183 *PCG*, Zeilen 3–4 bei Athenaios X 421d; vgl. 228 *PCG*, Satyros bei Athenaios IV 168c–d.

24 Alexis 285 *PCG* ; Aristophanes, *Wespen* 79f., 1251–1261; vgl. *Frösche* 739f.: »Wie sollte er kein feiner Mann sein, wo er doch nichts als Saufen und Ficken im Kopf hat.«

25 Murray, »The Affair of the Mysteries. Democracy and the Drinking Group«, in: ders. (Hrsg.), *Sympotica*, S. 149f.

26 Vgl. Arnold Hug, »kapēleion«, in: *RE* 10, Sp. 1888f.: »Am häufigsten versteht man unter einem *kapēlos* einen, der Getränke, Wein oder Weinessig im einzelnen verkauft oder ausschenkt.«

27 Nikostratos 80 *PCG*; Aristophanes, *Ekklesiazusen* 49 (es sieht ganz danach aus, als ob sich der in der *kotylē* verkaufte Wein auf solchen bezieht, der im *kapēleion* getrunken wird; in diesem Fall beklagt sich Smikrines in Menanders *Epitrepontes* 127–131 nicht über die Kosten der Trinkerei des Charisios, sondern über den Ort, wo er zu trinken pflegt); Platon, *Gorgias* 518b; Pollux VII 193; Aristoteles, *Rhetorik* 1411a 24; im allgemeinen vgl. James N. Davidson, »A Ban on Public Bars in Thasos«, erscheint in: *CQ*.

28 Aristophanes, *Reichtum* 435, 285 *PCG*; Antiphanes 25 *PCG*; Nikostratos 22 *PCG*; Eubulos 80 *PCG*; Lysias I 24, *IG* III 3, bearb. von Richard Wünsch, *Appendix: Defixionum tabellae*, Nr. 87, vgl. im Register unter *kapēl-*. D. R. Jordan, »A Survey of Greek Defixiones Not Included in the Special Corpora«, in: *GRBS* 26 (1985), S. 151–197, Nr. 11, mit Bannflüchen gegen zwei als *graus kapēlis*, »alte Schankweiber«, bezeichnete Frauen; *IG* II 2,773A; Alexis 9, Zeile 5 *PCG*; Aristophanes, *Ekklesiazusen* 154f.

29 T. Leslie Shear Jr., »The Athenian Agora. Excavations of 1973–4«, in: *Hesperia* 44 (1975), S. 357f.; zu einer späteren Taverne im hellenistischen Korinth vgl. Broneer, »Investigations at Corinth in 1946–7«, in: *Hesperia* 16 (1947), S. 239ff.

30 Theopompos 66 *PCG* bei Plutarch, *Lysandros* 13,5; Platon, *Nomoi* XI 918b–d und die von Hug *RE* 10, Sp. 1888 gesammelten Hinweise; Aristophanes, *Thesmophoriazusen* 347f.; vgl. *Ekklesiazusen* 154f., wo die Frauen Wasserbehälter aus den *kapēleia* verbannen wollen, ein Witz über Schankwirte, die den Wein verwässern, oder über Frauen, die ihn unvermischt trinken wollen; Antiphanes 25 *PCG*, und vielleicht Platons Sarambos, *Gorgias* 518b.

31 Theopompos *FGrHist* 115 F 62; Phylarchos *FGrHist* 81 F 7, vgl. Athenaios X 442c, *IG* MXII, Suppl. 347, II, Zeilen 12–15.

32 Isokrates, *Areopagitos* 49; *Antidosis* 286f.

33 Hypereides 138 (Jensen) bei Athenaios XIII 566f; vgl. Aristophanes, *Ekklesiazusen* 134, wo die Frauen die Männer beschuldigen, in betrunkenem Zustand der Ratsversammlung beizuwohnen; Aristophanes, *Ritter* 353ff.

34 Eubulos 80 *PCG*; Aristophanes 699 *PCG*; vgl. *Wespen* 656ff., bes.

698–702; Schmitt Pantel, *La cité au banquet*, S. 11, Platon, *Symposion* 223b–c; zu Hesychios vgl. unter *trikotylos oinos*; Menander, *Epitrepontes* 130f.; und möglicherweise Eubulos 80, Zeilen 4–5 *PCG*.

35 Antiphanes 25 *PCG*; Paul Millett, *Lending and Borrowing in Ancient Athens*, Cambridge 1991, S. 220. Vgl. Hermippos 78 *PCG* bei Pollux VII 193 und Lysias F 1,3 (Thalheim), 38 (Gernet-Bizos) bei Athenaios XIII 612c. Relevant ist auch Aristophanes, *Lysistrate* 113f., offenbar ein Hinweis auf einen Mantel, der als Pfand gegen Wein hinterlegt wurde; vgl. Hendersons Kommentar ad loc. und vielleicht Adespota [Anonymi] 807 *PCG*, eine Parodie auf *Phineos* 711 (Radt) des Sophokles, wenn wir davon ausgehen, daß der Grund dafür, warum die Türen der Taverne fest verschlossen sind, darin zu suchen ist, daß ein Trinker wie Aischines (und zahllose Kunden der Hetären) seine Trinkschulden nicht bezahlt hat.

36 Kritias *DK* 88 B34. Man dachte früher einmal, die Spartaner hätten keinen Wein getrunken, doch ist dies erwiesenermaßen falsch, vgl. Murray, »War and the Symposium«, in : Slater (Hrsg.), *Dining in a Classical Context*, Ann Arbor 1991, S. 83–104; Nicolas R. E. Fisher, »Drink, Hybris and the Promotion of Harmony«, in: Anton Powell (Hrsg.), *Classical Sparta. Techniques Behind Her Success*, London 1989, S. 26–50, obwohl ich weit pessimistischer als der Autor bin, ob über die wirklichen Trinkgewohnheiten in Sparta Sicheres gesagt werden kann.

37 Xenophon, *Staat der Spartaner* XI 3; Aristoteles F 542 (Rose), *Rhetorik* I 9,26. Plutarch, *Moralia* 238f, vgl. Älian, *Varia Historia* VI 6, Valerius Maximus II 6,2.

38 Aristophanes, *Wespen* 1157f.; die rote Färbung wird bisweilen als »sardisch« bezeichnet, womit die Verbindung zu lydischem Luxus betont wird; Platon 230 *PCG*; Aristophanes, *Frieden* 1172–1176, vgl. Xenophon, *Kyrupädie* VIII 3,3, wo die *phoinikis* in einer Liste besonders reicher und feiner Kleidung aufgeführt wird.

39 Aristophanes, 225 *PCG*. Athenaios (XI 484f) erachtet diese Stelle als Hinweis auf einen weiteren spartanischen Becher. Kritias bezeugt aber den *kōthōn* als den typischen spartanischen Becher bereits am Ende des 5. Jahrhunderts. Es besteht kaum Anlaß für die Forderung nach einem zweiten »spartanischen Becher«, der, wie der *kōthōn*, Assoziationen der Dekadenz wachruft. Beide sind ein und derselbe. Athenaios war wohl durch die Tatsache verwirrt worden, daß Aristophanes diesen spartanischen Becher mit *kylix* bezeichnete. Dies kann geschehen sein, um ein flaches, kelchartiges Gefäß, ähnlich wie ein *kōthōn*, zu charakterisieren, oft jedoch wird der Ausdruck für Becher im allgemeinen, sogar für tiefe Becher, wie jene von den versoffenen Frauen in Pherekrates 152, Zeile 4 *PCG* hergestellten, benutzt. Bemerkenswert ist, daß die Erklärung des Kritias zum spartanischen Gebrauch des *kōthōn* in die gleichen Worte gekleidet ist wie die Verteidigung ihrer roten Bekeidung durch Aristoteles. Die blutige Farbe der *phoinikis* hat wie das dunkle,

den Schmutz kaschierende Innere des *kōthōn* die Funktion, die Unbe-
quemlichkeiten des militärischen Lebens für die Soldaten unsichtbar
zu machen.

40   Diogenes Laertios I 104; Xenophon, *Symposion* II 23–26; Alexis 9,
Zeile 9 *PCG*; Sophilos 9 *PCG*; Timokles 22 *PCG* (oft sind es die
Frauen, die Schalen oder kleine Becher zurückweisen und nach den
größeren greifen: vgl. Eubulos 42 *PCG*, Aristophanes, *Lysistrate* 200f.);
Pherekrates 75 *PCG*.

41   Pherekrates 152 *PCG*; Epigenes 4 *PCG*.

42   Xenarchos 10 *PCG*; Eubulos 80 *PCG*; Alexis 120 *PCG*, vgl. Plautus,
Persa 821: »bibere ad usque plenis cantharis«. Thomas H. Carpenter,
Dionysian Imagery in Archaic Greek Art, Oxford 1986, S. 1, Anm. 1. Zur
Herkunft der Form und zur Verbindung mit dem Gott vgl. Michel
Gras, »Canthare, société étrusque et monde grec«, in: *Opus* 3 (1984),
S. 325–339: Gras behauptet, es handle sich um eine Trophäe für den
Sieg des Dionysos über die etruskischen Piraten und den Riesen Kan-
tharos, wie auf dem Nordfries des siphnischen Schatzhauses in Delphi
abgebildet, vgl. bes. S. 329f.

43   Epinikos 2 *PCG*; Damoxenos 1 *PCG*; Athenaios XI 476a–e; Hermippos
44 *PCG*; Diphilos 5 *PCG*; Lissarrague, *Banquet grec*, S. 32f., 58 und 90f.
Das Verb *skythizein*, wörtlich: »es wie ein Skythe machen«, meinte »unmäßig trinken«.

44   Chamaileon 9 (Wehrli). Chamaileon ist Teil der peripatetischen Tradi-
tion, welche die Alten gegen den Vorwurf unmäßigen Trinkens in
Schutz nimmt, vgl. Theophrast F 571 (Fortenbaugh u. a.) bei Athenaios
XI 782a–b.

45   Ephippos 9 und 16 *PCG*; Anaxandrides 33 *PCG* (vgl. Athenaios XI
482b–d; Pherekrates 101 *PCG*; Athenaios XI 485a; Theopompos 41 und
42 *PCG*; Antiphanes 47 *PCG*; Philyllios 5 *PCG*; Theopompos 31 *PCG*;
Ameipsias 21 *PCG*. Pollux VI 97 beschreibt die *amystis* als einen
»großen Becher«.

46   Alexis 181 *PCG*; Polemon bei Athenaios XI 484b–c; Theopompos 55
PCG (Frauen sind in der Komödie selten enthaltsam, so daß dies wahr-
scheinlich mehr eine Fest- denn eine Fragestellung ist, vgl. Molly
Whittaker: »Eine Frau bringt auf gleiche Weise wie *Lysistrate* 113f. ihre
Bereitschaft, Mangel [sic] zu ertragen, zum Ausdruck«: »The Comic
fragments in their relation to the structure of Old Attic Comedy«, in:
CQ 29 (1935), S. 182 und Anm. 1); Aristophanes, *Thesmophoriazusen*
620, vgl. 630–633; Archilochos F 4 (West); Aristophanes, *Ritter* 599;
Broneer, »Excavations at Isthmia«, in: *Hesperia* 28 (1959), S. 335, Nr. 9
und Tafel 70i; Bert Kaeser, »Griechisches Vasen-Tringeschirr«, in: Bert
Kaeser und Klaus Vierneisel (Hrsg.), *Kunst der Schale. Kultur des Trinkens*,
München 1990, S. 188 sowie Abb. 30,4 und 30,5: auf letzterem Gefäß
sind Hopliten abgebildet, die auf einen ursprünglich militärischen Gebrauch hinweisen; Peter E. Corbett, »Attic Pottery of the Later Fifth

Century«, in: *Hesperia* 18 (1949), Nr. 78–81 und S. 333. Über Trinken im
Heer vgl. Murray, »War and the Symposium«.

47 Die bei Kaeser, »Vasen-Trinkgeschirr«, Abb. 30,5 abgebildete und auf
um 490 datierte Vase ist mit rötlicher Zeichnung versehen und fast zu
elegant für diese Art von Feldzügen.

48 Eubulos 126 *PCG* und Mnesitheos F 45 (Bertier) bei Athenaios XI
483f–484b; vgl. Janine Bertier, *Mnésithée et Dieuchès* (= *Philosophia Antiqua XX*), *A Series of Monographs on Ancient Philosophy*. Leiden 1972,
S. 85f.; zur wahrscheinlichen Datierung vgl. S. 9f. und 147.

49 Hypereides, *In Demosthenem* F a (Jensen, S. 24); Lynkeus von Samos bei
Athenaios VI 245f–246a; Mnesitheos F 25 (Bertier) bei Athenaios XI
483f–484a; Gow zu Machon 442; Chrysippos bei Athenaios I 8c–d; zu
Lykon Athenaios XII 547d.

50 Theophrast (bei Athenaios XI 782a–b) nimmt diesen Punkt eher wörtlich, wenn er meint, daß einer der Gründe, warum die Alten weniger
getrunken hätten, darauf zurückzuführen sei, daß sie *kottabos* zu spielen
pflegten, das darin bestand, Wein auf bestimmte Gegenstände zu
schleudern: Lissarrague, *Banquet grec*, S. 80–86. Ursprünglich wurden
tiefe Becher vielleicht mit starkem Wein in Verbindung gebracht, weil
sie für Trinksprüche gebraucht wurden, vgl. Theopompos 41 und 42
PCG; Sophilos 4 *PCG*; Anaxandrides 3 *PCG*; Menander 275 (Körte);
Kratinos 322 *PCG*.

Kapitel 3
Frauen und Knaben

1 [Demosthenes] LIX 122. Die Stelle war Anlaß für viele Analysen und
Debatten, vgl. etwa Jean-Pierre Vernant, *Mythos und Gesellschaft im alten
Griechenland*, Frankfurt am Main 1987, S. 54: »Eine bloß rhetorische
Unterscheidung, die auf institutioneller Ebene nichts bedeutet.« Vgl.
H. J. Wolff, »Marriage Law and Familiy Organisation in Ancient
Athens«, in: *Traditio* 2 (1944), S. 74; Roger Just, *Women in Athenian Law
and Life*, London 1989, S. 52; Peter G. McC. Brown, »Plots and Prosti-
tutes in Greek New Comedy«, in: *Papers of the Leeds International Latin
Seminar*, Bd. 6, Leeds 1990, S. 248 und Anm. 35; Walter K. Lacey, *Die
Familie im antiken Griechenland*, Mainz 1983, S. 114f.; Eva Cantarella,
»Donne di casa e donne sole in Grecia: sedotte e seduttrici?«, in: Renato
Uglione (Hrsg.), *Atti del II Convegno nazionale di studi su La Donna nel
mondo antico. Torino 18-19-20 Aprile 1988*, Turin 1989, S. 45.

2 Athenaios XII 521b = Phylarchos *FGrHist* 81 F 45.

3 Vgl. Vernant, *Mythos und Gesellschaft*, S. 54.

4 Charles Seltman, *Women in Greek Society*, London 1953, S. 115ff. Die
Unterscheidung zwischen *pornai* und *hetairai* entspricht ziemlich genau
der von Hans Licht, dem Ahnen antiker Studien über Sex und Sexualität, in seiner *Sittengeschichte Griechenlands*, Dresden/Zürich 1925, vgl.

Bd. 2, S. 53: »Auf ungleich höherer Stufe stehen und nehmen im griechischen Privatleben eine viel wichtigere Stellung ein die Hetären. Von den Bordellmädchen unterschieden sie sich zumal durch ihre gesellschaftliche Achtung und ihre Bildung.« Zur Kritik von Hans Licht und anderer früherer Herangehensweisen an das Thema Hetären vgl. jetzt Carola Reinsberg, *Ehe, Hetärentum und Knabenliebe im antiken Griechenland*, München 1989, S. 80–86.

5   Ein gutes jüngeres Beispiel dieses Phänomens *in extremis* ist die Abhandlung über die Heiraten des Perikles von Charles W. Fornara und Loren J. Samons, in der Aspasia nur als Perikles' Ehefrau auftaucht und alle Hinweise auf ihr Dasein als *pallakē, hetaira* oder Bordellbetreiberin der »Unterstellung, daß sie lüstern und von niederem gesellschaftlichen Stand gewesen sei«, zugeschrieben werden. »Ihr Hurentum war aus der Luft gegriffen«: *Athens from Cleisthenes to Pericles*, Berkeley 1991, S. 164.

6   Eva Keuls, *The Reign of the Phallus*, New York 1985, S. 204.

7   Just, *Women in Athenian Law and Life*, S. 141. Wenn sonst nichts, dann sind es die Ansichten, die sich verhärten. Die jüngste Behandlung des Themas betont »die Absolutheit der Scheidung zwischen zwischen der Rolle der *hetaira* und der Ehefrau«: Daniel Ogden, *Greek Bastardy*, Oxford 1996, S. 105.

8   Reinsberg, *Ehe, Hetärentum und Knabenliebe*, S. 87.

9   Just, *Women in Athenian Law and Life*, S. 5; vgl. Brown, »Plots and Prostitutes«, S. 248f.

10   Vgl. Demosthenes XXXIX 26, mit XL 8 und XL 27; Isaios III 10–17 und III 39; Antiphanes 210 *PCG*; Plutarch, *Alkibiades* 8,3; Porphyrios 260; F 11; Athenaios 577c–d, anerkannt von Lipsius und Wyse; Justus Hermann Lipsius, *Das Attische Recht und Rechtsverfahren*, Bd. 2, Leipzig 1912, S. 430f.; Wyse zu Isaios III 5. Es wurde ein unnötiges und ungerechtfertigtes modernes Dogma kreiert, nach dem eine athenische Frau *per definitionem* keine Hetäre sein kann: »Jede Hetäre, die mit einem Mann zusammenzog, konnte als *pallakē* gelten. Die Frage ist jedoch, ob es in klassischer Zeit auch *pallakai* gab, die keine *hetairai*, sondern *astai*, athenische Frauen, waren.« (Just, *Women in Athenian Law and Life*, S. 52, vgl. S. 140, 151). In Ogdens jüngster Untersuchung zu diesem Thema, *Greek Bastardy*, S. 161, sind diese athenischen Hetären nur Pseudo-Hetären. Die Debatte ist alt, und die Behauptung, es gebe keine Beispiele für athenische Hetären, wurde schon mehr als einmal anhand von entsprechenden Textstellen widerlegt; vgl. Rudolf Hirzel, »Der Name. Ein Beitrag zu seiner Geschichte im Altertum und besonders bei den Griechen«, in: *Abhandlungen der philologisch-historischen Klasse der Sächsischen Akademie der Wissenschaften* 36,2 (1918), Amsterdam (2. Aufl.) 1962, S. 71, Anm. 1, als Antwort auf Schömanns Ablehnung.

11   [Demosthenes] LIX 28; Menander, *Samia*, 390ff.

12   Nach der Überlieferung wurde Drakons Gesetzgebung auf das Jahr

621 v. Chr. datiert. Der beschuldigte Ehemann wurde nicht für schuldiger erachtet als jemand, der in einem athletischen Wettkampf einen anderen versehentlich getötet hatte: [Demosthenes] XXIII 53.

13 [Demosthenes] LIX 67; vgl. Lysias X 19; Plutarch, *Solon* 23,1. Der Satz war offenbar eine Formel, da er ganz oder teilweise in mindestens zwei anderen Gesetzen anzutreffen ist; Eberhard Ruschenbusch, *Solōnos Nomoi* (= *Historia Einzelschriften* 9), Wiesbaden 1966, F 29 und F 30; vgl. Michael Hillgruber, *Die zehnte Rede des Lysias* (= *Untersuchungen zur antiken Literatur und Geschichte* 29), Berlin/New York, 1988, S. 77ff.

14 Vgl. Vernant, »Hestia – Hermes«, in: *Mythe et pensée chez les Grecques*, Paris 1965, S. 97–143; Susan Walker, »Women and Housing in Classical Greece«, in: Averil Cameron und Amélie Kuhrt (Hrsg.), *Images of Women in Antiquity*, London u. a. 1983, S. 81–91.

15 Zu Hesychios vgl. unter *gephyris*; Phrynichos 34 *PCG*; Adespota [Anonymi] 1352 *K*; Theopompos *FGrHist* 115 F 225 und 213; Timokles 24, Zeilen 1–2 *PCG*.

16 Xenophon, *Memorabilien* II 2,4.

17 Aischines I 80–85. Für *lakkos* (Zisterne, Brunnen oder Wasserbecken) vgl. Aristodemos bei Athenaios XIII 585a; Machon 281–284 (Gow).

18 Aristophanes, *Ritter* 1397ff. R. A. Neil überprüft in seinem Kommentar zu der Stelle den Hinweis auf Verzehr von Eselfleisch (selten) und Hundefleisch (sehr selten) der Griechen und erinnert daran, daß Hieronymus Cardanus dem Erzbischof von St. Andrew noch 1553 eine Platte Welpen vorsetzen ließ. Aller Wahrscheinlichkeit nach steckt jedoch eine Anspielung auf Prostitution (weibliche oder männliche) hinter dieser Anspielung. Zum Kerameikos und seinem Ruf siehe R. E. Wycherley, *The Athenian Agora*, Bd. 3, Princeton 1957, S. 222ff.; Ursula Knigge, *Der Kerameikos von Athen*, Athen 1988.

19 Aristophanes, *Frösche* 422ff. Kleisthenes' Unmännlichkeit war allgemein bekannt. Der Hinweis zielt vielleicht auf seinen Sohn oder seinen Geliebten.

20 Aristophanes, *Frieden* XI 164ff.

21 Zum *aulos* vgl. Martin L. West, *Ancient Greek Music*, Oxford 1992, S. 105f. Für die freundliche Gewährung einer Einsicht in sein unveröffentlichtes Manuskript über den *aulos* in Athen danke ich Peter Wilson.

22 Metagenes 4 *PCG*; vgl. Theopompos *FGrHist* 115 F 290; Aristophanes, *Acharner* 551; Adespota [Anonymi] 1025, Zeile 1 *PCG*. Allgemein vgl. Hans Herter, »Die Soziologie der antiken Prostitution im Lichte des heidnischen und christlichen Schrifttums«, in: *JbAC* 3 (1960), S. 86, Anm. 290.

23 Ein anderes Element in der militärischen Metapher der Fußtruppen der Prostitution: Platon 170 *PCG*, mit Kommentaren der Herausgeber zur Stelle. Die Flöte begleitete alle Arten von Handlungen vom Teigkneten bis zum Niederreißen von Wällen, vgl. West, *Ancient Greek Music*, S. 28ff.

24 Dion Chrysostomos I 1–2; Aristoteles F 583 (Rose). Die früheste Version dieser Geschichte wird über die Bewohner von Kardia erzählt, deren Feinde den richtigen Klang lernen, indem sie ein Flötenmädchen von dort kaufen: Charon von Lampsakos *FGrHist* 262 F 1.

25 [Hippokrates] *Epidemien* V 81. Zur mystischen Kraft des *aulos* und der Bedeutung von Flötenmädchen im *kōmos* vgl. F. Lissarrague und Françoise Frontisi-Ducroux, »From Ambiguity to Ambivalence«, in: David Halperin, J. J. Winkler und F. Zeitlin (Hrsg.), *Before Sexuality*, Princeton 1990, S. 220ff.

26 Isokrates, *Antidosis* 287; Platon, *Symposion* 215c; Herter, »Die Soziologie«, 97f., Gomme/Sandbach zu Menander, *Perikeiromene* 340. Ein auf einem Papyros gefundenes Komödienfragment bezieht sich (wahrscheinlich) auf ein Mädchen als *aulētridiu gar sympo[tiku*: Adespota [Anonymi] 1007, Zeile 34 *PCG* – so als ob ein Unterschied zwischen sympotischen und nichtsympotischen Flötenmädchen gemacht wurde.

27 Vgl. Menander, *Perikeiromene* 337ff.: Moschion will wissen, warum Glykera ihn meidet, und Daos erinnert ihn daran, daß sie kein Flötenmädchen ist und einen bestimmten Betrag verlangen wird, den es in Erfahrung zu bringen gilt, vgl. Arnold W. Gomme und Francis H. Sandbach, *Menander. A Commentary*, Oxford 1973. In Epikrates, *Anti-Lais*, 2 *PCG* werden Flötenmädchen in Gegensatz zu den habgierigen »Hochlohnhetären« gebracht, vgl. Athenaios XIII 570b. *Aulētris* wird manchmal mit Hetäre statt mit *pornē* gleichgesetzt, um die ganze Bandbreite sexuell verfügbarer Frauen deutlich zu machen: so behauptet Phylarchos *FGrHist* 81 F 42, daß in Keos »keine Hetären oder Flötenmädchen zu sehen waren«. Vgl. Theopompos *FGrHist* 115 F 213.

28 Xenophon, *Hellenika* II 2,27.

29 Demosthenes XXI 36; Aristophanes, *Wespen* 1353ff. (so hat der Witz mehr Sinn, als wenn man nach versteckten Parallelen mit Herodot sucht, wie Douglas M. MacDowell in seinem *Aristophanes and Athens*, Oxford 1995, S. 62f. bemerkt), vgl. Lysias III 43, IV 7; Kenneth J. Dover, *Greek Homosexuality*, London 1978, S. 57: »Ein Sklavenmädchen zu prügeln und an ihm herumzuzerren und die drohende Einmischung von jemandem, der das Mädchen an einen anderen Ort mitnehmen will, ist kein seltenes Motiv spätarchaischer und frühklassischer Vasenmalerei, und das Ziel, das diese energischen Männer auf diesen Bildern verfolgen, ist alles andere als eine philosophische Diskussion.« Athenaios (XIII 555a) enthält eine Geschichte, welche die eminente Bedeutung solcher Dispute im täglichen Leben illustriert. Der Komödiendichter Antiphanes war über Alexanders kühle Aufnahme der Rezitation eines seiner Stücke nicht überrascht: »Um solches Zeug zu schätzen«, meinte er, »muß man oft auf Partys gewesen sein und sich noch öfter wegen einer Hetäre tüchtig geprügelt haben.«

30 [Aristoteles] *Staat der Athener* L 2, das auch Harfen- und Kitharaspieler erwähnt, und Adespota [Anonymi] 1025 *PCG*, wo die Unterhaltung

von Flötenmädchen an Wegkreuzungen, von *astynomoi* und gestutzten Flügeln zu handeln scheint.

31 Hypereides, *Euxenippos* 3, vgl. Suda e 528, eine *eisangelia* (Anzeige), vielleicht weil die *astynomoi* als öffentliche Schiedsrichter betrachtet werden.

32 Anakreon *PMG* 346, Zeile 2 (= F 1 b). Harpokration 63,3 (Dindorf) vereinigt die von den *astynomoi* Überwachten in einer Kategorie: »Sie hatten sich um die Flöten- und Harfenmädchen, die Scheißesammler und ähnliche zu kümmern.« Ein unverständlicher Witz der Hetäre Gnathaina weist auf diese Vorstellung des »passiven« Partners als eines bloßen Gefäßes hin: »Zwei Männer, ein Soldat und ein Straßenräuber, hatten sie gemietet. Der Soldat macht eine ungehobelte Bemerkung und nennt sie *lakkos* [Zisterne]. Sie erwidert: ›Das kommt wohl daher, daß zwei Flüsse in mich münden: der Straßenkehrer und der Freigelassene‹«: Aristodemos bei Athenaios XIII 585a; vgl. Machon 281–284 (Gow). Parent-Duchâtelet zog eine ähnliche Verbindung zwischen den Frauen der Pariser Straßen und den Bordellen: »Wo Menschen in großen Gemeinden zusammenwohnen, sind Prostituierte ebenso unvermeidlich wie Abwasserleitungen und Abfallgruben«: Alexandre J. B. Parent-Duchâtelet, *De la prostitution dans la ville de Paris*, Bd. 2, Paris 1836, S. 513. Seine Vorstellung, daß eine gute Verwaltung der Prostitution zu den Aufgaben der Stadtregierung gehöre, findet sich schon bei den Komödiendichtern, welche die Vorschriften für billige Prostituierte auf den Gesetzgeber Solon selbst zurückführen.

33 Artemidoros I 78. Obwohl Artemidoros lange nach der klassischen Periode im 2. Jahrhundert geschrieben hatte, sind die von ihm hergestellten Beziehungen dennoch tief in der Umgangssprache sowie im Raum des Kerameikos und seinen Gegenstücken an der Peripherie anderer antiker Städte verwurzelt.

34 Plautus, *Poenulus* 268; vgl. *Pseudolus* 178; 214ff.; 229ff.

35 Einige Zeit danach wurde die Ehefrau des Freundes angeklagt, die ganze Sache aus Rache an ihrem treulosen Gatten angezettelt zu haben, indem sie die Sklavin glauben ließ, es handle sich um einen Liebestrank zur Wiederherstellung der Liebe ihres Herrn und nicht um Gift. Wir wissen natürlich nicht, was wirklich vor sich ging, obwohl die Anklage gegen die Ehefrau nicht sehr überzeugend wirkt. Aber wenn auch die Aussicht, in ein Bordell geschafft zu werden, das Sklavenmädchen nicht zu einem Mord an Philoneos getrieben haben sollte, so hielten die Athener, die sie zum Tode verurteilten, oder die Frau, die sie denunzierte, dies zumindest für ein plausibles Motiv.

36 Xenarchos 4 *PCG*; Eubulos 67 und 82 *PCG*.

37 Alexis 206 *PCG*.

38 Eupolis 99, Zeile 27 *PCG*; Philemon 3 *PCG*.

39 Den besten Überlick gewährt Hermann Lind, »Ein Hetärenhaus am Heiligen Tor?«, in: *MH* 45 (1988), S. 158–169, mit Knigge, *Der Keramei-*

kos, S. 88–94. Zur Verbindung zwischen Herbergen und Bordellen vgl. Hans Licht, *Sittengeschichte Griechenlands*.

40 Aischines I 80–85; vgl. Aristodemos bei Athenaios XIII 585a; Machon 281–284 (Gow). Xenophon wies in seinem Werk über Geldmittel, *Poroi* II 6, auf eine Anzahl verlassener Gebäude innerhalb der Stadtmauern hin und schlug in einem der frühesten bekannten Stadtbebauungspläne vor, sie sollten für den Wohnungsbau genutzt werden, um »mehr und bessere Leute« zu ermutigen, in Athen zu leben. Es wäre von besonderer Ironie, wenn seine Vorschläge zur damaligen Wiederbelebung des Bordells geführt haben sollten.

41 Alexis 206 *PCG*; Knigge, in: *AM* 97 (1982), S. 153–170. Die Kurtisane Lais war Anhängerin eines korinthischen Kults von Aphrodite »der Dunklen«, die ihr nächtens erschien und den Zulauf wohlhabender Männer ankündigte: Athenaios XIII 588c.

42 *ARW* 101,3; Alfred Brückner, *Lebensregeln auf athenischen Hochzeitsgeschenken* (= *Winckelmann-Programm der Archäologischen Gesellschaft zu Berlin* 62), Berlin 1907, S. 4–7, Tafel 1. Carl Robert, *Archäologische Hermeneutik*, Berlin 1919, S. 125–129.

43 Arnold von Salis, *Theseus und Ariadne*, Berlin 1930, S. 5, vgl. Robert Zahn, »Kleinigkeiten aus Alt-Athen«, in: *Antike* 1 (1925), S. 282: »Ihresgleichen lieben ja bisweilen auch mit den Tugenden der züchtigen Penelope zu kokettieren.« John D. Beazley, »Review of *CVA* Athens, Greece, Fasc. 1«, in: *JHS* 51 (1931), S. 121; Gerhart Rodenwaldt, »Spinnende Hetären«, in: *AA* 47 (1932), S. 21; Johann Friedrich Crome, »Spinnende Hetairen?«, in: *Gymnasium* 73 (1966), S. 245; Reinsberg, *Ehe, Hetärentum und Knabenliebe*, S. 122–125; Keuls, *The Reign of the Phallus*, S. 258f.

44 Xenophon (*Memorabilien* II 7) erzählt eine Geschichte, wie Sokrates dem Aristarchos, der mit vielen weiblichen Verwandten geschlagen war, die er, obwohl er kein Geld hatte, zu unterstützen hatte, den Rat gab, er solle sie am Webstuhl arbeiten lassen. Dies ist jedoch nur ein weiteres Beispiel für die Vorliebe des Philosophen für logische Schlüsse gegenüber gängigen Konventionen. Aristarchos hält zuerst dagegen, daß nur Sklaven solche Arbeit verrichteten, und muß daran erinnert werden, daß das Weben eine den Frauen durchaus angemessene Beschäftigung ist.

45 *Anthologia Palatina* VI 48, 285, 284 und 283.

46 Strabon, *Geographica* VIII 6,20. Wörtlich: »In dieser kurzen Zeit habe ich bereits drei Masten [oder Webbäume] heruntergeholt« – vielleicht eine Anspielung auf den Empfang von Schiffskapitänen, die in Korinth einliefen.

47 *ARW* 795, 10294–10297. Zu der nackten spinnenden *hetaira* (Kopenhagen, Nat. Mus. 153 = *ARW* 1131, 161) vgl. Dyfri Williams, »Women on Athenian Vases«, in: Cameron/Kuhrt (Hrsg.), *Images of Women in Antiquity*, S. 94–97; Reinsberg, *Ehe, Hetärentum und Knabenliebe*, S. 124.

48 Williams, »Women on Athenian Vases«, S. 96f. Die Vase verzeichnet in München: Paul Zanker, Münzen und Medaillen AG, *Auktion* 51, Basel 1975.

49 Vgl. *ARW* 275, 50; *ARW* 189, 72, 1632.

50 Außer von Strabon werden auch in einigen Fragmenten römischer Dichtung Prostituierte, besonders die billigsten und verachtetsten, neben den Wollkorb gestellt: [Tibullus] III 16 und IV 10, Petronius, *Satyricon* 132. Eine Inschrift aus dem 4. Jahrhundert mit Freilassungsurkunden von berufstätigen Frauen enthält viele Wollweberinnen, aber keine Prostituierten, obwohl gerade diese, wie wir aus literarischen Quellen wissen, die Mehrheit solcher Freigelassenen stellten (nur Prostituierten standen genügend Mittel oder genügend Gönner zur Verfügung). Eine oder zwei Hetären können aus den Reihen der Musikerinnen auf der Inschrift stammen – aufgeführt sind ein Flötenmädchen und eine Harfenistin –, einige jedoch kommen vielleicht auch aus den Reihen der schlecht bezahlten Spinnerinnen, insbesondere solche mit Hetärennamen wie »Malthake«, womöglich ein weiteres Beispiel für die Unterschlagung oder zumindest Vermeidung expliziter Erwähnung von Hetären; David Lewis, »Attic Manumissions«, in: *Hesperia* 28 (1959), S. 208–238.

51 Vgl. Aristophanes, *Thesmophoriazusen* 300f.; Xenophon, *Memorabilien* III 11, VI–VII und XI; Theophilos 11 *PCG*, Gow zu Theokritos, Zeile 2. Artemidoros zufolge weisen Träume von Wollkränzen auf Liebesträne und -zauber hin: *Traumkunst* I 77.

52 Siehe Wankel zu Demosthenes XVIII 129 (694f.); vgl. Xenarchos 4, Zeile 17 *PCG*; Aristophanes, *Wespen* 500.

53 *ARW* 795, 102; Theophilos 11 *PCG*.

54 *ARW* 432, 60.

55 Aischines I 74. Ich weiß von keinem *porneion* für Männer, und wenn Aischines von einem *porneion* spricht, dann bezieht er sich stets auf weibliche Prostituierte und ihre Zuhälter (124), auch wenn er einen Mann damit meint. *Oikēmata* wiederum sind auch für Frauen belegt. Bei seinem Angriff gegen Xanthippos, den Sohn des Perikles, behauptet Antisthenes, dieser habe mit einem Mann gelebt, der dem gleichen Gewerbe wie »die Mädchen«, die in kleinen *oikēmata* untergebracht waren, nachgegangen sei, und gibt zu verstehen, daß selbst diese Form der Prostitution häufiger von Frauen ausgeübt wurde: Antisthenes bei Athenaios V 22d. Bei Isaios VI 19 besitzt Euktemon auch Mädchen, die in *oikēmata* untergebracht waren, und wir erfahren von jemandem, der angeklagt war, ein olynthisches Mädchen, nach der Einnahme der Stadt durch Philipp von Makedonien, in ein solches verbracht zu haben; diese werden jedoch als *paidiskai* (»Mädchen«), einem respektvolleren Ausdruck denn *pornai*, bezeichnet. Eines dieser Mädchen, Alke, bringt es zu einiger Bekanntheit, was einem namenlosen Sklavenmädchen in einem *porneion* eher schwergefallen sein dürfte; vgl. Wyse zu der Stelle; Dinarchos I 23, [Demosthenes] LIX 18; Theopompos *FGrHist* 115 F 114.

56 Diogenes Laertios II 105. Er ließ sein Haar lang wachsen, vielleicht um sich von den Sklavenprostituierten, zu denen er einst selbst gehört hatte, abzusetzen und an seinen aristokratischen Hintergrund zu erinnern, vielleicht aber auch nur, um seinen Kunden zu gefallen.

57 Platon, *Charmides* 163b; Aischines I 158; Aristophanes, *Frösche* 148: Das hier genannte *pais* kann weiblich oder männlich sein.

58 Ein Brief aus dem späten 3. Jahrhundert aus Ägypten enthält eine Klage gegen eine Demo, »die Hetäre« (*hē kai mistharnei*): *P. Magd.* XIV 3.

59 Epikrates 2 PCG. Zu Charixene: Aristophanes, *Thesmophoriazusen* 943, *Etymologium Magnum* CCCLXVII 12, Hesychios 5413, vgl. auch meine Kommentare zu Gnesippos und dem *paignion* in David Harvey und John Wilkins (Hrsg.), *The Rivals of Aristophanes* [ersch. demnächst]. Zu Glauke vgl. Gow über Theokritos IV 31.

60 Vgl. Kassel/Austin zu Eupolis 184.

61 Xenophon, *Hellenika* V 4,4.

62 Menander, *Samia* 390ff. Das sechste von Lukians *Hetärengesprächen*, die auf die Komödie des 4. Jahrhunderts zurückgehen, stellt eine ganz andere Benimmregel für *mistharnusa* vor, nämlich, nur mit den Fingerspitzen zu essen, am Wein nur zu nippen und das Gesicht nur dem Mann zuzuwenden, der sie gemietet hat.

63 Aischines I 188; [Demosthenes] LIX 30; vgl. Theophrast, *Charaktere* VI 5; Aristoteles, *Nikomachische Ethik* 1121b.

64 Menander, *Epitrepontes* 136f. und 436ff.; Plautus, *Eselskomödie* 746ff.

65 Xenophon, *Symposion* II 1, IX 2ff.

66 Xenophon, *Symposion* IV 53f.; Aischines I 41 und die bei Athenaios zitierten Komödienfragmente VIII 339a–c.

67 Aischines I 160–165.

68 Lysias III 21–26 mit Careys Bemerkungen zu der Stelle.

69 Plautus, *Eselskomödie* 746ff., vgl. *Handelsherr* 536ff., *Bacchides* F X und 896f., Turpilius com. F 112 (Ribbeck), *Leucadia*; vgl. Hans-Peter Schönbeck, *Beiträge zur Interpretation der plautinischen »Bacchides«*, Düsseldorf 1981, S. 150f. und 203, Anm. 77, und allgemein Herter, »Die Soziologie«, S. 81, Anm. 193 und 194.

70 [Demosthenes] LIX 29. Sich eine Mätresse zu teilen war in der antiken Welt kein sonderlich ungewöhnliches Arrangement. Häufig war es, wie in diesem Fall, für einen einzelnen Mann zu teuer, sich eine Sklavin zu halten. Andere *ménages à trois* waren das Ergebnis eines Kompromisses zwischen zwei Männern, die sich um dieselbe Frau gestritten hatten, vgl. ebd. XLVII; Lysias IV.

71 Aristophanes, *Frieden* 1138f.; Lysias I 12.

72 [Demosthenes] LIX 22, [Andokides] IV 14, vgl. Ogden, *Greek Bastardy*, S. 100–106.

73 Hypereides, *Adversus Athenogenem* 5–6; Antiphanes 236 *PCG*; Aristophanes, *Wespen* 1345–1359; vgl. Elaine Fantham, »Sex, Status and Survival in Hellenistic Athens«, in: *Phoenix* 29 (1972), S. 63f.: Eine Sklavin

freizukaufen »ist sowohl Zeichen für ihre Verrücktheit als auch typisch für den Eskapismus dieser Art Komödie, dem der Himmel voller Geigen hängt. Terenz erlaubt seinen Knaben, ihre Sklavenmätressen bei sich zu behalten, aber nicht, sie zu befreien.«

74 [Demosthenes] LIX 30–48. Es ist möglich, daß Phrynion, wie der Angeklagte in Lysias IV, behauptete, Neaira sei keine Freigelassene, sondern eine Sklavin: siehe Carey zu 40.

75 Wenn er die Bezeichnung *mistharnusa* (gemietet) für jemanden gebraucht, der dies nicht ist, und wenn er, offenbar austauschbar, Neaira als die Hetäre oder *pallakē* von Stephanos bezeichnet, scheint sogar er einzuräumen, daß »Hetäre« normalerweise für eine Frau in fester Beziehung gebraucht wurde: [Demosthenes] LIX 118f. Ebenso wird Chrysis in Menanders *Samia* als Hetäre (170) wie auch als *pallakē* (508) des Demeas bezeichnet. Wir wissen von Bürgerfrauen, die unter bestimmten Bedingungen als *pallakai* vorgestellt werden: Isaios III 39, aber auch Hetären hatten ihre Verträge, und dies heißt nicht, daß *pallakē* deshalb ein Terminus technicus oder einst ein festumrissener Status gewesen wäre; vgl. Georg Busolt und Heinrich Swoboda, *Griechische Staatskunde*, München (3. Aufl.) 1926, S. 941, Anm. 3; Wyse zu Isaios III 5; Carey zu [Demosthenes] LIX 122. Auch für Männer bedeutet *hetairein* Monogamie: Hätte, nach Aischines, Timarchos mit Misgolas, dem Liebhaber von Kitharaknaben, zusammengelebt, hätte er ihn nur dafür angeklagt: »Denn der Mann, der es mit einer Person und für Geld treibt, scheint mir genau in diesem Punkt schuldig zu sein«, I 51.

76 Aristophanes, *Frieden* 439f.; Lykurg, *Rede gegen Leokrates* 19 und 55; Hypereides, *Adversus Athenogenem* 18; Demosthenes XLVIII, LIII–LV; Plutarch, *Alkibiades* 39. Bei Athenaios gibt es in Buch XIII zahlreiche Geschichten von Männern, die eine Beziehung mit Hetären haben oder mit solchen zusammenleben.

77 Plutarch, *Perikles* 24.

78 Isaios VI 21; Demosthenes XXXVI 45; vgl. XL 51, *Briefe* III 31.

79 Idomeneos *FGrHist* 338 F 14; vgl. Hypereides, *Verteidigung Phrynes* F 124 (Blass).

80 Isaios VI; Demosthenes XLVIII 53ff.

81 Amphis 1 *PCG*; Platon, *Staat* 420a; Xenophon, *Anabasis* IV 3,19; vgl. Theopompos *FGrHist* 115 F 213.

82 Polybios XIV 11, 3–4; Machon XI 252, 258, 262–284 (Gow); vgl. 175, Kallimachos F 433 (Pfeiffer); Aristophanes, *Wolken* 996; Amphis 23 *PCG*; [Demosthenes] LIX 37, 42; Xenophon, *Memorabilien* III 11,4; Athenaios XIII 591d.

83 David M. Schaps, *Economic Rights of Women in Ancient Greece*, Edinburgh 1979, S. 15ff.; [Demosthenes] LIX 46 und 41; Athenaios XIII 574e.

84 Lynkeus von Samos bei Athenaios XIII 584b, VI 246b; Machon F 6 und 7 (Gow); Athenaios XIII 591d–e. Zwei Papyri aus der Militärgarnison von Elephantine zu Zahlungen einer Frau namens Elaphion beleuch-

ten die Sache ganz gut. Alan E. Samuel beurteilt die Dokumente als Aufzeichnungen einer Hetäre, die einen »Herrn und Meister« anheuerte: »Die Summe, die sie als *tropheia* zahlt, hat zwei Zwecke zu erfüllen. Der Mann, den sie bezahlt, soll ihr als *kyrios* dienen, damit sie jemanden hat, der die Aufgabe der Abfassung von Dokumenten übernimmt. Gleichzeitig soll er sie mit dem notwendigen Lebensunterhalt versorgen«: *Ptolemaic Chronology*, München 1962, S. 23; vgl. Erhard Grzybek, »Die griechische Konkubine und ihre Mitgift (P. Eleph. 3 und 4)«, in: *ZPE* 76 (1989), 206–212.

85 Krates bei Plutarch, *Moralia* 401a; Athenaios XIII 591b; Theopompos *FGrHist* 115, 248 und 253; Dikaiarchos 21 (Wehrli) bei Athenaios XIII 595f (sogar ein Werk über Wahrsagerei bietet Gelegenheit zum Moralisieren); Philemon 15 *PCG*.

86 Lysias 365 (Thalheim).

Kapitel 4
Vom Umgang mit Hetären

1 Aristophanes, *Reichtum*, 149–159. Zum Gegensatz zwischen Gabentausch und Warentausch vgl. die weite, aus den Erkenntnissen von Marcel Mauss und Karl Marx gewonnene Definition von Chris A. Gregory, *Gifts and Commodities*, London 1982, S. 19. Die Verbindung von Gabentausch und Verführung sowie die von Warentausch und dem promiskuitiven Streben nach dem Orgasmus wird von Jean Baudrillard, *Von der Verführung*, München 1992, schön herausgearbeitet. Baudrillard sieht diese zwei dynamischen Prinzipien als Alternative, doch scheint der Fall von Athen zu zeigen, wie sie am selben Ort und zur selben Zeit als gegensätzliche Begriffe (Gaben und Waren), deren Bedeutung voneinander abhängig sind, funktionieren können. Georg Simmels Überlegungen die Prostitution in der *Philosophie des Geldes* [1900], Frankfurt am Main 1989, S. 504ff. – sogar noch einige Jahrzehnte vor Mauss, *Die Gabe* [1925], Frankfurt am Main (2. Aufl.) 1994 – sind ähnlich scharfsinnig.

2 Philemon 3 *PCG*.

3 Isaios III 13–15; [Demosthenes] LIX 67.

4 Aischines 123f.

5 Aischines 40 und 70; Athenaios XIII 588f.

6 *SVF* 1 F 451; Antigonos von Karystos 117 (Wilamowitz); Aischines 40; Demosthenes XIX 229.

7 [Demosthenes] LIX 108, vgl. 30, 32, 39, 41, 49; Asklepiades, *FGrHist* 157 F 1. Es ist möglich, daß Klepshydra eine fiktive Figur war.

8 Xenarchos 4 *PCG*; [Demosthenes] LIX 22, 36; Aischines 52, 31, 39, 55, 40.

9 Aristophanes, *Wespen* 1353, *Acharner* 764–796. Zu dieser Episode und dem darin vorkommenden Wortspiel vgl. Dover, *Aristophanic Comedy*,

Berkeley 1972, S. 63–65. Vgl. Jeffrey Henderson, *The Maculate Muse*, New Haven 1975, S. 131 ff. Henderson erwähnt auch Aristophanes 589 *PCG*, doch Pollux, bei dem das Fragment erhalten ist, gibt keine Hinweise, ob besagte »Schweinchenverkäufer« Prostituierte oder Zuhälter sind.

10 Aischines 15, vgl. 137; Aristoteles *Politik* 1311 b. Eubulos 67, Zeile 9 *PCG* stellt es zu *pothos* (etwa »sehnsüchtiges Verlangen«) in Kontrast und bringt es mit Ehebrechern in Verbindung. D. M. MacDowell, »*Hybris* in Athens«, in: *G & R* 23 (1976), S. 14–31, bes. 17–19; vgl. Henderson, *Maculate Muse*, S. 159, Nr. 249 mit Anm. 40; David Cohen, »Law, Society, and Homosexuality in Classical Athens«, in: *P & P* 117 (1987), S. 7; Fisher, *Hybris*, Warminster 1992, gibt einen umfassenden Überblick zu dem Begriff. Über die Bedeutung der »Entehrung« von Hybrisopfern stimme ich mit ihm nicht überein. Es gibt Hybris ohne Opfer, vgl. jüngst Douglas L. Cairns, »*Hybris*, Dishonour and Thinking Big«, in: *JHS* 106 (1996), S. 1–32.

11 Vgl. Suda unter *pernatai*; Eupolis 99, Zeile 27 *PCG*; Aristophanes, *Frösche* 1327, mit Schol., vgl. Platon 143 *PCG*; 188 *PCG*; *Wespen* 500–503 gebraucht *kelēs* in demselben Zusammenhang wie den teuren Fisch, *orphōs*. *SEG* XVIII 93 sieht nach einer Widmung für eine Prostituierte nach »vielen Ritten« aus, Machon 300–310. Siehe auch die ins späte 6. oder frühe 5. Jahrhundert datierten frühattischen rotfigurigen Pinaxfragmente mit erotischen Szenen im Ashmolean Museum, vgl. Adolf Greifenhagen, »Fragmente eines rotfigurigen Pinax«, in: Larissa Bonafante und Helga von Heintze (Hrsg.), *In Memoriam Otto J. Brendel. Essays in Archaeology and the Humanities*, Mainz 1976, S. 43–48. *Pinakes* sind häufig Widmungen mit Abbildungen von Berufstätigkeiten. Zu den Sexhandbüchern vgl. Holt N. Parker, »Love's Body Anatomized. The Ancient Erotic Handbooks and the Rhetoric of Sexuality«, in: Amy Richlin (Hrsg.), *Pornography and Representation in Greece and Rome*, Oxford 1992, S. 90–111.

12 Theopompos *FGrHist* 115 F 253; Gorgias bei Athenaios XIII 596f.

13 Simmel, *Philosophie des Geldes*, S. 513f.; Artemidoros, *Traumkunst* I 78; Epikrates 3 *PCG*.

14 Zu einigen interessanten Beobachtungen über die Terminologe von Sexarbeit vgl. den Brief von Tracy Quan, veröffentlicht in der *New York Review of Books*, 5. November 1992, Nr. 18, S. 61; vgl. Cecilie Hoigård und Liv Finstad, *Backstreets. Prostitution, Money and Love*, London 1992, S. 52.

15 Xenophon, *Memorabilien* III 11,4 und 12, vgl. I 2,52.

16 Aristophanes, *Thesmophoriazusen* 344f.; Pausanias I 20,1–2; IX 27,3–5; Strabon IX 2,25; Athenaios XIII 591a, vgl. *Anthologia Palatina*, Appendix Planudea 204. Vielleicht bringt die berühmte Textstelle in Platons *Phaidros* (255c–e), wo Verlangen als eine Spiegelung der Liebe in der Vorstellung der Liebe des anderen bezeichnet wird, Licht in die Logik

dieses Epigramms. Das komplexe Geflecht der Gabe ist bei späteren Epigrammatikern nicht verloren: *Anthologia Palatina,* Appendix Planudea 203–206. Besonders interessant ist, daß das Geschenk des Praxiteles an Phryne als Entledigung einer Verpflichtung und dementsprechend als Selbstbefreiung gesehen wird. Leonidas von Alexandria (?) nennt die Statue »eine Erlösung von seinen Begierden«, 206.

17   Theopompos *FGrHist* 115 F 248.

18   Netta Zagagi, *Tradition and Originality in Plautus* (=*Hypomnemata* 62), Göttingen 1980, S. 118; *POxy* 3533 = Menander, *Misumenos* A 37–40; vgl. Eric Gardiner Turner, »The Lost Beginning of Menander, ›Misoumenos‹«, in: *Proceedings of the British Academy* 73 (1977), S. 315–331; A. Borgogno, »Sul nuovissimo *Misumenos* di Menandro«, in: *QUCC,* N.S. 30 (1988), S. 87–97; Menander, *Theophorumene* 16–22; Eric W. Handley, »Notes on the *Theophoroumene* of Menander«, in: *BICS* 16 (1969), S. 88–101.

19   Xenophon, *Memorabilien* III 11,10–11 und 13, vgl. 14; Machon 429–432 (Gow), vgl. 327–332, 226–230; die Pointe ist eine Bearbeitung von Sophokles, *Elektra* I 2, vgl. Gow. Philemon 3, Zeile 15 *PCG,* vgl. Menander, *Samia* 392. Bourdieu, *Theorie der Praxis,* S. 335; Sokrates bekam, nach Xenophons Bericht über den Prozeß gegen Sokrates zu schließen, für seine zynische Haltung gegenüber Freundschaften manche Schwierigkeiten: *Memorabilien* I 2,52.

20   Zu Philainis vgl. Kyriakos Tsantsanoglou, »Memoirs of a Lady from Samos«, in: *ZPE* 12 (1973), S. 183–195. Ich halte es für höchst wahrscheinlich, daß F 3, Sp. 2, welches die schmeichelhaften Bezeichnungen für verschiedene Damen enthält, auch Teil dieses Abschnitts der *peirasmoi* ist. Xenophon, *Memorabilien* III 11,1 und I 16,3; [Demosthenes] LIX 20; Isaios 3.16, vgl. 13; Theopompos *FGrHist* 115 F 253; Aischines 52.

21   Bourdieu, *Theorie der Praxis,* S. 226; Machon 450–455 und 349–375 (Gow); Athenaios XIII 588e. Dennoch war es gefährlich, die Sicherheiten von Klepshydras Uhr und der Zweidrachmen-Preispolitik zu verlassen. Männer konnten die Unsicherheit zu ihren Gusten ausnutzen: »Danach, so wird berichtet, verweigerte Gnathainion dem Andronikos bisweilen die übliche Zuwendung, wenn sie zusammen tranken. Sie war verärgert, weil sie nichts von ihm bekommen hatte.« Sie beklagt sich bei Gnathaina, die ihre Tochter rügt. »Aber Mutter«, erwidert diese, »kann es sein, daß ich die Freundin von einem bin, der mir nichts gibt, aber die ganze »Argossenke« umsonst (*dōrea*) unter seinem Dach haben will«: Machon (Gow) 376–386. Die Pointe ist nicht ganz klar, doch ist die »Argossenke« vermutlich eine Anspielung auf ihren Schoß.

22   Timokles 24 *PCG.*

23   Die klassische Studie bleibt John Goulds Artikel »Law, Custom and Myth. Aspects of the Social Position of Women in Classical Athens«, in: *JHS* 100 (1980), S. 38–59. Neuer ist Lisa Nevetts Untersuchung der archäologischen Befunde: »The Organization of Space in Classical and

Hellenistic Houses«, in: Nigel Spencer (Hrsg.), *Time, Tradition and Society in Greek Archaeology*, London 1995, S. 89–108.

24 Luce Irigaray, Das Geschlecht, das nicht eins ist, Berlin 1979, S. 25; Aristophanes, *Frieden* 978–986; *Thesmophoriazusen* 790 und 797–799.

25 Xenophon, *Memorabilien* III 11,1–3.

26 Aristophanes, *Ekklesiazusen* 7–13; Xenophon, *Memorabilien* III 11,10; Athenaios XIII 585c; vgl. Henderson, *Maculate Muse*, S. 137ff.

27 Eubulos 67, Zeile 3–4 *PCG*, 82, Zeile 3 *PCG*; Xenarchos IV 6,4 und 18–23, mit Athenaios XIII 569a; Philemon 3, Zeilen 10–12 *PCG*.

28 Demosthenes XXIII 53. Cohen, »The Athenian Law of Adultery«, in: *RIDA* 31 (1984), 147–165; ders., »The Social Context of Adultery at Athens«, in: Paul Cartledge, Paul Millett und Stephen Todd (Hrsg.), *Nomos. Essays in Athenian Law, Politics and Society*, Cambridge 1990, S. 147. Das Problem liegt bei der Suche nach einem einzigen athenischen Gesetz gegen Ehebruch, da in Wirklichkeit die Bestrafung und die Definitionen des Verbrechens wahrscheinlich eine Verschmelzung von Bestimmungen aus verschiedenen Gesetzestexten, nicht nur der Drakonischen Gesetze zum strafbaren Totschlag, sondern auch der Solonischen Gesetze, darstellen, auf die sich der Sprecher in Lysias, *Gegen Theomnestos* I, 10,19 bezieht. Xenarchos weist darauf hin, und Lysias I geht davon aus, daß das Gesetz des Drakon als ein Gesetz zu *moicheia* behandelt wurde; vgl. Stephen Todd, *The Shape of Athenian Law*, Oxford 1993, S. 278: »Von einer einzigen Bestimmung zu diesem Sachverhalt zu sprechen hieße der Organisation des athenischen Gesetzes irreführende substantivistische Vorstellungen zu unterschieben.« Vgl. Mogens H. Hansens Kommentare zur Klasse der *kakurgoi*, die auch *moichoi* umfaßten: *Apagoge, Endeixis, and Ephegesis against Kakourgoi, Atimoi and Pheugontes*, Odense 1976, S. 47: »Da es in Athen keine professionellen Anwälte gab, lag die Auslegung des Gesetzes bei den Parteien des Falles, bei den elf Archonten und am meisten bei den Geschworenen. Sie entschieden, was, zumindest an diesem Tag, athenisches Gesetz war. Die Praxis kann sich nicht nur von Generation zu Generation, sondern von Jahr zu Jahr, sogar von Fall zu Fall geändert haben. Da Präzedenz ein im athenischen Recht beinahe unbekanntes Phänomen war, dürfte eine feste Gesetzesauslegung fast unmöglich gewesen sein. Die Magistraten, welche die schriftlichen Anklagen entgegennahmen und die Verhafteten einkerkerten, wechselten von Jahr zu Jahr, die Geschworenen von Tag zu Tag. Selbst unter der Voraussetzung, daß unser Quellenmaterial vollständig wäre, wäre es unmöglich, eine endgültige und umfassende Liste der *kakurgoi* im Sinn des Gesetzes zu erstellen.«

29 Glykera in Menanders *Perikeiromene* I 478, 357, 370 und 390 (vgl. 986) mit Gomme/Sandbach ad loc., das neue Fragment von *Misumenos* A 37–40, Machon I 218–25 (Gow). Relevant ist auch die Stelle aus *Misumenos* XI 216–221, wo Getas, der Diener von Thrasonides, Kratia in den Armen von Demeas, ihres Vaters, antrifft und diesen wie einen in fla-

granti erwischten *moichos* behandelt, wobei er Worte benutzt, die den
alten Mann den *kakurgoi*, den Kriminellen, zuordnet: Vgl. Hansen,
Apagoge, Endeixis, and Ephegesis, S. 48f. Ugo Paoli zitiert eine parallele
Stelle aus Plautus' *Miles gloriosus* (461f., vgl. 146). Er schließt daraus, daß
für einen Totschlag eines Rivalen im eigenen Hause der Tatbestand des
Ehebruchs nicht unbedingt nachgewiesen werden mußte: »Il reato di
adulterio in diritto Attico«, in: *Altri studi di dirito Greco e Romano*, Mai-
land 1976, S. 253ff. (= *SDHI* 16 (1950), S. 123ff.) und 263. In der jüngsten
Behandlung dieses Themas hält Ogden, *Greek Bastardy*, S. 105f., den
Gebrauch von Begriffen wie »verheiratet« in Verbindung mit Hetären
lediglich für »zärtlich« und widersprüchlich.

30   Zu Gnesippos vgl. Chionides 4 *PCG*; Eupolis 148 *PCG*; Telekleides 36
     PCG; Kratinos 17, 104 und 276 *PCG*; und meinen demnächst erschei-
     nenden Artikel in D. Harvey und John Wilkins (Hrsg.), *The Rivals of
     Aristophanes*. Zu Philainis vgl. Tsantsanoglou, »Lady from Samos«,
     S. 183–195.

31   Aristophon 4 *PCG*. Epikrates 3, Zeilen 11–13 und 16 *PCG*; Athenaios
     XIII 588c; Machon 337f. (Gow); Xenophon, *Hellenika* V 4,4; Philemon
     3, Zeile 10 *PCG*; Antiphanes bei Athenaios XIII 587b; Alexis 103, Zei-
     len 7–15 und 19 *PCG*; vgl. Simmel: »Es gilt der heutigen Völkerkunde
     als sicher, daß die Bedeckung der Schamteile – wie die Bekleidung
     überhaupt – ursprünglich mit dem Schamgefühl nicht das Geringste zu
     tun hatte, vielmehr nur dem Schmuckbedürfnis und der nahe damit
     verwandten Absicht dient, durch die Verhüllung einen sexuellen Reiz
     auszuüben: es kommt vor, daß bei nackt gehenden Völkern nur die
     Buhlerinnen sich bekleiden!« (»Die Koketterie«, in: ders., Philosophi-
     sche Kultur, Leipzig 1911, S. 105.)

32   Hermippos 68a I (Wehrli) bei Athenaios 590e–f.; Athenaios XIII
     590d–e, 591f.; vgl. [Plutarch] *Hypereides* 849e; Harpokration siehe unter
     Euthias; [Anonymus] *De sublimitate* XXXIV 3; Quintilian X 5,2. Auf
     den Prozeß wird auch in der Komödie Posidippos 13 *PCG* aus dem 3.
     Jahrhundert Bezug genommen. Die Zurschaustellung Phrynes wird
     nicht direkt erwähnt, dennoch sollte nicht davon ausgegangen werden,
     daß es sich um einen kontradiktorischen Bericht handelt. Vgl. A. Fa-
     rina, *Il processo di Frine*, Neapel 1959. Die Faszination an der Geschichte
     beschränkte sich nicht auf die Antike. Noch im 17. Jahrhundert diente
     Phryne den Malern als Motiv: vgl. J. Whitely, »The Revival in Painting
     of Themes Inspired by Antiquity in Mid-Nineteenth Century France«,
     (Diss.) Oxford 1972, S. 238ff., das Timothy J. Clark, *The Painting of Mo-
     dern Life*, London, 1985, S. 294, Anm. 117 erwähnt, wo das Thema auf
     S. 111–114 behandelt wird und einige Darstellungen abgebildet sind.

33   Plautus, *Eselskomödie* 792; Anaxilas 22, Zeilen 22–24 *PCG*; *Anthologia
     Palatina* V 2. Plutarch berichtet die folgende Geschichte des weisen
     Pharao Bochoris aus dem 8. Jahrhundert: Ein Mann war in die Hetäre
     Thonis verliebt; leider verlangte sie zuviel. Doch dann hatte er einen

Traum, in dem er ihre Gunst genoß und hinfort von seinem Verlangen befreit war. Thonis machte geistiges Eigentum geltend und klagte auf Bezahlung. Der Pharao regelte die Auseinandersetzung, indem er dem Mann befahl, die verlangte Summe dem Gericht vorzulegen, und erlaubte Thonis, den Schatten davon einzustreichen. Gegen Ende des 4. Jahrhunderts meinte die Hetäre Lamia freilich, Bochoris sei im Unrecht gewesen, da Thonis' Verlangen nach Geld durch den Schatten des Goldes nicht befriedigt werden konnte, wohingegen das Verlangen des Kunden nach ihr im Traum befriedigt worden sei: Plutarch, *Demosthenes* 27.

Kapitel 5
Körper

1   Harry Gene Levine, »The Discovery of Addiction. Changing Conceptions of Habitual Drunkenness in America«, in: *Journal of Studies on Alcohol* 39/1 (1978), S. 143–174.

2   Zu einer Kritik des Suchtmodells bei Trinkern vgl. Nick Heather und Ian Robertson, *Problem Drinking*, Oxford (2. Aufl.) 1989.

3   Antiphanes 188 *PCG*.

4   Euphanes 1 *PCG*.

5   Aristophanes, *Frieden* 801–812; Archippos 28 *PCG*; vgl. *Frieden* 1009–1015; Eupolis 178 *PCG*; Kallias 14 *PCG*; Leukon 3 *PCG*; Pherekrates 148 *PCG*. Klearchos 55 (Wehrli) bei Athenaios I 6c.

6   Antiphanes 77 *PCG*.

7   Alexis 57 *PCG*, Eubulos 8 *PCG*, mit Anm. der Hrsg. ad loc.

8   Machon 9, 10 (Gow). Philoxenos wurde in seiner Jugend von den Athenern bei deren Einnahme von Kythera im Peloponnesischen Krieg versklavt. Er scheint seine Tage am Hof des Dionysios, Tyrann von Syrakus, beschlossen zu haben.

9   Aristophanes, *Ritter* 353–355 und 928ff.

10   Anaxandrides 34 *PCG*.

11   Chrysipp bei Athenaios I 5d–f; Klearchos 54 (Wehrli) bei Athenaios I 6c; die Geschichte stammt vielleicht aus einer Komödie, vgl. Krobylos 8 *PCG*.

12   Levine, »The Discovery of Addiction«, S. 143; Dwight Heath, »A Critical Review of Ethnographic Studies of Alcohol Use«, in: Robert J. Gibbins u. a. (Hrsg.), *Research Advances in Alcohol and Drug Problems*, Bd. 2, New York 1975, S. 57.

13   Vgl. Murrays Einleitung zu seiner Aufsatzsammlung über das griechische Symposion: »Sympotic History«, in: ders. (Hrsg.), *Sympotica*, S. 3–13, und seine »Histories of Pleasure«, in: ders. und Manuela Tecusan (Hrsg.), *In Vino Veritas*, S. 4f. Ältere Abhandlungen über Alkoholismus sind W. L. Brown, »Inebriety and its ›Cures‹ among the Ancients«, in: *Proceedings of the Society for the Study of Inebriety* 55 (1898); J. D. Rolle-

ston, »Alcoholism in Classical Antiquity«, in: *British Journal of Inebriety* 24 (1927), S. 101–120; A. P. McKinlay, »Attic Temperance«, *Quarterly Journal of Studies on Alcohol* 11 (1950), S. 230–246.

14 *FGrHist* 115 F 185 und F 143 vgl. F 121 = Athenaios X 444e–445a und die andere Anekdote in X 435f–436c.

15 Theopompos F 20, vgl. seinen Namensvetter, den Komödienschreiber: Theopompos 31 *PCG*.

16 Krates, T 2a *PCG*; Philemon 104 *PCG*. Zum Überblick über Wein in der Komödie vgl. E. M. Bowie: »Wine in Old Comedy«, in: Murray und Tecusan (Hrsg.), *In Vino Veritas*, S. 113–125.

17 Aristophanes, *Ritter* 104ff. und 354f.; Kratinos 203 *PCG*; zum Stück *Pytine* (*Die Flasche*) vgl. Kassel/Austin und Bowie, »Wine in Old Comedy«, S. 116, Anm. 12, und S. 121f. Zur Vase vgl. Greifenhagen, »*Philopotes*«, S. 26–32.

18 Hypereides, *In Demosthenem*, S. 24 (Jensen); Lynkeus von Samos bei Athenaios VI 245f–246a.

19 Jean-Charles Sournia, *A History of Alcoholism*, Oxford 1990, S. 10f.

20 Antiphon, B 87 F 76 *DK*.

21 Athenaios X 433b versucht zu unterscheiden zwischen einem Weinliebhaber, den es nach Wein, einem Trinker, den es nach Trinkgelagen gelüstet, und einem *kōthōnistēs*, der trinkt, um sich zu betrinken; letzterer scheint aber keine klassische Kategorie gewesen zu sein.

22 Philemon 104, Zeile 3 *PCG*. Das heißt nicht, daß es im antiken Griechenland keine Trinker gegeben hätte, die Schwierigkeiten hatten, mit dem Trinken aufzuhören, wenn es verlangt wurde. Ich zweifle nicht, daß es sie gab – nur daran, daß ihr unwiderstehlicher Drang ohne eine Abstinenzbewegung, die sie überwachte, für ihre Nachbarn und womöglich für sie selbst zu erkennen war.

23 Aristoteles, *Historia animalium* 559b; [Aristoteles] *Problemata* III 5, 817a.

24 Zu Alkibiades vgl. Eupolis 385 *PCG*. Zu Philipp vgl. Diodor XVI 86,6–87,2; Theopompos *FGrHist* 115 F 163, 236, 282; Duris *FGrHist* 76 F 37b; Valerius Maximus VI 2 ext. 1.

25 Menander, *Kolax* F 2 (Körte).

26 *FGrHist* 117 F 2a bei Älian, *Varia Historia* III 23. Es ist schwer zu sagen, ob der sarkastische Ton in diesem Auszug original ist oder von Älian stammt.

27 Die beste Übersicht zu dieser Frage liefert P. A. Brunts Einleitung der Loeb-Ausgabe von Arrian, Bd. 1, S. XXIV–XXVI, vgl. Bd. 2, S. 288–293. Albert B. Bosworth, *From Arrian to Alexander*, Oxford 1988, Kap. 7, kommt auf die Theorie zurück, daß die *Tagebücher* den Zweck hatten, den Vorwurf der Vergiftung zu entkräften.

28 Das moderne Beispiel, das einem zuerst in den Sinn kommt, ist der Monolog der Vikarsgattin in Alan Bennetts *Talking Heads*.

29 Herodot, *Historien* II 174,1, Theopompos *FGrHist* 115 F 139, 227.

30 Theopompos *FGrHist* 115 F 20; Plutarch, *Alexandros* 23.

31 Demosthenes VI 30, XIX 46; Lukian, *Demosthenes* 23. Die Komödie schloß sich im allgemeinen der gnadenlosen Beurteilung der Wassertrinker an: vgl. Baton 2 *PCG*, Phrynichos 74 *PCG*.

32 Aristophanes, *Ritter* 344ff.

33 [Hippokrates] *De aere, aquis, locis* 1.

34 Vgl. R. Joris,»Le vin comme médicament dans l'Antiquité«, in: *Proceedings of the 29th International Conference in the History of Medicine*, Kairo 1984. In römischer Zeit waren einige Ärzte für ihre alkoholischen Verschreibungen berühmt, vgl. John D'Arms,»Heavy Drinking and Drunkenness«, in: Murray und Tecusan (Hrsg.), *In Vino Veritas*, S. 304–317.

35 Die Lebenszeit in der Antike war normalerweise zu kurz, als daß gravierende, chronische Gesundheitsprobleme entstehen konnten.

36 Zu Kleomenos von Sparta vgl. Herodot, *Historien* VI 84. Athenaios X 434d gibt an, die Geschichte über Kallisthenes bei drei Autoren gefunden zu haben, unter anderem bei dem normalerweise verläßlichen Aristobolos; zu Hephaistion vgl. Plutarch, *Alexandros* 72, vgl. [Hippokrates] *Epidemien* III 1e', 17i', is', Mnesitheos bei Athenaios X 483f–484b.

37 Ephippos *FGrHist* 126 F 3, Diodor XVII 117,1–2, vgl. Arrian VII 25,1–26,3; Plutarch, *Alexandros* 76.

38 Homer, *Ilias* XIV 294, Euripides, in: *TGF* 438.

39 Platon, *Staat* III 403a; *Nomoi* VI 783ab; Prodikos *DK* 84 F 7.

40 Platon, *Charmides* 154c; Xenophon, *Memorabilien* I 3,13.

41 Antiphanes 101 *PCG*; Aristophanes, *Frösche* 428–430; *Vögel* 285f. mit Schol., Kassel-Austin zu Eupolis, *Kolakes*, T IV; Kratinos 81 *PCG*; Andokides I 124–129 mit der Einleitung zu MacDowells Ausgabe, S. 10f.

42 Plutarch, *Alkibiades* 23; Lysias, S. 346 (Thalheim); Antisthenes bei Athenaios V 220c; Aristoteles, *Rhetorik* II 6,4. Die Geschichte vom Witz des Sophokles über Euripides, der, obwohl ein Frauenfeind in seinen Tragödien, so doch ein»Gynäkophiler« im Bett war, enthält mehr satirischen Pfeffer, wenn man sie als Anspielung auf Ehebruch deutet: Hieronymos von Rhodos bei Athenaios XIII 557e und 604e–f.

43 Zu den gesetzlichen Strafen für Ehebruch vgl. Stephen Todd, *The Shape of Athenian Law*, Oxford 1993, S. 276–279; vgl. Dover zu Aristophanes, *Wolken* 981.

44 Aristoteles, *Sophistische Trugschlüsse V* (167b 9); *Rhetorik* I 12,5, III 15,5; Phylarchos *FGrHist* 81 F 45.

45 Aischylos, *Agamemnon* 1625f.; Dover, *Greek Homosexuality*, S. 105f.

46 Kallisthenes *FGrHist* 124 F 34, vgl. Bosworth, *A Historical Commentary on Arrian's History of Alexander I*, Oxford 1980, zu II 5. Der Bericht über den Besuch des Arbakes scheint von Ktesias von Knidos, einem Historiker aus dem 4. Jahrhundert, zu stammen und ist in den Fragmenten von Jacoby, *FGrHist* 688 F 1p aufgeführt. Zu dieser Haltung gibt es Parallelen im 20. Jahrhundert, was vielleicht in Gesellschaften, in der die Welt der Frauen von der der Männer geschieden wird, unvermeidlich ist. Abgesehen von den Anspielungen auf Verweichlichung in Bezeich-

nungen wie »Weiberheld« oder »Schürzenjäger« und »Frauentyp« scheint der Begriff »Puff« ursprünglich auf »Pulverstoß« als alter Soldatenjargon für Schürzenjäger zurückzugehen.

47 Zu Misgolas vgl. Aischines I 41 und das bei Athenaios erwähnte Komödienfragment VIII 339a–c. Zu Sophokles vgl. Ion von Chios bei Athenaios XIII 603e–604d.

48 Dikaiarchos bei Athenaios XIII 603a–b.

49 Aischines I 131; Aristophanes, *Thesmophoriazusen* 130ff., bes. 200, F 128 *PCG*.

50 Zu diesem Thema gibt es unterdessen eine recht umfangreiche Bibliographie, aus der einige Titel herausragen wie Dover, *Greek Homosexuality*, bes. S. 100–109; Michel Foucault, *Der Gebrauch der Lüste*, Frankfurt am Main 1986; Halperin, *One Hundred Years of Homosexuality*, New York 1990, bes. S. 34f.; John J. Winkler, Der gefesselte Eros. Sexualität und Geschlechterverhältnis im antiken Griechenland, Marburg 1994; Eva Keuls, *The Reign of the Phallus*, New York 1985. Vieles davon wird in der Sprache der modernen Kulturtheorie vorgetragen, dennoch ist die Ähnlichkeit mit recht altbackenen Interpretationen nicht zu übersehen. Benjamin Bickley Rogers zum Beispiel hatte mit Vers 103 in seiner Ausgabe der *Ekklesiazusen*, die sich auf den Politiker Agyrrhios als »früheres Weib« bezieht, wenig Probleme: »Die Bezeichnung ... bezieht sich *selbstredend* auf widernatürliche Verbrechen, an denen Agyrrhios in seiner Jugend beteiligt gewesen sein soll.« In *Maculate Muse*, seiner Studie über Obszönität bei Aristophanes, legt Henderson eine Liste von 42 Individuen vor, »die von Komödiendichtern als ›Erleidende‹ geschmäht wurden«, wobei manche einzig und allein aufgrund der weiblichen Schreibweise ihres Namens als solche identifiziert werden; vgl. M. Poster, »Foucault and the Tyranny in Greece«, in: D. Couzens Hoy (Hrsg.), *Foucault. A Critical Reader*, Oxford 1986, S. 213: »Es macht den Eindruck, als gehe Foucault davon aus, daß eine sexuelle Beziehung möglich sei, in der der eine Partner *ausschließlich* eine aktive Rolle, der andere *ausschließlich* eine passive zu spielen hat; so als ob ›Aktivität‹ und ›Passivität‹ an sich nicht schon uneindeutige Begriffe wären, als wäre die griechische *Interpretation* eine historische Beobachtung und könnte als solche stehengelassen werden.«

51 Die Graffiti besagen oft nicht mehr als »Dieser und jener wird von hinten gefickt« oder »Der ist ein *katapygōn*«. Auf einer oft erwähnten Vase sagt der Schreiber, er werde den Leser ficken, doch ist dies ein Scherz über seine sexuelle Frustration, sollte sein Mädchen mit einem anderen gehen: O. Masson und J. Taillardat, in: *ZPE* 59 (1985), S. 137–140. In römischer Zeit gibt es noch mehr solcher Grafitti.

52 Dover, *Greek Homosexuality*, S. 100–105; R. F. Sutton jun., »Pornography and Persuasion on Attic Pottery«, in: Amy Richlin (Hrsg.), *Pornography and Representation in Greece and Rome*, Oxford 1992, S. 11. Dover unternimmt alles mögliche, um herauszufinden, ob es sich beim Ge-

schlechtsverkehr von hinten um analen oder vaginalen Verkehr handelte, aber nur wenige seiner Nachfolger haben dieses Forschungsziel weiter verfolgt.

53 Konrad Schauenburg, in: *AM* 90 (1975), S. 97–121; Dover, *Greek Homosexuality*, S. 105.

54 »Ginge es bei der Szene um den Triumph eines Landes über ein anderes, dann müßten charakteristische nationale Merkmale eines jeden Mannes hervorgehoben oder zumindest gezeigt werden. Indessen ist die Charakterisierung erstaunlich zweideutig … Merkwürdig ist auch, daß der Ort des athenischen Sieges für den Ort des Mißbrauchs gewählt worden sein sollte«: Gloria Ferrari Pinney, »For the Heroes are at Hand«, in: *JHS* 104 (1984), S. 181.

55 Aristophanes, *Ritter* 638–642; vgl. Dover, *Greek Homosexuality*, S. 142.

56 Aristophanes, *Lysistrate* 137, vgl. 776; Just, *Women in Athenian Law and Life*, S. 160; Dover, *Greek Homosexuality*, S. 113f. und 142f.; Marjorie J. Milne und Dietrich von Bothmer, »*Katapygon, Katapygaina*«, in: *Hesperia* 22 (1953), S. 215–224; Eduard Fraenkel, »Neues Griechisch in Graffiti (1). Katapygaina«, in: *Glotta* 34 (1955), S. 42–45; J. Robert und L. Robert, in: *REG* 71 (1958), S. 294, Anm. 377.

57 Älian, *De animalium natura* XII 10; Kratinos 58 *PCG*; Sophron 63 (Kaibel); Apollodoros bei Athenaios VII 281e–f. Vgl. Suda unter *alphestai*, Photios dort unter *katapygōn*.

58 Aristophanes, *Wolken* 529 und 225 *PCG*; *Acharner* 77–79. In der Vergangenheit haben die meisten Kommentatoren diese Stelle als Paradox wiedergegeben: »Bei uns gelten als Männer nur Schwanzlutscher und Arschficker«, doch wie die genaue Untersuchung der Stelle durch H. D. Jocelyn beweist, ist die natürlichste Lesart: »Bei uns gelten die größten Trinker und Fresser als Schwanzlutscher und *katapygones*«: Jocelyn, »A Greek Indecency and its Students. *Laikazein*«, in: *PCPhS* 26 (1980), S. 41f.

59 Platon, *Gorgias* 493a–494e; vgl. W. H. Thompson, *The »Gorgias« of Plato*, London 1905, S. 193; Eric R. Dodds, *Plato »Gorgias«*, Oxford 1959, zu 494e 3–4; vgl. Martha Nussbaum, *The Fragility of Goodness*, Cambridge 1986, S. 460, Anm. 27.

60 Foucault, *Genuß der Lüste*, S. 112f.

61 Die jüngste Ausgabe der *Problemata* ist hrsg. von Pierre Louis, Paris 1991. Er datiert Buch 4 ins 3. Jahrhundert und siedelt es im Kreis des Straton von Lampsakos an, vgl. S. 79.

62 Die Vorstellung, daß Frauen sexuell unersättlich seien und es ihnen ganz allgemein an Selbstbeherrschung mangele, ist gut belegt, etwa bei Aischylos F 243 (Nauck); Sophokles F 932; Aristophanes, *Thesmophoriazusen* 504ff.; *Ekklesiazusen* 468–470, 616–620; *Wolken* 553ff.; Aristoteles, *Nikomachische Ethik* VII 7, 1150b 6. Alkiphronos charakterisiert weibliche Gier und Unersättlichkeit als eine »Charybdis« (I 6,2) und warnt einen anderen Mann, daß seine Hetäre ihn mit Haut und Haaren ver-

schlingen werde (III 33). Zu diesem Diskurs über Frauen und ihrer Ver-
bindung mit Theorien über Feuchtigkeit und Durchlässigkeit vgl.
Anne Carson, »Putting Her in Her Place. Women, Dirt and Desire«, in:
Halperin u. a. (Hrsg.), *Before Sexuality*, S. 135–169.

63 Aischines I 84; Aristophanes, *Wolken* 1330 (*lakkoprōktōs*) und 1083–1104
(*euryprōktoi*). Zu *molgos* vgl. Pollux X 187; zu *euryprōktia* Aristophanes,
Ritter 720f., vgl. 640–642; *Ekklesiazusen* 364, Schol. zu *Ritter* 78. Wenn
Aristophanes in den *Acharnern* (106f.) von »klaffärschigen Ioniern«
spricht, dann scheint es sich um eine obszöne Redensart, die »gierig
sein« meint, zu handeln und anzuzeigen, daß sie einfältig und gierig
nach persischem Geld waren: vgl.Pollux III 112.

64 Aristophanes, *Frösche* 422–427 (Dover); Timaios *FGrHist* 566 F 124b,
Plutarch, *Moralia* 126a und 705e.

65 Aristodemos bei Athenaios XIII 585a; Lynkeus von Samos bei Athenaios XIII 584a–b; Aischines I 84; Aristophanes, *Lysistrate* 928; Plutarch,
Moralia 1044b; Diogenes Laertios VI 2,69, vgl. Justin C. B. Gosling und
Christopher C. W. Taylor, *The Greeks on Pleasure*, Oxford 1982, S. 71
und 80.

66 Lissarrague, *Banquet grec*, S. 87; Eupolis 385 *PCG*.

67 Pinney, »For the Heroes are at Hand«, S. 182; Homer, *Odyssee* VII 58ff.,
Ilias VIII 114, IX 620, Schol. zu *Ilias* IV 228; Pausanias II 16,6; Hipponax
128 (West). Zu der Inschrift in der ersten Person vgl. Jesper Svenbro,
Phrasikleia, London 1993, bes. Kap. 2 und 10.

Kapitel 6
Ökonomien

1 John K. Davies, *Wealth and the Power of Wealth in Classical Athens*, Salem
1984, S. 76. Kontinuität wurde in manchen Familien nicht durch die
Bewahrung der Besitztümer der Vorfahren, sondern durch die Tradition der Kulte und Familiengräber aufrechterhalten.

2 Platon, *Staat* I 330b; Davies, *Wealth in Classical Athens*, S. 86; [Demosthe-
nes] XLII 4; vgl. Dover, *Greek Popular Morality*, Oxford 1974, S. 74f.

3 Lysias XIX 48; Andokides, *De mysteriis* 131; Aristophanes, *Ekklesiazusen*
810f.; Aristoteles, *Rhetorik* 1405a; vgl. Davies, *Athenian Propertied Families: 600–300 BC*, Oxford 1971, S. 260.

4 Alexis 204, Zeilen 3–6 *PCG*, 76; Zeilen 7–8 *PCG*; Diphilos 32 *PCG*;
Antiphanes 164 *PCG*.

5 Lysias XXXII 20; Aristophanes, *Acharner* 962, mit Starkies Bemerkungen ad loc.; vgl. August Boeckh und Eugen Oder, in: *RE* I, Sp. 3; Antiphanes 145 *PCG*; Amphis 30 *PCG*; Diphilos 67 *PCG*; Eupolis 160 *PCG*;
allgemein vgl. A. Boeckh und Max Fränkel, *Die Staatshaushaltung der
Athener*, Berlin 1886, S. 129.

6 Michel Feyel, »Nouvelles inscriptions d'Akraiphia«, in: *BCH* 60 (1936),
S. 27–36; F. Salviat und Claude Vatin, *Inscriptions de Grèce centrale*, Paris

1971, S. 95–109; Schaps, »Comic Inflation in the Market place«, in: *SCI* 8–9 (1985/1988), S. 66–73. Vgl. Thomas W. Gallant, *A Fisherman's Tale*, Gent 1985, S. 39f., das viel Material über die Ökonomie des Fischfangs im Mittelmeer enthält.

7   Vgl. Purcell, »Eating Fish«, S. 135, und Gallant, *A Fisherman's Tale*, S. 39f.

8   Apuleius, *Der goldene Esel*, I 24–25; Alexis 249 *PCG*; Sophilos 2 *PCG*.

9   Xenarchos 7 *PCG*; Alexis 130, 131 *PCG*; Platon, *Nomoi* XI 917b–c. Belege für die Existenz von Gesetzen zum Fischfang und -verkauf sind mit nicht allzu kritischem Blick zusammengestellt von Diedrich Bohlen, *Die Bedeutung der Fischerei für die antike Wirtschaft*, (Diss.) Hamburg 1937, S. 23ff. Vorsicht ist deshalb geboten, weil erfundene Gesetze und Verträge ein beliebtes Thema der Komödien sind, wobei je nach Anlaß die Folgen irgendwelcher phantastischer Situationen zur Zielscheibe des Spottes werden: zum Beispiel die Frauen an der Macht, ein Pantheon der Vögel oder ein Waffenstillstand mit dem Fisch. Andererseits gab es nichts, was das Volk davon abhalten konnte, Dekrete zu allem, was ihm entschieden am Herzen lag, zu erlassen; gleichgültig ob die Maßnahmen vollstreckt werden konnten oder nicht: vgl. Cartledge u. a. (Hrsg.), *Nomos*, S. 172, Anm. 13, und S. 192, Anm. 53. William G. Arnott, »Towards an Edition of the Fragments of Alexis«, in: *PCPhS*, N.S. 16 (1970), S. 6, Anm. 2; zu Aristonikos vgl. Hansen, »Rhetores and Strategoi in Fourth-century Athens«, in: *GRBS* 24 (1983), S. 161.

10   Kritias F 6 (West), XI 17–18 und 9–13; Xenophon, *Staat der Spartaner* V 4; Theopompos *FGrHist* 115 F 134; Demosthenes XXXVIII 27; Aristophanes, *Thesmophoriazusen* 735–738. Der Scholiast fürchtet, daß die Haushaltsgeräte verpfändet werden müssen, um den Schankwirt zu bezahlen.

11   Plutarch, *Moralia* 470f (die Anekdote über Sokrates war offenbar austauschbar und erinnert an Geschichten, die, unter Aufzählung etwas anderer Produkte, auch vom Kyniker Diogenes erzählt wurden); Alexis 15, Zeile 19 *PCG*; Menander, *Epitrepontes* 127–131; vgl. William K. Pritchett, »The Attic Stelai II«, in: *Hesperia* 25 (1956), S. 201.

12   Mabel Lang, »Numerical Notation on Greek Vases«, in: *Hesperia* 25 (1956), S. 1–24, bes. 13–16; Amyx, »The Attic Stelai III«, S. 176, mit Hesychios, siehe unter *trikotylos*; Salviat, »Le vin de Thasos«, S. 180f. Die Einschätzung der Preise wird als erwiesen betrachtet. In seinem Artikel über attische Stelen bemerkt Pritchett, daß außer Wein auch manche andere Dinge wie Öl, Milch und eingelegte Stücke Delphin in Amphoren aufbewahrt wurden: »The Attic Stelai II«, S. 202f., Anm. 192.

13   Menander 264 (Körte), Ephippos bei Athenaios IV 146c; Plutarch, *Alexandros* 23.

14   Xenophon, *Memorabilien* I 2,22; Platon, *Staat* IX 573d, vgl. 574b; Schol. zu Aristophanes, *Wolken* 109d; vgl. Kassel/Austin zu Eupolis 50 *PCG*; Antiphanes, *Agroikos* 2 *PCG*; Isokrates VIII 103; Xenophon, *Oikonomikos* I 13.

15 Xenophon, *Memorabilien* I 3,11–12.

16 Xenophon, *Memorabilien* I 2,22; Athenaios XII 534f.

17 Antisthenes 182 (Caizzi); Philemon 3, Zeile 13 PCG; Epikrates 3, 11, Zeile 12 und 18 PCG; Theopompos 22 PCG; Machon 333–348, 451 (Gow); Lynkeus von Samos bei Athenaios XIII 584c; allgemein vgl. Halperin, *One Hundred Years of Homosexuality*, S. 107–112.

18 Machon XI 308 und 362 (Gow); Aklepiades *Anthologia Palatina* V 203 = HE Asklepiades VI. Die Übersetzung stammt von Alan Cameron, der die Schwierigkeiten, welche frühere Herausgeber unnötigerweise mit dem Gedicht hatten, elegant löst: »Asklepiades' Girlfriends«, in: Helene P. Foley (Hrsg.), *Reflections of Women in Antiquity*, New York 1981, S. 294f., *Anthologia Palatina* V 202, *SEG* XVIII 93. Zu den Malereien vgl. Greifenhagen, »Fragmente eines rotfigurigen Pinax«.

19 Menander, *Epitrepontes* 136; *Kolax* 129, mit Gomme/Sandbach ad loc., Lysias III 22.

20 Demosthenes XXVII 9; Hypereides, *Adversus Athenogenem* 2 und 5, [Demosthenes] LIX 29, Gomme/Sandbach zu Menander, *Epitrepontes* 136.

21 Kratinos 81 PCG; [Platon] *Eryxias* 396e; Kallias 1 PCG mit Kommentar der Herausgeber; Laon 2 PCG bei Herakleides, *Städte in Griechenland* I 22 (= *Über die Böotier*); Plautus, *Bacchides* 850ff., vgl. 1096ff., *Miles gloriosus* 1394ff. Ersteres ist wahrscheinlich, letzteres möglicherweise, die Übersetzung eines Stücks von Menander und die darin benutzte juristische Sprache in beiden Fällen Griechisch. Interessant, daß die Frauen, von denen die Rede ist, nicht Ehefrauen, sondern Kurtisanen sind: vgl. Gomme und Sandbach, *Menander*, S. 7f. und 118ff.; Aristophanes, *Reichtum* 168 mit Schol. (es besteht Unsicherheit darüber, ob der *moichos* für die Vergünstigung zahlt, nur schmerzlich »gerupft« und nicht getötet zu werden, oder ob auch ein metaphorisches »Gerupftwerden« gemeint ist. Letzters leuchtet in Anbetracht des häufigen Gebrauchs dieser Metapher gerade in Verbindung mit Kallias am ehesten ein: Aristophanes, *Vögel* 286f.); Lysias I 25,4, vgl. Cohen, *Law, Sexuality, and Society*, S. 127–130. Die Frauen der Belutschenstämme in Pakistan kämpfen für die Aufhebung eines religiösen Gesetzes, das von manchen Männern mißbraucht wird, die ihre Frauen wegen Ehebruchs umbringen, um vom beschuldigten Ehebrecher Geld zu kassieren.

22 [Demosthenes] LIX 41; Machon 349ff. (Gow).

23 Simmel, *Philosophie des Geldes*, S. 524f.

24 Amphis 23 PCG; Timokles 25 PCG; Aristophon 4 PCG; Aristodemos bei Athenaios XIII 585a; vgl. Sokrates, der Theodote gegenüber betont, daß ihre Seele sie lehre, den Lüstling abzuweisen: Xenophon, *Memorabilien* III 11,10.

25 Menander 314 (Körte benötigte kaum den Kommentar »Videtur meretrix loqui dono amatoris non contenta«), 315, 329, 224 (Körte); »Docet lena puellam, quomodo amatorem emungere argento debeat«, meint

Kock; Xenophon, *Memorabilien* III 11,12 mit Athenaios V 22e, Anaxilas 22, Zeilen 22–26 *PCG*. Das Bild, hoch in die Lüfte getragen zu werden, spielt vermutlich auf die Gewohnheit der Sphinx an, ihre Opfer hinwegzutragen.

26   Menander 185 (Körte), vgl. die Hetäre in Aristophanes, *Thesmophorizusen* 345, welche die Geschenke nimmt, ihren Freund aber betrügt; Epikrates 2 *PCG*; vgl. Athenaios XIII 570b. Zur Schlemmerei und dergleichen vgl. Epikrates 3, Zeilen 1–3 *PCG*; Philippides 5 *PCG*; Timokles 16 *PCG*; vgl. Marcel Detienne und J.-P. Vernant, La cuisine du sacrifice en pays grec, Paris 1979. Manchmal wollen die Hetären nicht warten, bis sie die Sachen bekommen: »Eines Nachts nahm ich ein Mädchen namens Nikostrate mit, die eine starke Hakennase hatte. Ihr Spitzname war Skotodine, weil sie einst in der Dunkelheit [*skotos*] einen silbernen Topf [*dinos*] hatte mitgehen lassen« (Archedikos 1 *PCG*). Auch Sappho liefert ein Muster dieses weiblichen Stereotyps in ihrer Darstellung der Rhodopis, die sie Doricha (Geschenkbehälter?) nennt, weil sie sich ein Gutteil des Vermögens ihres Bruders Charaxos angeeignet hatte; Athenaios XIII 596b–c, vgl. Herodot, *Historien* II 134.

27   Terenz, *Hecyra* XI 63–65; vgl. Dwora Gilula, »The Concept of the *bona meretrix*. A Study of Terence's Courtesans«, in: *RFIC* 108 (1980), S. 162ff.; Machon 422ff. (Gow); vgl. die als Stute (*hippē*) bekannte Frau, die ihren Liebhaber, den Stallmeister, verzehrte: Machon 439ff. (Gow); Athenaios XIII 591c; Aischines I 115.

28   Aischines I 42, 97–99, 105.

29   Hegesander von Delphi bei Athenaios IV 167e.

30   Anaxippos 1, Zeilen 31–35 *PCG*; Menander 303, 287 (Körte).

31   Aischines I 94 und 96.

32   Aristophanes, *Wolken* 1327–1330; Dover, *Greek Homosexuality*, S. 143.

Kapitel 7
Politik und Gesellschaft

1   Demosthenes XXXV 39–40. Das derzeit beste Buch über das athenische Rechtssystem ist Todd, *Shape of Athenian Law*; das politische System wird am genauesten beschrieben von Hansen, *The Athenian Democracy in the Age of Demosthenes*, Oxford 1991; eine etwas irritierendere Perspektive bietet Virginia Hunter, *Policing Athens*, Princeton 1994.

2   [Demosthenes] LIX 43; vgl. Hansen, *The Sovereignty of the People's Court in Athens in the Fourth Century and the Public Action Against Unconstitutional Proposals*, Odense 1974, S. 28, und ders., *The Athenian Assembly*, Oxford 1987, S. 59f. Amynias ist eine Figur der Alten Komödie, welche die Rollen des Sykophanten, Schmarotzers und Schmeichlers des Leogoras (?) in einer Person vereinigt: Aristophanes, *Wespen* 1267ff.; Kratinos 227 *PCG*, Schol. zu Aristophanes, *Wespen* 74b. Zu den Gefahren für Politiker vgl. Todd, *Shape of Athenian Law*, S. 300–307.

3 Thukydides, *Peloponnesischer Krieg* VI 28,1; Lysias I 16–20; Aristophanes, *Ekklesiazusen* 1–13, in der Suda siehe unter *Astyanassa*; Todd, »The Purpose of Evidence in Athenian Courts«, in: Cartledge u. a. (Hrsg.), *Nomos*, S. 32–36; gegen Hunter, *Policing Athens*, S. 90f.

4 Demosthenes XIX 314, XXXVI 45, XLV 77; Aischines I 26 und 65.

5 Aischines I 127 und 84; die Logik des *klēdōn* ist noch immer wirksam: Ich kenne jemanden, der eine Beziehung nach einem Treffen in Paris beendete, weil auf dem Rückweg zum Hotel ein Verkehrshinweis »il faut changer« anzeigte.

6 Demosthenes XXV 52; Platon, *Apologie* 18b–d; Aischines I 157 und 130; Sian Lewis, »Barber's Shops and Perfume Shops. ›Symposia without Wine‹«, in: Powell (Hrsg.), *Greek World*, London 1995, S. 432–441.

7 Isokrates XXI 5; John G. Gager (Hrsg.), *Curse Tablets and Binding Spells from the Ancient World*, New York 1992, S. 116–132.

8 Josiah Ober, *Mass and Elite in Democratic Athens*, Princeton 1989, S. 206, mit Berufung auf Demosthenes XLVIII 81, XVIII 320 und IIIVI 43; vgl. W. Donlan, *The Aristocratic Ideal in Ancient Greece. Attitudes of Superiority from Homer to the End of the Fifth Century*, Lawrence 1980, S. 160f.; Murray, »The Symposion in History«, in: Emilio Gabba (Hrsg.), *Tria Corda. Scritti in onore di Arnaldo Momigliano*, Como 1983, S. 257–272.

9 Russell Meiggs und D. Lewis, *Greek Historical Inscriptions*, Oxford 1988, Nr. 79 B, XI 55ff.; vgl. Demosthenes XLII 20; Aristophanes, *Wespen* 78–80, 1208–1215; Murray, »The Affair of the Mysteries. Democracy and the Drinking Group«, in: ders. (Hrsg.), *Sympotica*, S. 149.

10 Aristophanes, 225 *PCG*; vgl. 205, Zeile 8 *PCG*, Hypereides, *In Demosthenem*, S. 24 (Jensen); Peter E. Corbett, »Attic Pottery of the Later Fifth Century«, in: *Hesperia* 18 (1949), Nr. 78–81 und S. 333.

11 Demosthenes LIV 7–8 und 14; Lykophron von Chalkis bei Athenaios XIII 555a.

12 Xenophon, *Hellenika* V 4,4; Plautus, *Poenulus* 268; vgl. *Pseudolus* 178, 214ff., 229ff.

13 Aristophanes, *Ekklesiazusen* 877ff.; Hypereides 177 (Kenyon); Platon, *Phaidros* 227c–d.

14 Timokles 11, Zeilen 1–2 *PCG*; Aristophanes, *Frösche* 1065ff.; Alexis 78 *PCG*; Diphilos 31 *PCG*; Antiphanes 188, Zeile 19 *PCG*; Aristophanes, *Ekklesiazusen* 606. J. B. Salmon, *Wealthy Corinth*, Oxford 1984, S. 200, vermutet, daß diese Maßnahme auf Periander zurückgehe. Dennoch halte ich es für zweifelhaft, daß es sie in Korinth – selbst im 4. Jahrhundert – je gegeben hat. Sicher ist die Vorschrift von ganz anderer Art als die uns bekannten archaischen Luxusgesetze.

15 Es gibt einige gute Übersichten zur Klassenfrage in Athen. Am ideenreichsten ist Todd, »*Lady Chatterley's Lover* and the Attic Jurors. The Social Composition of the Athenian Jury«, in: *JHS* 110 (1990), S. 146–173, bes. S. 158–163; vgl. R. K. Sinclair, *Democracy and Participation in Athens*, Cambridge 1988, S. 119–127; Ober, *Mass and Elite*, Teil V und VI und S. 11ff.; Hansen, *The Athenian Democracy*, S. 106ff.

16 Thukydides, *Peloponnesischer Krieg* III 87,3; vgl. III 16,1; Aristophanes, *Wespen*, 1071–1101; Andokides F 4 (Blass).

17 Demosthenes XXIII 206–207, III 29, XXI 158.

18 Platon, *Protagoras* 315d; Matron bei Athenaios IV 135a und 136d. Murray,»*Histories of Pleasure*«, in: ders. und M. Tecusan (Hrsg.), *In Vino Veritas*, S. 7–9; C. Habicht,»Die beiden Xenokles von Sphettos«, in: *Hesperia* 57 (1988).

19 Demosthenes LVII 30–36, 45.

20 Aristoteles, *Staat der Athener* LVI 2; vgl. Demosthenes XXIV 149; Ober, *Mass and Elite*, S. 221–226; Arnold H. Jones, *Athenian Democracy*, Oxford 1957, S. 36f.

21 Aischines I 114–115; Hunter, *Policing Athens*, S. 52.

22 Demosthenes XXV 88.

23 Aristophanes, *Frieden*, 439f.; Xenophon, *Memorabilien* III 13,4; Theopompos 31 *PCG*. Auch die Trinkgewohnheiten müssen nicht unbedingt die Bevölkerung spalten. Ein Großteil der Bevölkerung kannte ein *kapēleion* von innen, und selbst kleine, eher bescheidenere Häuser hatten Platz für einen *andrōn*, wo Gästen etwas zum Trinken angeboten werden konnte: vgl. M. Jameson,»Private Space and the Greek City«, in: O. Murray und S. Price (Hrsg.), *The Greek City*, Oxford 1990, S. 190.

24 Aischines I 42; vgl. Platon, *Gorgias* 493a–494e; Dover, *Greek Popular Morality*, S. 125f.

25 Demosthenes VIII 70, L 7; Lysias XXI 1–9; vgl. Jeremy Trevett, *Apollodoros. The Son of Pasion*, Oxford 1992, Kap. 1.

26 Isaios V 36–38.

27 Isaios VII 38–39, VI 61 mit Wyse ad loc.; allgemein vgl. Dover, *Greek Popular Morality*, S. 175–177; Todd, *Shape of Athenian Law*, S. 106 und 108; Alick R. W. Harrison, *The Law of Athens*, Bd. 1, Oxford 1968, S. 79f.; Diogenes Laertios I 55, vgl. Lex. Rhet. Cant. 665,20; Demosthenes LVII 32; Plutarch, *Solon*, 22.

28 Todd, *Shape of Athenian Law*, S. 120f.

29 Aristophanes, *Reichtum* 881f.; Isokrates XV 160.

30 Aristophanes, *Ekklesiazusen* 601f.; Reichtum 237–241; Harrison, *Law of Athens*, Bd. 1, S. 228–235; V. Gabrielsen,»*Phanera* and *aphanes ousia* in Classical Athens«, in: *C & M* (1986); Louis Gernet,»Choses visibles et choses invisibles dans le droit grec«, in: *Revue philosophique* 146 (1956), S. 79–86.

31 Lysias XIX 48.

32 Demosthenes XL 58; Isaios V 43; vgl. Todd, *Shape of Athenian Law*, S. 228ff.

33 Aischines III 240; Isaios F 35 (Thalheim, S. 30); vgl. Demosthenes XXXVIII 26.

34 Aischines I 97 und 101; [Demosthenes] LIX 50; Demosthenes XXXVIII 27; Isaios VII 39, vgl. F 1 (Thalheim, S. 22); Osborne,»Vexatious Litigation in Classical Athens«, in: Cartledge u. a. (Hrsg.), *Nomos*, S. 92f.

35 Alexis 78 *PCG*; Diphilos 31 *PCG*; Aristophanes, *Ekklesiazusen* 601–608. Die Fragmente von Diphilos und Alexis mögen postklassisch sein, dennoch legt der Hinweis auf *sykophantai* nahe, daß Diphilos tatsächlich an Athen und an eines mit intakten demokratischen Institutionen denkt: vgl. Dover, *Greek Popular Morality*, S. 109f., über Armut, die zu Kriminalität führt.

36 Herodot, *Historien* II 177 und 174.

37 Hegesander von Delphi bei Athenaios IV 167e.

Kapitel 8
Politik und Politiker

1 G. Adeleye, »The Purpose of *dokimasia*«, in: *GRBS* 24 (1983); Todd, *Shape of Athenian Law*, S. 288.

2 Hansen, *Apagoge, Endeixis, and Ephegesis*, Teil III, bes. S. 72–74 und 92f.

3 Aischines I 31, 94, 116, 154, 194–195; vgl. Hunter, *Policing Athens*, S. 104f.; Todd, *Shape of Athenian Law*, S. 116.

4 Halperin, *One Hundred Years of Homosexuality*, S. 97; Foucault, *Gebrauch der Lüste*, S. 278.

5 Aischines I 94; Hunter, *Policing Athens*, S. 105.

6 Aischines I 42, 75–76.

7 Aischines I 54.

8 Aischines I 95–96, 106.

9 Aischines I 107–108, 110, 113.

10 Timokles 4 und 17 *PCG*; Harvey, »Some Aspects of Bribery in Greek Politics«, in: Cartledge und Harvey (Hrsg.), *Crux. Essays in Greek History Presented to G. E. M. de Ste Croix*, London 1985, S. 94.

11 Gorgias 82 11a 15 *DK*; Isokrates XII 140, III 170.

12 Aischines III 173.

13 Isokrates VIII 126; Thukydides, *Peloponnesischer Krieg* VI 12,2.

14 Demosthenes VI 27, VIII 66, IX 30–31; vgl. XIII 20.

15 Demosthenes XIX 122, 286.

16 Aischines I 56.

17 Phoinix von Kolophon *PLG* F 3; Aristophanes, *Acharner* 1085ff., 1125f.; Murray, »Les règles du *symposion* ou comment problématiser le plaisir«, in: M. Aurell, O. Domoulin und F. Telamon (Hrsg.), *La sociabilité à la table. Commensalité et convivialité à travers les âges*, Rouen 1992, S. 65–68; vgl. F. Dumont, *Le plaisir et la loi*, Paris 1977, S. 23.

18 Antiphanes 188 *PCG*; Alexis 198 *PCG*.

19 Aristophanes 205 *PCG*; vgl. 206, 233 *PCG*; *Wespen* 1208ff.; vgl. Kratinos 345 *PCG*.

20 Demosthenes XXIV 212ff.; vgl. Hunter zu Eubulos 107 (Kock).

21 Aischines I 119, III 218.

22 Aischines I 57, 58–59, 65.

23 Aischines I 70, 110.

24 Aischines I 61, 65; Demosthenes XIX 128; Alexis 293 *PCG*; vgl. Klearchos 1 *PCG*; Aristophanes, *Lysistrate* 203ff., 695 *PCG*; allgemein für
konspiratorisches Trinken vgl. H. Schmitz, »Heiliger Wein«, in: *ZPE* 28
(1978), S. 288–294.

25 Aristophanes, *Wespen* 1240 mit Anm. von MacDowell, 1301ff. Bob Dole
bemerkte in einem Interview in der *New York Times*: »Es ist ein Unglück, daß es mit der Politik so weit gekommen ist … daß, wenn ich mit
Ihnen oder sonst jemandem privat zum Essen ausgehen will, sofort irgendeiner, vielleicht auch noch jemand von der Presse, meint, er müsse
zwei und zwei zusammenzählen, und sagt: ›Aha, da tut sich was. Da
steckt ein Geschäft dahinter.‹« (*New York Times*, 16. August 1996,
S. A28).

26 Aischines I 75; vgl. Gow zu Machon 236; H.-G. Nesselrath, *Lukians Pa-
rasitendialog*, Berlin u. a. 1985, S. 98, 66 und Anm. 178: eines der »entscheidenden Erkennungsmerkmale des Komödienparasiten«. Zu den
Diensten der Parasiten für ihre Brotherren vgl. Axionikos 6 *PCG*;
Aristophon 5 *PCG* mit Anmerkungen der Hrsg. Zu Amynias vgl. Aristophanes, *Wespen* 1267ff.; Kratinos 227 *PCG*; vgl. Schol. zu Aristophanes, *Wespen* 74b, *Wolken* 109; vgl. Osborne, »Vexatious Litigation«, S. 87.
Zu Smikythion vgl. *Wespen* 401; vgl. MacDowell zu der Stelle; Pherekrates 37, Zeilen 2–3 *PCG*; obwohl Kaibel Smikythion als Parasiten
betrachtet, ist er nicht sicher, ob der »Mann mit dem Schlund« »vora-
cem« (gefräßig) oder »vociferantem« (laut) ist, vgl. zu der Stelle Kas-
sel/Austin. Wahrscheinlich ist er beides.

27 Aischines I 110–111, Kirchner *PA* 9077; Aristoteles, *Rhetorik* 1364a; Demosthenes XX 146; Aischines III 139.

28 Aristophanes, *Ritter* 969; *Wolken* 690–692.

29 Aristophanes, *Ekklesiazusen* 461; Euripides *Iphigenie in Aulis* 749; Lynkeus von Samos bei Athenaios XIII 584b, VI 246b; Machon F 6 und 7
(Gow); Athenaios XIII 591d–e; Detienne und Vernant, *La cuisine du
sacrifice*; vgl. Theopompos 56 *PCG*, wo davon gesprochen wird, daß ein
Haushalt vier Obolen Einkommen erreiche, wenn ein Zwei-Obolen-
Mann eine »Frau« nimmt; womöglich eine Anspielung auf die Verdop-
pelung des Versammlungsgeldes, wenn ein anderer Bürger »zur Frau«
genommen wird.

30 Aischines I 68, 70. Zur schwierigen Bedeutung des Zusammenlebens
bei der athenischen Heirat vgl. [Demosthenes] LIX 13, 16, 122, 124, 126;
Andokides I 124 und 129; Hans Julius Wolff, »Marriage, Law and
Family Organisation in Ancient Athens«, in: *Traditio* 2 (1943/1944),
S. 65f.; vgl. Vernant, *Mythos und Gesellschaft*, S. 51–72; vgl. Fraenkel zu
Aischylos, *Agamemnon* 1625f.

31 Aristophanes, *Ritter* 638–642, 877ff.; vgl. Eupolis 104 *PCG*.

32 Aischines I 29; vgl. I 188, II 23; Harvey, »Some Aspects of Bribery«,
S. 84–86.

33 Theopompos *FGrHist* 115 F 135; Aristophanes, *Wespen* 682ff.; Schmitt

Pantel, *La cité au banquet,* S. 180–186 und 193–196; Sitta von Reden, *Exchange in Ancient Greece,* London 1995, S. 92.

34   Plutarch, *Moralia* 806f.; Demosthenes XIX 189–190.

Kapitel 9
Tyrannis und Revolution

1   Aristophanes, *Wespen* 493–502.

2   Alexis 249, Zeile 4 *PCG.*

3   Herodot, *Historien* V 49,4; IX 82.

4   Plutarch, *Kimon* 9, 10 und 13; *Perikles* 12.

5   Isokrates II 2, 21, 29, III 31–33, IX 45; Xenophon, *Poroi* V 6; vgl. J. Davidson, »Isokrates Against Imperialism«, in: *Historia* 39 (1990), S. 20–36; bes. 29–32.

6   Aristophanes, *Wespen* 665–679; Theopompos *FGrHist* 115 F 113; Thukydides, *Peloponnesischer Krieg* I 138,5; Herodot, Historien II 98,1, VII 118–120; Plutarch, *Themistokles* 29,11, vgl. Xenophon, *Anabasis* I 4,9; [Platon] *Alkibiades* I 123b–c; Diodor I 52; David M. Lewis, »The King's Dinner«, in: Heleen Sancisi-Weerdenburg und Amélie Kuhrt (Hrsg.), *Achaemenid History,* Bd. 2, Leiden 1987, S. 79–87; ders., *Sparta and Persia,* Leiden 1977, S. 4f., 53f., 122; Schmitt Pantel, *La cité au banquet,* S. 429–438; Alan B. Lloyd, *Herodotus Book II. A Commentary,* Bd. 2, Leiden 1976, ad loc.

7   Meiggs, *Athenian Empire,* Oxford 1972, S. 292–294, 300–302; Thukydides, *Peloponnesischer Krieg* III 104; Diodor XII 58,6.

8   Herakleides bei Athenaios IV 145b–c; Aristophanes, *Acharner* 65ff.

9   Arrian IV 12,3–5; Plutarch, *Alexandros* 23; Athenaios IV 146c; Diodor XVII 108,4–5; vgl. Hegesander bei Athenaios XII 544c; Schmitt Pantel, *La cité au banquet,* S. 429–435, 458f.

10   Zu Polykrates vgl. Herodot, *Historien* III 42,1–2. Zu Syrern vgl. Menander 754 (Körte); Athenaios VIII 34d–e; Xanthos von Lydien *FGrHist* 765 F 17. Vgl. Xenophon, *Anabasis* I 4,9; Antipater von Tarsos F 64 (*SVF* III, 257), Mnaseas von Patara *FHG* III, 155; Lukian, *De dea Syria* 14 und 45–47. Zu Naxos vgl. Aristoteles F 510 (Rose).

11   Plutarch, *Solon* 24–25; Schmitt Pantel, *La cité au banquet,* S. 49f., 97–99, 485; Detienne und Vernant, *La cuisine du sacrifice,* stellen Ähnlichkeiten mit einer Fabel von Äsop fest, ein schwer zu datierender Text, in dem ein Wolf Anführer eines Wolfsheeres wird und ein Gesetz erläßt, daß alle Beute verteilt werden soll. Der Plan wird von einem Esel vereitelt, der den Wolf fragt, ob er auch die Beute, die er am Tag davor gemacht hat, in den gemeinsamen Topf geben wird. Der Wolf beschließt, sein Gesetz zu widerrufen. Dies bedeutet nicht unbedingt, daß die gerechte Verteilung der Nahrung die gerechte Verteilung politischer Rechte *symbolisiert,* sondern daß sich das Politische bis auf die Ebene der Ernährung erstreckt oder, wie Pauline Schmitt Pantel bemerkte, daß

die politische Ebene der Geschichte und die Ebene der »Sitten und Gebräuche« nicht getrennt sind.

12 Herodot, *Historien* III 142,3; Solon 33 (West).

13 Aristophanes, *Ritter* 313, 359ff., 1030–1034; Antiphanes 188, Zeile 19
    PCG.

14 Satyros bei Athenaios 534d; Plutarch, *Alkibiades* 12; Schmitt Pantel, *La
    cité au banquet*, S. 196–201.

15 Thukydides, *Peloponnesischer Krieg* VI 15,3–4.

16 Vgl. MacDowell zu Aristophanes, *Wespen* 1259.

17 Osborne, »The Erection and Mutilation of the *Hermai*«, in: *PCPhS*, N.S.
    31 (1985), S. 47–73, J. M. Camp, *The Athenian Agora*, London 1986,
    S. 74–77.

18 Thukydides, *Peloponnesischer Krieg* VI 60,1–2; Andokides I 36.

19 Thukydides, *Peloponnesischer Krieg* VI 28 und 15,3–4; vgl. Robin Seager,
    »Alcibiades and the Charge of Aiming at Tyranny«, in: *Historia* 16
    (1967), S. 6–18.

20 Thukydides, *Peloponnesischer Krieg* II 65; Andokides I 36.

21 Platon, *Staat* 572e–575d.

22 Aischines I 190–191.

23 Theopompos *FGrHist* 115 F 224; vgl. 225 bei Athenaios VI 260d–261a;
    Polybios VIII 8–9.

24 Walter Burkert, *Griechische Religion der archaischen und klassischen Epoche*,
    Stuttgart 1977.

25 Arrian, *Indike Syngraphe* 34, 30, 29,9–15; vgl. Herodot, *Historien* III
    18–23.

26 Aischines I 182, 81–84; Platon, *Staat* 577e.

Bibliographie

Adler, Marianna: »From Symbolic Exchange to Commodity Consumption. Anthropological Notes on Drinking as a Symbolic Practice«, in: Susanna Barrows und Robin Room (Hrsg.), *Drinking. Behaviour and Belief in Modern History*, Berkeley 1991, S. 376–398.

Amyx, Darrell A.: »The Attic Stelai III«, in: *Hesperia* 27 (1958), S. 164–310.

Appadurai, Arjun: »Introduction. Commodities and the Politics of Value«, in: ders. (Hrsg.), *The Social Life of Things*, Cambridge 1986.

Arnott, William G.: »Towards an Edition of the Fragments of Alexis«, in: *PCPhS*, N.S. 16 (1970), S. 1–11.

– ders.: Rezension von Richard L. Hunter, *Eubulus. The Fragments*, in: *CR* 34 (1984), S. 180–182.

Attridge, Derek: »Language as History, History as Language. Saussure and the Romance of Etymology«, in: Derek Attridge, Geoff Bennington und Robert Young (Hrsg.), *Post-structuralism and the Question of History*, Cambridge 1987, S. 183–211.

Barrows, Susanna und Robin Room (Hrsg.): *Drinking. Behaviour and Belief in Modern History*, Berkeley 1991.

Barthes, Roland: »Lecture de Brillat-Savarin«, Einleitung zu Jean Anthelme Brillat-Savarin, *Physiologie du goût*, Paris 1975, S. 7–33.

Baudelaire, Charles: *Die künstlichen Paradiese*, hrsg. von Franz Blei, übers. von Erik-Ernst Schwabach, München 1925.

Bechtel, Friedrich: *Lexilogus zu Homer*, Halle 1914.

Beckby, Hermann (Hrsg.), *Anthologia graeca*, München (2. Aufl.) 1965.

Berthiaume, Guy E. J.: *Les rôles du mágeiros*, Leiden 1982.

Bertier, Janine: *Mnésithée et Dieuchès* (= *Philosophia Antiqua. A Series of Monographs on Ancient Philosophy* 20), Leiden 1972.

Boisacq, Emile: *Dictionnaire étymologique de la langue grecque*, Paris 1923.

Bosworth, Albert B.: *A Historical Commentary on Arrian's History of Alexander I*, Oxford 1980.

– ders.: *From Arrian to Alexander*, Oxford 1988.

Bourdieu, Pierre: *Entwurf einer Theorie der Praxis auf der ethnologischen Grundlage der kabylischen Gesellschaft*, Frankfurt am Main 1976.

Bowie, Ewen M.: »Wine in Old Comedy«, in: Oswyn Murray und Manuela Tecusan (Hrsg.), *In Vino Veritas*, London 1995, S. 113–125.

Braudel, Fernand: *Sozialgeschichte des 15.–18. Jahrhunderts*, München 1985/86.

Brommer, Frank: »Gefäßformen bei Autoren des 5. Jahrhunderts v. Chr.«, in: *Hermes* 115 (1987), S. 1–21.

Brown, Peter G. McC., »Plots and Prostitutes in Greek New Comedy«, in: *Papers of the Leeds International Latin Seminar*, Bd. 6, Leeds 1990, S. 241–266.

Brückner, Alfred: *Lebensregeln auf athenischen Hochzeitsgeschenken* (= *Winckelmann-Programm der Archäologischen Gesellschaft zu Berlin* 62), Berlin 1907.

Burkert, Walter, *Griechische Religion der archaischen und klassischen Epoche*, Stuttgart 1977.

Busolt, Georg und Heinrich Swoboda, *Griechische Staatskunde*, München (3. Aufl.) 1926.

Cairns, Douglas L.: »*Hybris*, Dishonour, and Thinking big«, in: *JHS* 116 (1996), S. 1–32.

Cameron, Averil und Amélie Kuhrt (Hrsg.): *Images of Women in Antiquity*, London u. a. 1983.

Carey, Christopher (Hrsg.): *Apollodorus Against Neaira*, Warminster 1992.

Carson, Anne: »Putting Her in Her Place. Women, Dirt and Desire«, in: David Halperin, John J. Winkler und Froma I. Zeitlin (Hrsg.), *Before Sexuality*, Princeton 1990, S. 135–169.

Cartledge, Paul A.: »The Politics of Spartan Pederasty«, in: *PCPhS*, N.S. 27 (1981), S. 17–36.

Cartledge, Paul A., Paul Millett und Stephen Todd (Hrsg.), *Nomos. Essays in Athenian Law, Politics and Society*, Cambridge 1990.

Cartledge, Paul A. und David Harvey (Hrsg.), *Crux. Essays in Greek History Presented to G. E. M. de Ste Croix on his 75th Birthday*, London 1985.

Clark, Timothy J.: *The Painting of Modern Life*, London 1985.

Cohen, David: »The Athenian Law of Adultery«, in: *RIDA* 31 (1984), S. 147–165.

– ders.: »Law, Society, and Homosexuality in Classical Athens«, in: *P & P* 117 (1987), S. 3–21.

Cole, Susan G.: »Greek Sanctions Against Sexual Assault«, in: *CPh* 79 (1984), S. 97–113.

Cook, Arthur B.: *Zeus. A Study in Ancient Religion*, Cambridge 1925.

Crome, Johann Friedrich: »Spinnende Hetären?«, in: *Gymnasium* 73 (1966), S. 245–247.

Davidson, Alan und Charlotte Knox: *Fische und Meeresfrüchte. Eine Fischkunde für Genießer*, München 1991.

Davidson, James N.: »Isocrates Against Imperialism. An Analysis of the *De Pace*«, in: *Historia* 39 (1990), S. 20–36.

– ders.: »A Ban on Bars in Thasos?«, in: *CQ* [ersch. demnächst].

– ders.: »Gnesippos«, in: John Wilkins und David Harvey (Hrsg.), *Aristophanes and his Rivals* [ersch. demnächst].

Davies, John K., *Athenian Propertied Families: 600–300 BC*, Oxford 1971.
– ders.: *Wealth and the Power of Wealth in Classical Athens*, Salem 1984.
Davies, Malcolm: »Sailing, Rowing and Sporting in One's Cup on the Wine-Dark Sea«, in: *Athens Comes of Age. From Solon to Salamis*, Princeton 1978, S. 72–90.
Delcourt, Marie: »Le prix des esclaves dans les comédies latines«, in: *AC* 17 (1948), S. 123–132.
Detienne, Michel und Jean-Pierre Vernant, *La cuisine du sacrifice en pays grec*, Paris 1979.
Dodds, Eric R.: *Plato »Gorgias«. A Revised Text with Introduction and Commentary*, Oxford 1959.
Douglas, Mary (Hrsg.): *Constructive Drinking. Perspectives on Drink from Anthropology*, Cambridge 1987.
Dover, Kenneth J.: *Aristophanic Comedy*, Berkeley 1972.
– ders.: *Greek Popular Morality*, Oxford 1974.
– ders.: *Greek Homosexuality*, London 1978.
– ders.: (Hrsg.), *Plato's »Symposium«*, Cambridge 1980.
– ders.: Rezension von David Halperin, *One Hundred Years of Homosexuality*, in: *CR* 41 (1991).

Fantham, Elaine: »Sex, Status and Survival in Hellenistic Athens. A Study of Women in New Comedy«, in: *Phoenix* 29 (1975), S. 44–74.
Feyel, Michel: »Nouvelles inscriptions d'Akraiphia«, in: *BCH* 60 (1936), S. 11–36.
Finstad, Liv und Cecilie Hoigård: *Backstreets. Prostitution, Money and Love*, London 1992.
Fisher, Nicolas R. E.: »*Hybris* and Dishonour (1), in: *G & R* 23 (1976), S. 177–193.
– ders.: »Drink, *hybris* and the Promotion of Harmony«, in: Anton Powell (Hrsg.), *Classical Sparta. Techniques Behind Her Success*, London 1989, S. 26–50.
– ders.: »The law of *hybris* in Athens«, in: Paul A. Cartledge, Paul Millett und Stephen Todd (Hrsg.), *Nomos. Essays in Athenian Law, Politics and Society*, Cambridge 1990, S. 123–138.
– ders.: *Hybris. A Study in the Values of Honour and Shame in Ancient Greece*, Warminster 1992.
Fortenbaugh, William W. u. a. (Hrsg.): *Theophrastus of Eresus. Sources for his Life, Writings, Thought and Influence*, Leiden 1992.
Foucault, Michel: *Die Ordnung der Dinge*, Frankfurt am Main 1971.
– ders.: *Der Gebrauch der Lüste. Sexualität und Wahrheit 2*, Frankfurt am Main 1986.
Fraenkel, Eduard: »Neues Griechisch in Graffiti (1). *Katapygaina*«, in: *Glotta* 34 (1955), S. 42–45.

Gager, John G. (Hrsg.): *Curse Tablets and Binding Spells from the Ancient World*, New York 1992.

Gallant, Thomas W.: *A Fisherman's Tale*, Gent 1985.

Gilula, Dwora: »The Concept of the *bona meretrix*. A Study of Terence's Courtesans«, in: *RFIC* 108 (1980), S. 142–165.

Gomme, Arnold W. und Francis H. Sandbach: *Menander. A Commentary*, Oxford 1973.

Gosling, Justin C. B. und Christopher C. W. Taylor: *The Greeks on Pleasure*, Oxford 1982.

Gould, John: »Law, Custom and Myth. Aspects of the Social Position of Women in Classical Athens«, in: *JHS* 100 (1980), S. 38–59.

Gow, Andrew S. F. (Hrsg.): *Machon. The Fragments*, Cambridge 1965.

Grace, Virginia: *Amphoras and the Ancient Wine Trade*, Athen 1961.

Gras, Michel: »Canthare, société étrusque et monde grec«, in: *Opus* 3 (1984), S. 325–339.

Gregory, Chris A.: *Gifts and Commodities*, London 1982.

Greifenhagen, Adolf: »Fragmente eines rotfigurigen Pinax«, in: Larissa Bonafante und Helga von Heintze (Hrsg.), *In Memoriam Otto J. Brendel. Essays in Archaeology and the Humanities*, Mainz 1976, S. 43–48.

– ders.: »*Philopotēs*«, in: *Gymnasium* 82 (1975), S. 26–32.

Grzybek, Erhard: »Die griechische Konkubine und ihre Mitgift (P. Eleph. 3 und 4)«, in: *ZPE* 76 (1989), S. 206–212.

Halperin, David: »Plato and Erotic Reciprocity«, in: *ClAnt* 5 (1986), S. 60–80.

– ders.: *One Hundred Years of Homosexuality*, New York 1990.

Halperin, David, John J. Winkler und Froma I. Zeitlin (Hrsg.), *Before Sexuality*, Princeton 1990.

Hamilton, Richard, *Choes and Anthesteria. Athenian Iconography and Ritual*, Ann Arbor 1992.

Handley, Eric W.: »Notes on the *Theophoroumene* of Menander«, in: *BICS* 16 (1969), S. 88–101.

Hansen, Mogens H.: *Apagoge, Endeixis, and Ephegesis against Kakourgoi, Atinoi and Pheugontes*, Odense 1976.

– ders.: »Rhetores and Strategoi in Fourth-century Athens«, in: *GRBS* 24 (1983), S. 151–180.

– ders.: *Demography and Democracy. The Number of Athenian Citizens in the Fourth Century*, Herning 1985.

Harrison, Alick R. W.: *The Law of Athens*, Bd. 1, Oxford 1968.

Hartog, François: *Le miroir d'Hérodote. Essai sur la représentation de l'autre*, Paris 1980.

Harvey, David: »*Dona Ferentes*. Some Aspects of Bribery in Greek Politics«, in: Paul A. Cartledge und D. Harvey (Hrsg.), *Crux. Essays in Greek History Presented to G. E. M. de Ste Croix*, London 1985, S. 76–117.

Heath, Dwight: »A Critical Review of Ethnographic Studies of Alcohol Use«, in: Robert J. Gibbins u. a. (Hrsg.), *Research Advances in Alcohol and Drug Problems*, New York 1975, S. 1–92.

– ders.: »A Decade of Development in the Anthropological Study of Alcohol Use, 1970–1980«, in: Mary Douglas (Hrsg.), *Constructive Drinking. Perspectives on Drink from Anthropology*, Cambridge 1987, S. 16–69.

Heather, Nick und Ian Robertson: *Problem Drinking*, Oxford (2. Aufl.) 1989.

Henderson, Jeffrey: *The Maculate Muse*, New Haven 1975.

– ders. (Hrsg.): Aristophanes *Lysistrata*, Oxford 1987.

Herter, Hans: »Die Soziologie der antiken Prostitution im Lichte des heidnischen und christlichen Schrifttums«, in: *JbAC* 3 (1960), S. 70–111.

– ders.: »Dirne«, in: *Reallexikon für Antike und Christentum*, Bd. 3, Stuttgart 1957, Sp. 1149–1213.

Hillgruber, Michael: *Die zehnte Rede des Lysias* (= *Untersuchungen zur antiken Literatur und Geschichte* 29), Berlin/New York 1988.

Hirzel, Rudolf: *Der Name. Ein Beitrag zu seiner Geschichte im Altertum und besonders bei den Griechen* (= *Abhandlungen der Philologisch-Historischen Klasse der Sächsischen Akademie der Wissenschaften* 36/2, 1918), Amsterdam (2. Aufl.) 1962.

Hug, Arnold: »*kapēleion*«, in: *RE*, Bd. X, Sp. 1988f.

Hunter, Virginia J.: *Policing Athens. Social Control in Attic Lawsuits, 420–320 B. C.*, Princeton 1994.

Irigaray, Luce: *Das Geschlecht, das nicht eins ist*, Berlin 1979.

Jacoby, Felix: *Die Fragmente der griechischen Historiker*, Leiden 1954–1957.

Jocelyn, H. D.: »A Greek Indecency and its Students. *Laikazein*«, in: *PCPhS* 26 (1980), S. 12–66.

Just, Roger: *Women in Athenian Law and Life*, London 1989.

Kaeser, Bert: »Griechisches Vasen-Trinkgeschirr«, in: B. Kaeser und Klaus Vierneisel (Hrsg.), *Kunst der Schale. Kultur des Trinkens*, München 1990, S. 186–193.

Kaltsunakis, Johannes: »*Opson* und *opsarion*«, in: *Festschrift für Paul W. Kretschmer. Beiträge zur griechischen und lateinischen Sprachforschung*, Wien u. a. 1926, S. 96–106.

Kassel, Rudolf und Colin Austin (Hrsg.): *Poetae Comici Graeci*, Berlin/New York 1983ff.

Keuls, Eva: *The Reign of the Phallus*, Berkeley (2. Aufl.) 1993.

Knigge, Ursula: *Der Kerameikos von Athen*, Athen 1988.

Kock, Theodor (Hrsg.): *Comicorum Atticorum Fragmenta*, Leipzig 1880–1888.

Körte, Alfred (Hrsg.): *Menander II. Reliquiae apud veteres scriptores sevatae*, Leipzig 1953.

Kopytoff, Igor: »The Cultural Biography of Things. Commoditization as Process«, in: Arjun Appadurai (Hrsg.): *The Social Life of Things*, Cambridge 1986, S. 64–91.

Lacey, Walter K.: *Die Familie im antiken Griechenland*, Mainz 1983.

Landau, Sidney I.: *Dictionaries. The Art and Craft of Lexicography*, New York 1984.

Lang, Mabel: »Numerical Notation on Greek Vases«, in: *Hesperia* 25 (1956), S. 1–24.

Levine, Harry Gene: »The Discovery of Addiction. Changing Conceptions of Habitual Drunkenness in America«, in: *Journal of Studies on Alcohol* 39/1 (1978), S. 143–174.

Lewis, David M.: *Sparta and Persia*, Leiden 1977.

– ders.: »The King's Dinner«, in: Heleen Sancisi-Weerdenburg und Amélie Kuhrt (Hrsg.), *Achaemenid History*, Bd. 2, Leiden 1987, S. 79–87.

Licht, Hans: *Sittengeschichte Griechenlands*, Dresden/Zürich 1925.

Lind, Hermann: »Ein Hetärenhaus am Heiligen Tor?«, in: *MH* 45 (1988), S. 158–169.

Lintott, Andrew W.: *Violence, Civil-strife, and Revolution in the Classical City*, London 1982.

Lipsius, Justus Hermann: *Das attische Recht und Rechtsverfahren*, Leipzig 1912.

Lissarrague, François: *Un flot d'images. Une esthétique du banquet grec*, Paris 1987.

– ders.: »Un rituel du vin: la libation«, in: Oswyn Murray und Manuela Tecusan (Hrsg.), *In Vino Veritas*, London 1995, S. 126–144.

Lloyd, Alan B.: *Herodotus Book II. A Commentary*, 2 Bde., Leiden u. a. 1976.

Louis, Pierre (Hrsg.): Aristote *Problemata*, Paris 1991.

Millett, Paul: »Sale, Credit and Exchange in Athenian Law and Society«, in: Paul A. Cartledge, Paul Millett und Stephen Todd (Hrsg.), *Nomos. Essays in Athenian Law, Politics and Society*, Cambridge 1990, S. 167–194.

– ders.: *Lending and Borrowing in Ancient Athens*, Cambridge 1991.

Murray, Oswyn: »The Symposion in History«, in: Emilio Gabba (Hrsg.), *Tria Corda. Scritti in onore di Arnaldo Momigliano*, Como 1983, S. 257–272.

– ders. (Hrsg.): *Sympotica. A Symposium on the Symposion*, Oxford 1990.

– ders.: »The Affair of the Mysteries. Democracy and the Drinking Group«, in: ders. (Hrsg.), *Sympotica. A Symposium on the Symposion*, Oxford 1990, S. 149–161.

– ders.: »War and the Symposium«, in: William J. Slater (Hrsg.), *Dining in a Classical Context*, Ann Arbor 1991, S. 83–104.

– ders.: »Greek Man and Forms of Sociality«, in: Jean-Pierre Vernant (Hrsg.), *The Greeks*, Chicago 1995, S. 218–253.

– ders. und Manuela Tecusan (Hrsg.): *In Vino Veritas*, London 1995.

Nesselrath, Heinz-Günther: *Die attische Mittlere Komödie. Ihre Stellung in der antiken Literaturkritik und Literaturgeschichte*, Berlin u. a. 1990.

Nilsson, Martin P.: »Die Götter des Symposions«, in: ders., *Opuscula selecta*, Bd. 1, Lund 1951, S. 428–442.

Ober, Josiah: *Mass and Elite in Democratic Athens. Rhetoric, Ideology, and the Power of the People*, Princeton 1989.

Ogden, Daniel: *Greek Bastardy*, Oxford 1996.

Osborne, Robin:»The Erection and Mutilation of the Hermai«, in: *PCPhS* 31 (1985), S. 47–73.

– ders.: *Classical Landscape with Figures*, London 1987.

Paoli, Ugo E.:»Note giuridiche sul *Dyskolos* di Menandro«, in: *MH* 18 (1961).

– ders.:»Il reato di adulterio in diritto Attico«, in: *SDHI* 16 (1950), S. 123ff.

Parke Herbert W.: *Athenische Feste*, Mainz 1987.

Parker, Holt N.,»Love's Body Anatomized. The Ancient Erotic Handbooks and the Rhetoric of Sexuality«, in: Amy Richlin (Hrsg.), *Pornography and Representation in Greece and Rome*, Oxford 1992, S. 90–111.

Parker, Robert: *Miasma*, Oxford 1983.

Passow, Franz: *Über Zweck, Anlage und Ergänzung griechischer Wörterbücher*, Berlin 1812.

Patterson, Cynthia:»Those Athenian Bastards!«, in: *ClAnt* (1990), S. 39–73.

Pinney, Gloria Ferrari:»For the Heroes are at Hand«, in: *JHS* 104 (1984), S. 181–182.

Pritchett, William K.»The Attic Stelai II«, in: *Hesperia* 25 (1956), S. 178–317.

Reden, Sitta von: *Exchange in Ancient Greece*, London 1995.

Reinsberg, Carola: *Ehe, Hetärentum und Knabenliebe im antiken Griechenland*, München 1989.

Rhodes, Peter J.:»Bastards as Athenian Citizens«, in: *CQ* 72 (1978), S. 89–92.

– ders.: *A Commentary on the Aristotelian »Athenaion Politeia«*, Oxford 1981.

Richlin, Amy, (Hrsg.): *Pornography and Representation in Greece and Rome*, Oxford 1992.

Robert, Carl: *Archaeologische Hermeneutik*, Berlin 1919.

Rodenwaldt, Gerhart:»Spinnende Hetären«, in: *AA* 47 (1932), S. 7–32.

Rossi, Luigi Enrico:»Il simposio greco arcaico come spettacolo a se stesso«, in: *Spettacoli conviviali dall'antichità classica alle corti italiane del' 400. Atti del VII convegno di studio*, Viterbo 1983, S. 41–50.

Rudhardt, Jean: *Notions fondamentales de la pensée religieuse et actes contstitutifs du culte dans la Grèce classique*, Paris (2. Aufl.) 1992.

Ruschenbusch, Eberhard: *Solōnos Nomoi. Die Fragmente des Solonischen Gesetzeswerkes mit einer Text- und Überlieferungsgeschichte (= Historia Einzelschriften 9)*, Wiesbaden 1966.

Salmon, John B.: *Wealthy Corinth. A History of the City to 338 B. C.*, Oxford 1984.

Salviat, François:»Le vin de Thasos. Amphores, vin et sources écrites«, in: Jean-Yves Empéreur und Yvon Garlan (Hrsg.), *Recherches sur les amphores grecques*, Athen 1986, S. 145–196.

Salviat, François und Claude Vatin: *Inscriptions de Grèce centrale*, Paris 1971.

Schaps, David M.: *Economic Rights of Women in Ancient Greece*, Edinburgh 1979.
- ders.: »Comic Inflation in the Market-place«, in: *SCI* 8–9 (1985/1988), S. 66–73.
Schauenburg, Konrad: »Eurymedon eimi«, in: *AM* 105 (1990), S. 107–122.
Schmitt Pantel, Pauline: »Les repas au Prytanée et à la Tholos dans l'Athènes classique«, in: *Annali. Istituto orientale di Napoli. Archeologia e storia antica* 2 (1980), S. 55–68.
- dies.: *La cité au banquet. Histoire des repas publics dans les cités grecques*, Rom 1992.
Schulze, Wilhelm: *Quaestiones Epicae*, Gütersloh 1892.
Seager, Robin: »Alcibiades and the Charge of Aiming at Tyranny«, in: *Historia* 16 (1967), S. 6–18.
Sealey, Raphael: *Women and Law in Classical Greece*, Chapel Hill 1990.
Seltman, Charles: *Women in Greek Society*, London 1953.
Shear, T. Leslie, Jr.: »The Athenian Agora. Excavations of 1973–4«, in: *Hesperia* 44 (1975), S. 331–374.
Simmel, Georg: *Die Philosophie des Geldes*, Frankfurt am Main 1989.
- ders., »Die Koketterie«, in: ders., *Philosophische Kultur. Gesammelte Essays*, Leipzig 1911, S. 101–123.
Slater, William J.: »Symposion at Sea«, in: *HSPh* 80 (1976), S. 161–170.
- ders. (Hrsg.): *Dining in a Classical Context*, Ann Arbor 1991.
Sparkes, Brian A.: »Illustrating Aristophanes«, in: *JHS* 95 (1975), S. 133–152.

Todd, Stephen: *The Shape of Athenian Law*, Oxford 1993.
Tsantsanoglou, Kyriakos: »Memoirs of a Lady from Samos«, in: *ZPE* 12 (1973), S. 183–195.
Turner, Eric Gardiner: »The lost beginning of Menander, *Misoumenos*«, in: *Proceedings of the British Academy* 73 (1977), S. 315–331.

Vernant, Jean-Pierre: *Mythos und Gesellschaft im alten Griechenland*, Frankfurt am Main 1987
Veyne, Paul: *Brot und Spiele. Gesellschaftliche Macht und politische Herrschaft in der Antike*, Frankfurt am Main u. a. 1988.
Vlastos, Gregory: »Socratic Irony«, in: *CQ* 37 (1987), S. 79–96.

Walker, Susan: »Women and Housing in Classical Greece«, in: Averil Cameron und Amélie Kuhrt (Hrsg.): *Images of Women in Antiquity*, London u. a. 1983, S. 81–91.
Webster, Thomas B. L.: *Studies in Later Greek Comedy*, Manchester 1953.
- ders.: *An Introduction to Menander*, Manchester 1974.
Wehrli, Fritz: *Die Schule des Aristoteles*, Basel 1944–1974.
Whitehead, David: *The Ideology of the Athenian Metic*, Cambridge 1977.
Whittaker, Molly: »The Comic Fragments in their Relation to the Structure of Old Attic Comedy«, in: *CQ* 29 (1935), S. 181–191.

Williams, Dyfri: »Women on Athenian Vases. Problems of Interpretation«, in: Averil Cameron und Amélie Kuhrt (Hrsg.): *Images of Women in Antiquity*, London u. a. 1983, S. 92–106.

Winkler, John J.: Der gefesselte Eros. Sexualität und Geschlechterverhältnis im antiken Griechenland, Marburg 1994.

– ders.: »The Ephebes' Song. Tragōdia and Polis«, in: John J. Winkler und Froma T. Zeitlin (Hrsg.), *Nothing to Do with Dionysos? Athenian Drama in its Social Context*, Princeton 1990, S. 20–62.

Wolff, Hans Julius: »Marriage Law and Family Organisation in Ancient Athens«, in: *Traditio* 2 (1943/1944), S 43–95.

Wycherley, Richard E.: *The Athenian Agora III. Literary and Epigraphical Testimonia*, Princeton 1957.

Wyse, William: *The Speeches of Isaeus*, Cambridge 1904.

Zagagi, Netta: *Tradition and Originality in Plautus* (= *Hypomnemata 62*), Göttingen 1980.

– dies.: »A Note on *munus, munus fungi* in Early Latin«, in: *Glotta* 60 (1982), S. 280–281.

– dies.: »Amatory Gifts and Payments. A Note on *munus, donum, data* in Plautus«, in: *Glotta* 65 (1987), S. 121–132.

– dies.: »Obligations in Amatory Payments and Gift-giving«, in: *Hermes* 115 (1987), S. 503–504.

Zahn, Robert: »Kleinigkeiten aus Alt-Athen«, in: *Antike* 1 (1925), S. 273–285.

Abbildungsnachweis

S. 205 (o)
Fischteller aus dem 4. Jahrhundert, Athen (Schenkung von Philip D. Armour und Charles L. Hutchinson, Foto R. Hashimoto, © The Art Institute of Chicago).

S. 205 (u)
Innenseite einer Trinkschale von Exekias (© Ancient Art and Architecture Collection).

S. 206 (o)
Tondo auf einer Trinkschale aus dem 5. Jahrhundert mit einer Tavernenszene (Foto © Ashmolean Museum, Oxford).

S. 206 (u)
Silbermedaillon aus dem 4. Jahrhundert (Foto G. Heilner, © Deutsches Archäologisches Institut, Athen).

S. 207 (o)
Parfümflasche aus dem 5. Jahrhundert (Archäologisches Nationalmuseum Athen).

S. 207 (u)
Gerippter *kōthōn*, der sogenannte »Spartanische Becher« (Foto © Ashmolean Museum, Oxford).

S. 208 (o)
Parfümflasche aus dem 5. Jahrhundert (Antikensammlung, Staatliche Museen zu Berlin, Preußischer Kulturbesitz).

S. 208 (u)
Tondo auf einer frühklassischen Schale (Foto M. Chuzeville, Louvre, Paris).

S. 209 (o)
Außenseite einer Schale, um 470 v. Chr. (Antikensammlung, Staatliche Museen zu Berlin, Preußischer Kulturbesitz).

S. 209 (u)
Innenseite einer italischen Schale (Antikensammlung, Staatliche Museen zu Berlin, Preußischer Kulturbesitz).

S. 210
Die Aphrodite von Knidos des Praxiteles (Museo Pio-Clementino, Vatikan, Foto © SCALA).

S. 211
Die »Eurymedon-Vase« (Museum für Kunst und Gewerbe, Hamburg).

S. 212
Statue des Demosthenes (Braccio Nuova, Vatikan, Foto © SCALA).

Register

Die Deutsche Bibliothek – CIP-Einheitsaufnahme

Davidson, James N.:
Kurtisanen und Meeresfrüchte / James N. Davidson.
[Aus dem Englischen von Gennaro Ghirardelli] –
1. Aufl. – Berlin: Siedler, 1999
Einheitssacht.: Courtesans and Fishcakes <dt.>
ISBN 3-88680-651-0

Die Originalausgabe erschien 1997
unter dem Titel »Courtesans and Fishcakes.
The Consuming Passions of Classical Athens«
bei HarperCollins Publishers, London.

© der deutschen Ausgabe
1999 by Wolf Jobst Siedler Verlag, Berlin,
in der Verlagsgruppe Bertelsmann GmbH.

Alle Rechte vorbehalten,
auch das der fotomechanischen Wiedergabe.
Lektorat: Carsten Feldmann, Berlin
Register: Karl Feld, Berlin
Schutzumschlag: Rothfos + Gabler, Hamburg
Satz: Bongé + Partner, Berlin
Die Vorsatzkarte wurde von Ditta Ahmadi und
Peter Palm, Berlin, erstellt.
Druck und Buchbinder: GGP, Pößneck
Printed in Germany 1999
ISBN 3-88680-651-0
Erste Auflage

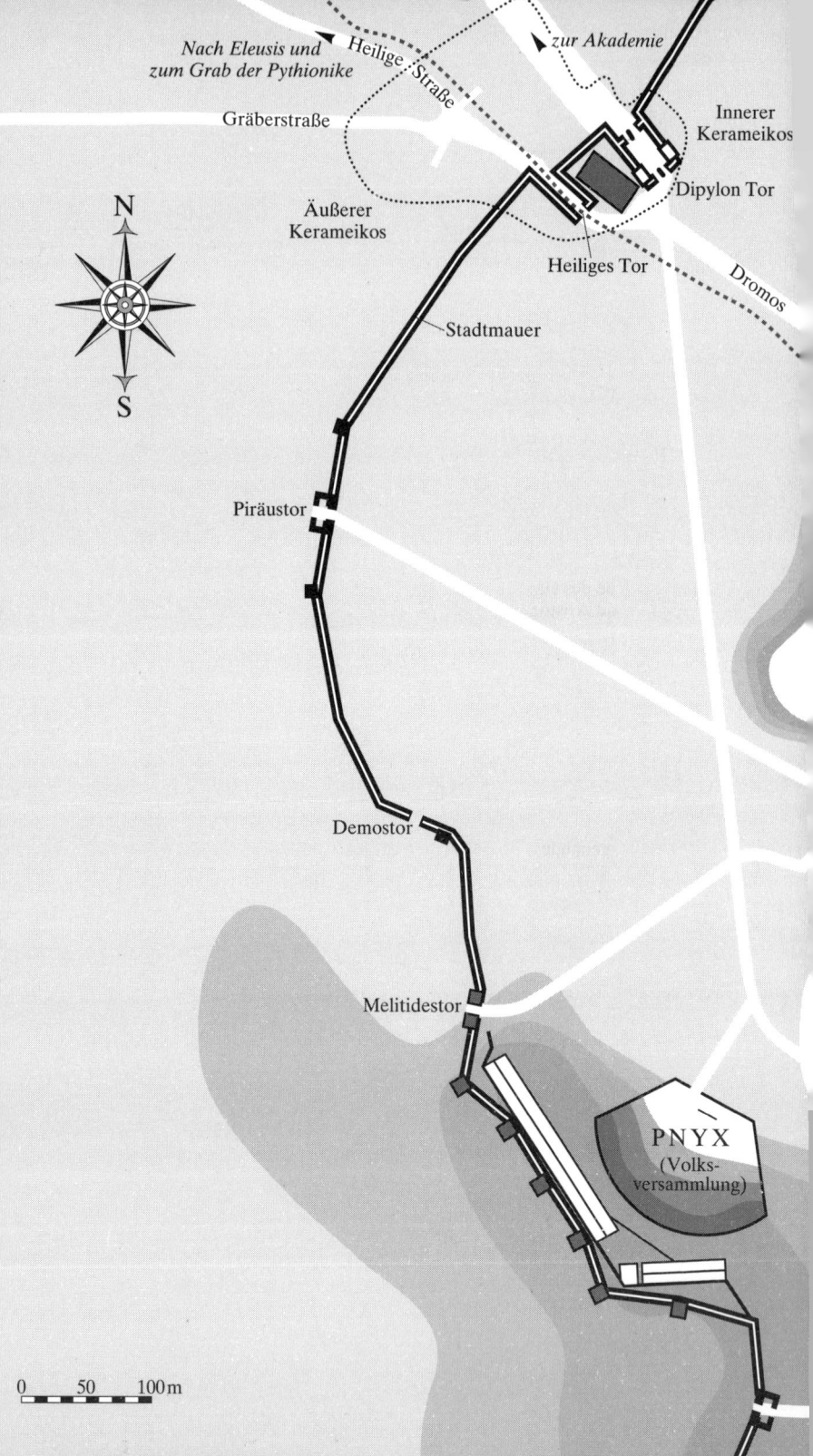